Theodor von Bernhardi

Friedrich der Große als Feldherr

Erster Band

Theodor von Bernhardi

Friedrich der Große als Feldherr
Erster Band

ISBN/EAN: 9783743443730

Hergestellt in Europa, USA, Kanada, Australien, Japan

Cover: Foto ©ninafisch / pixelio.de

Manufactured and distributed by brebook publishing software (www.brebook.com)

Theodor von Bernhardi

Friedrich der Große als Feldherr

Friedrich der Große

als Feldherr.

Von

Theodor v. Bernhardi.

Erster Band.

Berlin 1881.

Ernst Siegfried Mittler und Sohn
Königliche Hofbuchhandlung
Kochstraße 69. 70.

Vorwort.

Im Lauf der letzten Jahre sind die Feldzüge Friedrichs des Großen, namentlich die des siebenjährigen Krieges, für alle Kriegs- und Geschichtskundigen der Gegenstand eines erneuten Interesses geworden. Nach Jomini und Clausewitz, dessen kritischer Aufsatz in wenigen Worten Vieles sagt, hatte sich längere Zeit über eigentlich niemand eingehend und in umfassender Weise mit diesen Feldzügen beschäftigt. Stuhrs Forschungen, deren Ergebnisse allerdings nur mit großer Vorsicht und streng sichtender Kritik zu benützen sind, wurden weniger beachtet, als sie bei alledem verdienten, zum Theil vielleicht, weil dieser Forscher selbst sich durch eine vorgefaßte Meinung zu ganz unhaltbaren Schlußfolgerungen verleiten läßt. Der wichtige Briefwechsel des großen Königs mit seinem Bruder Heinrich wurde nicht benützt, wie er benützt werden konnte und sollte, offenbar, weil er nicht für die Geschichte einzelner Begebenheiten, sondern nur in Beziehung auf den inneren Zusammenhang der Leitung des Krieges im Ganzen von hohem Werth ist, und die Geschichte des Krieges in seiner Gesammtheit, zumal die Geschichte der Motive des kriegerischen Handelns nicht neu bearbeitet wurde. Eine Anzahl höchst werthvoller Monographien über einzelne hervorragende Begebenheiten, die als Jubelschriften an den hundertjährigen Jahrestagen der Ereignisse erschienen, sollten und konnten nur über diese Ereignisse selbst und die taktischen Anordnungen König Friedrichs Aufschluß geben, nicht auch über seine Strategie, die allgemeinen Ansichten vom Wesen des Krieges, die ihr zum Grunde lagen, und die Motive, die ihn in der Leitung des Ganzen bestimmten.

Vor einigen Jahren sind nun zwei bedeutende Werke erschienen, die vielfach ein neues und helles Licht, besonders über den politischen Hintergrund verbreiten, auf dem sich die kriegerische Thätigkeit des siebenjährigen Krieges bewegt. Das eine, vom preußischen Standpunkt aus geschrieben, macht eigentlich keinen Anspruch auf militärische Bedeutung, obgleich es neben, den politischen auch die militärischen Ereignisse erzählt. Das andere, ein österreichisches, giebt dagegen vielfach Auskunft über die Operationspläne, die unter den gegen Preußen verbündeten Mächten vereinbart wurden, über die Verhaltungsbefehle, welche die österreichischen Feldherren aus Wien erhielten, und über die Motive, durch die sie in ihrer Thätigkeit bestimmt wurden.

Auch diejenigen Schriften König Friedrichs II., die man als theoretisch-militärische bezeichnen könnte, die Instruktionen für seine Generale, sein militärisches Testament, sind neu herausgegeben und mehrfach kommentirt worden. Man hat es versucht, in diesen Schriften die allgemeinen Grundsätze, von denen der König in seiner kriegerischen Thätigkeit ausging und sich bestimmen ließ, wenn wir so sagen dürfen, sein strategisches System aufzufinden und nachzuweisen. Die verschiedenartigen Ergebnisse, zu denen die Forschung hier und dort zu führen schien, die Erörterungen, die Polemik, die sich daraus ergaben, haben mit Recht nicht bloß die Aufmerksamkeit derjenigen in Anspruch genommen, denen die Theorie des Krieges und ihre Entwickelung Gegenstand eines ernsten Studiums ist, sondern auch das Interesse aller derer erregt, denen es darum zu thun ist, die große geschichtliche Erscheinung, den großen König und sein Thun und Wirken, allseitig verstehen zu lernen. Die Untersuchung ist aber noch bei weitem nicht abgeschlossen.

Für mich sind die Feldzüge und die militärischen Schriften Friedrichs II. im Laufe einer nun schon recht langen Reihe von Jahrzehnten der Gegenstand eines oft wiederholten Studiums gewesen; eines Studiums, das ich stets erneuerte, gleichsam von vorn begann, so oft das Quellenmaterial, das zu Gebote steht, durch neue veröffentlichte Urkunden oder Forschungen vermehrt, dem Verständniß neue Gesichtspunkte eröffnet wurden. Welche Wege ich glaubte einschlagen zu müssen, um zu einem Verständniß der allgemeinen Anschauungen von dem Wesen und den Bedingungen des Krieges zu gelangen, von denen Friedrich der Große in seiner Feldherrnthätigkeit ausging, das habe ich in der Einleitung zu diesem Werk (Seite 16) in kurzen Worten angedeutet.

Der Weg, auf dem ich das Ziel zu erreichen suchte, machte mir eine kritische Analyse der Feldzüge des Königs zur Aufgabe; eine Analyse heißt das, die vorzugsweise zu ermitteln sucht, durch welche Beweggründe der königliche Feldherr in jedem bedeutsamen Akt kriegerischer Thätigkeit bestimmt wurde, und auf was für allgemeinere Grundsätze der Strategie, die sich der König gebildet haben mußte, diese Beweggründe zurückzuführen sind; welcher leitende Gedanke ihnen zum Grunde liegt.

Diese Analyse schien sorgfältig im Einzelnen durchgeführt werden zu müssen, da alles, was früher lobend, tadelnd oder im Allgemeinen betrachtend über diese Feldzüge und die Strategie Friedrichs II., über den geistigen Inhalt seiner Feldherrnthätigkeit gesagt worden ist, den neuen Anschauungen gegenüber, die wir einem wesentlich vermehrten Quellenreichthum entnehmen, als veraltet angesehen werden muß. Nicht nur was Jomini, sondern auch was Clausewitz darüber sagt — wenn auch natürlich das Werk des deutschen Denkers in einem ganz anderen Sinn veraltet genannt werden muß als das des französischen Systematikers. Clausewitz konnte zu seiner Zeit nicht anders als sehr ungenügend über das Thatsächliche unterrichtet sein; er geht mehrfach von irrigen Voraussetzungen aus, doch aber sind und bleiben seine Betrachtungen stets des Ueberlesens und Ueberdenkens werth, denn sie haben Gewicht und Bedeutung in Beziehung auf den vorausgesetzten, wenn auch nicht immer auf den wirklich geschichtlich gegebenen Fall. In dem, was Jomini über Friedrichs Feldzüge sagt, habe ich dagegen, offenherzig gestanden, niemals etwas hervorragend Bedeutendes zu sehen vermocht. Jomini ist nur zu einer sehr mangelhaften Kenntniß der Thatsachen gelangt, denn selbst diejenigen Quellenschriften, die zu seiner Zeit bereits veröffentlicht waren, hat er keineswegs in irgend ausreichender Weise gekannt und benützt. In Beziehung auf die Motive, durch welche die That angeblich bestimmt wurde, ergeht er sich in ziemlich willkürlichen Voraussetzungen, und überhaupt wird das Ganze ohne sonderliche Tiefe nach den Bedürfnissen seines jedenfalls etwas einseitigen Systems zugeschnitten.

Da wir leider noch immer keine irgend genügende Geschichte des siebenjährigen Krieges besitzen, glaubte ich das Einzelne, das eingehend zu besprechen und besonders hervorzuheben war, durch eine skizzirte, aber zusammenhängende Geschichte der Feldzüge zu einem Ganzen verbinden zu müssen. Das schien unerläßlich, wenn ich dem Leser nicht zumuthen wollte, sich mit einer ganzen Bibliothek zu umgeben, um mir mühsam folgen zu können. Mein Plan war, nur da, wo es zum Verständniß der strategischen Lage nothwendig schien, auf die Einzelnheiten der Märsche und Stellungen einzugehen, und mich im Uebrigen auf eine Andeutung des Ganges der Ereignisse in allgemeinen Umrissen zu beschränken. Jetzt, wo das Ganze vollendet vor mir liegt, will es mir freilich scheinen, als habe ich hin und wieder in einzelnen Theilen dieses Werkes noch zu viel als bekannt vorausgesetzt.

Dürfte ich, indem ich hiermit der Oeffentlichkeit übergebe, was sich mir aus dem Studium der Feldzüge und der Schriften Friedrichs des Großen ergeben hat, einen Wunsch aussprechen, so wäre es der, daß man diese Schrift im Zusammenhang mit einem Aufsatz über Clausewitz und seine wissenschaftliche Bedeutung lesen möge, der in dem Beihefte zu dem Militär-Wochenblatt gedruckt ist. Beide Werke stehen in einem inneren Zusammenhange. In dem Aufsatz über Clausewitz hatte ich versucht, den Entwickelungsgang der Theorie des Krieges seit dem sechzehnten Jahrhundert nachzuweisen und dabei Friedrichs II. Wirksamkeit absichtlich mit Stillschweigen übergangen, „weil der Geist seiner Kriegführung von seinen Zeitgenossen und den Epigonen in der allerseltsamsten Weise mißverstanden und falsch gedeutet worden ist" — und ich hatte mir vorbehalten, das „an einem anderen Ort" nachzuweisen, weil es sich in der Kürze nicht thun ließ, die dort geboten war. Hier, in der gegenwärtigen Schrift, habe ich es vermieden, die zur Zeit des großen Königs und noch lange nach ihm herrschende Theorie ihrem Wesen nach zu schildern, um nicht zu wiederholen, was dort darüber gesagt ist.

Einige Wiederholungen habe ich an Stellen, wo es nothwendig schien, auf den leitenden Gedanken zurückzuweisen oder daran zu erinnern, wie unabhängig der König sich von allen zu seiner Zeit geltenden Theoremen bewährte, nicht zu vermeiden gewußt. Möge man sie mit Nachsicht beurtheilen.

24. Januar 1881.

Theodor v. Bernhardi.

Inhalt.

	Seite
Allgemeines als Einleitung	1
Vom Wesen des Krieges überhaupt	1
Friedrichs II. Ansichten vom Kriege im Allgemeinen	16
Die weltgeschichtliche Bedeutung des siebenjährigen Krieges	25

1756.

Der Ausbruch des Krieges 36

Des Königs Feldzugsplan; Besetzung Sachsens; das Lager bei Pirna; die Schlacht bei Lowositz; die Kapitulation der sächsischen Armee 36

1757.

Prag 50

Der Feldzugsplan der Oesterreicher 50
König Friedrichs Feldzugsplan 65
Feldzugsplan gegen Oesterreich insbesondere; Einbruch in Böhmen; die Schlacht bei Prag 69
Die nächsten Folgen der Schlacht; Einschließung von Prag; tadelnde Beurtheilung der Operationen des Königs im Kreise der preußischen Prinzen 78

Kolin 88

König Friedrichs Gründe, die Schlacht zu suchen; seine Disposition; Gang und Ergebniß der Schlacht 88
Die möglichen Folgen eines Sieges der Preußen 106

Der Rückzug aus Böhmen 113

Nothwendige Folgen der Niederlage; Haltung des Königs, Stimmung und Ansichten im Kreise der Prinzen 113
Veränderter Charakter der Kriegführung des Königs; Theilung der preußischen Armee; Verlust von Gabel; Rückzug des Prinzen von Preußen nach der Lausitz; dessen Rechtfertigung . . . 119

Inhalt.

	Seite
Ereignisse und Stimmungen im Hauptquartier des Königs; Beschluß des Königs, nach der Lausitz zu eilen	137
Elender Feldzug des Herzogs von Cumberland an der Weser	141
Der König in der Lausitz, sucht vergebens eine Schlacht, verzichtet darauf und wendet sich gegen die Franzosen an die Saale	144

Roßbach 152

Veränderter Operationsplan der Oesterreicher; Operationen der Franzosen und des Königs in Thüringen; die Konvention von Kloster Zeven; die Russen in Ostpreußen, das sie nach einem Siege verlassen; die Oesterreicher unter Hadik in Berlin; die Schlacht bei Roßbach 152

Breslau 175

Der Feldzug des Herzogs von Bevern in Schlesien; Winterfeldts Tod; Belagerung von Schweidnitz; Marsch des Königs nach Schlesien und seine Pläne; die Schlacht bei Breslau; Gefangennehmung des Herzogs von Bevern; Uebergabe von Breslau . 175

Leuthen 191

Falsche Siegesnachrichten und Pläne, die der König vorübergehend darauf gründet; sein Entschluß zur Schlacht; Kriegsrath im österreichischen Hauptquartier; Stimmungen, die da herrschen und wechseln; der entscheidende Sieg des Königs bei Leuthen . . 191

Bemühungen des Königs von Preußen um den Frieden; Friedrichs II. und Napoleons I. verschiedene Haltung in gleicher Lage . . . 201

1758.

Die allgemeine Lage, König Friedrichs Pläne 203

Ostpreußen aufgegeben, Gründe, warum die Wiedereroberung nicht versucht werden konnte 203

Winterfeldzug der hannoverschen Armee, vom Prinzen Heinrich von Preußen nur schwach unterstützt; die Rathschläge des Königs nur mangelhaft befolgt; die Franzosen über den Rhein zurückgetrieben; Feldzug des Herzogs Ferdinand von Braunschweig auf dem linken Rheinufer; der Plan, die vereinigten Niederlande in den Krieg zu ziehen, mißlingt 209

König Friedrichs Plan, seine Truppen über das Eis nach Rügen gehen zu lassen, scheitert an dem versagenden Entschluß seiner Generale; Prinz Heinrich erhält das Kommando in Sachsen; das Wesen seiner Kriegführungsweise 218

Der Operationsplan des Königs; Widerspruch des Prinzen Heinrich 221

Olmütz 230

Belagerung von Olmütz; Vernichtung eines preußischen Transports bei Domstädl; weitreichende Wirkung dieses Ereignisses; Dauns Marsch nach Groß-Teinitz; geringe Bedeutung dieses Manövers;

Inhalt.

	Seite
der Rückzug des Königs durch Böhmen; weitere Pläne des Königs und der Oesterreicher	230

Zorndorf 249
 Plan des Königs, die Russen bei Meseritz aufzusuchen; Marsch der Russen auf Küstrin 249
 Die Schlacht bei Zorndorf; der Rückzug der Russen 257

Hochkirch 272
 Der Feldzug des Prinzen Heinrich; Dauns wechselnde Pläne, ihn zurück zu manövriren oder anzugreifen, aufgegeben, wie der König naht 272
 Der König sucht vergebens eine Schlacht und Daun nach Böhmen zurückzuwerfen; sucht Daun bei Hochkirch auf der Straße nach Schlesien zu umgehen; Ueberfall und Schlacht bei Hochkirch ... 282
 Die Schlacht bleibt ganz ohne Folgen; Prinz Heinrich auf sein Verlangen des Kommandos enthoben; Marsch des Königs nach Schlesien, Entsatz von Neiße; Dauns schwacher Versuch auf Dresden 301

1759.

Die preußische Offensive; Operationspläne 313
 Abnützung der preußischen Streitkräfte, successive Beschränkung der preußischen Offensive; Winter-Expeditionen nach Thüringen und nach Posen 313
 Neuer Vertrag Oesterreichs mit Frankreich; Operationsplan der Verbündeten; König Friedrichs Operationsplan 323
 Expedition des Herzogs Ferdinand an den Untermain; die Schlacht bei Bergen 331
 Machtverhältnisse; des Prinzen Heinrich Expedition nach Böhmen. 335
 Des Prinzen Heinrich Expedition nach Franken 339

Schmotseifen, Kay und Kunersdorf 351
 General Dohnas vergeblicher Zug nach Posen und sein Rückzug . 351
 Feldmarschall Daun im Lager bei Marklissa, König Friedrich im Lager bei Schmotseifen 362
 General Wedell Diktator; die Schlacht bei Kay 372
 Laudons Vereinigung mit den Russen; Prinz Heinrich erhält das Kommando im Lager bei Schmotseifen; des Königs Heerzug gegen die vereinigte russisch-österreichische Armee; die Schlacht bei Kunersdorf 382

Dresden und Glogau 399
 Feldmarschall Daun in der Lausitz; seine Verhandlungen mit Saltykow; scheinbare Vereinigung der österreichischen und russischen Armee; weitere Pläne 399

	Seite
Herstellung der preußischen Armee unter dem König; Friedrich II. im entscheidenden Augenblick von seinen hannoverschen Verbündeten nicht unterstützt; Prinz Heinrich vergebens zur Thätigkeit aufgefordert; die Reichsarmee erobert Dresden	400
Beschluß der Oesterreicher und Russen, Glogau zu belagern; Prinz Heinrich von Preußen bei Sagan, Rückzug nach Bunzlau; Dauns Anschlag auf Berlin; des Prinzen Heinrich verspätetes Vorbringen auf Görlitz; Dauns Rückzug nach Bautzen; der berühmte Marsch des Prinzen Heinrich an die Elbe, vom König entworfen, vom Prinzen mit Widerstreben unternommen; der König verhindert die Belagerung von Glogau	417
Prinz Heinrich führt nun wirklich den Marsch an die Elbe aus; der Kriegsschauplatz wird auf das linke Ufer des Stroms versetzt; Prinz Heinrich nach Torgau zurückmanövrirt; Gefecht bei Pretsch	441

Maxen 454

Der König naht, und Daun weicht sofort hinter den Plauenschen Grund zurück; angebliche Rathschläge des Prinzen Heinrich . .	454
Friedrich II. am Schluß des Feldzugs wieder im Besitz der Initiative; General Finck vom König nach Maxen entsendet; Daun wird nur durch Rücksicht auf die Stimmung des Wiener Hofs abgehalten, nach Böhmen zurückzugehen; die Katastrophe bei Maxen; Maßnahmen, durch welche der König vielleicht seinen Zweck erreicht hätte; er behauptet sich auch nach dem Schlage bei Maxen im Besitz der Initiative bis an den Schluß des Feldzugs . .	460

Ergänzung.

Seite 55 nach Zeile 9 von oben einzuschalten:

Denn nur unter dieser Bedingung war es möglich, das Belagerungsgeschütz, das man nicht von anderswoher herbeizuschaffen wußte, von Prag den bei weitem größten Theil des Weges, von Leitmeritz, wenn nicht schon von Melnik an, zu Wasser auf der Elbe, bis unter die Wälle von Magdeburg zu bringen.

Allgemeines als Einleitung.

Macchiavelli, del arte della guerra —: E chi sa bene praesentare al nimico una giornata, gli altri errori qu'egli facesse nei maneggi della guerra sarebbero sopportabili; ma chi manca di questa disciplina, ancora che negli altri particulari valesse assai, non condurra mai una guerra ad onore. Perche una giornata che tu vinca, cancella ogni altra tua mala azione.

(Wer dem Feinde eine entscheidende Schlacht wohl zu liefern weiß, dessen anderweitige Fehler, wenn er deren in der Führung des Krieges beginge, würden zu ertragen sein; der aber, dem diese Fähigkeit fehlt, wird, und wenn er auch in allen anderen Zweigen (der Kriegführung) sehr tüchtig wäre, niemals einen Krieg zu ehrenhaftem Ende führen. Denn eine Hauptschlacht, die Du gewinnst, hebt die Folgen aller Fehler auf, die Du anderweitig begangen haben magst.)

Vor einiger Zeit habe ich diese Worte Macchiavells an die Spitze eines Aufsatzes über Clausewitz und seine Bedeutung in der fortschreitenden Entwickelung der Lehre vom Wesen des Kriegs und den maßgebenden Bedingungen der Kriegführung gestellt. Sie schienen mir dorthin zu gehören, weil Clausewitz die Wahrheit, die sie aussprechen, tiefer und allseitiger begründet, umfassender aufgefaßt und zu größerer Klarheit ausgearbeitet, zum Ausgangspunkt der Lehre vom Kriege erhoben hat; weil er folgerichtig und durchgreifend nachgewiesen hat, daß das, was diese Worte als das Entscheidende im Kriege anerkennen, auch stets in der wirklichen Kriegführung entschieden hat. Unmittelbar da, wo der entscheidende Kampf wirklich gewagt und ausgefochten wurde, und zum Siege auf der einen, zur Niederlage auf der anderen Seite führte —: mittelbar

Allgemeines als Einleitung.

auch da, wo das Wagniß der entscheidenden Feldschlacht gemieden wurde, da es hier die Wahrscheinlichkeit des Sieges auf der einen Seite, und ihr gegenüber auf der anderen, der Zweifel am Siege und die Scheu vor der wirklichen Entscheidung war, die den Ausschlag gegeben hat.

Auch diesmal wieder, wo wir uns aufgefordert sehen, Friedrichs des Großen Kriegführung und seine Lehren vom Krieg von neuem zu überdenken, fühle ich mich veranlaßt, an dieselben Worte Macchiavells zu erinnern und von ihnen auszugehen, weil der königliche Feldherr unter allen seinen Zeitgenossen allein die tiefgehende Wahrheit, die sie lehren, klar erkannt, und sich selbständig, durch die Macht des eigenen Geistes, zu der Ansicht vom Wesen des Kriegs und der Kriegführung erhoben hatte, die sie andeuten. König Friedrich wußte sich allein unter allen seinen Zeitgenossen klar und bestimmt zu sagen, daß die Zertrümmerung der feindlichen Streitkräfte das allein Entscheidende im Kriege ist, und daß daher, für den, der die Entscheidung sucht, das feindliche Heer unmittelbar selbst, wie wir heute gewohnt sind uns auszudrücken, das strategische Objekt sein muß. Er wußte, daß jeder bloß durch strategische Manöver gewonnene Vortheil nur entweder ein die Entscheidung einleitender, vorbereitender sein kann, oder, wenn nicht leerer Schein, doch nur ein vorläufiger, der nur insofern die Bedeutung eines wirklichen und endgültigen erlangt, als der Feind ihn gelten läßt, ohne ihn auf die ernste Probe eines wirklichen Entscheidungskampfes zu stellen. Friedrich allein unter allen seinen Zeitgenossen führte auch wirklich den Krieg im Sinne dieser Grundanschauungen, insofern es nämlich den damaligen Weltverhältnissen angemessen war, und insoweit es die besondere Lage Preußens gestattete. Denn er wußte sich auch Rechenschaft davon zu geben, daß der allgemeine, abstrakte Grundsatz in der Wirklichkeit meist nur mehr oder weniger bedingt durch die zur Zeit gegebenen, zwingenden Verhältnisse zur Anwendung kommen kann; er wußte namentlich, wie Vieles in den besonderen Verhältnissen Preußens nicht immer gestattete, unbedingt die höchste Entscheidung anzustreben; er kannte das Maß der Macht, die ihm zu Gebote stand, wußte genau, wie weit sie reichte, und verstand es, Maß zu halten.

Wenn wir nun aber den Blick auf die Schriften der Theoretiker unter den Zeitgenossen und Epigonen Friedrichs wenden, müssen wir wohl darüber erstaunen, wie wenig der Geist der Kriegführung des großen

Königs zur Zeit verstanden worden ist. Wir sehen da vielmehr das vollständigste Mißverständniß walten, das aus seiner Kriegführung eine Theorie folgern will, die einen geraden Gegensatz zu ihr bildet, und die Anschauungen, von denen er sich leiten ließ, geradezu verleugnet. Wir sehen diese Theoretiker durchaus beflissen, sich seine Heerführung und ihre Erfolge während der sieben verhängnißvollen Jahre im Sinne derjenigen Theorie auszulegen, die den Kabinetskriegen der nächsten Vergangenheit, seit den Tagen Ludwigs XIV., entnommen war; der Theorie, die in der offenen Feldschlacht nur das gewagteste und unsicherste aller Mittel sehen wollte, den Zweck des Krieges zu erreichen; die es für den Triumph der Kriegskunst, der echten Feldherrnweisheit erklärte, das Ziel ohne Kampf und Wagniß durch strategische Manöver zu erreichen —: wobei denn natürlich die Begriffe von „Ziel" und „Zweck des Krieges", als bekannt vorausgesetzt, nicht weiter durchdacht oder erörtert werden, und formlose Vorstellungen ohne präzisen Inhalt bleiben, die niemand von diesen Theoretikern bestimmt zu definiren wüßte — die wesenlos in das Ungewisse aufgehen.

So werden Friedrichs Feldzüge von denjenigen seiner Zeitgenossen und der zunächst folgenden Generationen besprochen, die ihn bewundern. Anders wurde seine Art der Kriegführung in dem feindselig gesinnten Kreise beurtheilt, der sich um Friedrichs Bruder, den Prinzen Heinrich, schaarte und gern den König verkleinert hätte, um den jüngeren Bruder zum eigentlichen Helden des siebenjährigen Krieges zu stempeln. In diesem Kreise wurde man allerdings gewahr, daß Friedrichs Kriegsweise nicht selten von den Regeln der landläufigen Theorie ganz gewaltig abwich, und ihnen mitunter geradezu widersprach. Aber man wußte darin nicht das Walten eines mächtigen und selbständigen Geistes zu erkennen, der sich seinen eigenen Standpunkt geschaffen hat, die Dinge aus größerer Höhe und umfassender übersieht, und tiefer in ihr Wesen eindringt als die Menge der Weisen. Die Geister in diesem Kreise waren zu klein, um so folgern zu können, zu bösgesinnt, um so folgern zu wollen. Sie sahen in allen Verfügungen König Friedrichs, die nicht genau dem entsprachen, was ihnen als ausgemachte Regel galt, nur „Fehler", die aus mangelhafter Einsicht hervorgingen; arge Verkehrtheit, Thorheiten, durch die der preußische Staat immer von neuem muthwillig an den Rand des Verderbens gebracht werde. Wie wenig man in diesem Kreise befähigt war, den Geist der Kriegführung Friedrichs und somit auch das eigentliche Wesen des Krieges überhaupt zu verstehen, das spricht sich klar und vollständig in den bereits in dem Aufsatz über Clausewitz angeführten wegwerfenden Worten des Prinzen Heinrich aus: „Mein Bruder wollte immer batailliren; das war seine ganze Kriegskunst!"

Schon früh, vor sehr vielen Jahren, war mir das seltsame Mißverständniß der Kriegsweise Friedrichs des Großen aufgefallen, das sich namentlich in den wissenschaftlichen Erörterungen seiner bewundernden Zeitgenossen und Epigonen zeigt. Behrenhorst, mit dessen Schriften ich sehr vertraut war, mag viel dazu beigetragen haben, mich darauf aufmerksam zu machen, wie diese Kriegführung vielfach und in den wesentlichsten Beziehungen im Widerspruch stand mit der umständlichen Theorie, die sich auf sie berufen wollte. Andererseits suchte ich eine Erklärung für das Kriegsglück der Franzosen während der ersten Jahre des Revolutionskrieges. Der zu seiner Zeit sehr verbreitete und mit einer gewissen Vorliebe gehegte Wahn, daß eine unerhörte Heldenhaftigkeit der improvisirten, aber begeisterten französischen Krieger, Nationalgarden und Freiwilligen, und die angebliche Genialität ihrer improvisirten Feldherren Wunder bewirkt habe, erwies sich leer und unhaltbar, sowie man die Ereignisse, um die es sich hier handelte, mit wirklichem Ernst näher in das Auge faßte. Auch die einfache Negation jeder Kriegswissenschaft und Kunst und ihrer Zuverlässigkeit, wie sie in Behrenhorsts unübertrefflich geistreichen Schriften hervortritt, die Verweisung auf das Schicksal der Nationen, das im Kriege als das eigentlich entscheidende Element walte, konnte nicht genügen. Es blieb die Frage übrig, in welcher Weise, — wenn wir uns so ausdrücken dürfen: vermöge welcher Mittel das Schicksal der Nationen seinen mächtigen Einfluß geltend macht.

Studium und Nachdenken, in solcher Weise angeregt, führten mich auf eine Reihe von Sätzen, in denen mir beide Räthsel gelöst schienen. Sie wurden mir Anhaltspunkte für das Verständniß sowohl der Geschichte der Kriege selbst, und der verschiedenen Kriegsweisen, die sich im Laufe der Zeiten eine aus der anderen entwickelt haben, als der Geschichte der Theorie des Krieges und der Mißverständnisse, in die sich die Kriegsgelehrtheit gelegentlich verirrt hat. So stehen sie in Beziehung auch zu dem Gegenstande, dem diese Blätter gewidmet sind, und deshalb mögen sie denn auch, hier eingefügt, als Einleitung zu allem weiteren dienen.

1) Der unbedingte (absolute) Krieg, wie sich der Begriff in der Vorstellung, von allem Bedingenden entkleidet, auf sein ureigenes Wesen zurückführen läßt, würde unbedingt die vollständige Vernichtung des Feindes anstreben, und zwar durch alle Mittel, die dem Zweck dienen können, ohne Ausnahme. Treulosigkeit und Verrath wären so wenig ausgeschlossen, als z. B. der Gebrauch vergifteter Waffen oder Vergiftung der Brunnen, Waldbrand, der angelegt würde, Anzünden des hohen Grases in Steppen und Prairien oder überhaupt irgend etwas, das dem menschlichen Dasein verderblich werden kann.

2) Der unbedingte Krieg kömmt in der Wirklichkeit nie zur Erscheinung. Schon in den frühesten Stadien gesellschaftlicher Entwickelung wird der Zweck des Krieges, wenn nicht immer und ohne Ausnahme, doch vorherrschend ein beschränkterer. Es wird nicht immer die Vernichtung des Feindes, sondern dessen unbedingte oder auch nur dessen bedingte Unterwerfung — gänzliche Unterjochung oder — in der Mehrzahl der Fälle — eine Ergebung in unseren Willen in Beziehung auf bestimmte, streitige Gegenstände oder Vortheile bezweckt.

Andererseits werden, wie sich die gesellschaftlichen Verhältnisse weiter entfalten — und zwar auch schon früh, schon bei den Jägervölkern, die wir gewöhnt sind als Wilde zu bezeichnen, — dem Kreise, innerhalb dessen sich die kriegerische Thätigkeit bewegt, auch konventionelle Grenzen gezogen. Es bildet sich ein Völkerrecht, ein Kriegsrecht; man unterscheidet Mittel des Kampfes, die als ehrlich und gestattet gelten, und solche, die das allgemein herrschende Bewußtsein als unerlaubt verurtheilt. Selbst da z. B., wo dieses Bewußtsein noch den Gebrauch vergifteter Waffen als berechtigt gestattet, wird doch schon ein feindlicher Angriff ohne vorhergegangene Kriegserklärung für unerlaubt, für eine Missethat gehalten.

3) Die wirkliche Kriegführungsweise wird in jeder Periode des Völkerlebens durch eine Menge zusammenwirkender Elemente bestimmt und auf einen mehr oder weniger genau gezogenen Kreis möglicher oder erlaubter Art der Thätigkeit beschränkt, innerhalb dessen sie sich zu bewegen hat.

Sie wird zunächst bestimmt durch den Grad der Entfaltung, zu der zur Zeit die exakten, die physisch-mathematischen Wissenschaften gelangt sind. Zuvörderst und so zu sagen am sichtbarsten durch die Art der

Waffen, welche die Wissenschaft zu schaffen und dem Menschen in die Hand zu geben weiß.

Allerdings werden dadurch vorzugsweise die taktischen Verhältnisse bestimmt, und man könnte glauben nur diese. Doch ergiebt sich bei näherer Erwägung bald, daß auch das Gebiet der Strategie theilweise durch die Art der Bewaffnung beherrscht wird, und außerdem fördert die fortschreitende Entwickelung der Wissenschaften und ihrer Anwendung auf das thatsächliche Leben der Menschheit auch in einem ungleich weiter gezogenen Kreise großartige Erscheinungen zu Tage, die ihrer Natur nach geeignet sind, in mächtiger Weise bestimmend Einfluß auf die Kombinationen der Strategie zu üben. Wir brauchen hier nur daran zu erinnern, von welcher hohen Bedeutung auch für den Krieg und die Kriegführung Alles ist, was den Völkerverkehr mechanisch nach einem großen Maßstab erleichtert und weiter entwickelt. Es bedarf wohl keines weiteren Nachweises, in welchem Grade in neuester Zeit die Anwendung der Dampfkraft auf die Mechanik, namentlich in Verbindung mit dem Bau und der Vervielfältigung der Eisenbahnen, das Feld möglicher strategischer Kombinationen erweitert hat; wie durch diese Schöpfungen möglich geworden ist, große Heeresmassen in die Weite zu führen und in großer Entfernung von ihren Hülfsquellen, selbst in unwirthbaren Gegenden, mit allem Nöthigen zu versorgen.

Die Art der Kriegführung wird ferner bestimmt durch die Gesammtheit der volkswirthschaftlichen Verhältnisse; durch den Grad von Reichthum, dem die verschiedenen einzelnen Staaten und Völker gebieten, ja durch den Weltreichthum, der, großartig entfaltet, mit Hülfe des Kredits auch ärmere Länder mit Schöpfungen ausstattet, die sie selbst sich nicht zu schaffen vermöchten. Es ist an sich einleuchtend, daß ein großartig entwickelter Nationalreichthum überhaupt die Mittel gewährt, zahlreiche Heere aufzubringen und sich an die Ausführung großer, in die Weite gehender Entwürfe zu wagen, die man mit beschränkteren Mitteln gar nicht unternehmen könnte. Aber auch im Einzelnen läßt sich der Einfluß der obwaltenden volkswirthschaftlichen Verhältnisse auf die Kriegführung nachweisen. So ist die Möglichkeit, zahlreiche Heere an Ort und Stelle durch Requisitionen zu ernähren, von dem größeren oder geringeren Anbau der Länder abhängig und damit auch die Möglichkeit, sich mit einem gewissen Grade strategischer Freiheit auf dem Kriegsschauplatz zu bewegen.

Desgleichen macht es für die Möglichkeit strategischer Kombinationen einen großen Unterschied, ob gebahnte Heerstraßen über die Hochgebirge führen oder nur mittelalterliche Saumpfade, und nur bereits weit entwickelte volkswirthschaftliche Zustände gewähren die Mittel, großartige Gebirgsstraßen zu bauen.

Es ließe sich viel darüber sagen, in welcher Weise alle diese Elemente bestimmend auf die Art der Kriegführung Einfluß üben — oft selbst durch den Fortschritt beschränkend. So konnte sich ein römisches Heer, mit Schwert und Pilum oder Lanze bewaffnet, unabhängiger von seinen rückwärtigen Verbindungen mit einer Basis, viel freier bewegen, als eine heutige Armee, die, selbst wenn sie von Requisitionen lebt, doch immer eines Nachschubs, eines Ersatzes an Schießbedarf nicht entbehren kann und deshalb ihre rückwärtigen Verbindungen immer nur zeitweise, nur auf so lange, als die Vorräthe ausreichen, die sie unmittelbar mit sich führt, vernachlässigen oder aufgeben kann. Die Abhängigkeit, die sich daraus ergiebt, ist sogar in der neuesten Zeit durch die Verbesserung der Feuerwaffen größer geworden, als sie war, da alle europäischen Armeen von einander verschiedene Systeme der Bewaffnung angenommen haben und keine die Munition der anderen brauchen kann. Yorks preußisches Armeekorps hat bekanntlich den ganzen Feldzug 1814 in Frankreich mit eroberter französischer Munition durchgefochten. Das wäre heutzutage nicht mehr möglich.

Im Ganzen und Allgemeinen umschreiben die hier berührten Verhältnisse den Kreis des Möglichen, zu dem sich die Kriegführung zu jeder gegebenen Zeit im Besonderen erheben kann. Inwieweit dieser Kreis durch die wirkliche Kriegführung thatsächlich ausgefüllt, die gegebene Möglichkeit vollständig und erschöpfend ausgenützt wird, das wird durch bedingende und beschränkende Verhältnisse bestimmt, die auf einem anderen Gebiet liegen — durch die Gesammtheit der staatsrechtlichen Verhältnisse, der gesellschaftlichen Zustände überhaupt, die in der angegebenen Zeit maßgebend obwalten, und selbst durch die konventionellen, gewillkürten Grenzen, die der Geist der Zeit der Kriegführung zieht.

Bestimmend wirkt hier im weitesten Umfang, ob der Krieg zur Zeit als Sache der Staaten und Völker oder lediglich als eine Angelegenheit der Regierungen, was eigentlich besagt der Dynastien, aufgefaßt wird; ob große, tief in das Leben der Völker einschneidende Interessen, große

Ideen die Zeit bewegen oder die internationale Politik und der gelegentliche Zwist der Staaten, der aus ihr hervorgeht, sich um Interessen von geringerer Bedeutung drehen, die eigentlich nur die Regierungskreise beschäftigen, an denen die Masse der Bevölkerungen keinen leidenschaftlichen Antheil nimmt; ob die Kriege der Zeit sich zu Volkskriegen, zu Nationalkriegen oder zu bloßen Kabinetskriegen gestalten. Selbst die konventionellen Grenzen, die das Gewohnheits=Völkerrecht der Kriegführung zieht, sind von den hier genannten bestimmenden Elementen abhängig und werden weiter oder enger gezogen, je nachdem die Völker mehr oder weniger unmittelbaren Antheil an dem Krieg und seinen Erfolgen nehmen.

Bestimmend wirken auch — abgesehen selbst von jedem Antheil, den der Wille der Nationen an dem Krieg und seinen Zwecken nimmt oder verfassungsmäßig zu nehmen berufen ist — selbst da, wo es sich lediglich um Kabinetskriege handelt, die inneren staatsrechtlichen Verhältnisse und gesellschaftlichen Zustände der betreffenden Staaten zur gegebenen Zeit.

Die Kriegführung kann sich zur großartigsten Energie erheben und an die Ausführung weitreichender Pläne wagen — oder muß sich beschränken mit mäßiger Anstrengung mäßige Zwecke zu verfolgen, je nachdem die obwaltenden Verhältnisse im eigenen Lande der Regierung gestatten, die wirklich vorhandenen Mittel der Macht vollständig aufzubieten und ohne Einschränkung rücksichtslos zu verwenden — oder sie auf ein bestimmtes Maß von Mitteln beschränken, mit denen sie vorsichtig haushalten muß.

Das Letztere ist z. B. immer der Fall, wenn der Regierung eine ständische — nicht parlamentarische — Macht gegenüber steht; eine Macht, welche die Interessen der Dynastie, die Zwecke der Regierung als etwas ihr selbst Fremdes betrachtet, an dem sie keinen Antheil hat, und den Forderungen der Regierung gegenüber eigene Sonderinteressen zu wahren berufen ist. Legen aber die obwaltenden Verhältnisse, Ereignisse die über alles Herkömmliche hinausheben, die gesammte Macht eines Staates unbedingt in die Hand des Regenten — dann kann ein kühner Geist sie wohl benutzen, um in Beziehung auf die Energie der Kriegführung und die Ziele, die sie zu erreichen strebt, weit über die Grenzen hinauszugehen, die ihnen die allgemeinen internationalen Verhältnisse gezogen hatten — auch wenn die Zwecke, die er verfolgt, die Interessen und die Leidenschaften der Nation, die er vertritt, nicht unmittelbar berühren.

Napoleons Kriege hatten in der That nur persönliche Zwecke, die nicht im Interesse Frankreichs lagen — und dennoch konnte er sich die höchsten Ziele stecken und den Krieg mit nie erhörter Energie führen, im kühnen — oft frechen — Bewußtsein der Uebermacht alle völkerrechtlichen Grenzen der Kriegführung rücksichtslos überschreiten, weil er von der französischen Revolution die Befugniß geerbt hatte, mit ganz unbegrenzter Willkür über die gesammte wirkliche Macht, über das Blut und das Vermögen Frankreichs zu verfügen, und alles, was Frankreich wirklich vermochte, für seine Zwecke zu verwenden.

4) Da alle diese bestimmenden Elemente dem Wechsel unterworfen sind, hat sich im Lauf der Völkergeschichte eine vielfache Abstufung der Kriegführungsweise ergeben, der größeren oder geringeren Großartigkeit des Wollens und des Wagens, wie der Energie, der Intensität, der Leidenschaft, mit welcher der Kampf geführt wird; und jede geschichtliche Periode, jede Zeit von bestimmt ausgeprägtem, eigenthümlichem Charakter bildet und entwickelt ihre eigene Kriegsweise.

Die Energie der Kriegführung läßt nach, die konventionellen Grenzen, innerhalb welcher sie sich bewegen darf, werden, wie gesagt, enger gezogen in Zeiten, in denen ein Mann wie Feuquières sagen und schreiben kann: „in unseren Tagen ist es ziemlich gleichgültig, ob man dem einen regierenden Fürsten angehört oder einem anderen"; — sie erweitern sich in Zeiten, in denen die Nationen — nicht bloß die Regierungen — um ernste Interessen ringen, die ihr Gemüth mächtig bewegen.

Es kann sich und hat sich auch der Fall ergeben, daß eine und dieselbe Zeit — gleichzeitig — auf verschiedenen Kriegsschauplätzen, unter dem Einfluß verschiedenartiger maßgebender Verhältnisse, zwei in sich verschiedene Weisen der Kriegführung entstehen sieht.

Sehr belehrend ist es in dieser Beziehung, einen Blick in die Memoiren des älteren Puységur zu werfen. Die „guerre d'Allemagne", der wilde Krieg, der dreißig Jahre in Deutschland tobte, ist in den Augen des französischen Kriegers und Schriftstellers etwas ganz anderes als die „guerre de Flandres". Er hat für den einen Krieg ganz andere Anschauungen als für den anderen, und giebt für den ersten ganz andere Lehren an die Hand als für den zweiten. Dort, in Deutschland, wo es seit den Tagen Wallensteins und solcher Abenteurer wie der Mansfelder, Regel und Gesetz der Kriegführung geworden war, daß der Krieg den Krieg ernähren müsse, wo es sich weniger um den Besitz strategischer Punkte handelte, als um kühne Heereszüge durch feindliches Gebiet und die Eroberung reicher Städte; wo man in der schonungslosen Verwüstung eines feindlichen Landes das wirksamste Mittel sah, den Herrn desselben zum Frieden zu zwingen, mußten die Heere, die meist an Ort und Stelle vom Raube lebten, sich möglichst rasch von Ort zu Ort bewegen und in die Weite gehen. Hier, in den Niederlanden, machten sich die Heere Spaniens, der Niederlande und Frankreichs einen beschränkten Kriegsschauplatz in bedächtigem und methodischem Vor- und Rückwärtsschreiten Schritt für Schritt streitig, ohne je viel zu wagen, und die Armeen wurden dabei regelmäßig aus Magazinen verpflegt. Puységur nimmt das eine wie das andere als etwas Gegebenes, dem man sich fügen, das man bei dem Entwurf und der Berechnung der eigenen Operationen als maßgebend anerkennen und zum Grunde legen müsse.

Ebenso war der König Karl XII. von Schweden durch die Macht der Umstände darauf angewiesen, in ganz anderer Weise Krieg zu führen, als die gleichzeitigen französischen Feldherren. Er mußte in dem öden Flachlande im Osten von Europa viel weiter umherschweifen und sich durchaus kühner und freier auf ungleich längeren Operationslinien bewegen, als die Generale und die Heere Ludwigs XIV. von Frankreich. Da der Zweck des Krieges für ihn ein wesentlich anderer war, da es sich für ihn nicht, wie für den glänzenden König von Frankreich, bloß darum handelte, ein paar Grenzplätze zu erobern, sondern darum, die aufstrebende Macht Rußlands niederzuhalten, mußte er in dem ungleichen Kampf um einen großartigen Erfolg Mittel zu Hülfe nehmen, die ganz außer dem Gesichtskreis der französischen Feldherren seiner Zeit lagen: eine Revolution in Polen, einen Aufstand der Kosaken. Es beweist eine entschiedene Beschränktheit des eigenen Gesichtskreises, wenn man ihn darum schlichthin einen Thoren schilt, wie außer dem auf diesem Gebiet inkompetenten Voltaire auch die Leute vom Fach; die berufenen Lehrer der Kriegskunst im achtzehnten Jahrhundert, gethan haben.

Selbst in dem gegenwärtigen Jahrhundert haben wir ähnliches erlebt. Napoleon I. sah sich in Spanien zu einer Weise der Kriegführung gezwungen, die eigentlich nicht die seinige war. Schon im Frühjahr 1808 hatte er das Element, mit dem hier zu kämpfen war, verkannt, und dessen Macht falsch berechnet. Im Herbst desselben Jahres machte er dann den

Versuch, den Aufstand auf der iberischen Halbinsel in der ihm geläufigen Weise durch einen großartig angelegten Feldzug und dessen betäubenden Erfolg rasch zu Boden zu werfen. Der Gang des Feldzuges entsprach dem gebietenden Willen — nicht der Erfolg! — Es erwies sich sofort, daß Napoleon seinen gewaltigen Stoß so gut wie in das Leere geführt hatte. Es gab hier kein Herz des Reichs, das sich treffen ließ und dessen Ueberwältigung den Sieg besiegelt hätte, die Zertrümmerung der geregelten Heere des Feindes im freien Felde machte dem Kampf nicht ein Ende. Der Beherrscher Frankreichs mußte sich bemühen, jeden Theil des Landes insbesondere zu bezwingen; er mußte den Krieg mit mehreren Heeren zugleich führen, und sie bald hier, bald dorthin ziehen lassen, um die Mittel zu neuem Widerstande, wo sie sich sammeln wollten, immer wieder zu vernichten; er mußte sich auf eine unabsehbare Reihe von Belagerungen einlassen, weil die Bevölkerung eines jeden haltbaren Ortes ihren besonderen Krieg mit ihm führte.

Inmitten dieses gleichsam auf der gesammten iberischen Halbinsel überall hin vertheilten kriegerischen Elements, das sich überall auf unzähligen Punkten zugleich mehr oder weniger geltend machte, und den bei weitem größten Theil der in Spanien verwendeten französischen Streitkräfte vollauf beschäftigte, ergab sich dann für den Herzog von Wellington die Möglichkeit, an der Spitze eines Hülfsheeres von mäßiger Truppenzahl mit Erfolg in der gemessenen Weise des achtzehnten Jahrhunderts Krieg zu führen. Mit Erfolg, weil immer nur ein Bruchtheil der feindlichen Heeresmacht gegen ihn verwendet werden konnte.

5) Wenn eine der kriegführenden Parteien — durch Umstände, die es gestatten, durch eine weltgeschichtliche Erschütterung begünstigt — aus den Grenzen heraustritt, welche die Zeitverhältnisse der Kriegführung gezogen haben, und sich freier von hemmenden Rücksichten bewegt; — wenn sie im eigenen Lande rücksichtslos die wirklich gegebenen latenten Mittel der Macht aufzurufen und in Thätigkeit zu versetzen weiß, wie es bis auf den Moment herab Herkommen und staatsrechtliche Vorstellungen nicht zu gestatten schienen, und wie der Gegner, eben durch Herkommen und die obwaltenden Verhältnisse gebunden, nicht sofort in derselben Weise vermag; — wenn sie sich kühn theilweise, mehr oder weniger, auch über die konventionellen Grenzen hinwegsetzt, welche die zur Zeit geltenden Vorstellungen von Kriegs- und Völkerrecht der Benutzung aller jener

Hülfsquellen ziehen, die sich in Feindesland finden lassen; — mit einem Wort, wenn sie sich in der Weise ihrerseits den Krieg zu führen mehr als zur Zeit üblich war der Intensität und Energie des absoluten Krieges nähert — dann gewinnt sie eben dadurch eine große Ueberlegenheit über den Gegner, der nicht sofort gleichen Schritt zu halten vermag.

Die Ueberlegenheit wird um so größer, je mehr die aus den früheren Zeitverhältnissen hervorgegangene Kriegsweise, der man in solcher Weise gegenübertritt, eine bedingte und abgeschwächte ist. — Dadurch erklärt sich genügend, wie Frankreich zur Zeit seiner großen Revolution ein so entschiedenes Uebergewicht gewinnen konnte, nachdem man — thörichter Weise — seinen Heeren Zeit gelassen hatte, sich zu einem einigermaßen hinreichenden Grad von Brauchbarkeit heranzubilden. — Es sind das Erscheinungen, die an Wendepunkten der Weltgeschichte hervortreten.

6) Die Männer vom Fach — man ist versucht zu sagen, die Gewerbgenossen — die Führer in den verschiedenen Abstufungen der militärischen Hierarchie, die Adepten wie die Lehrer der Kriegskunst, sind vielfach und immer wieder dem Irrthum verfallen, die Kriegsweise, die sich ihre Zeit — oder die jüngste Vergangenheit, deren unmittelbare Epigonen sie sind; — die Kriegsweise, für die sie sich selbst gebildet haben, wenn nicht für den absoluten Krieg, doch gleichsam für den normalen Krieg zu halten. Selbst die konventionellen Grenzen, die ihre Zeit, oder die Zeit, der ihre Bildung angehört, der Kriegführung, wenn auch noch so willkürlich eng gezogen hat, dünken ihnen leicht unwandelbar wie ein Naturgesetz, und Alles, was außerhalb dieser Kreise liegt, wird gern als Unfug und Barbarei ignorirt. Muß man auch gewahr werden, daß zu Zeiten in einem anderen Geist Krieg geführt worden ist, so werden solche Erfahrungen von denen, die einmal solcher Befangenheit verfallen sind, meist ohne daß man sie wirklich um ihr eigentliches Wesen befragt hätte, durch einige flüchtige Worte über „Kindheit", in der die Kriegskunst damals noch gelegen habe, oder dergleichen abgewiesen. Mit Karl XII. von Schweden glaubt man fertig zu sein, wenn man ihn einfach einen Thoren genannt hat.

Wissenschaftlich gebildete Krieger, die auf dem Wege des Studiums und des Denkens zu einem Verständniß des Krieges und seiner Bedingungen zu gelangen suchen, sind einer solchen einseitigen Beschränktheit verfallen, so gut und so oft wie die Empiriker, deren militärische Bildung lediglich das Ergebniß einer langen Reihe von Dienstjahren ist, und der

Erfahrungen, welche diese Dienstjahre mit sich gebracht haben. Ein rüstiger Naturalist, den die Natur mit einem gesunden Verstand und kühnem Sinn ausgestattet hat, wie Blücher, findet sich sogar nicht selten leichter in die Erscheinungen einer neuen Zeit, als gelehrte Strategen, wie z. B. — um nur Zeitgenossen des Fürsten von Wahlstadt zu nennen — Langenau und Duka, oder auch der eine und der andere unter den sehr unterrichteten Offizieren, die im preußischen Kriegsrath jener Tage eine Stimme hatten.

Einem Feinde, der vom Genius der Zeit getragen, entschlossen und kühn oder selbst ruchlos wie die französische Revolution, die Schranken des Herkömmlichen durchbricht, den Krieg mit gesteigerten Mitteln der Macht in freierer Bewegung nach einem größeren Maßstab führt, treten dann Feldherren und Rathgeber, die sich nicht sofort von solcher Befangenheit frei zu machen wissen, mit Maßregeln entgegen, die eine ältere, vergehende oder bereits vergangene Weltlage und eine ihr entsprechende Kriegsweise voraussetzen, und wenn diese Maßregeln nicht ausreichen wollen, verfallen solche Strategen gar leicht einer entmuthigenden Rathlosigkeit, die natürlich das Uebergewicht des Feindes steigert, selbst ohne daß es dazu seinerseits einer entschiedenen Genialität bedürfte.

Die Art, wie diese Rathlosigkeit sich ausspricht, so lange man sich nicht ins Herz getroffen fühlt, hat für den Sohn einer späteren Zeit, der leicht mit freierem Blick auf eine, wenn nicht der Zahl der Jahre, doch dem Wesen nach, bereits fernliegende Vergangenheit zurücksehen kann, häufig genug etwas in hohem Grade Befremdendes. Es ist vorgekommen, daß man in demselben Augenblick, in dem man die eigene Ohnmacht einer in revolutionärer neuernder Weise energischen Kriegführung gegenüber eingesteht, doch zugleich dieselbe Kriegsweise, gegen die man sich nicht zu behaupten weiß, wegwerfend als einen sinnlosen Unfug bespricht, und ohne sich in gewohnten Vorstellungen irre machen zu lassen, die allernächst liegenden Folgerungen nicht zieht. Bekannt ist das seltsame Wort des preußischen Generals, Fürsten von Hohenlohe-Ingelfingen, der 1794 meinte, man müsse mit Frankreich Friede schließen; von der Fortsetzung des Krieges sei ein günstiges Ergebniß nicht zu erwarten, da man „mit Narren eben niemals fertig" werde. Und doch war dieser Fürst ein tapferer Soldat, der mehr als eine rühmliche That aufzuweisen hatte und jedenfalls bedeutend höher stand, als die banale Mittelmäßigkeit.

In einer offiziellen österreichischen Skizze des Feldzuges 1794, die der Rangliste für 1796 angefügt ist, werden die Großthaten der österreichischen Krieger, ihre glänzenden Thaten in unzähligen siegreichen Gefechten, wie natürlich, in das hellste Licht gestellt; es wird dem Leser klar gemacht, daß die Franzosen nach den wiederholt mißlungenen Anschlägen an der Sambre und auf Charleroy, nach den großen Verlusten, die sie dabei erlitten hatten, sich eigentlich so zu sagen von rechtswegen hätten als endgültig besiegt ansehen müssen. — „Die französische Armee", heißt es da, „hatte bei allen ihren mit Muth geführten, aber immer fruchtlosen Unternehmungen an der Sambre eine so große Menge Menschen verloren, daß sie nach dem gewöhnlichen Lauf der Dinge hätte ganz entkräftet sein sollen: allein die Konvention (d. h. der National-Konvent) zu Paris, welche damals das Schreckenssystem über ganz Frankreich ausübte, befahl den Generälen, bei Verlust ihres Kopfes, Charleroy einzunehmen, und wenn auch noch so viel Menschenblut dabei vergossen würde. Daher wurde Alles, was nur Waffen tragen konnte, zusammengetrieben und eine ungeheure Menge Artillerie aus den Festungen zusammengebracht. Mit dieser fürchterlichen Macht setzte der Feind abermals über die Sambre, schloß Charleroy mit einer Armee ein, und eine andere stellte er zur Bedeckung auf die vortheilhaftesten Posten aus und ließ sie durch viele Tausende von Arbeitern auf das schnellste verschanzen."

Darauf wird dann erzählt, wie Charleroy verloren ging, und wie dann der übermächtige Feind sich gleich einem „reißenden Strom" auch über Flandern ergoß.

Hier wäre nun die Folgerung zu erwarten, daß man einem so ungewöhnlichen Lauf der Dinge gegenüber auch zu ungewöhnlichen Mitteln greifen müsse — aber so wird keineswegs gefolgert. Der ungewöhnliche Lauf der Dinge bleibt einfach als eine Ausnahme, als eine Anomalie hingestellt, und die einzige Folgerung, die sich aus dem Zusammenhang ergiebt, wäre kaum eine andere als die, daß eben nichts zu machen war, und daß man dem Feinde die Niederlande überlassen mußte. Dennoch aber, ungeachtet solcher Ergebnisse, wollte man den endlichen Sieg, der zu einem annehmbaren Frieden führen konnte — zu einem Frieden mit Ländergewinn, wie ihn Oesterreich verlangte — fort und fort von den Maßregeln der alten Politik und der alten Kriegsweise erwarten.

Es ist merkwürdig, wie schwer und wie spät sich die Einsicht Bahn gebrochen hat, daß man einer veränderten, neuen Weltlage gegenüberstehe, die andere Kombinationen forderte, als die unmittelbar vorher gegangene Zeit. Der deutsche Dichter wußte am Abend des 20. September 1792 im Biwak vor Valmy den preußischen Offizieren mit prophetischem Geist zu sagen: „von hier und heute geht eine neue Epoche der Weltgeschichte aus, und ihr könnt sagen, ihr seid dabei gewesen". — Die Staatsmänner der Zeit wurden es nicht gewahr. Die haderten und intriguirten in alter Weise um Landstriche in Polen und behandelten darüber den Krieg mit Frankreich und der Revolution fast als Nebensache.

Wie wenig man sich, namentlich in den Armeen, die eine Reihe von Jahren über an den Kämpfen gegen Frankreich nicht unmittelbar theilgenommen hatten, veranlaßt fühlte, aus dem Zauberkreise hergebrachter Vorstellungen und gewohnter Maßregeln herauszutreten, das zeigt sich nur zu deutlich in gar mancher Schrift militärischen Inhalts aus den ersten Jahren des gegenwärtigen Jahrhunderts. Wir wollen nur an eine der beachtenswertesten erinnern, an die „Geschichte der vier ersten Feldzüge des französischen Revolutionskriegs", die von einem gewiß nicht unbedeutenden Offizier, einem Vertrauten des Herzogs von Braunschweig, herrührt. Es gemahnt uns heutzutage wie ein kaum zu begreifendes, seltsames Phänomen, daß ein verständiger Offizier und mit ihm fast das gesammte Offizierkorps einer ganzen Armee solche Ansichten von Krieg und Kriegführung, wie da ausgesprochen sind, festhalten konnte, nachdem man die ersten napoleonischen Feldzüge, wenn nicht mitgemacht, doch als Zuschauer aus der Entfernung miterlebt hatte. Niemand konnte entschiedener, man ist versucht zu sagen, hoffnungsloser, in veralteten Ansichten festgebannt sein, als der zu jener Zeit als eine militärische Autorität ersten Ranges berühmte Tempelhof; dafür legen seine Denkschriften aus eben diesen Tagen ein beredtes Zeugniß ab.

So fand denn Napoleons Kriegsglück erst dann seine Grenze und sein Ende, als er den Nationen auf das unmittelbarste fühlbar gemacht hatte, daß er gegen sie selbst und ihr selbständiges Dasein, nicht bloß gegen die Politik ihrer Regierungen Krieg führe; als diese Ueberzeugung, allgemein geworden, den Regierungen die Mittel verschaffte, eine Macht gleich der seinigen aufzubieten und ihn mit gleichen Waffen zu bekämpfen; als das Bewußtsein, daß es sich in dem Kampf mit diesem Gegner wenigstens für die eine der gegen ihn verbündeten Mächte um Sein oder Nichtsein handle, auch den Willen hervorrief, diese Macht mit unbedingter Energie zu verwenden; als endlich unter den Führern der verbündeten Heere Männer auftraten, die sich eine der Weltlage und ihren Forderungen entsprechende Weise der Kriegführung anzueignen wußten.

Und doch hatten diese Heerführer, wie hinreichend bekannt ist, auch zu der Zeit noch Mühe genug, im Rathe der Verbündeten mit ihren Ansichten durchzudringen. Es hatten auch zu der Zeit in diesem Rathe noch Leute eine gewichtige Stimme, die, aller weltgeschichtlichen Erfahrungen ungeachtet, die Modalitäten der Kriegführung, für die sie sich in ihrer Jugend gebildet hatten, noch immer für den normalen Krieg, für allgemein gültig halten und darauf zurückkommen wollten. Es hatte da auch — um nur Einen unter Mehreren zu nennen — ein Mann, wie der General Duka, mitzusprechen, der noch zu Anfang des Jahres 1814 einen entschlossenen Zug nach Paris als eine Thorheit verwarf, die Heere der Verbündeten in Winterquartiere verlegen wollte, und dann im Frühjahr, mit dem Eintritt der schönen Jahreszeit, Mainz zu belagern hoffte. — —

Ich bekenne mich gern dazu, daß das Studium der Schriften Clausewitz' Epoche gemacht hat in meiner wissenschaftlichen Bildung. Ohne Zweifel sind auch diese Sätze eben durch dieses Studium modifizirt worden — aber ich weiß nicht mehr zu sagen in wie weit; ich weiß nicht mehr mit Bestimmtheit zu sagen, welche Gestalt sie angenommen hatten, als ich sie an die Spitze einer damals beabsichtigten Geschichte des Revolutionskrieges von 1792—1800 zu stellen dachte, und ehe ich mich an dem Studium der Werke Clausewitz' weiter gebildet hatte.

Wollen wir uns davon Rechenschaft geben, welche Ansichten von Krieg und Kriegführung Friedrich der Große sich gebildet hatte, so dürfen wir nicht vergessen, daß es sich nicht bloß um die Lehren eines Theoretikers handelt, sondern um Denken und Wollen eines königlichen Feldherrn. Wir dürfen uns nicht ausschließlich an die Instruktionen halten, in denen er seinen Generalen sagte, was er von ihnen verlangte, noch überhaupt an seine schriftlichen Aeußerungen. Wir müssen auch seine Thaten zu Rathe ziehen und sie um ihren Inhalt befragen.

Da tritt uns nun vor allem als charakteristisch entgegen, was, wenn wir nicht irren, nicht immer seiner vollen Bedeutung nach erwogen und gewürdigt worden ist, und zumal von seinen Zeitgenossen nicht, die es vielmehr gar nicht gewahr wurden. Der Umstand nämlich, daß alle Schlachten Friedrichs des Großen — natürlich mit Ausnahme derer, die sich aus einem zufälligen Zusammentreffen ergaben, wie bei Lowositz und Liegnitz, und derjenigen, in denen er angegriffen wurde, wie bei Hochkirch — auf Vernichtungsschlachten angelegt waren. Es war namentlich im Laufe des siebenjährigen Krieges, in jeder von ihm geplanten Schlacht — bei weitem entschiedener als in irgend einer der Dispositionen Napoleons — auf gänzliche Zertrümmerung des feindlichen Heeres abgesehen. So vor allem bei Prag, bei Leuthen, wo die Zertrümmerung des feindlichen Heeres am vollständigsten gelang; bei Zorndorf, bei Kunersdorf, bei Torgau und selbst bei Kolin; weniger bei Roßbach, wo ein unerwarteter günstiger Augenblick, vermöge eines augenblicklichen Entschlusses, rasch benutzt werden mußte.

In der Anlage zu König Friedrichs Schlachten liegt aber auch der Schlüssel zu dem Verständniß seiner Strategie.

Er stand auch in dieser Beziehung hoch über seiner Zeit. Mit freiem Geist hatte er sich sehr bald von den Fesseln der herrschenden Schule frei gemacht und das wahre Wesen des Krieges gar wohl erkannt. Wie kein anderer unter seinen Zeitgenossen wußte er, wie schon gesagt, daß die Zertrümmerung der feindlichen Streitkräfte das allein wirklich Entscheidende im Kriege ist, und jeder ohne den Sieg in offener, vernichtender Feldschlacht gewonnene Vortheil nur ein bedingter und unsicherer. Darum wollte er, wie sein Bruder Heinrich und dessen Anhang tadelnd spotteten, „immer batailliren" — das heißt in Wahrheit immer, sobald er einen günstigen Erfolg hoffen durfte — nicht, wie der Tadel zu verstehen giebt, in thörichter Unbedingtheit immer und unter allen Umständen.

Aber er wußte sich auch zu sagen, daß der Krieg nur ein Mittel, ein Werkzeug der Politik ist; daß der Erfolg im Kriege im gegebenen Falle nicht über das Ziel hinauszugehen braucht, das ihm die Politik bezeichnet, in manchen Fällen nicht darüber hinausgehen darf; mit anderen Worten, daß die Kriegführung, wenn die Waffengewalt einzugreifen hat in den Gang der Politik, stets einen den wirklich vorliegenden und maßgebenden Verhältnissen entsprechend genügenden Erfolg zu erstreben hat, und daß dieser nicht immer und unter allen Umständen ein unbedingt vollständiger, vernichtender zu sein brauche. Dann wußte er — wie wir an dieser Stelle wiederholen müssen — sich auch sehr genau und bestimmt von der besonderen Lage Preußens und dem Maß der Macht, die ihm zu Gebote stand, Rechenschaft zu geben. Er wußte, was Preußen vermochte und was nicht, wie leicht die Mittel seines Reichs erschöpft werden konnten, und er wußte Maß zu halten — etwas das Napoleon nie gelernt, vielmehr in gesteigertem Uebermuth stets mehr und mehr verlernt hat.

In diesem Sinne sehen wir den König Friedrich schon zu einer Zeit, in der er noch nicht als der vollendete Feldherr seiner späteren Jahre vor uns steht, wir möchten uns erlauben zu sagen, während seiner Lehrlingszeit, als streng besonnenen Staatsmann handeln, der die Weltlage mit klarem Blick erkannt hat, und sich durch nichts verleiten läßt, über die Grenzen des Zweckmäßigen hinauszugehen.

Er wollte im ersten schlesischen Kriege die Gunst der Umstände benützen, sein Recht auf Schlesien geltend machen, und seinen erweiterten Staat zu einem wirklichen Königreich entwickeln, das fähig sei, ein selbständiges Dasein zu führen, und eine eigene unabhängige, seinen eigenen Interessen entsprechende Politik zu befolgen. — Und hier mag es vergönnt sein, eine Bemerkung einzuschalten, die nur mittelbar zu dem Gegenstande dieses Werkes in Beziehung steht. König Friedrich spricht in seinen Schriften mit Ironie von seinen Ansprüchen auf einen Theil Schlesiens. Daraus hat man von mehr als einer Seite folgern wollen, daß seine Ansprüche ungegründet gewesen seien, und daß er selbst das gewußt und eingestanden habe. Nicht bloß Schriftsteller, die im Interesse Oesterreichs arbeiteten, haben Friedrichs eigene Worte in diesem Sinne auszubeuten gesucht, sondern auch deutsche Kleinstaater, die mit Abneigung auf Preußen sahen, Rheinbündlinge, Rheinbund-Epigonen und dergleichen. Aber Preußens Ansprüche waren nicht unbegründet, und Friedrich konnte sie nicht dafür halten. Selbst der reichstreueste aller deutschen Fürsten, Friedrich Wilhelm I., hatte zuletzt das schnöde Spiel durchschaut, das die Wiener Hofburg mit ihm trieb, indem dort immer, so oft man in Verlegenheit war und Preußens Beistand bedurfte, Preußens Ansprüche als berechtigt, in kunstreich auf Schrauben gestellten Worten, die zu nichts verpflichteten, anerkannt wurden, — um dann immer wieder als vollkommen ungereimt mit den schnöbesten Worten abgewiesen zu werden, sobald man sich von neuem gesichert fühlte und Preußens nicht mehr zu bedürfen glaubte. Wenn König Friedrich mit Ironie von seinen Ansprüchen und seinem Rechte spricht, so will der erfahrene Welt- und Staatsmann nur sagen, daß ihm sein von Oesterreich so oft anerkanntes und wieder geleugnetes Recht, wie der Weltlauf nun einmal ist, zu gar nichts geholfen haben würde, wenn er nicht auch die reale Macht gehabt hätte, es geltend zu machen; daß dergleichen Fragen überhaupt auf dem Gebiete der Politik, wo gelegentlich wohl die Macht ohne Recht, niemals aber das Recht ohne Macht zur Geltung kömmt, Fragen nicht des Rechts, sondern eben der Macht sind.

Das also wollte Friedrich der Große; er vergaß aber darüber nicht einen Augenblick, daß es ganz und gar nicht Preußens, oder Deutschlands, oder Europas Interesse sei, die Pläne Heinrichs IV. und des Kardinals Richelieu auszuführen, und Oesterreich gänzlich zu zertrümmern, um Frankreich zu einem unbedingten Uebergewicht, zur Herrschaft in Europa zu verhelfen. Er war weit entfernt, den Erfolg seiner Waffen auf das äußerste treiben zu wollen. So wie er sich im Besitz Schlesiens sah, schloß er einen Waffenstillstand mit der Königin von Ungarn, Maria Theresia, um ihr Zeit und Mittel zu lassen, sich ihrer anderweitigen Feinde zu erwehren. Als er darauf gewahr werden mußte, daß der Wiener Hof dem Frieden mit ihm auszuweichen suchte, daß man ihn hinhalten wollte, bis man sich mit den anderen Feinden abgefunden habe, um dann die gesammte Macht Oesterreichs gegen ihn allein zu wenden, und ihn, wie man hoffte, zu entwaffnen und zu demüthigen — da schloß er vorübergehend mit Frankreich, dem deutschen Kaiser aus bayerischem Hause, und Kursachsen ein Bündniß — das hauptsächlich als Warnung auf Oesterreich Eindruck machen sollte. Aber er verlor auch darüber nicht einen Augenblick aus den Augen, daß Frankreichs Zwecke nicht die seinigen waren oder sein durften, und daß Sachsen in diesem Kriege überhaupt gar keinen vernünftigen Zweck verfolgte; und auch, da alle Mittel des Landes auf die Hauptsache, das heißt auf den Glanz des Dresdener Hofes, des katholischen Gottesdienstes und der italienischen Oper, die dazu gehörten, verwendet werden mußten, in der That so gut wie gar nichts zu thun vermochte, um die allenfalls gewünschten Eroberungen wirklich zu erobern. Auch entging es seinem Scharfblick nicht, daß weder die Franzosen der Zeit Ludwigs XV., noch Friedrich

August von Sachsen und Graf Brühl Leute waren, mit denen man ein ernstes Bündniß auf Tod und Leben schließen durfte. Er ließ die Oesterreicher, um sie friedlich zu stimmen, noch einmal in einer siegreichen Schlacht fühlen, wer er sei und was er vermöge, und schloß dann seinen Frieden mit ihnen, sobald er sie dazu geneigt fand — keineswegs gewillt, Haus Oesterreich zu Frankreichs Gunsten weiter zu schädigen.

In demselben Geist hält sich König Friedrich auch in dem zweiten schlesischen Krieg genau und besonnen innerhalb der Grenzen, die er sich selbst, den Interessen seines Staats und der Weltlage entsprechend, gezogen hatte, und selbst die glänzenden Siege bei Hohenfriedberg und Kesselsdorf verleiten ihn nicht, über diese Linie hinauszugehen und mehr zu wollen, als einen Frieden, der ihm Schlesien von neuem sichert.

Werfen wir dann einen Blick auf die Instruktionen und schriftlichen Arbeiten, deren Inhalt den Erfahrungen dieser ersten Feldzüge entnommen ist, so gewahren wir leicht, daß König Friedrich — eben wie Napoleon — in Beziehung auf Einzelnheiten im Technischen weniger Neuerer war als mancher andere, weniger begabte Kriegsmann — daß er aber ein sehr scharfes Auge hatte für die Mängel, die in seiner Armee hervortraten, wie für die Bedeutung der Neuerungen, die anderswo versucht worden sein mochten.

Bekannt ist, wie er gleich in seinem ersten Feldzug die Mangelhaftigkeit seiner unbehülflichen Reiterei mit sicherem Blick erkannt und eben aus ihrem fehlerhaften Gebahren die richtigen Grundsätze der Reitertaktik abzuleiten gewußt hatte. Und mit eben so sicherem Blick wußte er dann auch die Leute zu finden, deren er zur Umbildung dieser Reiterei bedurfte und namentlich Seydlitz aus einer subalternen Stellung schnell in eine Sphäre weitreichender Thätigkeit zu versetzen. Friedrich Wilhelm I., der sich, gleichwie der alte Dessauer, wenig auf Reiterei verstand, hatte in seinen Reglements vorgeschrieben, die Kavallerie solle stets in Masse „attakiren" — aber im Trab, was voraussetzt, daß sie das Schießgewehr als ihre eigentliche Waffe ansehen und am Schluß der Attacke Feuer geben sollte, wie das zur Zeit des spanischen Erbfolgekrieges üblich war. Friedrich II. lehrte sie, sich in rascheren Gangarten bewegen und dem Schwert vertrauen.

Auch die Artillerie entging natürlich seiner Aufmerksamkeit nicht, und er ordnete sie gleich nach seinen ersten Feldzügen, unmittelbar nach dem

Breslauer Frieden, in einer Weise, die ihre Verwendung in Masse und als selbstständige Waffe zweckmäßig vorbereitete. Die sämmtlichen Geschütze, die eine Armee mit sich führte, waren bis zur Zeit im preußischen Heere wie überall — mit Ausnahme der Bataillonskanonen — als eine Gesammtmenge ohne Gliederung, unter den Befehlen eines höheren Artillerieoffiziers, in einem „Park" vereinigt, und aus dem Park wurden dann vorkommendenfalls Geschütze einzeln oder in größerer oder geringerer Anzahl, je nachdem man es nöthig achtete, unter einem für diesen besonderen Fall besonders zum Befehlshaber solcher entsendeten Geschütze ernannten Artillerieoffizier auf diesen oder jenen Punkt der von der Armee eingenommenen Stellung entsendet. Setzte sich das Heer in Marsch, wurde die Stellung verändert, so gingen die entsendeten Stücke wieder in den Park, in die ungegliederte Gesammtmenge zurück. — König Friedrich theilte sie 1742 in ganz Europa zuerst bleibend in Batterien ein. Doch betrachtete und verwendete er sie noch immer nur als Hülfswaffe. Er verließ sich vor allem auf die Festigkeit der Infanterie, die sein Vater und der Fürst von Dessau gebildet hatten und der in der That zur Zeit keine andere gleich kam. Hatte sie doch die Schlacht bei Molwitz eigentlich ganz allein gewonnen, ohne daß die höhere Führung sonderlichen Einfluß auf den Gang der Schlacht geübt hätte.

Bald darauf aber ergaben sich auf dem Gebiet kriegerischer Anordnungen und Vorbereitungen neue Erscheinungen, die neue, bis zur Zeit nicht übliche Maßregeln an die Hand geben konnten oder als Abwehr zu fordern schienen.

Die Schlacht bei Fontenoy, 1745, wurde zwar von den Franzosen, denen es mehrere Feldzüge hindurch verdienter Weise schlecht genug gegangen war, als glänzender Sieg überlaut gefeiert, ihre Bedeutung aber für die Weiterentwickelung der Taktik im Großen scheint man nicht in ihrem ganzen Umfang gewahr geworden zu sein, obgleich die Anordnungen des Marschalls von Sachsen von den Zeitgenossen und der nächstfolgenden Generation vielfach und sehr umständlich besprochen worden sind. Sie sind in der That in mehr als einer Beziehung sehr merkwürdig. Das Eigenthümliche in diesen Anordnungen kann vielleicht in der Kürze dadurch angedeutet werden, daß wir die Stellung des Marschalls von Sachsen, so wie er sie wählte und einrichtete, als das erste Beispiel eines verschanzten Schlachtfeldes bezeichnen, das überhaupt in der Geschichte der Kriege vorliegt. Bis zur Zeit hatte man eigentlich nur an verschanzte Lager gedacht; das heißt, man hatte Stellungen verschanzt, wenn man nicht schlagen wollte, in der Absicht und in der Hoffnung, sie unangreifbar zu machen und infolge dessen auch nicht darin angegriffen zu werden. Da das Beispiel der Festungen vorlag und die Feldbefestigungskunst sich spät erst — nicht früher als gegen die Mitte des achtzehnten Jahrhunderts — zu einem selbständigen Zweig der Kriegswissenschaften entwickelte, war es natürlich, daß man solche Stellungen durch zusammenhängende Linien zu verschanzen suchte, die dem Feinde, wie man meinte, nirgends einen freien Zugang offen ließen, um unmittelbar die hinter den Verschanzungen stehende Armee anzugreifen. — Der Marschall von Sachsen dagegen verschanzte bei Fontenoy eine Stellung, in der er angegriffen sein und eine Schlacht liefern wollte, und er richtete die Verschanzungen darauf ein, daß sie dienen konnten, die Vertheidigung zu unterstützen, die Truppen aber nicht im Manövriren hinderten. — Merkwürdig ist nun, beiläufig bemerkt, wie die vielfachen Erörterungen, zu denen diese Stellung und der Sieg, den der Marschall von Sachsen in ihr erfocht, Veranlassung gaben, sich immerdar ohne tiefergehendes Verständniß in unbestimmter Allgemeinheit um die Frage drehen, ob eine Verschanzung durch zusammenhängende Linien oder durch einzelne Schanzen zweckmäßiger sei. Dabei wird vorherrschend durchaus passive Vertheidigung als Zweck vorausgesetzt, und die Theoretiker, die den zusammenhängenden Linien den Vorzug geben, führen sogar die Schlacht bei Fontenoy zu Gunsten ihrer Meinung an. Da habe sich gezeigt, sagen sie, daß eine Verschanzung, die aus einzelnen, durch mehr oder weniger weite Zwischenräume getrennten Schanzen bestehe, dem Zweck nicht entspreche; der Feind habe sich nicht genöthigt gesehen, diese Schanzen anzugreifen, sie hätten ihn nicht gehindert, durch die Zwischenräume gerade auf die weiter zurück hinter ihnen aufmarschirte französische Armee los zu gehen. So befangen in gewohnten Vorstellungen, die ihnen einmal geläufig sind, pflegen gelegentlich Schulen und Fachmänner zu sein, und so schwer fällt es ihnen, sich in neue Anschauungen zu finden.

Dann hatte der Marschall von Sachsen auch in derselben Schlacht die Artillerie in einer bis zur Zeit nicht eben gewöhnlichen Art als selbständige Waffe verwendet, nämlich indem er — freilich durch eine unerwartete Bedrängniß dazu veranlaßt — mit ihr zu manövriren suchte, was bei ihrer damaligen Schwerfälligkeit bedeutenden Schwierigkeiten unterlag. Seit Wallenstein in der Schlacht bei Lützen, 1632, eine für die Zeit bedeutende Batterie auf seinem linken Flügel vereinigt hatte, war es mehrfach geschehen, daß schwere Artillerie in größerer Menge auf einem besonders wichtig geachteten Punkt des Schlachtfeldes vereinigt wurde; — selbst der Umstand, daß diese Artillerie nicht bei den Truppen eingetheilt, sondern in einem Park vereinigt war, mußte, scheint es, auf eine solche Verwendung führen. Viel seltener aber war es geschehen, daß sie im Laufe einer Schlacht ihre Stellung verändert und mehrere Positionen nach einander eingenommen hätte.

Bei Fontenoy geschah es. Als hier die berühmte große Kolonne, welche die Truppen der englisch-verbündeten Armee gebildet hatten, das Mitteltreffen des französischen Heeres durchbrochen hatte, suchte der Marschall von Sachsen aus seiner ganzen Stellung Artillerie zusammen, um sie in größerer Anzahl gegen die Spitze dieser sogenannten Kolonne zu richten. Diese Kolonne, die vielleicht eher einer formlosen Masse gleich sah, war zufällig entstanden dadurch, daß ein Theil der englisch-verbündeten Linie — namentlich die englische Garde — geradeaus durch den Zwischen= raum zwischen zwei französischen Schanzen vorging, die Flügel der Linie aber sich vor dem Feuer eben dieser Schanzen zurückbogen, gleichsam rückwärts schwenkten; — sie wurde überwältigt und zertrümmert, weil die Generale der Verbündeten mit dieser unlenkbar gewordenen Masse nichts weiter anzufangen wußten und rathlos zusahen, wie sie nach und nach dem Kreuzfeuer der gegen sie vereinigten Batterien und mehrfach wiederholten Reiterangriffen erlag.

Doch wurde die Schlacht bei Fontenoy auch nicht eigentlich in der Weise epochemachend, daß man etwa infolge des dort beobachteten Her= gangs grundsätzlich und allgemein eine größere Manövrirfähigkeit der Artillerie gefordert hätte. Das geschah sogar gerade in den Reihen der zunächst betheiligten Armee am allerwenigsten; gerade in der französischen Artillerie blieb man in Beziehung auf das Material noch eine Reihe von Jahren bei den älteren und bereits veralteten Formen und Einrichtungen stehen. Selbst die unmittelbar vor dem Ausbruch des siebenjährigen Krieges auf den Rath des talentvollsten der damaligen französischen Generale, des nachherigen Marschalls Broglio, vorgenommene Erleichte=

rung des Artilleriematerials bestand lediglich darin, daß die vorhandenen Zwölfpfünder auf Sechzehnpfünder, und die Achtpfünder auf Zwölfpfünder ausgebohrt wurden, und das französische Geschütz blieb bis in die Zeiten nach dem siebenjährigen Kriege das schwerste und schwerfälligste in Europa.

In Oesterreich dagegen wurde unter dem Einfluß des Fürsten Wenzel Liechtenstein die Artillerie, was die verschiedenen beibehaltenen Kaliber und überhaupt das Material betrifft, einem folgerichtigen System entsprechend geregelt, die Geschütze wurden erleichtert, wie bis dahin noch nirgends geschehen war, und besonders wurde die Zahl der Stücke, die den Heeren in das Feld folgen sollten, weit über das früher übliche Maß vermehrt.

König Friedrich wurde gleich in der ersten Schlacht des siebenjährigen Krieges bei Lowositz gewahr, daß man einer so zahlreichen Artillerie gegenüber den Sieg nicht mehr von der zuverlässigen Haltung und dem Schnellfeuer der Infanterie allein erwarten dürfe; daß man sich entschließen müsse, eben auch eine zahlreiche Artillerie mit in das Feld zu führen. „Il faut en prendre son parti", sagte der König, so beschwerlich das auch sein möge.

Es darf dabei nicht unbeachtet bleiben, daß die Beschwerde, eine zahlreiche Artillerie mitzuführen, damals ohne allen Vergleich größer war als in unseren Tagen, oder selbst zur Zeit der napoleonischen Feldzüge. Wir berühren hier wieder einen der Punkte, wo der Einfluß der nationalökonomischen Verhältnisse auf den Gang der Kriegführung besonders fühlbar wird. Die Armuth, in die das verwüstete Deutschland im Laufe des dreißigjährigen Krieges versunken war, hatte einen solchen Grad erreicht, daß man in dem verödeten Lande gar wenig an Straßen- und Brückenbau denken konnte. Es fehlte nicht nur das Interesse dafür, wie in manchen der kleineren Staaten, wo der Luxus des Hofes oder der Klöster als der eigentliche Zweck des Ganzen angesehen wurde, allerdings der Fall war: es fehlten vielfach auch die Mittel. Die Unwegsamkeit, besonders des nördlichen Deutschlands — Westfalens z. B. oder der Gebirgsgegenden — war von der Art, daß wir uns heutzutage kaum ein Bild davon zu machen wissen. Alle Märsche, alle Bewegungen zahlreicher Heere wurden dadurch gar sehr erschwert, und besonders in der bösen Jahreszeit hin und wieder sogar nicht bloß im Sinne der herrschenden Vorstellungen, sondern wirklich unmöglich gemacht.

Die Beschwerden und Schwierigkeiten, die eine zahlreiche Artillerie mit sich brachte, wurden dann auch noch durch gewisse Bedingungen gesteigert, welche die damalige Taktik den Bewegungen der Heere auferlegte. Man achtete es geboten, selbst die zahlreichsten Heere als ein taktisches Ganzes in zusammenhängender Linie aufmarschiren zu lassen. Das erforderte Zeit, und um nicht in einem Zustand der Wehrlosigkeit überrascht werden zu können, suchte man auf Märschen in der Nähe des Feindes die Marschordnung so zu regeln, daß aus ihr die Schlachtordnung des Ganzes "in zusammenhängender Linie" möglichst schnell hergestellt werden konnte. Nach der Flanke wurde treffenweise abmarschirt, nach der Front in möglichst vielen Kolonnen, die so genau wie möglich auf Distanzen zum Deployiren von einander entfernt, in gleicher Höhe neben einander vorrücken sollten. Natürlich konnte ein solcher Marsch nicht auf den gebahnten Wegen ausgeführt werden, die der Verkehr geschaffen hatte; die Kolonnen mußten querfeldein über Aecker und Wiesen, über Höhen und Tiefen geführt werden. Für Fußvolk und Reiterei waren verhältnißmäßig leicht sogenannte Kolonnenwege in der vorgeschriebenen Richtung herzustellen — d. h. die etwanigen Hindernisse aus dem Wege zu räumen — für die Artillerie war ein solcher Marsch nicht selten mit vielfachen Schwierigkeiten verbunden.

Mais il fallait en prendre son parti.

Wenn wir nun unsere Aufmerksamkeit auf die Hauptperiode der Feldherrnthätigkeit des großen Friedrich, auf den siebenjährigen Krieg, lenken, dürfen wir wohl zunächst einen Augenblick bei den politischen Plänen verweilen, die jene Zeit bewegten, um uns von der tiefgehenden, weltgeschichtlichen Bedeutung dieses Krieges Rechenschaft zu geben. Um so mehr, da diese Bedeutung nicht immer und nicht überall ihrer ganzen Tragweite nach ermessen und anerkannt wird.

Der siebenjährige Krieg war eigentlich — seinem wesentlichen Inhalt nach — ein Religionskrieg; eine Fortsetzung des dreißigjährigen — der sogar auch damals, auch in König Friedrichs Feldzügen nicht seinen endgültigen Abschluß fand, sondern erst im Jahre 1866. — Es handelte sich im siebenjährigen — oder wie man ihn sehr einseitig auch wohl genannt hat, im dritten schlesischen Kriege nicht bloß um Schlesien, sondern um die Unterdrückung der Reformation — jenes Prinzips freier geistiger Thätigkeit, auf dem Würde und Bedeutung und alle Macht des deutschen Nationaldaseins beruht.

Sehr belehrend ist in dieser Beziehung besonders eine Urkunde, deren Inhalt Leopold Ranke (in den neun Büchern preußischer Geschichte) bekannt gemacht hat. Es ist eine an den Wiener Hof gerichtete Denkschrift vom Jahre 1735, die wahrscheinlich aus einer Kongregation der Kardinäle hervorgegangen war. Die Ueberschrift der deutschen Uebersetzung dieser, ohne Zweifel ursprünglich in Latein abgefaßten „Treuherzig gemeinten Vorstellung und recht väterlichen Admonition" giebt in der That treuherzig genug zu erkennen, worauf es „nach dem wahren Sinne des apostolischen Stuhls zu Rom" eigentlich ankomme. Es handelt sich darum, wie „die unter den christlichen Potentien obschwebenden Mißhelligkeiten aus dem Grunde gehoben" werden könnten. Zu den christlichen Potentien gehören die protestantischen natürlich nicht, es ist vielmehr auf deren Vernichtung abgesehen; denn die Schrift will weiter nachweisen, wie durch die angerathene „Vereinbarung christlicher katholischer Fürsten" deren „zeitliches Glück mittelst Unterthänigmachung des ganzen Erdzirkels unaussprechlich vergrößert werden könne."

Rom hatte seinen Einfluß in Polen aufgeboten, um die Wahl des Kurfürsten von Sachsen zum König von Polen gegen die Partei durchzusetzen, die auch jetzt wieder den einst durch den Schwedenkönig auf den Thron erhobenen Stanislaus Leszczynski zum König haben wollte. Daran wird hier erinnert. — Rom verspricht auch dahin zu wirken, daß Stanislaus selbst auf die Krone verzichte und sich mit der Entschädigung begnüge, die man ihm — auf Kosten Deutschlands — zusichern wollte. Auch der Zweck dieses Gebahrens wird „treuherzig" ausgesprochen. Man habe, heißt es, das Haus Sachsen auf den polnischen Thron erhoben, um es mit der gehörigen Macht auszurüsten, auf daß es daheim im eigenen protestantischen Lande, in Sachsen, die verlorenen Schafe Israels wieder in den richtigen Schafstall zu bringen vermöge.

Hauptsächlich aber müsse endlich die Allianz zwischen den Häusern Oesterreich und Bourbon zustande gebracht werden, die dem Katholizismus das Uebergewicht in der Welt wieder verschaffen könne. Die Türkei sei mit vereinten Kräften leicht zu bezwingen; da könne Oesterreich mit geringer Mühe eine Entschädigung gewinnen für das, was es auf einer anderen Seite verliere. (Nämlich für Neapel und Sizilien, deren Verlust nur noch durch den Friedensvertrag bestätigt zu werden brauchte.) Vereinigt könne man den Kampf auch mit England wagen, ihm wenigstens Gibraltar entreißen, und die Insel Mayorca, die es damals im Mittelländischen Meere inne hatte, vielleicht noch einmal die Regierung verändern und das katholische Haus Stuart auf den Thron erheben.

Am wenigsten habe man die deutschen Protestanten zu fürchten; deren Fürsten seien so verblendet, daß bei ihnen alles Glauben finde, was man ihnen sage; ohne Mühe könne man sie verderben.

Oesterreich handelte sofort im Sinne dieser Andeutungen. Trotz des Vertrags von 1728, in welchem Oesterreich in aller Form die Verpflichtung übernommen hatte, dem brandenburgischen Hause in Beziehung auf die Erbfolge in den jülich-bergischen Landen zu seinem Recht zu verhelfen, war man in Wien darauf bedacht, diese ansehnliche Erbschaft dem katholischen Hause Pfalz-Sulzbach zuzuwenden, damit Preußen nicht zu einem unbequemen Grade von Macht heranwachse. — Und überhaupt! Wie viel ist im Laufe der Zeiten im Sinne dieser Denkschrift versucht worden! —

Zwar die Voraussetzung, daß man die protestantischen Fürsten Deutschlands ganz nach Belieben täuschen, betrügen und verderben könne, traf zur Zeit nicht ganz zu. Der Treubruch in Beziehung auf die jülich-bergische Erbschaft enttäuschte selbst den reichstreuen Friedrich Wilhelm I., der nun in höchster Entrüstung das eigentliche Wesen der österreichischen Politik wenigstens theilweise gewahr wurde.

Auch fühlte man sich im Vatikan selbst unter dem vergleichungsweise freisinnigen Papst Benedikt XIV. sehr unangenehm dadurch berührt, daß Frankreich mit dem ketzerischen König von Preußen, dessen Würde der römische Bischof nie anerkannt hatte, ein Bündniß schloß und diesem König, der im römischen Staatskalender immer nur als Marchese di Brandeburgo aufgeführt wurde, wie es schien zu größerer, zu königlicher Macht verhelfen wollte. Der Kardinal Tencin, der im Vertrauen der französischen Regierung war, mußte beruhigen und trösten. Er schrieb nach Rom, man solle sich deshalb keine Sorgen machen; Frankreich werde diese Ketzer in Preußen zu seiner Zeit auch wieder gehörig zu demüthigen wissen.

Der ersehnte Versuch, die vertriebenen Stuarts wieder auf den Thron Englands zu erheben und der römisch-katholischen Kirche die Herrschaft in dem Inselreich von neuem zu sichern, wurde 1745 gemacht. Er mißlang, dagegen lenkte Kaunitz wenige Jahre später die Politik Oesterreichs in die Bahnen, welche jene vatikanische Denkschrift angedeutet hatte. Der Bund Oesterreichs mit Frankreich wurde geschlossen, zum Kampf gegen die protestantische Vormacht Preußen.

Als dann endlich der lange durch ein gar seltsames Gewebe von verwirrten, widerspruchsvollen Unterhandlungen vorbereitete siebenjährige Krieg ausgebrochen war, sah man zu Rom mit freudiger Zuversicht einer gänzlichen Zertrümmerung Preußens entgegen. Im Lauf des Krieges fühlte sich dann Papst Clemens XIII., eifriger und thätiger als sein Vorgänger, unmittelbar nach seiner Erhebung auf den angeblichen Stuhl des Apostels Petrus, veranlaßt den Titel eines „Apostolischen Königs", den die Könige von Ungarn als Nachfolger des Apostels und Bekehrers ihrer Nation, des heiligen Königs Stephan, geführt haben sollten, zu Gunsten Maria Theresias und ihrer Nachfolger „im Königreich Ungarn" zu erneuern, und das Haus Oesterreich führt seitdem von Papstes Gnaden den Titel einer Apostolischen Majestät.

Wie bekannt, sendete bald darauf der heilige Vater auch dem Feldmarschall Daun, um dessen Sieg bei Hochkirch würdig zu belohnen, einen geweihten Degen und rothen Sammethut. Eine solche Auszeichnung war von Zeit zu Zeit berühmten Kriegern als Lohn zutheil geworden für Siege, die sie über die Ungläubigen erfochten hatten. Zuerst, wie die Ueberlieferung will, dem Eroberer von Jerusalem, Gottfried von Bouillon. In neuerer Zeit dem tapferen Johann Sobieski und dem großen Eugen von Savoyen. Doch lag auch schon ein Beispiel vor, daß Hut und Degen für schonungslose Bekämpfung der Reformation ertheilt worden war. Der Herzog von Alba war 1568 in dieser Weise ausgestattet worden, als er sich anschickte, in den Niederlanden die Reformation in Blut zu ersticken. Die Verdienste des Feldmarschalls Daun wurden also denen Albas gleich geachtet, oder vielleicht sollte er dazu begeistert werden, einen ebenso großen Eifer zu entfalten, wie der glaubensstarke spanische Held — wenn auch natürlich in zeitgemäßer Weise und Form.

Auch beschränkte sich der heilige Vater nicht bloß auf solche ideelle Beweise einer regen Theilnahme. Er ermächtigte sowohl die Kaiserin

als auch andere katholische Fürsten, vermöge besonderer Indulte, zum
Behuf dieses Krieges außerordentliche Steuern von Stiftern und Klöstern
zu erheben.

Was man im Vatikan als Lohn einer so entschiedenen Parteinahme
erwartete, darüber ließ der Papst selbst nicht entfernt einen Zweifel; er
sprach es mit musterhafter Bestimmtheit aus in den Briefen, die er am
15. und am 18. November 1758 an den König von Frankreich und an
den Kaiser von Deutschland richtete. Beide Fürsten wurden darin auf=
gefordert, durch ihr Zusammenwirken die Verluste wieder gut zu machen,
welche die katholische Kirche infolge ihrer Zwietracht in Deutschland erlitten
habe; — denen vorzubeugen, die ihr noch von Seiten der „akatholischen"
Fürsten drohten, und im Reich einen Frieden aufzurichten, der ein wahrer
Gottesfriede genannt werden könne. (Mit anderen Worten, einen Frieden
wie ihn Ferdinand II. vorgeschrieben hätte, wenn er Sieger blieb.)

Für Maria Theresia handelte es sich natürlich vor allem darum,
Schlesien wieder zu gewinnen; aber schon um des Wiedergewonnenen sicher
zu sein, mußte dann Preußen — oder der Markgraf von Brandenburg —
auch für immer unschädlich gemacht werden, wie das in den Verträgen
mit Frankreich und Rußland ausdrücklich festgestellt wurde. Auch ist
bekannt, daß der frommen Kaiserin die Interessen der allein seligmachenden
Kirche aus voller, redlicher Ueberzeugung gar sehr am Herzen lagen, und
daß die ehrwürdigen Herren, die Beichtväter an ihrem Hofe, keineswegs
ohne Einfluß waren. Sie sah in den katholischen Geistlichen auch im
protestantischen Feindeslande ihre natürlichen Verbündeten; es war ihr
gar sehr darum zu thun, die katholische Kirche in Schlesien in alter Weise
als die allein berechtigte neben einer allenfalls geduldeten, wieder her=
zustellen, und wie sie in keiner Weise gesonnen war, den Protestanten
in ihren „Erbstaaten" irgend ein Maß von Duldung zu gewähren, durften
die „Lutherischen" oder „Calviner" auch „im Reich" auf ihren Schutz
gewiß nicht zählen. Sie selbst und ihr Hof faßten sogar den Krieg mit
Preußen ausgesprochenerweise als einen Kampf mit der zu unbefugter
Macht gelangten Ketzerei auf. Sie freute sich des Bündnisses mit Frank=
reich als zur „Rettung der katholischen Religion" geschlossen, ganz wie
man es im Vatikan nur wünschen konnte.

Was den Grafen Kaunitz betrifft, so mochte der für seine Person
wohl weniger gläubig sein, und er mußte in seinen Aeußerungen große

Vorsicht beobachten, um nicht das ohnehin erwachende Mißtrauen der protestantischen Reichsstände zu steigern. Aber die Kirche war in seinen Augen ein mächtiges Institut von großer und heilsamer politischer Bedeutung; ein Werkzeug, daß sich gar trefflich im Interesse des weltlichen Oberhaupts der römisch-katholischen Religionspartei, des Hauses Oesterreich, verwenden und verwerthen ließ. Daß er dem Katholizismus zu gesteigerter Macht zu verhelfen gedachte, um ihn dann — im Sinne, wenn auch nicht in der Weise Ferdinands II. — im Interesse der österreichischen Hausmacht auszubeuten, das zeigte sich unter anderem auch in dem Benehmen der österreichischen Regierung in einer zur Zeit nicht mit Unrecht sehr wichtig geachteten Reichsangelegenheit; als nämlich der Erbprinz von Hessen-Cassel durch allerhand, zum Theil recht unsaubere, Mittel und Künste dahin gebracht worden war, daß er von der reformirten zur römisch-katholischen Kirche übertrat. Auch wurden während des Krieges in den vertraulichen Mittheilungen an die katholischen Höfe die „konfessionellen Interessen" sehr entschieden hervorgehoben, — und namentlich der französischen Regierung gegenüber geltend gemacht, daß Preußen, weil es als Haupt der Protestanten gelte, nicht zu gesteigertem Ansehen gelangen dürfe. (Arneth 5, 344.)

So strebte der Vatikan selbst zu einer Zeit allgemeinen frivolen Unglaubens nach erweiterter Herrschaft, und er sah sich in alter Weise darin durch die Politik der Wiener Hofburg unterstützt; nur daß die weitere Verbreitung des Katholizismus und seiner unbedingten Herrschaft diesmal, wie immer, für den Vatikan der letzte Zweck aller Thätigkeit war, den österreichischen Staatsmännern aber für diesmal nur Mittel. Und es war, beiläufig bemerkt, bei weitem nicht das letzte Mal, daß solche Kombinationen der Politik den Gang der Weltgeschichte bestimmen wollten. Jene Ideen, welche die oben angeführte vatikanische Denkschrift ausspricht, sind auch in einer Zeit, die der augenblicklichen Gegenwart um ein ganzes Jahrhundert näher liegt, nachdem die großartigsten Ereignisse eine vielfach veränderte Weltlage geschaffen hatten, an denselben Mittelpunkten politischen Lebens noch einmal wieder maßgebend geworden. Sie lagen der Politik Oesterreichs im Jahre 1859 zum Grunde. So unwandelbar sind die Pläne, die ihren Ausgangspunkt im Vatikan haben! —

Zu König Friedrichs Zeit täuschte man sich in Deutschland in Beziehung auf die Ziele, zu denen das Bündniß Oesterreichs und Frankreichs führen konnte und sollte, wenig oder gar nicht, jedenfalls nicht in dem Umfange, wie man in der Wiener Staatskanzlei wohl gewünscht hätte. Die französischen Diplomaten hatten zu melden, daß im deutschen Reiche ein weit verbreitetes Mißtrauen herrsche; daß selbst katholische Reichsstände um ihre Unabhängigkeit, um das, was man „Deutsche Libertät" nannte, besorgt seien, und daß den protestantischen namentlich um ihre eigene Zukunft bange sei, für den Fall, daß die protestantische Vormacht Preußen zertrümmert werde. Auch verhinderte das Corpus evangelicorum, die Gesammtheit der protestantischen Reichsstände, durch ein eigenes Konklusum, daß die Reichsacht über König Friedrich verhängt wurde, wie man zu Wien beabsichtigt hatte. Bekannt ist, wie mehrere protestantische Reichsfürsten, namentlich solche, deren Gebiet innerhalb der unmittelbaren Machtsphäre Preußens lag, sich der Verpflichtung, ihr Kontingent zu der „Reichs-Exekutionsarmee" zu stellen, entzogen, indem sie ihre Truppen — nicht gerade zu der Gegenpartei — wohl aber, gegen Subsidien, der Krone England zur Verfügung stellten, die allerdings der Form nach nur mit Frankreich, nicht mit Oesterreich, noch mit dem deutschen Reich, Krieg führte. — Auch die weniger durch ihre geographische Lage begünstigten protestantischen Fürsten und Reichsstädte zeigten keinen großen Eifer, die Reichsarmee bis zu einer imposanten Heeresmacht auszubilden, und mehrere von ihnen blieben in vertrautem brieflichen Verkehr mit dem von so vielen Seiten bedrängten König von Preußen.

Viel ernster und tiefer gehend als in diesen Kreisen möglich war, wo es sich doch am Ende immer nur um dynastische und partikularistische Interessen handelte, zeigte sich der Antheil, den der, an Geist und Bildung bei weitem mehr noch als an Zahl weit überwiegende, protestantische Theil der deutschen Nation an König Friedrichs Schicksal nahm. Ein richtiger Instinkt leitete das deutsche Volk selbst in Kreisen, in denen man sich nicht mit voller Klarheit und seinem ganzen Umfang nach zu sagen wußte, was in diesem Kampfe alles auf dem Spiele stand; daß es, wie wir heutzutage sagen würden, die Vergangenheit war, die ihre ganze herkömmliche Macht noch einmal aufbot, wie zur Zeit des dreißigjährigen Krieges, um Deutschlands Zukunft zu unterdrücken. — Auch in den höheren gesellschaftlichen Kreisen trat dieser Gedanke nicht mit solcher Bestimmtheit, am wenigsten in dieser Form hervor; die Bildung der früheren Jahrzehnte des achtzehnten Jahrhunderts war, in ihrer eigenthümlichen Beschränktheit, nicht von der Art, daß sie ihn an die Hand geben konnte. Man wurde theils — wie wir gesehen haben — durch näher liegende Erwägungen bestimmt, besonders aber fortgerissen durch die Macht des strebenden Geistes, der, seiner selbst kaum halb bewußt, erwachte und die Zeit zu beherrschen begann. Eben deshalb aber, weil es sich in diesen Kämpfen zuletzt um Interessen solcher Art handelte, wurden die Siege König Friedrichs, wie wir hier wohl hinzufügen dürfen, entscheidend für den Aufschwung der deutschen Bildung. Alle Geister, die aus den engen Schranken des damaligen geistigen Lebens der Deutschen hinaus, einer freieren, großartigeren und schöneren Zukunft entgegenstrebten, schlossen sich der Sache König Friedrichs an; der Knabe Goethe, wie der gereifte Mann Lessing, der sich eben zu der ganzen Höhe seiner Wirksamkeit erhob. — Der Altmeister Goethe sagt uns selbst, daß erst durch König Friedrichs Thaten ein wirklicher Inhalt in die deutsche Literatur kam.

So unabhängig sich damals auch alle Regierungen von der öffentlichen Meinung glauben mochten, so wenig allen denen, die nicht unmittelbar zu den zahlreichen kleinen Höfen und den noch zahlreicheren kleinen Regierungen Deutschlands gehörten, Einfluß auf den Gang der öffentlichen Angelegenheiten gestattet war, blieb diese Gesinnung der protestantischen Menge auch außerhalb des preußischen Staats doch keineswegs von jeglicher Wirksamkeit ausgeschlossen. Sie machte sich vielmehr in fühlbarerer Weise geltend, als die damaligen Bedingungen des öffentlichen Lebens zu gestatten schienen, und hatte namentlich zur Folge, daß die Reichs-Exekutionsarmee im siebenjährigen Kriege eine so gar unbedeutende Rolle spielen mußte. Mehr noch als die buntscheckige Zusammensetzung dieser Armee und ihre überaus mangelhafte Organisation wirkte hier wohl der Umstand, daß nur auf die Kontingente der katholischen Fürsten — der Bischöfe — die keineswegs für die besten gelten konnten, einigermaßen zu rechnen war, während in den protestantischen Kontingenten Offiziere und Mannschaften sich in gleichem Grade für den König von Preußen begeistert zeigten.

Der katholische Herzog Karl Eugen von Württemberg, der seine Sporen an König Friedrich verdienen wollte und außerdem seine Truppen dem Hause Oesterreich unter günstigen Bedingungen zu vermiethen dachte, mußte erleben, daß unter diesen Truppen ein offener Aufstand ausbrach, als ihnen im Juni 1757 angekündigt wurde, daß sie nach Böhmen marschiren sollten, um im österreichischen Solde gegen Preußen zu fechten. Stuttgarter Bürger hatten sie zum Aufstand ermuthigt, und trugen ihnen nicht nur Wein, sondern auch Pulver und Blei im Ueberfluß zu. Auch einflußreiche Mitglieder der Landstände waren dem Ereigniß nicht fremd. Die mußten freilich das Schlimmste befürchten, wenn Oesterreich Sieger blieb in diesem Kriege, und ihr despotisch und ultramontan gesinnter Landesherr sich dabei um Haus Oesterreich und die römisch-katholische Kirche verdient gemacht hatte. Ungefähr ein Drittheil der bei Stuttgart versammelten württembergischen Mannschaft desertirte und lief den preußischen Werbern zu, der Rest mußte bis auf wenige Hundert Mann mit unbestimmtem Urlaub entlassen werden. Ein württembergisches Korps ein zweites Mal zusammenzubringen, das gelang nur unter dem Druck einer in der Nähe drohenden französischen bewaffneten Macht, und als die in solcher Weise zusammengezwungenen Regimenter in Marsch gesetzt wurden zur Vereinigung mit dem österreichischen Heer, versuchten sie sich noch zweimal durch offenen Aufstand zu befreien. Zuerst im Lager bei Geißlingen und dann wieder bei Kolin in Böhmen. Daß sie dann in Schlesien schlechte Dienste leisteten, durfte danach nicht befremden.

Selbst in Kursachsen, wo doch die landesherrliche Familie und der nichtige, aber allmächtige Minister Brühl, ja sogar der Landesherr selbst, soweit seine apathische Natur das vermochte, dem preußischen Interesse und dem König Friedrich mit der leidenschaftlichsten Feindseligkeit gegenüber standen, sahen sich die protestantischen Geistlichen veranlaßt, öffentlich von der Kanzel herab für den König von Preußen zu beten — und sie wußten gar wohl warum.

Und wie freudig wurden die Preußen überall im „Reich" in den protestantischen Landen als Freunde und Befreier empfangen! — Man lese nur nach, was unmittelbare Zeugen davon erzählen, namentlich solche, die, wie der Graf Henckel, als getreue, man ist versucht zu sagen, fanatische Anhänger des Prinzen Heinrich, beflissen sind, diese Scenen lächerlich zu machen. Wie einst Gustav Adolf, wurde König Friedrich in Thüringen empfangen, als er zu einer sehr unglücklichen Zeit, im September 1757, dorthin vordrang, um das französische Heer unter dem Schützling der Frau v. Pompadour, dem Erfinder einer noch heute von Feinschmeckern sehr geschätzten Sauce, dem Fürsten Rohan

Soubise, zurückzuwerfen. „Ganz Weimar", berichtet Graf Henckel in seinem Tagebuche, „ganz Weimar kam nach Neumark (bei Buttelstädt), als das preußische Hauptquartier dorthin verlegt war, um den König zu sehen, und sich zur Lieferung alles dessen bereit zu erklären, was der König wünschte."

Zu Erfurt, das damals dem Kurfürsten von Mainz unterthan, aber überwiegend von Protestanten bewohnt war, sah sich der König, als er durch die Straßen ritt, von einer unzähligen Menge Volk umgeben, „welche in Lobeserhebungen nicht ermüdete" und sich drängte, sein Pferd zu küssen — (Graf Henckel sagt, in leicht zu durchschauender Absicht: das Hintertheil seines Pferdes). — In Gotha war die ganze Bevölkerung in den Straßen, als König Friedrich am 15. September mit seinen Dragonern einzog und begleitete ihn „mit dem aufrichtigsten Freuden=geschrei" nach dem Schloß. „Das Volk weinte und segnete seine Ankunft wie die eines Befreiers."

Die französischen, an den deutschen Höfen beglaubigten Diplomaten wurden wohl gewahr, welcher Geist sich in Deutschland regte, und was für Besorgnisse bei den Protestanten erwachten. Sie berichteten darüber nach Versailles, und wie man denn in diplomatischen Kreisen immerdar gern geglaubt hat, daß jede unbequeme Bewegung im Volk von wenigen Intriguanten künstlich hervorgerufen sei, glaubte auch der französische Gesandte zu Wien (Choiseul=Stainville) die bedenkliche Erscheinung in diesem Sinne erklären zu müssen. Er meldete — 29. Mai 1757 —: der König von Preußen, der dabei von dem König von England unter=stützt werde, wende alles an, um den Krieg zu einem Religionskrieg zu machen, indem er sich bemühe, die Protestanten zu überreden, daß der König von Frankreich und die Kaiserin Maria Theresia die katholische Kirche auf den Trümmern der protestantischen Religion zu erheben trach=teten. Es sei daher dringend nöthig, eine öffentliche Erklärung an die Fürsten und Stände des deutschen Reichs zu erlassen, und darin zu ver=sichern, daß Frankreich, als „Garant des westphälischen Friedens", auch jetzt durchaus gesonnen sei, die drei im deutschen Reiche berechtigten Religionsformen zu schützen. Im Sinne dieser Erklärung müsse auch die Haltung der französischen Armeen in Deutschland geregelt werden.

Am Hofe zu Versailles gab es eine Partei — die zwar nicht an irgend eine selbständige Bewegung der deutschen Nation glaubte, was jener Zeit fern lag — wohl aber besorgte, daß König Friedrich den religiösen Fanatismus erregen und in Deutschland einen Volkskrieg hervorrufen könne. Wie aber ein großer kirchlicher Eifer, frevelnder Leichtsinn, freche Freigeisterei und tiefste sittliche Verderbtheit gar wohl nebeneinander bestehen können, gab es da auch eine andere Partei, die den Krieg gegen die protestantischen Vormächte allerdings als einen Religionskrieg aufgefaßt und ausgebeutet wissen wollte. Der König Ludwig XV. gehörte für seine Person selbst dazu. Er war in seiner Weise ein gläubiger Katholik, wie sein unmittelbarer Vorfahr ganz unberührt von der Philosophie des Jahrhunderts; da er in Beziehung auf seinen Lebenswandel nicht das beste Gewissen haben konnte, in bebender Feigheit die Flammen des Fegefeuers fürchtete, und doch gar nichts über sich selbst vermochte, hätte er sich gern den Weg zum Himmel durch thätigen Eifer für die Interessen der Kirche gebahnt, ohne daß er sich in seinem unsauberen Leben irgend einen sittlichen Zwang aufzuerlegen brauchte.

Dagegen aber fehlte es im Rath des Königs oder vielmehr der Frau v. Pompadour auch nicht an Staatsmännern, die das neue politische System, das Bündniß mit Oesterreich, mißbilligten, gern zu der Politik des Kardinals Richelieu zurückgekehrt wären und der Meinung waren, daß Frankreich im Sinne dieses großen Staatsmannes zwar daheim im eigenen Lande nicht nur die Reformation, sondern auch den Jansenismus unterdrücken, dagegen in Deutschland die reformirte und protestantische Kirche schützen und aufrecht erhalten müsse, weil die religiöse Spaltung im deutschen Reich ein Element der Schwäche mehr sei.

Jedenfalls war einleuchtend, daß man sich für den Augenblick nicht selbst vermehrte Schwierigkeiten schaffen, nicht mehr Feinde aufrufen durfte, als man ohnehin hatte und haben mußte, und so ergingen denn im Laufe des Krieges Weisungen an die französischen Generale, niemanden in der Ausübung seiner Religion zu stören, sich in protestantischen Ländern nicht — wie unter Ludwig XIV. geschehen war — gewaltsam protestantischer Kirchen für den römisch-katholischen Gottesdienst zu bemächtigen — kurz, auch in dieser Beziehung durchaus als Beschützer der „deutschen Freiheit" — das heißt der Zersplitterung Deutschlands — aufzutreten.

Auch der Graf Kaunitz verwahrte sich hin und wieder gegen den Verdacht, daß er etwa die Satzungen des westphälischen Friedens in Beziehung auf den Religionsfrieden verletzen wollte — aber diese

Erklärungen, die er doch nicht nöthig oder gerathen fand, allzu öffentlich zu machen, wurden eben nur an den Höfen bekannt und fanden auch da keinen rechten Glauben. Im Volk, im Mittelstande, wurde wenig oder nichts davon bekannt, und wo man in diesen Kreisen etwa davon hörte, schenkte man den Versicherungen des österreichischen Staatskanzlers noch weniger Glauben als an den Fürstenhöfen.

Die deutsche Nation ließ sich in ihren Ueberzeugungen nicht wankend machen und nicht gewinnen. Sie konnte nicht in ernster und wirksamer Weise gegen König Friedrich aufgeboten werden — und das gereichte ihm in mehr als einer Beziehung zu großem Vortheil.

1756.

Nur einmal im Laufe seiner langen und dornenvollen Feldherrn=thätigkeit war es Friedrich II. vergönnt, einen vollständigen Sieg und Erfolg erstreben zu dürfen, wie ihn Napoleon in jedem Feldzuge seiner Kaiserzeit suchte. Nur einmal durfte er seine Operationen im Großen und Ganzen darauf anlegen, wenigstens seinen hauptsächlichsten Gegner ganz zu entwaffnen, indem er seine Heeresmacht zertrümmerte und in das Herz seiner Staaten eindrang.

Während der beiden ersten schlesischen Kriege erlaubte ihm die Politik nicht, nach einem Erfolg solcher Art zu streben; er wäre damit weit über den Zweck hinausgegangen, den er verfolgte, und hätte einen solchen Sieg zu eigenem Schaden für andere, für Frankreich zumal, erfochten. Während der späteren Feldzüge des siebenjährigen Krieges war er zu schwach, um sich das Ziel so hoch stecken zu dürfen; seine Macht reichte dazu nicht mehr aus, er wäre zu Grunde gegangen wie Karl XII. von Schweden, wenn er es hätte versuchen wollen. Er wußte sich das zu sagen und demgemäß zu handeln.

Nur einmal, nur während der beiden ersten Feldzüge des sieben=jährigen Krieges, durfte er nach der vollständigen Entscheidung trachten, und eben darum sind seine Entwürfe und Pläne aus dieser Zeit von besonderem Interesse und besonders belehrend.

Bekannt ist, daß dem Ausbruch des siebenjährigen Krieges ein sehr entschiedener Zwiespalt im Innern des königlichen Hauses vorausgegangen war. Die Brüder König Friedrichs, die es seltsamerweise als ihr Recht ansahen — als ein Recht, das ihnen vorenthalten werde —, entscheidenden Einfluß auf den Gang der Regierung zu üben, blieben — verstimmt, weil ihnen das nicht gelingen wollte — bei der Ueberzeugung stehen, daß der König, durch den bösen Winterfeldt verleitet, den Krieg muthwilligerweise ganz ohne Nothwendigkeit heraufbeschworen habe, und waren geneigt zu glauben, daß Winterfeldt in seinen politischen Rathschlägen überwiegend, wenn nicht ganz ausschließlich, durch rein persönliche Motive bestimmt werde. Er haßte die Kaiserin Elisabeth von Rußland persönlich — so hören wir aus diesem Kreise —, weil sie die Juwelen seiner Gemahlin, einer Stieftochter des Feldmarschalls Münnich, mit Beschlag belegt hatte und nicht herausgab. Kleine Menschen haben eben für alles einen kleinen Maßstab; das liegt in der Natur der Dinge. So sah man denn im Kreise der Prinzen und ihrer Vertrauten, die, wie billig, ganz durchdrungen waren von der treffenden Weisheit ihrer Anschauungen, in allem, was der König that, eine verkehrte Politik und eine nicht minder verkehrte Kriegführung; Ergebnisse einer Verblendung und Selbstüberschätzung, die Stellung und Zukunft des königlichen Hauses in frevelhafter Weise auf das Spiel setzte. Man rechnete es ihm zum Fehler an, daß er nicht sein Heil bei Frankreich gesucht, daß er nicht — wie Maria Theresia, alles habsburgischen Stolzes ungeachtet, gethan haben sollte — der Frau v. Pompadour „durch den verbindlichsten Briefwechsel schmeichelte". Die Diplomaten Englands glaubten nämlich zu wissen, daß Maria Theresia der zweideutigen Marquise nicht allein geschrieben, sondern sie auch in den Briefen „Ma cousine" angeredet habe. Die Kaiserin hat den persönlichen Briefwechsel in einem Schreiben an die sächsische Kurprinzessin Maria Antonia auf das entschiedenste geleugnet. Was sie nicht leugnen kann, ist, daß sie der Marquise ihr Bildniß zugesendet hatte, begleitet von einem huldigenden Schreiben des Staatskanzlers Kaunitz — und was sie sich vergebens zu leugnen bemüht, ist, daß ihre Minister und Botschafter überhaupt ausdrücklich in ihrem Auftrag und in ihrem Namen der mächtigen Marquise in ziemlich entschieden würdeloser Weise huldigten. Die Zeitgenossen glaubten auch an den persönlichen Briefwechsel, und es ist charakteristisch für die „gute alte Zeit", wie wir wohl im Vorbeigehen bemerken dürfen, daß diese Geschmeidigkeit der stolzen Kaiserin nur deshalb in den Augen der damaligen Welt etwas Auffallendes hatte, weil es „eine Person von der Abkunft der Marquise" Pompadour war, um deren Gunst Maria Theresia sich bewarb. An dem Verhältniß, in welchem Frau v. Pompadour mit dem König von Frankreich in frecher Oeffentlichkeit lebte, an dem Einfluß, den sie vermöge dieses Verhältnisses auf die Regierung Frankreichs übte, nahm die Zeit nicht in ernstlicher Weise Anstoß. Dergleichen kam ja an den allermeisten Höfen vor, an den geistlichen so gut wie an den weltlichen — oder sogar vorzugsweise. Hätte noch eine der früheren Geliebten Ludwigs XV., eine Dame „von Geburt", etwa Frau v. Chateauroux, an ihrer Stelle gestanden, dann hätten die Zeitgenossen darin, daß ihr Maria Theresia den Hof machte, keine Veranlassung zu irgend einer Bemerkung gefunden; die Sache hätte dann keiner Erklärung bedurft.

Die Prinzen versäumten nichts, um ihrer besseren Einsicht auch in den Berathungen Eingang zu verschaffen, zu denen sie nicht gezogen wurden. So erfahren wir von Retzow, daß der General Retzow „von den Prinzen vom Hause den Auftrag hatte, den Ausbruch des Krieges, so viel möglich, durch Gründe zurückzuhalten." Er drang nicht durch, sah sich vielmehr veranlaßt zu schweigen, als dem versammelten Rath vorgelegt wurde, was man von dem Schriftwechsel zwischen den Höfen zu Wien, Petersburg, Versailles und Dresden in Erfahrung gebracht hatte. Angesichts solcher Urkunden mußte es einleuchten, daß es vergeblich sei, den Krieg vermeiden zu wollen, und dann hatte Zögern keinen Sinn. Es hieß das einfach ruhig abwarten, daß die gegen Preußen verbündeten Mächte mit ihren diplomatischen und militärischen Anstalten, die in gewohnter Weise in das etwas Umständliche gingen, vollkommen fertig waren, um dann mit vereinter Macht gemeinsam zum Werk zu schreiten. Der einzige Ausweg, der sich zeigte, war, diesem Angriff zuvor zu kommen und den nächsten, den mächtigsten und entschlossensten der Gegner zu Boden zu schlagen, ehe die anderen kampfbereit und in der Nähe sein konnten. Dazu konnte die Macht Preußens ausreichen; dem passiven Vertheidigungskampf gegen alle zugleich durfte man sie nicht gewachsen glauben.

Der Kreis, der die Prinzen umgab, blieb natürlich doch bei seiner besseren Einsicht, und auch von anderen Seiten her ist bis auf die neueste Zeit herab mehrfach der Versuch wiederholt worden, darzuthun, daß

Friedrich II. den furchtbaren Bund, der sich gegen ihn bildete, erst durch einen offenbaren „Landfriedensbruch" — durch den Einbruch in die kursächsischen Lande — hervorgerufen, daß niemand auf der weiten Welt irgend Böses gegen Preußen im Sinn gehabt habe. Die Beweise reichen aber doch nicht weiter als dahin, daß die Bündnisse, um die Maria Theresia nach allen Seiten warb, noch nicht sämmtlich in aller Form geschlossen, daß sie noch nicht alle der äußeren Form nach perfekt waren. Gesinnung und Absicht sind durchaus nicht zweifelhaft. Sie waren bereits in dem zwischen Oesterreich und Rußland im Jahre 1746 geschlossenen Vertrag mit einer Klarheit ausgesprochen, die nichts zu wünschen läßt. Obgleich die Kaiserin Elisabeth von Rußland in ihrem Feuereifer schon im Jahre 1756 losschlagen wollte und schon für dieses Jahr einen förmlichen Operationsplan in Wien vorlegen ließ, rechnete doch der Wiener Hof darauf, den Krieg erst im Jahre 1757 zu beginnen und wahrscheinlich auch noch in demselben Jahre siegreich zu beendigen. Es war daher allerdings gar sehr verdrießlich, daß König Friedrich ihn seinerseits schon ein Jahr früher anfing, zu einer Zeit, wo man mit den Vorbereitungen noch keineswegs fertig war; aber es hatte nebenher doch auch das Gute, daß Preußen nun vor aller Welt als der angreifende Theil, als der Friedensbrecher angeklagt werden konnte.

Der Operationsplan Friedrichs des Großen ist nicht näher bekannt geworden. Da er durchkreuzt worden ist und nicht zur Ausführung kommen konnte, hat sich der König nirgends vollständig darüber ausgesprochen; die Wenigen, die darum wußten — Schwerin, Winterfeld und wahrscheinlich auch Retzow —, sind im Lauf des Krieges gefallen oder gestorben und haben nichts Schriftliches hinterlassen, wahrscheinlich auch Retzow nicht; denn das Buch, das einige Zeit unter seinem Namen ging, obgleich die Erzählung der Begebenheiten darin weit über seinen Todestag hinaus fortgesetzt wird und zu dem sich dann der jüngere Retzow bekannte, ist allem Anschein nach aus mündlichen Ueberlieferungen hervorgegangen und zusammengeschrieben, die vorzugsweise aus dem Kreise des Prinzen Heinrich herrührten.

Die beste Auskunft scheint Westphal zu geben. Dessen Andeutungen zufolge wollte König Friedrich nicht nur den Krieg in Feindesland verlegen, sondern bei weitem mehr — entscheidende Erfolge erlangen — und vielleicht sogar noch in diesem selben Jahre den Frieden. Er hoffte,

Prag zu erobern, sich dort mit Schwerin zu vereinigen, ganz Böhmen oder doch den größten Theil dieses Landes in Besitz zu nehmen — was nicht ohne eine entscheidende Schlacht und wenigstens theilweise Zertrümmerung des österreichischen Heeres denkbar ist — um auf solche Weise die erschreckte, aus großer Nähe bedrohte österreichische Regierung zum Frieden zu bewegen.

Was der König selbst in seiner Geschichte des siebenjährigen Krieges leicht andeutend hinwirft, widerspricht diesen Angaben keineswegs, es bestätigt sie vielmehr; nur daß der König nicht in demselben Umfang und mit derselben Genauigkeit von dem spricht, was mißlungen war, und sich darauf beschränkt, zu sagen, daß so viel als möglich „Terrain" in Böhmen in Besitz genommen werden sollte.

Die Voraussetzung dieses Operationsplans war, daß man sich zunächst der kursächsischen Lande bemächtigte. Unmöglich konnte König Friedrich, wie ihm die Gesinnung des Dresdener Hofs und namentlich des nichtigen Intriguanten Brühl bekannt war, das kursächsische Gebiet als angeblich neutrales Land bewaffnet in seinem Rücken lassen, wenn auch der Neutralitätsvertrag ihm den freien Durchzug nach Böhmen noch so ausdrücklich gestattete. Friedrich wußte sogar aus Erfahrung, daß er das nicht durfte. Auch als er im Jahre 1744 nach Böhmen zog, hatte Kursachsen einen solchen Neutralitätsvertrag mit ihm geschlossen und sich dann, sobald das Glück ihn zu verlassen schien, feindlich gegen ihn erklärt und ihm die Zufuhr auf der Elbe gesperrt, was seine Lage in Böhmen zu einer sehr schwierigen machte. Sich in solcher Weise in schwierigen Lagen geschmeidig dem Gebot der Macht fügen und dann wieder „die Gunst der Umstände" benützen, galt der Zeit für diplomatische Gewandtheit — und wird auch wohl noch öfter vorkommen in der Welt —, wenn man auch bemüht sein mag, es womöglich in etwas besseren Formen zu thun.

Diesmal hätte Kursachsen sogar noch viel Bedenklicheres im Rücken der preußischen Armee unternehmen können, wenn es bewaffnet und angeblich neutral blieb. Mochte auch seine Heeresmacht nur eine geringe sein, so war doch Kursachsen vermöge seiner geographischen Lage Herr aller Verbindungen einer preußischen Armee in Böhmen mit Berlin und Magdeburg — und zumal in Besitz der Feste Wittenberg an der Elbe, die nur drei mäßige Märsche von Berlin entfernt ist. Friedrich aber stand diesmal dem übermächtigen Oesterreich allein gegenüber; er brauchte, da außerdem seine Pläne auch noch viel weiter reichten als in den früheren Kriegen, seine ganze Macht in Böhmen und konnte keine Truppen im eigenen Lande zurücklassen, um Kursachsen zu beobachten und die Marken zu decken.

Der König legt dabei besonderen Werth auf den Besitz der Elbe und die Schifffahrt auf diesem Strom. Ohne Zweifel aus gewichtigen Gründen. Clausewitz meint zwar, die Benutzung der Wasserwege behufs der Verpflegung der im Felde stehenden Armeen, die in den theoretisirenden Schriften jener Zeit eine so große Rolle spielt, sei in der Wirklichkeit nie zu irgend einer namhaften Bedeutung gelangt; wir können ihm aber darin nicht unbedingt zustimmen. Bei der allgemeinen Unwegsamkeit des mittleren Europas und namentlich Deutschlands — einer Unwegsamkeit, der die Verarmung des Landes seit dem dreißigjährigen Kriege nur sehr langsam und schrittweise abzuhelfen gestattete, mußten die schiffbaren Wasserstraßen eine sehr große Wichtigkeit gewinnen. Wie die Behandlung der Kriegsgeschichte zu jener Zeit überhaupt sehr viel zu wünschen läßt, sind wir namentlich auch über die Art, wie die Verpflegung der Armee in jedem einzelnen Fall bewirkt wurde, nur sehr unvollständig unterrichtet, obgleich gerade die Verpflegung aus Magazinen und die Sicherstellung der Verbindungen mit diesen Magazinen in der damaligen Theorie als die maßgebende Hauptsache hervorgehoben wird. Dennoch aber läßt sich aus den unvollständigen Berichten, die wir haben, eine sehr große Anzahl von Fällen nachweisen, in denen die Armeen im Wesentlichen auf Wasserwegen mit dem Nöthigen versorgt wurden; viele, in denen das Mehl, dem Hauptinstitut der damaligen Kriegführung, der „Bäckerei", unmittelbar zu Wasser zugeführt wurde, sehr viele mehr, in denen wenigstens die in Uferstädten an schiffbaren Flüssen angelegten Hauptmagazine eben vermöge der Schifffahrt gefüllt wurden.

Die Unwegsamkeit des Landes fällt überhaupt bei den Berechnungen der damaligen Strategie sehr viel schwerer mitbestimmend in das Gewicht, als in den nachträglichen Besprechungen, die eine spätere Zeit anstellt, durchaus anerkannt oder berücksichtigt wird. Diese Unwegsamkeit erschwerte alle Bewegungen der Heere im Allgemeinen, und im Einzelnen jeden Gewaltmarsch. Sie machte Winterfeldzüge sehr schwierig. Sie verhalf selbst Festungen, die an sich keiner großen Vertheidigung fähig waren, zu einer Bedeutung, die über ihren Werth an sich — den Werth, der ihnen zuerkannt werden könnte, wenn man sie, ohne anderweitige Beziehungen zu berücksichtigen, als Werk der Befestigungskunst betrachtet — sehr weit hinausgeht. Der Erzherzog Karl nennt in seinen Werken die Orte, die seiner Meinung nach vor der Erneuerung des Krieges im Jahre 1799 befestigt werden mußten, wenn auch nur mit Erdwerken und als „place du moment". Er sagt auf diese Veranlassung, die Ingenieure seien im Allgemeinen zu peinlich, wollten immer mit einer Gründlichkeit verfahren, die gar oft sehr übel angebracht sei, und betrachteten solche gleichsam improvisirte Festungen mit einer gelehrten Geringschätzung, die nur beweise, daß sie nicht die Gesammtheit der Kriegführung in das Auge faßten. Der Werth einer Festung liege — ganz abgesehen von ihrer größeren oder geringeren Vertheidigungsfähigkeit — schon darin, daß der Feind überhaupt gezwungen sei, sie zu belagern, das gewaltige Material herbeizuschaffen, das eine Belagerung erfordert u. s. w.

Das ist in unserer Zeit nicht mehr wahr; zur Zeit, die der Erzherzog im Auge hat, konnte es noch bis zu einem gewissen Grade für wahr gelten; für die Zeit Friedrichs des Großen aber muß es als ganz entschieden wahr anerkannt werden. Damals konnten Belagerungen nur unter solchen Bedingungen, wie sie z. B. an der flandrischen Grenze Frankreichs obwalteten, mit einer gewissen Leichtigkeit unternommen werden. Dort, wo französische und spanische, später österreichische Festungen einander in großer Nähe gegenüberlagen, konnte das Material, dessen man zu einer Belagerung bedurfte, fast immer der nächsten eigenen Festung entnommen werden und es brauchte nur wenige Meilen weit transportirt zu werden. Auf größere — auf ansehnliche Entfernung unternommen, waren sie mit großen Schwierigkeiten verbunden, die sich eben aus der schon erwähnten, alle Transporte erschwerenden Unwegsamkeit des Landes — und aus manchem anderen erschwerenden Element zusammensetzten. Dahin gehört auch die Schwierigkeit, in den zur Zeit nicht gerade überreich ausgestatteten Ländern die nöthige Anzahl Pferde und sonstige Transportmittel zusammenzubringen, und selbst die verhältnißmäßige Geringfügigkeit der Geldmittel, auf die sich die meisten Staaten beschränkt sahen. Sie hatte auch zur Folge, daß es nicht so leicht war, wie wohl in Zeiten, die uns näher liegen, alles Nöthige massenhaft in rasche Bewegung zu setzen.

Der Operationsplan des Königs wurde mehrfach durchkreuzt. Zuerst dadurch, daß es nicht gelang, die sächsischen Truppen in ihren Garnisonen aufzuheben und zu entwaffnen. Die sächsische Regierung hatte sie noch im letzten Augenblick zusammenzuziehen gewußt, wenn auch unvollzählig und nicht vollständig ausgerüstet. Ein zweiter Strich durch die Rechnung war, daß die sächsischen Truppen nicht, wie König Friedrich nunmehr erwartete, nach Böhmen auswichen, um sich dort mit den Oesterreichern zu vereinigen. Der Feldmarschall Browne, der den Befehl über die österreichische Heeresmacht in Böhmen führte, hatte sie dazu aufgefordert. Das war sehr natürlich; Browne hielt die eigene Heeresmacht für ungenügend, eine Verstärkung durch 17 000 Sachsen wäre ihm sehr erwünscht gewesen. Sie hätte ihm aber in der That zu gar nichts geholfen, denn sie hätte das Gleichgewicht der Macht nicht hergestellt; Browne hätte eine entscheidende Schlacht unter den Mauern von Prag wohl kaum vermeiden können, und er hätte sie gegen eine preußische Uebermacht so gewiß verloren, als er der Feldmarschall Browne und sein Gegner Friedrich der Große war. Böhmen wurde dann, noch vor dem Eintritt des Winters, Beute der Sieger.

In unerwarteter Weise die Operationen der Preußen lähmend wirkte es dagegen, daß die Sachsen, zum Theil durch den Rath des französischen Gesandten am Dresdener Hofe, Grafen Broglio, dazu bestimmt, sich bewegen ließen, die damals für unangreifbar geltende Stellung auf den Sandsteinfelsen bei Pirna und dem Königstein einzunehmen und da den Beistand der Oesterreicher zu erwarten. Entsatz und Hülfe blieben aus, die kleine sächsische Armee verfiel der Gefangenschaft — aber die gute Jahreszeit war darüber verstrichen und der Erfolg des preußischen Feldzugs fand sein Ziel an dem böhmisch-sächsischen Grenzgebirge!

König Friedrich mußte nämlich nunmehr seine Hauptmacht darauf verwenden, die sächsische Armee in ihrer Felsenstellung einzuschließen und konnte nur einen mäßigen Heertheil unter dem Herzog von Bevern nach Böhmen entsenden, um die Oesterreicher dort zu beobachten. Doch glaubte, scheint es, der königliche Feldherr auch deshalb nicht sofort seinen weitergehenden Plänen für dies Jahr entsagen zu müssen. Er rechnete darauf, daß die sächsischen Truppen, schlecht versorgt, sich sehr bald würden ergeben müssen. Das war es, was nicht geschah — und dadurch wurden die Pläne des Königs von Preußen wesentlich und in entscheidender Weise verschoben!

Der Feldmarschall Browne dachte gar nicht daran, seine nicht unbedeutende Uebermacht in Böhmen zu benutzen, um den schwachen Heertheil des Herzogs von Bevern anzugreifen und zu schlagen; das hätte nach den Ansichten der Zeit zu gar nichts helfen können, und in der That wäre dadurch allein die sächsische Armee nicht befreit gewesen. Browne hätte, um deren Befreiung zu bewirken, nach einem solchen ersten Theilsiege die Offensive energisch fortsetzen, und sich darauf gefaßt machen müssen, die eine oder die andere Hälfte der durch die Elbe bei Pirna getheilten preußischen Armee anzugreifen. Aber auch ganz abgesehen davon, daß Browne Gründe haben konnte, seine Heeresmacht einem solchen Unternehmen nicht gewachsen zu halten, lag dergleichen ganz und gar außerhalb der Anschauungen einer Kriegskunst, die in ihren Theorien von dem in vielfachen Wendungen oft wiederholten Satz ausging: „Welcher besonnene Feldherr wird je, um seinen Zweck zu erreichen, zu einem so unsicheren und gewagten Mittel, wie eine Schlacht ist, seine Zuflucht nehmen, so lange ihm noch andere zu Gebote stehen!"

Der Plan, den die sächsischen Generale zu ihrer Befreiung entworfen hatten, forderte den Feldmarschall Browne ganz im Geist der damaligen Kriegskunst auf, zu manövriren. Während er die Preußen auf dem linken Ufer der Elbe — mehr oder weniger — „beschäftigte", sollte sich ein kleiner, entsendeter Heertheil von 8000 Mann auf dem rechten Ufer des Stromes verstohlen an die Posten heranschleichen, welche auf dieser Seite die Blockade bildeten; sie sollten da eine bestimmte Anzahl Stunden auf der Lauer liegen, um die Sachsen aufzunehmen und nach Böhmen zu geleiten, wenn es ihnen gelungen wäre, sich durchzuschlagen; sie sollten sogar, wenn alles gehörig auf die Minute zusammentraf und nicht zuviel dabei gewagt wurde, das Durchschlagen von außen her durch einen Angriff auf den betreffenden preußischen Posten erleichtern.

Das sind allerdings in unseren Augen ohnmächtige und sehr zerbrechliche Veranstaltungen — aber wir dürfen doch nicht gering denken von dem Feldmarschall Browne, weil er darauf einging und nicht seinerseits Besseres vorzuschlagen wußte. Der war darum nicht minder einer der besseren Feldherren seiner Zeit und zumal der österreichischen Armee. Er stand eben einfach unter dem Einfluß der in seiner Zeit hergebrachten und als maßgebend anerkannten Vorstellungen und Ideen; einem Einfluß, von dem sich immer nur sehr wenige Menschen freizumachen vermögen!

Auch sieht sich keiner der Zeitgenossen dadurch, daß Browne nichts gegen den Herzog von Bevern unternahm, zu irgend einer Bemerkung veranlaßt. Nur darüber, daß der österreichische Feldmarschall den Tag nach der verlorenen Schlacht bei Lowositz seine Stellung an dem dortigen Bach aufgab und über die Eger nach Budin zurückging, hat zwar keiner der Zeitgenossen oder der nächstfolgenden Epigonen, wohl aber ein österreichischer Schriftsteller späterer Zeit sein Befremden ausgesprochen. Ein Oberlieutenant Lieblein, wenn wir nicht irren (in der Oesterreichischen militärischen Zeitschrift 1820). Dieser Schriftsteller will in patriotischem Eifer nicht zugeben, daß die Oesterreicher diese allerdings nicht entscheidende Schlacht verloren hätten, und fügt dann mit einer Verwunderung, die man wohl als Entrüstung bezeichnen könnte, hinzu: „Man kann sich nicht des gerechten Erstaunens erwehren, wenn man den Feldmarschall am 2. (Oktober) seine Stellung verlassen und mit einem unerschütterten, überlegenen und vollkommen schlagfertigen Heere nach Budin zurückgehen sieht, als wenn Lowositz der Schlüssel seiner Stellung und durch dessen Verlust seine Lage so gefährlich geworden wäre. Man kann gar nicht sagen, daß die Oesterreicher die Schlacht verloren, denn sie zogen nur ihren Vortrab zurück und behaupteten ihre Hauptstellung. Was wir die Schlacht bei Lowositz nennen, hätte eigentlich nur das Vorspiel sein und der entscheidende Kampf, insofern der König beim Angriff geblieben wäre, am 2. erfolgen sollen. Allein schwerlich würde der König die Oesterreicher angegriffen haben, da er nicht einmal sie zu verfolgen sich getraute. Nur durch seinen mit nichts zu rechtfertigenden Rückzug bekannte sich der Feldmarschall für besiegt, und, abgesehen von dem üblen Eindruck, den dies auf die Stimmung seines Heeres machen mußte, war dieser Schritt falsch, weil er ihn von den Sachsen entfernte, deren Befreiung er bezweckte."

Hier sind mit einer merkwürdigen Unklarheit die Verhältnisse und selbst die Routine einer späteren Zeit als maßgebend in den Tagen auch des siebenjährigen Krieges vorausgesetzt, ohne daß der Kritiker das recht gewahr würde. Er urtheilt, ohne sich die Frage vorgelegt zu haben, was der Feldmarschall Browne eigentlich beabsichtigte — was er unter den damaligen Bedingungen wollen konnte. Was konnte es dem Feldmarschall helfen, hinter Lowositz stehen zu bleiben? Inwiefern wäre dadurch die

Befreiung der Sachsen irgend gefördert worden? Schwerlich wüßte der Kritiker auf diese naheliegenden Fragen irgend eine Antwort! Stehen bleiben hatte geradezu gar keinen Sinn, wenn Browne nicht eine energische Offensive ergreifen, den preußischen Heertheil, der unmittelbar vor ihm stand, zurückwerfen, ja sich durch die ganze preußische Armee siegreich hindurchkämpfen wollte bis an den Fuß der Sandsteinfelsen von Pirna, und es war gewiß natürlich genug, daß Browne an der Spitze von wenig mehr als 30 000 Mann sich, besonders Friedrich dem Großen gegenüber, einer solchen Aufgabe nicht gewachsen glaubte, natürlich, auch wenn er nach der Schlacht bei Lowositz noch weniger geneigt war als vorher, deren Lösung zu unternehmen. Ein defensiver Sieg, in seiner Stellung dort erfochten, hätte die Befreiung der Sachsen nicht wesentlich gefördert, und Browne durfte ihn nicht einmal hoffen, denn der König von Preußen hatte keine Veranlassung, ihn weiter anzugreifen.

Brownes Rückzug nach Budin ließ sich gar wohl erklären. Es handelte sich für ihn darum, einen Heertheil verstohlenerweise auf das rechte Elbufer zu entsenden, wo er sich an den Lilienstein, an die Stellung der Sachsen, womöglich unbemerkt heranschleichen sollte. Das konnte von Lowositz aus schwerlich geschehen, ohne daß es von Seiten der Preußen bemerkt wurde, besonders seitdem sie Herren des Loboschberges waren. Auch wäre es vollkommen begreiflich, wenn es der österreichische Feldmarschall bedenklich gefunden hätte, in dem Augenblick, wo er sich durch eine Entsendung von 8000 Mann schwächen wollte, ohne bestimmten Zweck in der unmittelbaren Nähe des Feindes stehen zu bleiben, der eben infolge dieser Entsendung die Ueberlegenheit der Zahl gewann. Browne ging nach Budin zurück, von wo aus er seine Entsendung unbemerkt bewerkstelligen konnte und ohne sich selbst und den Rest des Heeres einer unmittelbaren Gefahr auszusetzen.

Tempelhofs Bemerkungen sind dagegen ganz im Geist der Zeit und eben deswegen beachtenswerth. Er meint, die Schlacht bei Lowositz — die in der That nicht beabsichtigt war und sich ganz zufällig entspann — sei auch wirklich unnöthig gewesen, da König Friedrich seinen Zweck schon dadurch vollständig erreicht hatte, daß es ihm gelungen war, die Höhen von Welmina vor dem Feinde zu erreichen und zu besetzen: das heißt, den hauptsächlichsten Paß, der aus dem inneren Böhmen über das

Mittelgebirge in das Teplitzer Thal führt, von wo die Straße dann weiter über das Erzgebirge nach Pirna geht.

Deutlich zeigen sich hier die Vorstellungen, von denen die zur Zeit geltende Theorie beherrscht war; die Bedeutung sowohl, die dem strategischen Manöver beigelegt und die Unklarheit, mit der diese Bedeutung gedacht wurde, als auch das wirkliche verkannte und überschätzte Wesen eines durch strategische Manöver erlangten Erfolgs.

Anschaulich tritt hier hervor, wie richtig Clausewitz das wirkliche Wesen des strategischen Manövers auffaßt, indem er sagt, es bestehe wesentlich darin, daß man dem Gegner die Initiative zuschiebt, ihn zwingt, die Initiative zu ergreifen und zu wagen. König Friedrich hatte die Höhen von Welmina besetzt, er hatte damit dem Feldmarschall Browne den Weg über das Gebirge nach Pirna vertreten und ihn in die Nothwendigkeit versetzt, die Initiative zu ergreifen und die Preußen anzugreifen, wenn er sich den Weg zur Befreiung der Sachsen dennoch öffnen wollte. Der Zweck des Königs war schon durch die Besetzung des Passes und jener Höhen vollständig erreicht — wenn der Feldmarschall Browne sich zu solcher That und solchem Wagniß nicht ermannte, und stillschweigend wird in Tempelhofs kritischer Bemerkung vorausgesetzt, nicht nur daß dergleichen von dem österreichischen Feldherrn nicht zu erwarten stand, sondern auch daß es überhaupt nicht thunlich gewesen sei. Der Irrthum der zur Zeit herrschenden Theorie lag darin, daß man den durch ein Manöver erlangten — oder auch nur, wie in diesem Fall eingeleiteten — Erfolg, der nur unter einer bestimmten Voraussetzung zu einem wirklichen werden konnte, ohne weiteres für einen wirklichen und endgültigen hielt — wobei denn stillschweigend vorausgesetzt wird, der Feind werde ihn gelten lassen; er werde, ja er könne gar nicht die Initiative ergreifen, zu einer entschlossenen That schreiten und die wirkliche Entscheidung im offenen Kampf herausfordern.

Es war eine Berechnung, die freilich oft zutreffen mußte, so lange der Krieg um Interessen untergeordneter Art geführt wurde, welche die Leidenschaften der Völker nicht wachrufen, und für die man nicht die wirkliche Gesammtmacht ganzer Nationen aufbieten konnte; so lange im Krieg beschränkte und selbst kleinliche Erfolge angestrebt wurden, um derentwillen niemand übermenschliche Anstrengungen machen oder sehr viel wagen wollte. Ein Irrthum aber, der leicht verderblich werden konnte, war es, daß man diese Berechnung in unklarer Weise für ganz allgemein gültig hielt. Sie mußte täuschen, sowie der Krieg einen ernsteren und großartigeren Charakter annahm und man einem entschlossenen Feinde gegenüberstand.

Auch bei der Einschließung der Sachsen bei Pirna kam ein und anderes vor, das in anderer Weise charakteristisch für jene Zeit, in der unsrigen wohl kaum noch möglich wäre. — Der Kurfürst von Sachsen, König von Polen, hatte so wenig als sein Minister Brühl irgend etwas Heroisches an sich; er war himmelweit entfernt von dem militärischen Wesen, das am preußischen Hofe herrschte. Das Leben dieses durchaus unselbständigen Mannes drehte sich gedankenlos in dem ewigen Einerlei strenger Etikette herum, im katholischen Gottesdienst, der nach Möglichkeit unterhaltend gemacht wurde, in herkömmlichen Jagden, die immer möglichst bequem für ihn eingerichtet werden mußten, in den Freuden der Tafel und der italienischen Oper. Für die politischen Intriguen sorgten seine Gemahlin und Brühl. Auch im Lager bei Pirna dachte dieser Kurfürst-König nicht entfernt daran, etwa wie Karl XII. von Schweden, Mangel und Gefahren mit seinen Soldaten theilen zu wollen; er dachte nicht einmal daran, sich das Ansehen zu geben, als wolle er das. Infolge einer besonderen Konvention mit dem Feinde kamen während der Blockade seine wohlversorgten, mit dem gewähltesten Küchenmaterial ausgestatteten Küchenwagen täglich durch die preußische Stellung und die preußische Vorpostenkette in sein einstweiliges „Hoflager" in dem eingeschlossenen Lager angefahren. Die Zeit nahm daran keinen sonderlichen Anstoß. Am Dresdener Hofe herrschte damals, wie selbst noch in Zeiten, die uns sehr viel näher liegen, entschiedener sogar als an den meisten anderen, die Ansicht, die in einem Staate nur den Landbesitz sah, der bestimmt sei, dem regierenden — oder vielmehr besitzenden Hause die Mittel einer fürstlichen Existenz zu gewähren — und in diesem fürstlichen Dasein selbst den letzten Zweck aller Dinge. Nur in einem Zuge verräth sich, daß — wenn auch nicht der Kurfürst selbst — doch seine Umgebung in Beziehung auf den Eindruck, den die Haltung des Kurfürsten in der weiten Welt machen konnte, nicht ganz beruhigt war. In dem offiziellen Bericht von dem mißglückten Versuch der Sachsen, sich durchzuschlagen, und ihrer Kapitulation wird in den etwas pedantischen Formen, die damals an den deutschen Höfen herkömmlich waren, erzählt, daß der Kurfürst nur mit allergrößter Mühe habe abgehalten werden können, sich bei dieser Gelegenheit Höchstselbst an die Spitze seiner Truppen zu stellen, daß er nur durch einen großen Aufwand von Beredsamkeit und flehentlichen Bitten habe bewogen werden können, sein unschätzbares Leben auf den Königstein in Sicherheit zu bringen, während seine Truppen den verzweifelten Kampf versuchten. Es hätten sich dafür in der allerbescheidensten Prosa Gründe vorbringen lassen, die sich jedenfalls besser ausnehmen würden, als diese etwas unglücklichen Hoffourier-Dithyramben. Der harmlose Mann wäre an der Spitze seiner Truppen vollkommen überflüssig gewesen und er hätte da persönlich in preußische Kriegsgefangenschaft fallen können, was besser vermieden wurde.

Friedrich der Große ist getadelt worden, weil er nicht, nachdem die Sachsen endlich, spät — am 16. Oktober — kapitulirt hatten, seine Operationen fortgesetzt, weitere Vortheile zu erringen, ja seinen ursprünglichen Operationsplan auszuführen gesucht hat, so spät im Jahr es auch sein mochte. Der zu seiner Zeit hier und da als strategisches Orakel gefeierte Irrerebner Lloyd, der sich am ausführlichsten über diesen Feldzug hat vernehmen lassen, spricht nicht eigentlich diesen Tadel aus; er verlangt nur von König Friedrich die Ausführung ganz anderer, vollkommen aberwitziger Operationen. Doch andere Kritiker, die nicht wie er dem gesunden Menschenverstand ein für allemal entsagt hatten, rügen diese angebliche Unterlassungssünde. Clausewitz antwortet darauf nicht; er verweist nur dem General Lloyd die Thorheiten, in denen er sich ergeht.

Ob der König wohlgethan hätte, den Feldzug fortzusetzen, ist schwer zu sagen. Wir sind, wenigstens für jetzt, nicht im Besitz aller Elemente, durch die ein entschiedenes Urtheil bestimmt werden müßte — denn noch sind uns nicht alle Einzelnheiten der augenblicklichen Lage bekannt, mit denen gerechnet werden mußte. Jedenfalls konnte es manchem Bedenken unterliegen, so spät im Jahre einen neuen Feldzug gegen ein im Wesentlichen intaktes feindliches Heer zu beginnen, und ohne Zweifel war es von großer Wichtigkeit, sich in Sachsen ordnend und regelnd gehörig auf den nächstfolgenden Feldzug einzurichten.

Weit eher möchten wir den König deshalb tadeln, daß er nicht den Feldzug etwas früher eröffnet hat und daß er nicht die unter dem Herzog Eugen von Württemberg in Pommern zurückgelassenen Truppen heranzog, um sich in Böhmen ein größeres Uebergewicht zu verschaffen. Den ungenügenden Bescheid des Wiener Hofes über die Rüstungen in Böhmen, der ihn zur Eröffnung des Krieges berechtigte, hätte der König wohl auch früher herbeiführen können, und dann hätte die Zeit ausgereicht, seinen Operationsplan in weiterem Sinn auszuführen. — Eine Landung russischer Truppen an der pommerschen Küste, die das dort zurückgelassene Korps abwehren sollte, war im Jahr 1756 wohl nicht ernstlich zu befürchten. Die preußischen Bataillone waren dort zu entbehren und konnten dagegen in Böhmen ein bedeutendes Gewicht in die Wagschale legen.

1757.

Prag.

Der Feldzug des Jahres 1757 ist unter den sieben dieses Krieges schon darum der merkwürdigste, weil in der Anlage zu demselben König Friedrichs Theorie, seine Ansichten von Krieg und Kriegführung am entschiedensten und erkennbarsten hervortreten.

Ehe wir aber näher auf seine Pläne und deren Ausführung eingehen, müssen wir einen Blick auf die Anstalten und Vorbereitungen seiner Gegner werfen. Die Art, in welcher der Krieg von Seiten Oesterreichs geführt wurde, entsprach der Absicht, den politischen Plänen nicht, denen sie dienen sollte, und in diesem Widerspruch, in dem Zweck und Mittel zueinander standen, lag ihre Schwäche.

Der Wiener Hof beabsichtigte eine vollständige Besiegung, eine Zertrümmerung Preußens — und dieses Ziel sollte, einem königlichen Feldherrn gegenüber, der um sein Dasein kämpfte, vermöge einer Kriegführungsweise erreicht werden, die im Wesentlichen den flandrischen Feldzügen Ludwigs XIV. entnommen war; Feldzügen, in denen es sich lediglich ohne weitergehenden Zweck um die Eroberung einiger Grenzbezirke handelte. Diese Art der Kriegführung war in den Augen der österreichischen Staatsmänner und Feldherren die normale; es war diejenige, an die sich ihr Geist gewöhnt hatte; sie vermochten nicht aus dem Kreis von Vorstellungen hinauszudenken, der sie umfaßte: eine Erscheinung, die sich gar oft auch später noch wiederholt hat, namentlich, wie schon erwähnt, als man der französischen Revolution gegenüberstand.

Da eine „debelatio", eine vollständige Besiegung Preußens beabsichtigt war, hätte man vor Allem darauf bedacht sein müssen, das Schwert in König Friedrichs Hand zu zerbrechen, d. h. sein Heer zu zertrümmern. Man mußte sich zu sagen wissen, daß der Zweck auf anderen Wegen überhaupt nicht zu erreichen sei, und am allerwenigsten einem Fürsten und Feldherrn gegenüber wie König Friedrich war. Dafür mußte man ihn kennen. Aber dieser Gedanke blieb dem Rath der gegen Preußen verbündeten Mächte im Allgemeinen fern. Er blitzte gleichsam nur hin und wieder auf, ohne reiflich durchdacht zu sein, ohne ganz verstanden und zumal ohne maßgebend zu werden. Ohne je ernstlich bei dieser Gedankenreihe zu verweilen, ohne sich je ernstlich zu fragen, wie man handeln müsse, um ihr durch die That zu entsprechen, sank man immer wieder in die gewohnten Vorstellungen und Maßregeln zurück und wollte manövriren und belagern, wie Ludwig XIV. in den flandrischen Kriegen; Festungen einnehmen, von denen der Besitz des Landes abhängig gedacht wurde, und in solcher Weise die Staaten König Friedrichs stückweise, Schritt vor Schritt erobern. Schlachten, die der herkömmlichen Ansicht nach doch immer ein bedenkliches und unsicheres Mittel blieben, zum Ziel zu gelangen, sollten dabei natürlich nicht aufgesucht, eher gemieden, jedenfalls nur unter ganz besonders günstigen Umständen geliefert werden. Man hoffte durch geschickte Manöver dahin zu kommen, daß man die Festungen einschließen könne, die man belagern wollte — damit wäre die Initiative dem König zugeschoben gewesen, wenn er eine Belagerung stören wollte, und man versprach sich, so gute Maßregeln zu treffen, daß er so etwas nicht wagen werde.

Was die Pläne für den unmittelbar bevorstehenden Feldzug (1757) betrifft, ging man in der Hofburg zu Wien von der Ansicht aus, daß König Friedrich gar nichts anderes thun könne, als sich der gewaltigen Uebermacht gegenüber, die ihn von drei Seiten zugleich bedrohte, auf die allergemessenste Defensive beschränken. Einzelne Stimmen, die sich zweifelnd aussprachen, wurden überhört. Man glaubte demnach sich mit aller Gemächlichkeit auf den Angriff einrichten zu können, der nach der Meinung des Feldmarschalls Browne zunächst durch das sächsische Vogtland auf Leipzig gerichtet werden mußte.

In dieser Richtung, die er dem Angriff geben wollte, zeigt sich der Einfluß der Unterhandlungen, die mit Frankreich gepflogen wurden. Der Marschall d'Estrées, der als französischer Botschafter zu Wien eintraf, warnte davor, entscheidende Operationen zu unternehmen, ehe auf der einen Seite die französischen, auf der anderen die russischen Heere herangekommen sein könnten, und in der Hofburg neigte man darauf zu der Ansicht, daß es in der That am besten sei — da man alle Zeit habe — ruhig den Augenblick abzuwarten, wo die ganze Macht aller Verbündeten zusammenwirken könne und inzwischen nur den Kamm der böhmischen Gebirge durch leichte Truppen bewachen zu lassen. Daß der König von Preußen — oder vielmehr der Markgraf von Brandenburg — jedenfalls rettungslos verloren, nichts Störendes unternehmen könne und werde, dessen hielt man sich so vollständig versichert, daß die Magazine, aus denen die österreichische Armee in Sachsen, der Lausitz und Schlesien leben sollte, in langer Linie, zum Theil der Grenze sehr nahe, in Budin, Aussig, Jung-Bunzlau, Nimburg und Königgrätz aufgehäuft wurden.

Man war in dieser Beziehung seiner Sache so gewiß, daß der Bruder des Kaisers, der Herzog Karl von Lothringen, der doch den Befehl über das Heer in Böhmen führen sollte, für diesmal nicht gehört wurde, als er am 3. März im Kriegsrath zu Wien vorschlug, da nun die gute Jahreszeit herannahe, die Truppen in Kantonnirungs-Quartiere näher zusammenrücken zu lassen. Feldmarschall Browne, der unter ihm den Befehl führen sollte, widersprach; es sei nicht nöthig; selbst die entferntesten Regimenter hätten nur fünf Tagemärsche bis zu den Sammelplätzen der Armee; der Feind könne errathen was man beabsichtige, wenn man so früh näher an die Grenzen rücke, und die dorthin vorgeschobenen Magazine könnten zu früh in Anspruch genommen werden. Die Stellung der österreichischen Armee sei so gut, daß man nur wünschen könne, König Friedrich möge etwas dagegen unternehmen, es werde sein Verderben sein. Der Präsident des Hofkriegsraths, Feldmarschall Neipperg, der Welt vom Belgrader Frieden und der Schlacht bei Molwitz her bekannt, stimmte diesmal dem Feldmarschall Browne bei, obgleich auf den Tod mit ihm verfeindet, und so blieb es denn dabei, daß vom König von Preußen nichts zu befürchten sei und daß man Zeit habe.

In welcher Weise aber Frankreich an dem Kampf gegen Preußen theilnehmen sollte, darüber wurde gar viel hin und her unterhandelt.

Der österreichische Kanzler, Fürst Kaunitz, bot alles auf, den Krieg nicht zu einem allgemeinen werden zu lassen, ihm den beschränkten Charakter eines lediglich auf Preußen gerichteten Angriffs zu wahren, um die gesammte, unzersplitterte Macht der Verbündeten gegen diesen einen Feind verwenden zu können. Da die protestantischen Fürsten im nördlichen Deutschland, die ihre Truppen in Englands Sold überließen — Hessen-Kassel, Braunschweig, Gotha u. s. w. —, nun einmal nicht bewogen werden konnten, ihre Kontingente zu der Reichs-Exekutionsarmee stoßen zu lassen, suchte es die österreichische Diplomatie dahin zu bringen, daß Hannover, obgleich dem König von England unterthan, sich neutral erkläre. Mit ihm wurden alle die Fürsten neutral, die Englands Anhang in Norddeutschland bildeten, und die gesammte Landmacht Frankreichs blieb verfügbar gegen das völlig vereinzelte Preußen.

Für diesen Fall schlug Kaunitz vor, daß die französische Armee sich vom Niederrhein her zuerst der preußischen Lande in Westphalen bemächtige, um dann über die Weser an die Elbe vorzurücken und Magdeburg zu belagern. Kam der gehoffte Neutralitätsvertrag nicht zu Stande, dann mußte freilich ein französisches Heer gegen Hannover und seinen Anhang verwendet werden, aber ein zweites konnte am Main aufwärts und durch das Vogtland nach Sachsen vorrücken.

Oesterreich wollte im Verein mit Frankreich Kursachsen befreien und Magdeburg erobern, dessen Belagerung die Hauptaufgabe der französischen Armee sein sollte, während ein anderes österreichisches Heer in Verbindung mit einem russischen, das man noch in diesem Jahr an der Oder erwartete, Schlesien eroberte.

Bei diesen Plänen fand man am Hof zu Versailles vielerlei Bedenken. Selbst wenn es zu einem Neutralitätsvertrag mit Hannover kam, achtete man da ein französisches Heer am Niederrhein nothwendig, um nicht nur die norddeutschen Staaten durch eine fortwährende Drohung im Zaum zu halten, sondern auch die vereinigten Niederlande, denen man nicht unbedingt trauen durfte, weil es dort allerdings eine Partei gab, die aus gewichtigen Gründen für Krieg gegen Frankreich stimmte. Man wollte Wesel belagern, um sich von dieser Seite sicher zu stellen. Obgleich man das Gegentheil vorgab, war man doch vielleicht auch nicht geneigt, in die Neutralität Hannovers zu willigen, denn man betrachtete dieses Land als eine leichte Beute, die sich bei dem Friedensschluß verwerthen ließ, um dafür wieder einzutauschen, was in Ostindien oder in Amerika von französischen Besitzungen verloren gegangen sein mochte. So gewährte denn ein Angriff auf Hannover ein Mittel, Frankreichs Landmacht in seinem eigenen Interesse, nicht bloß in dem Oesterreichs zu verwerthen. Das war eine Betrachtung, die jedenfalls sehr nahe lag. Die Neutralität sollte denn auch nur unter unmöglichen Bedingungen anerkannt werden. Vor allem verlangte man für die französischen Armeen freien Durchzug durch die hannoverschen und braunschweigischen Lande bis an die Elbe. — Aus dem Verlangen, die eigene Macht im eigenen Interesse zu verwenden, ergab sich auch, daß die französische Regierung sich der im Bündniß= vertrag übernommenen Verpflichtung, den Oesterreichern ein Hülfskorps von 24 000 Mann nach Böhmen zu senden, gänzlich zu entziehen suchte. Man wollte lieber mit vierfach größerer Macht, aber selbständig gegen Preußen in die Schranken treten.

Pläne wurden entworfen, besprochen, geändert, zu einer festen Ver= abredung aber kam es nicht. Doch blieb von beiden Seiten stets an= erkannt, daß die Hauptaufgabe der französischen Armee sein müsse, an die mittlere Elbe vorzubringen und Magdeburg zu erobern, und hier zeigte sich nun wieder, von welcher Bedeutung die Unwegsamkeit der mitteleuropäischen Länder, die Schwierigkeit massenhafter Transporte auf große Entfernungen für die Kriegführung war. Wo der Krieg nicht mit entschiedener Leidenschaftlichkeit geführt wird, wo sich niemand um des Zwecks willen zu den äußersten Anstrengungen und Opfern auf= gefordert fühlt; wo dann leicht eine kleinliche Bedächtigkeit, die überall nach Schwierigkeiten herumspürt, für Weisheit gilt, die an alles denkt — da geht die Vorstellung, die man sich von solchen Schwierigkeiten macht, gar leicht noch über die Wirklichkeit hinaus, und es wird ihnen wohl auch infolge dessen in den strategischen Berechnungen eine noch größere Bedeutung beigelegt, als sie in der That haben. Ob das auch diesmal der Fall gewesen sein mag oder nicht, ist nicht mehr zu ermitteln. Wir wissen eben nur, daß der Transport eines Belagerungstrains von Frank= reich aus zu Lande, durch Westphalen und Hannover an die Elbe, für so gut wie unmöglich gehalten wurde.

Im Laufe der Unterhandlungen, die zu Wien mit dem Marschall d'Estrées geführt wurden, war davon die Rede, französisches Belagerungs= geschütz zu Wasser vor die Wälle von Magdeburg zu bringen; nämlich den Rhein hinab, im offenen Meer um die Küsten der Niederlande herum und dann die Elbe aufwärts. Bald jedoch überzeugte man sich, daß auch dieser Transport mit zu vielen Schwierigkeiten verbunden sei, und einleuchtend ist jedenfalls, daß er nicht in kurzer Zeit bewerkstelligt werden und daß das seemächtige England ihn gar wohl ganz verhindern konnte. So kam man denn endlich von Seiten der französischen Regierung zu dem Schluß, daß eine Belagerung der Feste Magdeburg erst möglich sei, wenn Preußens Heeresmacht gänzlich aus den kursächsischen Landen vertrieben wäre und Oesterreich Herr der Elbe, das heißt nicht nur Dresdens, sondern auch der unbedeutenden festen Plätze Torgau und Wittenberg.

Ganz im Geist der etwas zweifelhaften Redlichkeit, die damals im diplomatischen Verkehr üblich war, so gut wie früher und später, wurde d'Estrées von seinem Hof angewiesen, die weiteren Unterhandlungen so zu führen, daß die Schuld des etwanigen Mißlingens auf Oesterreich, nicht auf Frankreich falle.

Alle diese siegesgewissen Pläne wurden dadurch, daß König Friedrich, früher als seine Gegner im Felde, mit einer Energie, die niemand ahnte, zum Angriff schritt, im Entstehen durchkreuzt.

Es war natürlich und verständig, daß Friedrich der Große sich nicht auf eine passive Vertheidigung beschränken wollte, die, einer solchen Uebermacht gegenüber, aller menschlichen Berechnung nach nur zu einem allmäligen Erlahmen der eigenen Kräfte, zu einem langsamen Unterliegen führen konnte. Daß er nicht, wie seine Gegner voraussetzten, den Angriff in passiver Haltung erwarten wollte, war verständig, weil er hoffen durfte, seinen Hauptfeind entscheidend zu treffen, zu entwaffnen, ehe die anderen ihm gefährlich werden konnten. Alles Uebrige gab sich dann wie von selbst. Dazu schien Preußens Macht auszureichen, und es war die einzige Möglichkeit, die sich zeigte, den ungleichen Kampf nicht ruhmvoll nur, sondern auch siegreich zu bestehen.

König Friedrich durfte hoffen, daß Seitenheere — dort in Ost= preußen die im Lande einheimischen Regimenter unter dem Feldmarschall Lehwald, hier in Westphalen das hannoversch=verbündete Heer — ihm die Streitkräfte Rußlands und Frankreichs für die Dauer eines kurzen Feldzugs fern halten würden. Diese Zeit mußte benutzt werden, um

Oesterreich zu Boden zu schlagen; gelang das, dann war der Friede gesichert und konnte sogar geschlossen werden, ohne daß der preußische Staat die Last und das Ungemach des Krieges in irgend erheblichem Grade empfunden hätte.

Hinderlich erwies sich freilich vom ersten Augenblick an, daß König Friedrich nicht frei und nach eigenem Ermessen über alle Truppen verfügen konnte, die auf seiner Seite unter den Waffen standen. Es ist viel von der Uneinigkeit die Rede gewesen, die unter den gegen Preußen verbündeten Mächten stattgefunden haben soll. Es ist sogar der Versuch gemacht worden, nachzuweisen, daß Friedrich der Große seine Rettung gar nicht den eigenen Thaten zu verdanken hatte, sondern dem Umstand, daß weder Frankreich noch Rußland ihn verderben wollten. Stuhr namentlich wittert überall Geheimnisse und setzt besonders mit bewundernswerther Ausdauer eine „geheime Politik" Rußlands voraus, für deren Dasein er nicht den Schatten eines Beweises aufzufinden weiß. Aus den Urkunden, aus dem diplomatischen Briefwechsel der Zeit, geht nichts weiter hervor, als daß jede der verbündeten Mächte, wie das eben immerdar der Fall zu sein pflegt, vorzugsweise auf den eigenen Vortheil bedacht war; daß keine von ihnen den eigenen Vortheil versäumen wollte, um Opfer für die Sonderzwecke einer anderen zu bringen; daß man sich über Zweck und Mittel im Besonderen nicht immer zu einigen wußte; daß man sich gegenseitig nicht stets mit unbedingter Hingebung traute; daß nicht immer Wort gehalten wurde und daß die Operationen nicht immer zusammenstimmten —: das alles ist vorgekommen, aber nicht mehr, nicht weniger als früher und später auch), in jeder Verbündung solcher Art. Am allerwenigsten ist wohl an eine verhängnißvolle „geheime Politik" Rußlands zu denken. Die leitenden Staatsmänner dieses Reichs, Bestushew-Riumin und Worontzow, waren allerdings unzweifelhaft bestechlich, aber sie ließen sich mit musterhafter Unparteilichkeit von allen Seiten zugleich bestechen, so daß wirkliche Folgen ihrer Käuflichkeit nur hier und da — sporadisch — in Einzelnheiten und in vollkommen regelloser Weise zum Vorschein kommen konnten. Im Allgemeinen war Rußland viel entschiedener gewillt als Frankreich, die Zwecke Oesterreichs unbedingt zu fördern. Die Kaiserin Elisabeth, die bekanntlich zwar nicht gerade streng tugendhaft, dagegen aber sehr fromm war, haßte den gottlosen König von Preußen mit dem gewaltigen Haß eines persönlich ungebildeten und rohen, beleidigten, sehr oft durch starke Getränke begeisterten Weibes. Der Thronfolger, später nur wenige Monate über Peter III., der Friedrich den Großen bewunderte, konnte keinen Einfluß zu dessen Gunsten üben; er vermochte nichts. Es gab schon damals am russischen Hof eine Partei, die damit umging, nach Elisabeths Ableben seine Gemahlin Katharina anstatt seiner auf den Thron zu erheben. Auch hätten die Russen gar gerne Ostpreußen bis an die Weichsel gehabt und Danzig dazu. Im Uebrigen wäre es vergeblich, in den Intriguen, die sich an Elisabeths Hof kreuzten, nach einer eigentlichen Politik, nach einem System, nach einem leitenden Gedanken zu forschen. Dergleichen setzt, von allem Anderen abgesehen, einen Grad von Bildung voraus, zu dem man sich damals an diesem Hofe noch keineswegs erhoben hatte.

Vor allem aber darf man über den Mangel an Uebereinstimmung, der zu Zeiten unter den gegen Preußen Verbündeten zum Vorschein kam, nicht übersehen, daß auch König Friedrich seinerseits, genau in derselben Weise und in demselben Maße, unter dem Druck aller Ungelegenheiten zu leiden hatte, die verwickelte Verhältnisse in solchen Bündnissen mit sich bringen. Wie schmerzlich mußte er es oft empfinden und beklagen, daß er nicht nach seiner Einsicht über die Heeresmacht seiner Verbündeten verfügen konnte.

In der unter allen wichtigsten Beziehung hat ihm England vom ersten Augenblick an und durch alle Feldzüge des denkwürdigen Krieges hindurch nicht Wort gehalten. England hatte sich in dem zu Westminster geschlossenen Vertrag verpflichtet, eine Flotte in die Ostsee zu senden. („De plus promet et s'engage S. M. Britannique d'envoyer dans la mer Baltique une escadre de huit vaisseaux de ligne et de plusieurs frégattes, et même plus, s'il est nécessaire, dès que S. M. Prussienne en fera la réquisition, afin de seconder ses puissants efforts", so lautet Artikel 4 des betreffenden Vertrages.) Das ist nie geschehen. Und doch wäre es der einzige wahrhaft wirksame Beistand gewesen, den England seinem Verbündeten leisten konnte. Es ist fraglich, ob die russischen Generale geglaubt hätten, sich auch nur in Ostpreußen festsetzen zu können, wenn ihnen die Verbindung zur See gesperrt war. Beinahe mit Gewißheit läßt sich annehmen, daß es dann keine Feldzüge russischer Armeen in Pommern gab, und daß Colberg nie verloren ging. Vor allem aber wäre eine englische Flotte in der Ostsee, Sperrung der russischen Häfen, einstweilige Vernichtung des russischen Handels, das einzige Mittel gewesen, auch dem russischen Reich das Ungemach des Krieges fühlbar zu machen; das einzige Mittel, den Frieden auch für Rußland wünschenswerth und selbst zur Nothwendigkeit zu machen.

Aber England wollte nur mit Frankreich, nicht auch mit Rußland und wo möglich selbst mit Oesterreich nicht im Kriege sein; die ganze Dauer des Krieges über war und blieb eine Gesandtschaft Englands in Petersburg. Besonders aber kamen hier die Interessen des englischen Handels in Betracht. England besaß damals sein indisches Reich noch nicht; es dachte noch nicht einmal daran, ein solches zu gründen. Seine Kolonien in Nordamerika waren noch wenig bevölkert und angebaut. Unter diesen Umständen war der Ostseehandel, namentlich der Handel mit Rußland, für England von einer Bedeutung, die man nicht nach dem Maßstab heutiger Verhältnisse beurtheilen darf. William Pitt der Aeltere war, als er sich entschieden an die Spitze der Regierung gestellt sah, ehrlich genug, vertraulich zu erklären, daß er diese Bedingung des geschlossenen Vertrags gar nicht erfüllen könne. Wolle er den Ostseehandel beeinträchtigen, dann verliere er — trotz aller Begeisterung für Friedrich und seine Großthaten, die sich in England geräuschvoll kundgab — die Stimmenmehrheit im Parlament. — Es geschieht eben wohl, daß eine solche platonische Begeisterung für den heroischen Nachbar sich plötzlich abkühlt, wenn die eigenen materiellen Interessen darunter leiden.

Aber auch in anderen Beziehungen sah sich König Friedrich in seinen Erwartungen getäuscht. Die Aufgabe der hannoversch-verbündeten Nebenarmee auf dem westlichen Theile des gesammten Kriegsschauplatzes war, nach des Königs Ansicht, die Heere Frankreichs von der Elbe und überhaupt der Region entfernt zu halten, innerhalb welcher der Hauptfeind bekämpft werden und die Entscheidung fallen mußte. Nach der Auffassungsweise Georgs II. von England und der hannoverschen Geheimen Räthe hatte diese Armee die hannoverschen Lande zu decken. Glücklicherweise fielen diese beiden Aufgaben in solcher Weise zusammen, daß sie zu einer und derselben wurden.

Friedrich II. schlug nun in London und in Hannover vor, die hannoversch-verbündete Armee solle, um die Weser und den niedersächsischen Kreis (eben die hannoverschen Provinzen) zu decken, eine Flankenstellung jenseits der Weser, hinter der Lippe nehmen, den rechten Flügel an die preußische Festung Wesel, den linken an Lippstadt gelehnt. Er sendete den Generallieutenant Grafen Schmettau nach Hannover, um diesem Plane dort Eingang zu verschaffen. Aber in England fehlte — wie wir das ja auch bei späteren Gelegenheiten erlebt haben — jedes Verständniß für die auf dem europäischen Kontinent, und zumal in Deutschland, obwaltenden Verhältnisse, und jedes Verständniß für eine Kriegführung in großem Styl. In Hannover vollends nahmen die Geheimen Räthe König Friedrichs strategische Vorschläge mit dem feinen Lächeln der Ueberlegenheit auf. Sie waren viel zu klug, um sich irre führen zu lassen, und sahen auf den ersten Blick, wo das hinaus wollte. Sie glaubten zu sehen, daß die hannoversche Armee das eigene Land preisgeben sollte, um dem König von Preußen sein Wesel zu vertheidigen. Das durfte natürlich nicht geschehen; die hannoverschen Lande sollten vertheidigt werden, nicht Wesel; darum mußte die Armee am Weserstrom Stellungen nehmen, in denen sie die Provinzen, um deren Schutz es sich handelte, gerade im Rücken hatte. Dabei blieb es und der König von Preußen mußte sich darein finden.

König Friedrich hielt es unter solchen Umständen für geboten, Wesel aufzugeben. Mit Recht; eine Besatzung, die er dort gelassen hätte, mußte unfehlbar französischer Gefangenschaft verfallen. Die Festungswerke wurden denn auch theilweise zerstört, die Besatzung mußte sich aus dem Orte zurückziehen. Doch durfte man, auch nachdem die Dinge sich auf diesem Theile des Kriegstheaters so gestaltet hatten, immer noch hoffen, daß es der hannoverschen Armee gelingen werde, Frankreichs Heeresmacht die Zeit über zu beschäftigen und aufzuhalten, deren Friedrich bedurfte, um in Böhmen entscheidende Schläge zu führen.

Der Plan des Königs für diesen Feldzug, der den ganzen Krieg abschließen sollte, ging, wie ihn Westphal in wenige Worte zusammenfaßt, dahin, „in seinem eigentlichen und Hauptfeinde — Oesterreich — zugleich die übrigen zu erlegen." — Der König machte den Winter über die größten Anstrengungen, zu denen seine Mittel ausreichten, um sein Heer zu vermehren, um wenigstens im ersten Augenblick gegen Oesterreich mit überlegener Macht auftreten, oder diesem Hauptfeinde doch wenigstens mit einer der seinigen an Zahl gleichen Heeresmacht begegnen zu können. Bei der damaligen Verfassung beider Heere, und besonders unter Friedrichs Führung, konnte schon die gleiche Zahl für eine entschiedene Ueberlegenheit auf Seiten Preußens gelten.

Dann kam es darauf an, früh im Felde zu erscheinen, ehe Oesterreich mit seinen Rüstungen ganz fertig war, und das feindliche Heer in einem unfertigen Zustande zu überraschen.

Hier näher darauf einzugehen, in welcher Weise dieser Plan, namentlich in Berathungen mit Schwerin und Winterfeldt, im Einzelnen ausgearbeitet wurde, würde zu weit führen. Die wesentlichen Züge des Entwurfs waren schon durch die Lage gegeben, in der man sich eben befand. Die preußische Armee hatte ihre Winterquartiere theils in Schlesien, theils in der Lausitz und den anderweitigen kursächsischen Landen zu beiden Seiten der Elbe. Schon daraus ergab sich die Nothwendigkeit, den Angriff auf Böhmen in Form konzentrischer Bewegungen von mehreren Seiten zugleich einzuleiten, wenn man nicht eine kostbare Zeit verlieren, den Feind durch umständliche einleitende Bewegung aufmerksam machen und die eigenen Pläne verrathen, möglicherweise die Initiative aus der Hand geben wollte. Auch schon der Umstand, daß der beabsichtigte Schlag ein rascher und überraschender sein mußte und sollte, nöthigte, in mehreren Kolonnen aufzubrechen, um sich schneller bewegen zu können. Gewagt wurde dabei nichts, da man die österreichische Armee in Quartieren zerstreut wußte, und auch wohl darauf rechnen durfte, daß die österreichischen Generale sich, plötzlich in eine schwierige Lage versetzt, dem Unerwarteten gegenüber nicht sofort würden zu fassen wissen.

So sollten denn die preußischen Kolonnen konzentrisch auf Prag vorgehen; vielleicht unterwegs Theilerfolge über die zerstreuten feindlichen Truppen erfechten; — die österreichische Heeresmacht, mit Ausnahme der Truppen, die erst unter dem General Serbelloni, dann unter Daun in Mähren standen, bei Prag zusammendrängen, hier mit Ueberlegenheit angreifen und in einer Vernichtungsschlacht zertrümmern. Ein Plan der in seiner Einfachheit großartig genannt werden muß!

Der Feldzug, durchaus auf die Entscheidung in offener Feldschlacht gerichtet, war ganz im Geist und in der Weise der glänzendsten Napoleonischen angelegt — und was in jener Zeit ohne Beispiel dasteht, und ganz über die damals geltende und herrschende Ansicht von Krieg und Kriegführung hinausging: nicht irgend ein geographischer Punkt, sondern unmittelbar das österreichische Heer selbst war nach König Friedrichs Auffassung das strategische Objekt, das gefaßt, auf dessen Vernichtung in entscheidender Schlacht alle Operationen angelegt sein mußten.

Allerdings wäre durch eine solche Niederlage bei Prag Oesterreichs Widerstandsfähigkeit nicht wirklich und endgültig erschöpft gewesen, aber weder in der damaligen Weltlage und dem Zeitgeist überhaupt, noch in der Verfassung Oesterreichs insbesondere, oder in der Art des Antheils, den die Völker dieses Reichs, oder auch nur die maßgebenden Stände, an dem Zwecke dieses Kriegs nahmen, lag eine Veranlassung, bei den Feinden Preußens das alleräußerste von heroischer Standhaftigkeit vorauszusetzen. König Friedrich wußte die moralischen Faktore des Erfolges besser als seine Zeitgenossen, und ebenso gut wie Napoleon in Rechnung zu bringen; er wußte so gut wie dieser, „ce que c'est que la terreur" — und er durfte mit demselben Recht, wie Napoleon bei Austerlitz, erwarten, daß der betäubende, entmuthigende Schlag den Frieden herbeiführen werde.

Und so rechnete der große König auch. Er äußerte während des Marsches nach Prag einmal gegen seinen Bruder, den Prinzen Heinrich: „Wenn ich am weißen Berge eine Schlacht gewinne, so wird es die über das Schicksal der Reiche entscheidende von Pharsalus sein." — Der Vertraute des Prinzen Heinrich, Graf Henckel, der uns diese Aeußerung aufbewahrt hat, zu der nach seiner Meinung die Phantasie des Königs „sich verstieg", kann sie natürlich nur als den Ausdruck und Beweis einer maßlosen Selbstüberhebung hinstellen. — Ganz im Sinn eben dieser Worte sagte Friedrich noch im Laufe seiner letzten Lebensjahre zu seinem damaligen Flügeladjutanten Rüchel: wenn er die Schlacht bei Kolin gewonnen hätte, würde er den Frieden auf den Wällen Wiens diktirt haben.

Die Oesterreicher traf der Schlag nicht ganz unvorbereitet. Während der Kurfürst von Sachsen, von Brühl begleitet, aus dem Lager von Pirna sich nach Warschau begeben hatte, waren die Kurfürstin-Königin und der eine und der andere der sächsischen Prinzen in Dresden geblieben, so wenig der Aufenthalt dort, inmitten einer preußischen Besatzung, ihnen

angenehm sein konnte. In welcher Absicht? — das war leicht zu durch=
schauen. Nachdem entdeckt worden war, daß die Königin von Polen der
österreichischen Regierung und den österreichischen Generalen Nachrichten
übermittelte, wie man sie sonst von Spionen zu erwarten pflegt, ließ
König Friedrich einige der dabei betheiligten Herren vom sächsischen Hof
aufheben, und auf Festungen bringen. Gern hätte er auch die Königin
bestimmt, ihrem Gemahl nach Warschau zu folgen, — aber er bemühte
sich vergebens. Die hohe Frau blieb standhaft auf ihrem Posten und
trug eine erhabene Entrüstung über König Friedrichs unziemliches Be=
nehmen zur Schau, als anstatt der sächsischen Schweizergarde preußische
Truppen die Wache vor dem Dresdener Schloß bezogen. „Jedermann
bewunderte die Festigkeit der Königin und bedauerte ihr Schicksal", be=
merkt Graf Henckel. So wurde der Fall im Kreise des Prinzen
Heinrich beurtheilt.

Alle aufgewendeten Vorsichtsmaßregeln erwiesen sich ungenügend.
Die Königin von Polen wußte dem österreichischen Staatskanzler genaue
Auskunft über den Angriffsplan König Friedrichs zu geben, demzufolge
das preußische Heer von Zwickau, Dresden, Zittau in der Lausitz, Greifen=
berg in Schlesien und Glatz aus in Böhmen eindringen sollte; sie bezeichnete
den 6. April als den Tag, an welchem die Operationen beginnen sollten,
am 7. waren ihre Mittheilungen zu Wien in den Händen des öster=
reichischen Kanzlers. Feldmarschall Browne hatte dieselben Nachrichten
schon früher — wie es scheint, bereits am 2. April — von dem Kurprinzen
von Sachsen aus Dresden erhalten.

Der Kanzler Kaunitz äußerte schriftlich gegen den Herzog Karl
von Lothringen, der noch zu Wien weilte und nicht nöthig fand,
sofort zur Armee aufzubrechen, diese Nachrichten kämen von so guter
Hand, daß sie wohl „einige" Aufmerksamkeit verdienten. „Angenommen",
der König von Preußen beabsichtige wirklich einen Einfall in Böhmen,
so könne dabei nur die Hoffnung obwalten, „einen entscheidenden Vortheil"
über das österreichische Heer davon zu tragen, der dazu angethan wäre,
„seine Lage für den Rest des Feldzugs zu verbessern". — Daß König
Friedrich mehr beabsichtigen, daß, wenn nicht dem habsburgischen Reich
eine weiter reichende Gefahr, doch den Plänen der Wiener Hofburg ein
vollständiger Schiffbruch drohen könnte: dieser Gedanke erwachte nicht
entfernt im Geist des Kanzlers. Wie die Machtverhältnisse im Allgemeinen

sich gestaltet hatten, lag dergleichen für ihn außerhalb alles Denkbaren. Doch „was dem König von Preußen zu wagen Noth thut, liegt uns ob zu vermeiden", meinte Kaunitz. Man müsse sich also auf eine „vernünftige Defensive" beschränken, und die Entscheidung nicht eher „dem Zufall" überlassen, als bis die Verbündeten nahe genug herangekommen seien, um die Operationen der österreichischen Heere zu unterstützen. — „Dem Zufall!" — so hieß eine Schlacht in der militärischen Redeweise der Zeit.

Der Feldmarschall Browne legte auf das alles sehr wenig Gewicht, auch nachdem er neue Verhaltungsbefehle aus Wien erhalten hatte. Die Truppen unter seinen Befehlen waren bereits in vier Gruppen im Pilsener Kreise — bei Budin und Prag — bei Gabel und Reichenberg — endlich bei Königgrätz, in engeren Kantonnirungen versammelt. Dabei blieb es.

Die Zeit, sich etwas besser einzurichten, hätte man allenfalls gehabt, denn König Friedrich konnte den wirklichen Angriff auf Böhmen nach einigen Demonstrationen, welche die Aufmerksamkeit der Oesterreicher auf verschiedene Punkte lenken sollten, erst in der zweiten Hälfte des April beginnen. Schwerin brach zuerst am 18. auf. Die preußische Armee rückte in vier Kolonnen ein, von denen zwei auf dem linken Ufer der Elbe über den Basberg und die Nollendorfer Höhe vorgingen, um sich zwischen Lowositz und Budin zu vereinigen. Von den beiden anderen rückte die eine (Herzog von Bevern) aus der Lausitz über Reichenberg, die andere (Schwerin) über Trautenau in Böhmen ein. Sie sollten sich bei Jung-Bunzlau vereinigen, worauf denn der gesammten preußischen Heeresmacht vorgeschrieben war, konzentrisch zur Entscheidungsschlacht auf Prag vorzurücken.

Es gelang nicht, wie man wohl gehofft hatte, den einen oder den anderen österreichischen Heertheil unterwegs aufzuheben, oder in eine vollständige Niederlage zu verwickeln. Nur der Feldzeugmeister Königsegg hatte bei Reichenberg ein unglückliches Gefecht, und sein Heertheil wäre wohl vollständig verloren gewesen, wenn die Preußen unter Schwerin nicht um einen Tag verspätet zu Jung-Bunzlau eintrafen. Die Verspätung wird dem wackeren, aber etwas pedantischen General Fouqué zur Last gelegt. — Der österreichische General Graf Serbelloni, der die Truppen um Königgrätz befehligte, war durch die unerwartete Offensive offenbar so sehr aus der Fassung gebracht, daß er sich gar nicht zu sagen wußte, was bei so bewandten Umständen wohl zu thun sein möchte, und rathlos unthätig blieb. — Auf dem rechten Elbufer hatte sich der Feldmarschall Browne noch im letzten Augenblick — am 19. — durch Entsendungen nach Königgrätz geschwächt, und als er dann endlich inne wurde, daß er es mit einem umfassenden, entscheidenden Angriff des Königs zu thun habe, scheint er vollständig den Kopf verloren zu haben — wie das wohl zu geschehen pflegt, wenn man plötzlich gewahr wird, daß man verhängnißvolle Fehler begangen hat, die nicht wieder gut zu machen sind.

Es gelang ihm, seinen Heertheil von Budin nach Prag zurückzuführen, auch Königsegg traf dort ein, und von der anderen Seite, von Eger her, auch der Herzog von Ahremberg, und so kam denn die österreichische Armee — mit Ausnahme der wenigen Bataillone und Schwadronen, die in Mähren standen, und der Truppen unter Serbelloni bei Königgrätz — noch glücklich genug unter den Mauern von Prag zusammen: aber in welchem Zustand! — Ermüdet durch Gewaltmärsche, und entmuthigt, wie der österreichische Berichterstatter (Oesterreichische militärische Zeitschrift 1822) gesteht, durch die Verwirrung eines übereilten Rückzugs, dessen Eile bei den Truppen die Vorstellung von drohenden Gefahren erwecken mußte, und durch die sichtbare Besorgniß oder Rathlosigkeit der Führer. Die Magazine, besonders die sehr großen zu Budin und Jung-Bunzlau, waren in Feindes Hand gefallen. Brownes und Ahrembergs Heertheile zählten zusammen in 46 Bataillonen, 48 Grenadier-Kompagnien, 63 Reiter-Schwadronen und 8 Karabinier-Kompagnien Ende April nur noch 35 000 Mann: „so bedeutend war schon die Zahl der Nachzügler und Ausreißer. Besonders waren die Regimenter des Ahrembergischen Korps durch die angestrengten Märsche, die es seit fünf Tagen gemacht hatte, sehr heruntergekommen. Die Truppen waren überdies entmuthigt, da sie, ohne einen Schuß zu thun, das halbe Land dem Feinde überlassen mußten." — Auch „überzeugte sich" der Herzog Karl von Lothringen, als er am 30. April bei der Armee eintraf, sofort, „daß Niedergeschlagenheit und Verwirrung in der Armee allgemein waren. Vom General bis zum Gemeinen wußte keiner, was er thun sollte. Ordnung und Vertrauen waren gewichen, denn der Feldherr hatte seine Besonnenheit verloren."

So schildert ein österreichischer Offizier nach den „Feldakten" den Zustand des Heeres. Freilich überrascht er uns dann durch die eigenthümliche Behauptung, daß die sehr gewagte Offensive des königlichen Feldherrn doch eigentlich verfehlt gewesen sei und daß der König bis zum Vorabend der Schlacht bei Prag noch gar nichts gewonnen hatte. Ein Beweis, daß dieser Offizier, gleich so vielen Doctrinärs, gewöhnt ist, die moralischen Factoren des Erfolges gar nicht zu beachten; daß er die moralische Ueberlegenheit, die der König von neuem seinen Feinden gegenüber gewonnen hatte, entweder nicht gewahr wird, oder für nichts rechnet. Einer minder befangenen Auffassungsweise konnte dagegen das, was bis dahin geschehen war, wohl als die Einleitung zu einer sehr wahrscheinlichen, vielleicht sogar unvermeidlichen Niederlage der Oesterreicher erscheinen. Zur Zeit und an Ort und Stelle scheint es auch wirklich den Truppen und Offizieren der Kaiserin ungefähr diesen Eindruck gemacht zu haben.

Wie aus den Berichten der französischen Gesandtschaft hervorgeht, war die Bestürzung zu Wien nicht weniger groß und nicht weniger allgemein, als in der Armee. Namentlich die Kaiserin Maria Theresia war in die tiefste Betrübniß versunken. Der Kaiser Franz, der sich sonst gar sehr im Hintergrund zu halten pflegte, dachte einen Augenblick daran, nach Prag zu eilen, um die Dinge dort persönlich wieder in Ordnung zu bringen. Kaunitz, der unter allen die meiste Fassung bewahrt zu haben scheint, machte sich wirklich auf den Weg nach der böhmischen Hauptstadt, um „den Generalen die Köpfe wieder zurecht zu setzen" und den Entmuthigten zu neuer Fassung zu verhelfen. Danach läßt sich entnehmen, wie die Berichte gelautet haben mögen, die von der Armee nach Wien gesendet wurden. Den Generalen die Köpfe zurecht zu setzen konnte allerdings vor allem nothwendig scheinen. Schon Serbellonis Benehmen deutete auf eine solche Nothwendigkeit, und der Feldmarschall Browne war, wenn wir österreichischen Berichten Glauben beimessen dürfen, einer Verzweiflung verfallen, in der er kaum noch für zurechnungsfähig gelten konnte. Er wünschte sich unter Thränen den Tod; er verlangte, der Rückzug solle nicht bis Prag fortgesetzt werden, man solle mit den Truppen, die man eben zur Hand hatte, die preußischen Heertheile auf dem linken Elbufer angreifen, und da der Herzog Karl und die versammelten Generale darauf nicht eingingen, forderte er 4000 Mann, mit denen wolle er allein angreifen, an deren Spitze wolle er sterben. —

v. Bernhardi, Friedrich der Große. 5

Doch der Graf Kaunitz gelangte nicht an das Ziel seiner Reise. Er erhielt unterwegs die Nachricht von der Schlacht bei Prag und kehrte zurück nach Wien.

Die beiden preußischen Armeen trafen ziemlich pünktlich vor Prag ein, wie es der Operationsplan bestimmt hatte; die eine, unter dem König, auf dem linken Ufer der Elbe und der Moldau, schon am 2. Mai vor der sogenannten Klein=Seite auf dem Weißen Berge. Am 4. ging Schwerin mit den Truppen, die aus Schlesien herkamen, bei Brandeis über die Elbe und verweilte dort in einer etwas gewagten Stellung, den Fluß im Rücken. Am 5. ging der König mit der kleineren Hälfte seiner Armee (20 Bataillone, 38 Schwadronen) unterhalb Prag, bei Seltsch, über die Moldau, und auch seine Stellung konnte nun für den Augenblick gewagt scheinen, war es aber in der That nicht, und von der Stunde an, wo der König auf dem rechten Ufer der Moldau stand, hörte sogar Schwerins Stellung auf, eine irgend gefährdete zu sein. Die österreichische Armee konnte durch den bisherigen Gang des Feldzugs nicht zu kühnen Unternehmungen ermuthigt sein; da durfte man wohl mit großer Zuversicht darauf rechnen, daß sie nicht das eine der preußischen Heere angreifen werde — auf die Gefahr hin, sich selbst von dem anderen im Rücken angegriffen zu sehen. Am wenigsten stand zu erwarten, daß die Führer des österreichischen Heeres sich innerhalb der wenigen Stunden, die dazu blieben, zu einem solchen Entschluß aufraffen könnten. Auch verfiel selbst der Feldmarschall Browne, der in seiner Verzweiflung unter allen mit den kühnsten Vorschlägen hervortrat, nicht auf einen solchen Plan. Der Herzog Karl beschäftigte sich sogar mit dem Gedanken, Prag aufzugeben und sich auf die Truppen unter Serbelloni zurückzuziehen, was auch vielleicht das Klügste gewesen wäre; er blieb nur, weil alle Generale widersprachen, auf dem Ziskaberge stehen.

Mit König Friedrichs Uebergang über die Moldau begannen die Einleitungen zu einer Vernichtungsschlacht, wie er sie angekündigt hatte. Er ließ die größere Hälfte seines Heeres (26 Bataillone, 40 Schwadronen) unter dem Feldmarschall Keith vor der Klein=Seite von Prag auf dem Weißen Berge stehen. Gewiß nicht bloß, um seine Schiffbrücke über die Moldau von dieser Seite zu decken. Keith sollte der, wie vorausgesetzt wurde, geschlagenen österreichischen Armee den Rückzug durch Prag und nach dieser Seite hin sperren. Aber er sollte nicht das allein; er sollte bei Branick, oberhalb Prag, eine Schiffbrücke über die Moldau schlagen und den rechten Flügel seines Heertheils unter dem Prinzen Moritz von Dessau am Tage der Schlacht dort übergehen lassen, in den Rücken der österreichischen Armee auf dem Ziskaberge.

Der König eilte mit der Schlacht, und mit Recht; er wollte sie liefern, ehe das österreichische Heer durch die Truppen unter Serbelloni verstärkt sein konnte. Der Hergang ist im Allgemeinen bekannt. Schwerin, der die Schlacht noch im letzten Augenblick widerrathen wollte, hatte sich schon am 5. mit dem Könige vereinigen sollen, war aber nach einem sehr kurzen Marsch eine Meile von dem Lager des Königs entfernt stehen geblieben, und so trafen denn die beiden preußischen Armeen erst früh morgens am Tage der Schlacht angesichts der österreichischen Stellung zusammen. Der Angriff auf den Ziskaberg, dessen Rücken die Linien der Oesterreicher einnahmen, mußte damals als eine sehr schwierige Aufgabe angesehen werden, beinahe als etwas Unmögliches, und man würde ihn auch heutzutage wohl gern vermeiden. Der rechte Flügel der Oesterreicher, bei dem Dorfe Hlupetin in einem Haken rückwärts gebogen, stand von dort an auf einem zugänglicheren Gelände und hatte keinen Anlehnungspunkt. König Friedrich ließ seine gesammte, in zwei Treffen geordnete Armee treffenweise links abmarschiren und setzte sie in Bewegung, um den rechten Flügel der Oesterreicher zu umgehen. Er griff diesmal nicht eigentlich in der schrägen Schlachtordnung, in der ligne oblique an, die man sich, mit zweifelhaftem Recht, gewöhnt hat, als sein stets wiederholtes Lieblingsmanöver anzusehen — er warf vielmehr sein ganzes Heer auf den rechten Flügel der Oesterreicher.

Der weitere Verlauf der Schlacht ist namentlich deshalb lehrreich, weil hier besonders erkennbar hervortritt, mit welcher Macht das hemmende Element, das Clausewitz die Friktion in der Maschine nennt, sich — mehr oder weniger immer — auf dem Schlachtfelde geltend macht; wie vieles sich anders gestaltet, als man erwarten durfte, wie viele Schwierigkeiten, die nicht berechnet werden konnten, die Ausführung des Beabsichtigten erschweren, — eine unerwartete Steigerung der Willenskraft fordern und schließlich bewirken, daß Ausführung und Erfolg in der Mehrzahl der Fälle dem Entwurf nicht vollständig entsprechen.

Zuerst und vor allem mißlang der Uebergang des Prinzen Moritz von Dessau über die Moldau, und zwar, wie Retzow berichtet, durch dessen eigene Schuld. Prinz Moritz hatte, in der Hoffnung, die Pontons auf diese Weise schneller an Ort und Stelle zu bringen, den Brückenzug aus der fahrbaren Straße in einen kürzeren, aber „schmahlen und felsichten Hohlweg" ablenken lassen, in welchem die mit „breitem Geleise versehenen Wagen nicht durchkommen konnten", und aus dem sie, mit großem Zeitverlust, wieder auf die Fahrstraße zurück gebracht werden mußten, nachdem mehrere zerbrochen waren. Sie kamen erst nach der Schlacht zur Stelle. Seydlitz versuchte, wie Tempelhof berichtet, wenigstens mit Reiterei durch eine angebliche Furt zu gehen, aber auch das gelang nicht.

Auch die Umgehung des österreichischen rechten Flügels sollte nicht vollständig gelingen. Die österreichischen Feldherren, die König Friedrichs Manöver sahen, ließen einen Theil ihrer Infanterie rechts abmarschiren, um in einem der Bewegung des Feindes parallelen Marsch ihren rechten Flügel bis gegen das Dorf Sterboholy und den Teich von Michelup zu verlängern, ohne daß er dadurch einen Anlehnungspunkt gewonnen hätte. Auch sendeten sie Verstärkungen dorthin; seltsamerweise die sämmtlichen Grenadier=Kompagnien der Armee, die sich bis zu dem Augenblick in die ganze Linie einzeln vertheilt, eine jede bei dem Regiment, zu dem sie gehörte, befanden, nicht zum voraus zu Bataillonen vereinigt waren, und im letzten Augenblick natürlich auch nicht zu Bataillonen vereinigt werden konnten; ein Verfahren, das eigentlich in kein System der Truppenverwendung im Großen paßt, und jedenfalls schon damals als veraltet angesehen werden mußte.

Der erste Angriff der preußischen Infanterie des linken Flügels auf den verlängerten rechten Flügel der Oesterreicher mißlang in bekannter Weise; die vorrückenden Bataillone geriethen unerwartet in den Schlamm abgelassener Teiche, die man von weitem für Wiesen gehalten hatte; sie geriethen in Unordnung, und hier sehen wir die österreichische Artillerie, die in Menge auf dem angegriffenen Flügel vereinigt war, bedeutender als in irgend einer früheren Schlacht, als selbständige Waffe in den Gang des Gefechts eingreifen. Es war wesentlich das verheerende Kartätschenfeuer der österreichischen Batterien, das den preußischen Angriff erst zum Stehen und unmittelbar darauf zum Weichen brachte. Zu Kleingewehrfeuer ist es gar nicht gekommen. Die preußischen Musketiere, die im tiefen Schlamm vorwärts zu kommen oder die Dämme zwischen

Die Schlacht bei Prag.

den Teichen zu erklettern suchten, waren gewiß nicht in der Verfassung, reglementsmäßig „im Avanciren zu chargiren", das heißt zu feuern, und sollten die österreichischen Grenadiere gefeuert haben, so könnte das wohl wenig mehr als blinder Lärm gewesen sein. Denn wie General Winterfeldt bezeugt, indem er über seine persönlichen Erlebnisse im Lauf der Schlacht berichtet, kamen die preußischen Bataillone nur bis auf etwa 200 Schritt an die österreichische Linie heran, das heißt nur bis an die Grenze der Region, innerhalb welcher das damalige Infanteriefeuer anfing wirklich wirksam zu werden. Das Feuer der österreichischen Artillerie allein hat den preußischen Angriff zum Weichen gebracht, das bezeugt auch mancher preußische Offizier, der auf dem rechten Flügel seines Pelotons in der Linie stand, und dessen Horizont nicht weit über die beiden Flügel seines Bataillons hinaus reichte (z. B. ein Offizier des damaligen Regiments Jung-Braunschweig, Ungedruckte Nachrichten, II., 115—117).

Das Seltsamste ist wohl, daß in dem Augenblick, wo die zehn Bataillone Preußen, die den Angriff bildeten, in völliger Unordnung den Rücken wendeten, auch die österreichische Infanterie, die ihnen gegenüber stand, zu weichen begann. General Winterfeldt erzählt in dem Bericht von seinen persönlichen Erlebnissen an diesem Tage, daß unmittelbar vor dem Augenblick, in dem er verwundet wurde, der Feind angefangen habe zu wanken, „und habe ich selbst gesehen, daß der Flügel (der Oesterreicher) bereits rechts um Kehrt gemacht hatte." — König Friedrichs Flügeladjutant Wobersnow, der Befehle an die hier fechtenden preußischen Truppen zu überbringen hatte, berichtet — und zwar in einer amtlichen Aussage im Lauf einer Untersuchung, zu der eine unbegründete Anklage gegen den Major v. Massow Veranlassung gegeben hatte: — „er hätte (habe) sich darauf in möglichster Eile zu dem ersten Treffen begeben, wäre anfänglich ungefähr gegen das Regiment v. Fouqué gekommen, und da er etwa noch 30 Schritte von selbigem gewesen, hätte er mit größester Verwunderung gesehen, daß nicht allein dieses Regiment, sondern fast die ganze Linie, so weit er rechts und links sehen können, in großer Unordnung gewesen und der größeste Theil umgekehrt und zurückgegangen sei. NB. Ein gleiches miserables Manöver sei auch zu gleicher Zeit vom Feinde gemacht worden."

Der Flügeladjutant erzählt weiter, wie auch er sich vergebens bemüht habe, die Weichenden aufzuhalten und neu zu ordnen: „Der Major v. Massow, welcher sich mitten unter dem rückkehrenden Regiment befunden, hätte sich gleichfalls alle mögliche und ersinnliche Mühe gegeben, die Leute wiederum stehen zu machen, dahero er auch denen Burschen zugerufen, sie möchten sich nur umsehen, der Feind liefe schon, dieses alles hätte aber nichts fruchten wollen —".

Da die Preußen sich zur Flucht gewendet hatten, mußte es natürlich den österreichischen Offizieren bald gelingen, die beginnende Bewegung rückwärts zu hemmen und es dahin zu bringen, daß ihre Leute sich in ihrer Stellung hielten oder wieder in dieselbe einrückten. Die Grenadiere und vielleicht auch ein paar Linien-Bataillone gingen sogar vorwärts und folgten den weichenden Preußen, aber nicht sehr weit — nur etwa drei- oder vierhundert Schritt weit — und nicht mit sehr großer Zuversicht. General Winterfeldt erzählt weiter, wie er verwundet und im ersten Augenblick betäubt vom Pferde gefallen, und fährt dann fort: „Als ich mich nach einigen Minuten wieder ermunterte und den Kopf in die Höhe hob, fand ich niemanden von unseren Leuten mehr und neben mir, sondern bereits alles hinter mir mit Hochanschlagen auf der Retraite. Die feindlichen Grenadiere waren ohngefähr 80 Schritt von mir, blieben aber halten und traueten sich nicht uns zu folgen." — Der Umstand, daß der verwundete General so nahe vor dem Feinde zu Fuß der Gefangenschaft entgehen konnte, ist wohl ein Beweis, daß die Oesterreicher nicht sehr lebhaft und entschlossen folgten.

Die Eindrücke, welche die österreichischen Krieger in den Wochen seit der Eröffnung des Feldzugs erlebt hatten, waren wohl von der Art gewesen, daß es sich erklären läßt, wenn die Haltung der Infanterie nicht durchgehends eine unbedingt zuversichtliche war. Jedenfalls aber muß in den österreichischen Berichten gar vieles als Poesie gestrichen werden; namentlich der „zähneknirschende" Ingrimm, mit dem die Grenadiere mit gefälltem Bajonett auf die Preußen losgingen; der „wüthende Andrang" besagter Grenadiere, vor dem die Preußen flohen „wie Spreu vom Winde gejagt". — Die vorrückenden Oesterreicher haben die weichenden Preußen nicht auf Kleingewehr-Schußweite eingeholt, und es ist auf diesem Theil des Schlachtfeldes während dieser Periode der Schlacht nicht einmal zu einem Feuergefecht aus der Nähe gekommen, geschweige denn zu einem Gefecht mit der blanken Waffe oder auch nur zu einem Anlauf dazu.

Aber auch auf Seiten der Preußen ist manches poetische Element zu tilgen. Der heldenmüthige Feldmarschall Schwerin sah mit Unmuth, daß auch sein Regiment in Unordnung wich und ergriff eine Fahne desselben, um die Leute zur Umkehr zu bewegen und wieder vorwärts zu führen — aber den Augenblick darauf sank er, von fünf Kartätschkugeln getroffen, todt vom Pferde. Es ist wohl in berühmten Werken erzählt worden, Schwerin habe durch seinen „Heldentod" — „durch eine edle Aufopferung seines Lebens" den Sieg entschieden, wobei denn vorausgesetzt — oder selbst ausdrücklich erzählt wird, daß die weichenden preußischen Krieger dem hochverehrten Feldherrn und der Fahne nach zu neuem Angriff sich gewendet hätten; daß sie mit gesteigerter Entschlossenheit vorwärts gegangen seien, nachdem sie den greisen Feldmarschall Schwerin hatten fallen sehen.

Von dem allen ist nichts geschehen. Schon hatten die Fliehenden Winterfeldt schwer getroffen vom Pferde sinken sehen, und niemand hatte sich um ihn bekümmert; er war allein und verlassen liegen geblieben. Auch Schwerin fiel und die Truppen wichen unaufhaltsam weiter zurück. Lediglich weil die Oesterreicher nur zögernd und in großer Entfernung folgten, ist seine entseelte Hülle und die Fahne, die er ergriffen hatte, nicht in ihre Hände gefallen.

Winterfeldt, der in unmittelbarer Nähe gewesen zu sein scheint, in dem Augenblick, in dem Schwerin fiel, berichtet, daß „dieser würdige Mann" tödtlich getroffen wurde, ehe er „reussirt" habe, in Mitten der „déroute" — „wovon, wie schon erwähnt, der Feind nicht das Herz hatte zu profitiren" — „die Bursche zum Stehen zu bewegen". — Wobersnow berichtet in folgenden Worten etwas ausführlicher über den Hergang bei der weichenden Truppe: „worauf — nämlich da alle Bemühungen „nichts hätten fruchten wollen" — „der Major v. Massow noch zu dem Obersten v. Wobersnow gesagt, hier ist alle Mühe vergebens, wir müssen sie nur bis an jenen Berg laufen lassen, allda wird man sie vielleicht eher aufhalten können. Der Oberst v. Wobersnow wäre hierauf zu dem Generallieutenant v. Zieten geritten und hätte selbigen ersuchet, mit denen unter seinem Kommando habenden Regimentern Halt zu machen und die Flüchtlinge an dem Ort zu arretiren, welches denn auch geschehen wäre; hiernächst hätte er gesucht die verwirrte Bataillons wieder in einige Ordnung zu bringen und gefunden, daß der Major v. Massow mit von den ersten gewesen, so das Regiment v. Kursel wieder in Ordnung gebracht hätte; vorerwähnte Regimenter sind hierauf auf dem Platz stehen geblieben, wo sie von neuem wieder formirt und in dieser Position dem Feinde niemalen wieder näher als ungefähr auf Kanonenschuß gekommen." —

Bis „an jenen Berg" mußte man die Leute zurückgehen lassen, ehe der Versuch, sie aufzuhalten und neu zu ordnen, gelingen konnte, das heißt, bis weit außerhalb Kartätschen-Schußweite, über den Bach zurück, der aus der Gegend von Sterboholz den Teichen bei Hoslawick und Hlupetin (und von dort in starken Windungen, am Fuß des Zislaberges der Moldau) zufließt: mit einem Wort bis auf die sanft abgedachten Höhen, von denen der preußische Angriff ausgegangen war. — Die Truppen waren durch das zweite Treffen hindurch geflohen und wurden erst durch die 50 Husaren-Schwadronen aufgehalten, die unter Zieten die Reserve bildeten. — Wirklich ins Gefecht sind dann diese geschlagenen Bataillone an diesem Tage nicht mehr gekommen. — Es ist eben nicht immer so leicht, als die abstrakte militärische Spekulation bei der einsamen Studirlampe wohl denken mag, durch eine Niederlage moralisch erschütterte, ja erschöpfte Truppen ohne weiteres wieder ins Gefecht zu führen, als wäre gar nichts vorgefallen. Und doch kömmt nichts häufiger vor, als militärische Raisonnements, in denen vorausgesetzt wird, daß man mit geschlagenen Truppen unbedenklich alles ausführen könne, was sich allenfalls mit siegreichen unternehmen ließe.

Brigaden, die unter dem Herzog Ferdinand von Braunschweig aus dem Centrum der preußischen Armee heranrückten, und das zweite Treffen des geschlagenen linken Flügels waren es, die den Kampf wieder aufnahmen. Daß ein zweites Treffen in dieser Weise eingreifen konnte, ist ein zu der Zeit sehr seltener, man könnte sagen ein sonst unerhörter Fall. Nicht nur das künstliche „Durchziehen der Treffen", wie es die damaligen Reglements vorschrieben und wie es in den Handbüchern der niederen Taktik gelehrt wird, hat natürlich niemals auf einem Schlachtfelde auch nur versucht werden können, auch die Ablösung des ersten Treffens durch ein zweites in etwas unbestimmt gedachten einfacheren Formen, wie die Theoretiker der Zeit sie wohl annehmen, hat in der

Wirklichkeit so gut wie niemals stattgefunden. In der Regel sehen wir das zweite Treffen in die Niederlage, in Rückzug oder Flucht des ersten mit verwickelt, ohne daß seiner auch nur besonders gedacht würde, und das ist natürlich genug. Es folgte dem ersten in geringer Entfernung — 300 Schritt war die Regel — mit in Linie entfalteten Bataillonen und geringen Intervallen — die in der That zu gering waren, einen Strom Fliehender durchzulassen, selbst wenn die Weichenden gewissenhaft die Richtung auf diese Intervallen genommen hätten — und darauf durfte man doch gewiß nicht einmal rechnen; es hieße eine allgemeine Besonnenheit voraussetzen, die in solchen Augenblicken nichts weniger als gewöhnlich ist.

Wie wurde nun hier, wo die Verwirrung ohne Zweifel eine sehr große war, das gewöhnliche Schicksal des zweiten Treffens vermieden, und dieses Treffen gefechtsfähig und in Ordnung erhalten? — Zweierlei mag vielleicht dienen, das erwünschte Ergebniß zu erklären. Das zweite Treffen zählte, wie immer in König Friedrichs Schlachtordnungen, eine geringere Anzahl Bataillone als das erste, sie konnten also nicht in der herkömmlichen Weise eng geschlossen aufmarschirt sein, es mußten große Zwischenräume offen stehen, durch die der Abfluß des Stroms der Weichenden möglich war, wie denn auch Wobersnow nicht erwähnt, daß man etwa im verwirrten Zurückgehen auf die vorrückenden Bataillone des zweiten Treffens gestoßen wäre. Und dann: das zweite Treffen war ungewöhnlich weit zurück geblieben. Der König hatte seinen Flügeladjutanten hingesendet, eben um die Generale dieses Treffens darauf aufmerksam zu machen, daß sie zu weit zurückgeblieben seien, ein Versehen, das sich hier als ein glückbringendes erwies. — Anstatt der herkömmlichen 300, war das zweite Treffen vielleicht um 800 Schritt, vielleicht noch weiter von den in erster Linie fechtenden Bataillonen entfernt geblieben; es war infolge dessen ganz unberührt geblieben von dem Kartätschenfeuer, dem diese Bataillone erlagen, während gewöhnlich das zweite Treffen von solchem Feuer auch schon erfaßt wurde, sobald das erste bis auf etwa 300 Schritt an den Feind herangerückt war.

Die preußische Reiterei des linken Flügels hatte inzwischen den rechten Reiterflügel der Oesterreicher vollständig aus dem Felde geschlagen, und auf Seiten der Oesterreicher hörte die einheitliche Führung ganz auf. Der Feldmarschall Browne war, an der Spitze der Grenadiere, durch eine Kanonenkugel, die ihm das Bein zerschmetterte, auf den Tod verwundet, der Herzog Karl von Lothringen fiel in Ohnmacht, als es anfing drunter und drüber zu gehen und mußte nach Prag zurückgeschafft werden. Wir hören nicht, daß irgend jemand anderes den Oberbefehl übernommen hätte.

Der zweite Angriff der Preußen besiegte nun auch die Infanterie des gesammten rechten Flügels der Oesterreicher und brachte sie zum Weichen, ja zur verwirrten Flucht. Aber nun stellte sich auf Seiten der Preußen das zweite böse Versäumniß ein, durch das der Erfolg verkümmert wurde. Anstatt sich in Flanke und Rücken des schon weichenden österreichischen Fußvolks zu werfen, fiel die siegreiche preußische Reiterei in das verlassene Lager der österreichischen Reserve und hielt sich dort mit Plündern auf. Auch was hier versäumt wurde, war von militärischer und von politischer Bedeutung.

Wäre der Uebergang des Prinzen Moritz von Dessau über die Moldau gelungen, dann hätte sich wohl nur ein geringer Theil der österreichischen Armee nach Prag hineinretten können; anders wohin hätten sich vollends wohl nur einzelne Versprengte und kleine Abtheilungen oder Gruppen retten können; im Wesentlichen wäre dieses Heer auf dem Schlachtfelde selbst vollständiger Vernichtung verfallen. Hätte nun, nachdem das mißlungen war, auch nur die preußische Reiterei ihre Schuldigkeit gethan — dann wäre wenigstens von dem gänzlich umgangenen rechten Flügel der Oesterreicher wohl kaum irgend etwas namhaftes, vielleicht kaum überhaupt irgend etwas entkommen. Jedenfalls hätte nicht eine Masse von 13 000 Mann nach der Sassawa hin entfliehen können, von denen einige Tausend schon bei Kolin wieder in den Reihen der österreichischen Armee standen, die später natürlich sämmtlich wieder erschienen und die Ueberlegenheit der Oesterreicher während der zweiten Hälfte des Feldzuges steigerten. Und vor allem, der Schlag wäre zu Wien noch schwerer empfunden worden, als ohnehin geschah.

Doch wir kehren zu der Schlacht bei Prag zurück. Der linke Flügel der Preußen blieb nun siegreich im Vorschreiten. Mitte und linker Flügel der Oesterreicher, im Rücken bedroht, suchte sich ihm, vermöge einer Schwenkung rechts rückwärts gerade entgegen zu stellen, um — wohl mit schwindender Zuversicht — das Schicksal des Tages auch jetzt noch streitig zu machen. Das Gelände gestattete ein solches Manöver, da der Ziskaberg, der an der Nordseite eine steile Wand bildet, sich nach Süden in weniger steilen Wellen verflacht. Da führte die Ungeduld eines preußischen Generals noch ein blutiges Zwischenspiel herbei, das ganz außerhalb der Pläne und Berechnungen König Friedrichs lag. An dem Scheitelpunkt der österreichischen Hakenstellung bei Hlupetin, auf einer steilen felsigen Kuppe war eine, wie es scheint nicht ganz vollendete, Schanze aufgeworfen. Dieser Posten mußte wohl, wie der linke preußische Flügel weiter vordrang, von selbst verlassen werden, wenn die Besatzung nicht der Gefangenschaft verfallen wollte. Er konnte auch von dem linken preußischen Flügel aus umgangen und im Rücken angegriffen werden. Aber auf dem rechten Flügel der Preußen, der noch gar nicht gefochten hatte, stand der General Manstein, früher in russischen Diensten Adjutant Münnichs und Verfasser berühmter Memoiren. Der konnte es am Ende nicht länger über sich gewinnen, unthätig zu bleiben: er griff die Felsenkuppe bei Hlupetin in der Front an, und einmal im Gefecht, mußte er natürlich von den zunächst stehenden Brigaden unterstützt werden. Dank der Tapferkeit der Truppen wurde die Schanze erobert, aber um einen Blutpreis, den dieser Erfolg nicht werth war. König Friedrich war in hohem Grade unzufrieden mit diesem durch nichts gerechtfertigten Beginnen.

Was von der österreichischen Mitte und dem linken Flügel noch Stand hielt, wurde immer von neuem in der rechten Flanke umgangen, von allen Wegen abgeschnitten, die an die Sassawa führen, immer näher an die Wälle von Prag gedrängt, und schließlich gezwungen, in namenloser Verwirrung in die Stadt zu flüchten.

Der glänzendste Sieg war erfochten; die Hauptmasse des österreichischen Heeres in ziemlich hoffnungsloser Lage in Prag eingeschlossen.

Gar seltsam ist nun anzuschauen, wie die Theoretiker der Zeit bemüht sind, nachzuweisen, daß die Schlacht durch das gewonnen worden sei, was sie „Manöver" nennen, durch Evolutionen, die eigentlich der Elementartaktik angehören. Die Thatsachen werden in solcher Weise aufgefaßt, umgestaltet und gedeutet, daß sie schließlich zu einem solchen Ergebniß führen können, das dann dem Ganzen angehängt wird, wie die Moral einer Fabel. Der Hergang wird darüber zu einem Phantasiebilde, das wohl auf dem Exerzirplatz, aber ganz gewiß nicht auf dem Schlachtfelde möglich wäre. Theoretiker, wie der zu seiner Zeit berühmte Lloyd — Stifter und

Haupt einer strategischen Schule — haben geradezu das Bedürfniß, den Hergang gleichsam in Gedanken von dem Schlachtfelde auf den Exerzirplatz zu versetzen, wo das Gemüthsleben des Menschen nicht so ungestüm wogt und die abgezirkelten Bewegungen nie aus den Fugen bringt.

So ist die Legende entstanden, die österreichischen Grenadiere hätten den weichenden linken Flügel der Preußen allzu hitzig verfolgt, dadurch sei „eine Lücke" in der österreichischen Linie entstanden; das habe König Friedrich bemerkt mit dem raschen Blick, der dem Genius eigen ist; er habe sofort einige Bataillone in diese Lücke geworfen und dadurch den Sieg entschieden. Lloyd ist gleichsam außer sich über dieses herrliche, geniale Manöver und weiß kaum Worte zu finden, die seiner Bewunderung genügen. Tempelhof berichtigt, die „Lücke" in der österreichischen Schlachtordnung sei nicht in der angegebenen Weise entstanden; die österreichischen Grenadiere seien kaum drei- oder vierhundert Schritte weit vorwärts gegangen, eine Lücke von drei- oder vierhundert Schritten wolle aber nicht viel sagen. Die „Lücke" habe sich wahrscheinlich in anderer Weise gebildet; die österreichische Infanterie, in Marsch gesetzt, um den mit Umgehung bedrohten rechten Flügel zu verlängern, sei in der vorgeschriebenen Richtung so weit gegangen, als nöthig geachtet wurde, habe dann eingeschwenkt und darauf, wie herkömmlich, rechts geschlossen; durch dieses Schließen nach dem rechten Flügel sei wohl ein leerer, unbesetzter Raum zwischen der Mitte und dem rechten Flügel entstanden.

Geht man aber nun näher und prüfend auf den wirklichen Hergang ein, so ergiebt sich, daß Tempelhofs Berichtigung müßig, Lloyds Vorstellung von der „Lücke", ihrer Entstehung und ihrer Bedeutung, vollends ein ganz willkürlicher, leerer Wahn ist und daß seine Bewunderung sich um ein Unding dreht. In seiner neuen Stellung, die sich einerseits an den Teich bei Hlupetin lehnte, andererseits gegen Sterboholz ausdehnte, schloß sich der rechte Flügel der Oesterreicher allerdings nicht unmittelbar, nicht Ellenbogen an Ellenbogen an die Mitte und den rechten Flügel, die auf dem Ziskaberge standen. Das war aber gewiß auch gar nicht beabsichtigt — es war sogar unmöglich, denn in und vor dem Zwischenraum von etwa 2000 Schritten, der nunmehr die beiden Hälften der österreichischen Armee trennte, lag ein Gelände, das ein kleines Labyrinth von steilen Höhen mit schmalen Rücken, feuchten Schluchten und sumpfigen Gewässern — Bächen und Teichen — bildete, durch das quer hindurch sich eine zusammenhängende Linie gar nicht ordnen ließ, das der damaligen Taktik im Wesentlichen für unzugänglich galt. Und auf dem Schlußpunkt dieses kleinen Labyrinths, gegen den Feind hin, zwischen zwei Teichen, lag, das Ganze beherrschend, die Schanze auf der Kuppe bei Hlupetin, mit Infanterie und Artillerie besetzt. Aber die Vorstellung, daß eine Armee nur „in zusammenhängender Linie" aufmarschiren, nur „in zusammenhängender Linie" ins Gefecht gehen könne, war zur Zeit so fest gewurzelt, daß man eine solche „Lücke" nur als eine anomale Erscheinung aufzufassen wußte und sie sich nur als zufällig, infolge von Mißverständnissen entstanden, zu denken vermochte.

Was das sublime und bewunderte Manöver betrifft, so ist es eben der vom Könige gar sehr mißbilligte, unbesonnene Angriff Mansteins, der dem General Lloyd dafür gelten muß. „La droite de l'armée du roi", sagt der König, „n'était point destinée à combattre, à cause de ce profond ravin dont nous avons parlé, qui était devant elle, et du désavantage que le terrain lui donnait; mais elle ne laissa pas d'être engagée par l'imprudence de Mr. de Mannstein, qu'un courage trop bouillant emportait quelquefois." — Der Angriff ging von der eroberten Schanze bei Hlupetin weiter vor, über die felsigen Höhen, durch die sumpfigen Schluchten, bis auf den sogenannten Taborberg, der innerhalb der ursprünglichen Stellung der Oesterreicher den Abschluß des mehrerwähnten Labyrinths von Höhen und Engpässen bildet. Prinz Heinrich folgte den Grenadier-Bataillonen, die den Angriff ausgeführt hatten, mit seiner Brigade bis dorthin, bloß um diese stark gelichteten Bataillone nicht preiszugeben, obgleich er es für überflüssig hielt, weil er bereits den linken Flügel der Preußen in unwiderstehlich siegreichem Vorschreiten sah. Auf dem Taborberge schlossen sich die Grenadier-Bataillone und die Brigade des Prinzen dem linken preußischen Flügel an und nahmen im Verein mit diesem an den weiteren Kämpfen Theil. — Zur Entscheidung hat das alles, wie sich von selbst versteht, nicht wesentlich beigetragen. Und dennoch ist gerade dieses Wirrsal in Lloyds Vorstellung ein Wahngebilde, ein Manöver geworden, von dem weder der König noch der Prinz Heinrich von Preußen etwas wissen.

Die Schlacht war in König Friedrichs Augen theilweise verfehlt; sie war nicht sein „Pharsalus" geworden. Das österreichische Heer hatte nicht auf dem Schlachtfelde vernichtet werden können. Er beklagte, daß Moritz von Anhalts Uebergang über die Moldau mißlungen war; er zürnte seiner Reiterei; er tadelte Mansteins sinnlose Uebereilung — und es that ihm wehe, daß der Sieg seiner unübertrefflichen Infanterie so schwere, blutige Opfer gekostet hatte. Er wußte, daß die tapferen Männer, die er verlor, nicht so leicht zu ersetzen waren.

Doch nun, unmittelbar nach der Schlacht, erfuhr der König, daß der größte Theil der geretteten Armee sich nach Prag hinein geflüchtet habe und sammt ihren Generalen dort eingeschlossen sei, — das heißt, daß ihm der erfochtene Sieg den vollständigen Erfolg, nach dem er strebte, dennoch, wenn auch in anderer Form, verhieß, und Friedrich war nicht der Mann, der ihn sich entgehen ließ! Er beschloß, dieses Heer auf das engste einzuschließen und, da eine Belagerung außer aller Möglichkeit lag, durch Mangel und durch ein Bombardement, das vielleicht Vorräthe in der Stadt zerstörte und den Mangel schneller herbeiführte, zur Kapitulation zu zwingen. Es wäre der ungeheuerste Erfolg gewesen, der unfehlbar den Frieden herbeiführte.

Hatten doch schon die glänzende Eröffnung des Feldzuges und der betäubende Schlag bei Prag auf Friedrichs Feinde einen Eindruck gemacht, der fast überall Muth und Willen zu brechen drohte. Daß zu Wien, am Hofe sowohl als in den Regierungskreisen, Schrecken, Niedergeschlagenheit und Verwirrung auf das höchste stiegen, war vor allem wichtig und geeignet, entscheidend zu werden. Da hier schon der Einfall der Preußen in Böhmen alles aus der Fassung gebracht hatte, könnten wir die Stimmung, die nach einer so gründlich verlorenen Schlacht herrschend werden mußte, wohl errathen, auch wenn sie uns nicht in den Berichten der französischen Gesandtschaft geschildert und bezeugt wäre. Da man nicht wissen konnte, welche Vorräthe sich unerwartet in Prag vorgefunden hatten, nicht hoffen konnte, daß die dort eingeschlossenen Truppen sich lange, bis zur Möglichkeit eines Entsatzes, zu halten vermöchten, gab man das Heer des Herzogs von Lothringen eigentlich schon verloren. Man fürchtete bereits für Wien und dachte daran, die Archive in Sicherheit zu bringen, und wie das in solchen Augenblicken gewöhnlich geschieht, suchte ein jeder der österreichischen Staatsmänner, um selbst gerechtfertigt dazustehen, die Schuld, das Unglück veranlaßt zu haben, einem anderen beizumessen. Kaunitz, der auch jetzt wieder die meiste Fassung bewahrte, wurde beschuldigt, die nöthigen Befehle an die Generale nicht rechtzeitig befördert zu haben. Von anderer Seite wurde der Feldmarschall Browne angeklagt, er habe die Befehle nicht befolgt, und neben ihm auch der General-Landeskommissär in Böhmen, Baron Netolizki, der vor allem mit dem Feldmarschall gegen den weiteren Rückzug gestimmt hatte, durch den man Prag aufgegeben hätte. Viele Stimmen endlich erhoben sich gegen den Präsidenten des Hof-Kriegsraths, Feldmarschall Neipperg, auf dem ohnehin die Erinnerung an den Belgrader Frieden und die Schlacht bei Molwitz lastete, und der dafür bekannt war, daß er den Feldmarschall Browne hasse und allem, was er nicht selber vorgeschlagen hatte, hartnäckig widersprach.

In anderer Weise nicht minder gewaltig war der Eindruck der Prager Schlacht „draußen im Reich" — wo man allerdings nicht eigene Plane scheitern sah, aber eben weil man auch im besten Fall keinen Gewinn für sich selbst in Aussicht hatte, um so eher geneigt sein mußte, sich aus dem bedenklichen Spiel zurückzuziehen, sobald die Dinge eine entschieden ungünstige Wendung nahmen, und nur vergeblichen Aufwand, Schaden und Verdruß erwarten ließen. Auch machten die bedeutendsten Reichsstände, und selbst geistliche Landesfürsten, solchen nahe liegenden Bedenken entsprechend, Anstalt, in eine bequeme und sorgenlose Neutralität zurück zu treten. Selbst das Haupt der römisch-katholischen Kirche in Deutschland, und in der Theorie auch des Kurfürstenkollegiums, der Kurfürst-Erzkanzler von Mainz, untersagte seinen Unterthanen in strengen Worten, alle feindseligen Reden gegen den König von Preußen, und zögerte, gleich Bayern und dem gesammten schwäbischen Kreis, auf dem immerwährenden Reichstag zu Regensburg für die Achtserklärung gegen den „Kurfürsten von Brandenburg" zu stimmen, die Oesterreich vorgeschlagen hatte. Kurpfalz schien die sechstausend Mann Hülfstruppen, die es sich verpflichtet hatte zu dem französischen Heer stoßen zu lassen, nicht wirklich senden zu wollen. Selbst der katholische Heißsporn, der regierende Herzog von Württemberg, wurde unsicher und vorsichtig, und Bayern war bereit sich neutral zu erklären. Man meinte zu München, es sei unter den obwaltenden Umständen gefährlich, Beistand gegen den König von Preußen zu leisten, dessen Zorn schnell und hart treffe, dessen Rache gefährlich werden könne. — König Friedrich und sein glänzender Sieg imponirten allen Fürsten im Reich — und der Glaube an Oesterreichs Kriegstüchtigkeit war im Schwinden!

Nur am Hofe zu Versailles blieb der Eifer für den Krieg ungeschwächt, obgleich man dort nach der Schlacht bei Prag eine ziemlich geringe Meinung von der österreichischen Armee, besonders von ihren Offizieren und Generalen, hatte. Das war natürlich genug; denn Frankreich wagte eigentlich nichts bei diesem Landkriege, und sah darin, wie schon gesagt, eine Gelegenheit in den hannoverschen Landen eine Entschädigung für seine Verluste zur See und in den Kolonien zu gewinnen; ein Tauschobjekt, für das sich wieder einhandeln ließ, was etwa in Ostindien verloren gegangen war. So erhielten denn auch die französischen Generale, die an der Spitze der Heere in Deutschland standen, wiederholte und dringende Aufforderungen, so schnell und so energisch als möglich eine „Diversion" zu Gunsten Oesterreichs in das Werk zu setzen, ihre Operationen zu beschleunigen. Der Kriegsminister Belleisle versicherte dabei stets von neuem, der König — das heißt Frau v. Pompadour — beharre fest bei dem Entschluß, den gegen Oesterreich übernommenen Verpflichtungen mit aller Macht Genüge zu leisten.

Doch wurde Oesterreichs Hauptarmee gezwungen in Prag die Waffen zu strecken, dann wendete alles was Frankreichs Heere an der Weser unternehmen konnten, die Entscheidung nicht. Das „Reich" fiel dann unwiederbringlich von Oesterreich ab; die Fürsten schlossen ihre Neutralitätsverträge oder selbst ihren Frieden mit Preußen. — Nach der Stimmung die zu Wien herrschte, dürfen wir wohl schließen, daß die Standhaftigkeit auch dort den zweiten schweren Schlag — die wenn nicht vollständige, doch viel umfassende Entwaffnung des Staats, die sich daraus ergab, nicht überdauert hätte. Aller Wahrscheinlichkeit nach führte ein solches Ereigniß zum Frieden; man darf sogar sagen, das ist gewiß, insofern man sich dieses Ausdrucks bedienen darf, in Beziehung auf die möglichen Folgen eines Ereignisses, das nicht eingetreten ist. — Friedrich des Großen Feldzug stand alsdann so erfolgreich und so glänzend da wie der schönste, dessen sich Napoleon I. rühmen konnte.

Aber seltsam! Gerade dieser Gedanke, der uns Anderen, den Söhnen einer anderen Zeit, deren Horizont großartige Erfahrungen weiter gezogen haben, als ganz natürlich und naheliegend erscheint, ja als das, wozu sich König Friedrich mit einer gewissen Unvermeidlichkeit — freudig und hoffnungsvoll — entschließen mußte: gerade dieser Gedanke und der Versuch ihn auszuführen, haben von Seiten der militärischen Kunstrichter jener Periode den allerstrengsten Tadel erfahren! — Namentlich auch, und in leidenschaftlichster Weise, von Seiten des unter allen Bedingungen zu strenger Kritik aufgelegten Kreises, der die preußischen Prinzen umgab.

Schon der Zug nach Böhmen überhaupt wurde von den Prinzen in sehr hoffnungsloser Weise beurtheilt. Man sah darin nur eine leidige Nothwendigkeit, etwa nur ein Mittel der Verzweiflung, sich in der verzweifelten Lage zu helfen, in die „schlechte Politik" Preußen ohne Verbündete geführt habe. Der muthmaßliche Erbe der Krone, der Prinz von Preußen, sprach es selbst gegen Subalternoffiziere dieses Kreises aus, daß er kein anderes Ergebniß erwarte als einen schmachvollen Frieden, eigentlich den Untergang Preußens. Auch mißfiel die Eilfertigkeit und Energie, mit welcher der König den Vorstoß auf Prag betrieb, obgleich man zugeben mußte, daß man dem Feinde „keine Zeit lassen durfte, zu Athem zu kommen", wenn man sich von dem Unternehmen, „welches Preußens letztes Hülfsmittel war, ... einigen Erfolg versprechen wollte." Das ganze Treiben war nicht methodisch, wie es nach der Meinung dieser Herren sein sollte; es war nicht die normale Kriegführung, die ihnen als allein korrekt und maßgebend vorschwebte. Die Armee, meinte man, gehe darüber zu Grunde, denn die Verpflegung blieb nicht durchaus in regelmäßigem Zuge. „Unsere Infanterie lebte fast von nichts, und die Kavallerie, welche von weniger als nichts lebte, war auch bereits sehr herunter", berichtet Graf Henckel. Der Gedanke, daß man, um große Erfolge zu erlangen, große Anstrengungen nicht scheuen dürfe, blieb den Kunstrichtern dieses Kreises vollkommen fremd; lagen doch große, entscheidende Erfolge eigentlich überhaupt ganz außerhalb des Horizonts der normalen Kriegsweise, die ihnen verständlich war!

Endlich, vor Prag, kam die rasche Bewegung auf ein paar Tage zum Stillstand, aber wie Graf Henckel meint, nicht weil jetzt etwa die Vernunft endlich in ihre Rechte eintrat und ihre Gebote anerkannt wurden, sondern nur, „weil die gütigen Götter uns einen Fluß und eine große Stadt in den Weg legten." — Schwerin erwies sich weniger thätig, als er wohl sollte und konnte, Königsegs österreichischer Heertheil, schon bei Reichenberg geschlagen, war infolge dessen einer vollständigen Niederlage, der Vernichtung entgangen. Auch traf Schwerin erst zwei Tage später als der König vor Prag ein. Sein Verfahren war das richtige, in den Augen der Kunstrichter, die auf der Höhe ihrer Zeit — aber eben nur auf dieser Höhe standen. Schwerin war noch nicht so weit, als der König dachte, „weil er seine Armee in einem gefechtsfähigen Zustande heranführen wollte". Beiläufig bemerkt waren es Bataillone von Schwerins Armee, die in der Schlacht bei Prag auf dem linken Flügel wichen, während diejenigen, welche die Schanze bei Hlupetin heldenhaft erstürmten, zu den Truppen des Königs gehörten.

Keine Ahnung regt sich in diesem Kreise, von welcher Wichtigkeit es sein konnte, das österreichische Heer unmittelbar nach dem verwirrenden Rückzug anzugreifen; ehe es Zeit gehabt hatte, sich neu zu ordnen, ehe Truppen und Generale in einigen Tagen der Ruhe ihre Fassung wieder gefunden hatten.

Als nun aber die Schlacht gewonnen und die österreichische Hauptarmee mit ihrem Feldherrn in Prag eingeschlossen war — da empörte sich dieser ganze Kreis von Kunstrichtern, die auf der Höhe ihrer Zeit standen und nicht höher, einstimmig gegen den Gedanken, diese Armee auch eingeschlossen zu halten und zur Kapitulation zu zwingen. Ein ganzes Heer gefangen nehmen wollen, welch ein abenteuerliches Beginnen! rief man von allen Seiten.

Nein! der König mußte dieses feindliche Heer absichtlich aus Prag entkommen lassen, um dann im freien Felde kunstreich gegen dasselbe zu manövriren; um es methodisch vielleicht bis an die Donau, vielleicht bis über diesen Strom zurück zu manövriren und „Terrain" und wichtige strategische Punkte zu gewinnen.

Dieser Gedanke, in den Augen der gegenwärtigen Generation vollkommener Unsinn, ist namentlich von Lloyd weiter ausgesponnen und in einer Form ausgesprochen worden, die auf Wissenschaftlichkeit und Tiefe Anspruch macht. Aber er war schon viel früher laut geworden, lange ehe Lloyd mit seiner formlosen, halb mystischen Theorie auftrat; im Augenblick der That selbst und in der unmittelbaren Umgebung des Königs oder vielmehr der Prinzen.

Graf Henckel belehrt uns in seinem Tagebuche, daß diese „Blockade nicht jedermann gefiel — denn es war durchaus nicht wahrscheinlich, daß 50 000 Mann die Waffen strecken würden. Die Einschließung, obgleich Schanzen und Minen nicht gespart waren, konnte nur mit Mühe erhalten werden. Wir verloren eine Menge Zeit, die nützlicher hätte verwendet werden können." — Wozu?! — Nun, meint Graf Henckel, seiner Ansicht nach mußte der König nach der Schlacht alles aufbieten, die geschlagenen und versprengten Truppen zu verfolgen — d. h. die 13 000 Mann, die an die Sassawa entkommen waren; — damit sie sich nicht wieder sammeln und mit dem Feldmarschall Daun vereinigen konnten. Dann hätte der König die Einschließungstruppen einer Seite Prags scheinbar schwächen sollen, um den Feind heraus zu locken und zu schlagen. Wenn man dieses aber nicht wollte, mußte wenigstens der Herzog von Bevern (der entsendet war, die Truppen, die früher unter Serbelloni s, jetzt unter Dauns Befehlen standen, weiter zurück zu drängen) so verstärkt werden, daß er Daun überlegen war, ihn vor sich hertreiben und Streifkorps bis vor die Thore Wiens schicken konnte, während der Marschall Keith ruhig hätte abwarten können, was die Prager Armee unternahm, wenn sie ohne Zelte, Bagage und Lebensmittel die Stadt verlassen hätte. — Ueberraschend ist dann in hohem Grade der prophetenhaft gehaltene Schluß: „dann würde es nur vom Könige abgegangen haben, den Frieden zu diktiren und mit Ehren einen der schwierigsten Kriege zu endigen, die jemals geführt worden sind. Die Zeit wird lehren, ob ein Krieg, der zu blutig und ermüdend angefangen hat, um lange zu dauern, gut oder schlecht geführt worden ist."

Dem König standen nach der Schlacht bei Prag wenig über 80 000 Mann zur Verfügung. Leider vergißt Graf Henckel, uns zu sagen, womit die 24 000 unter dem Feldmarschall Keith „ebenfalls verstärkt" werden konnten, wenn ein dem Feldmarschall Daun überlegenes Heer gegen Süden in die Weite entsendet wurde. Den Zug auf Wien sollte also der König unternehmen, indem er eine Armee von 50 000 Mann nur auf einer Seite, auf dem rechten Ufer der Moldau, von einem um die Hälfte schwächeren Heertheil beobachtet, in seinem Rücken auf seiner nothwendigsten Verbindung stehen ließ.

Die Voraussetzung, daß es ohne die Bagage nicht möglich sei, sich heldenhaft zu bewähren, daß ohne Bagage gar nichts auszurichten sei, entspricht den Ansichten der Zeit, wie seltsam es uns Anderen auch dünken mag. Bei dem langsamen und bedächtigen Gang der Operationen, der

6*

immer als Regel vorausgesetzt wurde, erschien es den Strategen jener Tage als etwas, wozu man nur in verzweifelten Fällen schreiten könne, sich zu ungewöhnlichen Anstrengungen aufzuraffen und sich dabei ohne Gepäck zu behelfen. Besonnen geplante, weiter reichende Operationen wußte man sich ohne diesen Anhang gar nicht zu denken. Doch geht der Kultus der Bagage hier wohl noch etwas weiter, als selbst zu der Zeit allgemein üblich war. Was aber die Zelte anbetrifft, die man ebenso wenig zu entbehren wußte, so fehlten sie dem in Prag eingeschlossenen Heer nicht, als es nach aufgehobener Blockade wieder in das Feld rückte; man hätte sich sagen können, daß es in der Hauptstadt, an dem Haupt= handelsplatz des leinwandreichen Böhmens, keine unüberwindlichen Schwie= rigkeiten haben konnte, dergleichen zu beschaffen, selbst wenn sie nicht, wie der Fall gewesen zu sein scheint, und man auch wohl voraussetzen mußte, vorräthig dort lagen. — Am wenigsten konnte es der Armee des Her= zogs Karl von Lothringen an Lebensmitteln fehlen, wenn er auf dem linken Ufer der Moldau ein weites Gelände vollkommen frei hinter sich hatte.

Dieser Wiederhall der Meinungen, die im Kreise der Prinzen geäußert wurden, den Henckels Tagebuch zu uns herüber trägt, erweist sich, ernsthaft überdacht, als ein ziemlich leeres Gerede, wie ein Jeder es leicht vorbringt, so lange nur davon die Rede ist, was ein Anderer hätte thun sollen, das aber platt zu Boden fällt, sowie man selbst den Ent= schluß fassen und die Verantwortung übernehmen soll. Aller Wahrschein= lichkeit nach, ja gewiß, hätte der etwas umständlich vorsichtige Prinz Heinrich, wenn er an der Spitze der preußischen Armee stand, nicht gewagt, was der König that; — so weit dürfen wir sein Wort gelten lassen —: aber ganz gewiß hätte er noch weit weniger den Muth gehabt, sich auf die Abenteuerlichkeiten einzulassen, die hier dem König zugemuthet werden.

Retzow, der sein Werk „in tiefster Ehrfurcht ersterbend" dem Prinzen Heinrich als dessen „unterthänigster Knecht" gewidmet hat, giebt sich das Ansehen, leise auftreten zu wollen, geht aber in der That noch weiter. Er meint, eine Kapitulation des Herzogs von Lothringen und seiner Ar= mee habe man jedenfalls nicht bald erwarten dürfen, und die Zeit, die darüber hingehen mußte, hätte man nicht unbenutzt, nicht der Armee unter Daun lassen sollen, um sich zu organisiren und auf den Entsatz vorzubereiten. Er will angeblich nicht entscheiden, „ob nicht andere Wege eingeschlagen werden konnten, um den Endzweck" — welchen denn? — „früher zu erreichen;" er will noch weniger behaupten, daß es der Lage „angemessener gewesen wäre, dem Prinzen Karl Gelegenheit zu geben, Prag gleich wieder zu verlassen, ihn sowohl wie Daun durch künstliche Manöver und gut gewählte Stellungen unthätig zu erhalten, während dessen aber Prag zu erobern." — Doch ist das seine eigentliche Meinung wie die der Prinzen, denn es ist ihm „einleuchtend, daß die den Oesterreichern vergönnte Flucht nach der Stadt und die darauf veranstaltete Blockade die Früchte der unter den Wällen der Stadt gewonnenen Schlacht vereitelten und die unmittelbare Ursache werden mußten" — daß selbst ein Sieg bei Kolin dem König zu nichts helfen konnte!! — „Daun, wenngleich geschlagen, blieb ihm stets überlegen;" er konnte sich in gut gewählten Stellungen bald wieder setzen und den Preußen neue Schwierigkeiten in den Weg legen — und am Ende mußte doch der Prinz Karl daran denken, mit seiner Armee aus Prag hervor zu brechen und sich frei zu machen.

Hier tritt wieder die seltsame Vorstellung hervor — und diesmal sogar besonders grell — daß eine verlorene Schlacht in den wichtigsten Beziehungen wenig oder gar nichts auf sich hat; daß man sich nachher so wohl befindet wie vorher und manövriren kann, als wäre eben gar nichts vorgefallen. — Ebenso bleibt diesem militärischen Kunstrichter der Gedanke fremd, daß die in Prag eingeschlossene Armee nach sechs Wochen Darben bei Pferdefleisch und halben Brotportionen wohl etwas herab gestimmt sein konnte, und daß sie nach sechs Wochen eines solchen drückenden Daseins vielleicht nicht ganz unbedingt in der Verfassung war, sich durchzuschlagen, besonders wenn sie inzwischen die Nachricht von einer neuen verlorenen Schlacht, einer Niederlage Dauns, erhalten hätte. Vollständig verliert dann der Kunstrichter aus den Augen, um was es sich bei Kolin eigentlich handelte; er sieht nicht, daß die Lage im Ganzen dem Feldmarschall Daun die Initiative auferlegte; daß nur eine siegreiche Initiative Dauns eine Wendung in dem Gange des Feldzugs bewirken konnte; daß es vollkommen gleichgültig war, in welcher guten Stellung weiter von Prag sich Daun nach einer verlorenen Schlacht „wieder setzte", wenn ihm nur für den Augenblick Muth, Zuversicht und Mittel zu sofortiger neuer Initiative gebrochen waren; daß es für die Zwecke König Friedrichs vollkommen genügte, wenn er nur auf ein paar Wochen lahm gelegt war, da das Heer in Prag sich eigentlich nur bis zum 20. Juni, allerhöchstens bis zum 28. halten konnte.

Sehr deutlich und sehr vollständig sehen wir hier nebenher, wie der Feldzug König Friedrichs, nach der Ansicht des Prinzen Heinrich und seines Anhangs, überhaupt der Theoretiker der Zeit, eigentlich geführt werden mußte. Wenn der König überhaupt die Offensive nach Böhmen ergreifen wollte, mußte er lediglich darauf ausgehen, Prag zu erobern; das ist der vorausgesetzte Grundgedanke. Was denn eigentlich in der damaligen Lage Preußens und seines Königs gewonnen war, wenn das unhaltbare Prag erobert wurde und die österreichischen Heere intakt geblieben waren? — das ist eine Frage, die man sich in dem Kreise der Prinzen und ihrer Vertrauten ganz gewiß weder mit bestimmter Klarheit gestellt noch beantwortet hat. Das galt für selbstverständlich, wo solche Ansichten vom Kriege herrschend waren, wie denn überhaupt die damalige unklare Theorie den letzten eigentlichen Grund ihrer Lehren immer als selbstverständlich voraussetzt und niemals ausspricht — weil sie das in der That nicht vermag. — Die Eroberung von Prag mißlingt, weil die geschlagene Armee Gelegenheit findet, sich in die Stadt hinein zu flüchten — und damit ist der Gewinn verloren, den der Sieg gewähren konnte! — Die unheilvolle Lage, in die man, nach dieser Ansicht, durch die Schuld des Königs gerathen war, hatte also schließlich darin ihren Grund, daß man dem bei Prag geschlagenen Feinde nicht schon auf dem Schlachtfelde die bekannten „goldenen Brücken" gebaut, daß man ihm die Wege zum Rückzug an die Sassawa, zur Vereinigung mit den Truppen unter Daun gesperrt hatte. Man hatte nach dieser Ansicht, wie sich die Sache auch wohl in wenige Worte zusammenfassen ließe, den Fehler begangen, zu sehr zu siegen.

Der Tadel den die Operationen des Königs erfuhren, wurde so laut und ging von einem so bedeutenden Kreise aus, daß König Friedrich nicht allein davon hörte, sondern auch nöthig erachtete, sich dagegen zu vertheidigen. Er schrieb zur unglücklichsten Zeit, im Juli desselben Jahres 1757, eine Rechtfertigungsschrift, die einer, wie man in dem Augenblick fürchten konnte, vielleicht nahen, vielleicht entfernteren Zukunft die Gründe seines Verfahrens bekannt machen sollte — und endlich bis auf die neueste Zeit herab ungedruckt geblieben ist; wahrscheinlich weil der König, dessen Ruhm durch den schließlichen Erfolg des Krieges sicher gestellt war, inzwischen die Geschichte dieses Krieges geschrieben und darin aufgenommen hatte, was er auch dann noch nöthig achtete, zu sagen.

„L'on dit que le siège de Prague était une entreprise téméraire", sagt der König in dieser Schrift, „et que, au lieu de bloquer cette armée défaite, il fallait lui laisser la liberté de s'échapper pour la poursuivre ensuite." — Nachdem er auf diese Weise die Anklage mit knapper Bestimmtheit wiedergegeben hat, erklärt er ebenso bestimmt, daß er im Gegentheil absichtlich bemüht gewesen sei, dem Feinde den Weg an die Sassawa zu sperren und wenigstens einen Theil seines Heeres in die Stadt hinein zu drängen, wo er der Gefangenschaft verfallen mußte. („Nous avions battu l'ennemi en bataille rangée; son aile droite était coupée et séparée de sa gauche, j'étais (? j'avais) marché avec tout ce que j'avais pu assembler de cavalerie et d'infanterie pour couper les fuyards de la Sasava, ce qui réussit si bien, que je les poussai jusque sous le Wyssehrad, et les forçai de se jeter pêle-mêle dans la ville.") — Nach diesen Worten, die sehr entschieden aussprechen daß er in allen Wechselfällen nie die Vernichtungsschlacht, die Zertrümmerung der feindlichen Streitkräfte als den eigentlichen Zweck des Kampfes aus den Augen verlor, fügt er in demselben Geist hinzu: „si je laissais ressortir ceux de Prague, je remettais en question ce qui avait été une fois décidé, et je laissais échapper une occasion unique de faire quarante mille hommes prisonniers de guerre."

Sehr deutlich tritt hier in Rede und Gegenrede hervor, wie unabhängig von der zur Zeit herrschenden Theorie König Friedrichs Ansichten von Krieg und Kriegführung sich zu voller Reife entwickelt hatten, wie vielfach sie diese Theorie verleugneten und wie wenig sie eben deshalb von seinen militärischen Zeitgenossen verstanden wurden. —

Kolin.

An dem Tage an dem die Schlacht bei Prag geliefert wurde, war der Feldmarschall Daun mit seinen Truppen bereits bis Böhmisch=Brod herangerückt. Er wich, sowie er von der Niederlage gehört hatte, vor dem schwachen Heertheil, den König Friedrich unter dem Herzog von Bevern gegen ihn entsendete, und ließ sich sogar ohne Mühe bis nach Habern, auf der Straße die von Prag über Iglau und Znaim nach Wien führt, zurück manövriren. Infolge der ängstlichen Stimmung die am Hofe zu Wien herrschte, war ihm die äußerste Vorsicht zur Pflicht gemacht. Doch als er theils durch einige der Regimenter, die bei Prag entkommen und nun wieder feldmäßig ausgerüstet waren, theils durch alle Truppen, die bis zur Zeit in den entfernteren Provinzen des österreichischen Staats gestanden hatten, bis auf 53 000 Mann verstärkt war, als andererseits aus Prag die Nachricht eintraf, daß der Herzog Karl dort nicht mehr lange auszudauern vermöge, da erhielt der Feldmarschall dringende Befehle in entgegengesetztem Sinn. Er wurde nun aufgefordert das Aeußerste zu wagen, um Prag zu entsetzen; sogar eine Schlacht. So wie er wieder vorwärts ging, war es natürlich an dem Herzog von Bevern, vor solcher Uebermacht zu weichen; er ging nun seinerseits bis in die Gegend von Kaurzim zurück, wohin ihm Daun folgte.

König Friedrich verstärkte Beverns Heertheil bis auf 34 000 Mann und verfügte sich selbst zu demselben, entschlossen den neuen Gegner Daun so schnell als möglich durch eine Schlacht zu beseitigen und damit den Entsatz der zu Prag eingeschlossenen Armee endgültig zu vereiteln.

Wie sehr sich aber Friedrich im Widerspruch wußte mit der Theorie, der seine Zeit huldigte, wie sehr getadelt in dem Kreise, der ihm am nächsten hätte stehen sollen, zeigt sich auch hier wieder darin, daß er glaubt rechtfertigen zu müssen, was für uns Andere selbstverständlich ist, nämlich daß er die Schlacht bei Kolin überhaupt gesucht und geliefert hat. Er thut es zweimal, zuerst in dem schon erwähnten Aufsatz und dann wieder in der Geschichte des siebenjährigen Krieges — und es ist wirklich zum Erstaunen, was für Gründe gegen das Verfahren des Königs vorgebracht wurden, auf was für seltsames Gerede er glaubte antworten zu müssen. Man frage, sagt der König, warum er nicht die Regel der großen Feldherrn befolgt habe, die stets vermieden hätten, an der Spitze einer Observationsarmee (die eine Belagerung decken soll) eine Schlacht zu liefern; die sich meistentheils darauf beschränkt hätten, feste Stellungen einzunehmen (d'occuper des postes), die Hülfe abzuwehren, die der Feind in die belagerte Stadt werfen konnte, und durch Manöver und geschickt angelegte Märsche (des mouvements et des marches savantes) die Armeen aufzuhalten, die ihnen gegenüber standen? — Er achtet es der Mühe werth, darauf ernsthaft zu antworten, daß die Regel keine unbedingte sei, und Beispiele von einem entgegengesetzten Verfahren anzuführen.

Dann macht König Friedrich darauf aufmerksam, daß er gegen die Oesterreicher, denen so viele leichte Truppen zu Gebote standen, unmöglich zu gleicher Zeit die Blockade von Prag und das Magazin zu Nimburg, aus dem die Armee verpflegt wurde, bloß durch Manöver decken konnte. Das allein war seiner Meinung nach ein hinreichender Grund, die rasche Entscheidung im offenen Kampf zu suchen. Aber er wurde dazu auch noch durch andere und wichtigere Gründe bestimmt —: „dem Hause Oesterreich blieb nur die Armee unter Daun; war diese Armee tüchtig geschlagen, so verfiel die Besatzung von Prag der Kriegsgefangenschaft, und es war anzunehmen, daß der Wiener Hof, der sich dann ohne weitere Hülfsmittel gesehen hätte, gezwungen gewesen wäre, Frieden zu schließen." (Il ne restait à la maison d'Autriche que l'armée de Daun; cette armée bien battue, la garnison de Prague était prisonnière de guerre et il était à présumer que la cour de Vienne, se trouvant sans ressources, aurait été forcée de faire la paix.)

Oesterreich zu entwaffnen, seine Heeresmacht zu zertrümmern, war und blieb, was König Friedrich im Sinn hatte, weil auf diesem Wege allein zu einem baldigen Frieden zu gelangen war, und so gehörte denn die Schlacht bei Kolin als ein nothwendiges Glied der Kette, folgerichtig in seinen Operationsplan. Nimmt man die Zahlen im Ganzen, 34 000 gegen 53 000 Mann — so kann man nicht eigentlich sagen, daß die preußische Armee unbedingt zu schwach gewesen wäre für die Aufgabe die ihr gestellt wurde, denn, wie schon Clausewitz nachgewiesen hat, war die überlegene Zahl bei den damaligen taktischen Anordnungen nicht in derselben Weise und in demselben Grade entscheidend wie unter ten gegenwärtigen Bedingungen, und es war auch das moralische Uebergewicht in Anschlag zu bringen, daß die preußische Armee im Allgemeinen, König Friedrich insbesondere, über die Oesterreicher gewonnen hatte. Auch hat König Friedrich später und unter noch weniger günstigen Bedingungen, bei Zorndorf und bei Torgau, wo die Zahlenverhältnisse ungefähr dieselben waren, Siege erfochten. Aber an Infanterie insbesondere war der König auch für die damaligen taktischen Verhältnisse so schwach, wie er nicht sein mußte, wenn es irgend zu ändern stand. Er hatte nur 18 000 Mann preußischer gegen 35 000 Mann österreichischer Infanterie in das Gefecht zu führen. Der Gedanke, daß Friedrich den Feldmarschall Daun hätte noch einen Marsch näher an Prag heranrücken lassen und dann auf ganz kurze Zeit noch 8000 bis 10 000 Mann Infanterie von dem Blockadekorps an sich ziehen können, ist so natürlich und liegt so nahe, daß der Verfasser dieser Blätter ihn schon als junger Mensch haben konnte, so gut wie Clausewitz, und ohne weiter stolz darauf zu sein. Eine solche Verstärkung würde den Sieg wohl sicher gestellt haben. Aber König Friedrich II. hatte noch kein Unglück im Felde erlebt und vertraute seinen Sternen diesmal mehr als billig.

Er fand, als er bei Kaurzim eingetroffen war, das österreichische Heer auf den Höhen bei Kriechenau, an deren Fuß sich ein sumpfiger Bach, mehrfach zu Teichen aufgestaut, dahinzieht, in einer Stellung, die anzugreifen bedenklich schien. Der König näherte sich darauf am 17. Juni dem Städtchen Planian, um von dort aus am folgenden Tage die rechte Flanke des Feindes zu umgehen und anzugreifen. Aber Daun errieth die Absicht und veränderte seine Stellung in der Weise, daß sie nun, auf den Anhöhen genommen, die sich der Straße von Planian nach Kolin parallel dahinziehen, mit der früheren einen rechten Winkel bildete.

Der König, der am 18. mit seinem Heer auf der genannten Straße vorrückte, erwog nun die veränderte Stellung seines Gegners und die Schlacht. Was uns von den Anhängern des Prinzen Heinrich darüber erzählt wird, in welcher Weise der Entschluß dazu herbeigeführt worden sei, ist wieder sehr bezeichnend für den Geist, der in ihrem Kreise herrschte. Retzow — der nicht dabei war — erzählt, man habe am Abend des 17. gesehen, wie sich kurz vor Sonnenuntergang innerhalb der österreichischen Stellung eine große Staubwolke erhob, und daraus auf eine Bewegung geschlossen, die vorgehe. Man habe darauf vielerlei Vermuthungen angestellt, was sie bedeute, „allein nur einsichtsvolle Männer erriethen es", nämlich daß Daun seine Stellung verändere. Der König habe geglaubt, Daun ziehe sich zurück. — Graf Henckel, der ebenfalls nicht dabei war, berichtet in der ihm eigenen Weise, was ihm von dem Hergang erzählt worden war: „Der König habe lange mit Besichtigung des Terrains zugebracht, wobei er sämmtliche Generale zugezogen, sei auch lange unentschieden über das, was zu thun, gewesen, da alle vernünftigen und das wahre Wohl des Staats vor Augen habenden Männer von dem Angriff abgerathen hätten." Am Ende behauptet ein Ingenieur Giese, der die Gegend zwölf oder vierzehn Jahre früher für den Feldmarschall Schwerin aufgenommen hatte, er wisse einen Punkt, wo der Stellung der Oesterreicher beizukommen sei, und der ehrgeizige unbesonnene Prinz Moritz von Dessau, sagt man, bestimmte darauf den König zum Angriff. Die Vorstellungen und „Schmeicheleien" dieses Fürsten seien „die Ursache von dem Verderben der Armee, vielleicht des Staats, gewesen."

Während Retzow in einem Buch, das für die Oeffentlichkeit bestimmt war, den König so zu sagen geräuschlos, vermöge einer Wendung, die nicht allzusehr auffallen soll, aus der Zahl der „einsichtsvollen Leute" auszuschließen sucht, will ihn Graf Henckel in einem Tagebuch, das er lediglich zu seiner eigenen Erbauung schrieb, ganz einfach und ohne Umschweif nicht einmal zu den vernünftigen Männern zählen.

Der König beschloß, den rechten Flügel der Oesterreicher anzugreifen, der nicht durchaus sicher angelehnt war und ganz, wie man das auszudrücken pflegt, in der Luft zu stehen schien, da das Nadasdysche Korps, das diesem österreichischen Flügel, im stumpfen Winkel von der Höhe hinter Briftwy bis zu dem berühmt gewordenen Eichenbusch rückwärts gebogen, angefügt war, von dem Wirthshaus zur „Goldenen Sonne" (slaty Slunze) aus, von dem aus der König diese Stellung rekognoszirte, nicht gesehen werden konnte. — Wir können nicht umhin, bei dieser Gelegenheit zu bemerken, daß die schräge Schlachtordnung König Friedrichs, sowie er sie auf dem Schlachtfelde und unter anderem auch hier zur Anwendung brachte, etwas sehr wesentlich Anderes war, als in der „vervollkommneten" Gestalt daraus wurde, die man ihr in späterer Zeit auf den Manöverfeldern bei Potsdam gab. Hier ging man, nach den vielen Beschreibungen und Plänen, die auf uns gekommen sind, in großen „Echelons" vom rechten oder vom linken Flügel — oder nach Umständen auch aus der Mitte — in solcher

Weise vor, daß der Angriff senkrecht auf den dazu ausersehenen Theil der feindlichen Linie fiel, und da hat es doch wirklich etwas beinahe Unbegreifliches, daß diesem taktischen Kunststück irgend eine Bedeutung beigelegt werden konnte, daß eine solche Täuschung möglich war. Denn daß die Verstärkung des Angriffs, die sich daraus ergeben sollte, eine ganz willkürliche und vollkommen leere Vorstellung war, das mußte eigentlich jeder unbefangene militärische Neophyt und selbst der Laie, wenn er sich nicht imponiren ließ, auf den ersten Blick erkennen. Nicht minder seltsam ist wohl auch, daß man in dieser Form des Angriffs eine Bürgschaft gegen die Möglichkeit einer vollständigen Niederlage zu haben glaubte. Obgleich die Echelons einander in einer Entfernung von nur 300 Schritten folgen sollten, meinte man doch, daß schlimmstenfalls doch nur das vorderste Echelon geschlagen werden könne, das dann auch noch, in solcher Nähe von dem zweiten „aufgenommen" und gedeckt, vor größerem Unheil bewahrt blieb. Man dachte sich dabei ein Gefecht wesentlich mit einem ersten Angriff abgemacht, der gelang oder zurückgeschlagen wurde (wie z. B. in der Schlacht bei Bergen 1759), und setzte stillschweigend einen Feind voraus, der sich ganz passiv verhält und bearbeiten läßt. In diesem Sinn ist das sublime Manöver in Aufsätzen wie in Werken von größerem Umfang von Anhängern der sogenannten preußischen Taktik besprochen worden, bis auf das Jahr 1806 herab, wo man dann schon bei Saalfeld eines Anderen belehrt wurde.

Sowie dagegen Friedrich II. selbst seine schiefe Schlachtordnung auf dem Schlachtfelde handhabte, war der Vortheil, den sie gewährte, kein wesenloser Wahn. Er setzte vor den Flügel der zum Angriff bestimmt war, wie wir sagen würden, ein „Vortreffen", das aus Elitetruppen, gewöhnlich aus Grenadier-Bataillonen, bestand, und suchte den Angriff dann so zu leiten, daß er den angegriffenen feindlichen Flügel um etwas überflügelte. So hier — der Absicht nach — so bei Zorndorf, so im Großen und Ganzen auch bei Leuthen.

Wie der königliche Feldherr schon dadurch, daß er bei Kolin überhaupt eine Schlacht suchte und lieferte, weit über die Grenzen der Art Kriegführung hinausging, die seiner Zeit für die normale galt, erhob er sich ganz folgerichtig auch in Beziehung auf das, was er in dieser Schlacht beabsichtigte und auf dem Schlachtfelde selbst zu erreichen hoffte, in eine Region, zu der die damalige Theorie nicht hinanreichte. Das

Eine folgte aus dem Anderen. Wie wir schon seinen eigenen Worten entnehmen konnten, war ihm nicht bloß darum zu thun, Dauns Armee aus ihrer Stellung zu verdrängen, von Prag zu entfernen und selbst irgend einen vortheilhaften Posten zu gewinnen, sondern darum, das österreichische Heer unter Daun in solcher Weise zu zerrütten, aus Band und Rand zu bringen, daß es im Lauf des Feldzugs keine entscheidende Rolle mehr übernehmen, wenn wir uns so ausdrücken dürfen, nicht mehr ernstlich mitsprechen konnte; daß Oesterreich sich dann, nach der Kapitulation der in Prag eingeschlossenen Truppen, die wenige Tage später erfolgen mußte, wirklich „ohne Ressourcen" sah oder glaubte und Frieden schloß. Auf einen solchen Erfolg war die Schlacht auch taktisch angelegt.

Friedrich beschloß, den schlecht angelehnten rechten Flügel der Oesterreicher anzugreifen, und hoffte, ihre ganze Armee in der Flanke zu fassen, gegen den linken Flügel hin auf zu rollen und an die Teiche und sumpfigen Gewässer am Fuß der Höhen von Krichenau zu drängen. Hier, dachte er, werde ein großer Theil der feindlichen Infanterie ge=nöthigt sein, die Waffen zu strecken. (S'il avait été poussé vers ces étangs, son infanterie était en grande partie obligée de mettre les armes bas.) Ob die Schwierigkeiten des Geländes an jener Kette von Teichen wirklich von der Art waren, daß die österreichische Infanterie dort dem Schicksal erliegen mußte, welches der König ihr bereiten wollte, darüber vermöchte uns gegenwärtig wohl selbst der unmittelbare Anblick der Gegend kaum noch zu belehren. Denn es genügt, einen Plan der Gegend aus jener Zeit mit einer heutigen Karte zu vergleichen, um zu wissen, daß die Kultur dort große Veränderungen bewirkt hat.

Beiläufig bemerkt, erfuhr und wußte man auch im Kreise der vor Prag zurückgebliebenen Prinzen recht gut, daß es der König auch dies=mal wieder auf eine, je nachdem es gelang, mehr oder weniger voll=ständige Vernichtung der feindlichen Streitkräfte abgesehen hatte — und gerade dieses in den Augen der Kunstrichter phantastische Streben er=fuhr den allerstrengsten Tadel. „Er" — der König nämlich — so eifert Graf Henckel, „er opferte alles dem verderblichen Ehrgeize, seine so oft schon besiegten Feinde noch einmal zu besiegen, dem Verlangen, die Macht Oesterreichs zu vernichten, dabei sich selbst betrügend über die Stärke und Stellung des Feindes u. s. w."

Die anfänglichen Anordnungen Dauns schienen dem König von Preußen nicht nur den Sieg, sondern auch einen verhältnißmäßig leichten Sieg zu versprechen. Der zurückgebogene Theil des österreichischen rechten Flügels, auf den der preußische Angriff zunächst fallen mußte, bestand nämlich aus dem Heertheil des Banus von Kroatien, Grafen Nadasdy, das heißt, mit einer ganz geringen Ausnahme, nur aus Kroaten und Husaren, aus Truppen, die ihre damalige Fechtweise nicht befähigte, den preußischen Grenadieren einen nachhaltigen Widerstand entgegenzusetzen. Erst gleichsam im letzten Augenblick sah sich der Feldmarschall Daun durch die Bemerkungen eines sehr geachteten Offiziers, des Majors Vettesz von dem ungarischen Linien-Infanterie-Regiment (damals Erz= herzog Karl, jetzt Kaiser Alexander), das den äußersten rechten Flügel der eigentlichen Stellung des österreichischen Heeres bildete, veranlaßt, Nadasdys Heertheil durch reguläre Infanterie und Reiterei zu ver= stärken.

In welcher Weise die Schlacht für Preußen verloren ging, ist be= kannt und doch auch, wenn man will, räthselhaft. General Hülsen zog mit 10 Bataillonen und 5 Dragoner-Schwadronen dem Heere als Vor= trab voran auf dem sogenannten Kaiserweg, von Planian nach Kolin, und bestimmt, vor dem linken Flügel jenes Vortreffen zu bilden, das in König Friedrichs Anordnungen zur Schlacht stets wiederkehrt. Er ließ seine Bataillone, wie er sollte, dem Dorfe Krzeczhorz gegenüber in zwei Treffen aufmarschiren und ging mit günstigem Erfolg zum Angriff gegen Nadasdys Heertheil vor. Die Hauptmasse — das sogenannte Gros — des Heeres, unter der unmittelbaren Führung des Prinzen Moritz von Dessau, sollte, links abmarschirt, längs des Kaiserweges fortmarschiren, wir wissen nicht genau zu sagen wie weit, aller Wahrscheinlichkeit nach, bis die Spitzen der Kolonnen ungefähr oder nahezu in gleicher Höhe mit Hülsens rechtem Flügel waren; dann sollten die Kolonnen nach rechts vom Kaiserweg abbiegen und immer noch in Zügen in der Richtung auf Krzeczhorz weitermarschiren, bis sich die Spitze des linken Flügels der Hauptmasse dem rechten Hülsens angeschlossen hätte, um dann erst auf= zumarschiren. Die zahlreiche Reiterei der Reserve unter Zieten sollte Hülsens linke Flanke gegen Nadasdys Husaren decken.

Der Befehl des Königs lautete buchstäblich: „General Treskow", — der die äußerste Brigade am linken Flügel kommandirte — „marschirt mit meinem linken Flügel, so daß er damit an Hülsens rechten stößt, und so folgen die anderen Herren Generals; auf diese Weise wird unser rechter Flügel wohl an jene massiven Gebäude stoßen, wo er sich unbewegt halten muß, bis ich Befehle schicke, er solle sich auch links ziehen." (Um den Angriff des linken Flügels zu unterstützen, versteht sich.) — Der rechte Flügel blieb „refüsirt" am Kaiserweg. Wo? — an welchen Punkt gestützt, ist nicht genau zu ermitteln. Offenbar hatte der König keine genaue Karte der Gegend zur Hand, — es gab damals überhaupt nicht viel gute, für militärische Zwecke brauchbare Karten — er wußte die Ortschaften nicht zu nennen und mußte sich begnügen, zu sagen: „das Dorf dort auf der Höhe mit dem Kirchhof; — die massiven Gebäude links" —, und wenn er dabei von dem Punkt aus, wo man das Schlacht= feld ziemlich übersah, mit der Hand auf die so bezeichneten Oertlichkeiten deutete, mochte das für das Verständniß im Augenblick und an Ort und Stelle auch genügen. Uns anderen, Epigonen, aber wird es dadurch gar sehr erschwert, uns in den Einzelnheiten der Disposition zurecht zu finden und sie auf ein im Laufe eines Jahrhunderts natürlich), besonders was Ortschaften, ihre Ausdehnung, überhaupt Baulichkeiten anbetrifft, theilweise verändertes Gelände anzuwenden. Tempelhof vermuthet, — denn mehr als Vermuthung ist es nicht — daß der rechte Flügel un= gefähr bei dem Wirthshaus „Zur goldenen Sonne" zu stehen kommen sollte. Daß ihm sein Haltepunkt etwa viel weiter nach Osten — gegen Kolin zu — bezeichnet worden wäre, ist jedenfalls nicht wahrscheinlich. Der König hätte seine rückwärtigen Verbindungen zu sehr preisgegeben, wenn er auch den rechten Flügel seines Heeres noch weiter links schob, ehe er einen taktischen Vortheil erfochten hatte. — Doch, wissen wir auch den Stützpunkt des rechten Flügels nicht mit Bestimmtheit anzugeben, so sehen wir doch im Ganzen genau genug, in welcher Weise der König die schiefe Schlachtordnung hergestellt haben wollte, in welcher der rechte Flügel der Oesterreicher in der Flanke, theilweise selbst im Rücken, an= gegriffen werden sollte.

In der Ausführung aber übten eine Reihe von Mißverständnissen, verkehrte Maßregeln im Einzelnen, die ganz außer der Disposition lagen, und Fehlgriffe aller Art den verderblichsten Einfluß auf den Gang der Schlacht. Diese Elemente der Friktion im Innern der in Bewegung gesetzten kriegerischen Maschine — die freilich immer und überall mehr ober weniger wirksam werden — haben sich vielleicht nie in solchem Grade geltend gemacht, wie hier.

Der Prinz Moritz von Dessau hatte die Disposition falsch verstanden; er ließ den linken Flügel und damit die Gesammtheit beider Treffen der Infanterie halten, dann einschwenken und die Linie herstellen, als das Ganze kaum erst vom Kaiserwege abgebogen hatte und die Spitze noch weit, mehr als 1000 Schritt, von Hülsens rechtem Flügel entfernt war. Bald darauf entstand auf dem rechten preußischen Flügel ein lebhaftes Kleingewehrfeuer. General Manstein, schon von Prag her für ein Ungestüm bekannt, das gelegentlich durch alle Dämme brach, ließ plötzlich drei Bataillone aus der preußischen Mitte die Marschordnung verlassen und gegen das Dorf Chotzemitz vorbrechen, das vor der Mitte der österreichischen Stellung lag. Kroaten hatten sich dort hinter dem kleinen Lehmwall eingenistet, der das Dorf umgab; ihr Feuer schlug in die Flanke der preußischen marschirenden Kolonne ein, aus solcher Entfernung, daß es unmöglich großen Schaden angerichtet haben kann; aber es erregte den Zorn Mansteins, der auch die Disposition vergaß, um die neckenden Nachbarn zu vertreiben, und zum Angriff des Dorfes schritt. Das muß geschehen sein, als die preußischen Kolonnen noch im Marsch waren, denn es war dadurch eine Lücke zwischen den Truppen Mansteins und den weitermarschirenden zu seiner Linken entstanden, die dadurch ausgefüllt wurde, daß die wenigen Bataillone, die das zweite Treffen bildeten, in das erste einrückten. Chotzemitz scheint ohne große Mühe genommen worden zu sein; nun aber gingen, vom Erfolg fortgerissen, Mansteins Bataillone weiter und gerade auf die Mitte des österreichischen Heeres los, die auf den Anhöhen in vortheilhafter Stellung vor ihnen stand. Nachdem hier das Gefecht begonnen hatte, schritt auch der zu früh angehaltene linke Flügel der Preußen zum Angriff auf den Feind, der ihm gerade gegenüber stand. Wie Warnéry — bekanntlich kein Freund des Königs — hinzufügt, rief der Prinz Moritz, der Hülsens erste Fortschritte wahrgenommen hatte, dabei aus, man müsse Theil haben an dem Ruhm, den die Avantgarde erwerbe. So war die Disposition und die schiefe Schlachtordnung vollständig aufgegeben, an ihre Stelle war ein einfacher Frontalangriff getreten, der keinerlei Vortheil gegen die überlegene Zahl gewährte, und es war nicht ein einziges Bataillon verfügbar geblieben, um Hülsens Angriff zu unterstützen, den der König zum entscheidenden machen wollte.

So erzählt der König selbst den Hergang, so berichten alle gleichzeitigen Zeugnisse. Nach und nach aber hat sich in die Geschichte eine Legende eingeschlichen, der zufolge König Friedrich selbst seine eigene Disposition gestört, gegen alle Vorstellungen des Prinzen Moritz den verfrühten Aufmarsch der preußischen Infanterie, ja den Angriff auf die Stirnseite der österreichischen Stellung, befohlen und dadurch den Verlust der Schlacht wie muthwillig, in unbegreiflicher Verblendung, herbeigeführt hätte.

Zuerst ist diese Legende in Gaudys handschriftliches Tagebuch aufgenommen worden, doch blieb sie dem größeren Publikum natürlich unbekannt, da dieses Tagebuch nicht veröffentlicht wurde. Bekannt wurde sie zuerst durch Behrenhorst, der sie 1797, volle vierzig Jahre nach der Schlacht, in seinen „Betrachtungen über die Kriegskunst" zum ersten Male öffentlich erzählte. Dann legte Retzow 1802 in seiner „Charakteristik der wichtigsten Ereignisse des siebenjährigen Krieges" Gaudys Version der militärischen Welt vor — aber nicht unverfälscht, sondern mehrfach erweitert und verschönert — und seitdem ist dieser Legende bis auf die neueste Zeit herab ohne viel Ueberlegung Bürgerrecht in der Geschichte eingeräumt worden, und man hat sich hin und wieder in mehr oder weniger scharfsinnigen Kombinationen erschöpft, um die Sache zu erklären, ohne König Friedrichs Feldherrnruhm zu schädigen — während die Absicht der Legende gerade war, diesen Ruhm zu mindern. Andere Stimmen erklärten das Phänomen, die Gründe, die den König bestimmt hätten, seien einfach nicht zu erklären — aber ohne dadurch auf einen Zweifel an der Thatsache geführt zu werden. Daß Behrenhorsts, Gaudys und Retzows Angaben nicht zusammenstimmten, wurde man im Eifer des Theoretisirens gar nicht gewahr.

Erst vor wenigen Jahren hat Max Duncker nachgewiesen, wie überaus schwach diese Legende begründet — und daß sie auch keineswegs immer eine und dieselbe geblieben ist, vielmehr sehr wesentliche Umgestaltungen erfahren hat.

Behrenhorst war in Unfrieden von Friedrich dem Großen geschieden, und wenn er auch ein Mann von zu viel Geist und Bedeutung war, um den König in der Weise anzugreifen, wie die untergeordneten Personagen aus der Umgebung des Prinzen Heinrich, sucht doch auch er den Satz durchzuführen, daß der König wohl verstanden habe, gute

Dispositionen zu entwerfen, aber nicht sie auszuführen; daß er keinen persönlichen Muth gehabt habe, und deshalb im Gefecht stets unruhig und verlegen gewesen sei. Da werden wir denn doch sehr lebhaft an den Prinzen Heinrich erinnert, der in späteren Jahren, an seiner gast= lichen Tafel zu Rheinsberg, über das eine oder das andere Ereigniß des siebenjährigen Krieges befragt, zu antworten liebte: „Das will ich Ihm sagen, mein Bruder hatte eigentlich keine Courage" u. s. w.

Was Kolin insbesondere betrifft, war es Behrenhorst darum zu thun, seinen nahen Verwandten, den Prinzen Moritz von Dessau, in Schutz zu nehmen und sein Andenken von der Anklage zu befreien, daß er den Verlust der Schlacht verschuldet habe. Er erzählt, „unbegreiflicher= weise" habe der König, eben als Hülsen mit dem schönsten Erfolg die rechte Flanke des Feindes zurückdrängte, plötzlich die Geduld verloren und befohlen, das „Gros" solle, ehe das vorgeschriebene Ziel erreicht war, anhalten und aufmarschiren. Gleich darauf aber sucht Behrenhorst das „Unbegreifliche" denn doch begreiflich zu machen, indem er, boshaft genug, hinzufügt: „vielleicht besorgte er, Hülsen möchte ohne sein Zu= thun die Schlacht gewinnen" — eine Bemerkung, die, beiläufig bemerkt, gerade in dem Zusammenhange, in dem Behrenhorst die Dinge er= zählt, vollkommen sinnlos dasteht. Denn, da ihm zufolge der König nur den verfrühten Aufmarsch, nicht den Frontalangriff befohlen hat, hätte er den Flankenangriff aufgegeben und Hülsen ohne Unterstützung gelassen, ohne irgend etwas anderes anzuordnen in Beziehung auf die weitere Führung der Schlacht.

Behrenhorst erzählt weiter, da Moritz von Dessau, der Dis= position getreu, durchaus habe in Zügen weiter marschiren und nicht, auf den Befehl des Königs, in Linie einschwenken wollen, habe ihn der König mit gezogenem Degen sehr hart angefahren und Gehorsam er= zwungen. Ein Brigadeführer aus der Mitte — Manstein natürlich — „den das mit Kroaten besetzte Dorf Chotzemitz außer Besonnenheit brachte", darauf anrücken lassen: „nun warf sich der ganze linke Flügel (unter dem Prinzen Moritz) wild dem Feinde entgegen" — ohne Befehl des Königs. So erzählt Behrenhorst die Ereignisse denn doch ganz in derselben Reihenfolge, wie der König selbst. Mansteins thörichter An= griff fand auch ihm zufolge früher statt, als der des linken Flügels, zog diesen nach sich, und führte somit den nicht beabsichtigten allgemeinen

Frontalangriff und den Verlust der Schlacht herbei. Ein sehr wichtiger Umstand!

Behrenhorst spricht übrigens, was die Scene zwischen dem König und dem Prinzen Moritz betrifft, nicht als unmittelbarer Zeuge. Er war nicht dabei und beruft sich auf das Zeugniß des damaligen Prinzen, später regierenden Herzogs Franz Leopold von Dessau, der, zur Zeit ein Jüngling von siebzehn Jahren, seinen Oheim, den Prinzen Moritz, auf das Schlachtfeld begleitet hatte; der sollte allein in unmittelbarer Nähe den unerfreulichen Auftritt miterlebt haben.

Da trifft es sich denn doch unglücklich, daß dieser Herzog von Dessau niemals, auch nicht Jahrzehnte nach Friedrichs Tode, auch nicht zu einer Zeit, wo dergleichen über den großen König in manchen Kreisen willkommen geheißen wurde, auch nicht, als ihn Behrenhorst ausdrücklich dazu aufforderte, hat bewogen werden können, sich persönlich zu solchem Zeugniß zu bekennen, es zu vertreten, und seines sehr nahen Verwandten, eben Behrenhorsts Aussage zu bestätigen.

Gaudy, der, wie wir seinen eigenen Worten entnehmen, für seine Person so wenig als Behrenhorst zugegen war, und sich ganz allgemein auf unmittelbare Zeugen beruft, ohne sie irgend näher zu bezeichnen, der erzählt eine sehr wesentlich andere Mähr.

„Gaudys Journal ist der Sammelort für alle Entschuldigungen der Generale, für alle Anklagen gegen den König geworden", bemerkt Max Duncker sehr treffend. Ein Jeder, der sich den Unwillen des Königs zugezogen, seinen Zorn empfunden hatte, oder auch sich nicht gehörig anerkannt und belohnt wähnte, wendete sich an Gaudy und sendete ihm Rechtfertigungen und Anklageschriften von Urkunden begleitet zu. Das ist auch aus den „höchsten Kreisen" — nämlich aus dem Kreise des Prinzen Heinrich — geschehen. Hier liegt also jedenfalls eine sehr einseitige Darstellung der Ereignisse vor. Außerdem aber hat Max Duncker aus den Urkunden nachgewiesen, wie willkürlich, wie wenig gewissenhaft Gaudy mit seinen Quellen umgegangen ist; wie viel er nach eigenem freien Ermessen willkürlich hineinlegt. So ist denn sein Tagebuch überhaupt eine sehr trübe Quelle für die Geschichte des siebenjährigen Krieges, und verdient das unbedingte Ansehen nicht, in dem es nur zu lange gestanden hat.

In Beziehung auf die Schlacht bei Kolin fängt Gaudy damit an, daß er an Stelle der wirklichen Disposition des Königs eine ganz andere, geradezu erfundene unterschiebt und sie dem königlichen Feldherrn zuschreibt. Ihm zufolge wollte König Friedrich nicht den rechten Flügel Dauns mit seinem eigenen vorgeschobenen linken in der Flanke angreifen, wie er selbst uns sagt, sondern mit seinem gesammten Heer das österreichische vollständig umgehen, so daß er die eigenen rückwärtigen Verbindungen unbedingt aufgegeben und das überlegene feindliche Heer zu einer Schlacht mit verkehrter Front herausgefordert hätte, ohne sich die Möglichkeit eines Rückzugs zu wahren. — Wenn wir Gaudys Bericht Glauben beimessen dürften, sollte Hülsen Krzeczorhs angreifen, die ganze übrige Armee aber nicht sich dessen „rechtem Flügel anschließen", sondern treffenweise in Kolonne hinter ihm weg marschiren, zwischen Krzeczhors und Kutlirz hindurch und auf den berühmt gewordenen Eichbusch zu gehen, der etwas über 1000 Schritt jenseits Krzeczhors liegt, und der dem linken Flügel als Stützpunkt bezeichnet gewesen wäre; der rechte Flügel sollte „refüsirt" an den Kaiserweg zu stehen kommen; er hätte sich jedenfalls ziemlich nahe bei Kolin befunden.

Den Werth oder Unwerth dieser Gaudyschen Disposition brauchen wir nicht weiter zu erörtern; sie hat mit der Geschichte und folglich auch mit Friedrich des Großen Taktik nichts zu schaffen. Wer wissen will, aus welchen Elementen Gaudy sie komponirt hat, kann das in dem Aufsatz von Max Duncker nachlesen. Nur das wollen wir im Vorbeigehen bemerken, daß Gaudy allem Anschein nach — obgleich capitaine des guides — das Schlachtfeld bei Kolin nur sehr oberflächlich oder gar nicht gekannt hat. Eine Schlucht, die sich 30 Fuß tief mit sehr steilen Rändern von Krzeczhors aus an Kutlirz vorbei bis gegen den Kaiserweg hin durch den sanften Abhang der Höhen zieht, hätte der damaligen Taktik die Ausführung des Manövers unmöglich gemacht, das er im Sinn hat. Der Marsch der Kolonnen hätte jedenfalls auf einem großen Umweg, nördlich um Kutlirz herum, durch das Gelände geleitet werden müssen, über das sich Nadasdys Reiterei zurückzog. Diese Schlucht, die gerade für seine Disposition zur Schlacht verhängnißvoll werden mußte, ist auf Gaudys Plan des Schlachtfeldes nicht verzeichnet. Sie fehlt und ist da unberücksichtigt geblieben wie in seiner Disposition. Auch den Eichbusch, der von der „Goldenen Sonne" aus nicht zu sehen war, konnte König Friedrich nicht wohl als Stützpunkt des linken Flügels bezeichnen, denn er wußte so wenig als irgend einer der anwesenden preußischen Generale irgend etwas von dem Dasein dieses Gehölzes.

Gaudy weicht aber nicht bloß in Beziehung auf das, was hätte geschehen sollen, sehr wesentlich von Behrenhorst ab, sondern auch in Beziehung auf das, was geschehen ist. Dem letzteren zufolge hat der König, wie schon gesagt, nicht den verhängnißvollen Frontalangriff befohlen, sondern nur Halt! und Front! — und das hätte wenig zu bedeuten gehabt, da man jeden Augenblick wieder in Zügen abschwenken und auf Krzeczhors weiter marschiren konnte, so lange man nicht am unrechten Ort in ein Gefecht verwickelt war. Wir haben bereits gesehen, daß darauf der unzeitige Angriff Mansteins den des linken Flügels nach sich zog. — Gaudy erzählt dagegen, der König habe nicht bloß den Halt, sondern den sofortigen Angriff geradeaus auf die Stirnseite der österreichischen Stellung befohlen. Er läßt den Prinzen Moritz wiederholt vielfache Einwendungen machen, ja geradezu taktische Vorträge halten, wie man sie auf dem Schlachtfelde nicht zum Besten zu geben pflegt, bis dann der König die Geduld verliert und mit gezogenem Degen Gehorsam erzwingt.

Retzow hat dann in seinem Werk Gaudys Darstellung zuerst bekannt gemacht, aber nichts weniger als mit gewissenhafter diplomatischer Genauigkeit. Er hat sich mancherlei Erweiterungen und Uebertreibungen zu Schulden kommen lassen, für die er geradezu gar keine Quelle anzugeben vermöchte. — Am bedenklichsten ist aber endlich, daß Gaudy und Retzow genöthigt sind, die Reihenfolge der Ereignisse geradezu umzukehren, um ihre Darstellung glaublich und den König zu dem Urheber des Unheils zu machen. Ihnen zufolge hätte der erzwungene Angriff des Prinzen Moritz zuerst, der Mansteins später stattgefunden. Retzow, der auch hier wieder weiter geht als sein Gewährsmann Gaudy, deutet an, daß auch Manstein den Befehl zum Angriff möglicherweise durch einen königlichen Flügeladjutanten erhalten haben könnte.

Diesen ganz willkürlichen Annahmen und Vermuthungen steht nun aber das — im königlichen Staatsarchiv zu Berlin aufbewahrte — schriftliche Zeugniß des damaligen Adjutanten Mansteins — eines Möllendorf — gegenüber, welches ausdrücklich besagt, daß dieser General den Angriff auf Chotzemitz, ohne einen höheren Befehl erhalten zu haben, auf eigene Hand unternommen hat, und zwar früher, als Prinz Moritz zum Angriff schritt, ja während der linke Flügel noch im Marsch war, und damit fällt, wie auch Max Duncker bemerkt, die ganze Darstellung Gaudys und Retzows in sich zusammen.

Und dieser Adjutant Möllendorf ist ein unmittelbarer Zeuge, während Gaudy und Retzow — des Feldmarschalls Kalckreuth gar nicht zu gedenken — sich auf dritte und vierte berufen, die sie nicht nennen, und wie man in mehr als einem Fall hinzusetzen muß, gar nicht zu nennen wissen. Die namentlich von Retzow angerufenen Zeugnisse sind zum Theil ganz besonders eigenthümlicher Art. So beruft er sich mit vielem Nachdruck auf zwei namenlose preußische Offiziere, die, zwei Tage nach der Schlacht bei Kolin, zu Nimburg, hinter dem Ofen versteckt, ein vertrauliches Gespräch zwischen dem Prinzen Moritz und dem Herzog von Bevern überhört hätten. Gilt es wohl preußischen Offizieren für ehrenhaft, sich in solchem Fall hinter dem Ofen verborgen zu halten? müssen wir verwundert fragen. Noch dazu kann sich Retzow nicht einmal auf die Leute hinter dem Ofen selbst berufen, er muß sich auf ein drittes, ebenfalls namenloses Wesen beziehen, das ihm von den Leuten hinter dem Ofen erzählt habe.

Nun aber hat Max Duncker in dem bereits erwähnten Aufsatz auch noch die Aussage eines unmittelbaren Zeugen bekannt gemacht, durch die der Streit wohl abgeschlossen und Gaudys Darstellung endgültig aus der Geschichte verbannt sein möchte. Dieses Zeugniß rührt von dem Major im Garde=Regiment v. Putlitz her, der den König am Tage der Schlacht als Page begleitete und wenig später auf dem Schlachtfelde bei Leuthen zum Lieutenant bei der Garde befördert wurde. Putlitz hat sich offenbar durch Behrenhorsts „Betrachtungen" aufgefordert gefühlt, der Wahrheit zu ihrem Recht zu verhelfen, denn seine an den König Friedrich Wilhelm II. gerichtete Denkschrift ist den 20. Juni 1798 unterschrieben. Putlitz legt sein Zeugniß „auf Ehre und Gewissen" ab und berichtet, der Prinz Moritz habe die Disposition mißverstanden und den linken Flügel der Infanterie — die Spitzen der Kolonnen — da halten und aufmarschiren lassen, wo nach dem Willen des Königs der rechte hinkommen sollte. General Treskow, unter dessen Befehlen die äußerste Brigade am linken Flügel stand, habe dem Prinzen zugerufen was er mache. Hier solle nach des Königs Befehlen der rechte Flügel, nicht der linke, zu stehen kommen; der Prinz habe seine höhere Autorität geltend gemacht, Tresckow sei heftig geworden und die Scene habe einen solchen Charakter angenommen, daß die Zuschauer einen Zweikampf zwischen den beiden Generalen erwarteten. — Sie scheint dadurch unterbrochen worden zu sein, daß „durch die ganze Armee" Marsch geschlagen wurde und alles verwärts ging, so viel sich aus diesem Bericht ersehen läßt, ohne daß an dieser Stelle irgend jemand den Befehl dazu gegeben hätte. — Als der König das Mißverständniß gewahr wurde, suchte er vergebens die Truppen aufzuhalten, rief: „Halt! Ins Teufels Namen, was machen Sie?" u. s. w., aber vergebens, „hier war an kein Halten zu denken."

Aus dem Tagebuch des Grafen Henckel endlich ersehen wir, daß auch die königlichen Prinzen, die vor Prag zurückgeblieben waren, weder durch den Prinzen Franz Leopold von Dessau, noch auf irgend einem anderen Wege, irgend anders über den Hergang berichtet worden waren, als in der Weise, wie ihn der König erzählt. Inmitten aller leidenschaftlichen Anklagen, die in diesem Kreise gegen den König erhoben werden, ist und bleibt doch der Prinz Moritz von Dessau auch in den Augen der preußischen Prinzen und ihrer Umgebung der, dessen Uebereilung die Niederlage bei Kolin herbeigeführt hatte.

Wir müssen daraus wohl folgern, daß die Sage, der zufolge der König selbst, und zwar durch einen ausdrücklichen Befehl, das Unheil des Tages veranlaßt hätte, erst später, wahrscheinlich viel später, entstanden ist, und sehen uns unbedingt genöthigt, den Bericht des Königs als den allein der Wahrheit entsprechenden anzuerkennen.

Trotz des Wirrsals aber, das eingerissen war, hat doch merkwürdigerweise so gar viel nicht daran gefehlt, daß der Tag ein siegreicher für Preußen wurde. Hülsens Angriff blieb lange erfolgreich und im Vorschreiten. Der oben erwähnte Putlitz berichtet von Tausenden österreichischer Gefangener und Ueberläufer, die bereits hinter der Front des preußischen Heeres versammelt waren. Die Zahlen, auf die er diese Gefangenen und Ueberläufer schätzt, sind offenbar zu hoch gegriffen, doch geben selbst die österreichischen Berichte 1630 „Vermißte" zu, die endgültig in der Gewalt der Preußen geblieben sind, und in einem gegebenen Augenblick, in dem die Schlacht zweifelhaft zu stehen schien, könnten ihrer wohl noch mehr gewesen sein, von denen dann viele wieder ent-

kommen sein mögen, als des Glückes Wage sich zu Ungunsten der
Preußen neigte. Was der französische General Champeaux, der sich
bei der österreichischen Armee befand, von Unordnung und Flucht erzählt,
von der Haltungslosigkeit des Feldmarschalls Daun, ist ohne Zweifel
sehr übertrieben. Dieser französische Offizier flößt uns um so weniger
Vertrauen ein, weil die Absicht, seine eigene Person und sein eigenes
Verdienst im vortheilhaftesten Licht zu zeigen, etwas allzu entschieden her=
vortritt. Aber auch der Fürst de Ligne gesteht, daß es auf dem rechten
österreichischen Flügel bedenklich stand, und der österreichische Veteran
(Cugniazzo) erzählt, daß Hülsens Bataillone „schon siegreich die ganze
Linie unseres Fußvolks vor sich hertrieben" — die Linie nämlich, welche
die Verlängerung des rechten Flügels von der Höhe über Brzistwy bis
zu dem vielgenannten Eichbusch bildete. Das Regiment, bei dem
Cugniazzo selbst stand, das letzte des eigentlichen, ursprünglichen rechten
Flügels unmittelbar hinter Brzistwy, kam in die Lage, daß es zwei seiner
vier Glieder mußte Kehrt machen lassen, um einem Angriff im Rücken
zu begegnen.

Ob der Zettel mit den Worten: „Die Retirade ist nach Suchdol",
den der Feldmarschall Daun den Generalen zusandte, ein Befehl sein
sollte, den Rückzug anzutreten, oder ob er nur in Erinnerung bringen
sollte, wohin der Rückzug zu richten sei, wenn er nothwendig werden sollte,
muß natürlich dahingestellt bleiben, doch wäre auch das Letztere immerhin
ein Beweis, daß dem Feldmarschall der Rückzug als eine naheliegende
Möglichkeit vorschwebte. Die Stimmen aller Unbefangenen aber ver=
einigen sich dahin, daß der Sieg aller Wahrscheinlichkeit nach den Preußen
blieb, wenn Hülsens Angriff auch nur durch eine mäßige Anzahl Ba=
taillone unterstützt werden konnte, vielleicht sogar, wenn nur die zahlreiche
preußische Reiterei energisch eingriff. Aber auch das geschah nicht. Peu=
navaire, der die Reiterei des linken Flügels befehligte, war altersschwach,
und Zieten zeigte an der Spitze der Reiterei der Reserve nicht die
Entschlossenheit, die hier am Ort gewesen wäre. Daß Seydlitz, damals
noch Oberster, fünf Dragoner-Schwadronen zu einem glänzenden Angriff
vorführte, verschaffte der preußischen Infanterie des linken Flügels natürlich
nur eine augenblickliche Erleichterung ihrer Lage.

Den Ausschlag gab endlich, wie bekannt, daß der sächsische Oberst=
lieutenant Benkendorf den theilweise beginnenden Rückzug aufzuhalten

suchte und dann aus eigenem Antrieb mit seinem Chevaurlegers=Regiment Prinz Karl einen entschlossenen Angriff in Flanke und Rücken der bereits gewaltig erschütterten Bataillone Hülsens ausführte, und daß österreichische Reiter=Regimenter dem Beispiel oder vielmehr dem so gegebenen Impuls folgten, ohne daß die höchste Autorität im österreichischen Heere die Veranlassung dazu gegeben hätte. Daß Benkendorf sich durch ein gutes Frühstück und wiederholte Libationen auf dem Schlachtfelde selbst zu seiner That begeistert habe, mußte man als ein müßiges Märchen ansehen, so lange es nur Tempelhof erzählte; denn Tempelhof ist nicht unparteiisch und daher auch nicht unbedingt zuverlässig, am wenigsten da, wo er dergleichen Anekdoten mittheilt. Seitdem ein unmittelbarer Zeuge auf österreichischer Seite — der nachherige Hofrath Brettschneider — den Hergang durchaus ebenso erzählt hat, gewinnt die Sache freilich ein anderes Ansehen, aber das Ereigniß darf doch nicht benutzt werden, um etwa das bekannte Kapitel von den großen Folgen kleiner Ursachen durch einen pikanten Zug zu bereichern. Ohne Unterstützung gelassen, mußte Hülsens Angriff endlich erlahmen — etwas früher oder etwas später, das machte keinen wesentlichen Unterschied. Was eigentlich den Ausschlag gab, war wohl das Feuer der überlegenen österreichischen Artillerie, indem es die preußische Infanterie des linken Flügels in solcher Weise erschütterte, daß sie zuletzt einem Reiterangriff erliegen mußte.

Die preußische Armee verlor in dieser Schlacht mehr als ein volles Drittheil ihrer Mannschaft (13 773 Mann, die Infanterie im Verhältniß sogar noch bei weitem mehr, nämlich im Ganzen nicht weniger als 12 323 Mann, das heißt ⅔, oder selbst wenn die preußische Infanterie 20 000 Mann stark gewesen wäre, immer noch ⅗ der Gesammtzahl, und darunter waren verhältnißmäßig nur wenig unverwundet Gefangene. Diese Zahlen sind ruhmvoll zu nennen, ja sie sind geeignet, in Verwunderung zu setzen, wenn man erwägt, unter welchen Bedingungen die preußische Infanterie solche Verluste erlitt. Wir dürfen dabei nicht vergessen, daß diese Infanterie bis auf die Reiterangriffe, die den linken Flügel trafen, in der Initiative blieb und dann unverfolgt das Schlachtfeld verließ. Wenn Infanterie erst, nachdem sie die Hälfte ihrer Leute und mehr an Todten und Verwundeten verloren hat, von ihren Angriffen abläßt, so liegt darin der Beweis einer Energie und Ausdauer, die selten erreicht, nie überboten worden ist. Es gehört das zu den Dingen, deren nur eine sieggewohnte, siegesgewisse Truppe fähig ist. Will man sich ganz vergegenwärtigen, was es zu bedeuten hat, so muß man die Schlacht bei Kolin in dieser Beziehung mit anderen, auch neuerer und neuester Zeit vergleichen und man wird finden, daß meist schon sehr viel geringere Verluste genügt haben, auch tüchtig disziplinirte Truppen aus den Fugen zu bringen und zu einem Rückzug, der in Flucht ausartet. — Solche locker zusammengefügte Scharen vollends, wie die Nationalgarden und Freiwilligen-Bataillone, welche die französische Republik in den Jahren 1792—93 in das Feld führte, bilden den geraden Gegensatz zu der preußischen Infanterie bei Kolin. Davon überzeugt man sich, wenn man sieht, was für geringfügige Verluste in mehr als einem Treffen hingereicht haben, sie in wilde Flucht zu jagen; wie geringfügig die Verluste waren, die sie ihrerseits dem Gegner zugefügt hatten, ehe sie sich zur Flucht wendeten.

Clausewitz knüpft an die Schlacht bei Kolin in kurzen Worten Betrachtungen, deren gewichtiger Inhalt zum Nachdenken auffordert, — aber auch wenn nicht zur Widerlegung, doch zur Ergänzung, da in diesem Fall die Gedankenreihe, die uns aufgeschlossen wird, nicht bis zu ihrem wirklichen Abschluß verfolgt scheint — allerdings bei Clausewitz eine Ausnahme.

Er geht von dem Satz aus, daß der Erfolg des Feldzugs ein unerhörter gewesen wäre, wenn es dem König gelang, Daun zu schlagen, da dessen Niederlage die Kapitulation der in Prag eingeschlossenen Armee nach sich gezogen hätte. Das „würde ein Donnerschlag für Oesterreich und Europa gewesen sein; wahrscheinlich wäre der Friede erfolgt."

Dann aber geht Clausewitz zur Erörterung dessen über, was sich ergeben mußte, wenn das nicht geschah, wenn der moralische Eindruck, den eine solche Katastrophe machen mußte, nicht den Frieden herbeiführte, — und er kommt zu dem Schluß, daß König Friedrich vor den Mauern von Wien „gescheitert sein würde", wenn er wirklich „stark und kühn genug gewesen" wäre, dem Feldmarschall Daun bis unter die Mauern der Hauptstadt Oesterreichs zu folgen. Denn „Daun hätte sich hineingeworfen (an eine Belagerung war nicht zu denken), die anderen Feinde des Königs würden sich von ihrem Schreck erholt haben, und Friedrich der Große hätte doch damit enden müssen, ganz Böhmen zu räumen."

Ein Anderes wäre es gewesen, wenn der König, während er seinen Sieg auf Wien zu verfolgte, ein neues Heer in Sachsen hätte aufstellen können, um den Franzosen und der Reichsarmee zu begegnen. Aber dergleichen neue Formationen lagen, bei den damaligen staatlichen Einrichtungen, ganz außer aller Möglichkeit.

So kommt denn Clausewitz endlich zu folgendem Schluß, der uns nicht erschöpfend scheint: „Es geht hieraus hervor, daß bei der früheren Kriegseinrichtung die Niederwerfung des österreichischen Staats durch den preußischen bei allem Talent und allem Erfolg desselben doch eine unthunliche Sache blieb."

Damit wäre der gesammte Kriegsplan Friedrichs des Großen unwiderruflich auf das strengste verurtheilt und verworfen. Wir müßten uns gestehen, daß der König etwas schlechthin Unmögliches unternommen hatte. Clausewitz selbst scheint nicht gewahr geworden zu sein, daß dies die Tragweite seiner Sätze ist. Doch darf uns natürlich Pietät für das Andenken des großen Königs nicht abhalten, anzuerkennen, was diese Sätze Wahres enthalten, und dabei zu verweilen.

Es ist wahr, Preußen, als die außer allem Verhältniß an materiellen Mitteln schwächere Macht, konnte nicht daran denken, Oesterreich gänzlich zu Boden zu schlagen und zu entwaffnen, — wenn wir nämlich auf beiden Seiten, sowohl in dem Kreise der Regierenden, als in der Masse der Bevölkerung, dasselbe Interesse an dem Zweck und Erfolg des Krieges voraussetzen müssen; — dieselbe Intensität des Wollens und des Strebens, dieselbe Entschlossenheit, die äußersten Opfer zu bringen, das Aeußerste zu wagen und zu ertragen; den gleichen Grad heroischer Gesinnung.

Es ist wahr, besonders, da nicht durch Ersatz-Bataillone und ähnliche Veranstaltungen, wie sie die neuere Zeit geschaffen hat, dafür gesorgt war, daß die preußische Heeresmacht im Laufe des Feldzugs fort und fort in dem Maß, wie sie Verluste erlitt, durch neu ausgebildete, nachgesendete Mannschaft wieder ergänzt, und wenigstens annähernd auf gleicher Höhe erhalten wurde, mußte, auch wenn sie fortwährend siegreich blieb, früher oder später ein Moment eintreten, in dem die Möglichkeit der Offensive für sie erschöpft war, wo ihr die Kräfte zu einer weiter fortgesetzten Initiative versagten. Und dann mußte ein Stillstand in den Operationen eintreten — eine Umkehr — ein Rückschlag; gleichsam ein Zurückwogen der Ereignisse — wie die Ebbe der Fluth folgt — vorausgesetzt nämlich, daß Friedrich der Große hier eine Volksleidenschaft zu bekämpfen hatte, daß ihm eine heroische Gesinnung entgegentrat, die durch Niederlagen und schmerzliche Verluste nicht gebrochen wird, der kein Opfer zu groß oder zu schwer wird, die unter allen Bedingungen entschlossen ist und bleibt, es auf Sein oder Nichtsein zu wagen; vorausgesetzt, daß dem Gegner nicht Muth und Zuversicht versagten, ehe jener für die preußischen Waffen verhängnißvolle Augenblick eintrat; ehe ihre Macht der Initiative erschöpft und der Wendepunkt erreicht war.

Clausewitz beschränkt sich darauf, zu erwägen, was aller Wahrscheinlichkeit nach geschehen wäre, wenn ein preußischer Sieg bei Kolin und die Kapitulation von Prag nicht den Frieden herbeiführte, ohne zu fragen, unter welchen Voraussetzungen man denn hätte erwarten müssen, daß auch solche erschütternde Schläge den Frieden nicht herbeiführten, daß infolge dessen ein Rückschlag stattfand und somit die Besiegung Oesterreichs durch Preußen sich als eine „unthunliche Sache" erwies. Damit ist aber wohl die Erörterung bei weitem nicht erschöpft. Die Frage, unter welchen Bedingungen denn ein Sieg bei Kolin doch schließlich zu einer für Preußen unheilvollen Wendung des Krieges hätte führen können, versetzt die Betrachtung unabweisbar auf ein anderes Gebiet; sie führt uns, so zu sagen, in einen viel weiter gezogenen Horizont ein.

Der Verfasser dieser Blätter sieht sich dadurch an eine Gedankenreihe erinnert, auf die ihn schon vor langen Jahren der Gang manches früheren Krieges, besonders der des Feldzugs 1812 in Rußland, geführt — und die er auch, im Leben des Grafen Toll, eben im Zusammenhang mit der Geschichte dieses letzteren Feldzugs ausgesprochen hat. Ich sah mich veranlaßt, als Endergebniß der Betrachtung, den Satz aufzustellen, daß da, wo zwei große Staaten, ebenbürtige Gegner, um ernste, um Lebensinteressen mit einander ringen, ein materiell vollständiger Sieg, ein Sieg, der dem Besiegten die Fortsetzung des Kampfes absolut unmöglich machte, überhaupt kaum möglich ist. In den meisten Fällen, in denen die eine Partei den Willen der anderen als Gesetz des Siegers hat über sich ergehen lassen, kann nachgewiesen werden, daß keineswegs alle Hülfsmittel des Besiegten, alle Mittel der Vertheidigung erschöpft waren; ja, daß ein mit heroischer Entschlossenheit fortgesetzter Kampf aller Wahrscheinlichkeit nach in nicht allzu ferner Zeit einen Umschwung zu Gunsten des Besiegten herbeiführen mußte. Der Umschwung konnte herbeigeführt werden, weil die äußersten Anstrengungen, das Aeußerste, was ein Volk überhaupt vermag, viel leichter und viel vollständiger zur Vertheidigung aufgeboten werden kann, als zum Angriff; weil Zeit und Raum schon an sich zu Gunsten der Vertheidigung in das Gewicht fallen. So sehen wir denn auch, daß Kriege, an denen ganze Völker in ihrer Gesammtheit einen energischen, leidenschaftlichen Antheil nehmen, deren Gegenstand und Zweck das Gemüth eines Jeden leidenschaftlich erfaßt — wie Religionskriege — gewissermaßen endlos sind, und endlich nicht durch einen Sieg, sondern in der Erschöpfung beider Theile ihren Abschluß finden; durch einen Kompromiß, den nicht die eine Partei der andern, sondern die Erschöpfung allen beiden abgerungen hat.

Doch gehören Kriege, die in solcher Weise bis auf das äußerste durchgekämpft werden, zu allen Zeiten, zu den sehr seltenen Ausnahmen. In der bei weitem überwiegenden Mehrzahl der Fälle ist es, um den Zweck des Krieges zu erreichen, nicht nöthig, den schwer zu erringenden vollständigen Sieg zu erfechten, der keine Möglichkeit einer fortgesetzten Vertheidigung übrig ließe. Alle Mittel der Vertheidigung sind an sich todte Werkzeuge, die nur dann Leben und Wirksamkeit gewinnen, nur dann zu thatsächlicher Bedeutung gelangen, wenn Geist und Wille des Menschen sie erfaßt und gleichsam belebt, in der Verwendung auf einen bestimmten Zweck. Sie sind an sich bloße Möglichkeiten, die erst Geist und Wille des Menschen zu Wirklichkeiten macht. Die Aufgabe des Krieges ist in der Regel, Geist, Muth und Wille des Gegners zu besiegen, in solchem Maße zu brechen, daß er den Mitteln der Vertheidigung, die ihm noch bleiben, nicht mehr zu vertrauen wagt.

Damit ist der Sieg gewonnen. Und dieser Sieg ist kein bloß scheinbarer; er ist ein wirklicher, eben weil Geist und Wille des Menschen hier sowohl das bestimmende als das maßgebende Element sind und bleiben — ja die Macht, mit der überhaupt Krieg geführt wird, und die es zu besiegen gilt. Geist und Wille des Menschen sind es ja, von denen der Krieg ausgeht, denn sie sind die bewegende Macht, die zum Kriege greift, als zu einem Mittel, ihre Zwecke zu erreichen, und sie bleiben maßgebend, indem sie das Maß der Opfer bestimmen, das man bringen will, um den Zweck des Krieges zu erreichen.

Wird nun nachgewiesen, daß in dem Augenblick, wo der Besiegte das Gesetz des Siegers annahm, noch nicht alle Mittel des Widerstandes erschöpft waren, daß der fortgesetzte Kampf gar wohl einen günstigen Umschwung herbeiführen konnte, so heißt das, daß noch Werkzeuge der Vertheidigung zur Hand lagen, die Geist und Wille erfassen, beleben und verwenden konnten, wenn sie den Muth dazu in sich selbst fanden. — Es heißt aber in sehr vielen Fällen nicht bloß einen Rechnungsfehler besprechen, der etwa begangen worden wäre — sondern an die Stelle der wirklich obwaltenden Verhältnisse ganz andere, willkürlich gedachte, voraussetzen; einen unbedingt und unbegrenzt gedachten Heroismus, der keineswegs überall und immer die vorwaltende Stimmung der Menschen ist. Man spricht dann eigentlich nicht von dem wirklich vorliegenden Fall, sondern von einem anderen, willkürlich gedachten. Der Theorie, die sich ganz im Abstrakten bewegt, ist das gestattet; nicht der Kritik, sofern sie einen wirklich vorliegenden Fall beurtheilen will.

Es ist die umfassendste und wichtigste Aufgabe des Staatsmannes und des Feldherrn, mit sicherem und richtigem Takt den Grad der ausdauernden Energie des Muthes zu ermessen, mit der man es bei dem Gegner zu thun hat. Man hat sich darüber nicht selten getäuscht. In gar eigenthümlicher Beschränktheit im Jahre 1792, als Oesterreich und Preußen sich verbündet rüsteten, das revolutionäre Frankreich zu bekämpfen.

Weder im Jahre 1797, noch 1800 oder 1805 und 1809 war Oesterreich in der Weise besiegt, daß keine Möglichkeit eines fortgesetzten Widerstandes geblieben wäre — wenn in der Wiener Hofburg und in der Bevölkerung der österreichischen Staaten ein Heroismus herrschte, dem keine Anstrengung, kein Opfer zu groß war, der nie der Hoffnung entsagte. — Napoleons Sieg war aber demungeachtet ein wirklicher und ein vollständiger, denn Muth und Wille der Leute, mit denen er zu thun hatte, waren besiegt und gebrochen.

Zweimal dagegen hat auch Napoleon sich arg getäuscht in Beziehung auf die Macht und Nachhaltigkeit des Willens, den er zu bekämpfen hatte — beide Male verleitet durch die unbedingte Verachtung der Menschen, von der er in allen seinen Berechnungen ausging — durch die Voraussetzung, daß alle Menschen immer und ohne Ausnahme in allem ihren Thun und Lassen lediglich durch Motive der niedrigsten Art bestimmt werden. Der eine dieser Rechnungsfehler führte ihn in Spanien in ein

Labyrinth ohne Ausgang, — der andere, zu seinem Verderben, in das Innere Rußlands, wo seine Offensive in dem endlosen Raum erlahmen mußte. Er hatte den Kaiser Alexander als nicht gerade sehr standhaft, vielmehr bestimmbar und von augenblicklichen Eindrücken abhängig kennen gelernt, und hatte keine Ahnung davon, daß in entscheidenden Augenblicken höchster Art der Nationalwille auch in absolutistisch regierten Staaten dem Selbstherrscher sein Gebot auferlegen kann.

Wenden wir uns nun zu dem Fall, um den es sich hier zunächst handelt, so ist kein Grund abzusehen, warum 1757 in der Wiener Hofburg eine größere Standhaftigkeit vorauszusetzen gewesen wäre, als in den späteren Jahren, deren wir eben gedacht haben. Maria Theresia war erbittert gegen den König von Preußen, das ist bekannt, und daß sie eines nicht ganz gewöhnlichen Grades von Standhaftigkeit fähig war, hatte sie gezeigt; es wäre ihrem habsburgischen Stolz ohne Zweifel schwer geworden, sich zu beugen. Aber, wenn das eine österreichische Heer der Gefangenschaft verfallen war, das zweite zertrümmert, und keine Möglichkeit vorlag, ein drittes zu bilden, beurtheilte gewiß der Kreis von Staatsmännern und gewiegten Generalen, der die Kaiserin umgab, die Lage mit herkömmlicher Weisheit, Besonnenheit und Mäßigung. Denn wollen wir über König Friedrichs Kriegs- und Feldzugsplan ein Urtheil fällen, dann müssen wir auch — oder vielmehr vor Allem — den Fall in das Auge fassen, daß auch die Schlacht bei Kolin ganz so geglückt wäre, wie der König sie geplant hatte; daß in ihr ein Theil der österreichischen Infanterie genöthigt worden wäre, die Waffen zu strecken. In welche unabsehbare Ferne war dann entrückt, was für Oesterreich Zweck des Krieges war: die Wiedereroberung Schlesiens! — Doch wir wollen hier nicht wiederholen, was oben bereits gesagt ist, und nur hinzufügen, daß, wie wir glauben, auch wenn der Friede nicht geschlossen wurde, die Standhaftigkeit Oesterreichs nicht nothwendigerweise zur Folge haben mußte, daß der König wieder ganz Böhmen räumte, und daß der Erfolg seines Feldzugs sich wie von selbst ganz in nichts auflöste. Wir dürfen nicht vergessen, auf welch' ein verhältnißmäßig geringes Maß die Heeresmacht Oesterreichs im freien Felde zusammenschwand, wenn der Schlag bei Kolin sie mit solchem Gewicht traf, wie der König gehofft hatte — und wie schwierig es unter den damaligen Verhältnissen war, neue Heere zu schaffen, besonders im Lauf eines Feldzugs. Es war nicht mehr die

Zeit der Landsknechte und Reisläufer, der vaterlandslosen Soldaten von Gewerbe, die eines Wallenstein Werbetrommel in Menge zusammenrufen konnte; die Werbungen brachten nicht mehr fertig ausgebildete Soldaten zusammen, die man sofort im Felde verwenden konnte, sondern nur Rekruten, — und wie man die Massen im eigenen Lande ohne Rücksicht auf bestehende Gewohnheit und herkömmliches Recht aufbietet, das sollte die Welt erst von der französischen Revolution lernen. Auch hätte ein solches Aufgebot selbst da, wo es allenfalls möglich war, wie etwa in Ungarn, immer nur Rekruten, nicht Soldaten geliefert, — und wo sollten die Offiziere für eine solche Neubildung herkommen, seitdem jenes Geschlecht kosmopolitischer Wanderkrieger ausgestorben war!

Dann bleibt auch zu erwägen, daß die hannoverisch-verbündete Armee unter dem Herzog von Cumberland nicht nothwendigerweise einen elenden Feldzug machen, den Franzosen den Weg durch Niedersachsen auf Magdeburg freilassen, und eine Konvention von Kloster Zeven schließen mußte. Das brauchte nicht in Friedrichs Berechnungen als ein unvermeidliches Ereigniß zum Grunde gelegt zu werden. Geschah es nicht, wurde das eine französische Heer — die Hauptarmee — durch den Herzog von Cumberland beschäftigt, dann konnte Friedrich nur mit dem zweiten unter Soubise zu thun bekommen, das bestimmt war, den Oesterreichern in einer oder anderer Weise als Hülfskorps zu dienen. Das aber war verhältnißmäßig leicht abzufertigen, wie die Schlacht bei Roßbach bewiesen hat, selbst wenn es nach Thüringen und gegen Leipzig vordrang; noch leichter, ohne Zweifel, wenn der Tag bei Kolin den Preußen einen glänzenden Sieg, nicht eine Niederlage gebracht hätte. — Auch wenn Soubise nach Thüringen vordrang, konnte der König von Preußen — Sieger bei Kolin — vermöge eines raschen Hin- und Herbewegens seiner Streitkräfte, wie er es im Lauf dieses Krieges öfter ausgeführt hat, sowohl die Franzosen an der Saale gründlich zurückweisen, als auch zeitig genug wieder zurück sein, um sich im Besitz von Böhmen zu behaupten.

Doch aller Wahrscheinlichkeit nach wagte sich Soubise gar nicht nach Thüringen und Sachsen, wenn die Oesterreicher bei Kolin besiegt waren. Er wurde dann wohl zu unmittelbarer Hülfe nach Böhmen oder an die Donau gerufen — ob er kam, ist fraglich — that er es aber, dann wurde die Aufgabe, sich in Böhmen zu behaupten, für den König

Friedrich um sehr viel leichter als wenn er den einen seiner Gegner an der Saale und den anderen an der Donau aufsuchen mußte. Er hatte sich dann jedenfalls auf viel kürzeren Linien zu bewegen. Stets bereit, die Entscheidung auf die Spitze des Schwertes zu stellen, ließ er sich in dem vorausgesetzten Fall ganz gewiß nicht durch bloße Manöver aus Böhmen vertreiben. Vereinigte sich aber Soubise, wie gewiß von Wien aus verlangt wurde, unmittelbar mit den Oesterreichern — ließen dann er und Daun und der Kabinetsrath der Kaiserin es auf eine Schlacht ankommen, dann hing das Weitere von dem Erfolg dieser Schlacht ab — die Friedrich der Große wohl nicht zu fürchten brauchte.

Der Rückzug aus Böhmen.

Die Würfel waren anders gefallen. Der König von Preußen war bei Kolin besiegt. Es war ein gewaltiger Umschwung der Dinge, der wohl den Muth auch eines entschlossenen Mannes brechen konnte. — Die Hoffnung, seinen Hauptfeind entwaffnen und siegreich zum Frieden zwingen zu können, war auf immer dahin. Friedrich sah sich unwiederbringlich in eine Defensive zurückgeworfen, die nur zu sehr das Ansehen einer hoffnungslosen hatte. Der unbedeutenden Feinde — als da waren das heilige römische Reich deutscher Nation, die vormals berühmte Krone Schweden, und das Haus Kursachsen — gar nicht zu gedenken, sah sich Friedrich zwischen drei Gegner eingeklemmt, deren jeder ihm für sich allein an materiellen Mitteln gar gewaltig überlegen war, von denen zwei, was den Sitz ihrer Macht, ihrer Hülfsquellen betrifft, so ganz und gar außerhalb alles für ihn räumlich Erreichbaren lagen, daß er sie eben nur abwehren, niemals an einen Rückschlag denken konnte, der ihren Haushalt gestört, ihnen das Ungemach des Krieges daheim fühlbar gemacht hätte. Da Oesterreich fortan bei dem Kriege wenig zu wagen schien, Rußland sicher war, ganz unberührt zu bleiben, und auch Frankreich mit derselben Sicherheit darauf rechnen konnte, im eigenen europäischen Lande nicht in irgend ernstlicher Weise angetastet zu werden, während es sich für Preußen um sein politisches Dasein handelte, war der Einsatz der verschiedenen Parteien bei dem fortgesetzten ernsten Würfelspiel ein gar sehr verschiedener geworden. Preußens Gegner wagten theils wenig, theils gar nichts, und konnten sämmtlich viel gewinnen; für Preußen gab es nur Wagniß und Gefahr in dem anscheinend hoffnungslosen Kampf. In Aussicht stand nach den gewöhnlichen Regeln einer Wahrscheinlichkeits= rechnung unter solchen Bedingungen nichts als eine fortschreitende Er= schöpfung der Kräfte, der Mittel und des Widerstands, Beschränkung auf einen immer engeren Raum, und am Ende ein, wenn auch rühmliches, doch unendlich peinvolles Unterliegen!

Friedrich II. mußte den Schlag schmerzlicher, tiefer empfinden wie jeder Andere, nicht nur weil das Schicksal ihm die Führung des Kampfes auferlegte, weil die Verantwortung für den Erfolg auf ihm lastete, sondern auch und mehr noch, weil er die Lage, wie sie nun geworden war, mit umfassenderem Blick und tiefer eingehendem Verständniß übersah, wie irgend jemand sonst. Er sah, was dem beschränkteren Blick seiner Brüder ganz entging, nämlich daß eine Versöhnung mit den Gegnern nur dann möglich wurde, wenn er schließlich Sieger blieb. — Wie tief und ernst, wie leidenschaftlich er das Unglück dieser Lage empfand, das ergiebt sich aus vielen seiner Briefe, namentlich aus denen an seine Schwester, die Markgräfin von Bayreuth und an den Marquis d'Argens, dem er unbedingt vertrauen durfte. Und wenn man sich nun vergegenwärtigt, daß er fast fünf Jahre lang in dieser Lage gelebt und gekämpft hat, immer am Rande des Abgrunds, in den seine Gegner ihn stürzen konnten, wenn sie die Mittel der Macht, die ihnen thatsächlich zu Ge= bote standen, vollständig aufboten und mit großartiger Energie zu ver= wenden wußten; daß er das Bewußtsein dieser Lage fünf Jahre lang zu ertragen vermochte, ohne zusammen zu brechen, daß er dabei immer in heroischer Besonnenheit und Fassung Herr seiner selbst blieb, sich weder durch Glück noch durch Unglück zu verwegenem Beginnen hinreißen ließ, nie den Muth verlor und höchstens auf Augenblicke einem überwältigenden Gefühl zu erliegen schien, so müssen wir darin eine nachhaltige Energie und Großartigkeit des Charakters anerkennen, wie sie die Welt nur selten erlebt hat. Die Vorstellung, die wir uns davon machen müssen, wächst gleichsam in dem Maße, wie wir die Erscheinung vollständiger über= denken. Die Länge der Zeit, durch welche die Krisis sich ohne Abschluß hinzog, ist, was hier vor allem schwer in das Gewicht fiel. Man begreift kaum, wie Geist und Körper eines Menschen so lange Zeit über einen solchen Zustand der Spannung ertragen konnten.

Es wäre natürlich, wenn König Friedrich das Unglück bei Kolin schwerer empfunden hätte als jedes spätere, denn die späteren schufen eben nur vermehrte Schwierigkeiten auf einer Bahn, die sich zu der Zeit im Allgemeinen von selbst verstand, während Kolin seine Pläne, seine Hoffnungen auf eine glückliche Lösung der Aufgabe zerstörte, die ihm die europäische Politik gestellt hatte und ihn in jene Bahnen ohne sichtbaren Ausgang verwies. Und außerdem war Friedrich bis zur Zeit vom Glück verwöhnt worden. Er hatte noch nie eine Schlacht verloren, und es ließe sich wohl erklären, wenn er nie recht ernstlich gedacht hätte, daß er eine verlieren könnte.

Auch erzählt Graf Henckel, daß der König den Tag nach der Schlacht (am 19. Juni) um 3 Uhr Nachmittags in einem kläglichen Zustand bei dem Heer vor Prag eingetroffen sei. „Welch schmerzliches Schauspiel", berichtet er, „bot sich unseren Blicken dar, als wir den von Schmerz und Kummer gebeugt ankommen sahen, der sich noch vor wenigen Tagen für den Eroberer der Welt gehalten hatte." — Der König sei ganz unfähig gewesen, irgend welche Maßregeln zu treffen, irgend etwas anzuordnen, und habe alles dem (damals noch ziemlich unerfahrenen) Prinzen Heinrich überlassen müssen. Doch ist das Bild, das er in solcher Weise entwirft, wohl nicht ganz frei von Uebertreibung. Fügt er doch selbst gleich hinzu, daß der König, der 36 Stunden auf demselben Pferde gesessen hatte, obgleich er „sich vor Ermattung kaum noch darauf erhalten konnte", sich doch „zu einer guten Haltung zwang." Und in den Briefen, die König Friedrich am 20. Juni, also wenige Stunden nach jenem anstrengenden Ritt von 36 Stunden an den Prinzen Moritz von Dessau und an den König von England richtete, zeigt er sich keineswegs so vollständig gebrochen, als er uns hier geschildert wird.

Dem Prinzen Moritz schreibt der König eben am 20. — das Datum darf nicht übersehen werden —: „Bei unserem Unglück muß unsere gute Haltung die Sache so viel als möglich wiederherstellen. Das Herz ist mir zerrissen; allein ich bin nicht niedergeschlagen und werde bei der ersten Gelegenheit diese Scharte wieder auszuwetzen suchen." — Ganz in demselben Geist meldet Friedrich II. an demselben Tage dem Könige

8*

von England, daß die verlorene Schlacht ihn zwinge, die Einschließung von Prag aufzuheben und es ihm für den Augenblick unmöglich mache, Truppen zur Vertheidigung der hannoverschen Lande zu entsenden; dann fügt er hinzu: „Je travaille incessament à réparer mes pertes et à me mettre en état de réparer cet échec. — — — J'espère dans quelque temps pouvoir lui mander des nouvelles plus agréables. Il n'y a rien de désespéré; — — — Il ne me faut que quelque temps pour remettre les troupes, après quoi j'espère trouver des moyens pour réparer notre échec."

Berenhorst, der doch auch nicht zu den Freunden des Königs gehört, äußert, man hätte eigentlich erwarten müssen, daß die Preußen durch die erste Niederlage, die sie erlitten, weit mehr entmuthigt sein würden, als wirklich der Fall war, und berichtet im Zusammenhang mit dieser Bemerkung: „Ein paar Tage nach dem Treffen bei Kolin war es der König am allerwenigsten vom ganzen Heere; vielmehr geht hier das wahrhaft Heldenmäßige seines Betragens recht an."

Daß ein großer Theil der preußischen Generale Fassung und Haltung bei weitem mehr verloren hatte als der König, geht denn auch wirklich aus manchen Einzelnheiten hervor. Sie waren schon in der Nacht vor der Ankunft des Königs, als ein Flügeladjutant, der Schotte Grant, die Botschaft von der verlorenen Schlacht in das Lager vor Prag brachte, gar sehr erschrocken. Graf Henckel hat zu berichten: „Unsere Generale waren in der größten Unruhe. Man leitete den Rückzug ein, ohne zu wissen, wann und wie derselbe stattfinden sollte. Der Prinz Ferdinand von Braunschweig war so niedergeschlagen von dem Unglück, das uns getroffen hatte, daß er zu allem unfähig war." — Und Retzow erzählt: „Ich" — was hier vielleicht sagen will: mein Vater — „ich befand mich gerade im Hauptquartier des Feldmarschalls Keith, als die erste Nachricht von der verlorenen Schlacht und deren Umständen daselbst eintraf. Ich war Zeuge von der außerordentlichen Bestürzung der sämmtlichen dort versammelten Feldherren. Sie, sonst so stolz auf ihren Muth und auf die Disziplin ihrer Untergebenen, konnten ihre Empfindungen kaum verhehlen. Eine Stille von einigen Minuten war das sichere Kennzeichen der äußersten Niedergeschlagenheit; nur der sonst so sanftmüthige Prinz von Preußen brach jetzt in ein lautes Wehklagen über das Benehmen seines königlichen Bruders aus. Ein Vorwurf, der — so gerecht er auch an sich war —

ihm in der Folge das unverdiente Unglück zuzog, welches seinen frühen Tod beförderte."

Hier ist auch bereits der Ton angeschlagen, der kann fort und fort aus dem Lager der uns bereits bekannten Kunstrichter, gleichsam im Chor gesungen, erschallte. Das Leid um die verlorene Schlacht selbst und das drohende Unglück verschwand in diesem Kreise gleichsam unter dem Lärmen der leidenschaftlichen Anklagen, die gegen den König erhoben wurden. In dem Tagebuch des Grafen Henckel, dem treuen Echo dieses Kreises, glaubt man hin und wieder sogar eine Art von ingrimmiger Befriedigung wahrzunehmen, daß die Dinge nun so gekommen waren, wie man immer vorhergesehen und vorausgesagt hatte. Man hatte es ja immer gesagt, wohin das thörichte Beginnen, eine feindliche Armee gefangen zu nehmen führen mußte. „Se. Majestät hatten ja alles Mögliche gethan, um bei Prag, wie im Jahre 1744, Ihren Ruhm abermals zu verlieren." — Man erwog, wie das thörichte Bataillren die Bataillone gelichtet habe. Es gab deren, die nur 300 Mann zählten. „Dahin ist es mit dieser schönen und unvergleichlichen Armee gekommen, denn man hat die Kunst entdeckt, in sechs Wochen das Werk von dreißig Jahren und die sicherste Stütze von Preußens Größe zu zerstören. Andere Heerführer haben wohl auch den Ruin ihrer Armeen gesehen, aber erst nach langer Kriegsdauer, wir sind dagegen zu Anfang des Krieges schon dahin gelangt und sollen doch noch ganz Europa die Spitze bieten." (B. A. Graf Henckel, Militärischer Nachlaß 1, 2, 244.) — „Der König sowie die ganze königliche Familie sehen auch recht wohl ein, daß dieser übel erdachte und schlecht ausgeführte Feldzug unmöglich ein gutes Ende nehmen kann." So urtheilte, wenn auch nicht der König, doch ohne Zweifel die Familie.

In den Aeußerungen des Prinzen Heinrich zeigt sich dieser leidenschaftliche Tadel sogar mit einer Ironie, mit einer Art von Schadenfreude gepaart, der man überrascht, wie einem Unbegreiflichen, gegenübersteht. So schrieb dieser Prinz seiner Schwester, der Prinzessin Amalie: „Enfin Phaëton est tombé, et nous ne savons ce que nous deviendrons. La journée du 18 sera à jamais funeste au Brandebourg. Phaëton a eu soin de sa personne, et s'est retiré avant que la perte de la bataille fût entièrement décidée."

Der König suchte um diese Zeit ermuthigende Theilnahme eben bei diesem Bruder Heinrich. Das konnte natürlich nicht gelingen; ihrer beider Seelen waren auf einen zu verschiedenen Ton gestimmt; der Prinz war keine heroische Natur. „Der König war", erzählt Henckel, — am 23. Juni — „immer noch sehr niedergeschlagen. — — Er war gegen früher nicht wiederzuerkennen. Der Mensch trat immer mehr hervor und der Held verschwand. Er hatte sich geschmeichelt, daß ein schneller, dem Hause Oesterreich verderblicher Erfolg seiner Waffen ihm den Frieden bringen würde. Die Binde war von seinen Augen gefallen, der Zauber gebrochen. — — Se. Majestät hatten die Meinung des Prinzen Heinrich in dieser kritischen Lage verlangt."

Und welchen erhebenden Trost und Rath hatte der Prinz ihm zu bieten? „Derselbe ergriff diese Gelegenheit, um ihm zu zeigen, daß für ihn nur Heil in einer Allianz mit Frankreich zu finden sei, daß er sich blindlings (!) diesem in die Arme werfen müsse und nicht zögern dürfe, weil kein Augenblick zu verlieren sei."

Das, solche demüthige Ergebung, nach einem ersten Unfall im Felde! — Weiter reichte der Heroismus des Prinzen Heinrich nicht. Auf was für eine Aufnahme der König von Preußen gefaßt sein, was für Bedingungen er erwarten mußte, wenn er sich „blindlings" der Frau v. Pompadour zu Füßen warf und sein und seines Reiches Schicksal „blindlings" von ihrer Gnade abhängig machte, das scheint der Prinz nur sehr oberflächlich überdacht zu haben. Der sehr naheliegende und einfache Gedanke, daß man jedenfalls das Ansehen der preußischen Waffen durch eine siegreiche That herstellen müsse, ehe man sich zu einem solchen Schritt entschloß, blieb diesem befangenen Geist gänzlich fremd.

Einige Monate später, als die Dinge eine noch schlimmere Wendung zu nehmen drohten (zu Anfang Oktober), rieth der Prinz dem König, der seiner Schilderung nach der Verzweiflung nahe war, in der humansten Weise, Schlesien abzutreten. Es sei kein Grund, die Sache auf das Aeußerste zu treiben; der König sei „ja auch nicht der erste Fürst, welcher sich gezwungen sähe, eine Provinz abzutreten. Er bekenne, daß seine (des Königs) Lage eine schreckliche sei, er brauche ja aber nur ein kleines Opfer zu bringen, um sich derselben zu entziehen. Die Standhaftigkeit im Unglück bestände ja nicht darin, eine verlorene Partie halten zu wollen, sondern darin, sich der geeignetsten Mittel zu bedienen, dem völligen Ruin vorzubeugen."

Keine Ahnung hatte der Prinz davon, was es bedeute, in dem Augenblick, unter den damaligen Umständen, Schlesien aufzugeben, keine Ahnung davon, daß Preußens Weltrolle, Preußens geschichtliche Mission als Vertreter des protestantischen Prinzips und aller kulturgeschichtlichen, aller deutsch-nationalen Interessen, die auf ihm beruhen, durch ein solches kleinmüthiges Zurückweichen in dem Augenblick aufgegeben und verloren war, einmal und für immer. Doch das könnte hingehen und ließe sich erklären, denn die Bildung der Zeit wußte überhaupt nichts von einer weltgeschichtlichen Mission, die irgend ein Staat haben könnte, und der Prinz war nicht verpflichtet, höher zu stehen als seine Zeit. Er sah nichts als einen gesteigerten oder verminderten Glanz seines Hauses. Als etwas naiv befremdet dagegen, daß er glaubte, die Sache könne unter den damaligen Bedingungen mit dem Verzicht auf Schlesien abgemacht werden, während man doch wußte, daß die Kaiserin von Rußland sich überall in Ostpreußen, wo ihre Truppen hinkamen, den Unterthaneneid leisten ließ, Frankreich die preußischen Rheinlande für seine Verbündeten in Anspruch nahm, auch Schweden auf Gewinn rechnete und sogar Graf Brühl noch fünf Jahre später, als zu Hubertsburg unterhandelt wurde, meinte, man werde doch nicht Frieden schließen wollen, ohne eine „billige Entschädigung" für Kursachsen auszubedingen.

Prinz Heinrich sah, wie es scheint, von allen diesen Dingen nichts und jedenfalls in der Festigkeit seines Bruders nur einen thörichten Eigensinn.

———

Eben weil Friedrich II. nicht in den Ansichten seiner Zeit befangen war, alle Möglichkeiten der Kriegführung von einem höheren Standpunkt übersah, wußte er, wie gesagt, besser als irgend einer seiner Zeitgenossen zu ermessen, wie wenig Hoffnung ihm blieb, wenn die weit überlegenen Feinde die Gesammtheit ihrer wirklichen — theilweise latenten — Macht gegen ihn aufboten und mit der Energie der Leidenschaft verwendeten. Das durfte nicht veranlaßt werden. Es lag fortan vor allem in seinem Interesse, daß die Leidenschaftlichkeit, die Intensität der Kriegführung sich nicht steigerte, daß sie sich im Allgemeinen innerhalb der Grenzen hielt,

die ihr die jüngste Vergangenheit seit den Tagen Ludwigs XIV. ge=
zogen hatte, und in den Bahnen blieb, die immerhin nur zu langsamen
und mäßigen Erfolgen führen konnten. Da das Ziel verfehlt war, zu
dem eine großartiger und kühner angelegte Kriegführung ihn hatte führen
sollen, da es für ihn nicht mehr einen entscheidend raschen Erfolg zu
erkämpfen gab, lenkte er selbst in die Art der Kriegführung ein,
die der Zeit geläufig war — so gebot jetzt sein Interesse. Er lenkte
in diese Bahnen, aber immer jedoch mit dem Vorbehalt, sich darüber zu
erheben, so oft es nothwendig wurde, durch energische Schläge, wenn sich
die Gelegenheit dazu bot, das moralische Uebergewicht über seine Gegner,
dessen er in seiner Lage unbedingt und vor allem bedurfte, zu behaupten
oder wiederzugewinnen — oder auch den einen oder den anderen seiner
zahlreichen Gegner durch eine Vernichtungsschlacht wenigstens auf eine
verhältnißmäßig lange Zeit, auf einen ganzen Feldzug, zu beseitigen.

Eben dieses Vorbehalts wegen waren die strengen Richter, welche
die Umgebung des Prinzen Heinrich bildeten, auch während dieser
zweiten, längeren Periode des Krieges nicht besser mit dem König zu=
frieden, als während der ersten; sie fanden, er wolle immer noch zu viel
bataillieren, anstatt sein Heil in behutsamem Manövriren zu suchen; er
verfahre nicht methodisch, er verhalte sich nicht passiv genug. Vielleicht
hätte man sich beschieden, von dem König zu lernen, anstatt ihn meistern
zu wollen, wenn nicht eine eigenthümliche Verstimmung maßgebend ge=
worden wäre, die wohl darin ihren Grund haben mochte, daß Friedrichs
Brüder sich nicht des Einflusses erfreuten, der ihnen zukam, wie sie
meinten.

Zunächst theilte der König, indem er die Einschließung von Prag
aufhob, sein Heer in zwei ungefähr gleich starke Hälften, von denen die
eine Sachsen, die andere die Lausitz und Schlesien decken und dem Feinde
die Wege dorthin so lange als möglich versperren sollte. Einem unter=
nehmenderen Feinde gegenüber, der nicht unbedingt in die Methodik der
Zeit verloren gewesen wäre, hätte diese Theilung des Heeres den Preußen
unstreitig sehr theuer zu stehen kommen können — aber der König be=
rechnete wohl seine Maßregeln nicht nach dem möglichen Benehmen eines
idealen Feindes, sondern nach dem, was der wirkliche Feind, den er vor
sich hatte, wahrscheinlich thun werde. Er wollte sich so lange als möglich
in Böhmen behaupten und konnte dazu gar mancherlei sehr gute Gründe

haben. Clausewitz hebt mit Recht hervor, daß es für ihn von Wichtigkeit sein mußte, dem Feinde gegenüber mit „Keckheit" die Haltung eines nicht Besiegten zu behaupten. Der König selbst führt an, daß Leitmeritz das große Depot der Armee gewesen sei während der Einschließung von Prag, daß sich dort das Hauptmagazin und die Hospitäler befunden hätten und daß man sich an der Elbe in Böhmen habe behaupten müssen, bis alle Vorräthe, alle Kranken und Verwundeten, zum Theil auf der Elbe, nach Sachsen zurückgeschafft wären. Das konnte nicht vor dem 20. Juli geschehen sein. Der König suchte sich dann aber auch noch viele Wochen über diesen Termin hinaus in Böhmen zu behaupten, und es scheint, daß die Gründe, die er dazu haben mochte, sich wohl errathen lassen. Je länger das preußische Heer sich in Feindesland behauptete, desto weniger Zeit blieb dem Feinde — bis zum Schluß des Feldzugs — zu Operationen, zu Belagerungen in Sachsen und in Schlesien, desto leichter wurde es, einen nachhaltigen Erfolg dieser Operationen zu vereiteln. Fällt doch überhaupt schon an sich alle Zeit, die im Laufe eines Feldzugs ohne namhafte Ereignisse dahingeht, stets zu Gunsten der Vertheidigung in das Gewicht. Sie ist für die Vertheidigung gewonnene, für den Angriff immerdar verlorene Zeit.

Endlich war es, bei der damaligen Armuth der Staaten, namentlich der deutschen, auch von einer ökonomischen Wichtigkeit, die wir heutzutage Mühe haben uns zu vergegenwärtigen, sich so lange als möglich in Feindes Land zu halten, und (theilweise) „auf Kosten des Feindes zu leben." — Der Soldat erhielt zwar sein Brot aus Magazinen und der „Bäckerei", die nicht allzu fern im Rücken des Heeres eingerichtet wurde, und es wurde angenommen, daß er sich alles, was er sonst noch bedurfte, von seinem kärglichen Sold, für baares Geld anschaffe, weshalb denn gute Mannszucht gehalten werden sollte, damit die Landleute den Markt im Lager gehörig besuchten und versorgten. Aber man würde sehr irren, wenn man glauben wollte, daß durch diese Verpflegungsweise das Land — der unmittelbare Kriegsschauplatz — sonderlich geschont worden sei. Die „Fouragirungen", die in der damaligen Kriegsgeschichte eine große Rolle spielen, wurden bei der Langsamkeit, mit der die Operationen vorschritten, dem Lande nicht selten verderblicher als die heutigen Requisitionen. Der Hafer wurde der Armee zwar auch aus Magazinen geliefert, das sogenannte „Rauchfutter" jedoch mußte man sich an Ort und Stelle verschaffen, innerhalb des Bereichs, den man von der Stellung des Heeres aus gehörig schützen konnte. Fand man nun im Sommer die Heuvorräthe in den Dörfern erschöpft, dann wurde „grün fouragirt", d. h. es wurde nicht nur das Gras auf den Wiesen abgemäht, sondern auch die grüne Saat auf den Aeckern, um als Heu verfüttert zu werden. Es kam auch vor, daß, wenn kein Stroh mehr aufzutreiben war, die reifenden Ernten auf den Feldern abgemäht wurden, um als Lagerstroh verwendet zu werden. Jede einzelne Verwüstung solcher Art bedeutete damals sehr viel mehr als gegenwärtig; sie machte sich bei weitem mehr bemerkbar in der Geringfügigkeit der Mittel, die überhaupt den Nationen und den Regierungen zu Gebote standen.

Die beiden Hälften der preußischen Armee waren an Zahl einander ungefähr gleich — nicht an Gehalt und Werth! Die eine, die, bei Brandeis zusammengezogen, die Lausitz decken und die Verbindung mit Schlesien erhalten sollte, bestand zum Theil aus den Regimentern, die bei Kolin unglücklich gefochten hatten; nur eine Anzahl noch unbesiegter Bataillone war von der Einschließung von Prag her dazu gestoßen. Die andere Hälfte, die sich langsam nach Leitmeritz zurückbewegte, war aus Truppen gebildet, die theils bei Prag gesiegt, theils, zu dem Heertheil gehörig, mit dem der F. M. Keith die Kleinseite von Prag beobachtete, noch gar nicht gefochten hatten. Den Befehl über diese Armee übernahm der König selbst, aus demselben Grunde, aus dem er sie in solcher Weise zusammengesetzt hatte — nämlich weil er glaubte, daß die österreichische Hauptmacht sich hierher wenden werde, um in Sachsen einzudringen, mit der französischen Armee unter dem Prinzen von Soubise und mit der Reichsarmee in Verbindung zu kommen, Dresden zu erobern und Torgau, vielleicht Magdeburg zu belagern, und die brandenburgischen Marken zu gefährden.

Obgleich der französische Hof zu Wien beständig darauf dringen ließ, daß vor allem der Vater der Dauphine, der Kurfürst von Sachsen, so bald als möglich in seine Staaten zurückgeführt werde, geschah doch von allem, was König Friedrich erwartete, das gerade Gegentheil. Nur Graf Nadasdy und einige Parteigänger, unter denen sich Laudon auszeichnete, wurden gegen ihn entsendet. Die Hauptmacht der Oesterreicher, über die nun wieder der Herzog Karl von Lothringen den Befehl führte, wendete sich gegen die zweite preußische Armee, suchte deren linken Flügel zu bedrohen, ihr die Verbindung mit Schlesien abzuschneiden und sie nach der Lausitz zurückzudrängen. Der Kanzler Kaunitz äußerte sich zwar gegen die Bevollmächtigten Frankreichs, als ob damit ein Plan verbunden sei, von der Lausitz aus mit der Hauptmacht — die jedoch „keiner Gefahr" ausgesetzt werden sollte, nach Sachsen vorzudringen, während eine zweite Armee „ein paar Festungen" in Schlesien eroberte um sich dort auf diese Weise Winterquartiere zu erobern. Das alles lautet aber doch sehr unbestimmt, und es bleibt zweifelhaft, ob die österreichische Generalität zu der Zeit irgend einen Operationsplan ernstlich und präzis gedacht im Sinne hatte, der über das allernächste Ziel, nämlich die Preußen aus Böhmen hinaus zu manövriren, hinweg gereicht hätte. Der Herzog Karl von Lothringen lebte mit seinem vornehmsten Untergebenen, dem F. M. Daun, in so schlechtem Vernehmen, die Spaltungen, die darüber in der Generalität entstanden, wurden so leidenschaftlich, daß ein wirklicher, ein größeres Gebiet in Zeit und Raum umfassender Operationsplan wohl kaum festgestellt worden sein kann. Kaum daß man sich darüber zu verständigen wußte, was von einem Tage zum anderen geschehen sollte.

Auf Seiten Preußens hatte man, in dem Maße, wie das anfängliche moralische Uebergewicht verloren ging, einige Unterlassungssünden zu bereuen. Man hatte sich zu ausschließlich auf die Solidität der preußischen Infanterie verlassen, der Artillerie und den Fortschritten, welche die österreichische unter der Leitung des Fürsten Wentzel Liechtenstein gemacht hatte, nicht vor dem Ausbruch des Krieges die gebührende Aufmerksamkeit zugewendet und nicht an die Nothwendigkeit gedacht, eine leichte Infanterie in angemessener Zahl zu bilden, obgleich man sich aus den früheren Feldzügen her wohl hätte erinnern können, wie sehr man ihrer gerade in einem Krieg gegen Oesterreich bedurfte. Wenige in der Eile zusammengebrachte Freibataillone genügten natürlich den zahlreichen Kroatenschwärmen der Oesterreicher gegenüber nicht. Das machte sich gar sehr fühlbar; die beiden preußischen Armeen waren in Böhmen niemals mehr als 8 bis 10 Meilen von einander entfernt und doch, da Kroatenschwärme sich zwischen beiden einnisteten, eigentlich ganz außer aller Verbindung. Nur hin und wieder gelang es einem Boten, sich durchzuschleichen; eine einheitliche Leitung, die irgend in das Einzelne gegangen wäre, wurde unmöglich.

Der Prinz Moritz von Dessau war gleichsam zufällig Befehls= haber der bei Brandeis versammelten Armee geworden; er war unter den Generalen, die sich von Kolin her bei diesen Truppen befanden, der höchste im Range. Der König rief ihn aber sehr bald ab, weil er diesen sehr tapferen, aber in Geist und Bildung beschränkten Mann nicht für fähig hielt, ein Heer zu führen. Durch stets wiederholtes, dringendes Begehren ließ König Friedrich sich bewegen, dem ältesten seiner Brüder, dem schönen und liebenswürdigen, in mancher Hinsicht ausgezeichneten und reich begabten Prinzen von Preußen den Befehl anzuvertrauen: das war ein Fehler, den er bald Ursach haben sollte, zu bereuen. Und seltsamerweise beging ihn der König gleichsam wissentlich, denn er wußte seinen Bruder sehr genau zu beurtheilen. „Mon frère a de l'esprit", sagt der König, „des connaissances, le meilleur coeur de l'univers, mais point de réso- lution, beaucoup de timidité et de l'éloignement pour les partis vigoureux." — Und doch erhielt dieser Prinz den Kommandostab? — Die Zeiten waren doch wahrlich nicht dazu angethan, lediglich nach persön= lichen Rücksichten zu handeln! — Freilich gab ihm der König den General Winterfeldt mit, in der Hoffnung, er werde sich von diesem leiten lassen — aber das war ein zweiter Mißgriff, denn in Winterfeldt sah der Prinz einen persönlichen Feind. Auch bat sich der Prinz sofort den General Grafen Schmettau auch noch aus, einen feinen Mann, der zu der Coterie des Prinzen Heinrich gehörte, und schon daraus hätte sich ent= nehmen lassen, wie wenig Einfluß Winterfeldt üben, wie wenig Ein= helligkeit im Hauptquartier herrschen würde — und die Erfahrung aller Zeiten lehrt, daß in den Operationen, die von einem vielköpfigen Rath ausgehen, niemals viel Energie und Folgerichtigkeit waltet.

Der Prinz war sehr laut gewesen in dem Tadel, dessen Gegenstand für ihn die Politik und Strategie seines königlichen Bruders war; nun war es an ihm, zu zeigen, was er selber konnte, und man muß gestehen, daß er die Probe sehr schlecht bestanden hat!

Der König hatte ihm mündlich zur Pflicht gemacht, sich nicht die Verbindung mit Schlesien und den möglichen Rückzug dorthin sperren zu lassen; der Prinz ließ sich schließlich, als er im Lager bei Leipa stand, nicht nur von Schlesien, sondern auch von der Lausitz abschneiden. Die österreichische Armee lagerte sich (14. Juli früh) bei Niemes, in der Flanke der Preußen, näher fast als diese selbst dem wichtigen Verbindungsposten

Gabel, auf dem einzigen brauchbaren Wege nach dem Hauptmagazin zu
Zittau, aus dem die preußische Armee verpflegt wurde, und nach der
Lausitz überhaupt. Das erfuhr der Prinz von Preußen angeblich nicht
rechtzeitig; — aber er wußte doch jedenfalls gar wohl, daß leichte Truppen
der Oesterreicher in Menge schon seit einigen Tagen die Verbindung mit
Gabel sehr unsicher machten und Gabel selbst bedrohten, that jedoch
nichts, um diesen wichtigen Ort zu decken oder sicher zu stellen. Er
wollte zwar am 13. ein „ansehnliches Korps" dorthin entsenden — un=
glücklicherweise verlangte der König eine Entsendung nach Tetschen — die
sich als unnütz erwies — der Prinz glaubte der Forderung entsprechen
zu müssen und infolge dessen nichts von seinen Truppen für Gabel ent=
behren zu können. Am 14. Juli früh traf die österreichische Hauptarmee
bei Niemes ein, am Abend desselben Tages eroberte ein entsendeter Heer=
theil Gabel, machte dort ein paar preußische Bataillone zu Gefangenen und
verhinderte die Zufuhr, die im preußischen Lager sehnlich erwartet wurde. —
Aus dem preußischen Lager bei Böhmisch=Leipa waren nämlich an diesem
Tage zwei Bataillone unter dem General Puttkamer ausgerückt, um die
Brotwagen zu decken, die leer nach Zittau gehen und Mehl von dort herbei=
bringen sollten. Puttkamer meldete zurück, er sei auf den Feind gestoßen
und werde aufgehalten. Der Prinz ließ sogleich den General Lestwitz mit
drei Bataillonen und einem Dragoner=Regiment aufbrechen. Der sollte
suchen, „das Convoy zu befreien und ihm so lange folgen, bis er sehe,
daß die Tete davon das letzte Defilee von (vor?) Gabel passirt habe."
An Gabel selbst dachte der Prinz nicht. Als diese Truppen erschienen,
ließen die österreichischen leichten Truppen ab von ihrem Angriff auf den
Wagenzug und wichen. Lestwitz kehrte um, ohne so weit vorgegangen
zu sein, als ihm vorgeschrieben war, und brachte die beruhigende Nachricht
zurück, daß der Convoi seinen Weg ruhig fortgesetzt hätte. Der Prinz
war damit zufrieden. Gegen Abend, zwischen 5 und 6 Uhr, hörte man
in der Stellung bei Leipa das Geschütz= und Gewehrfeuer des Gefechts
bei Gabel, wo Puttkamer der Gefangenschaft verfiel. Natürlich hörte
man den Wiederhall nicht ohne bange Ahnungen und Zweifel, man wußte
auch, um was es sich handelte, denn „kurz darauf", wie der Prinz sagt,
trafen mehrere hundert Husaren auf Umwegen von Gabel her ein und
berichteten, daß der Ort angegriffen sei. Man war „sehr beunruhigt",
aber man that nichts, obgleich man noch ein paar Stunden Tageslicht

vor sich hatte, Winterfeldt von seiner Expedition soeben wieder eingetroffen war, schon ein rascher Angriff auf das nächste vom Feinde besetzte Defilee auf der Straße nach Gabel wohl wenigstens als Diversion nicht ganz ohne Wirkung geblieben wäre, und wahrscheinlich zu einem weiteren Erfolg geführt hätte. Aber der Prinz hörte, wie Westphal, der Vertraute des Herzogs Ferdinand, berichtet, verschiedene, einander widersprechende Meinungen und „ward zu Leipa durch allerhand Räsonnements zurückgehalten."

Wie gewöhnlich, wenn man sich nicht zu einer That zu ermannen weiß, wurde am Abend ein Kriegsrath zusammen berufen, dem beizuwohnen Winterfeldt sich weigerte. Die Gründe, die hier für und wider die verschiedenen Möglichkeiten angeführt wurden, scheinen zu beweisen, daß man sich da nicht zu einer sehr großen Höhe der Anschauungen erhob — was ja auch überall in einem Kriegsrath nur selten vorkömmt. Es blieben, berichtet der Prinz selbst in seiner Rechtfertigungsschrift, nur drei Möglichkeiten:

„1) Gabel zu soutenieren, indem wir mit der ganzen Armee hinmarschiren."

„Dieses war vernünftigerweise unmöglich, weil man während dem Marsch dem Feinde die Flanke geben und durch Defilees passiren mußte, welche er besetzt hatte, und hernach mit 25 000 Mann 80 000 attaquiren."

„2) Nach Leitmeritz marschiren, um sich mit dem König zu konjungiren."

„Wir verließen alsdann Zittau mit dem Magazin und der Garnison."

„3) Den Weg über Kamnitz und Rumburg nach Zittau zu nehmen."

„Dieses war die Entschließung, welche vor die einzige erkannt, so möglich zu nehmen sei, um die Armee und vielleicht gar noch Zittau zu retten."

Man glaubte, daß Gabel sich noch halte, und beschloß, es seinem Schicksal zu überlassen! Etwas auffallend ist auch, daß man den Marsch nach Leitmeritz nur deshalb verwirft, weil dadurch das Magazin in Zittau bloßgestellt würde, daß nicht hinzugefügt wird, auch die Verbindung mit Schlesien wäre dadurch aufgegeben worden, die Lausitz, der Weg nach der Kurmark, nach Berlin, dem Feinde preisgegeben. — Der strategische Horizont war nicht sehr weit gezogen. Auch in seinen Briefen an den König mißt der Prinz von Preußen den österreichischen Feldherren immer nur Absichten auf das Magazin in Zittau bei und keine weitergehenden.

Der beschlossene Marsch konnte aber nicht einmal sofort angetreten werden, wie doch geschehen mußte, wenn die Armee und „vielleicht sogar" Zittau gerettet werden sollte. Das Brot, dessen man unterwegs bedurfte, mußte erst fertig gebacken werden. Der Prinz hoffte, am 16. Juli marschiren zu können — aber die Bagage mußte vorangeschickt werden, unmittelbar nach dem Vortrab unter Schmettau, der sich am 16. Abends in Bewegung gesetzt hatte, und sie war erst am Abend des 17. vollständig abgefahren. Daß man die Bagage aufopfern könnte, obgleich es sich, wie man meinte, darum handelte, die Armee zu retten — dieser Gedanke scheint gar nicht zur Sprache gekommen zu sein. Und doch ging diese Bagage, um derentwillen man sich so großen Gefahren aussetzte, so ziemlich vollständig verloren. Theils mußte sie verbrannt werden, theils fiel sie den Kroaten in die Hände; ja man hätte wohl voraussehen können, daß sie auf den schlechten Waldwegen, die man einschlagen mußte, nicht über das Gebirge zu bringen sein werde. Erst am 18. konnte das Heer des Prinzen aufbrechen.

Gar merkwürdig ist das Verhalten der österreichischen Armee während dieser Tage. Es zeigt sich darin, wie kaum in irgend einem anderen Fall, wie sehr Art und Geist der Kriegführung, die dem österreichischen Hauptquartier und in der That der Zeit überhaupt, für die normale galt, mit dem Zweck dieses Krieges im Widerspruch stand. Drei, oder selbst vier Tage lang stand die preußische Armee wie ein bereites Opfer der mehr als doppelt überlegenen österreichischen gegenüber; wurde sie in dem Augenblick von solcher Uebermacht angegriffen, so erlitt sie höchst wahrscheinlich, man darf wohl sagen ohne Zweifel, eine vollständige, vielleicht eine vernichtende Niederlage; die Rathlosigkeit der vielköpfigen Heeresführung, die steigende Entmuthigung der Truppen, die sich, wie immer zu jener Zeit, in einer zunehmenden Desertion zu erkennen gab, ließen kein anderes Ergebniß erwarten.

Aber das österreichische Heer sollte „keiner Gefahr ausgesetzt werden"; seine Feldherren dachten nicht an das Wagniß einer Schlacht, dieses bedenkliche Mittel, seinen Zweck zu erreichen, zu dem kein besonnener Feldherr greift, so lange ihm noch andere zu Gebote stehen. Der Zweck war erreicht, wenn es gelang, den Feind aus Böhmen hinaus zu manövriren, und vielleicht gar noch sich des großen Magazins zu Zittau zu bemächtigen; es galt der Zeit für den Triumph der Kunst, wenn das ohne Schlacht gelang.

Der Marsch des preußischen Heeres durch das unwegsame Gebirge über Kamnitz und Rumburg gestaltete sich viel unheilvoller als der befehlführende Prinz und dessen Rathgeber irgend gedacht hatten. Dieser Marsch konnte nur langsam ausgeführt werden; überall fand das Heer die Pässe durch Verhaue und Kroaten verlegt und mußte sich den Weg durch Gefechte öffnen; nicht allein das Gepäck ging verloren, auch das Brückenmaterial, das dieses Heer mit sich führte, mußte in Trümmer geschlagen werden, damit es dem Feind nicht unversehrt und verwendbar in die Hände fiel; die Truppen erlitten durch immer stärker einreißende Desertion größere Verluste an Mannschaft, als ihnen eine Schlacht zugefügt haben könnte, und langten am Ende in der traurigsten Verfassung, in der traurigsten Entmuthigung in der Lausitz an. Dieser Rückzug hatte einen viel nachtheiligeren Einfluß auf die Haltung der Armee geübt, als selbst die Schlacht bei Kolin.

Seltsam ist auch hier wieder das Benehmen der österreichischen Generale, und selbst durch die zur Zeit herrschenden Ansichten weder zu rechtfertigen, noch selbst zu erklären. Man hatte wohl daran gedacht, den Marsch der preußischen Armee dadurch zu erschweren und aufzuhalten, daß man ihr die Pässe durch Kroaten verlegte, die sich vor die Spitzen ihrer Kolonne in das Gebirge schlichen, nicht aber auch daran, sie energisch auf der Spur verfolgen zu lassen, und doch hätte eine solche Verfolgung wahrscheinlich die furchtbarste Auflösung des preußischen Heeres herbeigeführt. Besonders befremdend aber ist die freiwillige Langsamkeit, mit der sich die österreichische Armee auf der Sehne des Bogens — von Niemes nach Zittau — und auf der gebahnten Straße bewegte, während die preußische den weiten Bogen von Leipa über Kamnitz und Rumburg nach Zittau beschreiben mußte. Niemes ist kaum vier Meilen von Zittau entfernt, Gabel nur drittehalb, und doch fand Schmettau, als er am 19. Juli Abends bei Zittau eintraf, zwar einen österreichischen Vortrab von 15 000 Mann unter dem Herzog von Ahremberg bei diesem Ort auf dem sogenannten Eckartsberg in fester Stellung, das Magazin aber noch unversehrt und die Stadt in preußischen Händen; er konnte noch die Besatzung verstärken. Selbst als der Prinz von Preußen am Abend des 22. Juli vor Zittau anlangte, war wohl die gesammte österreichische Heeresmacht auf dem Eckardsberge eingetroffen, sonst aber nichts verändert. Die Oesterreicher dachten auch jetzt nicht daran, die schwache preußische Armee anzugreifen, die mehrere Tage gehungert hatte, da sie nur bis zum 20. mit Brot versehen gewesen war; sie wußten nichts Besseres, als Zittau durch ein Bombardement in Flammen zu setzen, um das preußische Magazin darin zu verderben. Nur mit Mühe gelang es, einen geringen Betrag von Lebensmitteln für die darbenden preußischen Truppen sowie die Besatzung aus der brennenden Stadt zu retten. Der Prinz von Preußen zog sich darauf erst nach Löbau und später, erst am 27. Juli, nach Bautzen zurück. Die Verbindung mit Schlesien war verloren, die Wege in die Mark standen dem Feinde offen, der bei seiner gewaltigen Ueberlegenheit gar leicht einen Heertheil dorthin hätte entsenden können. Doch zufrieden, wie es scheint, ihren Zweck in kunstgerechter Weise ohne Schlacht erreicht zu haben, thaten die österreichischen Strategen das so wenig, als sie den Prinzen von Preußen weiter drängten.

Der Prinz hat eine Rechtfertigungsschrift hinterlassen, der sein Brief-wechsel mit dem König während dieser unglücklichen Zeit beigelegt ist. Sie ist in neuerer Zeit mehrfach gedruckt erschienen, aber schon lange vorher war ihr Inhalt in Gaudys Tagebuch und aus diesem auch in Retzows Charakteristik übergegangen. Die Rechtfertigung des Prinzen besteht einfach in dem Versuch, nachzuweisen, daß der König selbst an dem lediglich durch seine Befehle herbeigeführten Unglück Schuld sei — ein Satz, den Gaudy und Retzow natürlich viel bestimmter formuliren als der Prinz selbst. Daß der König sich „trotz aller Gefahr" noch längere Zeit in Böhmen behaupten wollte, war, diesen Zeugen zufolge, die alleinige Ursache alles Unheils.

In der Reihe der Briefe aber, die der Prinz mittheilt, scheint einer zu fehlen, und bei nur etwas genauerer Prüfung ergiebt sich, daß die Befehle den Prinzen keineswegs rechtfertigen — und sogar ihr Inhalt ganz und gar nicht dem entspricht, was Gaudy und Retzow davon er= zählen.

Beide berichten nämlich, der Prinz von Preußen sei durch ausdrück= lichen und strengen Befehl des Königs unbedingt an die Stellung bei Böhmisch=Leipa gebunden gewesen und hätte sie nicht verlassen dürfen.

Retzow giebt zu bedenken, daß nur „gemessene Befehle" des

Königs den Prinzen von Preußen in seiner Stellung bei Leipa zurück= gehalten hätten, obschon er die Nothwendigkeit, Zittau zu decken, „mehr= mals" vergeblich vorgestellt habe, und daß nur diese, vom König „vor= sätzlich" veranlaßte Verzögerung den Oesterreichern die Möglichkeit ge= währt habe, das preußische Heer von Zittau abzuschneiden. Dem allen ist aber nicht so. Von Leipa und einem unbedingten Festhalten dort ist weder in den Verhaltungsbefehlen, die der Prinz mündlich erhalten hatte — wie dieser selbst sie mittheilt — noch in den Briefen des Königs die Rede.

Der Prinz war von Neuschloß bei Hirschberg — dem Posten, den ihm der König angewiesen hatte — nach Leipa zurückgegangen, ohne vom Feinde in irgend einer Weise dazu veranlaßt zu sein, in der That ohne eigentlich einen Feind gesehen zu haben. Das wollte der König, wie er schreibt, für diesmal hingehen lassen — zugleich aber verwahrt er sich für die Zukunft gegen dergleichen (unmotivirte) Rückzüge. Wenn der Prinz immer zurückgehen wolle, werde er sich unversehens in Sachsen, oder selbst bei Berlin befinden. Der Boden soll dem Feinde Schritt für Schritt streitig gemacht werden; das war das einzige Mittel, Zeit zu ge= winnen. Der Prinz soll sich namentlich darauf gefaßt machen, einem feindlichen Versuch auf Schlesien entgegen zu treten; — „und richtet Eure Märsche bei Zeiten ein, im Fall Ihr dorthin müsset." Dann macht der König auf Landeshut aufmerksam, als auf einen Posten, der Schlesien decke. (7. Juli.) — In einem Brief vom 8. Juli sagt der König, die Oesterreicher schienen vor der Hand nicht an eine Expedition nach Schlesien zu denken und nur darauf bedacht, die Preußen aus Böhmen hinaus zu drängen. Wenn er, der König, sich nach Sachsen zurückziehen müsse, was innerhalb der nächsten sechs Wochen nothwendig sein werde, soll der Prinz nach der Lausitz weichen. Der König geht von der Ansicht aus, daß es alsdann gerathen sein werde, zunächst gegen die aus Franken und Thüringen heranrückende Reichsarmee und einen mit ihr vereinigten französischen Heertheil die Offensive zu ergreifen. Da man nicht auf allen Seiten zugleich angriffsweise verfahren könne, solle der Prinz, so lange des Königs „Expedition dauert", auf feste Lager bedacht sein. Nachher wird der König ihn verstärken oder selbst nach der Lausitz kommen, um dann auch gegen die Oesterreicher in den Angriff überzu= gehen.

Wir sehen, der König wollte sich, wie das in Jominis Terminologie heißt, auf einer inneren Operationslinie bewegen. — Aus einem weiteren Brief, vom 13. Juli, geht dann noch bestimmter hervor, wie der König verstanden sein wollte. Er berichtet darin, daß auch ein schwedisches Heer sich bei Stralsund sammle; — daß die Franzosen in Hessen eingerückt seien; einer ihrer Heertheile, 16 000 Mann stark, sei wahrscheinlich bestimmt, sich mit der Reichsarmee zu vereinigen, und gegen Halberstadt und Magdeburg vorzudringen. Die Lage sei allerdings schwierig. Er, der König, habe sich die Aufgabe gestellt, das sächsische Gebirge sowie die rückwärtigen Magazine zu decken und die Elbe frei zu halten, und sich dann gegen „den Einfall der Franzosen und Reichstruppen zu wenden."

Der Prinz soll inzwischen die Lausitz und Schlesien decken. „Ich kann Euch nicht die Art und Weise vorschreiben, wie Ihr dieses Vorhaben ins Werk richten könnet; dieses Alles ist sehr schwer", sagt der König, „besprecht Euch mit Euren erfahrensten Generals (soll heißen mit Winterfeldt) und erwählet die besten Mittel nach Vorfallenheit der Umstände. Dieserhalb schreibe ich auch nichts vor, es seien die Posten so Ihr zu nehmen oder die Märsche, so Ihr zu thun habt."

„Wir müssen anjetzo unsere Kräfte verdoppeln. Meine Meinung ist, daß wir es so bald als möglich an einem oder dem anderen Ort auf eine decisive Bataille ankommen lassen. Wofern dieses nicht geschieht, werden, ehe die Campagne zu Ende, beide Armeen verloren sein."

Endlich in einer Nachschrift: „Ihr müsset Euch allemal gegen die größte Armee wenden; wofern sie ein Corps nach Schlesien abschickt, thut dasselbige; und wenn die Armee nach Schlesien marschirt und ein Corps gegen die Lausitz läßt, so thut ein Gleiches."

Diesen Brief soll der Prinz seltsamerweise erst am 22. Juli erhalten haben. Er hätte ihn aber, auch wenn er nicht so verspätet in seine Hände kam, zu spät erhalten, um irgend etwas nützen zu können. Dazu wäre es am 15. schon zu spät gewesen.

Der Prinz konnte sich durch die Briefe vom 7. und 8. wohl nicht unbedingt an die Stellung bei Leipa gebunden glauben, und es ergiebt sich auch aus seiner Antwort vom 10., daß er sich in der That nicht in solcher Weise gebunden glaubte. Er sagt darin: „Ich werde mich nicht aus diesem Lager ohne Ordre oder erhebliche Ursache begeben."

Schon verhältnißmäßig ziemlich früh hatte der Prinz, wir wissen nicht auf welchem Wege, gute Nachrichten über die Bewegungen der Oesterreicher erhalten. „Alle Nachrichten stimmen überein", schreibt der Prinz am 11. Juli, „daß die große kombinirte Armee — (Dauns und des Herzogs von Lothringen nämlich) bei Münchengrätz die Iser passirt und sich bei Niemes lagern wolle, wo jetzt der General Monrotz (Morocz) steht. Diese Bewegung nähert sich dem Wege nach Zittau, so über Reichstadt und Gabel gehet. Wofern der Feind dieses Lager bezieht, ist er im Stande, mit uns zugleich bei Zittau zu sein, und wenn wir alsdann dahin marschiren wollen, wird der nächste Weg, wenn wir dem Feinde die Flanke nicht geben wollen, über Georgenthal sein, der sehr übel ist."

Dann spricht er, in schwankender Weise, von einer Stellung mit dem linken Flügel bei Gabel, die man ihm gerathen habe zu nehmen, falls die Oesterreicher bei Niemes „kampiren" sollten, — und zuletzt klagt er über Mangel an Schlachtvieh.

Es wäre wohl an der Zeit gewesen, seine Stellung zu ändern. Zwischen Brin und Gabel gelagert, hätte er aber einem Feinde bei Niemes in gar eigenthümlicher Weise die Flanke geboten. Es ist seltsam, daß er, wie ihm die Pläne des Königs bekannt waren, gar nicht daran dachte, selbst nach Niemes vorzurücken und Morocz von dort zu vertreiben. Gegen einen Feind, der von Münchengrätz heranrückte, wäre er da gerade am rechten Ort gewesen. Es ist seltsam, daß er nicht auch dort, oder bei Reichstadt und bei Wartenberg Stellungen suchen und rekognoszieren ließ; es finden sich deren im Hügellande gar leicht, die zu jener Zeit für unangreifbar gelten konnten; auf allen diesen Punkten wäre der Prinz nicht wesentlich weiter vom König entfernt gewesen als in der Stellung bei Leipa, er hätte die Lausitz auf jedem derselben besser gedeckt, als da wo er sich eben befand, und wäre im Besitz seiner Rückzugsstraße geblieben; die Bewegung dorthin aber wäre kein Rückzug gewesen.

Doch der Prinz selbst beachtete diese Nachrichten nicht wie sie verdienten. Schon am folgenden Tag — 12. Juli — hatte er andere, die er für besser begründet hielt, und richtete nun an den König einen Brief, in dem ein gewisses Verlangen hervortritt — nicht sogleich, aber nach einiger Zeit — nach Gabel zurück zu gehen, aber auch eine ziemlich entschiedene Unfähigkeit, selbst einen Entschluß zu fassen, und der Wunsch,

Befehle zu erhalten, die ihm den Entschluß ersparten und die Verantwortung auf die Schultern eines Anderen übertrügen.

Der Prinz schreibt, die österreichische Hauptarmee stehe zwischen Liebenau und Swigan (an der oberen Iser). Nadasdy vor ihr, und Morocz als Nadasdys Vortrab bei Niemes. So lange die preußische Armee bei Leipa stehe, könnten die Lebensmittel-Transporte aus Zittau „mit ziemlicher Sicherheit" herankommen, weil Gabel und Reichstadt besetzt seien und „wir im Stande sind, diese Posten zu soutteniren" (was dann nicht geschah, als es zur Sache kam; die ernste Wirklichkeit ist eben immerdar etwas Anderes, als die bloße Vorstellung von möglichen Ereignissen, und die Forderungen, die sie an uns stellt, haben ein ganz anderes Gewicht, als in der Idee, wenn wirklich Entschluß und That von uns gefordert werden). „Wofern der Feind ein Corps bei Niemes campirt, können wir einige Bataillons bei Gabel campiren lassen."

In strategischer Beziehung macht die Stellung, in der er sich befindet, dem Prinzen keine Sorgen. Er meint, der größte Schaden, den der Feind der preußischen Armee zufügen könne, sei, daß er sich ihrer Magazine bemächtige; das eine, in Schlesien, sei hinter den Wällen von Schweidnitz sicher genug; auf das andere aber, in Zittau, könne der Feind wohl „ein Augenmerk haben." — „So lange ich mit der Armee so stehe, daß ich, wo nicht vor, doch wenigstens mit ihnen zugleich bei Zittau eintreffen kann, werden sie solches nicht wagen. (!) Wofern ich aber mit der Armee vorrücken soll, so sind sie Meister, ein starkes Korps vorzusenden und solches durch die Armee zu decken." (Ganz gewiß nicht, wenn der Prinz z. B. nach Niemes vorrückte. Die Frage, nach welcher Richtung hin sich denn der Prinz das etwanige Vorrücken dachte, bleibt ohne Antwort, es wird kein bestimmter Punkt genannt.)

Endlich berichtet der Prinz, daß er in etwa acht Tagen durch Mangel an Fourage gezwungen sein werde, die Stellung bei Leipa zu verlassen, und bittet um eine bestimmte Entscheidung, ob er alsdann nach Gabel zurückgehen solle oder vorwärts.

Der König wußte sehr bestimmt, daß Nadasdy nicht da stand, wo ihn der Prinz vermuthete, sondern ihm gegenüber bei Gastorf, und er glaubte ebenso bestimmt zu wissen, daß die österreichische Hauptmacht unter dem Feldherrnpaar Lothringen und Daun bei Neuschloß stehe. War dem wirklich so, dann war es vor allem zweckmäßig, daß der Prinz sich in der Stellung bei Leipa behauptete. Unter diesen Umständen sprach sich der König in seiner Antwort — vom 14. Juli — sehr scharf und entschieden gegen einen Rückzug aus, für den kein anderer Grund angeführt wurde als Mangel an Fourage und Schlachtvieh.

Diese Antwort aber hat nicht im entferntesten Einfluß auf den Gang der Operationen geübt, denn lange ehe der Prinz von Preußen sie erhalten konnte, war das Unheil in einem Augenblick, wo er es am wenigsten erwartete, hereingebrochen und ihm über den Kopf gewachsen.

Was auch zu Gunsten des Prinzen von Preußen vorgebracht worden sein mag, zwei kleine Urkunden verbreiten ein hinreichendes Licht darüber, wie es in seinem Hauptquartier eigentlich zuging, und wie richtig ihn der König beurtheilt hatte. Die eine ist ein kurzer Brief Winterfeldts an den König aus Löbau vom 26. Juli und des einfachen Inhalts: „E. K. M. haben die einzige Gnade und machen bald eine Aenderung bei dem hiesigen Korps oder kommen bald zu uns. Es erfordert meine Pflicht, darum zu bitten. — — Bei alle dem Kriegsrath=Halten kommt nichts heraus, sondern es muß einer allein mit Resolution kommandiren." Die andere Urkunde — die handschriftlichen Denkwürdigkeiten des Generals v. Fink — überliefert uns einige Aeußerungen des Prinzen von Preußen selbst. Der General lag verwundet in Dresden, der Prinz besuchte ihn dort, nachdem er die Armee verlassen hatte, und beklagte unter anderem „jeden kommandirenden General, welcher das Unglück hätte, vier solche uneinige, pikirte Generale bei sich zu haben wie Fouqué, Schmettau, Winterfeldt und Goltz, die aus Pikanterie unter sich und um ihres eigenen Ansehens willen alles zu verkehren und zu verdrehen suchten."

In diesen Worten liegt das Geständniß des Prinzen, daß er trotz des Kommandostabs, der in seine Hände gelegt war, und trotz seiner königlichen Stellung nicht vermocht hatte, den vier Generallieutenants gegenüber eine wirkliche Autorität zu gewinnen und zu üben. Er war keine Herrschernatur und hatte auch nicht den Grad von Selbständigkeit, der dazu gehört, sich von Einem Rathgeber in einem bestimmten Sinn leiten zu lassen. Auch dazu gehört eine gewisse Festigkeit des Charakters, bei weitem mehr, als im Allgemeinen angenommen wird.

Aber auch der König scheint in dieser Periode des Feldzugs keineswegs von aller Schuld frei zu sprechen. Vor allem strafte sich der Fehler, der darin lag, daß man sich nicht hinreichend vorbereitet hatte, den leichten Truppen der Oesterreicher nach Möglichkeit mit gleichen Waffen zu begegnen. Auch die Theilung der preußischen Armee machte sich in ihren Folgen als ein begangener Fehler geltend, wenn auch die Bedachtsamkeit der österreichischen Feldherrn dafür sorgte, daß nicht alles Unheil, das sich daraus möglicherweise ergeben konnte, zur Wirklichkeit wurde.

Dann darf man auch wohl sagen, daß nicht genug gethan wurde, um sich über die wirklichen Operationen des Feindes Gewißheit zu verschaffen. Es war das allerdings sehr schwierig, beobachtet und überall umschwärmt von Kroaten, wie man eben war, und in einem seiner Kaiserin und seiner katholischen Geistlichkeit fanatisch ergebenen Lande, aber es mußte doch versucht werden. „Forcirte Rekognoszirungen", die z. B. im Jahr 1814 bei der verbündeten Hauptarmee unter Schwarzenberg so oft als Lückenbüßer die Zeit durch Scheinthätigkeit ausfüllen mußten, wenn man sich zu keinem wirklichen Entschluß zu erheben vermochte, wären, scheint es, hier ganz am Ort gewesen. Auch eine Verwendung der Reiterei, wie sie 1870/71 auf Seiten der Preußen stattfand, wäre zweckmäßig gewesen, aber sie lag freilich außerhalb alles dessen, was man zur Zeit gewöhnt war oder für thunlich hielt, und die Führer der Reiterei hätten sich wohl kaum dabei zu benehmen gewußt.

Da man in Beziehung auf die Operationen des Feindes ganz im Unklaren blieb, ergab sich, daß die eine der beiden preußischen Armeen, diejenige, die der König selbst führte, von leichten Truppen beobachtet, in einer Lage, von der aus sie keine Offensive unternehmen konnte, für längere Zeit, fast einen Monat lang, jeden wirklichen Einfluß auf den Gang des Feldzugs verlor und nichts bewirkte; daß sie gleichsam „annullirt" war, wie auch Westphal und Retzow bemerken, während doch die erste Bedingung jeder zweckmäßigen Kriegführung ist, daß alle auf dem Kriegsschauplatz verwendeten Streitkräfte auch stets als solche wirksam bleiben.

Der König beabsichtigte, sich auf einer inneren Operationslinie zu bewegen, im August erst die Franzosen an der Saale, dann die Oesterreicher in der Lausitz abzufertigen; wie erwachte nicht in seinem Geist der Gedanke, dieses Manöver, da sich die Hauptmacht der Oesterreicher im Wesentlichen ungetrennt gegen den Prinzen von Preußen gewendet hatte, und auf dem linken Ufer der Elbe nichts Ernstliches zu besorgen war, gleich jetzt und gleichsam in umgekehrter Ordnung auszuführen? —

sich mit dem Prinzen zu vereinigen und die Hauptmacht der Oesterreicher zur Schlacht aufzusuchen? — Je früher das preußische Heer durch einen Sieg seine Zuversicht, das moralische Uebergewicht wieder gewann, desto besser war es, und selbst wenn die österreichische Armee der Schlacht auswich, war in dieser Beziehung schon viel gewonnen. In dem Augenblick, wo er die Nachricht erhielt, daß die österreichische Armee bei Neuschloß stehe, konnte dieser Gedanke erwachen. Es wäre deshalb von Interesse, genau zu wissen, wann er diese Nachricht erhielt. Dann ließe sich berechnen, ob und wie er ausführbar, und ob das Manöver dem Unheil vorbeugen konnte, das der 14. Juli brachte.

Noch in seinem Schreiben vom 13. hatte der König den Prinzen von Preußen bedeutet, daß er suchen müsse, sich in der Lausitz zu halten, bis der König seine Expedition gegen die Heere Frankreichs und die Reichsarmee beendet habe. — Hier sehen wir ihn in einen Fehler verfallen, den er im Laufe dieses Krieges noch mehrfach begangen hat; in den Fehler nämlich, den Feldherren, die getrennt von ihm preußische Heere führten, mitunter Aufgaben zu stellen, denen sie nicht gewachsen waren; nicht gerade Aufgaben, die an sich und überhaupt nicht zu lösen waren, wohl aber Aufgaben, die über Kräfte und Vermögen der Betreffenden hinausgingen. Der König ging dabei von der Vorstellung aus, daß ein Jeder könne — können müsse —, was er, der in jedem Sinne des Wortes königliche Feldherr, vermochte. Und doch hätte er sich sagen können und müssen, daß nicht ein Jeder — auch nicht jeder im Allgemeinen brauchbare und tüchtige Mann — den Untergebenen das unbedingte Vertrauen einflößt, die Macht über die Gemüther der Untergebenen übt, die erfordert wird, wo das Außerordentliche geleistet werden soll.

Unter einem Feldherrn, der wiederholt seine Zuflucht zu einem Kriegsrath nehmen muß, wird kein Heer freudig großen Anstrengungen oder mit Zuversicht ungewöhnlichem Wagniß entgegengehen. Wie der König seinen Bruder kannte, mußte er eigentlich wissen, daß dieser liebenswürdige und allgemein geliebte Fürst auch dem Feinde nicht in der Weise imponiren würde, wie nöthig war, wenn er sich unter in solchem Grade erschwerenden Bedingungen so lange in der Lausitz behaupten sollte.

Im Hauptquartier des Königs waren inzwischen Scenen vorgegangen, die beachtet zu werden verdienen, weil sich in ihnen von neuem und in sehr charakteristischer Weise zeigt, wie vollkommen unverständlich die großartige Kriegführung dieses Fürsten allen denen war und blieb, die sich nicht über den Wasserpaß der zur Zeit in hergebrachter Geltung stehenden, man ist versucht zu sagen landläufigen, Ideen zu erheben wußten.

Am 14. Juli, bemerkt Graf Henckel in seinem Tagebuche, brachte ein Unteroffizier vom Regiment Puttkamer (Husaren) Briefe vom Prinzen von Preußen in des Königs Hauptquartier. Das war der Brief des Prinzen vom 12., dessen Inhalt wir bereits angeführt haben, und den der König sofort in der ebenfalls schon erwähnten Weise beantwortete.

Am 15. aber trafen wieder ein Unteroffizier und zwei Husaren mit einem Brief des Prinzen glücklich aus Leipa in Leitmeritz ein. Der sehr wichtige Brief, den sie mitbrachten, fehlt in der Reihe derer, die der Prinz seiner Rechtfertigung beilegt, und auch die Vertheidiger dieses Fürsten, Gaudy und Retzow, erwähnen seiner nicht. Der Inhalt dieses Schreibens ergiebt sich aus folgenden Zeilen, die der König noch an demselben Tage dem Prinzen Heinrich schrieb: „Der Prinz von Preußen ist in Leipa. Er schreibt mir, daß Daun nach Niemes marschirt sei, dieses passirt habe und nach Gabel und Zittau zu marschiren scheine. Es scheint mir, daß heute noch oder doch morgen mein Bruder mit seiner ganzen Armee hier sein wird." — Der Brief des Prinzen von Preußen war also geschrieben, nachdem man in dessen Hauptquartier erfahren hatte, daß die österreichische Hauptmacht bei Niemes eingetroffen sei und ehe man Gabel angegriffen wußte, selbstverständlich ehe am Abend des 14. Juli der Beschluß gefaßt wurde, Zittau auf beschwerlichen Umwegen zu erreichen — der König befürchtete ja, die Armee des Prinzen werde sich auf Leitmeritz zurückziehen. — Aus allem ergiebt sich unter anderem auch, daß den Prinzen, als er seine Rechtfertigung schrieb, sein Gedächtniß täuschte in Beziehung auf die Stunde, zu der er von dem Eintreffen der österreichischen Hauptarmee bei Niemes unterrichtet wurde. Es wäre von hohem Interesse, wenn dieser, wie es beinahe scheinen will, absichtlich der Vergessenheit übergebene Brief wieder aufzufinden, wenn festzustellen wäre, zu welcher Tageszeit er am 14. Juli aus Leipa abgefertigt war.

Der König war der Meinung, der Prinz hätte, so wie er Lothringens und Dauns Armee bei Niemes wußte, mit seiner gesammten Macht nach Gabel aufbrechen müssen. („Mon frère souffrit que l'ennemi se campât sur son flanc sans changer de position. Il sut que Gabel était attaqué, et au lieu d'y marcher avec toute l'armée, il laissa prendre ce poste" — sagt der König in der bereits angeführten Denkschrift, und dasselbe Urtheil kehrt in der Geschichte des siebenjährigen Krieges wieder.) Daß man auf diesem Marsch bis in die Gegend von Reichstadt hin dem anderthalb Meilen und mehr von dieser Marschlinie entfernten Feinde die Flanke bieten mußte, hätte am vierzehnten wohl sehr wenig zu sagen gehabt. Eine geraume Zeit mußte vergehen, ehe man im österreichischen Lager etwas von der Bewegung der Preußen erfuhr, die österreichische Armee war kurz vorher vom Marsch eingetroffen und schwerlich in der Verfassung, sofort wieder aufzubrechen, und endlich war man in dem zwiespältigen österreichischen Hauptquartier nicht gewohnt, sich so rasch zu entschließen, wie hier hätte geschehen müssen.

Der König äußerte sich laut darüber, wie unzufrieden er mit dem Prinzen sei. „Der Prinz Heinrich, welcher seinen Bruder, den Prinzen von Preußen, liebte, war sehr bekümmert, daß der König diesem alle Verluste aufhalsen wollte, während doch nur er ganz allein die Schuld von allem Unglück trug und die erste und vornehmste Ursache von dem Zusammensturze der Monarchie war." (Henckel 1, 2, 252.)

Der König wollte jetzt den Befehl über die zweite Armee dem Prinzen Heinrich anvertrauen. Dem, meinte sein Anhang, hätte der König allerdings den gehörigen Einfluß auf die Leitung der Dinge einräumen sollen, denn „der Prinz vereinigt", so versichert Graf Henckel, „mit einem durchbringenden Verstande ein richtiges Urtheil, eine dem Könige (i. e. eines Königs) würdige Seelengröße und einen Patriotismus, der alles Andere dem Wohle des Staates hintenansetzt (i. e. hintansetzt). Er ist der Einzige, der bei den obwaltenden Umständen denkt, wie gedacht werden muß, und der sich nicht verblenden läßt durch das, was wir gewesen, sondern richtig erkennt, was wir jetzt sind."

Diese letztere Redensart, die dem schwunghaften Dithyrambus den abschließenden Schwung verleihen soll, macht freilich uns Anderen den herabstimmenden Eindruck des hinkenden Boten, der hinterdrein kömmt, denn sie sollen keineswegs besagen, daß der Prinz von einer heroischen Opferfreudigkeit beseelt gewesen sei, sondern nur, daß er unter allen Betheiligten allein mit voller Bestimmtheit einsah, daß Preußen seine Rettung „blindlings" von Frau v. Pompadour erwarten müsse.

So wollte denn dieser Prinz auch allerdings Einfluß üben, je mehr desto besser, keineswegs aber das Kommando an Stelle des Prinzen von Preußen übernehmen. Denn war er auch ein Patriot, der dem König erklärte, „daß jetzt vor allen Dingen an das Wohl des Staats gedacht werden müsse und daß diesem gegenüber die Person Nebensache sei", so wußte er doch auch, was Fürsten sich untereinander schuldig sind. Seine Umgebung war überzeugt, daß er es nicht werde „über das Herz bringen können", den Prinzen von Preußen „durch Annahme des Kommandos zu kränken." Auch lehnte es der Prinz Heinrich ab, da er sich nicht wohl für krank ausgeben konnte, unter dem Vorwande, daß er sich in so schwierigen Zeiten der Aufgabe nicht gewachsen fühle.

In diesem Vorwande lag übrigens gewissermaßen auch etwas Wahres. Denn war diesmal auch vor allem eine Stimmung maßgebend, die in dem Könige den Urheber alles Unglücks, in dem Prinzen von Preußen einen fälschlich Beschuldigten und ganz ohne alle Veranlassung Verfolgten sehen wollte, so begegnen wir doch in dem militärischen Leben des Prinzen öfter dem Zuge, daß er sich einer Aufgabe zu entziehen suchte, die ihm allzu schwierig deuchte und bei der sein Feldherrnruf in Gefahr kommen konnte. Dergleichen sollte einem Anderen aufgebürdet werden, nicht ihm.

Bei alledem bleibt es überraschend, in welcher Weise Stimmung und Benehmen des Königs auch diesmal wieder im Kreise des Prinzen Heinrich beurtheilt wurden. Der König sei in Verzweiflung gewesen, berichtet Graf Henckel, „von der anderen Seite war er aber auch wiederum froh, jemanden gefunden zu haben, dem er das ganze Unglück der königlichen Familie in die Schuhe schieben konnte, um so mehr, als dieses gerade der Thronerbe war, der sich wenigstens nun nicht mehr beklagen konnte."

Gaudy und Retzow gehen auch diesmal, wie gewöhnlich, nicht unerheblich weiter. Retzow erzählt, „man" — er sagt nicht wer — habe sich damals „ins Ohr geraunt", der König sei durch eine, wenn nicht gerade redliche, doch sehr feine politische Berechnung veranlaßt worden, dem Prinzen von Preußen das Kommando „über die bei Kolin geschlagene

Armee" zu übergeben. Der Verdruß, seinen Ruhm durch die Niederlage bei Kolin verdunkelt zu sehen, habe eben so mächtig auf ihn gewirkt, „als die Besorgniß, seinen von allen Seiten anrückenden Feinden nicht widerstehen, und seine Staaten dem gedrohten Untergange nicht entreißen zu können. Er habe geurtheilt, man werde sein künftiges Schicksal bloß dem Verluste der Schlacht bei Kolin beimessen; er habe erfahren, daß der Prinz von Preußen sich über die an diesem Tage begangenen Fehler und über deren muthmaßliche Folgen in etwas zu heftigen Ausdrücken aus= gelassen habe, und daher vielleicht es nicht ungern gesehen, daß sein Bruder in die ihn betroffenen Verlegenheiten versetzt worden sei, um im Publikum das, was bei Kolin vorfiel in Vergessenheit zu bringen und die Schuld der zukünftigen — vielleicht traurigen Begebenheiten — von sich abwälzen zu können."

König Friedrich hätte also, durch persönliche Rücksichten der klein= lichsten Art bestimmt, wissentlich das Unglück, vielleicht den Untergang des preußischen Staats gefördert! — Da wäre freilich „der Held" ver= schwunden, und „der Mensch" — und was für ein Mensch! — zum Vorschein gekommen! — Das schreibt Retzow Jahrzehnte nach den Er= eignissen, unter dem Schutz des Prinzen Heinrich! —

Der König blieb auch unter diesen Umständen im Wesentlichen bei dem früher entworfenen Operationsplan, nur kehrte er ihn in solcher Weise um, wie er vielleicht schon etwas früher hätte thun sollen — er eilte jetzt zunächst nach der Lausitz.

Am 21. Juli brach die Armee aus dem Lager bei Leitmeritz auf; den 28. ging der König mit einem voraneilenden Heertheil (15 Bataillone 18 Schwadronen) bei Pirna über die Elbe, den 29. schon hatte er sich bei Bautzen mit den Truppen vereinigt, die der Prinz von Preußen aus Böhmen zurückgebracht hatte. — Etwas später stieß der Feldmarschall Keith mit einem weiteren Heertheil dazu, auf dem linken Ufer der Elbe blieb nur der Prinz Moritz von Dessau mit etwa 10 000 Mann bei Kotta stehen, um Sachsen gegen kleinere Abtheilungen der Oesterreicher und deren leichte Truppen zu decken.

Die Scenen, die den Prinzen von Preußen veranlaßten, das Heer für immer zu verlassen, sind bekannt.

Die Lage des Königs von Preußen hatte sich in wenigen Wochen in bedenklichster Weise verschlimmert. Auf der einen Seite hatte der Prinz von Preußen in der That nur die Trümmer einer Armee aus Böhmen zurückgebracht, und zugleich machte sich von einer anderen Seite her die böse, lähmende Zerfahrenheit der Kriegführung geltend, die da so leicht einreißt, wo Verbündete, deren Interessen nicht identisch sind, oder nicht als identisch gedacht und anerkannt werden; wo nicht Ein Wille und Ein Gedanke das Ganze leitet. König Friedrich hatte, als die ohne allen Vergleich schwächere Partei, bei weitem mehr als seine Gegner und in viel gefährlicherer Weise von den Ungelegenheiten eines so gearteten Bündnisses zu leiden. Der Mangel an Zusammenhang in der Führung des Krieges, die sich daraus ergab, brachte ihm in den schwierigsten Augenblicken die größte Gefahr. So namentlich zu der Zeit, von der hier die Rede ist.

Wir müssen hier daran erinnern, daß über eine Neutralität Hannovers unterhandelt worden war, die Oesterreich wünschte, um Frankreichs gesammte Landmacht gegen Preußen allein verfügbar zu machen, und die hannoversche Regierung, weil Hannover, wie sie meinte, in diesem Kriege kein eigenes Interesse zu vertheidigen hatte. Weder Englands See- und Kolonialherrschaft noch Preußens Schicksal konnte, nach der Ansicht, die da herrschte, Hannover etwas angehen. Die Unterhandlungen hatten nicht zum Ziele geführt, weil Frankreich, wie schon erwähnt, in den hannoverschen Landen eine leichte Eroberung sah, für die sich wieder eintauschen ließ, was etwa jenseits des Weltmeers verloren gegangen sein mochte, und weil andererseits König Georg II. gewahr werden mußte, daß die öffentliche Meinung in England es gar sehr übel nehmen werde, wenn er seine deutschen Erblande jeder Theilnahme am Kriege und jeder Gefahr entzog.

Die regierenden Geheimräthe zu Hannover hatten aber darum ihre Pläne nicht aufgegeben. Sie suchten auf einem Umweg zum Ziel, das heißt zu einem Neutralitätsvertrag zu kommen, durch die Art, wie sie den Krieg einleiteten und leiteten. Zuerst suchten sie, wie Graf Schmettau dem König von Preußen zu melden hatte, die Rüstungen zu hindern, oder doch in die Länge zu ziehen, damit das Land wehrlos sei, wenn die französischen Heere heranrückten, und ein Abkommen mit dem Feinde, gegen den Willen des Landesherrn, Georgs II., unvermeidlich werde.

Das Weitere entsprach solchem Anfang. — Die große französische Armee, über die der Herzog d'Estrée den Befehl führte, rückte durch Westphalen, über die Ems, an die Weser. Das hannoversch=verbündete Heer unter dem Herzog von Cumberland, bei Bielefeld vereinigt, mußte über den Strom weichen und vermochte den Gegnern, wie Friedrich II. voraus= gesehen hatte, den Uebergang nicht zu wehren. Nachdem dann der Herzog von Cumberland — am 26. Juli — die Schlacht bei Hastenbeck ver= loren oder vielmehr ohne eigentliche Nothwendigkeit verloren gegeben hatte, mußte der Rückzug, wenn der Krieg einheitlich geleitet wurde, auf Braunschweig und, wenn es nöthig wurde ihn weiter fortzusetzen, auf Magdeburg geleitet werden, um mit den preußischen Heeren in unmittel= barer Verbindung zu bleiben und einen Rückschlag mit vereinigten Kräften vorzubereiten. — Er war anstatt dessen bereits zum voraus auf Minden, die untere Weser und schließlich nach Stade eingeleitet, wohin bereits die hannoverschen Archive gerettet worden waren. Merkwürdig war dabei, daß die Armee die Richtung dorthin vom verlorenen Schlachtfelde aus eingeschlagen hatte, ohne Befehl des Feldherrn, der es erst nachträglich „zu seinem Schmerz" gewahr wurde — ein Beweis, daß die hannover= schen Geheimräthe Mittel gefunden hatten, den untergeordneten Generalen unmittelbar Verhaltungsbefehle zu ertheilen. Der Zweck dieses unmilitärischen Manövers war natürlich, den ersehnten Neutralitätsvertrag herbeizuführen. Wenn die Armee erst bei Stade mit dem Rücken an der Elbe stand, dann schien nichts anderes übrig zu bleiben, als ein solches Abkommen mit dem Feinde.

Es wurde schon unmittelbar nach der verlorenen Schlacht laut genug gefordert. „Wie frei und unverhehlt war nicht um diese Zeit die Sprache der Unzufriedenen", berichtet Westphal: „Der König habe ein Bündniß gemacht, sagte man überall in und außer dem Heere, habe aber keinen Alliirten. Wie in aller Welt Hannover allein es mit Frankreich und Oesterreich aufnehmen könnte? es ferner thun zu wollen, wäre sonder Zweifel ein eben so eitles Unternehmen als ein unnützes Blutvergießen; man müsse das Land zu retten suchen, nicht fechten."

Es war eben die Zeit — nach der Schlacht bei Kolin! — Hätte nicht die Sache des Königs von Preußen durch die Niederlage dort, in Böhmen, einen gewaltigen Stoß erlitten, so würde wohl das an sich un= bedeutende Treffen bei Hastenbeck die überall zahlreiche Partei der Klein=

müthigen nicht veranlaßt haben, in solcher Weise geräuschvoll hervorzu= treten. Aber gerade wie Oesterreich nach der Schlacht bei Prag in Ge= fahr schwebte, sich von allen Verbündeten verlassen zu sehen, hatte nach der Schlacht bei Kolin Preußen dieses Schicksal zu befürchten.

Die hannoverschen Festungen an der Weser öffneten dem Feinde ihre Thore, ohne einen Widerstand auch nur zu versuchen oder selbst an= zudeuten; die befestigte Hauptstadt des Landes sendete sogar dem Feinde ihre Schlüssel entgegen, ehe sie gefordert wurden — und das ließ sich einigermaßen entschuldigen, da alle diese Orte nicht gehörig ausgerüstet, nicht auf eine Vertheidigung vorbereitet und mit dem Nöthigen dazu versorgt waren. Die hannoversche Regierung hatte es wohl mit Absicht versäumt, sie zum Widerstand zu rüsten. Nicht Hannover nur suchte in den, wie man meinte rettenden Hafen der Neutralität einzulaufen — man mußte dasselbe von dem Landgrafen von Hessen=Kassel erwarten, und der Herzog von Braunschweig beeilte sich, unter allen zuerst, noch ehe der Feind die Grenzen seines Gebietes berührt hatte — wenige Tage nur nach der Schlacht bei Hastenbeck, schon am 2. August — einen Vertrag zu schließen, vermöge dessen er versprach, seine Truppen von der ver= bündeten Armee zurück zu ziehen, indem er zugleich seine beiden Festungen Braunschweig und Wolfenbüttel den Franzosen einräumte. Diese letztere Bedingung ging eigentlich schon über die Grenzen der Neutralität nach der entgegengesetzten Richtung hinaus. Auch zeigte sich der Herzog ganz bereit, seine Truppen in französischen Sold zu überlassen — und am Hof zu Versailles durfte man hoffen, auch den Landgrafen von Hessen zu einem ähnlichen Vertrag zu bewegen.

Einstweilen war der Landgraf nach Hamburg entflohen. Der Herzog von Braunschweig brauchte, nach geschlossenem Vertrage sein Land nicht zu meiden; nur, da es sich für einen regierenden Herrn doch nicht schickte, inmitten einer fremden Besatzung zu hausen, wo ein fremder General den Befehl führte, zog er mit seinem Hof nach dem schön gelegenen Blankenburg am Harz. Dort, war ihm versprochen, sollte er unbehelligt bleiben. So wußten die kleinen deutschen Höfe in schwierigen Zeiten ihre Würde zu wahren!

Wie auf der einen Seite in dem elenden Zustand der deutschen Reichsarmee, zeigte sich auf der anderen, in dieser bebenden Furcht, die bei der ersten Gefahr zur Treulosigkeit und selbst zum Landesverrath führte, das ganze Elend deutscher Kleinstaaterei. — Es waren Erscheinungen, die sich stets wiederholen mußten, so lange dem Zustande nicht abgeholfen wurde, aus dem sie gleichsam naturgemäß hervorgingen.

War das hannoversch=verbündete Heer vermöge eines Neutralitäts=vertrages aus den Schranken verschwunden, dann stand nichts mehr einem unmittelbaren Angriff der französischen Hauptmacht auf Magdeburg und die brandenburgischen Marken, auf das vollkommen isolirte Preußen im Wege, und wie sollte man unter solchen Bedingungen der gesteigerten Uebermacht widerstehen! — Ohnehin stand bereits seit Mitte Juli ein französischer Heertheil unter dem Marquis de Contades in Hessen, im Besitz von Kassel; er konnte bestimmt sein, im Verein mit der deutschen Reichsarmee durch Thüringen nach Kursachsen vorzudringen.

So stand es, als König Friedrich den Haupttheil seines Heeres bei Bautzen vereinigte. Gelang es nicht, durch einen Sieg — durch einen womöglich glänzenden Sieg — das verlorene moralische Uebergewicht wieder zu gewinnen, so war nicht abzusehen, wie Preußen sich behaupten sollte.

König Friedrichs nächste Sorge mußte sein, die Heerestrümmer die ihm sein Bruder aus Böhmen zurück gebracht hatte, wieder in eine etwas bessere Verfassung zu bringen und die Verpflegung des Ganzen neu zu regeln, da das große Magazin in Zittau verloren gegangen war. Das erforderte Zeit. Sie wurde dem König glücklicherweise gelassen. Seine große Persönlichkeit imponirte dem Feinde auch nach der Schlacht bei Kolin und hielt einstweilen das Ganze. Die österreichischen Feldherren standen ruhig und unthätig bei Zittau, wie einem anderen preußischen Feldherrn gegenüber doch wohl nicht geschehen wäre. Sie dachten nicht einmal daran, zu manövriren; nur entsendete Heertheile sperrten den Preußen den Weg nach Görlitz und nach Schlesien.

Nachdem der König alles leidlich in Ordnung gebracht hatte, gegen die Mitte des August, brach er auf, um das österreichische Heer zu der Schlacht herauszufordern, deren Nothwendigkeit in seinem eigenen Lager, außer ihm selbst niemand einsehen wollte.

Schon zu Leitmeritz, in dem Augenblick als man von dort aufbrach, hatten der Prinz Heinrich und sein Anhang mit Erstaunen bemerkt, daß der König sich immer noch schmeichelte, sich in Sachsen halten zu können, während dieses doch jedem anderen vernünftigen Menschen ganz unmöglich schien, da auch Schweden anfing, sich zu regen." — Sie hörten mit nicht geringerer Verwunderung, daß der König „noch viel von einer Schlacht" sprach, „ohne angeben zu können, wohin selbst der Gewinn einer solchen führen würde." — Daß die Herren von einem moralischen Uebergewicht und dessen Bedeutung im Kriege keine Ahnung hatten, ist gewissermaßen selbstverständlich; aber sie sahen auch nicht, was sehr viel näher lag und ihnen eigentlich selbst von ihrem Standpunkt aus hätte begreiflich sein können: nämlich daß der König, so weit sich die Dinge in dem Augenblick übersehen ließen, nur in einem Sieg hier in der Lausitz die Mittel finden konnte, sich gegen die französische und Reichs= armee zu wenden, ohne den Oesterreichern Schlesien oder die Marken wehrlos preiszugeben.

Als der König auf dem Marsch nach Bautzen dem Prinzen Heinrich wieder von einer Schlacht sprach, die er liefern wollte, wendete der Prinz ein: „Aber, lieber Bruder, Sie sind dazu jetzt zu schwach." — „Aber ich kann doch keine Armeen hervorzaubern", antwortete der König. Das war in den Augen des Prinzen vollkommener Aberwitz. „Der Prinz drehte sich hierauf um und sagte weiter nichts", berichtet Graf Henckel. Und doch war die Antwort des Königs nicht eben schwer zu verstehen. Sie bedeutete eben das, was General Bem sagen wollte, als man ihm (1849) klagend von der Geringfügigkeit der ungarischen Streit= kräfte in Siebenbürgen sprach, und er darauf erwiderte: „il faut se battre avec ce qu'on a!" — Das heißt, wenn es einmal nicht anders ist oder sein kann, muß man sich eben mit den Mitteln zu behelfen suchen, die man wirklich hat, durch verdoppelte Energie ersetzen, was an materiellen Mitteln fehlt, und mit besonnener Kühnheit versuchen, was sich damit erkämpfen läßt. Gar nichts weiter thun und das Spiel einfach verloren geben, sobald es eine bedenkliche Wendung nimmt, wie das der Prinz eigentlich im Sinn hatte, ist allerdings sehr viel leichter, es ist aber auch eine gar schlechte, unfruchtbare Kunst.

Da der Prinz Heinrich am Ende wohl sehen mußte „daß er mit seinen Wahrheiten, die er dem König täglich anzuhören gab" nichts aus= richtete, beschied er sich, vorläufig zu schweigen. In welcher Stimmung er aber mit seinem gesammten Anhang der erwarteten Schlacht entgegen=

sah, die, seiner Meinung nach, entscheidend werden mußte, wenn Preußen sie verlor, aber nur geringe Vortheile versprach, wenn sie gewonnen wurde, darüber giebt Graf Henckel Auskunft. „Der Verlust einer Schlacht", sagt er, der doch immer möglich sei, wenn er auch als guter Preuße das Gegentheil glauben wolle: „wird den Sturz des preußischen Staats und vielleicht den Umsturz sämmtlicher europäischen Verhältnisse herbei= ziehen. Frankreich und Oesterreich sind nach einer gewonnenen Schlacht Herren von Deutschland, und möchte ich wohl die Macht kennen, welche diese beiden Staaten hindern wollte, Deutschland unter sich zu theilen. Ich bedauere bloß unsere armen Prinzen, — (wirklich? weiter nichts?) — welche von dem Unglück ihres berühmten Bruders mit fortgerissen werden und ein besseres Schicksal verdient hätten. Dabei müssen sie täglich ihre Person allen möglichen Gefahren aussetzen, und dieses alles wegen jener leidigen Ruhmsucht, die nun zwar einmal das Erbtheil jedes Ehrenmannes ist, im gegenwärtigen Falle aber nicht dem Staate, sondern der Eigen= liebe des Königs ihre Opfer bringt. Denn dieser giebt der Nothwendig= keit nicht eher nach und wird seine Fehler nicht eher wieder gut machen wollen, als bis es zu spät sein wird. Wir werden ja die traurigen Folgen eines solchen Verfahrens noch zeitig genug kennen lernen."

Da der Prinz einerseits ganz in den Ansichten der Zeit befangen war, die nicht zu begreifen wußte, daß man eine Schlacht um ihrer selbst, um des Sieges willen suchen könne, da er andererseits von der Gnade Frankreichs, wenn man nur demüthig genug auftrat, und auf Schlesien verzichtete, eine jedenfalls sehr unbestimmt gedachte „Rettung" Preußens erwartete, konnte er natürlich nicht sehen, daß das Unglück, das er für Preußen fürchtete, unfehlbar hereinbrechen mußte, wenn es nicht gelang, die Ueberlegenheit der preußischen Waffen durch einen Sieg wieder herzustellen, namentlich wenn man den Krieg in der Weise führte, die ihm als die allein verständige galt, und gar nicht versuchte, das ver= lorene Uebergewicht wieder zu gewinnen; daß daher eine verlorene Schlacht allenfalls wohl die Katastrophe beschleunigen konnte, aber keines= wegs veranlaßt hätte, da sie sich ohne Schlacht unfehlbar ergab; daß dagegen ein Sieg gar wohl das Schicksal wenden konnte. Er sah nicht, daß in diesem Fall der mögliche Gewinn, den Einsatz der daran gewagt werden mußte, in einem ganz gewaltigen Verhältniß überwog.

Merkwürdig ist auch die Art, wie König Friedrich die bei Bautzen vereinigte Armee zum Behuf der erwarteten Schlacht eintheilte — mit anderen Worten, in eine sogenannte Ordre de bataille ordnete; sie war durch die damaligen taktischen Verhältnisse bedingt und dem Verlauf gemäß berechnet, den Gefechte zur Zeit zu nehmen pflegten. Der König bildete das erste Treffen aus den Truppen die bei Prag gesiegt und weder die Niederlage bei Kolin noch den unheilvollen Rückzug aus Böhmen miterlebt hatten. Die Bataillone dagegen, die mehr noch durch die Drangsale und die entmuthigenden Eindrücke des Rückzugs, als durch die bei Kolin verlorene Schlacht erschüttert waren, stellte er in das zweite Treffen. — Das geschah, weil infolge der Art wie damals jedes Heer als ein zusammenhängendes, und eigentlich nicht gegliedertes Ganze, in zwei Treffen zur Schlacht geordnet wurde, gewöhnlich der erste Angriff das Schicksal des Tages entschied. Er entschied, wenn er gelang, indem er die Ordnung des feindlichen Heeres durchbrach und störte, und das war entscheidend, weil das Ganze eben nicht eigentlich gegliedert war, weil die einzelnen Bruchstücke die in der Schlachtordnung aneinander gereiht wurden, nur als Theile dieses Ganzen einzugreifen vermochten und nicht dazu organisirt waren, selbständig zu handeln. Auch im entgegengesetzten Sinn, zu Ungunsten des Angreifers, entschied, wenn er mißlang, gewöhnlich der erste Angriff, da die damalige Taktik die Mittel, ihn zu wiederholen, nur ungenügend gewährte.

Eigenthümlich ist in der Taktik Friedrichs des Großen, wie er das Gewicht dieses entscheidenden Angriffs zu steigern und selbst eine Wiederholung desselben vorzubereiten suchte. Er stellte — wie bereits früher erwähnt wurde — eine „Avantgarde", ein Vortreffen, aus Grenadier-Bataillonen, erlesenen Kerntruppen gebildet, vor das erste Treffen des Flügels, der angreifen sollte.

Die Aufgabe des zweiten Treffens konnte unter den damaligen Bedingungen auf dem Schlachtfelde niemals sein, etwa das erste abzulösen und einen mißlungenen Angriff wieder aufzunehmen, wie das wohl in den taktischen Lehrbüchern der Zeit vorkömmt. Es war dazu nicht selbständig genug geordnet, es fehlte an Raum, die Ablösung zu bewirken, ohne daß die Verwirrung eines weichenden ersten Treffens sich auch dem zweiten mitgetheilt hätte. Namentlich war das sogenannte „Durchziehen der Treffen", wie es auf den Exerzirplätzen geübt wurde, auf dem Schlachtfelde vollkommen unmöglich. — Es lassen sich denn auch nur sehr wenige Fälle nachweisen, in denen das zweite Treffen zu einer selbstständigen Wirksamkeit gekommen wäre. Im Allgemeinen beschränkte seine Thätigkeit sich darauf, die Lücken auszufüllen, die sich im Laufe des Gefechts im ersten Treffen bildeten, sei es durch Verluste und „Schließen" der immer kürzer werdenden Fronte der einzelnen Bataillone in sich, nach einem Flügel hin, sei es durch Rechts- oder Linksziehen, wie es der Gang des Gefechts herbeiführte. Es geschah, wie wir das heutzutage nennen, durch „Eindoubliren" einzelner Bataillone in das erste Treffen.

Diesen Verhältnissen entsprechend, aber abweichend von dem, was zur Zeit herkömmlich war, ordnete Friedrich immer eine sehr viel geringere Anzahl Bataillone in das zweite Treffen als in das erste. So standen bei Kolin 10 Bataillone in zwei Treffen in der Avantgarde, 14 im ersten Treffen, 8 im zweiten; bei Leuthen 9 Bataillone in der Avantgarde, 24 im ersten, 12 im zweiten Treffen! — Der Aufgabe zu genügen, die dem zweiten Treffen gestellt war, reichten die wenigen Bataillone hin; dagegen mußte dem König, als dem fast ohne Ausnahme um sehr viel Schwächeren, daran gelegen sein, in dem entscheidenden ersten Treffen eine möglichst lange Feuerlinie zu entfalten.

So bilden denn die Schlachten der Zeit Friedrichs des Großen gewissermaßen einen geraden Gegensatz zu denen, die das gegenwärtige Jahrhundert seit den Tagen Napoleons I. erlebt hat; dort entschied der erste Angriff, hier die letzte Reserve. Napoleon, dessen Feldherrn-Thätigkeit in eine Zeit fiel, in der mehr und mehr eine successive Verwendung der Streitkräfte auf dem Schlachtfelde allgemeiner Grundsatz wurde und infolge dessen eine tiefe Aufstellung in mehreren Treffen; der sich auf nachhaltige, lange hingehaltene Gefechte gefaßt machen mußte, in denen am Ende das Uebergewicht einer starken Reserve den Ausschlag gab, bildete stets seine zahlreichen Reserven aus seinen Garden, den erlesensten Truppen des Heeres und aus zahlreichen Geschwadern schwerer Reiterei, die bestimmt war, massenhafte Angriffe auf bereits erschütterte Truppen auszuführen. — In König Friedrichs Tagen bestanden die sogenannten, wenig zahlreichen Reserven, die sich hinter dem zweiten Treffen zu ordnen pflegten, meist aus Husaren und leichter Infanterie, bestimmt, nicht die Entscheidung zu bewirken, sondern den geschlagenen Feind zu verfolgen. So findet der Gegensatz auch in diesen Anordnungen seinen Ausdruck.

Am 15. August endlich konnte die Armee des Königs aus der Gegend von Bautzen aufbrechen und nach Bernstadt marschiren; die entsendeten Heertheile der Oesterreicher wichen sofort auf deren Hauptstellung bei Zittau zurück und ließen den Weg nach Schlesien frei. — Am folgenden Tage stand die preußische Armee zwischen Wittgendorf und Hirschfelde aufmarschirt, der österreichischen gegenüber; nur durch ein schwer zu überschreitendes Thal von derselben getrennt. Winterfeldt, der immer die kühnsten Rathschläge an die Hand gab, hatte sich freudig ausgesprochen über den Entschluß des Königs, eine entscheidende Schlacht zu wagen, und gemeint, die Stellung der Oesterreicher sei zwar fest — aber der Bergrücken, auf dem sie sich ausdehnte, so schmal, daß auf demselben, wenn sie einmal in der Flanke gefaßt sei, der enge Raum eine Frontveränderung nicht gestatte. Der König aber fand die Stellung des Feindes zu fest, das Wagniß zu groß, die Aussicht auf einen siegreichen Erfolg zu gering.

Graf Henckel erzählt, der Prinz Heinrich, „großherzig bei Allem was er unternahm", habe dem König den Angriff dringend widerrathen, nicht weil er befürchte, sondern weil er überzeugt sei, daß man hier nicht siegen könne, und „Alles zu Grunde gehen müsse." — Das mag schon sein. Einen solchen negativen Rath zu geben, den Rath, nichts zu thun, nichts zu unternehmen, nichts zu wagen — dazu war der Prinz ganz der Mann! — Ob aber lediglich sein Rath den König bewogen hat, diesen gewagten Angriff aufzugeben, muß dennoch dahingestellt bleiben. Prinz Heinrich hat weder früher noch später sonderlichen Einfluß auf die Entschließungen des Königs zu üben vermocht; der Verdruß darüber hat sich oft und laut genug ausgesprochen. In diesem besonderen Fall aber, weiß selbst Graf Henckel nichts weiter zu berichten, als daß der König dem Prinzen versprochen habe, „nur das zu thun, wovon er sich Erfolg versprechen könne" — und daß er dann die Sache noch mit anderen Offizieren besprochen habe, die der Gegend besonders kundig gewesen seien.

„Da der König sich nunmehr wohl selber von der Unmöglichkeit eines erfolgreichen Angriffs der feindlichen Stellung überzeugte" — erzählt Graf Henckel weiter, „ließ er Winterfeldt mit einem Heertheil von 10000 Mann (17. August) über die Neiße gehen", um, wie König Friedrich selbst sagt, zu sehen, ob es nicht möglich sei, Nadasdys gesondertes Korps anzugreifen. Die österreichischen Feldherren wären dann veranlaßt gewesen, dieses Korps zu unterstützen, und dadurch hätte die allgemeine Schlacht herbeigeführt werden können, deren der König bedurfte. Doch örtliche Schwierigkeiten verhinderten auch hier den Angriff. Daß die Oesterreicher, den Preußen um das Doppelte überlegen, etwa ihre feste Stellung verlassen könnten, um zur Offensive überzugehen — daran war gar nicht zu denken! — „Feindliche Deserteure versicherten alle übereinstimmend (noch am 18.), daß die österreichische Armee sich immer noch unter den Waffen befände, die Kavallerie habe gesattelt, und in der ersten Nacht nach unserem Erscheinen wären vor der ganzen Front Wolfsgruben angelegt worden" (Henckel 1, 2, 278). — Wir sehen, wie sehr der König persönlich der österreichischen Generalität imponirte!

Da beschloß denn der König, seinen Plan aufzugeben oder vielmehr abermals umzukehren, sich den Oesterreichern gegenüber auf die Vertheidigung zu beschränken — und den Sieg, der nicht zu entbehren war, auf einer anderen Seite, im Kampf gegen Frankreichs Heer und die Reichsarmee, zu suchen. — Dazu gehörte viel Selbstbeherrschung. Vielleicht erscheint der König im Lauf des ganzen Krieges niemals größer als an dieser Stelle. Er bedarf eines Sieges „pour donner de la réputation à ses armes" wie Montecuccoli das nennt; er muß ihn bald erfechten — er verlangt leidenschaftlich danach und er sucht ihn — aber nicht wie ein verzweifelnder Spieler, der sein Schicksal unbedingt dem blinden Glück überläßt, sondern mit der ruhigen Besonnenheit eines königlichen Feldherrn, der kühn bereit ist, viel zu wagen, wenn es die Lage erheischt, aber niemals mehr, als eben durch die Lage der Dinge gerechtfertigt ist.

Die preußische Armee ging am 20. August nach Bernstadt zurück. „Da wären wir denn von dieser ganz unnützen und unangenehmen Expedition zurück, zu deren Vorbereitung man nicht weniger als vier Wochen verschwendet hat", meint Graf Henckel. Leider sagt er uns nicht, worauf diese Wochen, seiner Meinung nach, eigentlich hätten verwendet werden müssen. Westphal dagegen, auch ein unmittelbarer Zeuge, berichtet: „Also blieb der Versuch des Königs vereitelt, oder doch unvollständig, obwohl nicht ohne einen ganz sichtlichen Nutzen; denn er hatte den Preußen ihre ganze vorige Zuversicht wiedergegeben, und brachte das Rühmen der Oesterreicher, dem Könige den Weg nach Schlesien schon verrennt zu haben, um allen Credit." — Der König habe seinen Rückzug nach Bernstadt ganz „offen und frei" ausgeführt, „am hellen Tage und unter dem aufforderuden Klang der vollen Feldmusik."

Es läßt sich nicht leugnen, daß der Privatsekretär des Herzogs Ferdinand von Braunschweig denn doch eine etwas tiefer gehende Einsicht in das Wesen des Krieges und dessen Bedingungen hatte, als der Prinz Heinrich von Preußen und dessen militärische Umgebung.

Seltsamerweise wollte man im Kreise dieses Prinzen auch das nicht für etwas, für einen Gewinn rechnen, daß Görlitz besetzt und die Verbindung mit Schlesien wieder hergestellt war, daß nun ein preußisches Heer früher als der Feind dorthin marschiren konnte, um das Land zu vertheidigen. Dafür, daß es der König war, der durch seine Persönlichkeit dem Feinde imponirte und dadurch das Ganze hielt, hatte man in diesem Kreise selbstverständlich auch da kein Auge, wo es so sichtbar hervortrat wie eben in diesem Augenblick. Graf Henckel sah in der Aengstlichkeit, mit der die Oesterreicher bei solcher Ueberlegenheit ihre ohnehin feste Stellung noch durch die Kunst zu verstärken suchten, „das größte Lob für die königliche Armee." — Die Armee war es seiner Meinung nach, die dem Feinde imponirte. Was den König betrifft, der wirkte nur störend und verderblich, der stürzte nur Preußen durch die phantastischen Projekte, die er ohne alle Kritik auszuführen unternahm, in immer neue Gefahren.

Eben war er, nach der Ansicht dieser Opposition, die sich in König Friedrichs nächster Nähe gebildet hatte, im Begriff, das abermals zu thun. Denn der König hatte es zwar aufgegeben die Oesterreicher zur Entscheidungsschlacht zu bewegen, aber er sank doch nicht in das passive Verhalten zurück, in das „Stellungen nehmen" — „Beobachten" und thatenlose Hinhalten der Dinge, das man allein den Umständen entsprechend achten wollte. Er hatte beschlossen, ein Heer unter dem Herzog von Bevern zur Vertheidigung Schlesiens zurück zu lassen, mit einer geringen Anzahl Truppen über die Elbe an die Saale zu ziehen, sich unterwegs mit dem Heertheil zu vereinigen, der unter dem Prinzen Moritz auf dem linken Elbe-Ufer stand, in Thüringen die französische und Reichsarmee durch einen Sieg zurück zu schleudern und sich dann wieder gegen die österreichische Heeresmacht zurück zu wenden.

Das galt der Opposition für eine neue Verkehrtheit, zu der ohne Zweifel wieder der böse Winterfeldt den König verleitete. „Winterfeldt war der Ansicht, der König müsse ein Armeekorps nach Schlesien senden und mit dem Rest der Armee die Franzosen, die bis hierher dem

Könige eigentlich noch nichts zu leide gethan hatten, schlagen, wodurch der Bruch mit Frankreich, der einzigen Macht, von welcher der Friede abhing, unheilbar geworden sein würde." Das sind die Worte, in denen uns Graf Henckel (1, 2, 279) die Ansichten überliefert, die in diesem Kreise herrschten, in dem man ein für allemal eine Rettung Preußens nicht für möglich zu halten wußte, wenn sie nicht von Frankreich kam.

Am 25. August brach der König mit 16 Bataillonen und 18 Schwadronen, die zur Zeit wohl insgesammt kaum 10 000 Mann zählen mochten, von Bernstadt auf, und am 30. ging er in Dresden über die Elbe.

Roßbach.

Eben zu der Zeit, als der König von Preußen in der Gegend von Zittau eine Schlacht herbeizuführen suchte, und die österreichischen Feldherren den Kampf ängstlich mieden, regte sich im Rath der Kaiserin zu Wien der Gedanke, daß man mehr wagen und alle weiteren Operationen unmittelbar auf Eroberungen in Schlesien richten müsse.

Schlesien war der Gegenstand, um den der Krieg von Seiten Oesterreichs geführt wurde, der Besitz, nach dem Maria Theresia strebte, doch aber hatte die französische Regierung nicht aufgehört, darauf zu dringen, daß vor allem die kursächsischen Lande befreit werden müßten, und man hatte das in der Hofburg zu Wien ohne Widerrede gelten lassen.

Noch in einer Denkschrift, die der Staatskanzler Kaunitz zu Anfang August, zur Mittheilung an die französische Regierung bestimmt, an die österreichische Gesandtschaft zu Paris abfertigte, liegt der Gedanke zum Grunde, daß der Kriegsschauplatz nunmehr nach Sachsen zu verlegen sei. Kaunitz verzichtete darin zunächst darauf, die zweite französische Armee unter Soubise zur unmittelbaren Vereinigung mit dem österreichischen Hauptheer heranzuziehen, und schlug vor, Soubise solle sich bei Würzburg mit der deutschen Reichsarmee vereinigen, um dann so schnell als möglich nach Erfurt vorzurücken. Von dort aus müsse er sich je nach den Umständen nach der Gegend von Halle und Leipzig oder auf Dresden wenden, immer aber nach der Hauptarmee unter dem Herzog Karl von Lothringen richten. Diese wird also in Sachsen vorausgesetzt.

Was nun kaum zwei Wochen später Veranlassung gab, von diesem Operationsplan abzuweichen und sich nach Schlesien zu wenden, das war vor allem eine Finanzverlegenheit, in der sich die österreichische Regierung befand. Der Finanzminister, Graf Haugwitz, wußte kein Geld mehr zu schaffen; es schien unerläßlich, den Krieg in Feindesland zu versetzen, um die Armee, wenigstens theilweise, auf Kosten des Feindes verpflegen zu können. An die Elbe weiter nach Sachsen vorzudringen, hätte aber in dieser Beziehung keine Erleichterung gewährt, da gemessene Befehle des Hofs vorschrieben, das kursächsische Gebiet als ein befreundetes Land zu behandeln und zu schonen. Man mußte also den Blick auf Schlesien wenden.

An diese Gedankenreihe schloß sich dann aber auch mit einer gewissen Nothwendigkeit eine erwachende Unzufriedenheit mit der bisherigen Kriegführung von österreichischer Seite, die nicht weiter, nicht in Feindesland zu führen versprach, im Gegentheil befürchten ließ, daß die Armeen am Schluß des Feldzugs, trotz des erfochtenen Sieges genöthigt sein könnten, nach Böhmen zurück zu gehen und da die Winterquartiere zu beziehen — ein Gedanke, vor dem man gar sehr erschrak!

Der Beschluß, den Operationen die veränderte Richtung nach Schlesien zu geben, wurde im Kabinet der Kaiserin (17. August) auf einen Vortrag des Staatskanzlers gefaßt. Kaunitz führte darin aus, der Herzog von Lothringen habe die Weisung, die Armee keiner Gefahr auszusetzen, etwas zu buchstäblich genommen; er müsse veranlaßt werden, mehr, allenfalls auch eine Schlacht zu wagen, um sich den Weg in Feindesland zu bahnen.

Der Kanzler scheint sich sogar höher, zu einer umfassenderen Ansicht der Dinge zu erheben. Er meint, der Vortheil, den ein Sieg in offener Feldschlacht gewähren könnte, liege ohne Zweifel darin, daß man vielleicht dem ganzen Kriege noch in diesem Feldzuge ein Ende zu machen vermöge. Er fügt hinzu, wolle man jetzt nichts wagen, so werde man jedenfalls in einem folgenden Feldzuge eine oder mehrere Schlachten liefern müssen. Denn daß der König von Preußen sich bis auf den letzten Mann wehren, nie in einen nachtheiligen Frieden willigen werde, so lange ihm überhaupt noch eine feldtüchtige Armee bleibe — darüber dürfe man sich nicht täuschen.

Danach könnte man glauben, daß dem österreichischen Staatskanzler ein volles Verständniß dessen aufgegangen sei, was durch den Zweck dieses Krieges in Beziehung der Art seiner Führung geboten sei. Doch ergiebt sich sofort aus den angefügten bedingenden und beschränkenden Sätzen, daß dem keineswegs so war, daß Kaunitz im Gegentheil die eigentliche Tragweite seiner eigenen Worte nicht zu ermessen wußte und nicht sah, was aus ihnen gefolgert werden mußte. Er fügt nämlich hinzu, wenn ein Sieg auch nicht das Ende des Krieges herbeiführe, werde er doch jedenfalls zur Folge haben, daß man die Winterquartiere „außerhalb der österreichischen Erblande" nehmen könne, und das sei für die Kaiserin ein großer Gewinn, für den Feind ein großer Nachtheil. Es war der Gewinn, den Kaunitz eigentlich im Auge hatte! — Weiter fügte er dann noch hinzu, eine verlorene Schlacht könne auch weiter keinen Nachtheil bringen, als daß man nach Böhmen zurückgehen und sich da für den Winter einrichten müsse, — das aber werde auch dann geschehen, wenn man keine Schlacht wagen wolle. — Daß der König von Preußen etwa einen Sieg benützen könnte, um wieder in Böhmen einzudringen, sei der späten Jahreszeit wegen — Mitte August — nicht anzunehmen.

So scheine denn bei dem Wagniß einer Schlacht mehr Nutzen als Nachtheil in Aussicht zu stehen. Was aber die Ausführung anbetrifft, so wurde sie auch noch von vielerlei Bedingendem abhängig gedacht. Wenn er rathe, es allenfalls auf eine Schlacht ankommen zu lassen, sagt Kaunitz in seiner Denkschrift, so sei damit doch nicht gemeint, daß man den Feind auch in einer für ihn sehr günstigen Stellung angreifen und alles auf das Spiel setzen dürfe. Man wolle nur sagen, daß der Herzog von Lothringen alle ihm nützlichen Bewegungen, selbst wenn sie zu einer Schlacht führen könnten, unternehmen — und den Feind, auch wenn die Vortheile der Stellung ungefähr gleich wären — mit Zustimmung Dauns — unbedenklich angreifen möge.

Als in der Hofburg zu Wien der Entschluß gefaßt war, zu dem Kaunitz aufforderte, besorgte man, daß sowohl die Ermächtigung, möglicherweise eine Schlacht zu liefern, die den österreichischen Feldherren ertheilt war, als der Beschluß, Eroberungen in Schlesien, nicht die Befreiung Sachsens, zum unmittelbaren Zweck der weiteren Operationen zu machen, am Versailler Hof mißbilligt werden könnte. Kaunitz sendete eine Art von Rechtfertigungsschrift, bestimmt, der französischen Regierung mitgetheilt zu werden, an den Grafen Starhemberg, Oesterreichs Gesandten in Paris — und wenn man den Inhalt dieser Schrift überblickt und erwägt, sieht man sich veranlaßt zu glauben, man habe zu Wien befürchtet, besonders der — wenn auch nur eventuelle — Entschluß zur Schlacht könne am französischen Hof als ein verwegener Mißfallen erregen. Dieser Entschluß ist es, den Kaunitz vorzugsweise zu rechtfertigen, über den er zu beruhigen sucht. Aus dem mitgesendeten Protokoll der Berathungen, schreibt der Kanzler, werde Starhemberg ersehen, daß dieser Entschluß nicht anders als aus guten Gründen gefaßt worden sei. Er giebt zu verstehen, daß man sich zu Wien gewiß nicht leichtsinnig zu dergleichen entschließe. Man habe da mehr Ursache als anderswo, es nicht auf einen zweifelhaften Ausgang ankommen zu lassen, sondern Schlachten zu vermeiden, die Menschen und Geld (!) im Uebermaß kosten. Wer jedoch im unrechten Augenblick sparen wolle, sei ein schlechter Wirth und laufe Gefahr, zu anderer Zeit das Doppelte aufwenden zu müssen, ohne seinen Zweck zu erreichen.

Hier fügt nun Kaunitz Worte hinzu, die im ersten Augenblick sehr merkwürdig scheinen, nämlich: Dieser Satz finde in dem gegenwärtigen Fall um so mehr seine Anwendung, da der König von Preußen einzig und allein durch die Vernichtung seiner Armee gedemüthigt werden könne.

Schon in einer früheren Denkschrift hatte Kaunitz geäußert, die Macht des Königs von Preußen beruhe ausschließlich auf seinem Heere; werde dies zertrümmert, so sei auch seine Macht vernichtet, deren Dasein mit dem Wohl der Menschheit unvereinbar sei (incompatible avec le bonheur de l'humanité).

Fassen wir aber die Urkunden, in denen diese Sätze vorkommen, in ihrer Gesammtheit ins Auge, so kommen wir immer wieder zu demselben Ergebniß, nämlich daß Kaunitz, wie man wohl sagen könnte, hier sich selbst nicht verstand. Er fordert von den österreichischen Feldherren eine größere Thätigkeit, als sie bis zur Zeit entwickelt hatten, aber nicht im Ganzen eine Kriegführung, die diesen Sätzen entsprochen hätte — und von den Franzosen noch weniger.

Die französische Regierung fand sich leichter, als man erwartet hatte, in den veränderten Operationsplan. Sie forderte nun ihrerseits die

Oesterreicher auf, in Schlesien entscheidende Schläge zu führen, da die Uebermacht, die dem kaiserlichen Feldherrn zu Gebote stehe, an dem Erfolg nicht zweifeln lasse und die Armee des Herzogs von Bevern durch einen entscheidenden Streich ganz zu Grunde gerichtet werden könne. Den französischen Generalen aber gab der Versailler Hof zu gleicher Zeit Verhaltungsbefehle, die sich ganz in den gewohnten Vorstellungen herumdrehten und in keiner Weise über das Herkömmliche hinausgingen.

Sofern es geschehen konnte, ohne daß etwas gewagt wurde, und durch Manöver zu erreichen war, sollten Dresden, Torgau, Wittenberg erobert werden; man wollte die kursächsischen Lande in Besitz nehmen; der König von Preußen sollte gezwungen werden, über die Elbe zurückzuweichen und die Winterquartiere im eigenen Lande, in den brandenburgischen Marken, zu nehmen. Dieses letztere wurde als Hauptsache besprochen und behandelt. Damit wäre die Belagerung von Magdeburg für das folgende Frühjahr — 1758 — eingeleitet gewesen.

Das sind die Dinge, um die sich der Briefwechsel der französischen Minister mit den Generalen des französischen Heeres, mit den Gesandten Frankreichs an auswärtigen Höfen und bei den verbündeten Armeen und mit dem Wiener Hof ausschließlich dreht. Weiter war der Horizont auch hier nicht gezogen.

Wie mangelhaft aber auch die Kriegführung der Verbündeten sein mochte, die Lage Preußens wurde doch immer bedenklicher, während der König durch die Ebenen des Meißener Landes gegen die Saale heranrückte. Die zweite, kleinere französische Armee unter dem Prinzen von Rohan-Soubise war nun wirklich am Main herauf nach Thüringen vorgerückt, ihre leichten Truppen streiften bereits durch das unvertheidigte Land bis an die Thore von Leipzig. Auch die Reichsarmee war endlich zusammengekommen, wenn auch in einer Weise, die ihrer offiziellen Bezeichnung als „eilende Reichs-Exekutionsarmee" wenig entsprach, und hatte sich unter dem Konvertiten, dem in den Schoß der römisch-katholischen Kirche „zurückgeführten" Prinzen von Hildburghausen, mit dieser französischen vereinigt. Darauf war man gefaßt gewesen; das war der Feind, dem der Zug des Königs galt. — Nun aber trafen von mehreren Seiten her auch unerwartete Nachrichten von bösem Inhalt ein. Der Feldmarschall Lehwald, der Ostpreußen gegen die Russen vertheidigen sollte, hatte nicht, wie der König vorschrieb, die heranrückenden Kolonnen der

Russen einzeln zu schlagen und deren großes Magazin in Kowno zu vernichten gewußt. Er verlor gegen das vereinigte feindliche Heer die Schlacht bei Groß-Jägerndorf, und man mußte darauf gefaßt sein, daß er gegen die Weichsel zurückgedrängt werde. Dadurch wurde freilich die augenblicklich drohende Gefahr nicht gesteigert — dazu lag Ostpreußen dem entscheidenden Kriegsschauplatz zu fern —, aber es war ein unglückliches, herabstimmendes Ereigniß mehr und schien den Verlust einer Provinz und ihrer Hülfsquellen nach sich ziehen zu müssen.

Mit einem viel näheren Unheil drohte der rathlose Rückzug der hannoverschen Armee nach der unteren Elbe und in einem gewissen Zusammenhang damit der Umstand, daß auch die Schweden sich zu regen begannen. Die gegen Preußen verbündeten Mächte hatten ihnen Pommern als ihren Antheil an der preußischen Beute versprochen; von einer Seite her war auch der Gewinn der hannoverschen Herzogthümer Bremen und Verden für sie in Aussicht gestellt worden. Sie hatten ein Heer von 17 000 Mann unter den Kanonen von Stralsund versammelt; bald sollte Anklam in ihre Hände fallen, sie konnten auf das wehrlose Berlin vorrücken. Daß es den adeligen Herren, die Schweden unter seiner damaligen Verfassung regierten, nur darum zu thun war, die französischen Subsidien unter sich zu theilen, daß sie die kleine schwedische Armee gar übel und unvollständig ausgerüstet in einem Zustand ins Feld ausschickten, in dem sie wenig mehr als nichts auszuführen vermochte, das konnte man nicht wissen. Zudem vermittelte die Ueberfluthung der hannoverschen Lande durch die Franzosen eine so gut wie unmittelbare Verbindung mit den Heeren Frankreichs. Im Kabinet zu Versailles beschäftigte man sich mit dem Gedanken, die Truppen der Herzöge von Braunschweig und Mecklenburg und selbst die des Landgrafen von Hessen-Kassel in Sold zu nehmen und sie mit dem schwedischen Heer zu vereinigen, da man glaubte, sie bei dem französischen nicht verwenden zu können, weil sie aus Protestanten bestanden. Die nahen Berührungen mit den Streitkräften Frankreichs und solche Verstärkungen hätten auch Schweden zu einem gefährlichen Feinde machen können.

Das Schlimmste war für den Augenblick, daß der Feind, den es zunächst unschädlich zu machen galt, nicht Stand halten wollte und der raschen Entscheidung auswich, die der König suchen mußte. Friedrich II. führte sein kleines Heer über Grimma und Pegau nach Naumburg, wo es am 11. September über die Saale ging. Man wußte den Feind — Soubise und die Reichsarmee — bei Erfurt, erhielt aber schon hier durch Landleute die Nachricht, daß er auf die bloße Kunde von dem Herannahen der Preußen nach Gotha zurückgegangen sei. Als dann der König (am 13. September) seinerseits bis Erfurt vorgerückt war, wich der Feind weiter nach Eisenach, ganz darauf vorbereitet, den Rückzug nöthigenfalls nach Kassel und Fulda fortzusetzen.

Ihm dorthin nach Eisenach, überhaupt noch weiter zu folgen, hätte zu keinerlei Ergebniß führen können, wenn der Feind, wie man annehmen mußte, es auch dort auf eine Schlacht nicht wagen wollte. Wohl aber war gar manches Bedenken dabei, sich noch weiter von der Elbe zu entfernen. Schon war der Herzog von Bevern mit dem ihm anvertrauten Heere von Bernstadt bis Görlitz gewichen. Ein erstes, unsicheres Gerücht, das am 14. September an den König gelangte, besagte, daß er dort ein unglückliches Gefecht bestanden habe und daß Winterfeldt in demselben gefallen sei. — Jedenfalls standen dem österreichischen General Marschall, der mit seinen leichten Truppen in den Lausitzer Bergen auf der Lauer lag, die Wege nach Dresden, nach Torgau, selbst nach Berlin offen. Der König war zunächst um Torgau und um Berlin besorgt, und früher oder später mußte sich die Nothwendigkeit ergeben, nach Schlesien zu eilen. Zu gleicher Zeit bedrohten Streifschaaren von der großen französischen Armee, an deren Spitze jetzt der Herzog von Richelieu stand, das Halberstädtische und Magdeburg.

Der König beschloß, dem Prinzen Soubise nicht über Erfurt hinaus zu folgen. Um nach allen Seiten hin wenigstens beobachten und imponiren zu können, wurde sein kleines Heer in drei von einander getrennte Schaaren getheilt. Mit einer geringen Zahl Truppen versuchte der König selbst dem Prinzen Soubise und der Reichsarmee zu imponiren, indem er sich bei Erfurt hielt; mit einem anderen Heertheil wurde der Prinz Moritz von Dessau gegen Torgau entsendet, um diesen Ort und die Wege nach Berlin zu hüten; die dritte und schwächste Schaar, die nur aus 5 Bataillonen, 2 Reiter-Regimentern und 100 Husaren bestand, sollte das Halberstädtische so viel als möglich gegen die Franzosen schützen. Der König hatte den Befehl über diesen letzteren Heertheil eigentlich seinem Bruder Heinrich zugedacht; doch „da der Prinz recht gut einsah, daß dort wenig auszurichten sein werde und er Gefahr liefe, bei der Nähe des Herzogs von Richelieu eine Niederlage zu erleiden, antwortete er, er würde alles, was Se. Majestät beföhlen, thun, jedoch bleibe er auch ebenso gern bei ihm. Der König nahm diese edle Weigerung an und gab das Kommando dieser dritten Abtheilung dem Prinzen Ferdinand von Braunschweig." (Henckel 1, 2, 295.)

Inzwischen aber hatten die hannoverschen Minister und Geheimen Räthe glücklich das Ziel erreicht, nach dem sie strebten. Es war ihnen gelungen, die Armee des Herzogs von Cumberland an die untere Elbe nach Stade zu bringen und sich, wie sie meinten, durch die übel berühmte Waffenstillstands-Konvention von Kloster Zeven, die von der einen Seite am 8., von der anderen am 10. September unterschrieben wurde, dem verhaßten Kriege ganz zu entziehen. — Die hannoverschen Truppen durften, zum Theil in einem kleinen Bezirk um Stade, zum Theil auf dem rechten Ufer der Elbe, im Lauenburgischen verbleiben. Die hessischen, braunschweigischen, gothaischen und bückeburgischen Regimenter sollten nach ihren Heimathländern entlassen, in ihre Friedensgarnisonen zerstreut — und entwaffnet werden.

Der Vertrag, den der dänische Statthalter in Oldenburg, Graf Lynar, ein in Sinzendorfs Weise frommer und erleuchteter Mann, wie er glaubte, auf unmittelbare Eingebung des heiligen Geistes vermittelt hatte, war überhaupt in sehr unüberlegter Weise abgefaßt. Namentlich war gar nichts darüber ausbedungen, unter welchen Bedingungen das hannoversche Land bis auf weiteres oder, wie die Urkunde besagte, bis zu erfolgter Versöhnung der beiderseitigen Souveräne im Besitz der Franzosen blieb. Thatsächlich war es dem Feinde als eine sehr leichte unblutige Eroberung zugefallen, und als ein erobertes wurde das Land denn auch von der sehr schlecht disziplinirten französischen Armee rücksichtslos ausgebeutet, worin bekanntlich der kommandirende Marschall Richelieu dem ganzen Heere als leuchtendes Beispiel voranging. Das Land war zu bedauern. Den Ministern und Geheimen Räthen geschah eigentlich nur ihr Recht dadurch, daß auch ihre Landgüter systematisch ausgeplündert wurden; hatte doch ihre Weisheit diesen erbaulichen Zustand herbeigeführt.

Der Herzog von Richelieu ließ nur einen mäßigen Heertheil zurück, die hannoversche Armee zu beobachten, und eilte mit mehr als 40 000 Mann nach dem Halberstädtischen. Wie sollte König Friedrich sich dieses neuen Feindes, der auf dem Kriegsschauplatz in Sachsen zu einer vierfach gewordenen Uebermacht, erwehren!

Es zeigte sich nun immer entschiedener, wie ganz den allgemeinen Verhältnissen entsprechend es gewesen war, daß der König gesucht hatte, das österreichische Heer in der Lausitz zu einer Schlacht zu bewegen, und was es bedeute, daß ihm dies nicht gelungen war. Eben infolge dessen konnte er an der Saale nicht mit dem Gewicht auftreten, das ein erfochtener Sieg verleiht, konnte er nicht eine Macht dorthin führen, die der seiner Gegner einigermaßen gewachsen gewesen wäre.

Friedrich II. nahm in dieser Lage zunächst zu Unterhandlungen seine Zuflucht. Er ließ durch seine Schwester, die Markgräfin von Bayreuth, einen Versuch machen, den französischen Hof zu Unterhandlungen zu bewegen. Einen wirklichen Erfolg mochte er davon wohl schwerlich erwartet haben. Er wußte zu gut, daß der Schwächere eigentlich nur nach Siegen unterhandeln kann, wenn er sich nicht einfach dem Willen seiner Gegner unterwerfen will. Vielleicht hoffte er wenigstens einige Verzögerung der weiteren Operationen zu bewirken, was allerdings am meisten Noth that. Darauf deutet wohl einigermaßen der Umstand, daß er sich zu gleicher Zeit auch an den Marschall Richelieu wendete. In Versailles wurden gleich seine ersten Schritte mit großem Hochmuth zurückgewiesen. Bei dem Herzog von Richelieu hatte er eigentlich auch kein besseres Glück. Es handelte sich in dem Verkehr mit ihm zunächst darum, seine Operationen für den Augenblick aufzuhalten. Der König soll zu diesem Ende auch Bestechungen angewendet haben. Richelieu war für dergleichen nicht unzugänglich — doch wäre es in diesem Falle seltsam zu nennen, wenn er in einem Augenblick, in dem er eigentlich ganz nach Belieben Millionen aus den hannoverschen Landen ziehen konnte und wirklich zog, auch noch auf eine mäßige Summe Werth gelegt hätte, wie sie der König von Preußen ihm bieten konnte.

Richelieu unternahm vor der Hand nichts weiter. Damit war für den Augenblick allerdings viel gewonnen, doch dürfen wir das Maß des Unheils dem der König dadurch entging, nicht unbedingt im Sinn der Anschauungen bemessen, die uns geläufig geworden sind. Es ist wohl gesagt worden, nichts habe den Marschall Richelieu abhalten können, nach Berlin vorzurücken, sich dort mit den Schweden zu vereinigen und dadurch den Krieg seinem Ende zuzuführen, da mit dem Besitz der Haupt-

stadt die Stückgießerei und so vieles Andere, ohne das die preußische
Armee sich nicht behelfen konnte — überhaupt der Kern des preußischen
Staats — in die Hände der Sieger fallen mußte. Doch das heißt wieder
die Verhältnisse und die Ansichten unserer Zeit auch in der damaligen
voraussetzen. Von den Zeitgenossen jener Tage hat niemand an dergleichen gedacht. Ein Zug nach Berlin war in deren Augen eine
unbedeutende Operation, die nichts entschied; man konnte sich ja, nach
den damals herrschenden Ansichten, dort nicht festsetzen und behaupten, so
lange man nicht im Besitz von Magdeburg war. Ein Zug nach der
preußischen Hauptstadt konnte mithin nur eine Aufgabe für einen Parteigänger sein, der kurze Zeit dort verweilte, Kriegssteuern erhob und
zerstörte, was in der Eile zerstört werden konnte. Ebensowenig erwartete
man von dem Herzog von Richelieu eine Belagerung der Feste Magdeburg, die erst möglich wurde, wenn man Dresden, Torgau und Wittenberg in Besitz genommen hatte, und das Belagerungsgeschütz auf der Elbe
aus Böhmen herbeigeschafft werden konnte.

Es waren ganz andere Dinge, die von dem Herzog-Marschall verlangt wurden. Der Briefwechsel der Höfe und Regierungen, wie die
Erörterungen der Strategen, die mitzureden hatten, drehten sich wie
gesagt darum, daß man den König von Preußen zwingen müsse, das
linke Elbe-Ufer aufzugeben, und das sollte nicht durch das unsichere Mittel
einer Schlacht, sondern in besonnener, verständiger Weise durch Manöver
bewirkt werden. Wenn Richelieu bei Halberstadt inne hielt — dadurch
konnte sich König Friedrich nicht veranlaßt sehen, über die Elbe
zurückzugehen, um sich, was seine Winterquartiere anbetraf, auf die
brandenburgischen Marken beschränken zu lassen. Richelieu sollte seine
Verbindungen gefährden, selbst seinen Rücken; er sollte nach Bernburg
— nach Halle — nach Leipzig vorrücken; mit einem Elbübergang bei
Torgau drohen; davon war die Rede; weiter gingen die Pläne nicht;
vielleicht konnte man sich noch vor dem Schluß des Feldzugs Dresdens,
Torgaus, Wittenbergs bemächtigen: das war die Grenze der Hoffnungen
und selbst der Wünsche, obgleich man die Lage des Königs von Preußen
für eine vollkommen hoffnungslose zu halten begann und in seinem Stoß
vorwärts nach Erfurt nur das Beginnen eines Verzweifelnden sehen
wollte, der gar keinen Ausweg mehr weiß.

Richelieu verhielt sich zwar für den Augenblick unthätig, aber von einem Augenblick zum anderen konnten ihn die dringenden Aufforderungen des verbündeten Hofes zu Wien und die Weisungen des eigenen wieder in Bewegung bringen. Es war ein sehr unsicherer Zustand. Der König bedurfte unbedingt einer namhaften Verstärkung, um sich auch gegen Richelieu und die Schweden behaupten zu können. Aber wo sollte sie hergenommen werden? — In Schlesien, wo es von Tag zu Tag schlechter ging, war kein Mann zu entbehren, auch wäre es der Stellung der Armeen nach kaum noch möglich gewesen, Truppen von dort heranzuziehen.

Da öffnete sich unerwartet eine Aussicht. Die Kaiserin Elisabeth von Rußland war erkrankt, man erwartete ihr Ende, und damals schon hatte sich eine Verschwörung gebildet, an deren Spitze neben der Großfürstin Katharina der Kanzler Bestushew=Riumin stand, und die zum Zweck hatte, den rechtmäßigen Erben der Krone, den Enkel Peters des Großen, den nachherigen Kaiser Peter III. in einer oder anderer Weise zu beseitigen, um eine Fremde — eine Prinzessin von Anhalt=Zerbst — die Gemahlin des Thronerben, mit einem Wort eben die Großfürstin Katharina, an seiner Stelle zur regierenden Kaiserin zu erheben. Dazu bedurfte man des Heeres, das in Preußen eingedrungen war, weil die Schuwalows, von denen der eine der erklärte Günstling der Kaiserin Elisabeth war, gesonnen schienen, für die Rechte des legitimen Thronfolgers einzutreten, und ihnen dazu das sogenannte „neue Korps" in Liefland zur Verfügung stand: ein erlesener Heertheil, der nach Jwan Schuwalows Ideen in besonderer Weise organisirt war. Die russische Armee und der Feldmarschall Apraxin, der sie führte, wurden eilig aus Preußen zurückgerufen, ohne daß die Kaiserin von Rußland darum wußte, und Lehwaldt hatte plötzlich keinen Feind mehr vor sich.

Der König wußte zwar auch im ersten Augenblick nicht mit Bestimmtheit, was den Rückzug der Russen veranlaßt haben konnte, aber er schrieb doch — am 29. September — dem Feldmarschall Lehwaldt: „Ich habe alle Ursache, zu glauben, daß, weil die Russen sich auf eine solche Art, wie geschieht, zurück aus Preußen ziehen, es aus einem sehr wichtigen und indispensablen Motiv geschehen muß, und daß sie Mir vorerst nicht weiter schaden können noch wollen."

In einem zweiten Brief, den er diesem ersten am 2. Oktober nachsendete, zeigt sich, daß der König inzwischen die Nachricht von der Krankheit der Kaiserin erhalten hatte und als Folge ihres Todes Unruhen in Rußland für möglich hielt — er sagt: „Mir wäre nichts lieber, als daß sie (die Russen) in ihrem Lande so viel zu thun fänden, daß sie mich in Preußen ganz vergessen müßten."

Schon durch den ersten Brief hatte Lehwaldt den Befehl erhalten, mit allen seinen Truppen aus Ostpreußen aufzubrechen und über Marienwerder nach Schwedt an der Oder und von dort nach Brandenburg an der Havel zu marschiren; dort sollte er weitere Verhaltungsbefehle erhalten. Doch setzte ihn der König schon jetzt von der Lage und im Allgemeinen auch von seinen weiteren Absichten in Kenntniß, so daß wir aus seinem Schreiben ersehen, wie er sich den ferneren Gang des Feldzugs dachte. Der König erzählt darin, wie er Soubise zurückgetrieben, den Prinzen Ferdinand von Braunschweig in das Halberstädtische entsendet habe, und fährt dann fort: „Nunmehro kommen 40 000 Mann (Richelieu) von der Seite der Altmark anmarschirt, und die Schweden seynd mit siebzehntausend Mann jenseits der Elbe, von hier aus, wo ich jetzo stehe, zu rechnen, im Anmarsch, um zusammen Magdeburg von ferne zu bloquiren." — „Ich vermeine und denke, daß Ihr von Marienwerder den geraden Weg, und zwar immer in Kantonirungs-Quartieren marschirend, über Schwedt nehmet, Ihr sodann gegen Anfang des kommenden Dezember in der Gegend von Brandenburg sein werdet, da dann Ihr die Schweden auf Jener Seite der Elbe, und Ich auf dieser Seite die Franzosen attakire und sie also aus ihren Quartieren heraussagen und schlagen wollen."

Zwei Monate über, bis zur Zeit der Winterquartiere, hoffte also der König die beiden französischen Armeen hinhalten zu können — die eine durch Unterhandlungen, die andere unter Soubise, der er sich gewachsen fühlte, dadurch, daß er ihr imponirte — wenn es nicht vielleicht doch noch gelang, sie zu einer Schlacht zu bewegen und durch einen Sieg zu beseitigen. Dann wollte er, verstärkt durch Lehwaldts Truppen, beide in ihren Winterquartieren überfallen und gewiß wenigstens bis über die Weser zurücktreiben. Das war natürlich; in solcher Nähe, in Winterquartieren an der Saale, im Halberstädtischen, im Lüneburgischen und der Altmark, in einer Stellung von der aus sie den folgenden Feldzug mit der Einschließung von Magdeburg beginnen konnten, durfte er sie nicht dulden. — Dabei mußte freilich vorausgesetzt werden, daß es auch dem Herzog von Bevern gelingen werde, sich diese Monate über ohne namhaften Verlust gegen die österreichische Heeresmacht in Schlesien zu behaupten; überhaupt blieb es eine gewagte Berechnung. Aber es giebt in solcher Lage keine andere als eine gewagte, wenn man sich nicht schlichthin in das Schicksal des Ueberwundenen ergeben will. Der entschlossene Muth, es auf eine solche Berechnung hin zu wagen, — und zwar die Fähigkeit, sich nicht etwa bloß in augenblicklicher Aufwallung zu einem solchen Entschluß zu erheben, sondern in heroischer Standhaftigkeit lange Monate über darin auszuharren — und das Vertrauen zu sich selbst, daß man der Lage gewachsen bleiben werde, — das ist es, was in solchen Augenblicken das Schicksal von dem verlangt, dem Gegenwart und Zukunft eines Staats anvertraut ist, und was nur sehr wenige Menschen vermögen.

Richelieu blieb unthätig, und die Gründe, die er für seine Unthätigkeit anführte, waren zum Theil seltsam genug. Selbst ein angeblich allgemein verbreitetes Gerücht von dem erfolgten Tode der Kaiserin von Rußland mußte ihm als Grund dafür dienen. In der durch diesen Todesfall veränderten, unberechenbar gewordenen europäischen Lage dürfe man vor der Hand nichts weiter wagen, äußerte er mündlich und schriftlich. — Dann wieder meinte Richelieu, er könne nicht in die kursächsischen Lande vorrücken, denn er müsse, wenn er sich dorthin wenden wollte, jedenfalls einen Theil seiner Truppen vor Magdeburg stehen lassen, und was ihm dann bleibe, sei eine zu geringe Macht, um sich auf so weit aussehende Unternehmen einzulassen.

Seine Unthätigkeit lähmte auch alle anderen auf diesem Kriegsschauplatze verwendeten Streitkräfte. Soubise behauptete, nichts unternehmen, dem König von Preußen, selbst wenn er wiche, nur bis an die Saale folgen zu können, so lange Richelieu nicht nach Halle und Leipzig vorrücke, um Flanke und Rücken des Feindes zu bedrohen, so lange er, Soubise, seinerseits nicht die versprochenen Verstärkungen erhielt. Die Schweden aber zögerten in der Uckermark. In ihrem Hauptquartier dachte niemand daran, nach Berlin vorzurücken, und es dachte auch niemand in ihrem Namen an diese, wie man meinte, unfruchtbare Operation. Sie sollten, wie König Friedrich erfahren hatte oder sehr bestimmt errieth, Magdeburg auf dem rechten Ufer der Elbe einschließen und warteten natürlich darauf, daß Richelieu dasselbe auf dem linken Ufer thue.

Der König hatte inzwischen Gotha, als zu entfernt von seiner Stellung, räumen lassen — Soubise die Stadt mit einer starken Vorhut besetzt und dadurch dem General Seydlitz Gelegenheit gegeben, ein berühmt gewordenes Reiterstück auszuführen. Dieser magister equitum Friedrichs des Großen, wie ihn Berenhorst nennt, schreckte bekanntlich den Prinzen Soubise von der herzoglichen Tafel zu Gotha auf und vertrieb einen französischen Heertheil aus der Stadt, indem er seine wenigen Reiterschwadronen in einem Gliede aufmarschiren und, dadurch verdreifacht, mit Hülfe vieler improvisirten Standarten als den zahlreichen Vortrab eines mächtigen Heeres erscheinen ließ, das heranrücke.

Der König ging darauf (28. September) nach Buttstädt zurück und zwar in der Hoffnung, daß Soubise ihm folgen werde, und daß es doch noch zu der ersehnten Schlacht kommen könne. Als sich zu ergeben schien, daß diese Hoffnung eine vergebliche sei, beschloß er (11. Oktober) die rückgängige Bewegung bis in die Gegend von Naumburg fortzusetzen, um mehr in der Mitte seines sächsischen Kriegstheaters zu sein. Schon unterwegs aber erhielt er Nachrichten, die ihn bewogen, in größter Sorge und Aufregung noch weiter zurückzugehen. — Die Sorge, daß von den Lausitzer Bergen aus ein Handstreich auf Berlin versucht werden könnte, hatte sich einmal ungegründet erwiesen; sie hatte sich infolge dessen überhaupt gelegt. Jetzt erfuhr man, daß General Marschall im Marsch sei auf Berlin. König Friedrich hielt dieses Unternehmen im ersten Augenblick für ernster gemeint als es war; er glaubte es mit den Schweden verabredet und setzte die Absicht voraus, sich von den französischen Armeen unterstützt in der preußischen Hauptstadt festzusetzen.

Einen Augenblick sollen die österreichischen Generale wirklich im Sinne gehabt haben, sich über den Zug nach Berlin mit den Schweden zu verständigen, aber ohne auch nur entfernt daran zu denken, daß dieses Unternehmen dadurch eine ernstere Bedeutung gewinnen könne, und ohne deshalb eine größere Truppenzahl darauf verwenden zu wollen. — Doch wurde die Entfernung zu groß erachtet zu solchen Verabredungen und die günstige Zeit zu kurz bemessen. Was wirklich zur Ausführung kam, war nicht mehr als ein Freibeuterzug. Mit 5270 Mann, zur größeren Hälfte Kroaten und Husaren, hatte sich General Hadik dazu auf den Weg gemacht. Ein ziemlich unbedeutendes Gefecht verhalf ihm zu dem Besitz eines Thors und öffnete ihm den Eingang in die Stadt. Doch wagte er sich nicht ernstlich hinein und zog nach wenigen Stunden, zufrieden mit einer Kontribution von 200 000 Thalern und zwei Dutzend Paar Damen=Handschuhen, die der Kaiserin Maria Theresia bestimmt waren, wieder ab, ohne weiteres Unheil angerichtet zu haben. Die Schweden, die nur 9 Meilen von Berlin entfernt standen, hatten von dem ganzen Zug gar nichts erfahren.

König Friedrich ließ inzwischen nicht nur den Prinzen Moritz, den er wieder in seine Nähe herangezogen hatte, sofort bei Torgau über die Elbe eilen, zum Schutz der Hauptstadt, sondern auch der Prinz Ferdinand von Braunschweig, der dem Herzog von Richelieu gegenüber stand, mußte durch Magdeburg zurück nach Berlin, und der König folgte selbst mit wenigen Bataillonen, die er unmittelbar bei sich hatte, über Leipzig und Torgau ohne Rast den Spuren des Prinzen Moritz. Nur etwa 4000 Mann (7 Bat. 6 Schwadr.) ließ er unter dem Feldmarschall Keith bei Naumburg zurück, die französischen Heere zu beobachten. — Er stellte, beiläufig bemerkt, in solchen Fällen gern einen Feldmarschall an die Spitze schwacher Heertheile, die für bedeutender gehalten werden sollten als sie waren. Die Anwesenheit eines Feldmarschalls konnte den Feind veranlassen, sich ansehnlicheren Streitkräften gegenüber zu glauben. Doch alles kam zu spät, um Berlin zu schützen — und es gelang auch nicht, dem General Hadik den Rückweg nach der Lausitz und Böhmen zu verlegen.

Nun stand König Friedrichs kleines Heer auf dem rechten Ufer der Elbe in der Gegend von Herzberg. Fast in dem Augenblicke, in dem Hadik vor Berlin erschienen war, das heißt nur wenige Stunden später (den 17. Oktober) hatte der Prinz Ferdinand von Braunschweig, von preußischer Seite beauftragt, mit dem Herzog von Richelieu eine unter den obwaltenden Umständen sehr eigenthümliche Konvention geschlossen, der zufolge die Franzosen sich, „zur Schonung des Landes" anheischig machten, das Halberstädtische den Winter über nur durch die leichten Truppen des Obersten Fischer besetzt zu halten. Dagegen sollte das Land, nicht umsonst, sondern „für einen billigen Marktpreis", 175 000 Säcke Korn und 700 000 Rationen in die französischen Magazine liefern, und Feindseligkeiten sollten von beiden Seiten bis zum 15. April des folgenden Jahres (1758) im Halberstädtischen nicht geübt, die Bode von beiden Theilen nicht überschritten werden. Dem französischen Hof gegenüber rechtfertigte Richelieu dieses Abkommen damit, daß Halberstadt den Winter über nicht zu behaupten gewesen wäre — und daß es sich für jetzt vor allem darum handle, den Feldzug, der im kommenden Frühjahr an der Elbe eröffnet werden sollte, günstig einzuleiten.

Die Lage schien durch diesen Vertrag wesentlich verändert. Der Waffenstillstand war wohl, nach dem Wortlaut des Vertrages, genau nur für das Gebiet des ehemaligen Bisthums Halberstadt gültig, doch folgerte der König von Preußen, wie sich ergiebt, daß auch Soubise nichts weiter von Belang unternehmen werde. Dagegen versetzten ihn die Nachrichten aus Schlesien in große Unruhe. Es ging dort sehr schlecht. Der König wußte den Herzog von Bevern unter die Kanonen von Breslau zurückgedrängt, und daß die Oesterreicher im Begriff standen, die Laufgräben vor Schweidnitz zu eröffnen —: da beschäftigte ihn einen Augenblick der Gedanke, dorthin zu eilen, die Dinge zwischen der Oder und den Sudeten siegreich herzustellen und die Oesterreicher nicht nur zum Rückzug, sondern zu einem verlustvollen, das Heer zerrüttenden Rückzug nach Böhmen zu zwingen.

Die großen Züge seines Plans sind in einem Brief an den Herzog von Bevern vom 22. Oktober verzeichnet. Der König wollte zuerst gerade auf Görlitz marschiren; dort lagen 4000 österreichische Verwundete und Kranke, Friedrich hoffte, General Marschall werde es auf ein Treffen ankommen lassen, um das Hospital zu vertheidigen. „Alsdann denke ich meinen Marsch gerade auf Schweidnitz zu nehmen", sagt der König, „im Fall sonst der Feind diesen Ort attaquiret, da ich dann gerade auf ihn marschire", — „aber nicht eher — — bis der Feind canons en batteries gebracht hat, sonst es zu früh und zu zeitig wäre." — (Das heißt wohl, der Feind sollte nicht die Belagerung mit Leichtigkeit und ohne namhaften Verlust, nicht ohne unter anderem sein Belagerungsgeschütz einzubüßen, aufheben können, wie das möglich blieb, wenn der Entsatz zu einer früheren Periode heranrückte.)

„Hierdurch nun", fährt der Brief fort, „werden E. Liebden nicht nur Luft kriegen, sondern ich glaube auch fest, daß die gegen Dieselben stehende Armée über Hals und Kopf sich zurückziehen und retiriren werde. Alsdann müssen E. Liebden mit aller force auf solche agiren, ihre Arrièregarde attaquiren und ihnen allen möglichen Schaden thun. Wollen solche auf Mich marschiren, so marschiren E. Liebden gerade auf Schweidnitz, alsdann der Feind dieselben hinter sich hat. Ich aber ziehe Mich wieder zurück, und dann muß der Feind doch nach Böhmen zurück."

Doch dieser Plan kam nicht zur Ausführung. Das Jahr sollte überreich sein an überraschendem Wechsel und unerwarteten Ereignissen. In dem Augenblick, wo Richelieu einen Waffenstillstand schloß, erhob sich Soubise zu neuem Angriff. Die versprochenen Verstärkungen, die jetzt endlich von Richelieus Heer unter dem Herzog von Broglie heranrückten, und der Rückzug der Preußen ermuthigten ihn dazu. Er wollte nun wieder Sachsen noch in diesem Herbst befreien, der General Marschall sollte dazu mitwirken, bei Pirna eine Brücke über die Elbe schlagen und sich mit den Franzosen vereinigen; man wollte Dresden und Torgau erobern, oder wenigstens doch den letzteren Ort. Das Geschütz, dessen man zur Belagerung der sächsischen Hauptstadt bedurft hätte, sollte aus Böhmen herbeigeschafft werden. Der Plan rührte diesmal eigentlich von dem Prinzen von Hildburghausen her, und Soubise hatte sich dazu hinreißen lassen, kaum aber war die Ausführung begonnen, als sich wieder Unentschlossenheit und Zweifel einstellten. Soubise fand nun wieder, daß die Verpflegung der Truppen unüberwindliche Schwierigkeiten haben werde, daß der Zug an die Elbe mit großen Gefahren verbunden sei und gar keinen Zweck habe, wenn man nicht hoffen dürfe, Dresden und Torgau einzunehmen; auf Belagerungsartillerie sei aber nicht zu rechnen. — Auch lehnte es die österreichische Regierung ab, Marschalls Heertheil zu verstärken. Soubise wollte wieder nur bis an die Saale und Unstrut vorgehen.

Am Hof zu Versailles schwankte man zwischen dem Wunsch, Sachsen noch in diesem Herbst zu befreien, und dem Gedanken, daß es besser sei, hinter der Saale Winterquartiere zu beziehen und sich gründlich auf die Eroberung der Plätze an der Elbe im nächsten Frühjahr vorzubereiten. Eben als dieser letztere Plan dort in Versailles entschieden das Uebergewicht gewann, ermuthigte der weitere Rückzug der Preußen den Prinzen Soubise zu neuen Unternehmungen. Er wollte nun nach Naumburg, nach Merseburg und über die Saale nach Leipzig vorrücken. In der That gehörte kein großer Muth dazu, da er zur Zeit so gut wie gar keinen Feind vor sich hatte, und wirklich erschienen sowohl seine Truppen als die Reichsarmee in der Ebene bei Leipzig — hier aber sah er sich durch den bestimmten Befehl seines Hofes wieder über die Saale zurückgerufen.

Doch genügte diese Bewegung nun nicht mehr, neue, entscheidende Kämpfe zu vermeiden. Das unerwartet kecke Vorrücken der Franzosen hatte eine neue Wendung des Feldzugs herbeigeführt und eine Katastrophe vorbereitet, der Soubise, auch nachdem er die Befehle des Hofes befolgt hatte, auf halbem Wege entgegen ging.

Der Feldmarschall Keith hatte vor den Franzosen von Naumburg nach Leipzig zurückweichen müssen, meldete, daß er sich auch dort nicht behaupten könne, und bat um schleunige Hülfe. Augenblicklich war der Entschluß des Königs gefaßt. Der unerwartete strategische Angriff des Prinzen Soubise ließ hoffen, daß er jetzt einer Schlacht nicht weiter ausweichen werde. Der König brach nach Leipzig auf; dorthin mußten auch der Fürst Moritz und der Herzog Ferdinand marschiren, jener von Dahme, dieser aus der Umgegend von Berlin her. Es war am 23. Oktober, nur einen Tag nachdem der erwähnte Brief an den Herzog von Bevern abgefertigt war, daß diese Befehle ergingen. Der Herzog Ferdinand sollte unterwegs die Truppen zu schlagen suchen, die eben jetzt, von Richelieu zu Soubise entsendet, heranrückten; der König äußerte sich sehr unzufrieden, als es nicht geschehen war. Der Feind wich über die Saale — der König folgte ihm dorthin in die Gegend von Merseburg.

Das alles war natürlich gar nicht nach dem Sinn des Prinzen Heinrich und seiner Getreuen. Der Prinz war die ganze Zeit über nicht müde geworden, dem König „Wahrheiten" zu wiederholen, die immer wieder zu den uns schon bekannten Konklusionen führten.

Schon daß der König so lange bei Erfurt und Buttstädt geweilt, daß er den Fürsten Moritz, als er an eine Gefahr für Berlin nicht glaubte, in der Hoffnung auf eine Schlacht, von Torgau weg, näher zu sich herangezogen hatte, wurde jetzt, nach dem Freibeuterzug Hadiks, nachträglich streng getadelt. Hätte der König, schreibt Graf Hencke, (am 18. Oktober), dem Fürsten Moritz, anstatt ihn „hin und her spazieren" zu lassen, lieber bei Torgau, durch den eigenen Heertheil des Königs gedeckt, einige Erholung gewährt, dann wäre man bei Zeiten von Hadiks Marsch unterrichtet worden und hätte dem Unglück vorbeugen können. Und dann wieder: „Unser langer Stillstand der Reichsarmee

gegenüber hat allein unsere Hülfe verspätet, und, gestehen wir es uns nur aufrichtig, die Eitelkeit allein, uns mit so schwachen Kräften der feindlichen Armee gegenüber so lange zu halten, stürzt uns ins Verderben."
— „Ich wiederhole noch einmal, nur allein Eitelkeit und Unentschlossenheit haben uns so lange in Thüringen festgehalten." — So viel Unglück sei dieses Krieges würdig, der sowohl seiner Ursache als auch der Art und Weise wegen, wie er geführt werde und enden müsse, „einzig" dastehe!

Den Plan, nach Görlitz und nach Schlesien zu ziehen, mißbilligte der Prinz Heinrich auf das entschiedenste. „Umsonst" stellte der Prinz dem König vor, daß General Marschall gar keinen Grund habe, es bei Görlitz auf ein Treffen ankommen zu lassen; er werde sich wohl in die Berge zurückziehen. Wolle dann der König vorbeimarschiren nach Schlesien, dann könne ihm Marschall im Rücken folgen. Oder glaube dieser General, daß die österreichische Armee in Schlesien allein mit dem König fertig werden würde, so könne er gradeswegs nach Berlin marschiren oder auf Torgau fallen, wodurch ganz Sachsen verloren wäre. Die Reichsarmee könne sich indessen in Besitz von Leipzig setzen, bei Dessau ein „Korps" über die Elbe gehen lassen, sich Berlins bemächtigen und mit den Schweden vereinigen. Die Lage in Schlesien wollte der Prinz für verhältnißmäßig günstig halten, obgleich die Berichte des Herzogs von Bevern sehr trostlos lauteten. Der Herzog stehe in vortheilhafter Stellung vor Breslau; der Feind könne ihm da eigentlich nichts anhaben, denn — der Herzog könne sein Breslauer Magazin nach Belieben aus Polen ergänzen. Mangel werde er nicht leiden, während beim Feinde Lebensmittel und Fourage zu fehlen anfingen. — „Man spräche zwar viel von einer vorzunehmenden Belagerung der Festung Schweidnitz und von unverzüglicher Ankunft des Belagerungsgeschützes, jedoch sei von alledem noch nichts erfolgt. Es wäre auch wohl nicht anzunehmen, daß bei so vorgerückter Jahreszeit eine Belagerung noch unternommen werden würde."

Merkwürdig ist in diesen Auseinandersetzungen neben vielem anderen auch die ungemeine Wichtigkeit, die dem unbedeutenden Torgau beigelegt wird, das selbst gegen einen Angriff mit Feldgeschütz kaum zwei Tage zu halten und jedenfalls sehr leichten Kaufs wieder zu haben war, wenn es ja einmal verloren ging.

„Meiner Ansicht nach", schreibt Graf Henckel, „konnte der König nichts Besseres thun, als Leipzig aufgeben, im Fall der Feind mit Gewalt vordrängte, die Elbe passiren und Quartiere in Torgau, Wittenberg, Dessau, Kottbus, Peitz u. s. w. beziehen. Hierdurch deckte er Sachsen von der Elbseite und gegen die Lausitz sowie seine eigenen Lande, konnte die Verbindung mit Schlesien vermittelst der Lausitz, in welcher er seine Quartiere noch weiter vorschieben konnte, falls der General Hadik nicht zu stark war, herstellen und seinen Truppen die Ruhe gönnen, der dieselben nach den unaufhörlichen Märschen so sehr bedurften." — Und der beste und werthvollste Theil Sachsens mit seinen reichen Hülfsquellen war aufgegeben, und Dresden und Schlesien waren ihrem Schicksal überlassen! — Es ist merkwürdig, wie leicht solche Theoretiker, einmal in einen willkürlich abgegrenzten Kreis von Ideen festgebannt, sich selbst mit Vorstellungen abfinden, die eigentlich gar keinen Inhalt haben: was sollte oder konnte die „Verbindung mit Schlesien" bedeuten, was war mit ihr gewonnen, wenn die Armee des Königs zu keinerlei That schreiten konnte oder durfte, um dieses Land zu behaupten?

Henckels Ansicht wird wohl so ziemlich auch die des Prinzen Heinrich gewesen sein. Wenigstens ist in keiner Weise ersichtlich, was für andere Rathschläge der hätte an die Hand geben können, da er alles verwarf, was der König vorhatte, und jede That für unmöglich erklärte. — Der Krieg wäre unstreitig zu einem raschen Ende gekommen, wenn der König auf solche Rathschläge einging, aber der Prinz Heinrich wäre gewiß auch dadurch nicht zu der Einsicht erweckt worden, wie thöricht seine Weisheit war. Er hätte den Grund des Unheils auch dann in den unverzeihlichen Fehlern gesehen, die der König, seiner Meinung nach, früher begangen hatte, und die nicht wieder gut zu machen gewesen seien.

Nun — klagten der Prinz und sein Anhang — gab der König zwar den Zug nach Schlesien auf, aber nur um noch Schlimmeres zu beginnen, um Soubise zu einer ganz unnützen Schlacht herauszufordern. „So ist denn die Schlachtengrille abermals aufgetaucht, ohne einen einzigen Grund zu haben, der einen guten General zum Schlagen bestimmen könnte. Verlieren wir eine Schlacht, so verlieren wir immer viel, ohne durch den Gewinn einer solchen mehr zu profitiren, als die Festhaltung Leipzigs, was uns nach der letzten Kontribution gar nicht mehr von großer Wichtigkeit sein kann, da der König versprochen hat, daß diese die letzte gewesen sein solle." (Henckel 1, 2, 330.)

Im Weiteren aber bewies König Friedrich auch hier wieder dieselbe maßvolle besonnene Fassung wie zwei Monate früher in der Lausitz; er bedurfte jetzt noch viel entschiedener als damals eines Sieges, um nach Schlesien eilen zu können, wo seine Gegenwart mit jedem Tage nothwendiger wurde, aber er suchte auch jetzt wieder die Schlacht nicht mit Spieler-Verwegenheit.

Die französische und die Reichsarmee hatten, mitten inne zwischen Naumburg und Halle, auf den Höhen bei Mücheln eine Stellung genommen, deren Stirnseite gegen Naumburg und Weißenfels gewendet war. Der König von Preußen, der in drei Kolonnen bei Weißenfels, Merseburg und Halle über die Saale gegangen war, vereinigte seine Truppen am 3. November in der linken Flanke des Feindes bei Braunsdorf. Am folgenden Tage sollte der Angriff stattfinden. Doch Soubise und die Reichsarmee hatten in der Nacht ihre Stellung vortheilhaft verändert, König Friedrich fand den Angriff zu gewagt und stand davon ab. Er nahm den vereinigten Armeen gegenüber zwischen Bedra und Roßbach Stellung.

Bald aber gestalteten sich die Umstände über Erwartung günstig. Soubise, der ungern über die Saale zurückgegangen war, glaubte sich jetzt, verstärkt durch die Truppen unter Broglie, dem König so ziemlich gewachsen und mied eine Schlacht nicht mehr so ängstlich wie früher; er war bereit, sie anzunehmen. „C'est avec regret que je renonce aux espérances que me donnaient pour la fin de la campagne la bonne volonté des troupes et le désir de joindre l'ennemi", hatte er am 30. Oktober dem Kriegsminister Paulmy geschrieben, und dann wieder am 2. November: „S'il passe la Saale — der König von Preußen nämlich — pour la gloire de la nation et la tranquillité assurée de l'armée, je pense qu'il ne faut pas balancer à marcher à lui et le combattre. Les troupes le désirent avec une ardeur qui est de bien bon augure." In solcher Stimmung konnte er leicht durch den Prinzen von Hildburghausen dazu bestimmt werden, am folgenden Tage (5. November) selbst zum Angriff überzugehen. Die beiden Feldherren ließen der Stirnseite der preußischen Stellung gegenüber nur eine mäßige Abtheilung unter dem Grafen St. Germain stehen; die Hauptmasse ihres Heeres sollte, treffenweise rechts abmarschirt, im Bogen um den linken Flügel der Preußen herum in deren Rücken marschiren und dort wieder in Linie einschwenken. Mit wirklich naiver Zuversicht scheinen beide, Hildburghausen und Soubise, erwartet zu haben, der König werde das ruhig geschehen lassen und einfach zusehen — denn sie hatten gar keine Anstalten getroffen, dieses vermessene Manöver zu decken.

Der Verlauf der berühmten Schlacht, die sich nun entspann — der bataille amusante, wie man sie auch genannt hat — ist bekannt. König Friedrich ließ seinen linken Flügel, oder vielmehr seine gesammte Infanterie bis auf ein Bataillon, und den größten Theil seiner Reiterei einen Hacken rückwärts bilden, aber nicht etwa um in solcher Stellung den Angriff zu erwarten: die Truppen dieses Flügels marschirten am Fuß einer Bodenwelle, dem Feinde nicht sichtbar, rückwärts so weit als nöthig war, um auf die Spitzen der umgehenden feindlichen Treffen zu fallen, erschienen dann plötzlich auf dem Kamm der Bodenwelle und gingen sofort zum Angriff über, der dann wirklich auf die Spitzen der französischen Kolonnen traf; in kaum einer halben Stunde war der Kampf hauptsächlich durch Seydlitz und seine Reiter entschieden. Die hier gegen Preußen vereinigten Armeen zählten im Ganzen 64 080 Mann, davon sollen jedoch neueren Untersuchungen zufolge, da verschiedentlich Entsendungen stattgefunden hatten, nur 43 000 und darunter nur 9500 Mann Reichstruppen auf dem Schlachtfelde vereinigt gewesen sein. Es heißt aber dieser vereinigten Heeresmacht und zumal ihren Führern mehr als verdiente Ehre erweisen, wenn man sagt, sie seien von 21 600 Preußen geschlagen worden, denn von preußischer Seite waren nur 7 Bataillone und 38 Schwadronen, gewiß nicht mehr als 8500 Mann, zum Gefecht gekommen, und keines der preußischen Bataillone hatte mehr als fünfzehn Patronen verfeuert. Wie die Schlacht verlief, hätte es wohl kaum einen wesentlichen Unterschied gemacht, wenn auch die fehlenden 20 000 Mann mehr zur Stelle gewesen wären. Daß das Ergebniß nicht sehr ruhmvoll sei, das wußte sich auch das französische Offizierkorps wohl zu sagen. Sehr charakteristisch sind in dieser Beziehung die Worte, die Soubise am 10. November dem Kriegsminister Paulmy schrieb: „Vor allen Dingen ist es nöthig, die Ehre der Nation zum Theil zu retten und das Unglück den Reichstruppen zuzuschreiben." („De préférence à toute chose, il faut sauver en partie l'honneur de la nation et rejeter le malheur sur les Impériaux.") Zu anderer Weise nicht minder charakteristisch ist eine Bemerkung, die in dem Brief unmittelbar auf die angeführten Worte folgt: „Unsere Disposition war, wie ich glaube, sehr gut, der König von Preußen hat uns (aber) nicht Zeit gelassen, sie auszuführen." („Notre disposition était très bonne, à ce que je crois, le Roi de Prusse ne nous a pas donné le temps de l'exécuter.") — Allerdings verdrießlich! — Die Franzosen flohen in vollkommener Auflösung bis nach Hessen und selbst bis nach Frankfurt am Main; die Reichstruppen liefen in derselben Weise bis nach Franken. Der König von Preußen war diese Feinde los!

Bedenklich blieb auch dann freilich noch, daß Richelieus Armee in Niedersachsen, ihre Spitze im Halberstädtischen stand, in gefährlicher Nähe. Sie konnten wenigstens im folgenden Frühjahr von dort aus in alles lähmender Weise in den weiteren Gang des Krieges eingreifen. Denn hatte man sich ihrer an der Elbe zu erwehren, so blieb schwerlich eine genügende Heeresmacht gegen Oesterreich zur Verfügung. Doch auch von dieser Seite wendeten sich um diese Zeit die Dinge zum Besseren. William Pitt der Aeltere, kurze Zeit über verdrängt, trat wieder an die Spitze der englischen Regierung und entfaltete eine Energie, die Indien und Amerika umfaßte, so gut wie den Kriegsschauplatz in Deutschland. Die Franzosen hatten sich der hannoverschen Lande zu bemächtigen gesucht, um ein Pfand in Händen zu haben, gegen das bei dem Friedensschluß wieder eingetauscht werden könne, was vielleicht anderswo verloren gegangen war. William Pitt wußte sich zu sagen, daß man die Stammlande des Königs von England wieder erobern und behaupten müsse, damit England etwaiger Eroberungen in Amerika und in Ostindien froh werden und sie behalten könne, sie nicht im Frieden wieder aufgeben müsse, um seinem König dagegen dessen deutsches Fürstenthum wieder einzulösen. Die Konvention von Kloster Zeven, von der französischen Regierung ohnehin nie förmlich bestätigt, wurde nun von Seiten Englands ausdrücklich verworfen; bald sollten die Hannoveraner und alle mit ihnen vereinigten Bundestruppen wieder zu den Waffen greifen; schon war der Herzog Ferdinand von Braunschweig zu ihrem Feldherrn ernannt, und Richelieu mußte sich gegen diesen wiedererstandenen Feind zurückwenden.

König Friedrich, der den Flüchtigen von Roßbach nur bis Eckartsberga über die Unstrut gefolgt war, konnte, von dieser Seite einigermaßen beruhigt, seine Schritte nach Schlesien lenken.

Breslau.

In Schlesien hatte unterdessen, wie Berenhorst sagt, „ein vortrefflicher General" — nämlich der Herzog von Bevern — „mit aller möglichen Kunstwissenschaft einen schlechten Feldzug" gemacht und war „zuletzt geschlagen" worden.

Es war wieder keine glückliche Wahl, die den Herzog von Bevern an die Spitze des preußischen Heeres in der Lausitz stellte, denn dieser Fürst war auf dem Schlachtfelde und überhaupt in unmittelbarer Nähe des Befehlführenden ein brauchbares Werkzeug in der Hand eines Höheren, aber, wie sich bald ergab, der Aufgabe, einen Feldzug selbständig zu führen, einen ganzen Kriegsschauplatz unter schwierigen Umständen, wie sie hier vorlagen, zu beherrschen, weitaus nicht gewachsen. Doch ist schwer zu sagen, wen der König anstatt seiner hätte wählen können. Der Prinz Heinrich hätte es ohne Zweifel auch diesmal wieder, wie schon zweimal früher, abgelehnt, sich einer Aufgabe zu unterziehen, die er nicht bloß für eine sehr schwierige, sondern für eine vollkommen hoffnungslose hielt. Winterfeldt stand zu tief auf der Liste der Generallieutenants; andere, denen der König vielleicht vertraut hätte, standen noch weiter zurück in Rang und Dienstalter. Auch rechnete der König darauf, daß der Herzog sich werde von Winterfeldt leiten lassen. Es war ein Ausweg, den er öfter wählte, daß er einem würdigen, aber beschränkten General einen königlichen Flügeladjutanten als Rathgeber mit besonderer Vollmacht zur Seite stellte. Vielleicht wurde dabei nicht gehörig erwogen, daß es immer ein unsicheres, zerbrechliches Verhältniß bleibt, wenn Einer von offiziell untergeordneter Stellung aus die Dinge leiten und ein Anderer, im Range höher Gestellter, an Jahren Aelterer die Verantwortung dafür übernehmen soll. In diesem Falle kam noch dazu, daß Winterfeldt dem Herzog von Bevern, der sich immer zur Partei der Prinzen gehalten hatte, verhaßt war.

Winterfeldt blieb in einem unglücklichen Gefecht, dem allerersten dieses Feldzuges, in dem er nur ziemlich lässig unterstützt worden war, am 7. September auf dem Holzberge bei Görlitz — und nun verfiel der Herzog von Bevern einem beinahe ununterbrochenen Kriegsrath. Die Folge war auch hier, was sie immer ist, nämlich daß seine Heerführung immer schwankender, immer unsicherer wurde, umsomehr, da König Friedrich von ihm, wie von allen seinen entsendeten Generalen, Dinge verlangte, die zwar nicht an sich, wohl aber für den Herzog von Bevern unmöglich waren und weit über seine Fähigkeiten gingen.

Auf Seiten der Oesterreicher zeigte sich hier wieder, wie wenig ihre Weise der Kriegführung dem Zweck und Wesen dieses Krieges entsprach. Sie wollten Schlesien gewinnen und konnten sich wohl sagen, daß Friedrich II. dieses Land und die Zukunft Preußens nimmermehr aufgeben werde, so lange nicht seine Heeresmacht gänzlich zertrümmert am Boden lag. Die Lage im Allgemeinen wurde auch wirklich im vertrauten Rath der Kaiserin in diesem Sinne beurtheilt. Kaunitz vor allen beurtheilte den großen Gegner in dieser Beziehung ganz richtig und erwartete solche heroische Standhaftigkeit von ihm. Ueberhaupt lagen solche Vorstellungen der stets wiederholten Forderung zum Grunde, daß die Macht Preußens auf das Aeußerste beschränkt werden müsse, damit sein König nie wieder gefährlich werden könne. Die Folgerung, daß der Krieg in einem Geiste geführt werden müsse, der solchen Anschauungen entspräche, lag sehr nahe, wie man denken sollte.

Auch sehen wir in der That diesen Gedanken eben zu dieser Zeit hin und wieder aufleuchten. Kaunitz hatte bereits ausgesprochen, daß man die Operationen vorzugsweise auf das feindliche Heer richten müsse und warum — aber, wie wir glauben, ohne sich mit Bestimmtheit Rechenschaft davon zu geben, was er damit sagte und was daraus folgte. Mit überraschender Klarheit und Bestimmtheit ist dagegen die Ansicht, in der wir Anderen, Söhne einer späteren Zeit, leicht die richtige erkennen, in einem Brief ausgesprochen, den der französische Botschafter am Wiener Hof, Choiseul-Stainville, schon am 2. September an den Kriegsminister Paulmy richtete. Der französische Diplomat sagt darin, man müsse von dem Grundsatz ausgehen, daß die Macht des Königs von Preußen in seiner Armee und nur in dieser bestehe. Alle Unternehmungen müßten daher unmittelbar gegen dieses Heer gerichtet sein, um es durch

stete Angriffe und Gefechte zu ermüden und abzumatten. — Selbst Maria
Theresias ganz unbedeutender Gemahl, der Kaiser Franz, schrieb seinem
Bruder schon am 27. Juli — zur Zeit, als man in Wien ungeduldig
wurde, weil die Generale den Feind nicht aus Böhmen zu vertreiben
wußten —: „Wir müssen nicht an die Eroberung des Landes denken,
sondern einzig und allein an die Vernichtung seiner — König Friedrichs —
Armee (in der wunderbaren Orthographie des hohen Herrn: a la destru-
quesion de son arme), denn wenn man ihm die zu Grunde richten
kann, fallen uns die Länder von selbst zu."

Merkwürdig aber ist, daß diese Ideen sich nur im Kreise der Staatsmänner regten, die nicht Männer vom Fach, nicht Kriegsleute waren.
Selbst im Kabinet der Kaiserin widersprach ihnen der einzige Militär,
der da mitzusprechen hatte, der Feldmarschall Neipperg — und was
die Feldherren an der Spitze der Armeen betrifft, die waren so befangen
in den Lehren der zur Zeit herrschenden formlosen Theorie, daß sie sich
für solche Anschauungen vollkommen unzugänglich erwiesen. Trotz aller
wiederholten Mahnungen aus Wien wollten sie nach wie vor ihre ganz
unverhältnißmäßige Uebermacht nicht gebrauchen, um den Herzog von
Bevern aufzusuchen und zu einer entscheidenden Schlacht herauszufordern.
Uneingedenk der Worte Montecuccolis: „S'imaginer de faire de
grandes conquêtes sans combattre, c'est un projet chimérique",
wollten sie Schlesien erobern, ohne etwas zu wagen, wie sie meinten,
auf dem sicheren Wege des Manövrirens, den sie dem unsicheren Mittel
einer Schlacht vorzogen. Sie wollten die preußische Armee in Schach
halten, aus jeder Stellung, in der sie ihnen im Wege war, kunstgerecht
hinausmanövriren, sie von dieser, von jener Festung abschneiden, die
Gelegenheit wahrnehmen, die eine oder die andere Festung zu belagern
und zu erobern — um schließlich gesicherte Winterquartiere in Schlesien
beziehen zu können.

Der Herzog von Bevern verließ nach dem unglücklichen Gefecht
auf dem Holzberge aus Verpflegungsrücksichten, etwas übereilt und ohne
eigentliche Nothwendigkeit, — am 10. September — die Gegend von
Görlitz und marschirte zunächst nach Bunzlau, wo er am 13. eintraf und
bis zum 18. verweilte. — Der Weg in die Mark und nach Berlin war
damit dem Feinde geöffnet.

Das war nicht wohl zu ändern. Trat aber nun die Nothwendigkeit ein, den Rückzug weiter fortzusetzen, so mußte sich der Herzog nach König Friedrichs Ansicht in das Gebirge wenden und zunächst bei Löwenberg oder Schmottseifen Stellung nehmen, im Wesentlichen die Rückzugslinie auf Schweidnitz innehalten. Und es ist wahr; stand er bei Löwenberg, so marschirte die österreichische Armee, die zur Zeit ihre Zufuhren über Zittau und Görlitz aus Böhmen erhalten mußte, gewiß nicht an ihm vorbei, um auf dem geraden Wege über Bunzlau und Liegnitz auf Breslau loszugehen. Ihn in einer festen Gebirgsstellung anzugreifen, hätten die österreichischen Generale, die nichts wagen wollten, gar vielerlei Bedenken gefunden. Ihn herauszumanövriren wäre schwierig gewesen, wenn die Oesterreicher nicht ihre eigenen Verbindungen bloßstellen wollten, und es hätte jedenfalls Zeit erfordert.

Anstatt dessen überließ der Herzog dem Feinde das Gebirge und meldete dem König noch aus Bunzlau, er lauere nur darauf, der Feind solle die Berge verlassen und in die Ebene herabsteigen, dann wolle er ihm im Namen Gottes und unter dessen heiligem Schutz eine Schlacht liefern. — Als ob er dazu der Mann gewesen wäre! — Das konnte Friedrich der Große, aber nicht der Herzog von Bevern. Eines ziemt sich nicht für Alle! Oder war etwa der Herzog der Mann dazu, den ihm untergebenen Generalen in der Weise zu imponiren, die eine pünktliche und energische Ausführung auch gewagter Beschlüsse verbürgt? War es ihm gegeben, den Truppen das Vertrauen, die Siegeszuversicht einzuflößen, die in solchem Falle unerläßlich sind? Ein Feldherr, der sich fortwährend bei seinen Untergebenen Raths erholt, bei ihnen die Festigkeit sucht, die er ihnen verleihen müßte, und eine schwankende Un=sicherheit der Führung sichtbar werden läßt, vermag weder das Eine noch das Andere. Auch sollte sich bald genug zeigen, daß es mit der Schlacht nicht sehr ernstlich gemeint war. Der Gedanke an ein ernstes Treffen war wohl nicht viel mehr als eine spielende Vorstellung, mit der sich der Herzog beschäftigte, so lange ihm die That als eine bloße Möglichkeit vorschwebte und der wirkliche Entschluß dazu nicht von ihm gefordert wurde. Auch machte er selbst sich die Schlacht dadurch unmöglich, daß er die Besatzungen schlesischer Festungen durch Truppen seiner Armee verstärkte und um so viel weniger im freien Felde zur Verfügung behielt.

Bemerkenswerth ist auch, daß hier — und vielleicht zum ersten Male — eine Vorstellung hervortritt, die später mehrfach maßgebend geworden ist und 1806 bei Jena das Ihrige dazu beigetragen hat, die preußische Armee in das Verderben zu stürzen — die Vorstellung nämlich, daß die eigenthümliche Ueberlegenheit der preußischen Armee in ihrer Geläufigkeit im Manövriren liege, und daß eine preußische Armee demnach darauf bedacht sein müsse, den Feind dahin zu bringen, daß er ihr in der „Plaine" begegne.

Der Herzog von Bevern war am 19. September nach Liegnitz aufgebrochen und glaubte dort in einer Stellung auf dem rechten Ufer der Katzbach, mit dem linken Flügel an Barschdorf, seine Verbindungen mit Breslau und selbst mit Schweidnitz gesichert, obgleich der Feind ihn bereits durch das Gebirge, auf dem Wege über Löwenberg und Schönau, umgangen hatte und zwischen Jauer und Striegau erschienen. Bald standen die Oesterreicher auch auf der Hochebene bei Wahlstatt, und der Herzog von Bevern sah sich vollständig von Breslau wie von Schweidnitz abgeschnitten. Erst am 26. September wurde sein linker Flügel bei Barschdorf ohne Nachdruck angegriffen, eigentlich nur kanonirt; er seinerseits dachte längst nicht mehr an eine Schlacht, aber daß er noch so ziemlich glücklich auf das linke Ufer der Katzbach zurückgehen konnte, verdankte er wohl nur dem Umstand, daß die österreichischen Feldherren ihre Zwecke ohne Wagniß und ohne Blutvergießen erreichen wollten.

Diesmal glücklicher inspirirt, that der Herzog das Beste was jetzt noch zu thun blieb: während die Oesterreicher glaubten, daß er sich auf Glogau zurückziehe, ging er bei Liebau über die Oder, eilte auf deren rechtem Ufer nach Breslau und nahm dort am 1. Oktober auf dem linken Ufer des Stromes vor der Stadt, auf den unbedeutenden Abhängen an der Lohe, eine Stellung, die er bald zu verschanzen begann — in der ihm aber der gewaltigen österreichischen Uebermacht gegenüber, die bei Lissa stand, von Anfang an gar hoffnungslos zu Muthe war. Schon gleich nach seinem Eintreffen daselbst (1. Oktober) schrieb er dem König daß es, „falls Gott nicht sonderlich hilft" — „so übel als möglich ablaufen" könne. Am 3. Oktober hatte bereits ein Kriegsrath entschieden, daß man sich durch Breslau über die Oder nach Glogau zurückziehen müsse. Das wagte der Herzog, wahrscheinlich aus Scheu vor Friedrichs Zorn, nicht zu thun, so hoffnungslos ihm auch seine Lage bei Breslau erschien.

Aber er klagte am 6. Oktober von neuem: „wenn der Feind zugleich gegen die Front und linke Flanke etwas tentiren sollte, wozu er force genug hat, so weiß ich nicht, wie es ohne Gottes besonderen Beistand gut für uns ablaufen könnte." Doch erkannte er die Wichtigkeit Breslaus und wollte das Aeußerste „abwarten". — Und dann wieder am 16: „Ich sehe nicht ab, wie ich es bewerkstelligen könnte, Schweidnitz zu sucursiren und Breslau zugleich zu decken. Es müßte denn Gott geben, daß der Feind detachiren möchte, und daß es so möglich würde, die große Armee mit einer wahrscheinlichen avantage attakiren zu können, welches aber, wenn es nicht réussirt, auch alles gewagt ist." — „Fällt Schweidnitz, so wird man mich von allen Seiten einschließen. Ich sehe kein anderes Mittel als die extrémité abzuwarten."

Diesen Zeilen war leicht zu entnehmen, daß der Herzog nicht „attackiren" werde, auch wenn Gott gab, daß die Oesterreicher „detachirten". — Schon hatte der König den Herzog aufgefordert „allen Kriegsrath abzuschaffen" und sich mehr auf sich selbst zu verlassen; aus einem Kriegsrath ergebe sich niemals etwas anderes, als daß die „timide Parthie" die Mehrzahl der Stimmen vereinige. — Der letzte Brief des Herzogs scheint den am 22. Oktober entworfenen Plan eines eiligen Zuges nach Schlesien hervorgerufen zu haben, der dann wieder aufgegeben wurde.

Die Oesterreicher ließen sich Zeit, doch entsendeten sie das Korps des Grafen Nadasdy, nicht weniger als ein volles Drittheil ihrer Gesammtmacht, und wohl noch etwas mehr, um Schweidnitz zu belagern, doch wurden die Laufgräben vor diesem Ort erst am 27. Oktober eröffnet. — Man rechnete im Allgemeinen, daß Schweidnitz sich sechs Wochen oder selbst zwei Monate halten könne, was uns heutzutage wohl befremdet, wenn wir uns den damaligen Zustand der Sternschanzen vergegenwärtigen, auf denen die Vertheidigung beruhte, ihre Kleinheit, ihre schwache artilleristische Bewaffnung, schwaches Profil, isolirte Lage und offenen Kehlen. Der Herzog von Bevern, der überhaupt nicht in der Stimmung war, kühn zu hoffen, erwartete keinen so nachhaltigen Widerstand. Er schrieb dem König am 29. Oktober, er fürchte ein Bombardement von Schweidnitz, einen Sturm auf ein Fort und den Verlust der Festung; dann werde sich die ganze österreichische Armee gegen ihn wenden: ob er vorher angreifen solle? — da er den König nicht mehr rechtzeitig erwarten dürfe.

Bestimmter schrieb er am 1. November, da der König unmöglich mehr zu rechter Zeit „à portée" sein könne, um das Vorhaben des Feindes zu hindern, werde er sich „bemüßigt sehen", einen „coup de désespoir zu thun" und den Feind anzugreifen, ehe er selbst vollständig eingeschlossen sei und angegriffen werde. — Der Entschluß fiel ihm aber sehr schwer, er suchte die That, die er ankündigte, so lange als irgend möglich zu verschieben. Er schrieb den 3. November, wenn Schweidnitz falle, werde er angreifen, ehe die zur Belagerung entsendeten Truppen wieder bei der österreichischen Hauptarmee eingetroffen seien.

In dem allen spricht sich aber bei weitem mehr eine gedrückte Stimmung aus als der wirkliche Wille, sich einer kühnen That zu vermessen. Was er schreibt, das sind sichtlich Vorstellungen, mit denen er sich selbst hinzuhalten suchte, um der Nothwendigkeit, einen Entschluß zu fassen, für den Augenblick zu entgehen.

Nun war die Schlacht bei Roßbach geschlagen und gewonnen, König Friedrich bereitete sich in Eile zu dem Zug nach Schlesien — und wir sehen auch hier wieder, daß er seinen entsendeten Generalen Aufgaben stellte, die weit über ihr Vermögen gingen. An der Saale blieben nur 3 Bataillone und 6 Schwadronen unter dem bei Roßbach verwundeten Prinzen Heinrich stehen. Mit 12 Bataillonen und 14 Schwadronen, die aber zur Zeit kaum mehr als 6000 Mann zählten, sollte der Feldmarschall Keith über das Erzgebirge in Böhmen einfallen und den Glauben verbreiten, daß ein Angriff auf Prag beabsichtigt sei. Wieder wurde ein Feldmarschall an die Spitze einer geringfügigen Schaar gestellt, damit der Feind hier zum wenigsten eine ansehnliche Macht voraussetze. Der unmittelbare Zweck dieser Diversion war, dem König den Weg nach Schlesien frei zu machen, indem die österreichischen Truppen die unter Marschall und Hadik bei Bautzen und Großenhayn standen, veranlaßt wurden, zum Schutz von Prag zurückzueilen. — Mit etwa 14 000 Mann brach der König nach Schlesien auf. Das war eine geringe Macht, um so Großes auszuführen wie er im Sinne hatte. Auffallend ist es, daß er gar nicht daran dachte, etwas von den Truppen unter Lehwaldt nach Schlesien heranzuziehen, wo entscheidende Schläge geführt werden sollten und kein Ueberfluß an Streitkräften war. Gegen die

Schweden hätte es des ganzen Heertheils, den Lehwaldt herbeiführte, wohl nicht bedurft.

Noch ehe er sich in Marsch gesetzt hatte, beantwortete der König auch — am 8. November — die drei oben angeführten Schreiben des Herzogs von Bevern. Er hielt den schwankend angekündigten Entschluß des Herzogs, die Oesterreicher anzugreifen, während ein Theil ihrer Streitkräfte mit der Belagerung von Schweidnitz beschäftigt war, und ohne seine, des Königs, Ankunft abzuwarten, für wirklich gefaßt und billigte ihn in seiner Antwort auf das entschiedenste. Er selbst, fügt König Friedrich hinzu, werde Keith nach Böhmen entsenden und durch die Lausitz gerade auf Schweidnitz zu marschiren: „da dann, wenn zumalen E. L., wie ich hoffe, den Feind schlagen, und es gut geht, wir solchen in die Mitte fassen, und nicht zu zweifeln ist, daß er über Hals und Kopf davon und nach Böhmen laufen werde."

So dachte denn der große König auch jetzt nicht bloß daran, Schweidnitz zu entsetzen, den Herzog von Bevern aus der Art von Einschließung zu befreien, in der er gehalten wurde, die Belagerung von Breslau zu verhindern und dann vielleicht noch das österreichische Heer, das dann auf gesicherte Winterquartiere in Schlesien nicht mehr rechnen konnte, nach Böhmen zurück zu manövriren, wie das den zur Zeit herrschenden Ansichten entsprochen hätte und in den Augen der Zeitgenossen schon ein überaus glänzender Erfolg gewesen wäre. Er trachtete auch unter den damaligen Bedingungen nach einem entscheidenden Sieg, der die Heeresmacht Oesterreichs zertrümmern und ihm den Frieden bringen sollte. Unabhängig von der Theorie, in der seine Zeit befangen war, dachte er wie Montecuccoli, daß der Sieg der Zweck aller militärischen Operationen ist, und wie nach ihm Napoleon: „que sans bataille on ne peut arriver à aucun résultat;" — zu keinem positiven nämlich. — Daß er aber in dem Augenblick, wo er sich aus der Tiefe des Unglücks emporarbeitete, nicht bloß an die nothdürftigste Abwehr dachte, sondern nach einem positiven Erfolg strebte, das beweist eine Spannkraft, eine elastische Energie des Geistes, wie sie nur wenigen Sterblichen verliehen ist.

Den Herzog von Bevern hatte das königliche Schreiben vom 8. November ermuthigt, zu einem Angriff auf die österreichische Armee zu schreiten. Er glaubte wenigstens, dazu entschlossen zu sein, und hatte die betreffenden Befehle dazu bereits für den 14. November früh ertheilt. Da traf die Nachricht ein, daß Schweidnitz sich bereits zwei Tage früher ergeben hatte. Es war der Fall, den der Herzog von Bevern vorgesehen, für den er seinen Angriff geplant hatte — und doch schien ihm nun, da dieser Fall wirklich eingetreten war, ein Angriff auf die österreichische Stellung unter solchen Umständen keinen Zweck mehr zu haben. Er habe sich, schrieb er dem König noch an dem nämlichen Tage, reiflich überlegt: „daß die Attaque auf den mir gegenüberstehenden Feind zu weiter nichts dienen könnte, als daß, wenn ich ihn auch wirklich schlagen würde, ich ihn doch nicht weiter, als bis an das Schweidnitzer Wasser verfolgen könnte und ich mich nachher doch auf meinen Posten zurückziehen müßte, um nicht von Breslau und den Magazins daselbst durch das Schweidnitzsche Korps coupiret zu werden und zwischen zwei Feuer zu kommen;" — in Folge dieser Erwägungen habe er sich „resolviren müssen, alle extrémité abzuwarten" und sich „auf das Aeußerste zu wehren".

Ganz außer dem Bereich des Herzogs und wohl überhaupt der Zeit lag der Gedanke, daß er sich, wenn er einen Sieg über die österreichische Hauptarmee davon getragen hatte, gar wohl und mit Zuversicht gegen Nadasdy und dessen um die Hälfte schwächeren Heertheil zurückwenden könne, wie Napoleon in solchem Fall gethan haben würde. Aber auch das wußte sich der Herzog nicht zu sagen, daß Nadasdy, wenn die österreichische Hauptarmee geschlagen war, wohl schwerlich an „Coupiren" — „zwischen zwei Feuer bringen" und dergleichen gedacht haben würde. Es tritt hier eine stillschweigende Voraussetzung hervor, die uns in den Werken der militärischen Kritiker bis auf die neueste Zeit herab nicht selten befremdet; auch hier wieder die Voraussetzung nämlich, daß eine verlorene Schlacht eigentlich gar keinen Unterschied mache; daß man auch mit einer geschlagenen Armee alles Beliebige unternehmen könne, gerade wie mit einer siegreichen. Und doch hatte man das Gegentheil oft genug zu erfahren. Die moralischen Folgen einer Niederlage traten sogar zu der Zeit in einer Beziehung sofort sichtbarer hervor als gegenwärtig — nämlich in einer vermehrten Desertion. — Aber man war nun einmal nicht gewöhnt, die moralischen Faktoren des Erfolgs in die strategische Berechnung aufzunehmen.

Der Gedanke, ob es etwa nicht zweckmäßig wäre, durch Breslau und über die Oder zurückzugehen und den Strom und die stark besetzte Festung vor der Front zu behalten, ist in dem Kriegsrath, der den Herzog von Bevern beständig umgab, gar nicht aufgetaucht. Auch hätte ihn der Herzog ohne Frage sehr entschieden abgewiesen, denn, ganz abgesehen davon, daß dergleichen mit den bestimmten Befehlen des Königs nicht zu vereinigen war, lag er schon an sich der Zeit zu fern, um Gehör zu finden. Wie der Herzog seine Aufgabe auffaßte, stand er vor Breslau an der Lohe, eben um Breslau zu decken, — wie konnte er es preisgeben! — Eben deshalb wohl kam auch eine andere Möglichkeit, nämlich Breslau, wohl versorgt und mit einer tüchtigen Besatzung versehen, auf kurze Zeit sich selbst zu überlassen und mit der Armee, zunächst auf dem rechten Oderufer, stromabwärts zur Vereinigung mit den heranrückenden Truppen des Königs zu marschiren, gar nicht zur Sprache.

Es schien eben keine andere Wahl zu geben, als entweder den Feind angreifen, wie der König wollte, oder in der ungünstigen Stellung an der Lohe das Aeußerste abwarten, wie der Herzog that, bloß, weil er sich zu einem wirklichen Entschluß nicht zu erheben vermochte, und sich das dann in Ermangelung eines Entschlusses ganz von selbst ergab.

Mit weniger als 30 000 Mann die österreichische Armee anzugreifen, die auch ohne Nadasdy jedenfalls 55 000 Mann zählte, wäre ein sehr gewagtes Unternehmen gewesen, und es ist natürlich genug, daß der Herzog von Bevern sich dazu nicht zu ermannen vermochte. Mit halbem Willen unternommen, von den untergebenen Generalen ohne Zuversicht ausgeführt, hätte es wohl schwerlich einen anderen als einen unglücklichen Erfolg gehabt. Aus einem etwas späteren Brief des Herzogs ergiebt sich auch, womit er sich selbst in Beziehung auf sein ganz passives Verhalten zu beruhigen suchte; es war die geheime Hoffnung, daß der Feind auch ferner in dem Geleise einer sogenannten methodischen Kriegführung bleiben und ihn gar nicht angreifen werde. — „Denn die meisten Nachrichten lauteten dahin, der Feind werde nur suchen, uns zu entouriren und die Lebensmittel abzuschneiden und nicht zu attaquiren."

Ueberhaupt ist dieser Feldzug in Schlesien — von beiden Seiten keineswegs mustergültig geführt — sehr belehrend in Beziehung auf die Ansichten und Motive, durch welche die Feldherren zu jener Zeit in ihrem Thun und Lassen bestimmt zu werden pflegten.

In den früheren Kriegen ist es öfter vorgekommen, daß Armeen sich vor Festungen aufstellten, um sie zu decken. Es ist auch in dem hier besprochenen siebenjährigen Kriege zweimal geschehen, hier bei Breslau und bei Colberg. — Bülow spottet darüber als über ein vollkommen sinnloses Beginnen und sagt, Festungen seien dazu da, das Land zu decken und sich selbst zu vertheidigen, nicht gedeckt zu werden. Das klingt recht geistreich, plausibel sogar, besagt aber im Grunde sehr wenig und beweist eigentlich nur, daß Bülow sich nicht Rechenschaft davon zu geben wußte, eine wie vielfache Abstufung mehr oder weniger energischer, gleich=müthiger oder leidenschaftlicher Kriegführung durch geschichtliche Verhält=nisse und die Politik gegeben sein kann. Clausewitz hat überzeugend nachgewiesen, daß in einem Kriege, zum Beispiel wie Ludwig XIV. deren an den Grenzen seines Reichs geführt hat, in Kriegen, die etwa um den Besitz eines Grenzstrichs geführt werden, und in denen keine Veranlassung liegt, eine vollständige Entscheidung zu suchen oder es darauf zu wagen, eine Stellung vor einer Festung, um sie zu decken, unter Um=ständen ganz zweckmäßig sein und einen ganz guten Sinn haben kann. Zu einer Belagerung entschließt man sich leicht auch in einem Kriege, der seiner Natur nach keine große Energie in die Schranken ruft — wenn nämlich der Weg dazu offen steht. Der Entschluß zu Wagniß und Schlacht fällt dem Gegner zu, wenn er dann die belagerte Feste retten will, und man darf in einem solchen Kriege oft genug darauf rechnen, daß dieser Gegner sich zu solchem Entschluß nicht erheben wird. — Sich den Weg zu einer Belagerung durch eine Schlacht, durch den Angriff auf eine ver=schanzte Stellung unter den Kanonen einer Festung zu öffnen, dabei ist viel mehr Bedenken; die Geschichte hat Beispiele genug aufzuweisen, daß es zu einem solchen Entschluß nicht gekommen ist. So kann eine solche die Festung deckende Stellung unter den vorausgesetzten Bedingungen den angreifenden Theil gar wohl längere Zeit über in Unthätigkeit versetzen und aufhalten. — In dem hier besprochenen Fall ist wohl zu beachten, daß Friedrich der Große die Stellung vor Breslau keineswegs etwa in Bülows Sinn tadelt, dagegen den Gedanken, sich nach Glogau zurück=zuziehen und Breslau ohne Deckung dem Angriff des Feindes preiszugeben, mit äußerster Entrüstung verwirft.

Auf Seiten der Oesterreicher blieb alles in dem herkömmlichen Ge=leise, und wenn auch im Hauptquartier die Ansichten über das, was im gegebenen Augenblick zunächst geschehen sollte, sehr weit auseinander gingen, kam doch, soviel wir wissen, hier niemand zu dem Bewußtsein, daß der Krieg überhaupt in einem anderen Geist geführt werden müsse. Selbst bei Liegnitz hatten die österreichischen Feldherren eine Schlacht nicht gesucht; sie waren damit zufrieden gewesen, dem preußischen Heere den Weg nach Schweidnitz, und wie sie meinten auch nach Breslau verlegt zu haben, und zu der ersten der Belagerungen schreiten zu können, die ihnen den Besitz des Landes sichern sollten. Ueberzeugt, daß der preußische Rückzug auf Glogau gehe, hatten sie es nicht nöthig geachtet, den Feind in der Richtung dorthin zu verfolgen. Nun war Schweidnitz gefallen; die nächste Aufgabe für die Führer des österreichischen Heeres war, sich Breslaus zu bemächtigen, um Oberschlesien ganz von Niederschlesien abzuschneiden und sich selbst sichere Winterquartiere zwischen der Oder und den Sudeten zu bereiten; — sie entschlossen sich zu einer Schlacht — nicht um des Sieges willen, nicht um die preußische Armee aus dem Felde zu schlagen und Preußen zu entwaffnen, sondern lediglich, um sich den Weg zur Belagerung von Breslau zu bahnen. Sie wußten kein Mittel, den Herzog von Bevern von Breslau wegzumanövriren, da griffen sie zu dem unsicher und bedenklich geachteten Mittel einer Schlacht, um zu ihrem Ziele zu gelangen. — Daran, daß der König von Preußen nach dem Siege bei Roßbach aus Sachsen heranrücken könnte, wurde nur sehr nebensächlich gedacht. General Marschall erhielt den Befehl, dem König den Uebergang über die Neiße an der Landesgrenze von Schlesien zu wehren — das genügte nach dieser Seite hin.

Auch ließ man sich Zeit — man glaubte sie zu haben. — Von Schweidnitz in das österreichische Lager waren kaum acht Meilen; Nadasdys Heertheil konnte gar bald herangezogen sein; doch dauerte es nach dem Fall von Schweidnitz noch zehn Tage, ehe man mit allen Anstalten fertig und am 22. November zum Angriff auf die Stellung der Preußen bereit war.

Die Briefe aber, die der Herzog von Bevern von seinem König erhielt, waren von der Art, daß ihm angst und bange werden mußte, denn sie verlangten Dinge von ihm, die wohl mancher Andere an seiner Stelle eben auch für unmöglich gehalten hätte. In Antwort auf seinen Bericht vom 14. November äußerte sich der König (am 18. November) im höchsten Grade unzufrieden darüber, daß Bevern den beabsichtigten Angriff unterlassen hatte, und befahl ihm „nochmals und posite" dem Feind „auf den Hals zu gehen" — ihn anzugreifen und zu schlagen — weil sonst der ganze

Schwarm sich gegen ihn, den König, wenden würde. — Am 19. November wiederholt er den Befehl, anzugreifen, und fügt hinzu, er selbst werde gerade auf Liegnitz marschiren: — „Haben Sie den Feind geschlagen, so stoße ich gerade zu Ihnen. Haben Sie nichts gethan, oder wären unverhoffter Weise geschlagen worden, so ziehe ich mich auf Glogau." Doch ehe dieser Brief abgefertigt werden konnte, hatte der Plan des Königs eine bestimmtere und etwas veränderte Gestalt angenommen. Er sagt in einer umfangreichen Nachschrift, daß er am 23. in Görlitz sein und von dort nicht nach Liegnitz, sondern nach Hirschberg und Landeshut marschiren werde, „um den Feind von seinen Magazins abzuschneiden, so daß solcher nach Braunau und nach Böhmen laufen muß."

„Wenn E. Liebden den Feind schlagen, so müssen Sie solchen brav und mit vigueur verfolgen, nicht bis an den Schweidnitzer Bach, sondern bis gegen das Gebirge, und mir also den geschlagenen Feind entgegen treiben, weil ich von der anderen Seite dazu kommen und ihn abschneiden werde."

Doch hatte der König auch den entgegengesetzten, unglücklichen Fall erwogen, daß nämlich der Herzog geschlagen wurde; dann, verfügte der König, müsse der Herzog „Breslau defendiren, und ich werde mich solchen Falls über Glogau zu Ihnen ziehen."

Das konnte nichts anderes heißen, als daß der Herzog in diesem Fall auf dem rechten Ufer der Oder hinter Breslau Stellung nehmen, und von dort aus die Vertheidigung der Stadt persönlich leiten, den Ort behaupten solle, bis der König herangekommen wäre.

Diese Briefe hatte der Herzog noch vor der Schlacht bei Breslau erhalten. Sie konnten ihn natürlich nicht bestimmen, den Feind sofort anzugreifen, selbst wenn er sich überhaupt zu einem solchen Unternehmen entschließen wollte, denn noch wußte er den König in der Lausitz, zu weit entfernt, um einen Sieg in der angedeuteten Weise benützen zu können. Er mußte sich demnach veranlaßt fühlen, seinen Angriff aufzuschieben, bis der König in eine angemessene Nähe herangekommen sein konnte.

Zwei andere Schreiben des Königs, vom 20. und 21. November, sind erst den Tag nach der Schlacht bei Breslau in die Hände des Herzogs gekommen; ein letztes vom 23. hat ihn gar nicht mehr erreicht. In allen dreien erscheint der Plan des Königs wieder wesentlich verändert — man könnte sagen gereift — aber noch bestimmter als in den früheren

Entwürfen tritt in diesen letzten Verfügungen hervor, daß es auf eine Vernichtungsschlacht abgesehen war.

Schon am 20. November kündigt der König aus Kamenz in der Lausitz an, daß er gerade nach Breslau marschiren werde, „um dem Feinde in den Rücken zu kommen". — Er werde den 30. in Jauer, also den 3. spätestens den 4. Dezember in der Gegend von Breslau sein. — Der Herzog soll dem Feinde, der sich ohne Zweifel gegen den König wenden werde, so wie er aufbricht, auf der Spur folgen und den König „nicht im Stich lassen". — „Ich bin also den 3. Dezember bei Breslau und komme dem Feinde auf die rechte Flanke, da ich dann E. Liebden ein Signal mit Canons geben werde."

Die Oesterreicher werden in einer Stellung vorausgesetzt, deren linker Flügel an die Oder gelehnt wäre.

Am 21. November aus Bautzen wiederholt der König diese Befehle; der Kopf des Herzogs soll dafür haften, daß er sich weder weiter zurückdrängen, noch einen Marsch abgewinnen läßt. Er selbst werde schon am 29. in Jauer sein und von dort aus dem Feinde gerade in die rechte Flanke marschiren „da E. Liebden ihn dann en front attaquiren müssen, so daß wir mit Gottes Hülfe ihn gerade nach der Oder drängen und jagen wollen." — Wie weit war König Friedrich davon entfernt, dem geschlagenen Feinde „goldene Brücken" bauen zu wollen, wie das seine Zeitgenossen — und auch noch so mancher rathgebende Stratege neuerer Zeit, auch noch 1813 — für weise hielten!

Der letzte Brief aus Görlitz vom 23. November besagt, daß es bei diesen Verfügungen bleibe, „dafern Sie sonsten keine Noth dazu forciret, mit dem Feinde eher zu schlagen." — Somit war denn bestimmt ausgesprochen, was in den beiden vorhergehenden vorausgesetzt wurde, nämlich daß der Herzog sich ruhig verhalten sollte, bis der König in der Gegend von Breslau eingetroffen war. Dann wird von neuem eingeschärft: „Wenn es zum Schlagen kommt, so müssen Sie in Dero Armée die Ordre geben, daß der Feind beständig nach der Oder hingetrieben werde und nicht nach Liegnitz noch nach Schweidnitz, sondern nur immer nach der Oder."

Inzwischen waren aber die eisernen Würfel bereits gefallen. In der am 22. November verlorenen Schlacht bei Breslau zeigte sich, wie wenig der Herzog von Bevern seiner Armee Herr geblieben war, wie wenig er ihr imponirte, wie wenig sie ihm vertraute. Seine Armee ging ihm förmlich durch und trat, ohne den Befehl dazu erhalten zu haben, den Rückzug durch die Stadt und über die Oder an, während der Herzog den General Zieten aufsuchte, um sich mit dem zu besprechen. Noch dazu ging der rechte Flügel, der seine Stellung behauptet hatte, zuerst davon. — Tempelhof schildert als unmittelbarer Zeuge sehr anschaulich, wie es dabei zuging, wie ein Bataillon nach dem anderen, eine Batterie nach der anderen in der Abenddunkelheit, nachdem das Gefecht schwieg, ganz in der Stille aufbrach und abmarschirte, als müßte es so sein, ohne daß irgend jemand gewußt — oder gefragt hätte, wer es denn eigentlich befohlen habe. — Eine „Relation der Bataille bei Breslau", die eigentlich eine Rechtfertigungsschrift und, wenn nicht von dem Herzog von Bevern selbst verfaßt, doch ohne Zweifel von ihm inspirirt ist, weiß darüber nichts weiter zu sagen, als es sei „Gott bekannt, auf welche Weise dieser Vorfall entstanden."

Die Schlacht war verloren, man hatte sich auf das rechte Oderufer zurückziehen müssen — der Herzog wußte, was der König für diesen Fall befohlen hatte, — aber es geschah nichts davon — es war gar nicht daran zu denken. Der König hatte eben auch verfügt, als ob eine preußische Armee auch durch eine verlorene Schlacht gar nicht aus der Fassung gebracht sein könnte — und es ging hier im Gegentheil die einreißende Haltungslosigkeit noch über das Maß dessen hinaus, was der König wohl hätte erwarten müssen. Es ist, als ob in der Armee des Herzogs und in der Breslauer Kommandantur alles die Besinnung verloren hätte, wie das in schlimmen Augenblicken wohl vorkömmt. Selbst das Brotbacken gerieth ins Stocken. Der Intendant konnte nicht einmal darüber mit sich selbst in das Reine kommen, wo wohl die Backofen aufzuschlagen sein möchten — und die Truppen litten Mangel.

Die österreichischen Feldherren hatten den General Beck mit einigen tausend Mann leichter Truppen unterhalb Breslau über die Oder gehen lassen — vielleicht um dem Herzog von Bevern den Weg nach Glogau zu verlegen und ihn zu einem Rückzug nach Oberschlesien zu zwingen? — Dazu war dieser Heertheil zu schwach! — Ein General der seiner selbst und seines Heeres noch gehörig Herr gewesen wäre, mußte es an der Stelle des Herzogs von Bevern seine erste Sorge sein lassen, General Becks unbedeutende Kroatenschaar aus dem Wege und in die Oder zu werfen. Denn war sie auch vor der Hand zu schwach, um etwanigen Bewegungen der preußischen Armee Hindernisse in den Weg zu legen, so konnte sie doch verstärkt werden. Und außerdem, ja vielleicht vor allem, mußte es dem Herzog darum zu thun sein, sobald sich die Gelegenheit dazu bot, irgend einen, wenn auch noch so unbedeutenden Waffenerfolg davon zu tragen. Ein solches Ereigniß hätte gewiß den günstigsten Einfluß auf Geist, Haltung und Disziplin seiner Truppen geübt. Doch bleibt dergleichen öfter unbedacht und ungethan, wenn Entmuthigung die Führer selbst ergreift, die dann gar leicht, auch wenn sich ihnen die Möglichkeit eines solchen aufrichtenden Erfolgs zeigt, ihren Truppen selbst das Kleinste nicht mehr zutrauen. So geschah denn auch hier nichts der Art. — Am 24. November aber verfiel der Herzog von Bevern selbst österreichischer Kriegsgefangenschaft.

Die Zeitgenossen glaubten unbedingt, daß der Herzog sich habe absichtlich gefangen nehmen lassen, um einer persönlichen Begegnung mit dem König zu entgehen. Wie man erwarten mußte, ist dieser Ueberlieferung — deren Dasein vollständig zu ignoriren ihm persönlich aus nahe liegenden Gründen geboten war — von allen, die ihm nahe standen, entschieden widersprochen worden. Aus seiner eigenen Erzählung geht aber hervor, daß er bei Nacht, ohne Bedeckung, ohne auch nur einen einzigen Offizier bei sich zu haben, ohne einen der Gegend kundigen Führer mitzunehmen, nur von einem Reitknecht begleitet, ausgeritten war, um bei hellem Mondschein eine Husaren-Vorpostenkette zu bereiten — was doch eigentlich das Geschäft eines kommandirenden Feldherrn nicht ist; und um — bei Mondschein — die Gegend jenseits Leipa zu „rekognosziren"; daß er dann, als der Mond untergegangen war, im Nebel herumritt, bis er auf eine Kroaten-Feldwache stieß, der er sich gefangen gab. Wir müßten die Einzelnheiten des Ereignisses bis in das Kleinste wissen, um beurtheilen zu können, ob es wirklich unmöglich war, noch im letzten Augenblick sein Heil in der Schnelligkeit seines Pferdes zu suchen. War er wirklich umringt, hatten ein paar Kroaten sein Pferd beim Zügel, ehe er gewahr wurde, in welcher Gesellschaft er sich befand? — Sonst hätten ein paar Flintenkugeln, die man ihm etwa eilig in den Nebel nachsenden konnte, ihn wohl schwerlich getroffen. — Jedenfalls ist es das einzige Beispiel, daß ein kommandirender Feldherr bei einer Rekognoszirung gefangen worden wäre, die er ohne Bedeckung bei Mondschein unternommen hatte und im Nebel fortsetzte.

Die kleine preußische Armee zog sich nun, unter dem ältesten der anwesenden Generallieutenants, unverfolgt nach Glogau zurück, und Breslau ergab sich, ohne den mindesten Widerstand zu versuchen.

Es war ein Glück für Preußen, daß der Blick der österreichischen Feldherren in herkömmlicher Weise auf Oertlichkeiten, Festungen und Stellungen geheftet war und blieb; daß ihnen nie die feindlichen Streitkräfte im freien Felde an sich zum strategischen Objekt wurden. Eine energische Verfolgung des verwaisten preußischen Heeres hätte wahrscheinlich dessen gänzliche Auflösung herbeigeführt. Die möglichen Folgen mußten jedenfalls großartig in die Weite reichen. Sie sind unberechenbar.

Leuthen.

Auf dem eiligen Marsch von Leipzig an das Schweidnitzer Wasser zeigte sich, daß König Friedrich, überhaupt nicht von herkömmlichen Vorstellungen beherrscht, die Kriegführung im Großen auch nicht unbedingt an Magazinverpflegung und Bäckerei gebunden wähnte.

Schon als er den Herzog Ferdinand von Braunschweig in das Halberstädtische entsendete, hatte er ihn darauf angewiesen, die Hülfsquellen des Landes in Anspruch zu nehmen. Auf dem Marsch nach Schlesien ließ er seine Truppen kantonniren und in den Quartieren von den Einwohnern verpflegen.

Was für Pläne den König unterwegs beschäftigten, was für Befehle er dem Herzog von Bevern ertheilte, haben wir bereits gesehen. Kaum hatte er zu Görlitz am 23. November den letzten der bereits erwähnten Briefe an den Herzog geschlossen, als sich die Nachricht verbreitete, die preußische Armee habe bei Breslau einen Sieg erfochten. Konnte die große Ungleichheit der Streitkräfte beider Parteien dort diese Nachricht zweifelhaft erscheinen lassen, so machten dagegen die Einzelheiten, die erzählt wurden, das Gerücht wahrscheinlich. Der König glaubte ihm, —

und wir sehen ihn sofort in der ihm eigenen Weise beschäftigt, den vorausgesetzten Sieg im Sinn einer Vernichtungsschlacht zu vollenden. Er schrieb am 24. dem Fürsten Moritz von Dessau: „Den 22. hat Daun den Prinzen von Bevern attaquirt, welcher ihn tüchtig repoussirt hat. Bei Borne hat sich der Feind setzen wollen, da ist er den 23. wieder mit großem Verlust verjagt worden. Nun will er sich bei Neumarkt festsetzen; da werde Ich hinmarschiren, um ihn ganz und gar einzuschließen und ihn vielleicht obligiren, das Gewehr zu strecken."

Auch dem Feldmarschall Keith wurde noch an demselben Tage mitgetheilt, was sich angeblich ereignet hatte. „Die Oesterreicher sind geschlagen", schrieb ihm der König, „ich marschire, um ihnen den Rückzug abzuschneiden und, wenn es Gott gefällt, dem Krieg ein Ende zu machen." — Keith sollte nun einen Versuch machen sich Prags zu bemächtigen, wo sich viele preußische Gefangene befanden, und nur eine schwache Besatzung sie bewachte.

Die Enttäuschung muß eine sehr bittere gewesen sein, als nun die Nachricht von der verlorenen Schlacht eintraf. Und doch erfuhr der König nicht sofort die ganze Wahrheit; nicht daß der Herzog von Bevern gefangen war und Breslau in Feindes Hand. Noch einmal richtete er, am 25., von Naumburg aus seine Befehle an den bereits gefangenen Feldherrn. Bevern sollte sich für seine Person mit 10 oder 12 Bataillonen nach Breslau werfen und die Stadt auf das äußerste behaupten — und wenn sie darüber zu Grunde gehen müßte. Was der Herzog sonst noch an Truppen und an Artillerie hatte, sollte am 28. November bei Leubus oder bei Parchwitz über die Oder gehen und zu den Truppen des Königs stoßen.

Nun kamen auch die anderen Unglücksbotschaften; der König mußte einige Tage bei Parchwitz anhalten, weil die Trümmer der bei Breslau geschlagenen Armee nach Glogau zurückgegangen waren und nicht eher als am 1. und 2. Dezember bei Parchwitz zu ihm stoßen konnten.

Unerschüttert durch alles Unglück, das ihm gemeldet wurde, blieb der königliche Feldherr bei dem Entschluß, Oesterreichs Heeresmacht sofort aufzusuchen und zur entscheidenden Schlacht zu zwingen, — ja er bestärkte sich darin. „Und stände der Feind auf dem Zobtenberge", sagte Friedrich der Große, „so werde ich ihn angreifen."

„Die Schlacht bei Leuthen ist strategisch ganz im Charakter der heutigen Kriege", bemerkt Clausewitz. — „Ohne diesen Sieg war er — der König — ohne Rettung verloren, es war also das Gesetz der schlichten Nothwendigkeit, was zu einem verzweiflungsvollen Entschluß führte, und eine höhere Weisheit giebt es in solchen Lagen nicht."

Sehr wahr! — doch folgt daraus noch ganz und gar nicht, daß jeder Andere an Friedrichs Stelle diese Nothwendigkeit etwa auch erkannt und den Heldenmuth gehabt hätte, ihr gemäß zu handeln. Des Königs „großer Bruder" — um nicht weiter zu suchen — der Prinz Heinrich, hätte es ganz gewiß nicht gethan; dem hätte ohne Zweifel eine andere „Nothwendigkeit" eingeleuchtet. Man konnte ja auch — in der dem Anschein nach nicht ungegründeten Hoffnung, daß der Feind in so vorgerückter Jahreszeit nichts weiter unternehmen werde — unter die Kanonen von Glogau zurückgehen, von dort aus Schlesien als Preis des Friedens anbieten und zugleich die Gnade der Frau v. Pompadour anrufen.

Wie vollkommen fremd und unverständlich König Friedrichs Weise der Kriegführung seiner Zeit war, geht auch aus den Vermuthungen hervor, zu denen sein Zug nach Schlesien bei den Feinden Veranlassung gab, und die zum Theil sogar zu Befürchtungen wurden. Stainville, der doch so richtig beurtheilt hatte, wie man gegen den König von Preußen verfahren müsse, sprach jetzt in einem Bericht vom 8. Dezember, an welchem Tage noch keine Kunde von der Schlacht bei Leuthen nach der österreichischen Hauptstadt gelangt war, die Besorgniß aus, der König könne sich bei Liegnitz festsetzen und von dort aus die Verbindung zwischen Breslau und Schweidnitz bedrohen! — Oder er könne auch zum Schein Winterquartiere in Niederschlesien beziehen, die Oesterreicher dadurch veranlassen, ein Gleiches zu thun — und dann plötzlich aufbrechen, um die Winterquartiere der französischen Armee in Niedersachsen zu überfallen.

In der Hofburg zu Wien wiegte man sich in einer Sicherheit, die nicht ganz leicht zu erklären ist, wie man den König von Preußen doch kennen mußte. Man erwartete in diesem Feldzug keine großen Ereignisse mehr, am allerwenigsten eine entscheidende Schlacht, die etwa der König suchen könnte. Wie es scheint, glaubte man, der König komme nach Schlesien, nur um zu decken, was etwa noch zu retten sei. In einem Reskript der Kaiserin vom 28. November wurde den österreichischen Feldherren nichts vorgeschrieben, was sich auf eine andere Möglichkeit bezogen hätte. Es heißt darin, daß die Einnahme von Brieg wünschenswerth sei, um die Winterquartiere und die „Subsistenz" der Truppen sicher zu stellen. Sollte die Belagerung nicht mehr ausführbar scheinen, so möge jedenfalls Liegnitz behauptet und dem Vordringen des Königs in Schlesien ein Ziel gesetzt werden. Der doppelte Zweck möchte wohl dadurch zu erreichen sein, daß die Armee sich Liegnitz näherte. — Nur der Kaiser Franz schrieb außerdem später — am 6. Dezember — seinem Bruder, wenn er eine Gelegenheit finde, den König mit Aussicht auf Erfolg anzugreifen, so würde das wohl das sicherste Mittel sein, sich für den Winter Ruhe zu schaffen. Weiter dachte der hohe Herr sich für diesmal nichts bei einem Siege. — Dieser Brief konnte aber erst nach der Niederlage eintreffen und hätte auch, wenn er rechtzeitig eingetroffen wäre, keinen Einfluß auf die Entschließungen der österreichischen Generale geübt, denn der Kaiser Franz galt nicht für einen Kriegsverständigen, obgleich er dem Namen nach an der Spitze von Armeen gestanden hatte, und seine Briefe waren keine Befehle.

Das kleine Liegnitz mit seinen verfallenen, in der Eile etwas aber natürlich unzulänglich ausgebesserten Werken wurde denn auch wirklich als ein fester Punkt besetzt und behandelt.

Die Worte, deren sich Clausewitz bedient, könnten übrigens, wie wir hier im Vorbeigehen bemerken wollen, leicht ein falsches Licht auf die Gemüthsverfassung werfen, in der König Friedrich zur Schlacht aufbrach. Daß er keine andere Wahl habe, das wußte der König allerdings, aber er faßte dennoch seinen Entschluß nicht etwa in wilder Aufregung als einen verzweiflungsvollen, sondern mit dem festen Willen und der ruhigen Besonnenheit eines Helden.

Den älteren österreichischen Quellen zufolge — unter denen der „Veteran" Cugniazzo doch nicht so leichthin geringschätzig beseitigt werden kann, wie neuerdings versucht worden ist — hätte zu dieser Zeit im österreichischen Hauptquartier wieder die größte Verschiedenheit der Meinungen — und die entsprechende Zwietracht geherrscht. Es wird da erzählt, der Feldmarschall Daun habe vorgeschlagen, den König in der Stellung an der Lohe unmittelbar vor Breslau zu erwarten, die der Herzog von Bevern inne gehabt hatte, und er sei dabei besonders durch den General Serbelloni unterstützt worden. — Der Herzog Karl von

Die Schlacht bei Leuthen.

Lothringen dagegen, der schon eher geneigt war, etwas zu unternehmen, wenn auch mehr aus fürstlichem Leichtsinn als infolge einer durchdachten Ansicht vom Wesen des Krieges im Allgemeinen, sei von seiner näheren Umgebung für den Plan gewonnen worden, dem König entgegenzugehen und ihn anzugreifen. Zwei Italiener, der Neapolitaner Marquis Luchesi, der im Kriegsrath immer mit den kühnsten Vorschlägen hervortrat, und der General-Quartiermeister Guasco, ein Piemontese, hätten dabei vor Allen den entschiedensten Eifer gezeigt. Wie unmittelbare Zeugen berichten, gefiel man sich in diesem Kreise darin, das kleine Heer mit dem Friedrich II. heranrückte, als „Potsdamer Wachtparade" zu verspotten, spiegelte dem Herzog Karl einen unfehlbaren und leichten Sieg vor und schmeichelte ihm mit der Vorstellung, daß nun der Augenblick gekommen sei, seine „Revanche" zu nehmen und den Feldherrn zu besiegen, dem er so oft das Schlachtfeld hatte überlassen müssen.

Der Herzog Karl selbst sagt dagegen in seinem der Kaiserin übersendeten Bericht, der Beschluß, dem König von Preußen entgegenzuziehen, sei in dem Kriegsrath am 2. Dezember einstimmig gefaßt worden. Das mag schon sein. Der Kriegsrath ist offenbar durch das Reskript Maria Theresias vom 28. November hervorgerufen worden, und in diesem war der Marsch nach Liegnitz vorgeschrieben — für den Fall, daß man nicht etwa vorzog, die Belagerung von Brieg zu unternehmen, wozu unter den obwaltenden Umständen wohl niemand geneigt sein mochte. Da irgend ein Drittes zu Wien nicht erwartet wurde — nicht freigestellt schien — wählte man natürlich genug einstimmig das Erste. Um so bereitwilliger, da man sich, um die eigene Verantwortlichkeit zu mindern, überhaupt gern von Wien aus leiten ließ und in schwierigen Fällen gern die Entscheidung von dorther erfragte. Dadurch ist aber keineswegs ausgeschlossen, daß früher, vor dem Eintreffen des Reskripts der Kaiserin, jener Zwiespalt der Meinungen stattgefunden habe, von dem auch der Veteran eingehend berichtet. Man wird doch nicht behaupten wollen, daß die österreichischen Generale die zehn Tage von der Schlacht bei Breslau bis zum Eintreffen des Reskripts in vollkommener Gedankenlosigkeit verlebt haben, ohne sich die Frage vorzulegen, was man wohl dem heranrückenden König von Preußen gegenüber zu thun habe!

Auch die erwähnten Aeußerungen des Uebermuths sind im Kreise der Offiziere und selbst der Generale, welche die Partei des Herzogs von

Lothringen bildeten, ohne Zweifel vorgekommen; — sind es doch unmittelbare Zeugen, die darüber berichten! — Luchesi vor Allen war ganz der Mann dazu, solche Reden zu führen. — Die höchsten Führer freilich, auf denen die Verantwortung lastete, wußten sehr gut — in der That nur zu gut, was Friedrich der Große für ein Gegner war. Das Bewußtsein, daß sie es mit einem kriegsgewaltigen Gegner zu thun hätten, scheint sogar — wie das zu geschehen pflegt — in dem Maße, wie der Augenblick, ihm entgegenzutreten, näher rückte, mit steigender Macht einen nicht gerade günstigen Einfluß auf ihre eigene Zuversicht und Fassung geübt zu haben. — Am 3. Dezember schrieb der Herzog Karl der Kaiserin: „Wenn die Herren (Verbündeten) nichts thun — wie ich das erwarte — und wenn die ganze Macht auf uns fällt, werden wir uns sehr in Schwierigkeiten verwickelt finden" — (nous nous trouverons fort embarassés).

Die ganze Macht des Königs von Preußen! — sie kam bekanntlich an Zahl dem österreichischen Heer nicht zur Hälfte gleich, und der Herzog sah sich offenbar schon etwas ängstlich nach den Verbündeten um!

Nachdem die Dinge bei Leuthen so gar schlecht gegangen waren, mag wohl mehr als einer von den österreichischen Generalen vorgegeben haben, er sei eigentlich dafür gewesen, den Angriff des Königs in den Schanzen an der Lohe zu erwarten, und der Vorschlag, so zu verfahren, ist auch hin und wieder als das Ergebniß hoher Weisheit gerühmt worden. In der That aber wäre ein solches Beginnen eine Thorheit gewesen, der eben auch eine gänzliche Verkennung der Umstände und ein Mangel an Verständniß für die Kriegsweise des Königs zum Grunde gelegen hätte.

Insofern der Vorschlag wirklich gemacht worden ist, mag dabei im Stillen wohl die Vorstellung gewaltet haben, daß der König nicht wagen werde, das weit überlegene österreichische Heer hinter den Schanzen an der Lohe anzugreifen; und zog er unverrichteter Dinge wieder ab, dann war der „Zweck" ohne weiteres Blutvergießen erreicht, d. h. man konnte dann gesicherte Winterquartiere in Schlesien beziehen.

Diese Berechnung, die von falschen Voraussetzungen ausging, hätte aber getäuscht. Selbstverständlich hätte Friedrich II. die österreichische Armee an der Lohe angegriffen, so gut wie in der Ebene bei Leuthen, und höchst wahrscheinlich hätte er hier gesiegt so gut wie dort. Dafür bürgt außer dem überlegenen Feldherrngeist des Königs einerseits der feste, zuversichtliche Wille, zu siegen, den er seinen Truppen durch eine kurze Rede einzuflößen wußte, andererseits die verwirrte Rathlosigkeit, der die österreichische Generalität wohl auch an der Lohe verfallen wäre, gerade wie bei Leuthen, wenn das Unerhörte, ganz Unerwartete geschah, daß der König wirklich angriff. Wäre aber die österreichische Armee bei Breslau geschlagen worden, so hätte sie dabei hier leicht noch sehr viel schlimmer fahren können als bei Leuthen, selbst wenn die Niederlage auf dem Schlachtfelde selbst nicht eine so ganz vollständige gewesen wäre wie dort. Es hätte bei Breslau jedenfalls, um die Möglichkeit eines halbwegs geordneten Rückzugs, ja eines Rückzugs nach Böhmen überhaupt, viel mißlicher gestanden.

Aber auch jene andere Partei im österreichischen Lager, die von Anfang an dafür gestimmt hatte, dem König entgegenzurücken, mag wohl nicht ohne Ausnahme von einem solchen Verlangen nach einer Entscheidungs= schlacht beseelt gewesen sein, wie es den Anschein hat. Man erwartete offenbar von dieser Seite, daß der König, wenn sich das österreichische Heer ihm entgegen in Bewegung setzte, nicht wagen würde, weiter als nach Liegnitz vorzurücken — und ebensowenig eine Schlacht anzunehmen. Man glaubte, er werde nach Glogau weichen, sobald sich das weit über= legene österreichische Heer kampfbereit vor seinen Augen entfaltete. Daß man großentheils von solchen Ansichten ausging und nicht allgemein ein weiteres Vorrücken des Königs erwartete, zeigt sich schon darin, daß jenes vor allem sorgfältig gehütete Kleinod der damaligen Armeen, die „Bäckerei", diesmal sorglos dem Heere voran nach Neumarkt gesendet wurde, wo sie den anrückenden Preußen in die Hände fiel.

Zu den Fehlern, die man sich auf österreichischer Seite zu Schulden kommen ließ, ist wohl auch zu zählen, daß man zu spät von Breslau aufbrach, um dem König entgegen zu rücken. Setzte man sich fünf, oder auch nur vier Tage früher in Bewegung, ging man rasch und entschlossen vorwärts, so hätte der König von Preußen den Gegner schwerlich festen Fußes bei Parchwitz erwarten dürfen. Er wäre genöthigt gewesen, den Resten der Bevernschen Armee rückwärts entgegenzugehen, und dieser Rückzug, ein solches Ausweichen, hätte leicht einen entmuthigenden, viel= leicht einen verhängnißvollen Einfluß auf den Geist seiner Truppen üben können. Die moralische Ueberlegenheit, deren die preußische Armee unbedingt bedurfte, hätte darüber verloren gehen können. Es traf sich sehr glücklich, daß der König bis zum entscheidenden Tage in ungestörtem Vorrücken bleiben konnte, und daß ihm dabei solche kleine Erfolge zufielen, wie die Aufhebung der österreichischen Bäckerei und die Niederlage der Kroaten, die sie decken sollten.

Und warum hatten die Oesterreicher so lange, die wichtigen Tage über, unthätig bei Breslau gezaudert? Ohne Zweifel nur, weil man bei den zwiespältigen Ansichten im Hauptquartier nicht zu einem Beschluß kommen konnte, so lange nicht das Reskript der Kaiserin die Entscheidung aus Wien brachte.

In solcher Weise verspätet aufgebrochen, kam die österreichische Armee nicht gar weit vorwärts, nur eben über das Schweidnitzer Wasser. Im österreichischen Hauptquartier schwand, nach allen Berichten, die von der Seite vorliegen, sowie die Nachricht eintraf, daß der König mit der Bevernschen Armee vereinigt heranrücke, mit dem übermäßigen Selbstgefühl, das da theilweise geherrscht hatte, auch das berechtigte Selbstvertrauen. Man hielt inne im Marsch und versammelte die Generale zu neuem Kriegsrath: ein böses Zeichen schwankenden Entschlusses! — Niemand dachte mehr daran, das Heer des Königs anzugreifen, und doch, da die damalige Taktik nur wenige Mittel zu einer successiven Verwendung der Streitkräfte an die Hand gab, lag eigentlich in einem womöglich umfassenden Angriff das beste Mittel, die überlegene Zahl wirklich zu verwerthen. — Die Frage war nur noch, wo man den Angriff des Königs erwarten solle, und am Morgen des 5. Dezember entfalteten die österreichischen Generale ihre Armee in den herkömmlichen zwei Treffen mit einer nicht sehr bedeutenden Reserve zwischen Nypern und Sagschütz so breit auseinander, als sie irgend reichen wollte, ohne im Mindesten von dem herkömmlichen Schema abzuweichen, ohne irgend eine Veranstaltung zu treffen, die eine successive Verwendung der Streitkräfte, einen nachhaltigen Widerstand vorbereitet hätte. Da sie in dieser Verfassung den Stoß des Feindes zunächst in gänzlicher Passivität empfingen und erst dann an eine Veränderung ihrer Stellung dachten, als die Hälfte ihrer Armee bereits geschlagen war, konnte ihnen eine Ueberlegenheit der Zahl, wie sie auf dem Schlachtfelde nur äußerst selten vorgekommen ist, eben nicht viel helfen.

Die bereits herrschende Befangenheit scheint durch die Niederlage der Vorhut, die vor dem eigentlichen Treffen stattfand, bedeutend gesteigert worden zu sein, und es begab sich, daß noch vor dem Beginn des Kampfes, noch ehe sie angegriffen waren, die Befehlführenden auf beiden Flügeln, der Italiener Luchesi auf dem rechten, der Ungar Nabasdy auf dem linken, zu gleicher Zeit ängstlich Hülfe verlangten.

Von Seiten der Preußen tritt in der Führung der Schlacht die gelungenste Anwendung der schiefen Schlachtordnung hervor. Leuthen ist in dieser Beziehung als die Musterschlacht zu bezeichnen, in der sich, ungestört durch Zufälligkeiten, in vollendeter Reinheit zeigt, was eigentlich Friedrich der Große mit seiner Angriffsweise beabsichtigte. Das Manöver, vermöge dessen der König sein Heer, das flügelweise rechts abmarschirt in vier Kolonnen heranrückte, in die Ordnung eines treffenweise rechts abmarschirten überführte, ist oft beschrieben und auch gezeichnet worden; es ist zu seiner Zeit wohl die Rede davon gewesen, als sei das Schicksal des Tages durch diese als genial gepriesene, in der That aber sehr einfache Evolution, auf die der erste beste Major verfallen konnte so gut wie Friedrich der Große, sehr wesentlich bestimmt worden. Mehr wäre jedenfalls hervorzuheben, daß der König seinen Angriffspunkt nicht nach taktischen, sondern nach strategischen Gründen wählte. Er richtete seinen Angriff auf den linken Flügel der Oesterreicher, weil er ihnen schon durch die Bewegung in ihre linke Flanke den geraden Weg nach Schweidnitz vertrat und die Rückzugsstraße nach Breslau aus nächster Nähe bedrohte. In allen Entwürfen, die ihn den Herbst über beschäftigten, hatte er sich eine Schlacht gegen die Oesterreicher nie anders als verbunden mit einer Umgehung gedacht, die sie von ihren Verbindungen mit Böhmen abdrängen und gegen die Oder — in das Verderben treiben sollte. Derselbe Gedanke leitete ihn auch an dem Tage bei Leuthen, und so zeigt sich denn auch hier wieder, daß Friedrich II. nicht „bataillirte", lediglich um einen außerhalb des Treffens selbst liegenden Zweck zu erreichen, irgend einen geographischen Punkt zu gewinnen, sondern um die feindlichen Streitkräfte zu zertrümmern, die ihm das strategische Objekt waren.

Der Tag bei Leuthen wurde, wie bekannt, der vollständigste und glänzendste Sieg, den Friedrich II. je erfochten hat. Die schlecht erfundene Fabel, daß die österreichische Armee am folgenden Tage ihrem Gegner eine neue Schlacht angeboten, und daß der König von Preußen sie gemieden habe, hätte wohl nicht aus dem „Bulletin" des Herzogs

Karl von Lothringen in ein ernst gemeintes geschichtliches Werk auf=
genommen werden sollen. Eine so unvergleichlich schöne Gelegenheit,
selbst die Trümmer der österreichischen Armee noch zu zertrümmern, hätte
sich der große Sieger ganz gewiß nicht entgehen lassen. Die Fabel hätte
um so weniger eine Erneuerung verdient, da sie selbst zu ihrer Zeit
ihrem eigentlichen Zweck — die Zeitungsleser, zunächst das Wiener
Publikum, über die Vollständigkeit der erlittenen Niederlage zu täuschen —
nicht entsprochen hat.

Der Rest des österreichischen Heeres, der über Breslau und Schweid=
nitz die schützenden Sudeten erreichte, langte dort in sehr trümmerhaftem
Zustande an, obgleich die Heeresmacht des Königs von Preußen zu wenig
zahlreich war, als daß er die Weichenden hätte durch eine hinreichende
Macht mit dem gehörigen Nachdruck verfolgen lassen können. Das war
nicht möglich, weil der König zu gleicher Zeit Breslau einschließen und
erobern mußte, was der reichen Hülfsquellen wegen, die sich da fanden,
von entscheidender Wichtigkeit für die Herstellung der preußischen Armee
war. Auch hatten sich gegen 18 000 Oesterreicher dorthin geflüchtet, die
man nicht durfte der Gefangenschaft entgehen lassen.

Nur Schweidnitz blieb in Schlesien am Schluß des Feldzuges in
den Händen der Oesterreicher — aber auch diese Feste nur mit sehr
geringer Aussicht, sie behaupten, das heißt im folgenden Frühjahr früh
und schnell genug hinzueilen zu können, um sie zu entsetzen. Die Be=
satzung, die man dort zurückließ, mußte demnach der Kriegsgefangenschaft
verfallen, das ließ sich so ziemlich mit Gewißheit vorhersehen. Da liegt
die Frage nahe, ob es nicht zweckmäßiger gewesen wäre, Schweidnitz zu
räumen und die Festungswerke in die Luft zu sprengen. — Aber vielleicht
wollten die österreichischen Generale nicht ganz mit leeren Händen vor
ihrer Kaiserin erscheinen. Sie suchten die Welt im Allgemeinen und
selbst ihre Kaiserin insbesondere über die Bedeutung der Niederlage bei
Leuthen zu täuschen, was auch, insofern man dabei die öffentliche Meinung
und die Verbündeten im Auge hatte, seine guten Gründe haben mochte.
Gab man aber Schweidnitz auf, so machte man selbst jede Täuschung
unmöglich. Vielleicht war das ein Grund, sich dort zu behaupten.
Vielleicht rechnete man auch, daß die Eroberung von Schweidnitz immer=
hin einige Zeit erfordern und diese Zeit über einen Einfall des Königs
von Preußen in Böhmen verhindern werde. Diese Zeit war dann ge=

wonnen für die Herstellung der österreichischen Armee. Vielleicht aber auch, hat man die Frage, ob die Behauptung der Feste zweckmäßig sei oder nicht, — wie das im Drange der Umstände wohl vorkömmt — überhaupt gar nicht ernstlich erwogen.

Zur Zeit des Unglücks, nach der Schlacht bei Kolin, hatte nichts und niemand Friedrich den Großen bewegen können, Opfer zu bieten, um damit einen Frieden zu erkaufen, der Preußen als Staat vernichtet hätte. Nach dem Siege bei Leuthen hätte er gern die Hand zum Frieden und zur Versöhnung geboten.

Auch Napoleon I. war 1814 im Unglück — sagt man — taub geblieben gegen alle Aufforderungen der Seinigen, Frieden zu schließen, und seine Anhänger rühmen seine Haltung als heroische Standhaftigkeit — gleich der, die in Friedrichs Ausdauer bewundert wird. So ist man denn geradezu aufgefordert, Friedrich und Napoleon auch in dieser Beziehung zu vergleichen — und welche Verschiedenheit zeigt sich hier, sowie wir die Erscheinungen, um die es sich handelt, nur etwas näher in das Auge fassen!

König Friedrich führte den siebenjährigen Krieg, um eine von den größten europäischen Mächten geplante Zertrümmerung Preußens abzuwehren, suchte stets von neuem den Frieden, lehnte aber standhaft alle Opfer ab, die von Preußen gefordert wurden.

Was Arneth dagegen vorbringt, ist nicht sowohl das Ergebniß ernster Forschung, als der Ausdruck einer Stimmung, die den Forscher beherrscht, und sehr leicht auf seinen Werth — oder Unwerth — zurückzuführen. Mag auch Friedrich II. gestattet haben, daß der Graf v. Wied sein Glück zu Versailles versuchte, so sieht doch wohl jedes Kind, daß der Unsinn, den Bahut de Maussac dort vorbrachte, nicht von dem König von Preußen inspirirt sein konnte. Abgesehen aber von diesen unbeglaubigten Abenteuerlichkeiten, zeigt sich nirgends eine Spur, daß der König Provinzen oder auch nur einen Fuß breit preußischen Landes geboten hätte, um den Frieden zu erkaufen. Was die Sendung eines bei Roßbach gefangenen französischen Offiziers, des Grafen Mailly, nach Paris betrifft, so hätte Arneth aus der Korrespondenz des Staatskanzlers Kaunitz so gut wie aus dem Briefwechsel des Königs mit seinem Bruder ersehen können, daß sie von dem Prinzen Heinrich ausging, nicht vom König. Friedrich II. hatte nur ganz im Allgemeinen darein gewilligt, daß dieser Offizier aus der Gefangenschaft beurlaubt werde und ermächtigt, womöglich zu bewirken, daß die französische Regierung auf Unterhandlungen eingehe. Von irgend welchen bestimmteren Anerbietungen, die Mailly zu machen gehabt hätte, zeigt sich in den Briefen des Königs keine Spur, und mündliche Aufträge hatte dieser Offizier, wie eben aus diesen Briefen hervorgeht, nur vom Prinzen Heinrich. Daß dieser Prinz nie abließ, seinen Bruder zu bestürmen, er solle den Schutz Frankreichs anrufen und Schlesien aufgeben, um den Frieden zu erkaufen, das ist zur Genüge bekannt, und mehr als dem Andenken des Prinzen zuträglich ist. Doch hatte auch er nicht gewagt, den Grafen Mailly zu bestimmten Anerbietungen zu ermächtigen.

Napoleon dagegen begann schon den Krieg in Spanien und dann wieder den Krieg mit Rußland, der zu einem europäischen wurde und seinen Sturz herbeiführte, — ja genau genommen schon die früheren Kriege seiner Kaiserzeit — lediglich im Interesse rein persönlicher oder dynastischer Pläne, mit denen Frankreich nichts zu thun hatte, denen Frankreich nur als Werkzeug diente, um als Gründer einer Weltmacht dazustehen, wie Alexander von Macedonien. Er brauchte in der Stunde der Gefahr den Frieden nicht erst zu suchen; er hatte ihn nur anzunehmen, als er ihm 1813 von Seiten Oesterreichs zu Prag nur allzu dringend angeboten wurde, und auf Bedingungen, die Deutschland beraubt und Frankreich in glänzender Stellung, im Besitz eines Allen gefährlichen Uebergewichts gelassen hätte. Napoleon wich diesem Frieden aus. Er lehnte noch am Rhein einen Frieden ab, der seinem Reich diesen Strom als unnatürliche Grenze gelassen hätten. Vergebens forderte sein Bruder Joseph ihn auf, diesen Frieden anzunehmen, oder auch den später zu Chatillon gebotenen, der Frankreich auf seine alten Grenzen von 1792 zurückgeführt hätte; vergebens stellte er ihm vor, daß Frankreich des Krieges müde sei und auch einen solchen Frieden willkommen heißen würde. Napoleon antwortete darauf unwillig, ihm die Annahme eines solchen Friedens zumuthen, heiße eine Selbstverleugnung, ein Opfer seines Selbstgefühls — buchstäblich ein sacrifice d'amour propre —

von ihm verlangen, wie Frankreich nicht das Recht habe, es von ihm zu fordern.

Nur einmal änderte er seinen Sinn, nur einmal ermächtigte er seinen Gesandten auf dem Kongreß zu Chatillon, auf die Bedingungen der Verbündeten abzuschließen. Das war aber nicht etwa nach einem glänzenden Siege. Es geschah im Gegentheil in einem Augenblick, wo er alles verloren glaubte; nämlich als er nach der verlorenen Schlacht bei La Rothière glaubte, Blücher werde Provins vor ihm erreichen, als er sich selbst von Paris abgeschnitten und nichts mehr vor sich sah als eine hoffnungslose Schlacht. Da erklärte er sich bereit, Frankreich alle Opfer bringen zu lassen, die nöthig sein mochten, um seine persönliche Stellung zu retten. — Doch das Glück schien sich zu wenden; er erfocht im Februar die bekannten Siege über Blüchers Heer; sofort nahm er die seinem Gesandten ertheilte Vollmacht wieder zurück, indem er seinen Generalen zurief: noch ein solcher Sieg, und er stehe wieder an der Weichsel, wohin sich außer ihm selbst in ganz Frankreich niemand sehnte. — Freilich kam er noch einmal wieder auf seine friedfertigen Gedanken zurück und auf die Ueberzeugung, daß Frankreich sich innerhalb seiner alten Grenzen ganz wohl befinden könne. Das war aber auch wieder nicht nach einem Siege, sondern zu der Zeit, als auch Oesterreich endlich den Gedanken aufgegeben hatte, ihn zu retten, die Entscheidung gefallen, Paris in den Händen der Verbündeten war, und Senat und gesetzgebender Körper sich vorbereiteten, seine Absetzung zu verkünden. Da war ihm abermals kein Opfer Frankreichs zu groß, um sich auf dem Thron zu erhalten.

1758.

Die allgemeine Lage, König Friedrichs Pläne.

Vielfach ist seit den Tagen Lloyds die Frage erörtert worden, warum der König Ostpreußen aufgegeben habe? — Lloyd meint, Ostpreußen sei in seiner damaligen geographischen Lage, durch polnisches Gebiet von dem übrigen Staatsgebiet getrennt, überhaupt nicht zu ver=

theidigen gewesen. Dann hat man hin und wieder gesagt, der König habe sein Kriegstheater besser abrunden wollen. Als ob irgend jemand bloß einer solchen doktrinären Vorstellung zu Liebe ohne weiteres eine bedeutende Provinz mit allen ihren Hülfsmitteln aufgeben, nicht lieber, wenn auch mit noch so geringen Mitteln, wenigstens eine Scheinvertheidigung veranstalten und abwarten würde, ob der Feind das Land einnimmt oder nicht. Man erhält sich auf diese Weise doch immer eine Möglichkeit, im Besitz zu bleiben, und gelingt es nicht, so ist eben nicht mehr verloren als durch das freiwillige Abrunden des Kriegsschauplatzes.

Aber auch was Clausewitz darüber sagt, scheint nicht ganz zutreffend. Er meint auch, es sei eine falsche Vorstellung, wenn man eine beabsichtigte Abrundung des Kriegsschauplatzes annehmen wolle; es habe dem König jedenfalls lieber sein müssen, die Russen bei Königsberg zu bekämpfen, als bei Küstrin. Dann fügt er hinzu: „Da der Feldzug von 1757 die Nützlichkeit der Lehwaldtschen Armee daselbst (in Preußen) trotz der verlorenen Schlacht gezeigt hatte, weil die Russen, wenn sie nicht dagewesen wäre, doch ohne Zweifel ein Jahr früher Besitz von dieser Provinz genommen haben würden; so wäre nichts natürlicher gewesen, als es im zweiten Jahre wieder zu versuchen, denn in diesem Abwarten liegt ja einer der größten Vortheile des Vertheidigers. So würde es sich auch von selbst gemacht haben, hätte man damals die Ueberzeugung gehabt, daß ein größeres Land auch unmittelbar eine größere Streitkraft giebt. Aber damals war, wie gesagt, die Armee ein Instrument der Regierung, welches nur durch den engen Kanal des Schatzes, der Werbung und der Centralverwaltung mit dem Volk zusammenhing. Der Besitz eines größeren Landes hatte Einfluß darauf, aber keinen unmittelbaren. Hatten kleine Staaten große Heere, wie Preußen, so war es nur zum kleinen Theil die Folge größerer Nationalanstrengung und mehr die Folge einer eigenen Industrie der Regierung; das erforderte Zeit und ließ sich nicht erzwingen. Nun brauchte der König die Armee gegen die Schweden und sie marschirte also nach Pommern."

„So schnitt Friedrich der Große sein Kriegstheater zu nach der Größe seiner Armee, statt daß man jetzt die Armee nach der Größe des Kriegstheaters einzurichten suchen würde."

Es liegt sehr viel Wahres in dem was Clausewitz hier im Allgemeinen über die Wehrhaftigkeit der Staaten und ihre Bedingungen zu jener Zeit sagt; doch ist dieses Wahre weniger in Beziehung auf Preußen als auf manchen andern Staat zutreffend. Unter den kleineren regierenden Herren sehen wir ihrer mehrere eine Kriegsmacht erhalten, die weit über die Bevölkerungsverhältnisse und die Finanzkräfte ihres Ländchens hinausgingen; Hannover z. B., Hessen-Kassel, Württemberg. Sie wurde vermöge einer eigenthümlichen „Industrie" der Regierungen mit Hülfe von „Subsidien" erhalten, die man im Süden Deutschlands auch im Frieden von Frankreich erhielt, oder im Norden von England. Die Subsidien waren zum Theil so reichlich bemessen, daß davon noch ziemlich viel auf eine sonst in dem armen Deutschland unmögliche glänzende Hofhaltung verwendet werden konnte. An den geistlichen Höfen dienten sie überhaupt nur dazu, das fürstliche Dasein reich auszustatten. Die in solcher Weise erhaltenen Streitkräfte standen natürlich im Fall eines Krieges zur Verfügung des großmüthigen Subsidienzahlers, und die Regierungen, die sich auf dergleichen Verpflichtungen einließen, hatten damit auf jede selbständige Politik verzichtet. Für einige andere deutsche Regierungen, die ihre Truppen als Kaufmannswaare feil hatten, beschränkte sich die Selbständigkeit der Politik darauf, daß sie mit sich zu Rath gehen konnten, wem sie ihre Truppen überlassen wollten. — Auch in Preußen war man noch vielfach in mittelalterlichen Vorstellungen befangen, auch hier war man noch nicht durchaus gewöhnt, den Staat als res publica aufzufassen und die Interessen der Regierung als identisch mit denen des Landes. Man dachte auch hier wohl noch die Regierung auf bestimmte Rechte beschränkt und die Leistungen, die sie befugt sei zur Förderung ihrer Zwecke vom Lande zu fordern, beschränkt auf ein unabänderliches Maß. Aber die Regierung selbst dachte sich seit den Tagen des Großen Kurfürsten nicht mehr in der Weise des Mittelalters einfach im Besitz von Land und Leuten, eines Landkomplexes, der lediglich die Bestimmung habe, dem regierenden Hause die Mittel eines fürstlichen Daseins zu gewähren, sondern an die Spitze eines Staats gestellt. Die Erziehung des Großen Kurfürsten in Holland mag dazu beigetragen haben, seinen Horizont in diesem Sinn zu erweitern, und selbst sein Testament steht, wie neuere Forschungen ergeben, mit dieser Auffassung nicht in solcher Weise in Widerspruch, wie früher angenommen wurde. Wie er selbst war · auch sein Enkel Friedrich Wilhelm I. durchaus darauf bedacht, Preußen zu einer selbständigen Macht zu entfalten. So wurde nach außen jedes Verhältniß gemieden, durch das eine Abhängigkeit bedingt gewesen wäre und im Innern schon manches aus den mittelalterlichen Zeit her überkommene hemmende Element beseitigt. Ein sehr wichtiger Schritt in diesem Sinn war die Einführung der Kanton=Verfassung als Grundlage der Heeresbildung; die Anordnung, die jedem Regiment einem bestimmten Bezirk im Lande anwies, aus dem es sich fortwährend nicht durch Werbungen, sondern durch ausgehobene pflichtige Mannschaften ergänzen sollte. Damit war die Wehrpflicht in Preußen eingeführt, die sich in unserem Jahrhundert zur allgemeinen Wehrpflicht ausgebildet hat, und sollte und mußte auch ein Drittheil des Heeres aus geworbenen Leuten bestehen, so ging die Wehrhaftigkeit des Reichs in Preußen doch viel unmittelbarer aus den „Nationalanstrengungen" hervor, als in manchem anderen Staat, als z. B. in Frankreich. — Sehr gewiß hat daher König Friedrich, alles Anderen nicht zu gedenken, die zuverlässigen Rekruten aus den Kantons der ostpreußischen Regimenter schmerzlich und sehr ungern vermißt.

Was aber die Gründe betrifft, die ihn, wie man die Sache auffaßt, bestimmten, dennoch darauf zu verzichten, so scheint uns die Erörterung dieser Frage ziemlich müßig, denn wenn wir nicht irren, geht aus den Thatsachen mit ziemlicher Bestimmtheit hervor, daß er das Land überhaupt gar nicht in der vorausgesetzten Weise absichtlich aufgegeben hat; mit anderen Worten, daß der König, als er Lehwaldts Armee aus Ostpreußen abrief, damit nicht in bestimmter Weise die Absicht verband, das Land für die Dauer des Krieges aufzugeben. Er rief diese Armee zu sich an die Elbe, in einem Augenblick, in dem er sich einerseits dort von dringender Gefahr bedroht sah, der zu begegnen seine Mittel nicht ausreichten — während sich andererseits eine Hoffnung zeigte, daß diese Truppen zur Vertheidigung Ostpreußens nicht weiter nöthig sein würden. Die russischen Truppen hatten das Land plötzlich freiwillig verlassen, in Rußland stand eine Thronveränderung in Aussicht, die vielleicht innere Unruhen herbeiführte — der König von Preußen konnte hoffen, daß die Russen gar nicht wieder auf dem Kriegsschauplatz erscheinen würden.

Diese Hoffnung täuschte ihn. Die Kaiserin Elisabeth erholte sich gegen alle Erwartung, die Intriguen der nachherigen Kaiserin Katharina, die schon damals zum Zweck hatten, ihren Gemahl zu beseitigen und sich selbst auf den Thron zu schwingen, wurden nur zum Theil entdeckt, die eigentliche Absicht blieb der Kaiserin verborgen, so daß die kühne Großfürstin noch glücklich der drohenden Gefahr entging, und nur der Kanzler Bestushew-Riumin dem damals gewöhnlichen Schicksal gestürzter russischer Staatsmänner, nämlich der Verbannung, wenn auch nicht nach Sibirien, doch in eine entlegene Provinz, verfiel. Die russische Armee aber mußte sofort wieder umkehren nach Preußen und bemächtigte sich durch einfachen Marsch, der wie im Frieden ausgeführt werden konnte, des nunmehr unvertheidigten Landes. Schon am 22. Januar 1758 rückte sie zu Königsberg ein und zu Ende eben dieses Monats war sie im Besitz des ganzen Landes Ostpreußen. In dem Briefwechsel des Königs aus dieser Zeit, unter anderem in den Briefen an den Herzog Ferdinand von Braunschweig vom 8. und 16. Februar 1758, zeigte sich wiederholt, daß ihre Rückkehr in das Land nicht eigentlich erwartet war, und daß sie einen bösen Strich durch die Berechnungen des Königs machte.

Die Frage, ob er diese Provinz aufgeben solle, hatte König Friedrich nicht in so bestimmter, scharf ausgeprägter Form zu erwägen gehabt; sie war zu einer ganz anderen geworden, ehe ihre entschiedene Beantwortung nöthig wurde. Es handelte sich nun darum, ob man den Versuch machen könne, die verlorene Provinz wieder zu erobern, und das war so augenscheinlich unmöglich, daß diese Frage gar nicht zur Erörterung kam. — Im Besitz des Landes durfte der König das Jahr zuvor allerdings hoffen, daß ein kleines Heer von 28 000 Mann im Stande sein werde, dem Feinde dieses Land einen Feldzug über streitig zu machen, und das genügte, wenn der allgemeine Kriegsplan des Königs mit Erfolg durchgeführt werden konnte, wenn die Schlacht bei Kolin gewonnen wurde, wenn es gelang, Oesterreich im Lauf dieses Feldzugs zum Frieden zu zwingen. — Die Provinz wieder zu gewinnen, das konnte man mit so geringer Macht nicht versuchen; dazu hätte wenigstens ein großer Theil der gesammten preußischen Streitkräfte gehört, und wie hätte man den auf die lange Zeit, die ein solches Unternehmen erforderte, in Schlesien und Sachsen entbehren können? — Wie hätte man da dem Hauptfeinde, den Oesterreichern, so lange Zeit über freie Hand lassen dürfen? — Schlesien und Sachsen waren der entscheidende Kriegsschauplatz; es war zur Zeit viel nothwendiger und wichtiger, Schweidnitz wieder zu erobern als Ostpreußen.

Wäre aber der König auch noch im Besitz des Landes gewesen, so hätte er es doch, infolge der Wendung, die der Krieg nach der Schlacht bei Kolin genommen hatte, auf die Länge nicht behaupten können. Er war nun wesentlich auf die Vertheidigung beschränkt. Sein Plan — und zwar sein Plan für jeden Feldzug — mußte im Allgemeinen sein, den Hauptfeind, Oesterreich, beständig im Schach zu halten, ihm wo möglich Vortheile abzugewinnen und sich im Lauf des Feldzugs nur auf kurze Zeit mit einer angemessenen Heeresmacht von dem entscheidenden Kriegs= schauplatz zu entfernen, um die Russen durch eine siegreiche Schlacht ab= zufertigen und dann wieder nach Schlesien oder an die Elbe zurückzukehren.

Clausewitz sagt, es hätte dem König lieber sein müssen, die Russen in Ostpreußen zu bekämpfen als bei Küstrin. Gewiß! — Wenn er sie nämlich dort in der Weise hätte bekämpfen können, die ihm jetzt durch die Umstände als die allein mögliche und nicht zu ändernde auferlegt war. Aber das ließ sich nicht durchführen, die Entfernungen waren zu groß, das Hin= und Herbewegen der Streitkräfte hätte zu viel Zeit erfordert; so viel, daß es verhängnißvoll werden konnte. — Wir werden hier an einen Satz erinnert, den Clausewitz selbst aufstellt, in einem Aufsatz, in dem er die Operationen bespricht, die im Feldzug 1807, bei vorausgesetzter Theilnahme Oesterreichs am Kriege, möglich schienen. Er macht da die treffende Bemerkung, daß die Vortheile einer inneren Operationslinie sich doch eigentlich nur dann geltend machen, wenn diese Linie eine gewisse mäßige Länge hat. Sind die Entfernungen zu groß, so behält unver= meidlich der eine Feind zu lange und in zu weiter Ausdehnung freie Hand, während man den anderen bekämpft; ist der Kriegsschauplatz zu eng, so kommt man nicht aus dem Bereich des ersten Feindes, wenn man sich gegen den zweiten wendet; man behält ihn so nahe im Rücken, daß ein unmittelbares Zusammenwirken beider möglich wird.

Der Vorstellung, daß der König von Preußen sein Kriegstheater ab= sichtlich „abgerundet" habe, liegt eigentlich, unausgesprochen, die Voraus= setzung zu Grunde, daß er dazu durch Erwägungen dieser Art bestimmt worden sei. Wir glauben dagegen, daß alles hier Angedeutete kein ge= nügender Grund gewesen wäre, Ostpreußen ohne Vertheidigung aufzugeben, wenn man es noch innegehabt hätte; wohl aber konnte es ein Grund mehr sein, die Wiedereroberung nicht zu versuchen, nachdem es einmal in Feindes Hand gefallen war.

Um den Vertheidigungskrieg gegen Oesterreich und Rußland in der nunmehr nothwendig gewordenen Weise mit einiger Sicherheit führen zu können, mußte vor allen Dingen die französische Armee unter dem Herzog von Richelieu von der Elbe entfernt, wenigstens aus den hannoverschen Landen vertrieben und über die Weser zurückgedrängt werden. König Friedrich wollte sie auch über den Rhein zurückgetrieben wissen.

Schon unmittelbar nach der Schlacht bei Roßbach hatte er den Anstoß dazu gegeben. Nach seinem Siege gewann der König von England den Muth, die Konvention von Kloster Zeven, die er nie bestätigt hatte, ausdrücklich zu verwerfen; die hannoversche Armee und die mit ihr vereinigten Truppen griffen wieder zu den Waffen.

Diese Wendung der Dinge war dem Prinzen Heinrich von Preußen außerordentlich zuwider. Seiner Meinung nach gab es für Preußen ein für allemal kein Heil, als durch die Gunst Frankreichs, die man um jeden Preis gewinnen mußte. Wie er die Dinge sah, war es ein arger Fehler gewesen, die Schlacht bei Roßbach zu gewinnen und dadurch Frankreich zu beleidigen und zu reizen. Er entließ gefangene französische Offiziere von vornehmer Geburt, namentlich, wie schon erwähnt, den Grafen Mailly, auf Urlaub nach Paris, wo sie Unterhandlungen anknüpfen sollten. Daß jeder Versuch der Art am Hof zu Versailles hochfahrend zurückgewiesen wurde, wollte er nicht glauben; sein Bruder, der König, sei es, meinte er, der nicht ernstlich auf Unterhandlungen eingehen wolle. Man könnte ohne viel Uebertreibung sagen, daß diese Gedankenreihe im Geist des Prinzen zur fixen Idee, und Frau v. Pompadour in seiner Vorstellung zu dem Wesen geworden sei, das Preußen unter allen Bedingungen als Schutzpatronin, gleichsam als Notre-Dame de Pompadour, anrufen müsse, — wie ja wohl in katholischen Ländern nicht selten eine besondere Madonna, etwa „Notre-Dame de bon secours", angerufen wird.

Der König suchte seinen Bruder gelegentlich von dieser Gemüthskrankheit zu heilen, doch vergebens. Der Prinz wurde eben in dieser Hinsicht wohl nicht eigentlich durch eine auf dem Wege logischen Denkens gewonnene Ueberzeugung, als durch Regungen des Gemüths bestimmt. Seine Vorliebe für Frankreich und französisches Wesen ging bekanntlich so weit, daß er sich gern anstellte, als ob er kaum einige Worte deutsch wisse. Ueber Regungen des Gemüths pflegen aber Gründe und selbst Erfahrungen nichts zu vermögen.

Die neue Schilderhebung der hannoverschen Armee erregte das Mißfallen des Prinzen in dem Grade, daß er sie gerne hintertrieben hätte. Es war ihm der Befehl über die wenigen bei Leipzig und Magdeburg zurückgelassenen Truppen anvertraut worden, während die Regimenter, die den letzten Zug unter dem Feldmarschall Keith nach Böhmen ausgeführt hatten, ihre Winterquartiere um Chemnitz und Zwickau, am Fuß des Erzgebirges und im Gebirge selbst hatten. Prinz Heinrich sollte nun den neuen Waffengang der Hannoveraner durch eine Expedition gegen Halberstadt unterstützen. Der Gesandte Englands am preußischen Hof — Mitchel — und der hannoversche General Zastrow kamen im tiefsten Geheimniß zu ihm, um die Ausführung zu besprechen. Der Prinz äußerte sich gegen diese Herren, als ob sein sittliches Gefühl sich gegen das Unternehmen empörte. Sein Vertrauter, Graf Henckel, erzählt uns: „Der Prinz, für die französische Nation eingenommen, obgleich seine Pflicht ihn zwang, feindselig gegen dieselbe zu verfahren, machte dem General Zastrow auf eine feine Art bemerklich, wie die Ausführung eines solchen Vorhabens sich auf die Verletzung des Ehrenworts gründe. Herr v. Zastrow fühlte dieses auch recht wohl und erwiderte: recht wohl weiß ich, gnädigster Herr, daß das Vorhaben ein sehr schwarzes ist (projet bien noir), jedoch zwingen uns die Umstände dazu."

Was eigentlich die sittliche Entrüstung des Prinzen hervorrief, ist kaum zu errathen. Die Konvention von Kloster Zeven war von Seiten der englischen Regierung nie bestätigt worden, und den Waffenstillstand, der zwischen Richelieu und dem Herzog Ferdinand von Braunschweig verabredet war, hatte der französische Hof verworfen.

Indessen, wie ungern der Prinz Heinrich auch daran gehen mochte, die bestimmten Befehle des Königs mußten befolgt werden, und ein paar Bataillone wurden nach Halberstadt vorgesendet.

Aber auch der Herzog Ferdinand von Braunschweig entsprach während dieses ersten kurzen Winterfeldzugs, der von den letzten Novembertagen bis gegen Ende Dezember (1757) währte, den Erwartungen und Hoffnungen des Königs nicht. Friedrich II. war der Meinung, der Herzog müsse seiner Offensive die Richtung an der Weser aufwärts auf Nienburg und Minden geben; dadurch werde er den Feind sofort zwingen, die hannoverschen und braunschweigischen Lande zu räumen und über die Weser zurück zu eilen. Anstatt dessen ließ sich der Herzog bestimmen, in gerade entgegengesetzter Richtung nach Celle und an die Aller vorzurücken. Die Folge war, daß Richelieu seine Armee bei Celle vereinigen konnte, und als er dort Anstalten machte, den Herzog Ferdinand anzugreifen, wich dieser in Winterquartiere bei Uelzen und Lüneburg zurück. So war denn eigentlich die Eroberung der kleinen Feste Harburg nächst einer mäßigen Erweiterung des Bezirks, den man inne hatte, das einzige Ergebniß des kurzen Feldzugs.

Doch der Winterfeldzug sollte nach einer Unterbrechung von wenigen Wochen um die Mitte des Februars wieder aufgenommen werden, und diesmal wurde den Operationen die Richtung auf die obere Weser gegeben. — Wieder sollte der Prinz Heinrich dabei mitwirken, indem er von dem eroberten Halberstadt aus mit seinen wenigen Truppen Flanke und Rücken der französischen Armee an der Aller zu bedrohen suchte. Der König rieth ihm, nicht weiter als bis nach Hildesheim vorzugehen, um sich nicht zu weit von der Elbe und dem kursächsischen Lande zu entfernen, wo ihm für diesen Feldzug der Heerbefehl zugedacht sei. Der Prinz aber hielt sich nicht für veranlaßt, auch nur so weit zu gehen; er rückte nur etwa bis auf halben Weg von Halberstadt nach Hildesheim vor und sendete nur einzelne Bataillone und Schwadronen nach Goslar, nach Wolfenbüttel und, um Kontributionen zu erheben, auch in das Hildesheimische. Der Prinz war ein Patriot, der da „dachte, wie gedacht werden muß", und „alles andere dem Wohl des Staats hintansetzte", das wissen wir durch den Grafen Henckel, doch scheinen ihn für diesmal besondere Gründe bestimmt zu haben, seinen Eifer zu mäßigen. Wenigstens erzählt uns derselbe Vertraute des Prinzen, Graf Henckel: „Hätten wir nur einen oder zwei Märsche weiter vorwärts gemacht, so konnte es leicht kommen, daß wir uns ihrer (der Franzosen) ganzen Artillerie und Bagage bemächtigen. S. K. H. fanden dieses nicht für angemessen, sei es aus zu großer Vorsicht oder aus Eifersucht gegen den Herzog von Braunschweig, zu dessen Ruhm beizutragen er nicht Lust hatte."

Prinz Heinrich war wieder nur sehr ungern auf diese Expedition eingegangen; er hatte in Briefen, die nicht bekannt geworden sind, deren Inhalt wir aber aus den Antworten des Königs errathen, dagegen remonstrirt, und, wie er sich immer darin gefiel, eine überaus hohe Meinung

von den Franzosen zur Schau zu tragen, große Schwierigkeiten und
geringe Aussicht auf Erfolg dabei sehen wollen. Vielleicht war es auch
diesmal seine Hauptsorge, den Franzosen nichts zu Leide zu thun. — Im
Hauptquartier des Herzogs Ferdinand war man von seiner vorsichtigen
Zurückhaltung sehr wenig erbaut. Das zeigt sich in Westphals Brief=
wechsel.

Uebrigens entsprach auch der Herzog Ferdinand den Erwartungen
des Königs wieder nicht ganz. Fort und fort forderte Friedrich II.
ihn auf, den Feind zur Schlacht zu zwingen und ihm womöglich eine
empfindliche Niederlage beizubringen. Der König behält hier wie immer
die Zertrümmerung der feindlichen Streitkräfte als Hauptsache im Auge;
er sieht immerdar jeden räumlichen Gewinn nicht als gesichert, nur als
einen Scheingewinn an, so lange die Streitkräfte des Feindes unberührt
geblieben sind und infolge dessen ein Rückschlag möglich bleibt, über den
alles scheinbar Gewonnene wieder verloren gehen kann. So schreibt er
dem Herzog schon am 17. Februar, was die militärischen Operationen
betrifft, möge er den Blick stets vorwärts wenden, dann werde er bald
gewahr werden, wenn es Zeit sei eine Schlacht zu liefern; denn wenn
er sie nicht unter den eben obwaltenden Umständen liefere, könne es
geschehen, daß widrige Zwischenfälle ihn zwängen, sie später zu ungelege=
ner Zeit anzunehmen. („De porter toujours ses (vos) vues en avant,
et alors vous remarquerez bientôt quand et où il sera temps de
donner bataille, parce que si vous ne la donnez pas en cet état-là,
il peut vous arriver des accidents facheux, qui vous forcent
et vous obligent à vous battre, comme il arriva facheusement
au Duc de Bévern, quand vous n'y êtes ni arrangé ni préparé.")
Dann (1. März) als der Herzog über die Aller gegangen war und die
Franzosen die Stellung an diesem Fluß aufgeben mußten, besorgt der
König, sie könnten mit einem Theil ihres Heeres auf dem linken Ufer
der Weser nach Bremen hinabrücken, den Weserstrom zu ihrer Vertheidi=
gungslinie machen und sogar von Bremen aus dem Herzog in den Rücken
fallen. Das soll Herzog Ferdinand nicht zulassen; er soll lieber
gerade auf den Feind losgehen und ihn angreifen; sonst sei alles Ge=
wonnene unsicherer Besitz. („Voilà ce que je prie de ne pas per-
mettre à l'ennemi; mais d'aller plutôt tout droit à lui pour le
combattre, sans quoi tout ce que vous ferez de progrès ne serait

que précaire.") — Dann schreibt der König wieder am 4. März, da der Feind bei Minden ein ihm günstiges Gelände finden würde, soll der Herzog suchen ihm dort zuvorzukommen, oder wenn das nicht gelang, ihn erst auf dem linken Ufer angreifen, jedenfalls aber seine Streitkräfte nach Möglichkeit zertrümmern: „sonst werden E. D. in etwa zwei Monaten größere Aufgaben und größere Mühen auszuhalten haben als gegenwärtig." — („sans cela V. A. aura après un temps de deux mois à peu près plus de besogne et plus de peines à soutenir, qu'elle n'en a présentement.") — In einem Brief vom 6. März äußert der König, es genüge nicht die hannoverschen Lande vom Feinde zu befreien; das habe er nie für sehr schwierig und nie für die Hauptsache gehalten. Die Hauptsache sei, dem Feinde so viele Verluste als möglich zuzufügen, um ihn an Streitkräften zu schwächen. („Il ne suffira pas que V. A. déblaye les ennemis du pays d'Hannovre, (ce) que je n'ai pas compté pour la chose la plus difficile, mais la principale est, que vous lui causiez autant de mal et de pertes que possible, pour l'affaiblir, et pour lui anéantir beaucoup de monde.") In demselben Geist kömmt der König am 8. März darauf zurück, daß nicht das Mögliche gewonnen sei, so lange der Feind einfach vor dem Herzog zurückweiche, ohne eingeholt und geschlagen zu werden, ohne massenhaft Gefangene zu verlieren; es bleibe dem Feinde dann immer die Möglichkeit, sich zu besinnen und mit Macht umzukehren. („V. A. . . . . . laissera lieu à l'ennemi de se reconnaitre et de retourner en force.")

Solcher Aeußerungen des Königs ließen sich noch mehr anführen. Doch kam es weder zu einer Schlacht, noch selbst zu einem irgend nennenswerthen Gefecht. Einerseits wichen die Franzosen, an deren Spitze jetzt der Graf v. Clermont den Herzog von Richelieu abgelöst hatte, mit solcher Eilfertigkeit, daß es nicht ganz leicht war, sie einzuholen und zum Standhalten zu zwingen; — andererseits war der Herzog Ferdinand wohl nicht so unbedingt darauf bedacht, eine entscheidende Schlacht herbeizuführen, wie der König wünschte. Er war ohne Zweifel und ohne Frage einer der ausgezeichnetsten Heerführer jener Zeit, aber doch zu sehr — auch in militärischer Beziehung — im Geist seiner Zeit gebildet, um den König in seinen, von allem damals Hergebrachten abweichenden Ansichten ganz zu verstehen. — So fordert der König in einem Briefe vom 18. März ihn auf, sich nicht nach Münster zu wenden, sondern gerade auf den Feind loszugehen, überall wo die Franzosen etwa in Kantonnirungsquartieren anhalten wollten, — wenn es nur nicht in dem schwierigen Gelände um Kassel wäre — in ihre Quartiere zu fallen und sie lebhaft anzugreifen. Auf diese Weise werde er die Streitkräfte der Franzosen zerstreuen und seinen eigenen Vortheil am besten fördern. „Während Sie sehr viel wagen", fährt der König fort, „wenn Sie ihnen aus Rücksichten der Behutsamkeit, um nicht mit ihnen handgemein zu werden, Zeit lassen, sich zu besinnen und zu sich zu kommen aus der Verwirrung, in die Sie mit so vielem Glück sie versetzt haben." („Au lieu que, si par ménagement, à ne pas vouloir vénir aux mains avec eux, vous leur laisserez le temps de se reconnaitre et de revénir de la brédouille, où vous les avez jettés si heureusement, vous risquerez beaucoup.") — An den Rand dieses Briefes schrieb der Herzog Ferdinand neben diese Stelle die seltsamen Worte: „Quel f.... raisonnement est cela." — Daß man bei methodischem, behutsamem Manövriren unter Umständen viel wage — das blieb ihm vollkommen unverständlich; was der König darüber sagte, schien ihm widersinnig.

Er fand es unthunlich, die Franzosen in der Gegend von Hameln anzugreifen, wo sie — in der moralischen Verkommenheit, der sie verfallen waren, und bei der Rathlosigkeit, die sich der Führer bemächtigt hatte — sicher die vollständigste Niederlage erlitten, wenn sie angegriffen wurden. — Er ging gerade nach Münster, um von dort aus die Verbindungen der französischen Armee mit dem Rhein zu „bedrohen" und dadurch ihren Rückzug an diesen Strom zu veranlassen.

Doch das war nicht einmal nöthig. Der schwache Graf v. Clermont war, als er am 14. Februar bei der Armee eintraf, in solchem Grade erschreckt durch den Zustand von Entmuthigung und steigender Auflösung, in dem er sie vorfand, daß er sehr bald zu der Ueberzeugung kam, es bleibe nichts zu thun, als diese Heerestrümmer über den Rhein zurück zu retten — und alle Generale stimmten ihm darin bei.

Der Rückzug, am 17. März angetreten, nachdem die übereilte Kapitulation der starken französischen Besatzung zu Minden neuen Schrecken verbreitet hatte, wurde zur Flucht, obgleich keine energische Verfolgung die französische Armee drängte — und dieses Heer traf, hauptsächlich durch eigene Schuld, durch den eigenen Mangel an Disziplin zu Grunde gerichtet, zwar in einem elenden Zustande auf dem linken Rheinufer ein — immerhin aber noch glücklich genug, da ihm die vollständige Niederlage erspart geblieben war.

Im Hauptquartier des Herzogs Ferdinand wünschte man sich Glück dazu, den „Zweck" ohne Schlacht erreicht zu haben. Der Herzog selbst war, wie wir durch Westphal erfahren, gerade darauf besonders stolz, daß es ihm gelungen war, den Feind durch geschickte Manöver über den Rhein zu treiben, ohne daß es dazu eines wirklichen Kampfes bedurft hätte. — („La vérité est que le Duc se flattait" — soll heißen: se sentait plus flatté — „de prendre les ennemis au depourvû que de faire la besogne de vive force.")

König Friedrich schrieb seinem Bruder Heinrich, da könne er nun sehen, was die Franzosen für Leute seien; er solle sich von den Vorurtheilen zu ihren Gunsten lossagen (— quels coïons! mon cher frère, revénez des préjugés favorables que vous aviez pour eux à Erfort; leurs officiers ont un jargon militaire qui en impose, mais ce sont des perroquets qui ont appris à siffler une marche et qui n'en savent pas davantage).

Die Verhaltungsbefehle, die Clermont mitbrachte zur Armee, trugen ihm auf, sich im Besitz der eingenommenen Lande zu behaupten, und die Belagerung von Magdeburg blieb dabei immer als die mögliche Aufgabe des folgenden Feldzuges vorbehalten. Als dann Clermont über den traurigen Zustand der Armee und die Nothwendigkeit des Rückzuges berichtet hatte, wurde dieser Rückzug keineswegs von Seiten des Hofs zu Versailles angeordnet oder auch nur ausdrücklich gut geheißen; es hieß nur, wenn es zum Rückzug kommen müsse, sollten wenigstens die festen Plätze Braunschweig und Wolfenbüttel behauptet werden — was natürlich nicht geschah.

Stuhr, der sich die eigenthümliche Aufgabe gestellt hatte, zu beweisen, daß König Friedrich nicht durch seine eigene Heldenhaftigkeit gerettet worden sei, sondern nur dadurch, daß die gegen ihn verbündeten Mächte — besonders Frankreich und Rußland — ihm gar nicht ernstlich schaden wollten — will dennoch in der rathlosen Flucht über den Rhein einen freiwilligen Rückzug sehen, angeordnet von der französischen Regierung infolge einer „geheimen Politik" und weil man Preußen schonen wollte. Und doch muß Stuhr in demselben Athem gestehen, daß sich in den Urkunden nirgends eine Spur solcher geheimen Politik zeige. Dahin kann eine vorgefaßte Meinung führen!

Bald sollten sich die Pläne des Königs von Preußen nach dieser Seite hin erweitern. Es gab in Holland eine Partei, welche die Weltrolle der Republik der vereinigten Provinzen noch nicht vergessen hatte — und alles war dort im Lande aufgeregt durch die Politik, die Frankreich und Oesterreich befolgten, obgleich man weit davon entfernt war, sie ganz zu durchschauen. Erst in neuester Zeit ist bekannt geworden, daß Maria Theresia, in ihrem leidenschaftlichen Verlangen, Schlesien wieder zu gewinnen, dafür sogar den Besitz der belgischen Provinzen aufopfern wollte, — auf den man freilich in Oesterreich niemals großen Werth gelegt hat. Vermöge eines sehr geheim gehaltenen Vertrags war festgestellt, daß Belgien dem Infanten Don Felipe, der zur Zeit als Herzog zu Parma herrschte, als souveränes Fürstenthum überlassen werden solle, wogegen die im Aachener Frieden ihm abgetretenen italienischen Herzogthümer Parma, Piacenza und Guastalla wieder an Oesterreich fallen sollten. Auch ein unmittelbarer Gewinn war für Frankreich ausbedungen; einige Grenzplätze in Belgien sollten ihm abgetreten werden, — vor allem aber Ostende und Nieuport an der Meeresküste. Das souveräne Fürstenthum Belgien — oder wie man es sonst nennen wollte — mußte damit der unbedingtesten Abhängigkeit von Frankreich verfallen. Es war kein übler Gedanke der Frau v. Pompadour, an der Nordostgrenze Frankreichs einen solchen bourbonischen Nebenstaat zu schaffen, über dessen Politik und Macht man stets von Versailles aus verfügen konnte! — Das alles wußte man natürlich im Haag so wenig als sonst wo außerhalb des Kreises der Eingeweihten, aber man hatte es doch in den Niederlanden mit dem entschiedensten Mißtrauen gesehen, daß auf der einen Seite französische Truppen die österreichischen Besatzungen in Ostende und Nieuport ablösten, andererseits Emden in Ostfriesland besetzten. Es schien demnach nicht unmöglich, die Republik der vereinigten Niederlande zu einem Bündniß mit Preußen und England, zur Theilnahme an dem Kriege gegen Frankreich zu bewegen — und damit wäre außerordentlich viel gewonnen gewesen, wenn selbst die etwas vernachlässigte Armee der Niederlande kein großes Gewicht in die Wagschaale gelegt hätte. Der Kriegsschauplatz wäre dadurch auf dieser Seite aller Wahrscheinlichkeit nach für die ganze Dauer des Krieges von den Ufern der Weser an die Maas und in die damals österreichischen Niederlande, nach Belgien verlegt worden, und jede Gefahr war beseitigt, die von dieser Seite den hannoverschen Landen oder vollends dem König von Preußen drohen konnte.

König Friedrich that das Mögliche, um diese Wendung der Dinge herbeizuführen und suchte die Thätigkeit der Diplomatie durch militärische Maßregeln zu unterstützen. Er stimmte deshalb dem Plane bei, den zuerst Pitt angeregt hatte, den Kriegsschauplatz hier auf das linke Ufer des Rheins zu verlegen, und forderte den Herzog Ferdinand von Braunschweig auf, den Strom mit seinem Heere zu überschreiten. Wiederholt schrieb der König darüber dem Herzog. In einem Brief vom 30. April erwähnt er, daß es besonders der Wunsch des Königs von England sei, die Franzosen über die Maas zurückgetrieben zu sehen; er hofft, die Franzosen würden Wesel und Düsseldorf von selbst verlassen, und es sei zu erwarten (fort à présumer), daß die Holländer sich nach solchen Erfolgen für die gute Sache entscheiden würden (se déclareront pour la bonne cause).

Der Herzog ging glücklich über den Strom und trug sogar auf dem linken Ufer, in der Schlacht bei Crefeld, einen bedeutenden Sieg über die französische Hauptarmee davon. Einen Augenblick hoffte der König, auch England werde Truppen nach Flandern senden — aber das geschah nicht — und auch Holland trat dem Bunde Englands und Preußens nicht bei.

Die Regierung Englands that nichts, um die vereinigten Niederlande zur Theilnahme an dem Kriege zu bestimmen. Zwar König Georg II. wünschte natürlich für seine Person entschieden genug, seine hannoverschen Lande durch die Verlegung des Kriegsschauplatzes an und über die Maas gesichert zu sehen, und es mag auch wohl in England eine Partei gegeben haben, die geneigt gewesen wäre, auf seine persönlichen Wünsche einzugehen; weit überwiegend aber blieb im Parlament und im Volke die Partei, die dabei stehen blieb, daß England unmittelbar nur mit Frankreich Krieg führe, nicht in einen unmittelbaren Krieg auch mit Oesterreich oder vollends mit Rußland verwickelt werden dürfe. Eine Expedition nach Belgien, von englischen Truppen unterstützt, war aber der offene Krieg mit Oesterreich. Für seine Person glaubte Pitt den Krieg in Deutschland nicht zur Hauptsache machen, nur nebensächlich behandeln zu dürfen, denn ein entgegengesetztes Verfahren hätte leicht in

England die Ueberzeugung hervorgerufen, daß Großbritannien den Interessen Hannovers dienstbar gemacht werde, und das war ein Gedanke, gegen den sich dort alles empörte. Pitt willfahrte demnach dem König Georg nur in Beziehung auf den Uebergang der verbündeten Armee über den Rhein — nicht weiter. Die Expedition nach Belgien mußte unterbleiben.

Später im Sommer rückte dann die zweite französische Armee unter dem Prinzen Soubise, die zu Ende des Winters an den unteren Main zurückgegangen war, wieder in Hessen vor und bedrohte Hannover. Der Herzog Ferdinand mußte über den Rhein zurückgehen, um an der Weser und Lippe einen Vertheidigungskrieg zu führen, und große Hoffnungen waren verflogen!

Auch einen anderen, einen Nebenfeind hätte König Friedrich im Laufe des Winters gern ganz und für immer beseitigt, da die Witterungsverhältnisse eine günstige Gelegenheit dazu boten, nämlich die Schweden.

Sie waren nach Stralsund und auf die Insel Rügen zurückgetrieben worden. Der Winter war streng, der Sund zwischen Rügen und dem Festlande zugefroren. Zogen die Preußen über das Eis, so konnten die schwedischen Truppen, die für den Winter ihre Quartiere auf der Insel hatten, sich weder der Uebermacht erwehren noch entkommen; sie mußten höchst wahrscheinlicherweise binnen kurzem die Waffen strecken, und die Besatzung von Stralsund verfiel dann demselben Schicksal, denn sie konnte ohne Zufuhr aus der Insel nicht leben.

Doch der Feldmarschall Lehwaldt konnte nicht bewogen werden, sich mit seinem Heere auf das Eis zu wagen — und als er im März durch den Generallieutenant Grafen Dohna im Kommando abgelöst wurde, war es zu spät; es war Thauwetter eingetreten.

Auf dem Kriegsschauplatze, auf dem Friedrich II. die Operationen unmittelbar leitete, brachten es schon die geographischen Verhältnisse mit sich, daß Preußen zwei Armeen in das Feld führte, die eine in Sachsen, die andere in Schlesien.

Der König stellte sich selbst an die Spitze der zahlreicheren Armee in Schlesien, den Befehl über die zweite in Sachsen vertraute er seinem

Bruder Heinrich an. Das war in mehr als einem Sinne des Wortes eine Nothwendigkeit.

Die eine Seite dieser Nothwendigkeit läßt uns Graf Henckel sehr deutlich sehen, indem er erzählt: „Der König, dem die stolze Gemüthsart seines Bruders kein Geheimniß war, wußte recht wohl, daß, um ihn der Armee zu erhalten, er ihm ein Kommando geben mußte; auch hatte er zu gute Spione, als daß es ihm unbekannt sein konnte, wie Se. Königl. Hoheit seit der Schlacht bei Roßbach ein dauerndes Unwohlsein nur fingirten. Der Prinz wartete bloß auf die Befehle des Königs hinsichtlich seiner künftigen Bestimmung, denn fest war es bei ihm beschlossen, lieber gänzlich, wie der unglückliche Prinz von Preußen, die Armee zu verlassen, als sich wieder unter das persönliche Kommando des Königs zu stellen." — Henckel fügt hinzu, hauptsächlich hätten den Prinzen zwei Offiziere seiner Umgebung, die beide den Krieg nicht liebten und auf bequeme Anstellungen an seinem Hofe rechneten, in solcher Gesinnung bestärkt. Ein Herr v. Wreech nämlich und der spätere Feldmarschall Kalckreuth.

Der Prinz Heinrich ist viel gerühmt worden, nicht nur von denen, die dem König Friedrich mehr oder weniger feindlich gesinnt waren und gern eine andere Größe an seiner Stelle erhoben; auch alle diejenigen gelehrten Militärs stimmten in das Lob ein, die sich die Kriegführung Friedrichs des Großen den Ideen der herrschenden Schule gemäß auslegten und umdeuteten und der Ueberzeugung lebten, daß der König und sein „großer Bruder" stets in einem und demselben Sinn und Geist gehandelt hätten.

Charakteristisch ist vor allem, was Berenhorst von dem Prinzen sagt, obgleich darin die Absicht verwaltet, sich diesem Prinzen — der noch lebte, als Berenhorst schrieb — angenehm zu erweisen und den König etwas in den Schatten zu stellen.

„Ein gewisser Punkt mußte da sein, wo mit einem Ende die Linie befestigt wäre, an deren anderem sich die Macht, welche ausschnellte, bald in einem halben, bald in einem Viertelzirkel, bald in der Diagonale bewegte." So beginnt Berenhorsts Darstellung. „Dieser wahre Zentralpunkt, aus welchem belebende Kraft emporstieg, war Sachsen und der Festhalter Heinrich. Während Friedrich umherzog, anrennte, zurücktrieb, behauptete Heinrich die sächsische Erde und verhinderte, daß sie beide nicht vom Boden aufgehoben und in der Luft erdrückt würden. Wenig solcher Brüder liefert die wirkliche Geschichte, wo der eine dem anderen so nahe stand, so sehr ersetzen, so sehr ausfüllen konnte. Eigensinn des Schicksals hatte aus zweien nicht einen machen wollen, um keinen sonder Beispiel begünstigten Sterblichen zu bilden. Der Nachgeborene ist ein weiser Kriegführer; seine aus einer großen Zahl wichtiger Kenntnisse gezogene Wissenschaft und Tüchtigkeit, seine Talente gehören völlig in die Klasse derjenigen, durch welche Friedrich Heinrich der Oranier und Catinat berühmte und schwer zu erreichende Vorbilder der Feldherren wurden. Er hat den lehrreichsten modernen Vertheidigungs- oder vielmehr Behauptungskrieg geführt, einen solchen, der nicht selten zum entschlossensten Angriff übergeht. Nicht Linien zusammengehängter Schanzen, sondern einzelne wohlgewählte Posten für einige Bataillone und Schwadronen, die sich jedoch wechselseitig sehr gut unterstützten, Höhen hinter Flüßchen und Bächen, deren versteckteste Lage sein forschender Blick alsobald ausspähte, wo nachher die Natur durch die Kunst verstärkt ward, gehören zu Heinrichs System — ein System, das der kluge Prinz für diese Umstände und für diese Gegner ausdrücklich erfunden hatte und das bei veränderter Beschaffenheit sein durchbringender Verstand durch ein anderes würde zu ersetzen gewußt haben, ein System, anwendbar und vortheilhaft unter gewissen Bedingungen. Hierdurch gelang es ihm, Sachsens Hauptbezirke zu decken. Wenn es endlich geschah, daß eine dergleichen stratagematische Umzingelung, die sich zu viel erkühnte, einmal durchbrochen ward, so war es, weil dem Gegner doch nach langen Drangsalen zu einer gewissen Stunde die Augen genugsam aufgingen, um des zarten Fadens gewahr zu werden, womit ihn sein nur an Talenten stärkerer, an Zahl der Truppen viel schwächerer Feind eingeschlossen hielt."

Wie schon aus diesen Worten hervorgeht, war Prinz Heinrich der eigentliche Schöpfer des verrufenen sogenannten Kordonsystems, das gewöhnlich dem österreichischen Feldmarschall Lacy zur Last gelegt wird. Seine Armee, mochte sie meist auch kaum dreißigtausend Mann stark sein, war immer in eine Unzahl kleiner Posten und Pöstchen aufgelöst, um hier ein Defileechen an einer Mühle zu decken oder dort eine Verbindungslinie des Feindes durch ein paar hundert Mann zu bedrohen, und in solcher Weise auf einer sieben oder auch wohl neun Meilen langen Linie zersplittert. Er kam, wie Clausewitz treffend sagt, nicht selten auf den Wegen der Aengstlichkeit dahin, verwegen zu sein. Denn selbst Berenhorst muß gestehen, — und zwar eben da, wo er dem Prinzen angenehme Dinge sagen will — daß es dem Prinzen Heinrich und seinem Heere gar übel ergehen mußte, wenn der strategisch drangsalirte Feind sich je dazu ermannte, seinen einfachen gesunden Menschenverstand zu brauchen und ihm zu vertrauen, sich zu sagen, daß das strategische Netz, in das man ihn einzuspinnen suchte, ein Spinngewebe sei, Schein ohne Wesen — und wenn er sich dann entschloß, auf irgend einem Punkt der schwachen, oft beinahe imaginären Linie herzhaft dreinzuschlagen, wie die rohen Naturalisten, die Türken und die Generale der französischen Revolution, dem Feldmarschall Lacy und seinen Schülern gegenüber wirklich thaten.

Es glückte dem Prinzen Heinrich mit diesem System, weil Oesterreich seine Anstrengungen meist auf Schlesien richtete und sich weniger um Sachsen bemühte, weil der Prinz infolge dessen immer nur einen ängstlich zaudernden Feind vor sich hatte, oft keinen anderen, als die „eilende Reichs-Exekutionsarmee", die ein unglücklicher Druckfehler schon in dem Manifest des Regensburger Reichstages zu einer „elenden Reichs-Exekutionsarmee" gestempelt hatte.

Daß der Prinz einem anderen Feinde gegenüber auch ein anderes System der Kriegführung erdacht und geübt haben würde — das ist ein bloßes Kompliment, eine ganz willkürliche, auf gar nichts gegründete Voraussetzung, für die sich gar nichts anführen läßt. Die wegwerfende Art, in der Prinz Heinrich die Feldherrnthätigkeit seines Bruders kritisirte, berechtigt — oder zwingt uns vielmehr, im Gegentheil anzunehmen, daß er seine Art, kriegerische Operationen zu leiten, für die normale, überall und unter allen Bedingungen gültige hielt. Er glaubte immer wieder gut zu machen, was sein Bruder verdarb.

Er glaubte den civilisirten Krieg zu führen, während er in dem militärischen Thun und Treiben des Königs nur einen rohen und verkehrten Naturalismus sah.

Der Schauplatz, auf dem König Friedrich den Krieg im Ganzen und Großen vertheidigungsweise führen mußte, war, was die geographischen Verhältnisse betrifft, der Vertheidigung nicht günstig. Die preußischen

Truppen hatten sich, wenn es Sachsen und Schlesien zu vertheidigen galt, auf einem Bogen zu bewegen, der von den Thüringischen Bergen bis an den Fuß der Beskiden fast die Hälfte eines Kreises beschreibt. Die Oesterreicher, die einen positiven Zweck verfolgten und mithin auf die Initiative angewiesen waren, hatten außer dem Vortheil der Zahl, auch noch den einer centralen Stellung; sie konnten ihre offensiven Vorstöße auf den Radien des Zirkels führen oder sich auf der Sehne des Bogens bewegen.

Schon in diesen Verhältnissen konnte für den König von Preußen eine Aufforderung liegen, seinen Feldzug mit einer Offensive zu beginnen, um seine strategische Stellung zu verbessern. Aber der König hatte auch noch andere Gründe, seiner Vertheidigung ein offensives Element einzufügen. Er wollte den Frieden, und den durfte er nicht hoffen, wenn der Feldzug für ihn mit Verlust endete; wenn er sich nicht überall vollständig im Besitz behauptete, vielleicht sogar am Schluß des Feldzugs noch einen Gewinn aufzuweisen hatte. Durch diese Rücksichten war sein Operationsplan mit einer gewissen Nothwendigkeit bestimmt, wenn auch gewiß nicht ein Jeder an seiner Stelle diese Nothwendigkeit mit demselben klaren Blick erkannt, oder mit derselben Festigkeit die Möglichkeit erzwungen hätte, ihr gemäß zu handeln. Es gehörte dazu, daß sein Heer, ungeachtet der Dürftigkeit der Mittel, die ihm zu Gebote standen, schneller und früher wiederhergestellt und schlagfertig war als das österreichische. Er mußte Schweidnitz noch vor der Eröffnung des eigentlichen Feldzugs wieder erobern. Beides gelang. Nun galt es früher im Felde zu erscheinen, als die Oesterreicher; ihnen, ehe die Russen die entscheidende Region des Kriegsschauplatzes erreicht haben konnten, einen festen Platz, vielleicht deren zwei, und einen wichtigen Landstrich abzugewinnen, und vielleicht ihre Heeresmacht durch eine Niederlage für den Rest des Feldzugs zu lähmen. Mußte der König sich dann gegen die Russen wenden, so waren die Oesterreicher inzwischen vollauf mit der Wiedereroberung des Verlorenen beschäftigt und außer Stande, etwas gegen Sachsen oder Schlesien zu unternehmen. Vielleicht gelang es ihm sogar, von dem Zug gegen die Russen, die er durch eine siegreiche Schlacht rasch abzufertigen hoffte, zurückzukehren, ehe der Gewinn in Böhmen und Mähren wieder verloren war, und sich am Schluß des Feldzugs im Besitz dieses Gewinnes zu behaupten.

Mehr durfte der König nicht hoffen, nachdem die Möglichkeit, Oesterreich in einem kurzen Feldzug niederzuschlagen und, ehe dessen Verbündete entscheidend eingreifen konnten, den Frieden unter den Mauern von Wien vorzuschreiben, durch den Tag bei Kolin für immer verloren gegangen war. Die Russen standen jetzt dem König zu nahe im Rücken, als daß er so kühne Pläne hätte wieder aufnehmen dürfen. Ihr Feldzug begann diesmal nicht an der Düna, sondern an der Weichsel. — Doch wenn er die Russen durch einen Sieg an die Weichsel zurückgeworfen hatte und sich am Schluß des Feldzugs im Besitz von Olmütz und Prag befand — wenn dann auf der anderen Seite der Kriegsschauplatz nach Belgien verlegt war, durfte er immerhin auf den Frieden hoffen, da die Aussichten für einen weiteren Feldzug im Jahr 1759 sich dann sehr ungünstig für Oesterreich gestaltet hätten.

Das ist die Gestalt, in der sich der Operationsplan des Königs in seinen wiederholten Mittheilungen darstellt. So sagt König Friedrich in der seinem Bruder Heinrich ertheilten Instruktion, sein Plan sei: "Schweidnitz ruhig nehmen, einen Heertheil von 15 000 Mann zurücklassen, um das (schlesische) Gebirge zu decken, oder sich zu widersetzen, wenn etwa ein feindlicher Heertheil durch die Lausitz vordringen will; dann den Krieg nach Mähren versetzen. Wenn ich gerade auf Olmütz losgehe, wird der Feind herbeikommen, um es zu schützen, und dann kömmt es zu einer Schlacht in einem Gelände, das er (der Feind) nicht nach Gefallen wählen kann. Wenn ich ihn schlage, wie man hoffen muß, belagere ich Olmütz, dann wird der Feind, genöthigt, Wien zu decken, alle seine Streitkräfte nach der Seite hin vereinigen und, Olmütz einmal genommen, wird Ihre Armee bestimmt sein, Prag zu nehmen und Böhmen in Respekt zu halten. Mögen dann die Russen oder wer sonst kommen, ich werde im Stande sein, gegen sie zu entsenden, was nöthig ist."

Ergänzend kommt ein etwas späterer Brief des Königs an den Prinzen Heinrich hinzu. Der König schreibt darin (am 25. März): "Ich komme nun auf das, was Sie betrifft ... Nach Allem, was zu meiner Kenntniß gekommen ist, werden Sie niemanden gegen sich haben als die Reichstruppen und den alten Wenzel Wallis, der ein alter Cunon ist. Wenn es mir auf meiner Seite gelingt, zwei Märsche über den Feind zu gewinnen, befinde ich mich früher als Dauns Armee bei Olmütz (vers Olmutz). Dies wird, wie ich hoffe, ihn (den Feind) zu einer

Schlacht veranlassen (l'engagera à une bataille) in der er, wie ich hoffe, geschlagen werden wird; in diesem Fall sehen Sie wohl voraus (vous jugez bien), daß sie (die Feinde) was sie irgend können, an Streitkräften in Mähren vereinigen werden, um Wien zu decken, und das ist dann der Augenblick, den Sie benützen können, um den Leuten in den Eisen zu liegen (de talonner ces gens), die nichtsdestoweniger genöthigt sein werden, nach Mähren zu ziehen; wenn daneben die Kreistruppen nur einen Nasenstüber bekommen, begeben sie sich sämmtlich auf die Flucht, und es wird von der ganzen Armee nicht weiter die Rede sein. Wenn dann niemand Sie hindert vorzurücken, können sie gerade auf Prag losmarschiren."

Es kömmt noch ein etwas späterer Brief des Königs an den Herzog Ferdinand hinzu, in welchem er (am 12. April) in folgenden Worten Auskunft über seine Pläne giebt: „So wie Schweidnitz genommen ist, marschire ich auf Olmütz. Wenn ich glücklich genug bin, den Oesterreichern dort zuvorzukommen, werden sie genöthigt sein, mir eine Schlacht zu liefern oder zu sehen, wie ich Olmütz unter ihren Augen (à leur barbe) einnehme; wenn wir Olmütz ohne Schlacht einnehmen, werden sie, glaube ich, bei Brünn lagern, und um sie von da zu vertreiben (pour les tirer de là), werde ich starke Detachements über (ungarisch) Hradisch nach Ungarn entsenden; das wird sie nöthigen, Alles an sich zu ziehen, was sie in Böhmen haben; dann wird mein Bruder Heinrich die Reifen der (Reichs) Kreise (cassera les cerceaux des cercles) zerbrechen und Prag einnehmen. Meine große Armee zählt gegenwärtig hier 98000 Mann, ohne die Besatzungen, so daß mir noch Truppen bleiben, um gegen die Russen zu entsenden, die, wie es den Anschein hat, von Thorn auf Glogau vorrücken wollen (qui font mine de vouloir marcher de Toren sur Glogau)."

In seiner Geschichte des siebenjährigen Krieges endlich sagt Friedrich der Große, seine Absicht sei gewesen, in Mähren einzubringen und Olmütz zu nehmen — nicht um diesen Ort zu behaupten, sondern um die österreichische Armee den ganzen Feldzug hinzuhalten in dieser von den preußischen Provinzen entfernten Region — und Zeit zu gewinnen, sich den Russen mit genügender Macht entgegen zu werfen. — Mit den Russen hoffte er wohl um so schneller fertig zu werden, weil er, wie wir gesehen haben, erwartete, sie würden auf Glogau heranrücken. Der Gedanke lag nahe, wenn man voraussetzte, daß von ihrer Seite ein unmittelbares Zusammenwirken mit den Oesterreichern beabsichtigt sei. War dem so, dann erforderte das Hin- und Herbewegen der preußischen Truppen gegen die Russen und dann wieder zurück gegen Oesterreich nicht so viel Zeit, als wenn der König, wie später wirklich geschah, die russische Armee in der Neumark aufsuchen mußte.

Friedrichs des Großen Operationsplan ist danach hinreichend klar, und wir sehen, daß er, obgleich im Großen und Ganzen auf die Vertheidigung zurückgeworfen, doch den Erfolg auch in diesem Feldzug nicht, im Geist seiner Zeit von fein angelegten Manövern, sondern in der Weise, die unserer Zeit geläufig geworden ist, von dem Siege in offener Feldschlacht erwartete.

In seinen Briefen liegt auch zum voraus die Antwort, sowohl auf die Bemerkungen des „österreichischen Veterans" (Cugniazzo) als auf die Kritik, die Clausewitz übt.

Der Veteran zeigt sich verwundert, daß der König von Preußen nach Mähren gegangen sei, nicht lieber den Feldzug in Böhmen unmittelbar gegen die österreichische Armee eröffnet habe. Olmütz habe sich mit seiner starken Besatzung lange und bis zur Herankunft der Russen vertheidigen können, die Armee dagegen sei zur Zeit noch lange nicht schlagfertig gewesen. Auch sei man im österreichischen Hauptquartier sehr erfreut darüber gewesen, daß der König seinen Operationen diese Richtung gab. Man habe dadurch die nöthige Zeit zur Ergänzung und Ausbildung der Truppen gewonnen. — Clausewitz meint eigentlich, der König sei diesmal in die zur Zeit herkömmliche Art der Kriegführung verfallen. Er habe die Belagerung von Olmütz unternommen, ohne vorher die österreichische Armee geschlagen zu haben, „obgleich ihm diese Armee schon am 3. Mai entgegentritt, ehe er noch die Belagerung hat anfangen können. Er rechnet auf die Unthätigkeit des Gegners. In Beziehung auf eine Schlacht hat er sich auch nicht geirrt, denn Daun wagt es nicht, Friedrich den Großen anzugreifen, obgleich dieser seine Armee so in einzelne Posten hat auflösen müssen, daß er kaum 20 000 Mann auf einem Punkt gefunden hätte. Wie konnte aber Friedrich der Große darauf rechnen, die Belagerung und den ganzen Weg bis jenseits des schlesischen Gebirges nach Neiße hin zu decken. Es war ein Versuch; er ließ es darauf ankommen, und das unstreitig bloß, weil er eine Schlacht nur im äußersten Nothfall liefern wollte. Seine Armee bestand schon halb aus Rekruten, eine neue Schlacht würde sie noch mehr desorganisirt haben."

Dem allen war nicht durchaus so, und Friedrich der Große rechnete anders. Am allerwenigsten war er gesonnen, eine Schlacht zu meiden oder als etwas anzusehen, das er nur im Fall äußerster Nothwendigkeit wagen dürfe. Auch mißtraute er zu der Zeit seiner Armee keineswegs in dem vorausgesetzten Grade. Sie bestand allerdings, wenn auch nicht zur Hälfte, doch zu einem sehr großen Theil aus Rekruten, aber der König durfte sie dennoch, besonders wenn er sie persönlich anführte, an innerem Gehalt und kriegerischer Tüchtigkeit der österreichischen, die verhältnißmäßig wohl noch mehr Rekruten in ihren Reihen zählte, und an deren Spitze kein sieggekrönter, weltberühmter König stand, überlegen achten. Clausewitz konnte veranlaßt sein, sich die Dinge so zu konstruiren, wie er sie darstellt, weil zur Zeit, in der er schrieb, der Briefwechsel des Königs mit seinem Bruder Heinrich und mit dem Herzog Ferdinand noch nicht bekannt war. Wir sind jetzt besser unterrichtet.

Aller Wahrscheinlichkeit nach schritt der König nicht zum direkten Angriff auf die österreichische Armee, die, um Königgrätz gruppirt, die Pässe über die nordwestlichen Sudeten hütete, weil er glaubte, daß Daun eine Schlacht nicht annehmen, daß er fast in jede Weite ausweichen werde. Er sah, wie er uns selbst sagt, in der Belagerung von Olmütz ein Mittel, den Feldmarschall Daun zur Schlacht zu zwingen. Er hoffte, scheint es, sogar, der Feldmarschall Daun werde sich ihm in den Weg werfen und eine Schlacht wagen, um die Einschließung von Olmütz zu verhindern. Das war allerdings ein Rechnungsfehler, den man fast einen auffallenden nennen könnte. Der König konnte wissen, daß Daun nicht der Mann war, der sich zu solchem Wagniß entschloß, besonders fast unmittelbar nach den bitteren Erfahrungen, die er bei Leuthen gemacht hatte. Auch sehen wir in dem Brief des Königs an den Herzog Ferdinand auch die andere Vorstellung hervortreten, daß Daun eine Schlacht überhaupt nicht oder erst dann wagte, wenn Olmütz bereits eingeschlossen war, um den Ort zu entsetzen. Dann wurde das Rechenexempel ein anderes, und die Verhältnisse gestalteten sich wesentlich minder günstig für den König. Dieser mußte dann die Schlacht, ohne Wahl an eine bestimmte Oertlichkeit gebunden, liefern und mit einer Armee die nur unvollständig vereinigt sein konnte. Es war ein gewagter Versuch!

Eine Vergleichung mit dem Feldzug des Marschalls von Sachsen 1745 liegt sehr nahe. Auch der Marschall von Sachsen eröffnete den Feldzug damit, daß er eine feindliche Hauptfestung — Tournay — einschloß und belagerte, ohne den Feind vorher geschlagen zu haben — ehe der Feind schlagfertig im Felde erscheinen konnte, und erwartete dann dessen Heranrücken zum Entsatz — zur Schlacht, die er bei Fontenois siegreich bestand. — Aber welch ein Unterschied zeigt sich, sobald wir irgend näher auf das Einzelne eingehen! — Das französische Heer war 1745 seinen Gegnern an Zahl bei weitem überlegen; so zwar, daß es nach Abzug alles dessen, was zur Deckung der Belagerung zurückgelassen werden mußte, der zum Entsatz heranrückenden Armee auf dem Schlachtfelde mindestens gleich, vielleicht noch um etwas überlegen blieb. Das ganze Belagerungsmaterial konnte aus dem kaum vier Meilen entfernten Lille herbeigebracht werden, und die französische Armee deckte schon durch ihre Stellung bei Tournay diese kurze Verbindungslinie vollkommen. Endlich konnte man mit ziemlicher Gewißheit vorhersehen, von welcher Seite der Entsatz heranrücken würde, und sich darauf vorbereiten.

König Friedrich war dagegen bei Olmütz an Zahl nicht unerheblich schwächer als sein Gegner; das Belagerungsmaterial mußte aus dem sechzehn Meilen weit entfernten Neiße herbeigeschafft werden, die Verbindungslinie mit diesem Ort, die über das Gebirge durch leicht zu sperrende Engwege führte, war durch Lage und Richtung feindlichen Angriffen gar sehr ausgesetzt und konnte schon darum nicht gehörig gedeckt werden, weil die Armee des Königs nicht zahlreich genug war, um namhafte Heertheile bleibend zu entsenden. Die Armee selbst mußte, um Olmütz einzuschließen, in verschiedene Posten zersplittert werden, und damit war dem österreichischen Feldherrn die Möglichkeit gegeben, den einen oder den anderen mit Uebermacht anzugreifen. — Das Unternehmen des Königs war, wie gesagt, ein gewagtes!

Ging der König anstatt dessen über die Sudeten auf Königgrätz und zum Angriff auf die österreichische Armee, so wich Daun höchst wahrscheinlich der Schlacht aus, obgleich er seine Armee eigens, um die Pässe über das Gebirge zu hüten, in der Gegend von Königgrätz zusammengezogen hatte. Aber da sein Heer nicht taktisch vereinigt lagerte, war es möglich, daß er seinen Rückzug nicht ohne theilweise Verluste bewerkstelligen konnte. Welche Bedeutung diese Verluste haben, wie weit sie reichen würden, war zum voraus nicht zu berechnen.

Ein Zug am Fuß der Sudeten, auf der böhmischen Seite, etwa von Königgrätz nach Olmütz, war der schwierigen und gefährdeten Verbindungen wegen kaum ausführbar, wenn die österreichische Armee, die über eine so große Zahl leichter Truppen verfügte, sich auf Prag zurückgezogen hatte. Ein Zug über die nordwestlichen Sudeten führte demnach mit einer gewissen Unvermeidlichkeit zu einem Vorstoß auf Prag, das übrigens Daun wahrscheinlich auch ohne Kampf preisgab, da es von diesem Feldzug an bei den Oesterreichern System wurde, nicht eher etwas Entscheidendes zu unternehmen, als bis die Russen, die nun um so viel näher gerückt waren, zur Mitwirkung herangekommen waren und einen bedeutenden Theil der preußischen Streitkräfte auf sich zogen.

Aber wenn nun das preußische Heer Prag eingenommen hätte — und wäre es auch ohne großen Zeitverlust geschehen: blieb dann noch Zeit bis Olmütz vorzudringen, die Verbindung mit Neiße zu eröffnen, das Belagerungsmaterial herbeizuschaffen und die Belagerung zu glücklichem Ende zu führen? — Das alles, ehe es nothwendig wurde, sich gegen die Russen zu wenden? — Und wenn die Zeit dazu nicht ausreichte, welchen Werth hatte dann der Besitz von Prag allein unter den damaligen Umständen für Preußen?

In Wahrheit einen sehr geringen! — Der Ort konnte nicht sich selbst überlassen bleiben, da er nur einer geringen Vertheidigung fähig war und doch, des großen Umfangs wegen, eine zahlreiche Besatzung erforderte. Blieb nun auch, wenn der König den Zug gegen die Russen antrat, ein preußischer Heertheil bei Prag stehen, so konnte es kein sehr zahlreicher sein, und wollte ihn Daun wieder nicht angreifen, so war es doch nicht allzu schwierig, ihn von dort weg zu manövriren. Mußte die preußische Armee sich von Prag zurückziehen, so mußte auch wohl Prag aufgegeben werden, denn Preußen konnte nicht eine zahlreiche Besatzung dort unvermeidlicher Gefangenschaft verfallen lassen. Das Zwischenspiel, das sich so ergab, bildete nicht eine Aufgabe, die das Heer Oesterreichs einen großen Theil des Feldzugs über beschäftigen konnte — und daß Preußen am Schluß des Feldzugs noch einen Gewinn hätte behaupten können, dazu zeigte sich auf diesem Wege keine Aussicht.

Es ist schwer, über Möglichkeiten, die uns in der Zeit so fern liegen, und über die wir doch nicht ganz erschöpfend unterrichtet sind, ein ganz bestimmtes Urtheil zu fällen, aber alles erwogen, scheint es doch, daß der Versuch auf Olmütz das Zweckmäßigste war, was der König zur Zeit unternehmen konnte.

Im Hauptquartier des Prinzen Heinrich urtheilte man freilich anders, wie uns Graf Henckel erzählt. Namentlich hielt der Prinz die Rolle, die ihm selbst zugedacht war, für unausführbar, die Einschließung von Prag mit seiner Armee von kaum 30 000 Mann „geradezu" für „eine Unmöglichkeit". — Auch gab er das dem König in einem Brief vom 18. März sehr deutlich zu verstehen, indem er anfragte, wie es mit der Einschließung von Prag gehalten werden solle, zu der — wie der König wisse („comme vous savez") — eine sehr große Anzahl Truppen gehöre.

Nebenher beschäftigte ihn ein anderer Plan. Er meinte, wenn der Feldzug nicht zu früh eröffnet werde, könne man vielleicht die Reichsarmee in Franken „alarmiren", wenn auch nichts Ernstliches gegen sie unternehmen („on pourrait peut-être, si non entreprendre, du moins alarmer l'armée de l'empire").

Daran hatte auch der König bereits gedacht, — nur daß er die Sache von Anfang an etwas ernster nahm. „Ich empfehle Ihnen die Kreistruppen", schrieb er seinem Bruder am 21. März; er hoffe, zu Anfang Mai werde der Prinz ein tüchtiges Gefecht mit deren Nachtrab haben, besonders aber soll der Prinz nicht vergessen, genaue Nachrichten darüber einzuziehen, wo der Feind seine Magazine habe; vielleicht könne man ihm seinen ganzen Feldzug stören, wenn man sie ihm bei Zeiten wegzunehmen vermöge (— „peutêtre pourrait on lui déranger toute la campagne, en les lui enlevant à temps").

Auf die Bedenken seines Bruders, die Einschließung von Prag betreffend, antwortete der König in dem schon angeführten Brief vom 25. März, der Prinz werde, wenn er die Reichsarmee mit leichter Mühe beseitigt habe, gar keinen oder so gut wie gar keinen Feind vor sich haben, Prag aber nur eine schwache Besatzung. Da sei es denn wohl thunlich, diese Feste auf der einen Seite der Moldau bloß durch Reiterei einzuschließen, und nur auf der anderen, wo man die Laufgräben eröffnen wolle, durch Infanterie. Die nöthige Artillerie könne auf der Elbe aus

Magdeburg herbeigebracht werden. Prag könne sich höchstens acht Tage halten.

Das war nun wieder, in den Augen des Prinzen Heinrich, eine neue Reihe von verkehrten und unausführbaren Abenteuerlichkeiten. Doch, da er nun einmal mit den „Wahrheiten", die er dem König sagte, kein Glück hatte, beschloß er — „in der Erwartung, daß fernere Ereignisse eine Aenderung des ganzen Plans herbeiführen würden" — zu thun, als ob er darauf einginge, blieb aber „demungeachtet von der Unmöglichkeit eines solchen Unternehmens nur zu überzeugt." (Henckel II, 1, 23.)

Olmütz.

Auch auf Seiten der gegen Preußen verbündeten Mächte war über den Operationsplan für den nächsten Feldzug viel hin- und herberathen worden, ohne daß man zu einem bestimmten Abschluß gekommen wäre. Die Flucht der französischen Armee über den Rhein machte in diesen Berathungen einen Abschnitt. So lange man am Hofe zu Versailles hoffen konnte, daß Richelieu sich in den hannoverschen Landen behaupten und sogar noch vor der Eröffnung des Sommerfeldzugs die hannoversche Armee „vernichten" könne, wurde im Rath der französischen Regierung angenommen, daß der König von Preußen gegen Oesterreich auf der Vertheidigung bleiben und seine offensive Macht gegen die französische Armee, zunächst nach Wolfenbüttel wenden werde. Frankreich kam immer darauf zurück, daß Oesterreich seine Hauptmacht an der Elbe vereinigen und das kursächsische Land zum hauptsächlichen Schauplatz des Krieges, dessen Befreiung und die Belagerung von Magdeburg zur Hauptaufgabe des Feldzugs machen müsse.

Nach der Flucht Clermonts und seiner Armee über den Rhein zurück konnte natürlich von einer Belagerung von Magdeburg nicht mehr die Rede sein; Frankreich hatte sich nun auf dem linken Ufer des deutschen Stroms und an der Maas gegen einen Angriff der hannoverschen Armee, vielleicht Hollands, zu vertheidigen. In der Wiener Hofburg befürchtete man, die preußischen Heere würden wieder, wie das Jahr zuvor, von mehreren Seiten zugleich in Böhmen eindringen. — Zum Angriff und selbst zur siegreichen Abwehr fühlte sich Oesterreich im April noch nicht hinreichend erstarkt. Es wurde ein Heertheil von 23 000 Mann unter dem Grafen Serbelloni am böhmischen Fuß des Erzgebirges aufgestellt, um Böhmen gegen den Prinzen Heinrich zu decken; mit der Hauptmacht stand der Feldmarschall Daun, der diesmal den Befehl allein führte, in der Nähe von Königgrätz, im Lager bei Skalitz, das für unangreifbar gehalten wurde, und von dem aus er zahlreiche Abtheilungen in die Gebirgspässe entsendet hatte, während sich ein anderer, minder zahlreicher Heertheil in Mähren bildete. Aber man fühlte sich in Wien durch diese Anstalten keineswegs beruhigt. Man unterhandelte lebhaft, um von der einen Seite ein Hülfskorps von 30 000 Russen, von der anderen die französische Armee unter Soubise nach Böhmen zu ziehen, und die ängstliche Sprache der österreichischen Diplomatie klang, als ob man alles Heil von dieser Hülfe erwarte.

Dem Feldmarschall Daun ein paar Märsche auf dem Wege nach Mähren abzugewinnen, hielt nicht schwer, da er alle Bewegungen der Preußen in dieser Richtung für Scheinmanöver hielt, durch die man ihn verleiten wolle, seine Stellung zu verlassen und seinerseits nach Mähren zu eilen, wodurch dann dem Feinde die Pässe nach Böhmen geöffnet gewesen wären.

Olmütz wurde am 8. Mai eingeschlossen — darauf erfolgte aber nicht, was König Friedrich gehofft hatte, nämlich daß Daun heranrücken werde zur Schlacht. Man war selbst zu Wien viel zu sehr geängstigt durch den preußischen Einfall in Mähren, als daß man ein solches Wagstück von dem vorsichtigen Feldmarschall verlangt oder auch nur gebilligt hätte, wenn er etwa selber dazu geneigt gewesen wäre. Lange Zeit über wurde das Verlangen nach einem französischen Hülfskorps immer dringender ausgesprochen.

Daun beschränkte sich zunächst darauf, die Armee des Königs mit einer Kette leichter Truppen zu umgeben, die von Tobitschau über Ramiest bis Schönberg reichte. Erst später setzte er sein Heer in Bewegung, zunächst nach Leitomischl, in keiner anderen Absicht, als um das dortige große Magazin zu decken; erst am 24. Mai traf er von dort aus über Zwittau in einem Lager bei Gewitsch — zwei starke Märsche von Olmüß — ein, wo er mehrere Wochen ruhig fortfuhr, seine Rekruten zu exerziren.

Der Operationsplan des Königs scheiterte im Wesentlichen an dem Ungeschick der preußischen Ingenieure, an den viel besprochenen, in der That unverzeihlichen Fehlern, die sie begingen und durch die sich die Belagerung in die Länge zog. Namentlich wurden die ersten Batterien auf dem sogenannten Tafelberge in zu großer Entfernung angelegt, und sehr viel schwer zu ersetzende Munition wurde von dort aus verschwendet. Niemand sah diese Fehler so gut als König Friedrich, wie aus seinen Briefen an den Feldmarschall Keith hervorgeht. Auch bewirkte der König durch persönliches Eingreifen, daß diese Fehler verbessert wurden, insoweit das noch möglich war, aber es war eine unersetzliche Zeit — und eine unersetzliche Menge Munition verloren gegangen.

Beiläufig bemerkt, erwies sich das Feuer der Artillerie hier nicht so unwirksam, wie Tempelhoff berichtet oder wie es ihm zufolge unter allen Bedingungen ist. Tempelhoff ist in dieser Beziehung sehr eigenthümlich; er ist Artillerist von Fach — und nie hat irgend ein militärischer Schriftsteller eine so geringe Meinung von den Wirkungen der Artillerie ausgesprochen, wie eben er. Wir werden von ihm belehrt, daß die Artillerie auf dem Schlachtfelde hauptsächlich nur durch das Knallen — moralisch also — wirke, und daß sie gegen Festungswerke, wenigstens von den Demontir-Batterien aus der zweiten Parallele her, eigentlich gar nichts vermöge. — Aus einem österreichischen aus den „Feldakten" geschöpften Bericht ersehen wir dagegen, daß das Feuer der preußischen Demontir-Batterien den Werken der Festung „großen Schaden zufügte. An der rechten Face der Bastion Nr. 7 befand sich bereits am 19. (Juni) eine Bresche von 4 bis 5 Klafter Breite."

Es ist immerhin von einigem Interesse, zu sehen, daß Brescheschießen aus der Entfernung auch mit der damaligen Artillerie unter Umständen möglich gewesen wäre. Es hatte sich hier zufällig ergeben, ohne beabsichtigt zu sein.

In demselben hochoffiziösen österreichischen Bericht (von dem Major Cerrini in der Oesterreichischen militärischen Zeitschrift 1843), lesen wir auch, daß Daun durch Erwägungen der höchsten Art bewogen wurde, mit dem Entsatz von Olmütz nicht zu eilen. Eben so wie es im Interesse der Kaiserin Maria Theresia lag, die wichtige Festung nicht in Feindes-

Die Belagerung von Olmütz.

hand fallen zu laſſen. „Eben ſo", ſagt uns der öſterreichiſche Offizier einer ſpäteren Zeit, „lag es unter den beſtehenden Verhältniſſen, nunmehr in Ihrem Intereſſe, als Verbündete der Kaiſerin Eliſabeth von Rußland, den König ſo lange als möglich in Mähren feſtzuhalten und den Ruſſen Zeit zu laſſen, auf dem Kriegsſchauplatze zu erſcheinen und die möglichſten Fortſchritte machen zu können." Es war alſo angezeigt, den Entſatz ſo lange als möglich zu verſchieben und erſt dann dazu zu ſchreiten, wenn er zur Nothwendigkeit geworden war, mit anderen Worten, wenn die Vertheidigung der Feſte Olmütz zum Ende neigte.

Das haben wir wohl nicht buchſtäblich zu nehmen. Weder in der Wiener Hofburg noch in Dauns Hauptquartier gingen die Wogen der Zuverſicht ſo hoch, wie in dieſen Sätzen vorausgeſetzt wird. Wir haben in ihnen wohl nicht die etwa aus den „Feldakten" ermittelten, zur Zeit der Ereigniſſe wirklich maßgebenden Anſichten und Gründe zu ſehen, ſondern die perſönlichen Konjekturen eines Epigonen, der ſich Dauns Zögern auf die günſtigſte Weiſe zu deuten ſucht. Aus dem diplomatiſchen Briefwechſel jener Tage geht hervor, daß man ſich zu Wien nur allmälig und etwas ſpät zu dem Gedanken ermuthigte, man könne den Entſatz von Olmütz auch ohne ein franzöſiſches Hülfskorps unternehmen, und ſich erſt dann zur Ausführung entſchloß, als ſie ohne Gefahr nicht länger aufgeſchoben werden konnte. Der öſterreichiſche Feldherr wurde nun ſogar zu einer Schlacht ermächtigt für den Fall, daß ſie „nothwendig" ſein ſollte, um Olmütz zu retten.

Zur Schlacht zu ſchreiten, konnte ſich Daun dennoch nicht entſchließen, obgleich König Friedrich ſeine Macht theilen mußte, um Olmütz von allen Seiten, wenn auch nur unvollſtändig einzuſchließen, auf keinem einzigen Punkt mehr als einige und zwanzigtauſend Mann beiſammen hatte, folglich mit großer Uebermacht angegriffen werden konnte. Auch verlangten die Staatsmänner der Zeit und ſeine Zunftgenoſſen, die Strategen, gar nicht einen ſolchen Entſchluß von dem öſterreichiſchen Feldmarſchall, da ſich noch andere Mittel zeigten, den „Zweck" zu erreichen.

Es ſollte ein Manöver werden, und zwar ein doppeltes. Einmal ſollten leichte Truppen, in großer Anzahl gegen die durch ihre Lage gefährdete Straße von Olmütz nach Neiße entſendet, von Linientruppen unterſtützt, einen großen Transport von Lebensmitteln und Schießbedarf, den der General Zieten aus Neiße heranführte, auffangen oder vernichten. Andererseits wollte Daun selbst durch einen künstlich angelegten Gewaltmarsch die Stellung bei Groß-Teinitz erreichen, wo er dann in Verbindung mit der belagerten Festung stand. Dadurch war nach den zur Zeit herrschenden Ansichten Olmütz entsetzt.

Beides gelang. Laudon, der sich bereits als Parteigänger einen bedeutenden Ruf erworben hatte, fand hier zum ersten Mal Gelegenheit zu einer That nach einem größeren Maßstab. In Verbindung mit einem General Siskowitz, von dem weder vorher noch nachher viel die Rede gewesen ist, vernichtete er in einem siegreichen Gefecht bei Domstädl (am 30. Juni) jenen preußischen Transport bis auf einen geringen Rest, der bei dem königlichen Heer vor Olmütz eintraf.

Damit war Olmütz thatsächlich entsetzt, denn die Belagerung konnte ohne Schießbedarf nicht fortgesetzt werden; den Ort noch länger eingeschlossen zu halten, hätte keinem denkbaren Zweck entsprochen und die preußische Armee — wenn auch nicht dem Feldmarschall Daun, doch einem thätigeren Feinde gegenüber — der Gefahr ausgesetzt, theilweise geschlagen zu werden.

Der Einfluß, den diese Katastrophe bei Domstädl auf den Gang der Ereignisse übte, erstreckte sich sogar noch sehr viel weiter, in der That auf den ganzen Krieg. Das Unheil, das hier die preußischen Waffen traf, machte Epoche — wenn auch nach einem kleineren Maßstab — wie der Tag bei Kolin. Dort ging die Möglichkeit, Oesterreich durch rasche Schläge im Lauf eines kurzen Feldzugs zum Frieden zu zwingen, unwiederbringlich verloren. — Hier die Aussicht, einen mäßigen Vortheil zu gewinnen und vielleicht zu behaupten, der immerhin als Preis des Friedens geboten werden und in das Gewicht fallen konnte. Durch den Tag bei Kolin wurde Friedrich der Große im Allgemeinen auf die Vertheidigung beschränkt, durch den Unfall bei Domstädl auf die mehr und mehr passive Vertheidigung, die nur noch abzuwehren, sich im ungeschmälerten Besitz ihres Kriegsschauplatzes zu behaupten sucht und nach keiner Seite hin einen positiven Gewinn anzustreben vermag.

Daun hätte sich sein kunstreiches Manöver füglich ersparen können. Doch da Olmütz dringend Hülfe verlangte, setzte er sich in Bewegung, ehe der Schlag bei Domstädl erfolgt war. Er marschirte am 27. Juni auf die Höhen bei Pröblitz und Ewanowiz, wie wenn er die Stellung des Königs hinter den Proßnitzer Teichen angreifen wollte. Von hier brach er am Abend des 30. wieder auf, ging über die March und erschien, nachdem er in 24 Stunden einen Marsch von mehr als sechs Meilen zurückgelegt hatte, am 1. Juli auf den Höhen bei Groß-Teinitz, eine Meile von Olmütz, an einer Seite, wo kein preußischer Heertheil den Ort einschloß. Es wäre von Interesse zu wissen, ob der Feldmarschall in dem Augenblick, wo er diesen Marsch antrat, bereits von dem Erfolg bei Domstädtl unterrichtet war oder nicht. Doch belehrt uns darüber keiner der bis jetzt bekannt gemachten Berichte.

Dagegen überrascht uns der Major Cerrini durch ein Urtheil, das wenigstens in unseren Tagen etwas Auffallendes hat. Er sagt, der Jubel sei in dem geängstigten Olmütz allgemein gewesen, als man am Abend des 1. Juli von den Wällen aus die hellodernden Wachtfeuer auf den Höhen von Groß-Teinitz wahrnahm, und fügt hinzu: „Wenngleich die Zerstörung des Transports von großem Einfluß auf den Gang der Begebenheiten war, so war doch die nunmehr eingenommene Stellung Dauns entscheidender. (!) Die Aufhebung der Belagerung war dadurch (!) eine Nothwendigkeit geworden; denn Daun konnte die Besatzung jeden Augenblick verstärken, da er in voller Gemeinschaft mit der Festung war. Wäre auch der Transport unbeschädigt im preußischen Lager angelangt, so hätte er höchstens dazu dienen können, um dem drückenden Mangel abzuhelfen, während die Masse von Fuhrwerken bei dem nun nothwendig werdenden Rückzuge die Verlegenheit nur vermehrt haben würde. Daun hatte sonach seinen Zweck, den er allerdings früher zu erreichen im Stande war, zu rechter Zeit vollkommen erreicht. Der König war durch die Belagerung sechs Wochen lang in Mähren festgehalten worden, wodurch die Russen Zeit gewonnen hatten, über die Weichsel zu gehen u. s. w."

Welch ein Eifer für den Ruhm des Feldmarschalls Daun fast einhundert Jahre nach den Begebenheiten! — Die beiden Vorstellungen, daß es für die preußische Armee nur noch schlimmer, geradezu ein Unglück gewesen wäre, wenn der Transport ihre Stellung wohlbehalten erreicht hätte, und daß der König die Russen jenseits der Weichsel aufgesucht haben würde, wenn er nicht mit so vielem Glück in Mähren wäre festgehalten worden, fallen einigermaßen in das Abenteuerliche.

War der Transport glücklich eingetroffen, fehlten die Mittel nicht, die Belagerung fortzusetzen — dann lieferte der König aller Wahrscheinlichkeit nach dem Feldmarschall Daun die Schlacht, nach der er verlangte, zu der ihm die Belagerung von Olmütz hatte verhelfen sollen — und er hätte sie schwerlich verloren. Die Höhen von Groß-Teinitz hätten sich wohl auch der damaligen Taktik gegenüber nicht unersteiglich erwiesen, und die Machtverhältnisse wären hier günstiger für die Preußen gewesen, als — Prag ausgenommen — in allen Schlachten dieses Krieges. Das wirkliche Wesen des strategischen Manövers wäre dann zu Tage getreten. Es hätte sich gezeigt, daß dessen Erfolg in der That nur darin besteht, daß der Feind in die Nothwendigkeit versetzt wird, die Initiative zu ergreifen und zu wagen, und zwar, wenn das Manöver ganz gelungen ist, unter mehr oder weniger erschwerenden Umständen. Es hätte sich gezeigt, daß der Gewinn, der durch ein strategisches Manöver ohne Kampf erlangt wird, — wie wir uns hier erlauben müssen zu wiederholen — immer nur entweder ein vorläufiger, einleitender oder ein scheinbarer ist, der nur dann zu einem wirklichen wird, wenn der Gegner ihn dafür gelten läßt und nicht die Initiative zu ergreifen, nicht die Entscheidung auf die Spitze des Degens zu stellen wagt; daß endlich ein solcher Vortheil, wie sich daraus ergiebt, in jedem Augenblick durch die ernste Entscheidung, die in einer Schlacht fällt, vollständig wieder aufgehoben werden kann.

Es ist bemerkenswerth, daß König Friedrich Dauns Manöver gar nicht nennt unter den Ursachen, die ihn nöthigten, die Belagerung aufzuheben; daß er sogar Dauns Eintreffen bei Groß-Teinitz gar nicht gewahr geworden ist. Er glaubte ihn bei Tobitschau und traf demgemäß seine Anordnungen für den Rückzug.

Die Zeitgenossen, besonders die „Kenner des Metiers", urtheilten natürlich anders. Das sublime Manöver des österreichischen Feldherrn wurde allgemein bewundert. Das Urtheil der Zeitgenossen, wie es vielfach auf uns gekommen ist, geht eben in diesem wie in jedem ähnlichen Fall, ohne daß sie darüber zu vollständiger Klarheit gekommen wären, von der Voraussetzung aus, daß der durch das strategische Manöver übervortheilte Feind nicht wagen werde, die Lage der Dinge durch einen entschlossenen Kampf wieder in das Gleiche zu bringen. Man gefiel sich sogar in der Vorstellung, daß er das gar nicht könne, ohne daß man sich die Frage, warum nicht? eingehend beantwortet hätte. Die Berechnung traf meist zu, so lange man einem Gegner gegenüber stand, der sich nicht durch mächtige Motive zu großen und kühnen Thaten aufgefordert fühlte. Sie mußte täuschen, sobald man es mit einer Kriegführung zu thun hatte, in der ein anderer Geist, eine größere Leidenschaftlichkeit und Energie sich regte. Die Schwäche des strategischen Calculs lag eben darin, — wir glauben an dieser Stelle daran erinnern zu dürfen — daß die Adepten der Kriegskunst die Art der Kriegführung, für die sie geschult waren, für die normale und für allgemein gültig hielten. — Wurde das Manöver, wie man wohl sagen dürfte, nicht respektirt, trat der Feind zum Kampf entschlossen in die Schranken, dann ereignete sich wohl, daß die Führer darüber die Fassung verloren und durch das ganz Unerwartete in eine rathlose Verwirrung versetzt wurden. Das hätte möglicherweise auf den Höhen bei Groß=Teinitz geschehen können, wie es auf dem Schlachtfelde bei Leuthen geschehen war.

Der Entschluß des Königs war schnell gefaßt. Die Belagerung wurde sofort aufgehoben, und schon am 2. Juli trat das preußische Heer den Rückzug an, der ein sehr schwieriger geworden war. Die österreichischen leichten Truppen hatten unter kühnen Führern, unter denen Laudon vor allen hervorragte, die Gebirgspässe besetzt, die nach Neiße und überhaupt nach Oberschlesien führen; Daun war bei Groß=Teinitz in günstiger Stellung, um der preußischen Armee zur Seite zu bleiben und jene leichten Truppen zu unterstützen. Aller Wahrscheinlichkeit nach hoffte man im österreichischen Hauptquartier, den Preußen bedeutende Verluste zuzufügen. Denn wenn man auch nie eigentlich die Zertrümmerung der feindlichen Streitkräfte in der Schlacht als Zweck der eigenen Operationen im Sinne hatte, legte man doch großen Werth darauf, dem Feinde bei solchen Gelegenheiten vielfach wiederholte Verluste zuzufügen, ohne selbst etwas zu wagen; wozu hätte man sonst auch die Gebirgspässe gesperrt? — Bei der damaligen Finanzarmuth der deutschen Staaten legte man sogar dem Verlust an Bagage, Proviantfuhrwesen und dergleichen, den eine Armee bei solcher Gelegenheit erleiden konnte, eine viel größere Wichtigkeit bei, als heutzutage.

Zur sehr großen Ueberraschung der österreichischen Generalität schlug aber König Friedrich den Weg nach Böhmen ein, um an dem böhmischen Fuß der Sudeten die Gegend von Königgrätz zu erreichen und sich von dort aus die Verbindungen über das Gebirge mit Niederschlesien zu eröffnen. Hier stand ihm keine feindliche Heeresmacht entgegen, denn General Buccow, der ihn, mit 8500 Mann bei Ptin aufgestellt, von dieser Seite beobachten sollte, konnte eben nur beobachten oder verhältnißmäßig geringfügige Dinge unternehmen, aber der Zug war dennoch ein sehr kühner, da der König von Olmütz an bis zu dem Augenblick, wo es gelungen war, die Verbindungen über das Gebirge bei Nachod und Trautenau herzustellen, außer allem Zusammenhang mit seiner Basis bleiben mußte. Noch dazu mußte der Zug sehr langsam gehen wegen des ungemein zahlreichen und schwerfälligen Trosses, den ein Belagerungspark bildet. Dieser Park aber mußte gerettet und wohlerhalten zurückgebracht werden, wenn sich nicht das österreichische Heer durch das Bewußtsein entschiedener und anerkannter Ueberlegenheit gehoben fühlen sollte, die eigene Armee aber gedrückt und herabgestimmt durch die Vorstellung, daß man dem Kampf selbst mit Opfern und Verlust ausweiche, weil man sich dem Feinde nicht gewachsen wisse. Endlich konnte die Verpflegung auf diesem Marsch sehr schwierig werden, wenn die geringen Vorräthe aufgezehrt waren, die man aus den Lagern um Olmütz mitnehmen konnte. Die „Bäckerei" wanderte zwar mit dem Troß, aber die Versorgung der Bäckerei mit Mehl aus den eigenen Magazinen war für diese Zeit unmöglich. Man mußte auf die Eroberung der österreichischen Magazine zu Leitomischel und Königgrätz rechnen.

Es ist zu bewundern, daß König Friedrich unter diesen Umständen nicht den nächsten Weg nach Glatz einschlug, auf dem, bei dem damaligen Zustande der dorthin führenden Straßen, allerdings vielleicht ein Theil des Trains hätte aufgeopfert werden müssen. Es zeigt sich auch in diesem Zug nach Königgrätz wieder, daß dem König das Wichtigste — nämlich das moralische Uebergewicht über den Feind zu behaupten — auch unter allen Bedingungen das Wichtigste war und blieb. Diese Ueberlegenheit wurde um so entschiedener gewahrt, da der König auf diesem Zug in der Offensive zu bleiben und Prag zu bedrohen schien.

Der Marsch wurde aber in der Ausführung sogar noch gewagter als er gedacht war, weil der König in seinen Anordnungen zwar von einer zutreffenden Schätzung Dauns und dessen, was man von ihm erwarten dürfe, — in Beziehung auf die augenblickliche Stellung des österreichischen Heeres aber von irrthümlichen Vorstellungen ausging.

Er glaubte nämlich, Daun stehe bei Tobitschau; der Feldmarschall Keith, der mit dem Belagerungskorps aus der Stellung vor Olmütz aufbrechen und den gewaltigen Troß von 4000 Fuhrwerken mit sich nehmen und decken sollte, um über Littau und Müglitz nach (Mährisch) Trübau zu marschiren, werde demnach bei Littau zwei Märsche vor dem Feinde voraushaben und bedürfe keiner weiteren Deckung.

Der König selbst marschirte am 2. Juli aus der Gegend von Proßnitz in das Lager bei Konitz — halbwegs zwischen Proßnitz und Trübau. Diese Bewegung des Königs und seine nächstfolgenden Märsche lassen nur eine Erklärung zu: er setzte voraus, daß Daun, auch jetzt mehr auf Abwehr als irgend etwas anderes bedacht, von Tobitschau zunächst nach Leitomischel marschiren werde, um das dortige Magazin und vielleicht auch die Wege nach Prag zu decken. Den geraden Weg dorthin suchte er nun dem österreichischen Feldherrn zu vertreten; daß dieser nicht eine Schlacht wagen würde, um sie sich zu öffnen, durfte er mit Bestimmtheit annehmen.

Am 3. marschirte er nach Trübau, doch hier mußte er ein paar Tage anhalten, um den Feldmarschall Keith abzuwarten, der mit dem ungeheueren Troß nicht weniger als vier Tage brauchte, um die sechs Meilen von Olmütz nach Trübau zurückzulegen. Kaum aber war die Spitze des Wagenzugs am 5. in der Nähe von Trübau eingetroffen, so brach der König von neuem auf und marschirte nach Zwittau, wo er sicher war, dem Feinde unter allen Bedingungen in Leitomischel zuvorzukommen. Keith und der Wagenzug folgten in drei Abtheilungen, deren jede den Marsch über den Gebirgszug nach Zwittau in einem Tage zurücklegte, am 6., 7. und 8. Juli. Er mußte einen Umweg nehmen, da General Buccow — der einzige Feind, mit dem man bis zur Zeit zu thun hatte — den gerade über den Gebirgszug führenden Paß — den Schönhengst — durch einen Verhau und Truppen gesperrt hatte. Der Wagenzug war auch auf diesem Marsch ausschließlich dem Schutz der eigenen Bedeckung anvertraut, die bei jeder der drei Abtheilungen etwa 8000 Mann stark sein mochte, was wenig genug ist, um einen Wagenzug von drei Meilen Länge zu decken. Keine schützende Macht stand zwischen diesem Troß und dem Feinde.

Doch war nun endlich, von Dauns Armee spät entsendet, der General Lacy mit dem Grenadier- und Karabinierkorps herangekommen.

Aber er unternahm nichts weiter als am 7. einen schwachen Angriff auf die dritte Abtheilung des Wagenzugs, wie General Buccow am 6. mit eben so wenig Nachdruck und Erfolg einen Angriff auf die zweite versucht hatte. — Der König war bereits am 7. nach Leitomischel vorausgeeilt, und am 9. Juli kantonnirte alles, Heer und Wagenzug, um diesen Ort.

Daun that noch weniger als der König erwartet hatte. Er blieb zunächst drei Tage auf den Höhen bei Groß-Teinitz stehen, vollkommen unthätig — wenn man es nicht etwa als eine kriegerische Thätigkeit ansehen will, daß da ein feierliches Te deum gesungen wurde. Erst am 5. Juli bewegte er sich, nicht vorwärts sondern seitwärts nach Olschan, eine Meile von Olmütz, auf der Straße nach Brünn. Erst am 7. — an dem Tage, an welchem der König Leitomischel erreichte — brach er von hier wieder auf, um, abermals in einer Seitenrichtung über Konitz und Gewitsch, in drei Märschen am 9. Politzka, drei Meilen von Leitomischel, zu erreichen.

Es beschäftigten ihn Sorgen und Pläne, die wir jetzt theils durch Arneth, theils aus dem — von Stuhr im Auszuge mitgetheilten — Briefwechsel der französischen Diplomaten zu Wien und in Dauns Hauptquartier kennen, die aber der König schwerlich je errathen hätte. An eine Zertrümmerung des feindlichen Heeres zu denken, fiel ihm gar nicht ein. Nur nebensächlich beschäftigte ihn der Gedanke, daß der Feind auch wohl auf Prag vorgehen könne; die Anordnungen, die infolge dessen erlassen wurden, beschränkten sich im Wesentlichen auf eine nach der böhmischen Hauptstadt erlassenen Mahnung, dort auf seiner Hut gegen einen Handstreich zu sein. Eigentlich war Daun vom ersten Augenblick an der allerdings sehr naheliegenden Ueberzeugung, daß der König von Preußen sich nunmehr gegen die Russen wenden werde; es fragte sich nur, welchen Weg er einschlagen werde. Daun hatte — etwas spät — am 4. den General Lacy zur unmittelbaren Verfolgung entsendet; Laudon und Siskowitz, die mit ihren leichten und Linientruppen in den Gebirgen bei Troppau und Jägerndorf standen, sollten von dort aus den König einholen, sogar an dem preußischen Heere vorbeimarschiren und ihm bei Trautenau und Nachod die Pässe über das Gebirge verlegen, wie sie ihm die Wege nach Oberschlesien verlegt hatten. Dann, glaubte Daun, werde sich der König auch hier die Verbindung mit Schlesien nicht mit

Der Rückzug durch Böhmen.

Gewalt öffnen wollen, und sich nach der Lausitz wenden zur Vereinigung mit dem Prinzen Heinrich. Da schien es dem österreichischen Feldherrn vor allem wichtig, ihm bei Zittau zuvorzukommen. Darauf waren alle seine Maßregeln angelegt.

Aber selbstverständlich knüpften sich daran auch weiter reichende Pläne, die sich auf den ferneren Gang des Feldzugs bezogen. Schon am 5. schrieb Daun aus dem Lager bei Olschan der Kaiserin Maria Theresia, der König von Preußen werde sich jetzt, aller Wahrscheinlichkeit nach, an die Oder gegen die Russen wenden. Er selbst habe vor, mit seiner Armee dem König auf der Spur zu folgen, um einen Angriff desselben auf die Russen zu vereiteln. Es wäre möglich, daß die österreichische Hauptmacht auf diese Weise wohl gar bis nach Berlin gelangte, — und das würde die Operationen der Russen mächtig fördern.

Dabei war seltsamerweise eigentlich stillschweigend vorausgesetzt, daß der König mit seiner gesammten Macht gegen die Russen aufbrechen und den Oesterreichern gegenüber nichts oder so gut wie nichts — allenfalls nur beobachtende Abtheilungen zurücklassen, daß man freie Hand haben werde! — Es kömmt eben wohl vor, daß auch Leute, die ihrer Natur, ihrem Wesen nach darauf angewiesen sind, sich — wenn auch mit einer gewissen Tüchtigkeit — innerhalb der Grenzen des Alltäglichen zu bewegen — sich in kühnen, weit aussehenden Plänen ergehen, so lange alles in der Region allgemein gehaltener Vorstellungen von unbestimmt gedachten Umrissen schwebt und die Ausführung fern liegt. Nur pflegen solche Pläne sich über gar vielerlei Bedenken in Nichts aufzulösen, wenn es zur That kommen soll.

Von näher liegender Bedeutung war es, daß Daun davor warnte, die kriegerischen Unternehmungen wieder unmittelbar auf Schlesien zu richten. Man würde dabei nur Zeit verlieren ohne Gewinn, denn man wäre dort im Lande darauf angewiesen, zu Belagerungen zu schreiten; schon die Vorbereitungen zu einer solchen würden viele Wochen in Anspruch nehmen — und der Feind behielte inzwischen Zeit, sich auf die Russen zu werfen und sie zu schlagen. Für den Rest des Feldzugs wäre man alsdann des Beistands der Verbündeten beraubt.

Von Leitomischel an mußte der Rückzug des Königs anders geordnet werden als bisher, weil man nun die Hauptmacht des Feindes in der Nähe wußte und den weiteren Marsch, wie schon seit Mährisch-Trübau, nur auf einer Linie ausführen konnte. Der König brach mit der einen Hälfte des Heeres zuerst auf, dann folgte, im Abstand eines Tagemarsches, der Wagenzug unter besonderer Bedeckung, geführt vom General Retzow; Feldmarschall Keith machte mit der anderen Hälfte des Heeres den deckenden Schluß. Darin, daß der König voran zog und nicht den Befehl über die letztere Abtheilung persönlich übernahm, zeigt sich, wie wenig er einen ernsten Angriff von Seiten Dauns erwartete.

Am 11. Juli war der König bereits bei Königgrätz, der Wagenzug bei Holitz, Keith bei Hohenmauth. Der Wagenzug wurde dadurch um einen Tag verspätet, daß die Bedeckung bei Holitz am 11. und am 12. Angriffe der Generale Laudon und Siskowitz abzuwehren hatte. Diese Angriffe wurden aber nicht mit großem Nachdruck unternommen. Laudon wußte sich wohl zu fern von aller Unterstützung, um viel zu wagen — am 12. mußte er zudem vom Kampf ablassen, weil der Feldmarschall Keith dem Kampfplatz mit einer Macht nahte, der er nicht gewachsen war. Laudon verlor sogar in diesem Gefecht noch 400 Mann an Gefangenen.

Am 13. Juli war alles, das preußische Heer und der Wagenzug, bei Königgrätz beisammen. Laudon war nicht dazu gekommen, ihm die Wege über das Gebirge zu verlegen; der König suchte nun diese Wege auch gegen jeden Seitenangriff sicher zu stellen, indem er — am 16. — mit 8 Bataillonen und 20 Schwadronen bei Opotschna Stellung nahm. Unter dem Schutz dieser Aufstellung konnte nun der ungeheuere Wagenzug über Nachod nach Glatz abgefertigt werden; die Armee war ihn los und konnte sich wieder freier bewegen. — Daun hatte sich erst am 12. zu einem weiteren Marsch von Politzka seitwärts entschlossen und wagte sich erst am 22. bei Pardubitz über die Elbe, um bei Chlum zu lagern.

Gar eigenthümlich sah es zu dieser Zeit um die Verpflegung des preußischen Heeres aus. Sie wurde zum Theil in einer Weise bewirkt, von der wohl kaum in der Geschichte der Kriege ein zweites Beispiel vorliegen möchte. Und doch findet sich in der gesammten Literatur, die sich mit der Geschichte des siebenjährigen Krieges beschäftigt, außer einer Notiz in dem wenig beachteten Tagebuche eines Subalternoffiziers vom Regiment Prinz von Preußen, nichts über diesen interessanten Gegenstand.

Die zu Leitomischel aufgehäuften Vorräthe waren von dem österreichischen Kommandanten, Obersten Zobel, bei der Annäherung des

Feindes den Flammen übergeben worden. War überhaupt etwas davon gerettet, so konnte es nicht viel sein und reichte nicht weit. Auch zu Königgrätz scheint sich wenig oder nichts gefunden zu haben. Zufuhren aus Schweidnitz konnten nicht rechtzeitig eintreffen, selbst als man im Besitz der Pässe war. An Requisitionen wurde nicht gedacht; auch hätten sie wenig nützen können, denn die Ernte des letztvergangenen Jahres war ziemlich aufgezehrt, die neue Ernte aber stand noch auf dem Felde; besonders aber waren die Dörfer im unmittelbaren Bereich der Armee großentheils verödet, die Einwohner entflohen; man hätte niemanden gefunden, an den man sich mit Requisitionen wenden konnte. Zudem wären Requisitionskommandos wohl vielfach den leichten Truppen der Oesterreicher in die Hände gefallen. Da verfiel der König auf ein eigenthümliches Mittel, die Verpflegung zu sichern.

„Binnen dieser Zeit" — nämlich vom 16. bis zum 23. Juli — so erzählt der oben erwähnte Subalternoffizier von Opotschna aus: „binnen dieser Zeit wurden Kontributionen ausgeschrieben und eingetrieben; die Armee aber, so bei Königgrätz zurückblieb, mußte, da es an Brot mangelte, Getreide auf den Halmen abmähen, ausdreschen, reinmachen und an die Bäckerei abliefern. Es war jedem Regiment eine Anzahl Korn vorgeschrieben, wie viel Scheffel sie abliefern sollten. So bald es abgeliefert war, wurde es gemahlen und gleich Brot daraus gebacken." (Ungedruckte Nachrichten II, 367.)

Mit Requisitionen wußte niemand Bescheid. Wie man sich bei „Fouragirungen" zu benehmen habe, wie der Bezirk, in dem fouragirt werden sollte, durch eine Postenkette und deren Reserven sicherzustellen sei, das wußte man dagegen sehr wohl; alle theoretisirenden Schriftsteller der Zeit geben darüber sehr umständlich Auskunft; am ausführlichsten vielleicht Turpin-Crissé, der französische Husarengeneral. Wahrscheinlich wurden diese Fouragirungen auf Brotkorn, wie man sie wohl nennen könnte, in der Weise sogenannter „Grün-Fouragirungen" ausgeführt. Zu wünschen wäre, daß die Verfasser einer künftigen Geschichte des siebenjährigen Krieges ihre Aufmerksamkeit auch auf diesen Punkt richteten, um das Nähere zu ermitteln.

Daß der weitere Rückzug der preußischen Armee nicht nach der Lausitz, sondern nach Niederschlesien gehen werde, war einleuchtend genug, seitdem sie von Leitomischel die Richtung nach Königgrätz eingeschlagen hatte, und die Päffe dorthin ungesperrt in ihrem Besitz waren. Auch war der Feldmarschall Daun nunmehr überzeugt davon, doch veranlaßte ihn das nicht, etwas Wesentliches an seinen Plänen zu ändern.

Er meldete am 13. Juni nach Wien, die Absicht, die er angekündigt habe, dem König auf der Spur zu folgen, sei nicht buchstäblich zu nehmen. Denn wenn der Feind sich nach Glatz oder nach Schlesien zurückziehe, sei es unthunlich, ihm dorthin nachzugehen. Man würde dort die Verpflegung der Armee nicht sicherstellen können und viele Truppen auf die Blockirung der Festungen verwenden müssen. In solcher Weise in den eigenen Operationen gehemmt, würde man dem Feinde alle Zeit und alle Freiheit lassen, sich mit seiner gesammten Macht auf die Russen zu werfen. Schlage man dagegen den Weg nach der Lausitz ein, so könne man ungefähr gleichzeitig mit dem Feinde bei Frankfurt an der Oder eintreffen — und sogar, im Fall etwa die Russen sich zurückzögen und die Preußen ihnen folgten, über Kottbus nach Berlin gehen. Nur in solcher Weise könne man sich den Russen wirklich hülfreich erweisen und sich dagegen ihrer andauernden Mitwirkung versichern. — Dabei sei es nöthig, stets im genauesten Einvernehmen mit dem Führer des russischen Heeres, dem General Fermor, zu bleiben.

Die diplomatischen Agenten des französischen Hofs meldeten, Daun wolle, so bald der König sich in das schlesisch-böhmische Grenzgebirge gezogen habe, nur ein Beobachtungskorps von 6000 Mann bei Königgrätz zurücklassen und mit der Hauptmacht nach der Lausitz eilen. Gelinge es ihm, sich Bautzens zu bemächtigen, dann gedenke er von da aus Streifschaaren gegen Krossen und Frankfurt a. d. Oder vorzusenden. — Ohne Zweifel, um sich zunächst mit den Russen in Verbindung zu setzen.

Wieder begegnet uns hier die gewagte Voraussetzung, König Friedrich werde mit seiner gesammten Macht gegen das russische Heer aufbrechen, ohne etwas Beachtenswerthes gegen die Oesterreicher stehen zu lassen. Selbst im Fall er dem König nach Schlesien folgte, erwartete Daun, dort nur die Festungen, keine preußische Armee im freien Felde vor sich zu haben. Es knüpft sich diesmal daran sogar die zweite, nicht minder willkürliche Voraussetzung, daß der König, wenn etwa die Russen sich wieder von der Oder gegen die Weichsel zurückzögen, ihnen in dieser Richtung folgen und den Oesterreichern freie Hand lassen werde, über Kottbus nach Berlin vorzudringen.

In der Wiener Hofburg war man mit diesen Vorschlägen Dauns vollkommen einverstanden. **Maria Theresia** antwortete schon am 16. darauf, nichts könne erwünschter sein, als daß der König von Preußen sich nach Glatz oder nach Schlesien zurückziehe und dadurch die Möglichkeit gewähre, diesem Entwurf gemäß zu verfahren, dem Feinde in der Lausitz zuvorzukommen und mit den Russen in Verbindung zu treten. Aber man besorge, fügt die Kaiserin hinzu, der Feind werde die vortheilhafte Stellung zwischen der Elbe und Oder, zwischen der österreichischen und russischen Armee nicht aufgeben; er werde gradeswegs nach der Lausitz marschiren.

Wie wir sehen, erwartete man im Kabinet der Kaiserin keineswegs, wie in **Dauns** Hauptquartier, daß die österreichische Hauptarmee keinen Feind vor sich und so zu sagen im Leeren freie Hand haben werde, so bald der König seinen Zug gegen die Russen angetreten habe. Doch säumte **Kaunitz** nicht, einen Eilboten an Fermor abzufertigen. Er setzte den russischen Feldherrn von **Dauns** bevorstehendem Marsch nach der Lausitz in Kenntniß und forderte ihn selbst auf, bei Krossen über die Oder zu gehen, um sich in der Niederlausitz mit den Oesterreichern zu vereinigen.

Schon seitdem die früheren Vorschläge Dauns vom 5. Juli zu Wien eingetroffen waren, beschäftigte man sich dort mit dem Gedanken, daß die Reichsarmee und die mit ihr vereinigten Oesterreicher unter Serbelloni, über das Erzgebirge nach Sachsen vorrücken sollten, während Daun nach der Lausitz marschire; die Schweden konnten von Anklam aus Truppen auf Berlin entsenden, und wenn die Russen zu gleicher Zeit bei Krossen erschienen, könne, meinte man, der König von Preußen im August in eine sehr schwierige Lage versetzt werden.

Doch fand man zu Wien nachgerade auch, daß Daun etwas allzu vorsichtig zaudere. Die Kaiserin selbst richtete daher ein sehr ausführliches Schreiben an ihn, in welchem sie ihm die gesammte politische Lage darlegte, wie sie sich zur Zeit gestaltet hatte, nachzuweisen suchte, daß dieser Feldzug nothwendigerweise der letzte des Krieges sein müsse und daß es eben deshalb nöthig sei, im Laufe desselben einen positiven Vortheil und Gewinn davonzutragen. Die natürliche Folgerung, daß er etwas mehr wagen müsse als bisher, wurde am Schluß ausdrücklich hinzugefügt.

König **Friedrich** seinerseits wünschte und suchte von dem Augenblick an, in dem er seine Kranken und seinen Belagerungspark nach Glatz abgefertigt hatte, eine Schlacht. Er schrieb dem Prinzen Heinrich — ohne Datum, auf die Rückseite eines eben erhaltenen Briefs, wahrscheinlich aus Königgrätz — er sende Kranke und Artillerie nach Glatz; „der Feind macht Bewegungen, ich werde ihm (? infolge dessen) sofort gegenüberstehen, und man wird sehen müssen, wie man es anfangen kann, ihn in einer für uns vortheilhaften Weise zur Schlacht zu bewegen. Wenn ich die Sache nicht möglich finde, wird man zögern müssen, bis man den günstigen Augenblick gefunden hat, und sich dann gegen die Russen wenden, aber wenn diese Leute hier geschlagen sind, werden wir von den Anderen nichts Wichtiges zu besorgen haben." (L'ennemi fait des mouvements, j'en (?) serai incessamment vis-à-vis de lui et il faudra voir comment on pourra s'y prendre pour l'engager au combat d'une manière avantageuse pour nous; si je ne trouve pas la chose possible, il faudra différer jusqu'à ce qu'on ait trouvé le moment favorable et ensuite se tourner contre les Russes, mais si ces gens-ci sont battus, nous n'aurons rien d'important à craindre des autres.)

Und das war nicht etwa nur ein vorübergehender Gedanke; der König kommt öfter darauf zurück. So schreibt er namentlich dem Bruder aus Opotschna am 20. Juli, es werde wohl im Lauf der nächsten Tage in der Gegend von Chlum zu einer Schlacht kommen (je crois [que] peutêtre dans peu de jours nous aurons une affaire aux environs de Chlum). Doch Daun näherte sich dem Könige nur sehr langsam und vorsichtig; er wagte sich, wie schon erwähnt, erst am 23. Juli bei Pardubitz über die Elbe — und Chlum sollte erst einhundert und acht Jahre später berühmt werden.

Hier müssen wir nun fragen, warum suchte Friedrich der Große auch in diesem Augenblick und unter den damaligen Umständen eine Schlacht? — Denn er war nicht mehr in der Lage, die Schlacht, wie bei Prag, lediglich um ihrer selbst, um des Sieges willen zu suchen, in der Hoffnung, die Heeresmacht seines Hauptfeindes zu zertrümmern und den Frieden nach einem kurzen, mit höchster Energie geführten Feldzug vorschreiben zu können. Dazu reichten jetzt seine Mittel nicht mehr aus. Auch war ihm der andere Hauptfeind, die russische Armee, zu nahe gerückt, als daß eine in solcher Weise ausgiebige Benutzung des Sieges möglich gewesen wäre. Friedrich mußte jetzt immer einen bestimmten, naheliegenden Grund haben, zu schlagen.

Doch.läßt sich, scheint es, wie fast immer so auch diesmal die gestellte Frage wohl beantworten: eine siegreiche Schlacht sollte dem Könige in gewissem Sinne die verfehlte Eroberung von Olmütz ersetzen. Wäre es ihm gelungen, Olmütz einzunehmen, — auch ohne den Sieg in offener Feldschlacht, den er schon dort suchte — dann waren Oesterreichs Heere während der Zeit, deren er bedurfte, um die Russen abzufertigen, vollauf mit der Wiedereroberung dieser Feste beschäftigt, und Sachsen und Schlesien wären vor ihren Angriffen sicher gewesen. Jetzt sollte eine Niederlage die Oesterreicher wenigstens einstweilen lähmen und bis zu der Zeit außer Thätigkeit setzen, zu welcher der König von seinem Zuge gegen die Russen zurück sein konnte. Aller Wahrscheinlichkeit nach hätte er sich auch mit einer stärkeren Macht, als wirklich geschah, gegen die Russen gewendet, wenn es ihm gelungen wäre, vor seinem Aufbruch einen Sieg über die Oesterreicher zu erfechten. Es waren dann diesen gegenüber für die nächste Zeit mehr Truppen zu entbehren.

Waren das die Gründe, die den König bewogen, bei Königgrätz eine Schlacht zu suchen, dann müssen wir allerdings weiter fragen, warum er sie nicht schon bei Olmütz geliefert, nicht den Feldmarschall Daun bei Groß-Teinitz angegriffen oder bei Tobitschau, wo er ihn vermuthete, aufgesucht hatte. Dort bei Olmütz hätte ihm Daun wohl Stand gehalten, und ein Sieg hätte seinen Zug durch Böhmen sehr wesentlich erleichtert. — So viel sich aus seinen Briefen entnehmen läßt, wollte der König — da es doch nach dem Verlust des großen Transportes keine Möglichkeit gab, die Belagerung wieder aufzunehmen — erst den alle Bewegungen hemmenden Wagenzug los sein und in Sicherheit gebracht haben, ehe er sich auf die Wechselfälle eines entscheidenden Kampfes einließ. Wenigstens ist in diesen Briefen erst nachdem der unbequeme Troß glücklich nach Glatz abgefertigt war, von einer Schlacht die Rede. Zudem wäre bei Olmütz der Rückzug für den Fall des Mißlingens nicht gesichert gewesen, wie bei Königgrätz. Wagniß und Zweck hätten mithin dort nicht in einem richtigen Verhältniß gestanden.

Bei Königgrätz aber zeigte sich dann wieder das eigenthümliche Schauspiel, daß die überlegene Partei, der die Initiative zustand und die überhaupt in diesem Kriege einen positiven Erfolg anstrebte, die Schlacht mied — die schwächere, im Allgemeinen lediglich auf Abwehr angewiesene Partei sie suchte. Daun war eben in den zur Zeit herrschenden Ansichten befangen, denen zufolge auch in dem Recht auf die Initiative, in der Verpflichtung, nach einem positiven Erfolg zu streben, keine Veranlassung lag, die Entscheidung im Waffengang zu suchen — Friedrich übersah die Lage mit freiem Urtheil. Auch scheute Daun seinen gewaltigen Gegner. Friedrich II. dagegen hatte diesem Feldherrn Oesterreichs gegenüber das Bewußtsein einer großen persönlichen Ueberlegenheit.

Lange wollte der König nicht aus Böhmen weichen, ohne die gewünschte Schlacht geschlagen zu haben, und da die Operationen hier sich in die Länge zogen, verweilte er einen Augenblick bei dem Gedanken, dem Grafen Dohna, der Lehwaldts Kommando übernommen hatte und sich mit den ostpreußischen Regimentern von Stralsund her gegen die Russen wenden mußte, den Kampf gegen diesen Feind ganz zu überlassen. Dohna sollte zu diesem Ende durch eine Anzahl Bataillone, sowohl von der Armee des Königs als von der des Prinzen Heinrich, verstärkt werden. Dieser Gedanke, in dem sich zeigt, daß Friedrich der Große die Russen etwas zu gering anschlug, kam glücklicherweise nicht zur Ausführung.

Prinz Heinrich hatte inzwischen mit einem Theil seiner Armee den verabredeten Zug nach Franken ausgeführt, Magazine der Reichsarmee vernichtet und in den bischöflichen Ländern Kontributionen eingetrieben. Er stand nun wieder am sächsischen Fuße des Erzgebirges, ihm gegenüber, auf der böhmischen Seite dieser Berge, bekanntlich außer Serbelloni mit seinen Oesterreichern auch die Reichsarmee, die sich über Eger dorthin gezogen hatte. In dieser Lage sprach er den Wunsch aus, daß auch Dohnas Heertheil unter seine Befehle gestellt werde. Mit diesen und seinen eigenen Truppen wollte er sich dann abwechselnd gegen die Reichsarmee und gegen die Russen wenden, zuerst gegen die letzteren. Wenn darüber Dresden eigentlich aufgegeben wurde und verloren ging, so habe das nicht viel auf sich, meinte der Prinz, man könne es mit Leichtigkeit wiedererobern. Den König dachte er sich auf eine durchaus passive Vertheidigung von Schlesien beschränkt, während er selbst in solcher Weise die Hauptrolle übernahm — und manövrirte! Daß die österreichische Hauptarmee irgend etwas anderes thun könne, als in Schlesien manövriren, scheint ihm dabei gar nicht eingefallen zu sein. — Welche unheilvolle Wendung hätten die Dinge nehmen müssen, wenn der Krieg auf solche Weise weitergeführt wurde. — Aber daß der Prinz glauben konnte, der König werde auf diese Vorschläge eingehen, beweist, wie wenig er ihn zu beurtheilen wußte.

Dauns angebliche Absicht aber, den König in Mähren und Böhmen „festzuhalten", ging über alle Erwartung, jedenfalls über das äußerste Maß der Wünsche des österreichischen Feldherrn hinaus in Erfüllung. Es sah eher so aus, als halte der König von Preußen die Hauptarmee Oesterreichs fest und verhindere sie, irgend etwas zu unternehmen. Wenigstens verließ er Feindesland mit seinem Heere nicht eher, als er wollte; erst als er einerseits die Russen in bequem erreichbarer Nähe wußte, andererseits ernstlich daran denken mußte, sie von dem Herzen seiner Staaten abzuwehren. Da gab er endlich den Gedanken an eine Schlacht bei Chlum auf, wie es scheint, weil die Zeit nicht mehr reichen wollte, da Daun sich ihm sehr langsam und spät näherte und auch wohl einen Rückzug nicht gemieden hätte, um sich dem Kampfe zu entziehen. Zwei ganze Wochen hatte König Friedrich ruhig bei Königgrätz gestanden, erst am 26. Juli brach sein Heer von dort auf; der Rückzug nach Schlesien wurde aber über Skalitz, Wernersdorf und Schlesisch-Friedland — nicht auf den bequemsten Wegen — so langsam und gemessen ausgeführt, daß die preußische Armee erst am 8. August bei Kloster Grüssau unweit Landeshut eintraf. Daun folgte vorsichtig nur bis Arnau an der Elbe.

Der König ließ den größten Theil seines Heeres (51 Bataillone, 75 Schwadronen) unter dem Markgrafen Karl (von Brandenburg-Schwedt) in der Stellung bei Grüssau zurück, Schlesien zu decken, und brach selbst — am 10. August — mit 17 Bataillonen und 38 Schwadronen, allerhöchstens 15 000 Mann, von dort auf, um sich mit Dohna gegen die Russen zu vereinigen.

Zorndorf.

Der General Fermor, der jetzt an der Spitze des russischen Heeres stand, lehnte es ab, seinen Marsch auf Krossen zu richten und dann weiter im Sinne des zwischen Daun und dem Wiener Hof verabredeten

Planes vorzurücken; er erklärte, daß er aus vielerlei Gründen auf Küstrin marschiren und, wie sich aus dem Zusammenhange ergiebt, daß er den Versuch machen werde, sich dieser Feste zu bemächtigen. Weiter wollte er sich dann mit den Schweden verbinden und gegen Stettin „operiren".

Damit fielen alle österreichischen Pläne, die auf ein unmittelbares Zusammenwirken, sogar auf eine Art von Vereinigung mit der russischen Armee berechnet waren, in sich zusammen. Daß der König von Preußen jetzt zunächst suchen werde, einen entscheidenden Schlag gegen die Russen zu führen, war an sich einleuchtend, und man hatte es zu allem Ueberfluß in Dauns Hauptquartier auch noch aus einem aufgefangenen Brief des Königs an den Prinzen Heinrich ersehen. Man ersah aus diesem Schreiben, daß der König, wie Daun sich in seinem Bericht ausdrückt, „nach mehreren eilfertigen und übertriebenen Märschen" zu Liegnitz eingetroffen und ohne Aufenthalt in der Richtung auf Glogau weiter gegangen sei. Bei dem großen Vorsprung, den der König bereits gewonnen hatte, wurde es nicht mehr für möglich gehalten, sein Vorhaben zu vereiteln; man müsse es, meinte man, darauf ankommen lassen, wie die Russen, sich selbst überlassen und auf sich selbst angewiesen, wissen würden, sich des Feindes zu erwehren. Von einem Marsch nach Krossen oder vollends nach Frankfurt war nicht mehr die Rede.

Fast buchstäblich zu gleicher Zeit erwachte in Dauns Hauptquartier und in der Hofburg zu Wien der Gedanke, anstatt die früheren Pläne auszuführen, sich nach der Elbe zu wenden und die Abwesenheit des Königs von Preußen zur Befreiung Sachsens zu benützen. Doch zeigte sich dabei von neuem, wie entschieden der Feldmarschall Daun von Wien aus geleitet sein wollte, wie wenig er geneigt war, selbständig und auf eigene Verantwortung zu handeln. Er sendete den Generalmajor Tillier mit diesen neuen Vorschlägen nach Wien und zog einstweilen von Zittau nach Görlitz, um dort an der Neiße die Entscheidung der Kaiserin und ihres Raths abzuwarten. Er hatte, ehe der oben erwähnte Brief an den Prinzen Heinrich in seine Hände gefallen war, besorgt, der König könne ihm dort zuvorkommen. Nunmehr selbst bei Görlitz in Stellung, sperrte er der unmittelbaren Verbindung zwischen dem Markgrafen Karl bei Landeshut und dem Prinzen Heinrich an der Elbe den Weg. Das war in seinen Augen vor der Hand eine genügende Aufgabe für die Hauptmacht Oesterreichs. Es war in diesem Fall wohl kaum möglich, die Zeit, die auf diese Weise verloren ging, für gewonnene Zeit zu halten. Offenbar wog nach der Weise, wie Daun die Dinge erwog — und empfand, die Verantwortung, die er meiden wollte, schwerer als der Zeitverlust, der sich aus der Sendung nach Wien ergeben mußte.

Generalmajor Tillier kreuzte sich unterwegs mit einem Eilboten aus Wien, der dem Feldmarschall die neuesten Befehle und Weisungen der Kaiserin überbrachte. Es komme nun darauf an, die Abwesenheit des Königs von Preußen zu benützen, schrieb Maria Theresia (unter dem 21. August). Drei verschiedene Wege böten sich dazu. Daun könne entweder über Görlitz tiefer in die Lausitz und dann weiter in die preußischen Lande eindringen; — oder nach Schlesien ziehen und dort die durch den Abmarsch des Königs sehr geschwächte preußische Armee „in die Enge treiben"; — oder endlich im Verein mit den österreichischen Truppen unter Serbelloni und der Reichsarmee gegen Sachsen operiren. Es sei möglich, daß sich der Prinz Heinrich, in der Besorgniß abgeschnitten zu werden, eilig zurückziehe. Dann würde Dresden entweder von den Preußen freiwillig verlassen werden, oder Daun könne diese Stadt nach kurzem Widerstande erobern und die Besatzung gefangen nehmen.

Dieses Dritte war es, was man zu Wien eigentlich für zweckmäßig hielt und wollte. Denn, meinte man, was einen Zug durch die Lausitz auf Berlin betreffe, dabei wäre das österreichische Heer von der Armee des Königs, die sich an der Oder bewegte, in der rechten Flanke gefährdet, und zudem würde die Einnahme der preußischen Hauptstadt keinen bleibenden Gewinn bringen. Zwar verhehle man sich nicht, daß durch die Besetzung dieser Hauptstadt und die Wegnahme der dortigen Zeughäuser und Magazine dem Feinde ein empfindlicher Schaden zugefügt werden könne, aber man dürfe doch nicht hoffen, daß es möglich sein könne, sich dauernd dort zu behaupten. Die bloß zeitweilige Besetzung Berlins würde aber nie ein entscheidendes Kriegsereigniß sein.

Nach Niederschlesien vorzudringen, wäre für die Sache des Hauses Oesterreich das Vortheilhafteste, wenn man hoffen dürfte, dort im Lande festen Fuß zu fassen und die feindliche Armee entweder aufzureiben oder aus dem Lande zu verdrängen. Aber die Jahreszeit sei bereits zu weit vorgerückt, als daß man daran denken könnte, Belagerungen zu unternehmen, und die feindliche Armee würde leicht unter den Kanonen der vielen Festungen Schutz finden wie die Möglichkeit, sich im Lande zu behaupten. Zudem würde die Richtung der Operationen auf Schlesien Oesterreichs Hauptmacht zu sehr von den Schweden und Russen wie von der Reichsarmee entfernen, und keine dieser Armeen würde dann im Stande sein, Erhebliches zu unternehmen.

Von der Reichsarmee insbesondere war wohl in der That wenig oder nichts zu erwarten, wenn sie sich selbst überlassen blieb.

Es war also, ganz den Wünschen und Vorschlägen Dauns entsprechend, beschlossen, zunächst an die Befreiung Sachsens zu gehen, und die Operationen der Russen nur auf diese sehr mittelbare Weise zu unterstützen. Doch erwartete man gern, daß die kriegerische Thätigkeit der Russen und Schweden, ihr Vordringen in die brandenburgischen Marken den König von Preußen in große Bedrängniß versetzen werde.

Fermor hatte versprochen, zu seiner Zeit bei Schwedt eine Brücke über die Oder schlagen zu lassen, zur Verbindung mit den Schweden. Im Uebrigen möchte er sich bei dem „Operiren gegen Stettin" wohl kaum etwas recht Klares und Bestimmtes gedacht haben. Die russische Armee war in mehr als einer Beziehung ungenügend ausgerüstet; namentlich fehlte ihr ein Belagerungstrain. Eine Festung wie Stettin ohne schweres Geschütz anzugreifen, war ein Unding; — und daran, daß man etwa die nöthige Artillerie noch im Laufe dieses Feldzugs zu Schiffe aus Kronstadt hätte herbeischaffen können, war bei dem damaligen Zustande der russischen Flotte, überhaupt bei dem Verfall, in den Alles und Jedes in Rußland unter der Kaiserin Elisabeth gekommen war, gar nicht zu denken; es waren gar keine Anstalten dazu getroffen.

Dohna, der den Russen entgegen gehen sollte, war mit seinen 18 Bataillonen, 31 Schwadronen bereits am 7. Juli bis Schwedt an der Oder vorgerückt und hatte von dort aus seinen Vortrab bis nach Landsberg an der Warthe vorgeschoben, wo er dem Feinde, der von Posen herkam, den Uebergang vom linken auf das rechte Ufer dieses Flusses wehren sollte. Der König hatte bereits 10 Schwadronen Kürassiere von der Armee des Prinzen Heinrich und neun Bataillone von den wenigen Truppen, die während des Zuges nach Mähren hier und da in Schlesien zurückgeblieben waren, zu Dohnas Verstärkung abgefertigt und brach nun selbst mit 17 Bataillonen und 38 Schwadronen zur Vereinigung mit ihm auf.

Seine neuesten Nachrichten waren, daß die Russen bei Meseritz ständen und sich verschanzten. Seine Absicht war, bei Tschicherzig in der Nähe von Glogau über die Oder zu gehen, sich jenseits des Flusses mit Dohna zu vereinigen und dann mit einer Macht von 32—35 000 Mann auf die Operationslinie der Russen, zwischen Meseritz und Posen vorzurücken, um sie zur Schlacht zu zwingen. Und zwar höchst wahrscheinlich, indem er sich quer über ihre Verbindungslinie aufstellte und sie vollständig von ihrer Basis abschnitt. Die Russen waren dann zu einer Schlacht in der entscheidendsten Form, zu einer Schlacht mit verkehrter Front gezwungen, wenn sie sich ihre Verbindungen wieder eröffnen wollten. Verloren sie diese Schlacht, so wurde sie eine Vernichtungsschlacht. Dem König dagegen konnte der Rückzug nach Glogau oder nach Breslau auch im unglücklichen Fall nicht verlegt werden.

Daß es auch diesmal wieder auf eine Vernichtungsschlacht abgesehen war, sagt der König ausdrücklich genug in den Briefen an seinen Bruder Heinrich. So schreibt er am 8. August aus Grüssau, was für Verstärkungen er dem Grafen Dohna bereits zugesendet habe; er werde sich nun selbst mit ihm vereinigen. „Mit allen diesen vereinigten Korps glaube ich stark genug zu sein, die Russen anzugreifen und sie in solcher Weise zu bekämpfen, daß wir von dieser Seite nichts mehr zu besorgen haben." („Avec tous ces corps joints, je crois alors être assez en force pour aller attaquer l'armée russe et de la combattre de façon que nous n'aurons plus rien à appréhender de ce coté.") Dann wieder am 10. August: „Dies ist der Plan, den ich jetzt habe: die Russen aufs Haupt zu schlagen, dann Dohna sofort gegen die Schweden zurückzusenden, und mich selbst mit meinem Korps entweder nach der Lausitz zurückzuwenden wenn der Feind etwa von der Seite eindringen wollte, oder mich mit der Armee (d. h. der Armee unter dem Markgrafen Karl) zu vereinigen, und 6 oder 7 tausend Mann nach Oberschlesien zu entsenden, um de Ville zu vertreiben, der das Land dort plagt." („Voici le plan que j'ai actuellement, de battre les Russes à platte couture s'il est possible, de renvoyer sur le champ Dohna contre les Suédois et pour moi de retourner avec mon corps, soit contre la Lusace, si l'ennemi voulait pénétrer de ce coté-là, soit de rejoindre l'armée et de détacher 6 ou 7 mille hommes en Haute Silésie pour rechasser Deville qui l'infeste.")

Der König setzt hier voraus, daß es nach der Schlacht nicht mehr nöthig sein werde, irgend etwas gegen die Russen stehen zu lassen. — Sein Plan, sich auf die Verbindungslinie der Russen zu werfen und sie zu einer Schlacht unter für sie ungünstigen Bedingungen zu zwingen, geht aus den Worten hervor, in denen er über die Richtung seines Marsches Auskunft giebt, er will den 19. August über die Oder gehen: „le 20 jonction avec Dohna et du 20 au 25 j'espère d'engager une affaire entre Méseritz et Posen."

Auch diesen eiligen Marsch legte der König ganz ohne Verpflegung aus Magazinen und Bäckerei zurück. Die Truppen kantonnirten und mußten von den Quartiergebern verpflegt werden.

Der anfängliche Plan aber mußte in der Ausführung sehr wesentlich verändert werden. Schon während der König noch in Böhmen weilte, war Dohna langsam an der Oder aufwärts gerückt. Am 11. Juli von Schwedt aufgebrochen, war er am 24. bei Lebus; am 28. war dort auch der Vortrab von Landsberg her eingetroffen, am 31. marschirte das Ganze nach Frankfurt. Nur eine kleine Abtheilung war an der Warthe zurückgeblieben; ein neuer Vortrab wurde am 3. August unter dem General Manteuffel auf das rechte Oder-Ufer nach Reppen vorgeschoben. Etwas später ging Dohna mit seiner ganzen Macht über die Oder und rückte, wie er meinte, die Vereinigung mit dem König einleitend, am 12. August nach Zilenzig vor. Das russische Heer bewegte sich sehr langsam heran, theils durch seine eigene Unbehülflichkeit aufgehalten, theils weil es auf das nachrückende, von den Brüdern Schuwalow nach ihren Ideen gebildete „neue Korps" warten mußte. So hatte Fermor eine Reihe von Tagen bei Meseritz verweilt — wie dem König von Preußen gemeldet wurde — als aber das neue Korps bei Kloster Paradies eingetroffen war, wendete sich die russische Hauptarmee am 2. August nach Königswalde, am 7. nach Landsberg an der Warthe. Hier ging die russische Armee vom 10. August an in verschiedenen Abtheilungen, die einander Tag um Tag folgten, über die Warthe und ebenso erschien sie vom 13. an nach und nach vor Küstrin. — Den späteren Feldmarschall Rumänzow entsandte dann Fermor mit fast der Hälfte seiner Reiterei nach Stargardt in Pommern, — was ihm am Tage der Schlacht bei Zorndorf gar sehr zum Nachtheil gereichte. — Am 15. August begannen die Russen ein Bombardement aus Feldgeschützen,

das zwar die Stadt Küstrin vollständig in Asche legte, gegen die Festungs=
werke aber natürlich nichts vermochte.

Den preußischen Generalen und auch dem König kam dieser Zug
Fermors gegen Küstrin vollkommen unerwartet. Eilig verstärkte Dohna
die Besatzung der Feste und mit eilenden Schritten ging er selbst über
die Oder zurück auf das linke Ufer. Er lagerte am 16. August früh bei
Reitwein am Rande des Oderbruchs, am 17. bei Gorgast nur eine halbe
Meile von Küstrin. Die Russen schienen bei Schaumburg — stromabwärts
von Küstrin — einen Uebergang über den Fluß vorbereiten zu wollen. Ein
Bataillon der Besatzung war hingesendet worden, um zu beobachten; am
18. August trat der General Manteuffel mit einer Abtheilung von
vier Bataillonen und Reiterei an dessen Stelle, um einen Uebergang zu
verhindern.

Auf Dohnas Meldung vom 13., daß die Russen sich gegen Küstrin
wendeten, blieb der König bei seinem Plan, auf ihre Verbindungslinie
vorzugehen, überzeugt, daß sie umkehren müßten und würden, sobald sie
sich im Rücken gefährdet sähen. Erst als Dohna unter dem 15. meldete,
daß er auf das linke Ufer der Oder zurückgegangen sei, um ebenfalls
nach Küstrin zu eilen und — die russische Armee anzugreifen, änderten
sich die Pläne des Königs.

Dohna war zwar bereits durch 9 Bataillone aus Schlesien und
10 Schwadronen Kürassiere aus Sachsen verstärkt worden, aber sein
Vorhaben, die gesammte russische Armee anzugreifen, war nichts desto
weniger ein verwegenes — denn nachdem er einige Bataillone abgegeben
hatte, die Besatzungen von Küstrin und Stettin zu verstärken, blieben ihm
wohl nicht viel über 20 000 Mann zur Verfügung.

Dennoch wurde sein mehr als kühnes Vorhaben gebilligt, wie denn
die preußischen Generale so ziemlich immer auf die Zustimmung ihres
Königs rechnen konnten, wenn sie angreifen wollten. Wir sehen auch hier
wieder, daß der König stets glaubte, ein Jeder könne — wenn er nur
entschlossen wolle — alles, was ihm selbst allenfalls möglich gewesen
wäre. Es mag das zum Theil damit zusammenhängen, daß er das
Gemüthsleben des Soldaten wenig, in der That zu wenig beachtete. In
seinen Briefen und in seinen Instruktionen ist mehrfach die Ueberzeugung
ausgesprochen, daß über den „gemeinen Mann" wesentlich nur die Diszi=
plin, mit anderen Worten, die Furcht vor Strafe etwas vermöge, daß für

die Mannschaft in Reihe und Glied doch eigentlich nur diese Triebfeder wirksam sei. Die Zusammensetzung der damaligen Armeen konnte allerdings auf eine solche Ansicht führen — doch war sie in dieser Ausschließlichkeit auch den damaligen Armeen gegenüber eine irrthümliche. Manche Erfahrung, die der König machte, hätte ihn darüber belehren können. — Nicht aus einer falschen Bescheidenheit, die sehr übel angebracht gewesen wäre, sondern weil er wesentlich mehr oder weniger von solchen Anschauungen ausging, schlug der König das Gewicht, das seine Persönlichkeit in die Wagschaale legte, zu gering an; er wußte nicht von der Macht, die er über das Gemüth des Soldaten hatte — und eben weil er von dieser Macht ganz absah, sie gar nicht in Anschlag brachte, verlangte und erwartete er von seinen Generalen, was er selbst an ihrer Stelle gethan hätte — was aber nicht selten ganz über ihr Können und Vermögen hinausging.

Ein verfrühter Angriff, wie ihn Dohna beabsichtigte, wäre in diesem Fall um so weniger zweckmäßig gewesen, da er wenige Tage später mit einer weit weniger unzureichenden Macht unternommen werden konnte, und wohl nicht anzunehmen war, daß Küstrin sich innerhalb dieser wenigen Tage ergeben werde. Doch wurde sein Vorhaben, wie gesagt, gebilligt, zugleich aber wurde der Plan des Königs geändert, da der Marsch auf Meseritz in der That nicht mehr wie früher wirksam werden konnte, nachdem die russische Armee sich selbst und ihre Verbindungen rückwärts auf das rechte Ufer der Warthe versetzt hatte.

„Küstrin muß sich bei risque des Kopfes vom Kommandanten nicht übergeben"; schreibt der König dem Grafen Dohna am 16. August aus Deutsch-Wartenberg: „Heute ist der siebente Tag meines Marsches und Ich habe binnen der Zeit 20 Meilen marschirt; Ich marschire nunmehr gerade auf Frankfurt, damit, wenn ja noch Zeit ist, Ich zu Euch stoßen könne. Ich wünsche von Herzen, daß Ihr den Feind schlaget, und geschieht es, so müsset Ihr mir nur gleich Nachricht davon geben, damit ich auch was dabei thun und den Feind verfolgen helfen könne. Sollte aber, da Gott vor sei, ein Unglück geschehen, so müsset Ihr Euch so lange zu halten suchen, bis Ich bei Frankfurt zu Euch stoße, da wir die Russen noch einmal angreifen und uns, so lange wir uns nur regen können, an sie machen müssen; das Beste aber ist, daß dies nicht zu besorgen ist, und Ihr Alles wohl ausrichten werdet."

Die Worte „wenn es ja noch Zeit ist" führen auf die Vermuthung, daß der König Dohnas beabsichtigten Angriff billigte, weil er befürchtete, Küstrin könne fallen, wenn der Entsatz sich eine Reihe von Tagen verzögerte. Zwar scheint der Anfang des Schreibens, der mit solcher Strenge die Behauptung der Feste anbefiehlt, dieser Vermuthung zu widersprechen. Es folgt sogar noch eine Nachschrift von des Königs eigener Hand, in der dieser Befehl in folgenden drohenden Worten wiederholt wird: „Quoi qu'il arrive, il faut que Custrin tienne ou sous peine de mort et des plus grands supplices si quelqu'un parle de se rendre." — Aber vielleicht liegt gerade in der Wiederholung und in der Strenge des Ausdrucks ein Beweis, daß der König solche Besorgniß hegte, und mithin eine Bestätigung der vorhin ausgesprochenen Vermuthung. — Eine bestimmtere Auskunft ist nicht aufzufinden.

Dohnas Vorhaben gehörte übrigens zu den Dingen, mit denen man sich wohl in der Idee beschäftigt, die aber, wenn es zur Ausführung kommen müßte, einfach unterbleiben, als verstehe sich das von selbst. Die Gefahr, daß Küstrin verloren gehen könnte, war nicht so dringend, daß sie unbedingt zu solchem Wagniß aufgefordert hätte.

Am 22. August vereinigte der König seinen Heertheil bei Gorgast, wohin er über Krossen, Ziebingen und Frankfurt marschirt war, mit den Truppen Dohnas.

Persönlich war König Friedrich schon am 21., während seine Truppen bei Frankfurt rasteten, vorangeeilt nach Gorgast, nach Küstrin. Schon eine erste Rekognoszirung hatte ihn überzeugt, daß es nicht thunlich sei, durch die Festung gegen die Russen vorzubrechen; die Armee mußte sich am Abend des 22. August Oder-abwärts in Marsch setzen, um an dem folgenden Tage bei Güstebiese, wohin von Wrietzen und aus dem Finow-kanal her die zur Ueberfahrt und zum Brückenbau nöthigen Kähne geschafft wurden, über den Strom zu gehen und auf dem hohen Thalrande jenseits, bei Zellin und Kossow, ein Lager zu beziehen.

Auch Fermor bereitete sich zur Schlacht. Man könnte fragen warum er sie überhaupt annahm, da eine Schlacht um ihrer selbst willen nicht in der Weise der damaligen Strategen war. Hoffte er etwa, wenn er die Schlacht gewann, Küstrin mit seinem Feldgeschütz erobern und dann gegen Stettin „operiren" zu können? — So wenig diese Hoffnung berechtigt sein mochte, ist das doch die wahrscheinlichste Erklärung seines Verfahrens. Wenn er nicht gehofft hätte, Küstrin in solcher Weise erobern zu können, wäre überhaupt nicht zu errathen, was er bei seinem Zug dorthin wohl im Sinn gehabt haben könnte. Es ist auch die Frage aufgeworfen worden, warum er nicht nach Landsberg zurückwich und dort, wo er alle entsendeten Abtheilungen, namentlich die unter Rumänzow entsendete Reiterei rechtzeitig zu sich heranziehen konnte, die Schlacht erwartete. Er mochte sich wohl mit den etwa 50 000 Mann, die er — ohne die Kosaken zu rechnen — beisammen und zur Stelle hatte, der Macht des Königs gewachsen glauben. Im Allgemeinen aber scheint es wohl, als dürfe man vollkommene Klarheit und Folgerichtigkeit des Denkens und Wollens im russischen Hauptquartier nicht suchen.

Fermor hob die Belagerung auf, sendete die Hauptmasse der Bagage, unter Bedeckung von 4000 Grenadieren nach Kamin zurück, zog das sogenannte „neue Korps", das aus Verpflegungsrücksichten in der Gegend von Landsberg zurückgeblieben war, eilig zu sich heran und nahm am 24. eine Stellung, deren Stirnseite im Allgemeinen durch die Mietzel und den Sumpf gedeckt war, der ihr linkes Ufer begleitet. Der rechte Flügel war etwas vor Quartschen an die Mietzel gelehnt, der linke an die Drewitzer Haide. Den Zabergrund hatte die russische Armee in dieser Stellung unmittelbar im Rücken. Das neue Korps unter dem General Braun, das am Nachmittag eintraf, stellte sich hinter dem Zabergrunde auf. Fermor erwartete den Angriff von Norden her — über die Mietzel, über die der Feind nur bei Kutzdorf und bei Quartschen kommen konnte, auf die Stirnseite seiner Stellung. Doch fühlte er sich bewogen, noch im Lauf desselben Tages eine andere einzunehmen. Darüber, was ihn dazu bestimmte, könnten wir nur Vermuthungen aufstellen. Er ließ seine Armee über den Zabergrund zurückgehen, der nunmehr vor der Stirnseite des Heeres blieb; der rechte Flügel wurde an Quartschen gelehnt, der linke an das berühmt gewordene Zorndorf.

Friedrich der Große aber täuschte seine Erwartungen in durchaus überraschender Weise. Offenbar hatte im Geist des königlichen Feldherrn einen Augenblick, als die Gefahr für Küstrin dringend schien, der Gedanke an einfache Abwehr, als das vor allem und ohne Zeitverlust Nothwendige, vorgewaltet; jetzt trat der frühere Gedanke wieder in seine Rechte ein, und der König zeigte sich darauf bedacht eine Vernichtungsschlacht einzuleiten. Er beschloß, seine Armee bei der Neudammschen Mühle, etwas mehr als eine halbe Meile im Rücken der russischen Stellung über die Mietzel zu führen und Fermors Heer, dem durch dieses Manöver jeder Rückzug verlegt war, gerade im Rücken anzugreifen, um es in die Sümpfe an der Mietzel zu treiben. — (Oder vielleicht in die Sümpfe an der Warthe, wenn es inzwischen seine Stellung verändert hatte?) — Die preußische Armee lief dabei keine Gefahr, denn sie kam ganz von selbst in unmittelbare Verbindung mit der Feste Küstrin.

In solcher Absicht brach das preußische Heer, nachdem es in dem Lager bei Zellin ausgeruht hatte, am 24. August gegen Abend von dort auf, um nach einem kurzen Marsch, unweit der Neudammschen Mühle, wo man sich des Uebergangs versicherte, an der Mietzel zu lagern. Eine Disposition zu der Schlacht, die am folgenden Tage geliefert werden sollte, wurde nicht ausgefertigt; es war nicht möglich, sie eingehend auszuarbeiten, da man nicht wissen konnte, in welcher Stellung man den Feind antreffen werde. Denn daß er gar keine Vorkehrungen gegen die Umgehung treffen werde, war doch nicht anzunehmen. Auch enthält der königliche Befehl, der sich unter den Papieren des Grafen Henckel gefunden hat und als Disposition zur Schlacht bei Zorndorf bezeichnet ist, nur ganz allgemeine Bestimmungen. — Am Tage der Schlacht selbst befand sich der König, wie bei Kolin und Leuthen, während des Marsches bei dem Vortrab, um die Stellung des Feindes zu erkunden und seine Anordnungen ihr entsprechend zu treffen. Aus dem Verlauf selbst geht hervor, daß sie schließlich in einer Form geliefert wurde, in der sie ursprünglich gar nicht gedacht sein konnte.

Als Fermor die preußische Armee bei der Neudammschen Mühle und Darmietzel gewahr wurde, veränderte er die zur Schlacht gewählte Stellung ein zweites Mal. Das heißt die eigentliche Armee machte einfach Rechtsumkehrt, Front nach rückwärts, so daß sie nunmehr den Galgengrund vor sich, den Zabergrund im Rücken hatte. Diese Frontveränderung wurde durch einfachen Kontremarsch hergestellt; ob, wie das wahrscheinlich ist, jedes Bataillon für sich diese Evolution ausführte, oder ob sie treffenweise ausgeführt wurde, sagen die bis jetzt bekannten Quellen nicht. Das neue Korps unter Braun, bisher Reserve, jetzt Vorhut, wurde über den sogenannten Doppelgrund bis auf ungefähr 2000 Schritte gegen Zicher vorgeschoben — sein rechter Flügel gegen Wilkersdorf. — Da General Fermor einfach eine Vertheidigungsschlacht annehmen wollte, ist es auffallend, daß er nicht darauf bedacht war, eine Stellung einzunehmen, in der ihm der Rückzug unter allen Bedingungen gesichert blieb. (Die beiden von Tielke in seinen bekannten „Beiträgen" vorgeschlagenen Stellungen hätten, beiläufig bemerkt, diesem Zweck sehr wenig entsprochen.)

Am 25. August um 3½ Uhr Morgens ging die preußische Infanterie unter dem Schutz der Vorhut (von 8 Bataillonen und 18 Schwadronen Husaren) über die Mietzel und in zwei Kolonnen durch den lichten Nadelholzwald zunächst auf Batzlow. Die Reiterei war weiter aufwärts an der Mietzel bei Kerstenbrück über dieses Gewässer gegangen und zog, von Seydlitz geführt, als dritte Kolonne durch den Wald. Es ist sehr zu bedauern, daß wir nicht wissen, welche Befehle der König während des Marsches gegeben hat; es wäre von hohem Interesse, sie zu kennen. Er befand sich bei den Husaren des Vortrabs, um die Stellung des Feindes zu erkunden und die Bewegungen des eigenen Heeres ihr entsprechend zu regeln. Es ist kaum zu bezweifeln, daß es von Anfang an seine Absicht war, den rechten Flügel der Russen anzugreifen — denn der war für ihn der strategische Angriffspunkt, namentlich wenn die feindliche Armee ihm, die Front nach Osten gewendet, gegenüber stand, wie den Abend zuvor. Aber wo er diesen rechten Flügel angelehnt finden würde — das konnte er unmöglich vorher wissen, und noch weniger konnte er die Stellung errathen, welche die Armee Fermors unmittelbar vor der Schlacht wirklich einnahm. In welcher Gradation ist ihm diese Stellung bekannt geworden? — Wo befand er sich für seine Person, welche Punkte hatten die Spitzen seiner Kolonnen erreicht, in dem Augenblick, wo sich seine Einsicht in die augenblickliche Lage in bestimmter Weise und dann später von neuem erweiterte? — und welche Befehle hat er jedesmal infolge und im Sinn der neu gewonnenen Einsicht gegeben? — Vergebens suchen wir eine Antwort auf diese Fragen. Selbst die sehr werthvolle Monographie, die wir dem General v. Etzel verdanken, bringt darüber nichts weiter als die Notiz, daß man, als der König zuerst vorging um die feindliche Stellung zu rekognosziren, nur „hinter Zicher" feindliche Truppen „noch in der Bewegung begriffen" erblickte; und dann wieder, daß der König von den flachen Höhen bei Wilkersdorf, „die erste volle Uebersicht der Gesammtlage gewonnen" habe. Weiter bieten also auch wohl die noch ungedruckten Quellen nichts über diesen wichtigen Punkt.

Jene erste Rekognoszirung hat ohne Zweifel stattgefunden, während die preußischen Kolonnen noch im Marsch auf Batzlow waren. Wir dürfen wohl vermuthen, daß der Marsch ursprünglich — versteht sich vorbehaltlich weiterer Befehle — bestimmt nur bis Batzlow angeordnet war. Der König gewahrte jenseits Zicher feindliche Truppen in Bewegung; gewiß mußte man auch gewahr werden, daß die Bewegung im Allgemeinen nach Norden und der Mietzel, nicht nach Süden und der Warthe zu ging. — Warum ließ nun der König seine Armee nicht aufmarschiren, um die sehr wenig manövrirfähige russische mitten in ihrer Bewegung anzugreifen? — Waren etwa die preußischen Kolonnen noch nicht ganz aus dem Engpaß an der Neudammschen Mühle heraus? — Waren die Spitzen noch nicht weit genug gegen Batzlow vorgerückt, um den rechten Flügel des Feindes fassen zu können? — Das ist wahrscheinlich; und später, wo man in der Verfassung gewesen wäre, zum Angriffe zu schreiten, mag das russische Heer wohl bereits in seiner neuen Stellung eingerichtet gewesen sein. Vielleicht aber hat die Wahrnehmung, daß die russische Armee ihre neue Aufstellung an der Mietzel suchte und sich von der Warthe entfernte, Veranlassung gegeben, den Flankenmarsch des preußischen Heeres von Batzlow an in südwestlicher Richtung nach Wilkersdorf fortzusetzen. Das ist sogar wahrscheinlich. Früher, ehe bekannt war, daß die Bewegung der Russen sie nicht der Warthe näherte, kann der Marsch nach Wilkersdorf nicht wohl angeordnet gewesen sein. Von einer kleinen Höhe bei diesem Dorf gewann der König endlich eine vollständige Uebersicht der russischen Stellung, und wir vermuthen, daß darauf hin nun erst die Fortsetzung des Marsches bis Zorndorf verfügt wurde. In welcher Weise dieser Flankenmarsch, durch Bodenwellen gedeckt, ausgeführt wurde, ist bekannt. Die preußische Armee marschirte nun auf, mit dem rechten Flügel an Wilkersdorf, dem linken hinter Zorndorf. Die Reiterei schwenkte zum Theil noch weiter westwärts ein, bis an die Drewitzer Heide hin.

Die Stellung, welche die russische Armee inzwischen eingenommen hatte — den rechten Flügel an den Zabergrund, den linken im Wesentlichen an den sogenannten Doppelgrund gelehnt, die Stirnseite nach Süden gewendet, die damals auch für einzelne Fußgänger unpassirbaren Sümpfe an der Mietzel unmittelbar im Rücken — hat etwas Befremdendes. Die Armee gab, indem sie sich hier aufstellte, ihre Rückzugslinie so vollständig auf, wie sonst vielleicht nie freiwillig geschehen ist; sie erleichterte wie absichtlich die gänzliche Umgehung, die König Friedrich beabsichtigte, und versetzte sich selbst in eine Lage, in der eine verlorene Schlacht unvermeidlich zu einer vollständigen Niederlage werden mußte. Warum die russischen Generale diese eigenthümliche Stellung wählten — darüber ist nichts bekannt geworden. Vielleicht geschah es, weil sie sonst nirgends in der Gegend eine Anlehnung für beide Flügel zu finden wußten.

Aber wie waren nun ihre Truppen in dieser Stellung geordnet? — Darüber sind wir im Ungewissen, und es ist auch keine Aussicht, daß wir noch in zuverlässiger Weise weiter darüber aufgeklärt werden könnten. Es liegen zwei ganz verschiedene Angaben vor, von denen gerade diejenige die mit dem Anschein unbedingter Vollständigkeit über alle Einzelnheiten Auskunft giebt, und mit der Autorität eines amtlichen Berichts auftritt, an einer sehr großen Unwahrscheinlichkeit leidet und wenig Vertrauen einflößt. — Nach Gaudys Tagebuch und dessen Quellen stand die russische Armee zwischen dem Zaber- und dem Doppelgrund in vier Treffen aufmarschirt, deren erstes ganz aus Infanterie bestand, während in den rückwärtigen Reiter-Brigaden und Fußvolk abwechselnd neben einander eingereiht waren: im Einzelnen wohl nicht einem vorbedachten Plan gemäß, sondern wie es sich eben infolge großer Ungelenkigkeit der Truppen bei vieler Eile und etwas Verwirrung ergeben hatte. — Die Reiterei durch Infanterie gegen die Angriffe der feindlichen zu schützen, war, wie wir uns dessen bei dieser Gelegenheit erinnern müssen, allerdings bei den Russen von den Türkenkriegen her allgemein üblich. — Die Treffen hätten den Plänen und der Darstellung zufolge, in denen uns diese Aufstellung der Russen überliefert ist, sehr nahe hinter einander gestanden, so daß das Ganze nur eine geringe Tiefe von kaum fünf oder höchstens sechshundert Schritten gehabt hätte. Die Flanken konnten demnach, wenn sie bedroht waren, leicht durch ein Paar Flügel-Bataillone, die eine Viertheil-Schwenkung ausführten, geschlossen, und das Ganze dadurch zu einem — von den üblichen Bataillons-Intervallen abgesehen — geschlossenen länglichen Karree werden. — Vielleicht waren auch die Flanken von Hause aus in solcher Weise geschlossen. General Panins

Worte in seinem besonderen Bericht an Iwan Schuwalow, daß die Armee ein „längliches Karree" gebildet habe, scheinen das anzudeuten.

Eine ganz andere Aufstellung zeigt dagegen der zuerst von Tielke bekannt gemachte Plan der Schlacht. Da erscheinen die russischen Bataillone ohne Intervalle aneinander gereiht. Die gesammte Infanterie des Heeres steht Ellenbogen an Ellenbogen und bildet so, was man allenfalls ein Karree nennen könnte: eine sehr unregelmäßige geschlossene Figur, die nach allen Seiten Front machte und vermöge hier und da vorspringender Winkel sehr genau und sehr künstlich der Bodengestaltung angepaßt gewesen wäre. Die Reiterei und die immer noch sehr zahl= reiche leichte oder Stabs=Bagage hätten im Inneren dieser Art von Karree gehalten.

Dieser Plan ist der offizielle; es ist derjenige der aus dem russischen Hauptquartier nach Petersburg eingesendet und der Kaiserin Elisabeth vorgelegt worden ist. Der Verfasser dieser Blätter hat sich überzeugen können, daß die Archive des russischen Generalstabs keinen anderen besitzen. Es gehört aber auch für den, der die Gegend nicht aus eigener Anschauung kennt, kein besonders geübter Scharfblick dazu, gewahr zu werden, daß diesem Plan keine wirkliche Aufnahme der Gegend und auch nicht einmal eine genaue Rekognoszirung zum Grunde liegt. Er ist aus dem Ge= dächtniß gezeichnet, und wo das Gedächtniß den Dienst versagte, hat die Phantasie ausgeholfen. Da nun die Bodengestaltung in der Wirklichkeit eine wesentlich andere ist, als hier vorausgesetzt wird, müßte auch die Gestalt des angeblich den Bodenverhältnissen genau angepaßten wunder= lichen Vielecks, das die russische Armee gebildet haben soll, eine wesentlich andere gewesen sein. — Und wie hätte die in großen Manövern so wenig geübte russische Armee in der kurzen Zeit, die ihr am Morgen dazu blieb, damit fertig werden können, sich in dieser Weise zu formiren! — Es wäre keine leichte Aufgabe, die verwickelten Evolutionen nachzuweisen, vermöge welcher das hätte ausgeführt werden können und müssen. Wahrscheinlich wäre der preußische Angriff erfolgt, ehe man damit nur halbwege fertig war. Unbedingt unglaublich ist endlich, daß die Rückseite des Vielecks wirklich, wie der Plan andeutet, rückwärts, gegen den vollkommen unweg= samen und unzugänglichen Sumpf bei Quartschen Front gemacht haben sollte.

Wie dem aber auch sei, jedenfalls treten in dieser Schlacht gewisse Eigenheiten russischer Taktik hervor, die sich auch später noch — zum Beispiel bei Eilau und bei Borodino — vielfach wieder geltend gemacht haben. Namentlich, bei dem Bewußtsein geringer Manövrirfähigkeit, ein entschiedenes Verlangen den Angriff des Feindes stehenden Fußes zu erwarten — und eine große Vorliebe für taktisch gedrängte und sehr tiefe Stellungen. So kommen hier, da die Stellung der Russen vom rechten Flügel zum linken nur eine Ausdehnung von kaum 3400 Schritten hatte, auf jeden Schritt Stirnseitenlänge, nicht weniger als vierzehn Mann! — Eine taktische Tiefe der Stellung wie sie selbst in neuerer und neuester Zeit nur sehr ausnahmsweise vorgekommen — und so viel wir wissen, nur in der russischen Stellung bei Eilau noch überboten worden ist. — Aber auch hier schon sehen wir den später oft wiederholten Fehler begehen, die taktisch tiefe Stellung nicht auch zu einer in angemessener Weise räumlich tiefen nach rückwärts auszudehnen. Da ergab sich denn — hier wie bei Borodino — aus der gedrängten Stellung, eine sehr hartnäckige, ausdauernde Vertheidigung, aber auch ein ganz ungewöhnlicher, unverhältnißmäßiger Verlust an Leuten. Hier bei Zorndorf blieben, wie bei Borodino, volle zwei Fünftheile des gesammten Heeres todt oder verwundet auf dem Schlachtfelde liegen.

Die Schlacht selbst bezeichnet Clausewitz mit vollem Recht als die interessanteste des ganzen Krieges. Sie ist eine der interessantesten aller Zeiten. Wir wissen kein zweites Beispiel, daß zwei mit einander kämpfende Heere sich in solchem Wirbel um einander herum bewegt hätten.

Da der rechte Flügel der Russen nicht umfaßt werden konnte, beschloß König Friedrich, die an den Zabergrund gelehnte Spitze desselben anzugreifen. Er hatte sich längst gesagt, daß man sich nicht mehr so ausschließlich, wie zur Zeit seiner ersten Kriege, auf die solide Infanterie verlassen dürfe, die der alte Dessauer gebildet hatte, daß man gegen die zahlreiche Artillerie der Oesterreicher und Russen eine vermehrte eigene zu Hülfe nehmen müsse. Wir sehen ihn hier Artillerie in Masse verwenden und zuvörderst das Feuer von 60 Geschützen schweren Kalibers gegen den Punkt vereinigen, den er angreifen wollte. In allen Berichten wird der furchtbaren Wirkung dieses Feuers in der tiefen russischen Stellung gedacht. — Der linke preußische Flügel sollte den Angriff ausführen. Wie er das zu thun pflegte, setzte der König einen Vortrab von

Die Schlacht bei Zorndorf.

acht Grenadier=Bataillonen vor die beiden Treffen dieses Flügels, so daß bei dem Angriff drei Treffen einander unterstützt hätten. Allein die An= ordnungen des königlichen Feldherrn kamen hier, wie bei Kolin, nur sehr unvollkommen zur Ausführung, wie das eben im Kriege, wo alles ein= fach, aber in der Ausführung unendlich schwierig ist, gar oft geschieht. Die acht Bataillone des Vortrabs hielten sich mit ihrem linken Flügel am Zabergrund, wie vorgeschrieben war, die Führer des ersten Treffens aber glaubten rechts hin im Zusammenhang mit dem zurückgehaltenen rechten Flügel bleiben zu müssen, ihre Bataillone zogen sich und schlossen rechts hin. Der Gedanke, daß man „in zusammenhängender Linie" zum Angriff schreiten müsse, war eben durchaus vorherrschend in der Zeit und beherrschte natürlich die weniger selbständigen Geister am unbedingtesten. Das zweite Treffen folgte demselben Zuge und blieb weit zurück. Das erste befand sich bald rechts neben dem Vortrab und in gleicher Linie mit demselben, und so kam man denn schließlich nicht in drei Treffen, sondern in einer einzigen dünnen Linie ohne Rückhalt an den Feind. Nach einem nicht allzu langen Feuergefecht wich der ganze linke Flügel des preußischen Treffens in großer Unordnung weit zurück. Es ist wohl die Bemerkung ausgesprochen worden, König Friedrich habe hier zum ersten Male erfahren, daß ihm nicht mehr seine alte, zuverlässige In= fanterie von Prag und Kolin her zur Verfügung stehe. Doch scheint diese Bemerkung gerade hier nicht zutreffend. Es waren die ostpreußi= schen Regimenter, die da wichen und flohen — das heißt diejenigen Regimenter, die bis zu dem Augenblick am wenigsten, in der That nur verhältnißmäßig unbedeutende Verluste erlitten hatten und, fast intakt, unter allen die meisten altgedienten Leute, die wenigsten Rekruten in ihren Reihen zählten. Auch ist bekannt, daß der König diesen Regi= mentern die Flucht bei Zorndorf nie verziehen hat.

Bekanntlich brach der rechte Flügel der Russen, wahrscheinlich ohne daß irgend wer den Befehl dazu gegeben hätte, unter lautem Hurrah= geschrei vor, um die weichenden Preußen zu verfolgen, und wußte sich kaum einige Hundert Schritte vorwärts zu bewegen, ohne in Unordnung zu gerathen. Seydlitz, dessen Ruhmestag vor allen Zorndorf ist, be= nutzte den Augenblick, jagte mit seinen Geschwadern über den Zabergrund, warf die russische Reiterei zurück, die auch zur Verfolgung herbeigekommen war, und setzte in die russische Infanterie hinein, die er so vollständig auseinandersprengte, daß an diesem Tage der Theil ihrer Mannschaft, der den Schwertern der preußischen Reiter entging, als geschlossene Truppe nicht wieder auf dem Schlachtfelde erscheinen konnte.

Der linke Flügel der Russen stand jenseits — im Osten — des Galgengrundes, und durch diesen Grund gegen einen Flankenangriff der Reiter unter Seydlitz geschützt, noch ganz unberührt da, mußte aber nach der Niederlage des rechten Flügels ruhig, vielmehr unthätig abwarten, was sich weiter ergeben wolle — denn eine Möglichkeit, dem bedenklich gewordenen Kampf durch einen Rückzug auszuweichen, gab es nicht.

Seydlitz führte seine Reiter, da er mit ihnen von dem siegreich erkämpften Felde aus nichts weiter unternehmen konnte, gegen Zorndorf zurück, um sie neu zu ordnen und die Pferde wieder zu Athem kommen zu lassen. Auch versuchte man die Infanterie des linken Flügels, die gewichen war, neu zu ordnen, was auch dem Anschein nach gelang, aber in der That nur dem Anschein nach. So entstand eine zweistündige Pause in der Schlacht, die durch eine Kanonade ausgefüllt wurde und dadurch, daß der König den rechten Flügel seiner Infanterie etwas vorrücken ließ, um den Feind zu beschäftigen.

Um 3 Uhr begann gleichsam eine zweite Schlacht, und sie war wieder nahe daran, für die Preußen zu einer verlorenen zu werden — und wieder war es Seydlitz, der mit seinen Reitern rettend eingriff und die Niederlage in einen Sieg verwandelte. Diesmal war es der rechte Flügel der Preußen, der den äußersten linken der Russen am Doppelgrunde angreifen sollte; der linke preußische Flügel, aus den am Morgen geschlagenen Bataillonen gebildet, wurde zurückgehalten. Unerwartet brach russische Reiterei hervor, theils zwischen dem Zaber- und Galgengrund, theils zwischen diesem und dem Doppelgrund. Was in dieser letzteren Richtung heranjagte, scheiterte nach anfänglichen Erfolgen schließlich in seinen Angriffen auf das preußische Fußvolk — vor jenem anderen Theil flohen die preußischen Bataillone des linken Flügels von neuem in wilder Flucht bis nach Wilkersdorf.

Doch Seydlitz schloß mit seinen Reitern die Lücke, die dadurch abermals in der Schlachtordnung entstand, warf die russische Kavallerie, die zum Theil vernichtet wurde, in die Sümpfe bei Quartschen und hieb dann auch in die russische Infanterie ein — der rechte Flügel der preußi-

Die Schlacht bei Zorndorf.

schen Infanterie brach ebenfalls ein in die Reihen der Russen — und schließlich wurde alles, was die am Morgen gelieferte Schlacht von der russischen Armee geordnet gelassen hatte, zersprengt und in wilder Unordnung verjagt, nach Kämpfen, auch mit der blanken Waffe, wie sie auch in späterer Zeit wohl kaum wieder vorgekommen sind. Es waren im Wesentlichen 10 000 Reiter und 9 Bataillone, nicht über 5000 Mann, preußisches Fußvolk, die das russische Heer besiegt hatten.

Spät am Abend gelang es den preußischen Generalen, ihre Truppen ziemlich geordnet in einer Stellung aneinanderzureihen, deren rechter Flügel an die Sümpfe an der Mietzel gelehnt war, während der linke an Zorndorf reichte. Auch die Russen suchten, hauptsächlich durch die Bemühungen des Generals Demikow oder Demicoude, wie dieser Waadtländer eigentlich hieß, spät am Abend einige Mannschaft hinter dem Galgengrunde zusammen und in Ordnung zu bringen; es sollen im Anfang nur etwa 2000 Infanteristen und gegen 1000 Reiter gewesen sein, die sich da zusammenfanden; doch mögen sich wohl bald mehrere darangereiht haben. Denn die vereinzelten russischen Soldaten mußten bald inne werden, daß sich dem großen Haufen anzuschließen für sie die einzige Rettung vor der Rache der erbitterten Bauern sei.

Ein letzter Angriff auf diese Stellung, den fünf preußische Bataillone ausführen sollten, mißlang, wie der König selbst erzählt, weil die russische Kriegskasse im Galgengrunde erbeutet wurde, wo denn die preußischen Soldaten mit Beute beladen zurückkehrten, anstatt weiter vorzugehen. Diese Angaben werden bestätigt durch das Tagebuch eines preußischen Offiziers (Infanterie-Regiments Prinz von Preußen), der diesen Angriff mitgemacht hat, aus dessen Bericht sich aber auch ergiebt, daß die Erbeutung der russischen Kriegskasse keineswegs ganz ohne Gefecht stattfand. Dieser preußische Offizier erzählt, wie die russische Reiterei von der preußischen in die Flucht geschlagen wurde, und fährt dann fort: „Darauf ging es immer frisch auf sie los, so daß unser rechter Flügel ihren linken gänzlich in die Flucht schlug, und waren auf ihrem linken Flügel weiter nichts als lauter todte und verwundete Russen zu sehen. Sobald wir so weit waren, mußte unser rechter Flügel sich links ziehen nach dem linken zu; in der Mitte aber war noch ein Busch vorhanden, welchen die Russen stark besetzt hatten und worinnen ihre ganze Kriegskasse und Bagage aufgefahren war. Diesen Busch wegzunehmen, wurden die fünf

Bataillone vom rechten Flügel kommandieret, welche waren: das Grenadier-Bataillon Wedel, das Regiment von Forcade und das Regiment Prinz von Preußen. Wir attakirten selbigen zu drei unterschiedlichen malen vergeblich: zum vierten Male gelung es uns denn endlich, in den Busch zu bringen, ohnerachtet wir ein erstaunend starkes Feuer aushalten mußten, und kein Russe von der Stelle wich, sondern so lange feuerte, bis er niedergestochen wurde. Sie waren sogar auf die Bäume und Wagen gestiegen und feuerten so lange, bis wir sie mit den Bayonets darnieder stießen. Wir bekamen hier ihre ganze Kriegskasse und Bagage; da aber durch den Busch unsere Leute ziemlich in Unordnung gerathen waren, so entstand daraus, daß die Hälfte die Wagen plünderte, die andere Hälfte aber vorwärts avancirte, und letztere waren so weit von der Armee ab, daß, da es Nacht wurde, wir nicht mehr wußten, was Freund oder Feind sei; daher wurde beschlossen, hier Halt zu machen und uns wieder zu formiren, alsdann aber, damit wir nicht ganz und gar von der Armee abgeschnitten würden, wollten wir uns mit Ordnung zurückziehen und wieder zur Armee zu kommen suchen; welches denn auch geschahe, und wir erreichten den Busch glücklich, wo wir dann die andere Hälfte von uns wieder antrafen, welche da lagen, sich formirt hielten und uns vor todt oder gefangen hielten. Diese Nacht durch blieben wir hier liegen und ruheten uns in etwas aus." (Ungedruckte Nachrichten II, 373.)

Die Bagage, die unmittelbar bei der russischen Armee geblieben war, hatte wohl schwerlich eine besondere Bedeckung, da man sie mitten unter den Truppen hatte auffahren lassen. Aber es waren herkömmlich immer viele Leute von den Regimentern dazu kommandirt, und ohne Zweifel hatten sich gar viele Versprengte von allen Theilen des Schlachtfeldes dazu gefunden. Diese ungeregelte Masse mag es gewesen sein, deren Widerstand die fünf preußischen Bataillone im Galgengrund zu brechen hatten. Daraus, daß diese Bataillone dann jenseits des Grundes auf keinen Feind stießen, dürfen wir wohl schließen, daß die wenigen russischen Mannschaften, die Demikow am Abend wieder in Reihe und Glied gebracht hatte, wirklich in der Nacht über den Zabergrund zurückgezogen wurden, wie die preußischen Berichte besagen, die russischen aber verschweigen. Die Russen wollen vor dem Zabergrunde stehen geblieben sein, um vorgeben zu können, daß sie das Schlachtfeld behauptet hätten.

Der verwundete General Panin — der spätere Feldmarschall — hatte sich mit vielen Versprengten in der Drewitzer Heide zusammengefunden. Diese Masse benutzte die Nacht, um sich die Landsberger Straße entlang zu der bei Groß-Kamin aufgefahrenen Bagage zu retten. Die höhere Führung hatte im Laufe der Schlacht bei den Russen ganz aufgehört, denn schon am Morgen, bei der Niederlage des rechten Flügels, hatte General Fermor gleich vielen anderen Generalen sich vor den preußischen Reitern flüchten müssen. Wo er den Tag über umhergeirrt war, ist nicht bekannt geworden, gewiß ist nur, daß er sich erst spät am Abend wieder zu seinen Truppen fand. Doch scheint die höhere Führung auch nicht vermißt worden zu sein. Da man nichts weiter that oder thun wollte, als sich da, wo man eben stand, hartnäckig vertheidigen, hatte die höhere Führung eigentlich wenig oder nichts zu thun.

Der Verlust der Russen wurde offiziell auf 21529 Mann angegeben (worunter nur etwa 2000 Gefangene waren). Wenn man aber erwägt, daß die vier Infanterie-Regimenter unter Panin, die vor der Schlacht 4595 Mann zählten, dem besonderen Bericht dieses Generals zufolge einen Verlust von 3120 Mann (1389 Todte und 1725 Verwundete) erlitten und daß sie nach der Schlacht nur noch 1475 Mann in Reihe und Glied zählten, ist man versucht zu glauben, daß der Verlust im Ganzen wohl noch etwas größer gewesen sein könnte.

Auch die Preußen hatten ein Drittheil ihrer Mannschaft verloren, und das Ergebniß der Schlacht hatte, trotz größerer Opfer als man erwartet haben mochte, den Absichten des Königs nicht ganz entsprechen. Gewiß hatte der König auf einen so hartnäckigen Widerstand, wie er hier zu besiegen war, nicht gerechnet. Er kannte die ausdauernde Tapferkeit der Russen noch nicht aus eigener Erfahrung, hier aber wurde diese Ausdauer, auf die er nicht gefaßt sein mochte, noch durch manches Oertliche und Besondere gesteigert. Daß bei aller Tapferkeit auch russische Infanterie sich unter Umständen zur Flucht wendet, sollte ein Jahr später die Schlacht bei Kunersdorf beweisen, hier jedoch war eine massenhafte Flucht in das Weite so gut wie unmöglich. Schon die gedrängte Stellung der Russen verhinderte sie, mehr aber noch der unwegsame Sumpf fast unmittelbar im Rücken der Armee. — Die Vernichtung eines feindlichen Heeres auf dem Schlachtfelde selbst ist eigentlich nur dadurch möglich, daß Mannschaften massenweise gefangen werden. Die Russen aber ergaben sich nicht, sie setzten den Widerstand auf das äußerste fort. Gewiß nicht aus Grundsatz, aus Römerthum; ihre Hartnäckigkeit hatte andere, näher liegende Gründe, nämlich, der europäische Krieg war ihnen fremd, der Soldat wußte wohl nicht, daß man sich gefangen geben kann, er wußte nur dem Türkenkriege, wo man einfach niedergehauen wurde, sobald man aufhörte sich zu wehren. In dem, was der oben angeführte preußische Offizier von dem Kampf um die Kriegskasse erzählt, zeigt sich wohl, daß der Widerstand der Russen nicht mehr ein taktischer war, der einen taktischen Zweck gehabt hätte, sondern der Widerstand Verzweifelnder, die keine Rettung hoffen und ihr Leben so theuer wie möglich verkaufen wollen. — Endlich wird in Berichten von russischer Seite erzählt, daß ein Theil der Truppen den Branntweinvorrath bei der Bagage plünderte und dann im Wahnsinn der Trunkenheit auf dem Schlachtfelde herumtobte, daß die Leute blindlings um sich herumschossen und ihre eigenen Offiziere niederstießen.

Als es am 26. August Tag geworden war, begannen die Russen aus ihrer Stellung am Zabergrunde eine lebhafte Kanonade und machten auch einige Bewegungen, als wollten sie angreifen, gewiß nur um zu imponiren, damit sie selber nicht angegriffen würden; um in solcher Weise glücklich über den Tag hinwegzukommen und ohne weiteres Unheil die Nacht zu erreichen, deren schützender Schatten man bedurfte, um den bedenklichen Rückzug um den linken Flügel der Preußen herum wagen zu können. Diesen Zweck zu erreichen, griff Fermor auch noch zu einem anderen Mittel, das eigentlich ein schlecht ersonnenes war, da es verrieth, wie sehr er die Gefahr seiner Lage empfand: er schlug einen Waffenstillstand vor, angeblich um die Todten zu begraben.

Der Waffenstillstand wurde von preußischer Seite abgelehnt, doch entschloß sich auch König Friedrich nicht zu einem neuen Angriff. Die preußische Armee, wie sie jetzt zwischen den Sümpfen an der Mietzel und der Gegend bei Zorndorf aufmarschirt stand, war aller Wahrscheinlichkeit nach dem, was die russischen Generale für den Augenblick am Zabergrunde in Reihe und Glied beisammen hatten, auch an Zahl überlegen, dennoch aber konnte der König sehr gute Gründe haben, den Kampf nicht zu erneuern. Schon in dem Umstand, daß seine Armee nach dem gewaltigen Verbrauch am Tage zuvor nicht mehr ausreichend mit Schießbedarf versehen war, lag ein hinreichender Grund, die Dinge nicht auf das Aeußerste zu treiben. Außerdem aber war die preußische Armee nun seit 36 Stunden in Bewegung und im Gefecht, ein paar Stunden der Nacht über Ruhe unter den Waffen wollte wenig sagen. Die Leute hatten diese Zeit über keine Suppe gekocht und nichts oder so gut wie nichts gegessen, sie mußten sehr abgemattet sein. Es ist wohl natürlich, daß König Friedrich, nach dem, was er den Tag vorher erlebt hatte, einem großen Theil seiner Infanterie unter solchen Umständen nicht viel zutraute. Dann mochte sich der König wohl auch sagen, daß die russische Armee, auch wie die Sachen eben standen, hinreichend gelähmt sei für den Rest des Feldzugs und kaum noch in der Verfassung, etwas von Bedeutung zu unternehmen, daß es daher nicht gerathen sei, den Erfolg des vorhergehenden Tages noch einmal auf das Spiel zu setzen.

Den Russen gewährte ihr unfreiwilliges Verweilen am Zabergrunde nebenher den Vortheil, daß der größte Theil der in der Nähe des Schlachtfeldes zerstreut umher irrenden Mannschaften sich wieder zu den Fahnen finden konnte. Nur etwa 2000 dieser Zerstreuten fielen als Gefangene in die Hände der Preußen.

In der folgenden Nacht zogen sich dann die Russen bis an ihre Wagenburg bei Groß= und Klein=Camin zurück und verschanzten sich in dieser Stellung, verließen sie aber dennoch bereits am Abend des 31., um sich am 1. September bei Landsberg a. d. W. mit den Reitern zu vereinigen, die Rumänzow von Schwedt herbeiführte. Hier verweilten sie bis zum 19. September.

König Friedrich war ihnen am 27. August bis Tamsel, am 1. September bis Blumberg gefolgt. Aber er durfte sich nicht länger mit ihnen beschäftigen, ihnen nicht weiter folgen, denn schon war seine Gegenwart in Sachsen dringend nothwendig geworden. Er hatte bereits (am 27. August) ein Husaren=Regiment und einen Tag später sechs Bataillone Infanterie unter dem Prinzen Franz von Braunschweig nach der Lausitz entsendet, wo sie den Unternehmungen Laudons entgegentreten sollten. Am 2. September brach er selbst nach Sachsen auf, aber mit einer geringeren Macht als er gehofft hatte, nur mit 15 Bataillonen, 33 Schwadronen. Der Sieg über die Russen war nicht so vollständig geworden, wie der König gewollt hätte, Graf Dohna mußte daher fast mit seinem früheren Heertheil (jetzt 21 Bataillone, 35 Schwadronen) ihnen gegenüber gelassen werden.

Die Russen unternahmen nichts Erhebliches mehr. Sie marschirten nach Stargardt in Pommern, ohne daß abzusehen wäre, welche Absicht damit verbunden sein konnte, und entsendeten eine Brigade, Kolberg zu belagern, was wohl nur geschah, weil es von Petersburg aus befohlen war und weil zu gleicher Zeit eine vereinigte russisch-schwedische Flotte dahin gesendet wurde, den Platz von der Seeseite zu bedrängen, was die Engländer aus bekannten Gründen nicht verhinderten.

Die Belagerung der keineswegs sehr starken Festung, mit unzureichenden Mitteln unternommen, wurde nach mancherlei vergeblichen Arbeiten wieder aufgehoben, und in den ersten Novembertagen trat die gesammte russische Armee den weiten Rückmarsch an, um jenseits der Weichsel Winterquartiere zu beziehen.

So vieles auch fehlgeschlagen war, hatte doch König Friedrich, um die Russen abzufertigen, genau nur die drei Wochen gebraucht, die er dazu glaubte erübrigen zu können.

Hochkirch.

Oesterreichs Feldherrn wußten nicht in derselben Weise mit der Zeit hauszuhalten. Sie hatten ihre Beschlüsse etwas langsam und spät gefaßt, dann ruhig auf die Entscheidung aus Wien gewartet und trafen infolge dessen ihre Anstalten, die Abwesenheit des Königs zur „Befreiung" Sachsens zu benützen, erst als es, namentlich für Leute die so umständlich und bedächtig manövrirten, eigentlich bereits zu spät war.

Langsam machten die Reichsarmee und mit ihr vereinigt Serbelloni Ende Juli Anstalten, auf der Hauptstraße über Peterswalde aus Böhmen nach Sachsen vorzurücken; langsam nahte Graf Dombasle mit den wenigen österreichischen Truppen, die, aus den belgischen Friedens-Standquartieren gezogen, bisher mit der französischen Armee vereinigt gewesen waren, von Hof auf Chemnitz heran, um sich dann über Tschopau der Reichsarmee zu nähern.

Prinz Heinrich hatte bereits die zerstreute Stellung im Erzgebirge verlassen und seine Armee, die gewiß nicht mehr 25 000 Mann gezählt haben kann, vereinigt, wenn man das so nennen will, das heißt, er hatte sie in der ersten Hälfte des August auf eine Kette von Posten vertheilt, die von Freiberg über Dippoldiswalde und Maxen bis Pirna reichte, und außerdem hatte er 2000 Mann dem General Dombasle bis Waldenburg entgegengesendet. — Seine Verehrer versichern, er habe alle Einzelnheiten des „Terrains" mit solcher Einsicht benützt, daß keinem seiner Posten etwas anzuhaben gewesen sei. Die Hauptsache war wohl, daß die Reichsarmee nicht leicht jemandem etwas zu Leide that.

Erst als die Reichsarmee endlich vom Gebirge herabgekommen war und innerhalb des sächsischen Lagers von 1756 bei Struppen Stellung genommen hatte, zog der Prinz am 20. August einen größeren Theil seiner Truppen — doch nur 16 Bataillone — in dem Lager, erst bei Sedlitz, dann bei Gamig unweit Dohna zusammen.

Der Feldmarschall Daun hatte sich bis gegen Ende August begnügt zu warten und die preußische Armee unter dem Markgrafen Karl zu beobachten, die von Grüssau über Hirschberg heran gerückt war, und ihm seit dem 23. August bei Plagwitz am Bober gegenüberstand. Nur den General Laudon hatte er in die Niederlausitz entsendet, um die Verbindung mit den Russen und Schweden aufzusuchen. Doch in den letzten Tagen des Monats, als die Entscheidung aus Wien eingetroffen war, erwachte Daun zu größerer Thätigkeit. Es sollte nun Ernst werden mit der Befreiung Sachsens. Dem nun entworfenen bestimmteren Plan zufolge sollte die österreichische Hauptarmee zwischen Dresden und Meißen — aber wie die Richtung des Marsches andeutet, in der Nähe von Meißen — am 3. September über die Elbe gehen und dem Prinzen Heinrich — wenn der nämlich bei Gamig standhielt oder vielmehr säumte — in den Rücken fallen, während er in der Front von der Reichsarmee angegriffen wurde. Man erwartete zu Wien mit Spannung die Nachricht von einem entscheidenden Siege, der am 4. September erfochten werden sollte.

Daun brach am 26. August von Görlitz auf, ließ bei Löbau einen Heertheil unter dem Prinzen von Baden-Durlach zurück, um den Rücken des eigenen Heeres gegen den Markgrafen Karl zu decken, und marschirte weiter über Bautzen, Kamenz und Königsbrück nach Radeburg, wo er am 1. September eintraf. Er hatte sich nach seiner Weise rasch bewegt, denn er hatte in sieben Tagen etwa vierzehn Meilen zurückgelegt.

Die Lage des Prinzen Heinrich, der sich auf dem Punkt sah, von einer mehr als dreifach überlegenen Macht zwischen zwei Feuer genommen zu werden, wenn er nicht Dresden seinem Schicksal überlassen wollte, konnte nun allerdings sehr mißlich werden, und er empfand sie auch peinlich genug, wie aus seinen Briefen hervorgeht.

Selbstverständlich gingen die Pläne Dauns oder vielmehr der Wiener Hofburg noch bedeutend weiter. Die Armee des Prinzen Heinrich zu erdrücken, konnte nach den Ansichten der Zeit nicht an sich der Zweck einer weit ausholenden und sorgfältig eingeleiteten Operation sein — nur das Mittel, zu einem positiven Gewinn zu gelangen, und der sollte diesmal in der Eroberung von Dresden bestehen. Dazu bedurfte man schwerer Artillerie. Diese aus Böhmen herbeizuschaffen, wäre sehr umständlich gewesen und zeitraubend; besser, wenn man sie den Wällen der Feste Königstein entnehmen konnte. Diese Festung war nun zwar durch die Kapitulation von 1756 für die ganze Dauer des Krieges neutral erklärt worden — doch die diplomatische „Feinheit" stand zu jener Zeit auf einer hohen Stufe vollendeter Entfaltung und sie wußte auch Mittel, die Schwierigkeiten zu umgehen, die sich aus diesem Verhältniß ergeben konnten. Zwischen dem österreichischen und dem sächsischen Hof wurde verabredet, daß der Königstein zum Schein von Oesterreichern überfallen und in Besitz genommen werden sollte. Die sächsische Besatzung hatte die nöthigen Weisungen erhalten und war gehörig darauf vorbereitet, sich überfallen zu lassen.

Doch zu Radeburg änderte sich plötzlich die Scene. Daun hatte seinen Generalquartiermeister Lacy zu dem Prinzen von Zweibrücken gesendet, um das Nöthige in Beziehung der Mitwirkung der Reichsarmee bei dem entscheidenden Schlage zu verabreden. Der Reichsfeldherr Prinz von Zweibrücken fand aber die Stellung, die der Prinz Heinrich von Preußen mit seinen wenigen Bataillonen bei Gamig inne hatte, so vortheilhaft, daß es nicht räthlich sei, etwas dagegen zu unternehmen, und weigerte sich, auf Dauns Vorschläge einzugehen. Höchstens wollte er sich dazu verstehen, die feindlichen Stellungen durch den Feldmarschall-Lieutenant Hadik in ihrer rechten Flanke umgehen und „beunruhigen" zu lassen, und selbst dazu wollte er sich nicht in bindender Weise verpflichten. —

Darauf gab der Feldmarschall Daun den ganzen Plan auf und beschloß, in zwei Märschen über Radeburg nach Stolpen zurückzuweichen, um dort, wie Arneth sagt, nach Blößen zu spähen, die sein Gegner ihm geben sollte.

Dem französischen General Grafen Montazet, der den Feldzug wieder im österreichischen Hauptquartier mitmachte, sagte Daun nur, er gehe nach Stolpen zurück, weil er bis zur Zeit ohne alle Unterstützung von Seiten der Reichsarmee geblieben sei; er müsse sich ihr nähern, um dieses Heer, das den Beschlüssen des Reichstags zufolge, ein eilendes sein sollte, in lebhaftere Bewegung zu bringen. Das war wohl nicht mehr als eine jener leeren Ausreden, mit denen man unbequeme Frager abzufinden und abzuweisen sucht.

Seltsam genug! — der Feldmarschall Daun stand an der Spitze von 50 000 Mann und war ohne die 30 000 Mann, welche die Reichs=armee und die Truppen unter Serbelloni zusammen zählten, dem Prinzen Heinrich reichlich um das Doppelte überlegen, selbst wenn dieser alle seine Posten einzog. Man brauchte nicht gerade ein sehr unternehmender Feld=herr zu sein, um sich an der Spitze einer solchen Ueberlegenheit, auch ohne die Reichsarmee, dem Feinde gewachsen und zur Initiative, zu dem Versuch, einen entscheidenden Schlag zu führen, berechtigt zu glauben.

Arneth giebt keine weitere Auskunft. Nach anderen, nicht minder authentischen österreichischen Quellen hätte aber Daun auch noch andere Gründe gehabt in sein Felsennest bei Stolpen, in eine für unangreifbar gehaltene Stellung zurückzuweichen, und er hätte sich auch bestimmter geäußert über die weiteren Möglichkeiten, die ihm vorschwebten.

Wir werden da belehrt, daß man im österreichischen Hauptquartier die Nachricht erhalten habe, der König von Preußen sei bereits wieder auf dem Marsch an die Elbe nach Sachsen. Augenscheinlich lag dieser Nachricht zum Grunde, daß jene kleine Abtheilung, die der König un=mittelbar nach der Schlacht bei Zorndorf, unter dem Prinzen Franz von Braunschweig rückwärts gegen Laudon nach der Niederlausitz entsendet hatte, für den Vortrab des königlichen Heeres gehalten wurde. Wie Major Cerrini berichtet, in einer Darstellung der Schlacht bei Hoch=kirch, die aus den „österreichischen Feldakten" geschöpft ist (in der Oester=reichischen militärischen Zeitschrift 1842) „liefen Gerüchte ein" von einem Siege, den der König über die Russen davon getragen habe — und da=

durch, so gut wie durch die Unthätigkeit der Reichsarmee sei Daun bewogen worden, den Elbe-Uebergang aufzugeben — und das Weitere in fester Stellung abzuwarten. Man glaubte dem Gerücht, weil es durch die gemeldete Thatsache, den Heranmarsch des Königs, bestätigt schien. Seine Rückkehr setzte einen über die Russen erfochtenen Sieg voraus.

Am meisten beachtenswerth ist unstreitig, was der Staatskanzler Kaunitz dem französischen Botschafter Choiseul-Stainville mittheilte, und dieser dann unter dem 8. September der französischen Regierung berichtete. Diesen Mittheilungen zufolge war es die Nachricht, daß der König von Preußen im Heranmarsch sei, die den Feldmarschall Daun bestimmte, den Uebergang über die Elbe aufzugeben, um bei Stolpen abzuwarten, was der König weiter unternehmen werde. Wenn der König auf dem rechten Ufer der Elbe bleibe, wolle Daun das bei Löbau zurückgelassene Korps an sich ziehen und so verstärkt den Preußen entgegengehen, um ihnen eine Schlacht zu liefern, während die Reichsarmee und Serbelloni auf dem linken Ufer der Elbe „operiren" sollten. — Falls der König auf das linke Ufer hinüberging, wollte auch Daun bei Pirna über den Strom gehen, um die beabsichtigte Schlacht jenseits desselben zu liefern —, merkwürdigerweise ohne die Reichsarmee und Serbelloni dazu heranzuziehen. Die sollten dann auf das rechte Elbe-Ufer herüber wechseln und hier die Neustadt Dresden angreifen.

Ob Daun wirklich die Absicht, unter allen Bedingungen eine Schlacht zu suchen, mit solcher Bestimmtheit angekündigt hatte, muß freilich dahingestellt bleiben. Möglicherweise ist Kaunitz in seinen Mittheilungen mehr oder weniger über den wirklichen Inhalt der Berichte Dauns hinausgegangen, um einem ungünstigen Eindruck vorzubeugen, den der Rückzug nach Stolpen bei den Verbündeten Oesterreichs machen konnte. Vielerlei Umstände treffen zusammen, um das sogar sehr wahrscheinlich zu machen.

Wie bereits erwähnt, hatte König Friedrich wirklich beschlossen, sich eben in den ersten Septembertagen nach Sachsen zurückzuwenden, um dort den Unternehmungen der Oesterreicher zu steuern. Sein Operationsplan ist in den Briefen an seinen Bruder klar und bestimmt ausgesprochen. In dem ersten dieser Briefe schreibt der König am 1. September aus Blumberg, er müsse dort in der Gegend aushalten bis es ihm gelungen sei, die Russen über Landsberg hinaus zu treiben; das werde ihm schwerlich vor dem 6. September gelungen sein; dann sei es seine Absicht, sich ungefähr bei Kottbus (vers Cotbus) mit dem Markgrafen Karl, mit dem — bereits gegen Laudon in die Niederlausitz entsendeten — Prinzen Franz von Braunschweig und mit den ebenfalls rückwärts entsendeten Husaren zu vereinigen und mit der ganzen Macht gegen die Oesterreicher zu marschiren, die er bei Mühlberg (an der Elbe) oder in ebenem Lande (dans des plaines) zu treffen hoffe. — In einem anderen Briefe vom 2. September, ebenfalls aus Blumberg, kündigt der König an, daß er im Begriff stehe aufzubrechen und noch an demselben Tage nach Küstrin marschiren werde. Mit dem Markgrafen Karl werde er sich bei Sonnenwalde vereinigen; von dort werde er alsdann entweder auf Torgau marschiren oder auch geradeswegs nach Meißen, in Dauns Rücken, um diesen Feind zur Umkehr zu zwingen. Für den Fall, daß er — der König — über die Elbe gehen müsse, um sich mit dem Prinzen zu vereinigen, soll dieser seine Pontons in Bereitschaft halten (vous tiendrez vos ponts prêts).

Es ist bemerkenswerth, daß der König, in dem Augenblick, in dem Daun auf die verhängnißvolle Nachricht, er nahe, den Gedanken aufgab, Sachsen zu befreien, sich mit seinen wenigen Truppen noch bei Küstrin befand — mehr als 25 deutsche Meilen von Meißen. — Wir haben bereits gesehen, daß der Feldmarschall Daun auch ohne die Reichsarmee vollauf stark genug war, den beabsichtigten entscheidenden Streich gegen den Prinzen Heinrich zu führen — und wenn man auch die Bataillone unter dem Prinzen Franz von Braunschweig für den Vortrab des königlichen Heeres ansah, mußte doch jede Berechnung ergeben, daß auch die Zeit dazu ausreichen würde; daß der Schlag gefallen sein konnte, ehe der König die weite Strecke von der Oder an die Elbe zurückgelegt hatte. — Und dennoch wich Daun nach Stolpen zurück, so wie er von Friedrichs Sieg über die Russen hörte und vermuthen konnte, daß der Sieger nun herbeieilen werde, um Sachsen zu behaupten.

So eigenthümlich das nun aber auch uns Anderen von unserem heutigen Standpunkt aus erscheinen mag, vermögen wir doch uns zu vergegenwärtigen, welche Vorstellungen von der allgemeinen Lage und dem, was sie zu unternehmen gestatte, den Feldmarschall Daun in solcher Weise bestimmten. Wir dürfen auch bei dieser Veranlassung wieder nicht vergessen, daß die Schlacht, die Zertrümmerung der feindlichen Streitkräfte, nach) den Ansichten der damaligen Routine wie der damaligen Theorie niemals ihr eigener Zweck war, sondern ein Mittel, das zu irgend einem geographischen Gewinn führen sollte. In diesem Fall war die Eroberung von Dresden der Zweck, der entscheidende Streich, der gegen den Prinzen Heinrich und sein kleines Heer geführt werden konnte, nur ein Mittel, sie einzuleiten. Es zeigt sich sogar, daß Daun in diesem besonderen Fall keineswegs irgend einen Werth darauf legte, gerade durch dieses gewaltsame Mittel zum Ziel zu gelangen, daß er vielmehr den „Zweck", die Eroberung von Dresden, auch diesmal ohne Schlacht, bloß durch Manöver zu erreichen hoffte. — Wie einer seiner Adjutanten, der eben in diesen Tagen in preußische Gefangenschaft gerieth, dem Prinzen Heinrich mittheilte, hatte Daun erwartet, daß seine drohende Bewegung auf Meißen, die Besorgniß, sich von Torgau und allen rückwärtigen Verbindungen abgeschnitten zu sehen, den Prinzen bestimmen werde, seine Stellung bei Gamig aufzugeben und bis Torgau zurückzugehen. Dann konnte man Dresden belagern und den Feind in die Nothwendigkeit versetzen, die Initiative zu ergreifen und zu wagen, wenn er den Platz entsetzen wollte. Der Prinz Heinrich war dazu nicht stark genug; der König hoffentlich die Zeit über, deren man zur Belagerung bedurfte, noch mit den Russen beschäftigt. Kehrte er später an die Elbe zurück, dann konnte man wohl das inzwischen eroberte Dresden durch gut gewählte Stellungen und Manöver decken. Das waren recht eigentlich Berechnungen im Geiste der Zeit. Sie wurden schon dadurch gestört, daß Prinz Heinrich in seiner Stellung bei Gamig ausharrte. Wenn er sich nun, wie man danach erwarten mußte, im letzten Augenblick in der unmittelbaren Nähe von Dresden festsetzte, wie sollte dann die Belagerung möglich, wie sollte sie zu Ende geführt werden, ehe der König auf dem Schauplatz und im Rücken der österreichischen Armee erschien? — Da der Feldmarschall Daun die Dinge in diesem Lichte sah, konnte — ja mußte ihm, so bald er um den Heranmarsch des Königs wußte, das geplante Unternehmen als ein aussichtsloses erscheinen, das noch dazu die österreichische Armee in Schwierigkeiten verwickeln konnte — und es war in seinem Sinn ganz folgerichtig, daß er zurückwich.

Was seine angeblichen Pläne betrifft, von Stolpen aus dem König diesseits oder jenseits der Elbe entgegenzugehen, um ihn zur Schlacht herauszufordern, — so dürften wir das alles — selbst wenn er sich wirklich ganz so bestimmt darüber geäußert haben sollte, wie Kaunitz vorgab — wohl in die Reihe der Projekte verweisen, mit denen man sich halb spielend beschäftigt, so lange die Ausführung in der Ferne liegt, die man aber fallen läßt, wenn sie zur That werden sollen. — Daun wollte dem König eine Schlacht liefern! — Wenn das seine Absicht war, brauchte er nicht erst nach Stolpen zurückzugehen, um von dort aus zuzusehen, wie der König sich mit dem Markgrafen Karl (oder vielmehr mit dem Feldmarschall Keith, der an dessen Stelle den Befehl übernommen hatte) vereinigte und seine Verbindung mit dem Prinzen Heinrich herstellte; es war nicht nöthig, abzuwarten, was der König, nachdem alle diese Vortheile ihm ohne Kampf zugefallen waren, weiter zu unternehmen gedenke. Daun konnte die Schlacht unter für ihn günstigeren Umständen aufsuchen, wenn er von Radeburg aus dem König oder dem Markgrafen Karl entgegenging und die Truppen unter dem Prinzen von Durlach von Löbau her unterwegs an sich zog. Er hatte dann die Aussicht, entweder den König oder den Markgrafen Karl, dessen Bewegungen durch einen Zug von 3000 Wagen, den er mitbrachte, gar sehr erschwert wurde, der daher dem Stoß nicht so leicht ausweichen konnte, vereinzelt zu treffen.

In der Hofburg zu Wien war man keineswegs sehr erbaut davon, daß Daun den Elbübergang bei Meißen und die „Befreiung" Sachsens so leichthin aufgegeben hatte. In einem „Handschreiben" der Kaiserin an ihn (vom 6. September) wurde dem Feldmarschall, wenn auch „in den glimpflichsten Ausdrücken" zu erkennen gegeben, daß er sich in der Ausführung dieses Plans nicht hätte sollen beirren lassen. Wir ersehen aus dem Auszug dieses Schreibens, den Arneth mittheilt, daß darin der angeblichen kühnen Pläne Dauns, von denen Kaunitz erzählt hatte, gar nicht gedacht wurde — und andererseits, daß Daun unter anderem auch die Beharrlichkeit des Prinzen Heinrich, der nicht aus seiner Stellung gewichen war, als einen der Gründe angeführt hatte, den Anschlag auf Dresden aufzugeben. Mochte auch der Prinz nicht leicht durch eine solche Bewegung veranlaßt werden können, seine vortheilhafte Stellung bei Dresden zu räumen, so wäre doch, meint die Kaiserin, ganz Sachsen auf dem linken Ufer befreit worden, und auf die Länge hätten die Preußen auch ihre Stellung bei Dresden nicht behaupten können. Wenn nichts der Art geschehe, bemerkt die Kaiserin zum Schluß, müsse man von den Verbündeten die empfindlichsten Vorwürfe erwarten und die Bemerkung, daß man den rechten Zeitpunkt für entscheidende Unternehmungen überall versäumt und mit zwei Armeen, die zusammen über achtzigtausend Mann zählten, nicht gewagt habe, ein kleines preußisches Heer von wenig mehr als zwanzigtausend Mann aus Sachsen zu vertreiben.

Höchst wahrscheinlich fühlte sich Daun durch diesen Brief zu größerer Thätigkeit gespornt, doch wurde nicht entfernt daran gedacht, den König von Preußen, der mit eiligen Schritten durch das Land auf dem rechten Ufer herannahte, aufzusuchen und ihm eine Schlacht zu bieten. Nur von einem Angriff auf den Prinzen Heinrich jenseits des Stroms war die Rede und der war ohne Zweifel in Dauns Hauptquartier schon seit einigen Tagen berathen worden, als der Brief der Kaiserin dort eintraf. Die Bewegung dorthin war dadurch, daß der Sonnenstein bei Pirna sich nach sehr geringem Widerstande am 5. September der Reichsarmee ergeben hatte, nicht unwesentlich erleichtert worden, und General Lacy ließ die Wege von Lohmen nach Pillnitz ebnen; es war darauf abgesehen, den Uebergang über den Fluß bei diesem letzteren Ort zu bewirken, um den Prinzen Heinrich in seiner Stellung bei Gamig — Maxen in Flanke und Rücken zu fassen, während sie durch die Reichsarmee in der Front angegriffen wurde.

Nun aber traf Friedrich der Große in der Nähe ein. Er hatte am 2. September seinem Brief an den Prinzen Heinrich die Worte angefügt: „Le secours arrivera plus vite que vous ne le croyez." — Den 8. September bei Elsterwerda eingetroffen, war er wohl berechtigt, dem Prinzen zu schreiben: „vous ne vous plaindrez pas de manque de diligence." — Er stand am 9. bei Groß-Döbritz, der Markgraf Karl hinter ihm bei Großenhayn. Einen Marsch von 29½ Meilen hatte der König in acht Tagen zurückgelegt; die Truppen waren unterwegs wieder in Kantonnirungs-Quartieren verpflegt worden.

In Dauns Hauptquartier war am 10. ein Kriegsrath versammelt, in welchem die nähere Disposition zu dem Uebergang über die Elbe und dem Angriff jenseits berathen werden sollte. Da lief von Laudon, der jetzt bei Radeburg stand, die Meldung ein, daß der König bei Großenhayn eingetroffen sei. Die Berathung mußte sich natürlich sofort zu einer ganz anderen Frage wenden. Es handelte sich nun darum, was wohl unter so veränderten Umständen überhaupt zu thun wäre. Wie gar oft, zeigte sich auch hier wieder, um wie viel leichter es ist, zu entschlossener That zu rathen, als selbst entschlossen zu handeln, wenn man That und Erfolg persönlich zu vertreten hat. Der französische General, Graf Montazet, der hier nichts ernstlich zu verantworten hatte, wie sich auch der Erfolg gestalten mochte, rieth, seiner eigenen Angabe zufolge, entschieden, den vielbesprochenen Plan gegen den Prinzen Heinrich auch jetzt noch auszuführen — aber von den österreichischen Generalen stimmte ihm, wie er sagt, nur einer bei. Das war der Graf Lacy, ein unterrichteter Mann von vielem Geist, der sich aber niemals hervorragend kühn erwies wo er selber den Befehl führte und die Verantwortung übernehmen sollte. Die anderen Herren stimmten, scheint es, mit dem Feldmarschall Daun — und der erklärte, nach Montazets Bericht, er sei in Verzweiflung darüber, daß der Plan nicht habe den Tag zuvor, am 9., ausgeführt werden können. Daran sei die Reichsarmee Schuld, deren Hauptquartier erklärt habe, erst am 11. mitwirken zu können; jetzt sei es zu spät.

Der französische General Boisgelin, der die Interessen seines Hofs im Hauptquartier der Reichsarmee zu vertreten hatte, macht dazu die Bemerkung: man habe sich in diesem Fall durch den Eindruck bestimmen lassen, den — angeblich — die Anwesenheit des Königs sowohl in seinem eigenen Heere mache, als in den Armeen, die ihm gegenüberstehen. (On a cédé à l'impression qu'on veut que sa présence fasse dans ses armées et dans celles qui lui sont opposées.)

Wenn ihm nicht die persönliche Nähe des Königs imponirte, wenn er Zeit und Raum nach dem zur Zeit herkömmlichen Maßstab gegen einander berechnete, hätte Daun vielleicht so gut wie Montazet und Lacy geglaubt, daß es auch am 11. September noch möglich sei, den, wenn auch nicht immer mit ganzem Ernst beabsichtigten, doch vielfach geplanten Streich gegen den Prinzen Heinrich zu führen. Folgerichtiger Weise konnte aber dieses Unternehmen, auch wenn die Zeit dazu noch ausreichte, unter den damaligen Umständen so wenig mehr einen Zweck haben, als acht Tage früher der Uebergang bei Meißen. Zu einer Belagerung und Eroberung Dresdens konnte es nicht mehr führen, wie nunmehr die Dinge lagen.

In den früheren Darstellungen dieses Feldzugs — bis auf die Zeit herab in der des Königs Briefwechsel mit seinem Bruder vollständig bekannt wurde — wird im Allgemeinen angenommen, Friedrich der Große habe nunmehr, da Dresden vor der Hand durch seine Nähe gesichert war, nichts weiter beabsichtigt, als den Feldmarschall Daun aus seiner Stellung bei Stolpen heraus und weiter zurück zu manövriren, um sich die Wege nach Schlesien zu öffnen und „nöthigenfalls" nach diesem Lande aufbrechen und Neiße entsetzen zu können, — das vor der Hand noch gar nicht ernstlich bedroht war. — Der gerade Weg nach Schlesien war dem König durch die österreichische Hauptmacht bei Stolpen, durch Laudon, der bei Radeberg stand, und etwas später auch durch den Prinzen von Durlach gesperrt, den Daun mit einem etwas stärkeren Korps, zur Sicherung seiner rechten Flanke in die Gegend von Bischofswerda und Bautzen entsendete. Und doch, das leuchtete allen Kunstrichtern ein, daß der König in der Lage sein mußte, nöthigenfalls nach Schlesien eilen zu können. Denn Fouqué, den der Markgraf Karl mit etwa 4000 Mann bei Landeshut zurückgelassen hatte, war offenbar zu schwach, um das Land gegen den Feldzeugmeister Harsch zu vertheidigen, der ihm gegenüber mit weit überlegener Macht Böhmen deckte, zu schwach namentlich, um Neiße zu schützen oder zu entsetzen, wenn es General De Ville von Mähren her ernstlich gefährdete. Nicht minder einleuchtend war den Sachverständigen, daß der König den Feldmarschall Daun, auch um Dresden auf alle Fälle sicher zu stellen, weiter zurückmanövriren mußte, nämlich damit er nicht augenblicklich wieder vor dieser Stadt erscheinen, nicht wieder die Verbindung zwischen Dresden und Schlesien, dem König und dem Prinzen Heinrich unterbrechen könne, so wie der König sich entfernen, nach Schlesien aufbrechen mußte. Es war also nach dem Urtheil der Kenner einleuchtend und nachgewiesen, daß der König beabsichtigen mußte, den Feldmarschall Daun aus seiner Stellung bei Stolpen heraus zu manövriren, und nur das beabsichtigen konnte.

Die Kunstrichter waren eben immerdar bemüht, sich die Kriegführung Friedrichs des Großen in ihrer Weise, im Sinn der herrschenden Theorie — nach einem sehr wesentlich verkleinernden Maßstab — auszulegen und zu rechtfertigen.

In der That aber beabsichtigte der König sehr viel mehr. Manöver, die keinen anderen Erfolg haben konnten, als die Dinge nothdürftig in der Schwebe zu erhalten und die Entscheidung weiter hinaus zu schieben, waren und blieben in den Augen des Königs stets das, was sie wirklich sind: ein Nothbehelf, mit dem man sich nur dann begnügen darf, wenn man muß, wenn man nichts Besseres, Entscheidenderes zu unternehmen vermag, nichts wagen darf, das einen günstigen Umschwung der Dinge, eine endgültige Lösung der Lage, Sieg und Frieden herbeiführen kann. Wo immer Umstände und Machtverhältniß es irgend gestatteten, trachtete er nach einem positiven und wirklichen, den Feind erschütternden Erfolg. So auch jetzt. Er beabsichtigte allerdings zunächst, Daun nach Böhmen zurückzuwerfen, aber womöglich nicht durch Manöver, sondern durch eine siegreiche Schlacht. Der Sieg sollte nicht nur den österreichischen Plänen auf Sachsen für dieses Jahr gründlich ein Ende machen, nicht bloß dem König die Möglichkeit verschaffen, nöthigenfalls nach Schlesien zu eilen, ohne daß deshalb für Sachsen etwas zu besorgen wäre: er sollte auch das moralische Uebergewicht der preußischen Waffen von neuem steigern, — die Zuversicht der Feinde brechen — und den Eindruck hinterlassen, daß der Krieg gegen den König von Preußen ein hoffnungsloser sei. Darin lag das einzige Mittel, die gegen Preußen verbündeten Mächte zum Frieden zu stimmen. — Der König wollte wieder „batailliren" zur mißbilligenden Verwunderung seines Bruders Heinrich.

In diesem Sinn schrieb der König schon am 8. September aus Elsterwerda seinem Bruder, er habe in sieben Tagen 24 Meilen zurückgelegt: — „und wir sind, ich versichere es Ihnen, im Stande, uns zu schlagen und uns gut zu schlagen, wenn uns die dicke Excellenz von Kolin den Kragen dazu bieten will" — (nous sommes, je vous assure, en état de combattre, et de bien combattre, pourvue que la grosse Excellence de Kolin veuille y prêter le collet.) — In einem folgenden Brief vom 9. September aus Großenhayn, sind die Ideen des Königs in Beziehung auf die Operationen während der nächsten Tage bestimmter angedeutet. Er glaubte, die Oesterreicher würden unter dem Schutz des Königsteins und der Reichsarmee über die Elbe gehen, um den Prinzen Heinrich anzugreifen, und dabei vorzugsweise dessen rechten Flügel bei Maxen zu umgehen suchen. Er selbst werde, kündigt er an, an diesem Tage bis Groß-Döbritz, drei kleine Meilen von Dresden marschiren; auf die erste Nachricht, daß Daun bei Schandau über die Elbe gehen wolle, werde er mit ganzer Macht zu dem Prinzen stoßen:

— „ich kann morgen bei guter Zeit in Dresden sein und hinter dem großen Garten lagern; niemand muß zu den Thoren Dresdens hinaus (gelassen werden), damit der Feind nicht wisse, wie viele Truppen ich mitbringe." — (L'on croit que Daun veut passer l'Elbe à Schandau, en cas que j'en aye la moindre nouvelle, je viendrai vous joindre en force; je puis être demain à bon temps à Dresde et camper derrière le grand jardin, il faut que personne ne sorte des portes de Dresde, afin que l'ennemi ignore le nombre de troupes que j'amène.)

Wie eigenthümlich — und wie verhängnißvoll für die österreichische Armee konnten sich die Ereignisse gestalten, wenn sie — nicht bei Schandau — sondern bei Pillnitz über die Elbe ging, wie beabsichtigt war!

In einem weiteren Brief aus Groß-Döbritz vom 10. September fügt der König hinzu: „Gebe der Himmel, daß Daun über den Fluß geht, und daß er Befehl habe, etwas zu wagen, das würde mir zum Heil gereichen." (Veuille le ciel que Daun passe la rivière et qu'il ait ordre de tenter quelque chose, ce serait mon salut.) — Prinz Heinrich hatte geklagt, daß seine Stellung zu ausgedehnt sei für sein kleines Heer; er erhielt darauf zur Antwort, er solle nur das erste Treffen gehörig ausstatten, für das zweite und für die Reserve werde der König sorgen, wenn der Feind über den Fluß gehe (occupez bien la première ligne, et si l'ennemi passe la rivière, j'aurai soin de la seconde et de la reserve).

Aber der Feind kam nicht über den Fluß. Da ergriff denn der König ohne Zeitverlust seinerseits die Initiative und suchte seinen Gegner entweder gleichsam unvermuthet in die gewünschte Schlacht hineinzuziehen oder auch, je nachdem es fiel, durch Zwang zum offenen Kampf zu bringen. In seiner Felsenstellung bei Stolpen war Daun nicht anzugreifen; man mußte ihn bewegen, sie zu verlassen. Der König lagerte am 11. September bei Reichenberg, kaum eine Meile von Dresden. Schon am 12. rückte er von dort aus dem österreichischen Heer herausfordernd in nächste Nähe entgegen und nahm ihm gegenüber, auf den Höhen bei Weißig und Schönfeldt Stellung. Zu gleicher Zeit sollte General Retzow den General Laudon, der noch immer bei Radeberg stand, angreifen, von dort vertreiben und womöglich schlagen. Das sollte die Einleitung werden zu einer Umgehung des rechten Flügels der österreichischen Hauptstellung und zu einer Gefährdung ihrer Verbindungen mit Zittau und Böhmen. Daun konnte dadurch veranlaßt werden, von seinen Felsen herabzusteigen, sei es, um dem vorgeschobenen Heertheil zu Hülfe zu kommen, sei es, um wenigstens seine rückwärtigen Verbindungen sicherzustellen. Aber Retzow führte seinen Auftrag nicht mit der Energie aus, die der König erwartet hatte; Laudon wich ohne erheblichen Verlust nur bis Arensdorf, wo er wieder sowohl den Weg nach Bautzen und Schlesien sperrte, als auch Dauns Verbindungen mit Böhmen deckte.

Doch gab der König deshalb natürlich seine Pläne nicht auf. Er schrieb seinem Bruder — ohne Datum, wahrscheinlich am 13. — „Ich werde morgen oder übermorgen versuchen, Laudon lebhaft zu drängen, um zu sehen, ob der Andere ihm nicht wird zu Hülfe kommen wollen, was dann Daun zwingen wird, entweder seinen entsendeten Heertheil in seiner Gegenwart schlagen zu sehen oder sich auf eine Schlacht einzulassen, und das ist es, wo ich ihn erwarte" — (je tacherai demain ou après-demain de presser vivement Laudon, pour voir si l'autre ne voudra pas le secourir, ce qui obligéra Daun ou de voir battre son détachement à sa barbe, ou d'engager une bataille, et c'est là où je l'attends). — Am 14. mußte der König einige Truppen — 8 Bataillone, 5 Schwadronen unter dem General Wedell entsenden, um Berlin gegen die Schweden zu decken, aber eine so unbedeutende Entsendung änderte natürlich nichts an Friedrichs Plänen, nur schien es immer zweifelhafter, ob Daun sich unter irgend einer Bedingung auf eine Schlacht einlassen werde. Laudon wurde nach mehreren Gefechten weiter zurückgedrängt, Daun that nichts, um seinen Unterfeldherrn zu unterstützen oder die Straße nach Bautzen zu behaupten und den Preußen die Verbindung mit Schlesien zu wehren. Er blieb unbeweglich bei Stolpen. Indessen, in dem Maße wie die Verbindungen der Oesterreicher über Zittau mit Böhmen erschwert und gefährdet wurden, hoffte nun der König, Mangel werde bald den Feldmarschall Daun zwingen, seine unangreifbare Stellung zu verlassen, um nach Böhmen zurückzuweichen, und es könne dann doch vielleicht noch zu der ersehnten Schlacht kommen. In diesem Sinne schrieb er am 25. September seinem Bruder Heinrich, Daun werde sich wohl bald zum Rückzug genöthigt sehen, vielleicht ergebe sich mehr — „peut être arrivera-t-il autres choses."

Am 27. September stand der König bei Bischofswerda, General Retzow mit einem vorausgesendeten Heertheil (14 Bat. 30 Schwadr.) gegen Bautzen vorgeschoben, das er am folgenden Tage besetzte. Der Prinz von Durlach, den Daun dorthin entsendet hatte, wich auf Löbau zurück. Man vermuthete, er werde weiter nach Görlitz marschiren, um dem preußischen Heere den Weg nach Schlesien von neuem zu verlegen. In diesem Fall sollte Retzow auf Zittau und Gabel vorrücken.

Es war in der That kein Irrthum, wenn angenommen wurde, man gehe im österreichischen Hauptquartier von der Vorstellung aus, daß es dem König nur darum zu thun sein könne, sich die Wege nach Schlesien zu öffnen, und die Vermuthung, daß Daun seine Aufgabe lediglich darin sehen werde, diese Wege zu sperren, lag sehr nahe. Doch war der österreichische Feldherr gerade zu dieser Zeit — gezwungener Weise — theilweise mit ganz anderen Plänen beschäftigt.

Die Kaiserin Maria Theresia empfand nämlich den unbefriedigenden Gang der Dinge in peinlichster Weise. Daß die Vertreibung des Prinzen Heinrich aus Sachsen, die Eroberung von Dresden mißlungen war, bewegte sie besonders lebhaft, und vollkommen unerträglich war ihr der Gedanke, daß auch dieser dritte Feldzug des Krieges ohne irgend ein Ergebniß enden sollte. Es konnte das in der That um so bedenklicher scheinen, da der Kardinal Bernis, der in Frankreich an der Spitze der auswärtigen Angelegenheiten stand, erschreckt durch die Erschöpfung Frankreichs und den unglücklichen Gang des Krieges, zum Frieden neigte, wenn auch im Widerspruch mit Frau v. Pompadour. — Maria Theresia lebte darüber, wie wir wohl sehen, in fieberhafter Aufregung und beschäftigte sich mit vielerlei häufig wechselnden Plänen, dem Feldzug, so spät es war, noch vor dem Schluß eine günstigere Wendung zu geben; und es zeigte sich dabei in der Hofburg zu Wien wie zu seiner Zeit in Dauns Hauptquartier, daß diejenigen, die um ihre Meinung befragt werden, sich um so leichter unternehmend und kühn zeigen, je ferner sie den Ereignissen stehen, je weniger sie in den Fall kommen können, für den Erfolg einstehen zu müssen.

Einen Augenblick dachte die Kaiserin daran, spät im Herbst noch die Russen zu Hülfe zu rufen, die bei Landsberg an der Warthe müßig standen. Sie sollten mit Heeresmacht von dort aufbrechen und so schnell als irgend möglich durch Polen nach Niederschlesien marschiren, um hier, mit zwanzigtausend Oesterreichern vereinigt, eine Stellung zu nehmen, durch die der König von Preußen von dieser Provinz und allen ihren reichen Hülfsquellen abgeschnitten würde. Maria Theresia erlebte die Genugthuung, daß die Kaiserin von Rußland auch um diese Zeit wieder den leidenschaftlichen Haß, dessen Gegenstand der gottlose König von Preußen für diese gottesfürchtige Frau war, und den Willen, ihn zu demüthigen, mit aller Schärfe aussprach, indem sie bereitwillig jeden möglichen Beistand zusagte. Auch General Fermor konnte nicht wohl, nachdem er die Schlacht bei Zorndorf für einen Sieg ausgegeben hatte, ablehnend erklären, daß er außer Stande sei, etwas weiter zu unternehmen. Auf die Mahnung, die vom sächsischen Hof aus Warschau an ihn erging, wenigstens nicht zu früh an die Weichsel zurückzugehen, erwiderte Fermor, sowohl dorthin als in Dauns Hauptquartier, er wolle im Gegentheil den Feind zu neuer Schlacht zwingen. Um den Schein zu wahren, als thue er etwas, marschirte er auch wirklich von Landsberg nach Stargard in Pommern. Dabei blieb es aber.

Doch als diese tröstlichen Versicherungen in die Hände Maria Theresias kamen, hatte sie bereits berechnet, daß die Befehle, nach Schlesien aufzubrechen, wenn sie auch auf Oesterreichs Verlangen in Petersburg bereitwillig ertheilt wurden, doch erst zu spät, um noch im Herbst befolgt werden zu können, in Fermors Hauptquartier gelangen mußten. Sie hatte mit derselben Lebhaftigkeit neue Pläne aufgefaßt, als ihr bekannt geworden war, daß der König Truppen entsendet habe, Berlin zu decken. Da schien sich eine günstige Gelegenheit zu bieten. Sie schrieb dem Feldmarschall Daun (am 24. September), daß nun wohl der Augenblick gekommen sein könnte, einen entscheidenden Schlag gegen das durch diese Entsendung geschwächte preußische Heer zu führen. Sollte das aber wider Vermuthen nicht möglich sein, so möge Daun außer der Reichsarmee und den mit ihr vereinigten Oesterreichern noch zwanzigtausend Mann in Sachsen stehen lassen, mit der Hauptmacht aber, die dann noch fünfzigtausend Mann zählen würde, an die Oder marschiren, um an diesem Fluß entlang tiefer in das preußische Gebiet vorzudringen.

Beide Vorschläge waren von der Art, daß sie dem bedächtigen Feldmarschall Daun höchlich mißfallen mußten. Wurde ihm keine andere Wahl gelassen als diese, so konnte er sich wohl noch am ersten dazu entschließen, dem Könige da, wo man eben war, eine Schlacht zu liefern —

unter solchen Bedingungen natürlich), daß im Falle des Mißlingens der Rückzug in die feste Stellung bei Stolpen gesichert blieb. Für den etwas abenteuerlichen Zug an die Oder, der ganz aus der damaligen Kriegsweise herausfiel und gar keinen bestimmten Zweck hatte, stimmte gewiß keiner der Vertrauensmänner Dauns, weder Lacy noch der General Tillier.

Auch sagte Daun zu dieser Zeit (29. September) dem französischen General Grafen Montazet, er habe aus Wien Befehl erhalten, den König von Preußen anzugreifen, was es auch kosten möge. Montazet versichert in seinem Bericht, — und wir wollen es ihm gerne glauben — daß er seinerseits den Gedanken mit dem größten Eifer aufgenommen habe; er will sogar die Stellung der Preußen bei Bischofswerda rekognoszirt und eine Disposition zur Schlacht entworfen haben, wozu ihn der Generalquartiermeister Lacy gewiß nicht aufgefordert hatte.

Nach Wien aber antwortete Daun (am 30. September) — vielleicht nach weiterer Ueberlegung — auf beide Vorschläge ablehnend. Er machte darauf aufmerksam, daß die Streitkräfte des Königs von Preußen durch die Entsendung der wenigen Bataillone unter Wedell keineswegs wesentlich verringert worden seien. Ob er sonst noch Gründe gegen eine Schlacht geltend machte, darüber berichtet Arneth nichts. In Beziehung aber auf den Marsch an die Oder gab er zu bedenken, daß zwanzigtausend Mann, in Sachsen zurückgelassen, gar leicht vom Feinde vernichtet werden könnten, wodurch denn auch die Reichsarmee in Gefahr gerathen würde. Auch wisse er nicht, von woher er bei dem Marsch der Hauptmacht an die Oder die Verpflegung der Truppen zu nehmen vermöchte. Er rieth schließlich, bei dem früheren Plan, der Entsendung eines mäßigen Heertheils zur Vereinigung mit den Russen, zu bleiben.

Unmittelbar darauf (1. Oktober) äußerte Daun gegen Montazet, die Jahreszeit sei bereits zu weit vorgerückt, als daß man an eine Schlacht denken könne; auch seien die Wege zu schlecht, und die einleitenden Maßregeln würden zu viel Zeit erfordern.

Wie König Friedrich — wahrscheinlich durch Kundschafter — erfuhr, machte Daun darauf sogar Anstalten, nach Zittau zurückzugehen, wo er seiner rückwärtigen Verbindungen vollkommen sicher gewesen wäre. Dem Könige wurde berichtet, alles entbehrliche Gepäck sei bereits nach Böhmen unterwegs, und Daun lasse — wahrscheinlich am 2. Oktober — zunächst bei Neustadt, auf dem Wege nach Rumburg, ein Lager abstecken. König Friedrich schrieb seinem Bruder am 2. Oktober, Daun werde in wenigen Tagen nach Neustadt zurückgehen und von da weiter; dies Orakel sei zuverlässiger als das des Kalchas (je dois vous dire, que le Maréchal Daun marchera en peu de jours à Neustadt et de là en arrière, cet oracle est plus sûr que celui de Calcas). — Und dann wieder am 4. Oktober: „Der Maximus — d. h. der Feldmarschall Daun — hat bei Neustadt, wohin das Hauptquartier kommen soll, ein Lager abstecken lassen. Das Gepäck ist zurückgeschickt worden, zwei Kavallerie-Regimenter sind hinmarschirt, das ist aber Alles." (Le Maximus a fait tracer un camp à Neustadt où doit venir le quartier général. Les bagages sont renvoyés, deux régiments de cavalerie y sont marchés, mais voilà tout.)

Die österreichischen Quellen — auch die neuesten — schweigen über diesen beabsichtigten Rückzug, doch scheint das, was der König darüber erfuhr, nicht ganz ungegründet gewesen zu sein. Denn auch dem Grafen Montazet, dessen zudringliche Lebhaftigkeit ihm hin und wieder lästig gewesen zu sein scheint, hatte Daun eröffnet, — am 1. Oktober — daß er nach Zittau zu marschiren gedenke, und hinzugefügt, daß er dort eine bessere Gelegenheit zur Schlacht zu finden hoffe — ein Vorgeben, das mit seiner ganzen früheren Argumentation in geradem Widerspruch steht, also wohl nur vorgewendet wurde, um den lästigen Franzosen zu beschwichtigen.

Aber ohnehin gewöhnt, sich stets von Wien aus leiten zu lassen, war Daun wohl am allerwenigsten geneigt, etwas, das den Wünschen seiner Regierung so wenig entsprach wie dieser Rückzug, zu unternehmen, ohne die Entscheidung dort in Wien nachgesucht zu haben. Er sendete seinen Vertrauten, den General Tillier nach Wien, um dort der Kaiserin und ihrem Rath die Lage der Dinge in Sachsen mündlich zu schildern und Verhaltungsbefehle einzuholen. In einem höchstens um einen oder zwei Tage späteren Bericht hatte er die Gründe entwickelt, die ihn bestimmten, auch jetzt noch in seinem Lager bei Stolpen stehen zu bleiben — vielleicht auch versucht, eine rückgängige Bewegung auf Zittau zu rechtfertigen? Der Inhalt dieses Berichts ist leider nicht bekannt geworden; aus den Antworten, die Daun erhielt, läßt sich nur entnehmen, daß er unthätig — bei Stolpen oder vielleicht bei Zittau — abwarten wollte, was eine erneute Offensive des russischen Heeres bewirken werde.

In der Wiener Hofburg aber hatte man sich wieder neuen Entwürfen zugewendet, noch ehe alle schriftlich und mündlich übermittelten Bedenken Dauns dort bekannt geworden waren. Schon in einem Handschreiben vom 27. September sprach Maria Theresia aus, daß von den Russen in diesem Jahre nicht mehr viel zu erwarten sei. Doch dürfe der Feldzug nicht zu Ende gehen, ohne daß ein namhafter Erfolg errungen wäre, — darauf kam Maria Theresia immer zurück — und da die Befreiung Sachsens zur Zeit nicht thunlich schien, sollte die Eroberung von Neiße, als allein noch ausführbar, dieser Erfolg sein. Schon hatte die Kaiserin dem Feldzeugmeister Harsch, der an der schlesischen Grenze stand, unmittelbar aus Wien den Befehl zugesendet, mit den 30 000 Mann, die er mit De Ville vereinigt zusammenbringen konnte, nach Schlesien vorzugehen, sich den Russen anzuschließen, wenn sie wider Vermuthen von neuem zur Offensive schritten, anderenfalls aber Neiße zu belagern.

Die Botschaften, die Tillier mündlich nach Wien überbracht hatte, und Dauns letzte schriftliche Berichte wurden zu Wien Gegenstand der Berathungen in einem zweimal versammelten Kriegsrath. Das Ergebniß dieser Besprechungen war ein neues Handschreiben der Kaiserin an Daun, das am 5. Oktober abgefertigt wurde. Maria Theresia bemerkte darin, wenn Daun darauf warten wolle, daß Russen und Schweden durch Wiederaufnahme der Operationen eine mächtige Diversion bewirkten, — die Führer der Russen und Schweden in derselben Weise von ihm erwarteten, daß er den Anfang mache und den Umschwung herbeiführe, werde eben einer vergeblich auf den anderen warten und es werde gar nichts geschehen. (Es scheint also, daß Daun ein solches Abwarten vorgeschlagen hatte.) Ferner bemerkte die Kaiserin, es sei dabei noch der Unterschied zu berücksichtigen, daß der Krieg hauptsächlich im Interesse Oesterreichs geführt werde, daß deshalb und auch weil sie von allen die tüchtigste sei, so wie ihrer Stellung wegen, von der österreichischen Armee vorzugsweise die entscheidenden Operationen zu erwarten seien. Daun möge daher seine Stellung bei Stolpen verlassen, nach Löbau abrücken und sich bemühen, dem Feinde bei Görlitz zuvorzukommen. Dadurch würde die Belagerung von Neiße besser gedeckt und man halte sich wenigstens die Wege offen, die Operationen der Russen zu unterstützen, wenn es zu dergleichen noch kommen sollte.

Doch schon ehe diese letzten Mahnungen ihn erreichen konnten, hatte Daun den Entschluß gefaßt, von Stolpen aufzubrechen. Das Handschreiben der Kaiserin vom 27. September und eine neue Aufforderung, mit größerer Energie zu handeln, die unmittelbar darauf folgte, scheinen ihn dazu bestimmt zu haben. Sollte die Eroberung von Neiße das Ergebniß des Feldzugs werden, so mußte Dauns besondere Aufgabe sein, dem König von Preußen und seinem Heer die Wege nach Schlesien zum Entsatz dieser Feste zu verlegen. Dadurch war die Richtung des Marsches angezeigt. Der Beschluß, aufzubrechen, wurde in Dauns Hauptquartier in einem am 3. Oktober gehaltenen Kriegsrath gefaßt.

In einer österreichischen Darstellung der Schlacht bei Hochkirch (Oesterreichische militärische Zeitschrift, 1842, III., S. 271 ff.) erzählt uns Major Cerrini, durch die Entsendung Retzows nach Bautzen habe sich König Friedrich die Verbindung mit Schlesien eröffnet und die Möglichkeit gewonnen, die Verbindungen des österreichischen Heeres mit Zittau zu gefährden. Dann heißt es weiter: „Der Feldmarschall Daun sah ein, daß es nun zu einer entscheidenden Schlacht kommen müsse, wolle er seinen Zweck, Sachsen zu erobern, erreichen oder wenigstens verhindern, daß der König nicht dem bedrohten Neiße zu Hülfe eilen könne." — Wir halten uns nicht dabei auf, daß der eigenthümlich gewendete Satz leicht so verstanden werden könnte, als solle er das gerade Gegentheil von dem besagen, was Major Cerrini zu sagen beabsichtigt. Aber diese Einleitung ist überhaupt wenig geeignet, Vertrauen einzuflößen, und der Inhalt vollkommen unhaltbar geworden, seitdem wir über ein und anderes besser unterrichtet sind. „Sachsen zu erobern", das hatte Daun schon einen Monat früher aufgegeben, als er den König von Zorndorf her im Anmarsch wußte, und zu der Zeit, von der hier die Rede ist, hatte man auch zu Wien darauf verzichtet. Dauns Aufgabe war jetzt, wie wir gesehen haben, eine ganz andere und sehr einfache, die ihrer Natur nach keineswegs voraussetzte, daß ihm obliege, eine Schlacht zu suchen, höchstens nur, daß er ihr im Nothfall — wenn er dadurch dem König von Preußen die Wege zum Entsatz von Neiße freigeben müßte — nicht ausweiche; und Daun, der schon früher, und zwar als die Befehle seines Hofs ihn geradezu aufforderten, den ent-

scheidenden Kampf herauszufordern, ein solches Wagniß unthunlich ge=
funden hatte, hoffte ganz gewiß, den bescheidenen „Zweck" auch diesmal
ohne Schlacht erreichen zu können.

Cerrini fährt fort: „Die Stellung des Königs bei Bischofswerda
war indessen zu fest, als daß er — Daun nämlich — einen leichten
Sieg erwarten konnte. Er beschloß daher, das Lager bei Kittlitz zu be=
ziehen, um den Feind in die Gegend von Hochkirch zu locken, wo er
denselben mit Erfolg angreifen zu können hoffte. Diese Absicht sprach
der Feldmarschall Daun in dem am 3. Oktober versammelten Kriegs=
rathe ganz deutlich aus, worüber die Aktenstücke vorhanden sind."

Diese Aktenstücke hätte Major Cerrini veröffentlichen müssen, wenn
wir ihm das glauben, wenn wir nicht bei der Vermuthung stehen bleiben
sollen, daß hier ein Mißverständniß seinerseits waltet. Es käme darauf
an, bestimmt zu wissen, wie deutlich Daun die vorausgesetzte Absicht
ausgesprochen hat. — Einen „leichten Sieg" hat wohl niemand Fried=
rich dem Großen gegenüber gehofft. Den Feind hierher oder dorthin
„locken", dem Feinde „eine Falle stellen", das sind Vorstellungen, in
denen sich wohl Laien und Dilettanten ergehen, die sich den Krieg als
ein buntes Gewebe von romantischer Riesentödterei, klugen Schachzügen
und elegant und fein angelegten Listigkeiten denken. Im wirklichen Kriege,
wo es gar ernst herzugehen pflegt, kömmt davon nicht viel Epoche=
machendes zum Vorschein. — Diesmal wäre noch dazu die „Falle" ganz
besonders unsicher gestellt gewesen. Konnte etwa Daun vorher wissen,
daß der König ihm gegenüber gerade die gewagte Stellung bei Hochkirch
einnehmen werde? — Wie, wenn der König seinen linken Flügel an
Weißenberg lehnte, wo Retzow bereits stand, den Stromberg besetzte,
seinen rechten Flügel vielleicht bis auf den Kuhberg bei Rodewitz aus=
dehnte, die Pässe am Bach hinab gegen Würschen durch Posten sicherte,
und seine Zufuhren aus Bautzen über Würschen einleitete, auf Wegen,
die damals weder besser noch schlechter waren, als die Straße über Hoch=
kirch nach Löbau: wie stand es dann um die von Daun gestellte Falle?

Die Absicht des österreichischen Feldherrn ging wohl schwerlich weiter
als dahin, dem König den Weg über Löbau nach Görlitz zu sperren, und
seine Hoffnungen beschränkten sich aller Wahrscheinlichkeit nach darauf,
daß der König nicht wagen werde, ihn in der festen Stellung bei Kittlitz
anzugreifen; daß er ebenso wenig wagen werde, diese Stellung über Weißen=

berg auf Reichenbach zu umgehen und der österreichischen Hauptarmee die Flanke zu bieten, um bei Reichenbach den Prinzen von Durlach anzugreifen, der jetzt dort aufgestellt war.

Uebrigens nicht gewöhnt, sich jemals kurz zu fassen, kam Daun erst zweimal 24 Stunden nach dem Kriegsrath am Abend des 5. Oktober zum Aufbruch. Warum es nöthig geachtet wurde, in aller Stille bei Nacht aufzubrechen, wird uns nirgends erklärt. Wurde etwa die Nähe des preußischen Heeres für gefahrdrohend gehalten? — Der Nachtmarsch brachte die österreichische Armee am 6. Oktober früh in ein Lager bei Krofta; durch einen zweiten Marsch wurde am 7. die Stellung bei Kittlitz erreicht.

An demselben Tage marschirte König Friedrich von Bischofswerda nach Bautzen, während Retzow bis Weißenberg vorrücken mußte. Am 8. Oktober wußte der König bereits mit hinreichender Genauigkeit, wie und wo der Feldmarschall Daun stand. Er schrieb an diesem Tage seinem Bruder Heinrich: „Sie können sich darauf verlassen, daß Daun zwischen Hochkirch und Löbau steht, der Prinz von Durlach in der Gegend von Reichenbach und Laudon in Hochkirch selbst, so daß Sie von dieser Seite nichts weiter zu besorgen haben; Sie haben nichts (vor sich) als die Kreistruppen, die ich Ihnen preisgebe." („Vous pouvez compter que Daun avec toute son armée est entre Hochkirch et Löbau, le prince de Durlach est du coté de Reichenbach et Laudon à Hochkirch même, de sorte que Vous n'avez plus rien à appréhender de ce coté là, vous n'avez que les cercles que je vous abandonne.")

Etwas genauer schreibt der König am folgenden Tage (9. Oktober) und zwar in einer Weise, die sowohl seine Pläne für die nächste Zeit, als deren Motive errathen läßt: „Ich erwarte den Feldmarschall Keith (der einen Brottransport aus Dresden heranbringen sollte) — mein Brot und meine Lebensmittel, morgen werde ich in die Gegend von Würschen und Hochkirch marschiren, wo ich eine Stellung in der Flanke des Feindes nehmen werde; ich werde ihn zwingen, zwischen Zittau und Görlitz seine Wahl zu treffen, und Sie errathen leicht, was mir in diesen beiden Fällen noch weiter zu thun bleibt." („J'attends aujourdhui le Maréchal Keith, mon pain et mes vivres, demain je marcherai du coté de Wurschen et de Hochkirch, où je prendrai un camp sur le flanc de l'ennemi; je l'obligerai de se décider entre Zittau et Görlitz et dans ces deux cas vous devinez facilement ce qui me reste à faire.")

Der König marschirte demgemäß am 10. Oktober nach Hochkirch und nahm dort in der Absicht, den Feind durch Bedrohung seiner linken Flanke und seiner Verbindungen mit Zittau und Gabel zum Rückzug auf Zittau zu veranlassen, die Stellung, die durch eine verlorene Schlacht berühmt werden sollte.

Major Cerrini erzählt nun (im Wesentlichen allerdings übereinstimmend mit Tempelhof): „Am 10. ging der König in die ihm von dem Feldmarschall Daun gestellte Falle, indem er das Lager bei Hochkirch bezog. Der Feldmarschall-Lieutenant Laudon ließ die feindliche Arrieregarde angreifen und nahm derselben einige Wagen und Pferde und Gefangene ab."

„Falsche, größtentheils absichtlich ausgesprengte Nachrichten hatten in dem König den Glauben erweckt, daß der Feldmarschall Daun sich hinter Löbau zurückgezogen habe. Er war daher nicht wenig erstaunt, als er nach gefallenem Nebel mit der Avantgarde die Höhen von Hochkirch erreichend, die österreichische Armee auf den Höhen bei Kittlitz in Schlachtordnung erblickte. Demungeachtet ließ er das Lager beziehen."

Sehr malerisch! — Angesichts der beiden eben angeführten Briefe des Königs aber fällt dieses effektvolle Tableau rettungslos in sich selbst zusammen. — Wollte man das preußische Heer in eine Falle locken, so war es, beiläufig bemerkt, sehr unverständig, seinen Nachtrab von dem Waldgebirge in seiner rechten Flanke her angreifen zu lassen. Das hieß den König recht geflissentlich auf die Gefahr aufmerksam machen, die seinem schlecht angelehnten Flügel von dieser Seite her drohen konnte.

Der König war sehr ungehalten darüber, daß Retzow den Stromberg nicht besetzt hatte, der zwischen seiner und Dauns Stellung mitten inne lag und die letztere beherrschte. Er schrieb darüber dem Prinzen Heinrich: „wenn Retzow meine Befehle befolgt und zu gleicher Zeit — (d. h. gleichzeitig mit dem Marsch des Königs auf Hochkirch) — den Berg besetzt hätte, den wir im vergangenen Jahr bei Weißenfels inne hatten, wäre Daun ohne Frage genöthigt gewesen, seine Stellung sofort aufzugeben." — (Si Retzow avait exécuté mes ordres et occupé en même temps cette montagne que nous avions garnie au

Weissenberg l'année dernière, il est incontestable que Daun était sur le champ obligé de décamper.)

So also hatte der König gerechnet. Retzow aber hatte bei Weißenberg eine Stellung auf dem rechten Ufer des Löbauer Wassers jener am Stromberg vorgezogen und dann gefunden, daß dieser Berg zu weit vor seiner Fronte liege, um behauptet werden zu können. Jetzt hatten 2500 Kroaten unter dem General Behla diese beherrschende Anhöhe besetzt. — Im ersten Augenblick war der König entschlossen, den Stromberg sofort, in der Nacht vom 10. zum 11., erstürmen zu lassen; die Generale Rebentisch und Prinz Franz von Braunschweig hatten bereits die nöthigen Befehle erhalten und waren mit ihren Truppen in Bewegung, aber sie wurden zurückgerufen. Der König hatte seine Pläne geändert.

Wie Friedrich selbst seinem Bruder wenige Stunden später — schon am 11. Oktober — mittheilte, waren es die Nachrichten aus Schlesien die ihn dazu bewogen. Er befürchtete, Neiße und vielleicht auch Kosel könnten möglicherweise nur einen nicht ausreichend hartnäckigen Widerstand leisten, und er glaubte sich in den Stand setzen zu müssen die schlesischen Festungen rechtzeitig entsetzen zu können. (Cela m'oblige de me mettre à portée de les seconder en cas de besoin.) — Er sah daß er Daun nicht angreifen könne, und gab es auf, ihn nach Zittau zurück zu manövriren; namentlich scheint ihm nicht entgangen zu sein, daß Dauns Verbindungen mit Zittau, von der Stellung bei Hochkirch aus gar nicht ernstlich zu gefährden seien; um so weniger, da die waldigen Anhöhen im Westen der Straße von Hochkirch nach Löbau bis an Jenkwitz hin von Laudons Kroaten besetzt waren, denen die preußische Armee keine ausreichende Zahl leichter Infanterie entgegenzusetzen hatte. — Ueber seine neuen Pläne giebt der König, eben in diesem Brief vom 11. Oktober, ebenso bestimmt wie genau folgende Auskunft: „Ich weiß, daß der Feind in der Gegend von Görlitz ein Lager abgesteckt hat. Ich kann sie nicht angreifen auf all den Höhen wo sie stehen. Es bleibt mir also nur übrig sie zu umgehen, um eine Stellung zu gewinnen, die sie von Görlitz abschneidet — das werde ich genöthigt sein übermorgen auszuführen. Ich werde die Leute da in solcher Weise beschäftigen daß Sie nichts von ihnen zu besorgen haben; aber ich setze Sie zum voraus davon in Kenntniß, damit es Sie nicht überrasche, und Sie wissen, um was es sich handelt, wenn Sie erfahren, daß ich Bautzen aufgegeben habe." („Je sais que l'ennemi a tracé un camp du côté de Görlitz. Je ne puis point les attaquer sur toutes les hauteurs où ils sont. Il ne me reste donc que de les tourner, pour gagner une position qui les coupe de Görlitz — c'est ce que je serai obligé d'exécuter après demain. Je donnerai assez d'occupation à ces gens-là, pour que vous n'ayez rien à craindre; mais je vous en avertis d'avance, pour que, quand vous apprendrez que j'ai abandonné Bautzen, cela ne vous surprenne pas et que vous sachiez, de quoi il est question.)"

Erst am 13. Oktober glaubte der König zu diesem Umgehungs= marsch aufbrechen zu können. Er mußte erst einen zweiten Brottransport abwarten und auf eine Reihe von Tagen versorgt sein — da er, einmal in Bewegung, voraussichtlich einige Zeit über ganz außer Verbindung mit seinen Magazinen bleiben mußte.

Aber warum verweilte der König die Zeit bis zum 13. in der ge= fährdeten Stellung bei Hochkirch — deren Gefährlichkeit ihm so wenig entgehen konnte als irgend einem Anderen? — Er selbst sagt darüber, in seiner Geschichte des siebenjährigen Krieges: „Die Absicht des Königs war, als er das Lager bei Hochkirch nahm, dem Feinde seinen wirklichen Plan zu verbergen, der dahin ging, sich mit dem neben unserer linken Flanke aufgestellten Herrn v. Retzow zu vereinigen und mit ihm vereint in der Gegend von Debitsch auf den Prinzen von Durlach zu fallen, was erst in der Nacht vom 14. auf den 15. ausgeführt werden konnte, da die Versorgung der Armee mit Lebensmitteln nicht früher bewirkt werden konnte." — Ueberdenken wir die damalige Lage, so überzeugen wir uns bald, daß in diesen Worten, die wirklich zur Zeit maßgebenden Motive ausgesprochen sind; nicht Vorstellungen die sich etwa erst später, nachträglich, im Geist des Königs gebildet hätten, wie das in ähnlichen Fällen wohl vorzukommen pflegt. — In der That, vereinigte der König sich schon am 11. oder den Tag darauf bei Weißenberg mit Retzow, dann war es nicht schwer, seine Absicht zu errathen — und hatte Daun sie einmal errathen, dann war für ihn nichts leichter als seinem Gegner bei Reichenbach und bei Görlitz, kurz überall auf dem Wege nach Schlesien, zuvor zu kommen. Wollte der König weiter zurück gegen Bautzen in eine mehr gesicherte Stellung gehen — dann setzte er Retzow der Gefahr aus, bei Weißenberg von der gesammten österreichischen Heeresmacht an=

gegriffen zu werden, was die Ausführung seines Plans unmöglich gemacht hätte. Wollte er Retzow näher an eine weiter rückwärts gewählte Stellung heranziehen, dann mußte er Weißenberg aufgeben — und den Weg auf dem er den Feind zu umgehen dachte. — Es war eine schwierige Wahl!

Von der Schuld, diesmal zu viel gewagt, mit zu großer Kühnheit auf Schwerfälligkeit und Phlegma Dauns gerechnet zu haben, mag König Friedrich nicht ganz freizusprechen sein: — aber welch eine Welt von Fabeln verschwindet vor dem angeführten Brief des Königs vom 11. Oktober in das Nichts! — Retzow, der sein Werk dem Prinzen Heinrich, als dessen „unterthänigster Knecht" gewidmet hat, bemerkt bei dieser Veranlassung: „So viel Ruhm Friedrich II. sich seit seinem Rückzuge aus Mähren erworben hatte, so sehr entkräftete er denselben jetzt, da er, durch Leidenschaften geleitet, ihn ebenso wie das Schicksal seiner Armee, willkürlich auf das Spiel setzte und seinem Feinde eine Geringschätzung zeigte, die er gewiß nicht verdiente" — und dann folgt bei Retzow gleich wie in Gaudys Tagebuch eine ausführliche Erzählung, wie Friedrich II. hier angeblich keine Warnung beachtete, nicht hören und nicht sehen wollte und mit der starrsinnigen Verblendung vollendeter Unvernunft bei dem Gedanken bleibt, daß Daun auf dem Punkt stehe, nach Zittau zurückzugehen — sogar schon sein zweites Treffen dorthin vorausgesendet habe. Es wird noch vielerlei hinzugefügt von falschen Nachrichten, die ihm Daun mit vieler Feinheit in die Hände gespielt habe. Das alles erkennen wir für Wahngebilde, seitdem wir wissen, daß König Friedrich schon seit dem Abend des 10. Oktober — seit dem Augenblick, in dem er den Befehl zum Angriff auf den Stromberg widerrief — den Gedanken, die österreichische Armee zum Rückzug nach Böhmen zu zwingen, aufgegeben hatte — und daß ihn nunmehr ganz andere Pläne beschäftigten, von denen die Verfasser jener ausführlichen Erzählungen nichts wissen. Weit entfernt, den Rückzug Dauns nach Zittau zu erwarten, glaubte ihn der König, wie wir aus dessen Brief ersehen, mit Vorbereitungen zu einem eventuellen Marsch nach Görlitz beschäftigt.

Friedrichs II. Maßregeln waren auch hier nicht das Ergebniß einer thöricht-leidenschaftlichen Stimmung. Sie wurden beschlossen infolge einer besonnenen Berechnung, in der er sich dann freilich in Beziehung auf Bedeutung und möglichen Einfluß zweier Faktoren täuschte, indem er einerseits mehr als billig auf Dauns Unthätigkeit zählte, andererseits die hemmende Friktion innerhalb der Verwaltungsmaschine des eigenen Heeres zu gering anschlug. Thatsächlich war es diese alles verzögernde Friktion, die eigentlich verhängnißvoll wurde.

Vielfach ist behauptet und geleugnet worden, daß Daun hauptsächlich durch Lacys und Laudons Zureden dahin gebracht worden sei, den nächtlichen Angriff auf die preußische Stellung zu versuchen; daß auch Graf Montazet lebhaft dafür gesprochen habe, würden wir glauben, auch wenn er es uns nicht selbst versicherte. Sollte es wirklich einige Ueberredung erfordert haben, den Feldmarschall, dem, wie im Allgemeinen seinen Zeitgenossen, eine Schlacht immer nur Mittel zum Zweck war, hier zu einer Schlacht zu bewegen, die gar keinen im Sinn der Zeit nachweisbaren Zweck hatte, so ließe sich das wohl erklären. Sowohl die österreichische Regierung als Daun selbst, Hof und Hauptquartier beabsichtigten für diesen Feldzug, wie wir gesehen haben, zu der Zeit nichts mehr, als die Eroberung von Neiße. Dieser Zweck ließ sich auch ohne Schlacht erreichen, wenn es nur gelang, den König von Preußen in der Lausitz festzuhalten — eine Aussicht auf größere Erfolge schien aber auch ein Sieg nicht zu eröffnen. Es mußte sehr fraglich scheinen, ob er die Möglichkeit gewähren würde, zu einer Belagerung von Dresden zu schreiten. Die österreichische Armee aber — ihre Generalität und ihr Offizierkorps — empfand es als eine Beleidigung, daß der König von Preußen diese verwegene Stellung fast unter ihren Kanonen genommen hatte. Man verlangte von dieser Seite hier eine Schlacht und hätte es ohne Zweifel gar übel vermerkt, wenn sie nicht erfolgte. In solcher Weise befürwortet, mußte sie wohl geliefert werden, mochte sie einen Zweck haben oder nicht.

Und doch fehlte nur sehr wenig daran, daß der König ihr glücklich entgangen wäre. Daun wollte den Angriff zuerst in der Nacht vom 12. auf den 13. ausführen, es erwies sich aber, daß die Kolonnenwege durch die Wälder bis dahin nicht fahrbar für Geschütz hergestellt werden konnten, und das Unternehmen mußte um vierundzwanzig Stunden verschoben werden. Der König seinerseits hoffte am 13. Abends zu dem Marsch um die rechte Flanke des österreichischen Heeres herum aufbrechen zu können. Gelang ihm das, dann war Daun am 14. früh in seiner Stellung bei Kittlitz in der Lage, sich gleichsam auf dem Absatz herumdrehen und die Stirn nach Osten, nach Görlitz, wenden zu müssen. Allein der preußische Brottransport traf nicht pünktlich ein. Der König mußte ihm noch am 13. einige Bataillone entgegensenden und durfte ihn erst am 14. erwarten. Auch der Aufbruch des preußischen Heeres mußte infolge dessen um vierundzwanzig Stunden, auf die Nacht vom 14. auf den 15. verschoben werden — und diesem Umstande verdankte Daun die Stunden, während der er seinen Angriff ausführen konnte.

Der Gang der Schlacht, in der Daun 67284 Mann gegen höchstens 37000 Preußen in das Gefecht führte, und die Ergebnisse dieser Schlacht sind bekannt. An Infanterie insbesondere war die Ueberlegenheit der Oesterreicher sogar noch größer als im Ganzen (Laudons Kroaten mitgerechnet 50500 Mann Fußvolk gegen ungefähr 24500 Preußen), und doch war das Ergebniß nicht eine vollständige Niederlage des preußischen Heeres. — Charakteristisch für die zur Zeit herrschenden Ansichten und die Unselbständigkeit des Einzelnen, die sich solchen gewohnten Ansichten gegenüber geltend zu machen pflegt, ist das Urtheil eines sehr verständigen österreichischen Offiziers — Cugniazzos — über Dauns Dispositionen zu dieser Schlacht. Er findet diese Anordnungen, denen zufolge der Angriff in getrennten Abtheilungen ausgeführt werden soll, oder wie er die Sache ausdrückt, mit einer „in viele Korps zerstückten" Armee, sehr bedenklich und meint, daß sie nur durch Zeit und Umstände zu rechtfertigen gewesen sei. Waren doch die einzelnen Korps „durch große Intervallen und ein ungleiches Terrain dergestalt von einander getrennt, daß weder eine Gleichheit in den Operationen noch ein förmliches Alignement herauskommen konnte." Diesem Kritiker zufolge konnte der Angriff in solcher Form nur dadurch gelingen, daß der König, durch die Dunkelheit der Nacht und die Nebel, die am frühen Morgen darauf folgten, verhindert, die Anordnungen Dauns zu übersehen, nichts davon wußte und gar nicht darauf verfallen konnte, diese Zerstückelung der österreichischen Armee zu seinem Vortheil zu benutzen.

So festgewurzelt war die Vorstellung, daß man sich eigentlich nur „in zusammenhängender Linie" schlagen könne. — Cugniazzo sieht die Gefahr der Zerstückelung darin, daß die einzelnen Abtheilungen leicht in den Flanken gefaßt werden könnten. So seltsam diese Ansichten sich auch ausnehmen, eben weil sie als ganz allgemein und für alle Zeiten gültig hingestellt werden, konnten sie doch immerhin zu ihrer Zeit, je nach den Umständen, eine gewisse Berechtigung haben. Weder die Generale noch die Truppen waren darauf eingeübt und vorbereitet, sich in getrennten Kolonnen zum Angriff zu bewegen, und es blieb zu erwägen, inwieweit sie wissen würden, sich sofort in ungewohnte taktische Formen zu finden.

Die Preußen verloren gleich in der ersten Ueberraschung die Stellung ihres rechten Flügels, die durch Laudon vollständig umgangen war; übereilte Angriffe, die einzelne preußische Abtheilungen ohne Plan und Zusammenhang oder im Nebel unternahmen, um vor allem den Mittelpunkt dieser Stellung, das Dorf Hochkirch, wiederzugewinnen, scheiterten ohne Erfolg — und als nach 8 Uhr früh der Nebel gefallen, die Lage im Allgemeinen zu übersehen war, ließ König Friedrich diese hoffnungslosen Versuche einstellen, um nur noch an die Ordnung des Rückzugs zu denken, der, durch die Reiterei unter Seydlitz gedeckt, in musterhafter Weise gelang.

Die Oesterreicher hatten sich selbst den Erfolg dadurch erschwert, daß sie den durch den Major Langen mit ein paar hundert Mann heroisch vertheidigten Kirchhof zu Hochkirch wiederholt zu stürmen suchten, ohne Artillerie dagegen zu verwenden — eine Uebereilung, die seither und bis auf die neuesten Feldzüge herab unzählige Male wiederholt worden ist, wie zum Beweis, daß inmitten der gewaltigen Aufregung, die ein ernstes Gefecht hervorruft, Thun und Lassen bei weitem nicht immer durch eine besonnene Erwägung der obwaltenden Verhältnisse bestimmt wird, gar oft durch einen unbedachten Impuls, von dem man nicht zu sagen weiß, wodurch er veranlaßt war. — Gegen das Ende verloren die Oesterreicher viel Zeit damit, daß sie sich bemühten, ihre Infanterie zwischen Hochkirch und Steindörfel in ein „ordentliches Alignement" zu bringen, und das war hier besonders schwierig, weil die Truppen in dem Nachtgefecht gar sehr durcheinander gekommen waren und dann auch, weil ein großer Theil der Mannschaft sich, so wie der Tag anbrach, in das preußische Lager zerstreut hatte, um zu plündern. Die Ordnung nicht nur überhaupt, sondern auch durchaus in der gewohnten Form einer zusammenhängenden Linie herzustellen, mag nothwendig gewesen sein, weil man die Truppen eben nur in solcher Form zu handhaben und zu verwenden wußte; aber die Preußen gewannen darüber Zeit, ihren Rückzug zu ordnen. — Der König führte sie kaum sechstausend Schritt weit in die sehr feste Stellung bei Kreckwitz und Klein-Bautzen; Retzows Heertheil, der, bei Weißenberg nicht ernstlich angegriffen, so ziemlich intakt geblieben war, stieß dort zu ihnen, und die Schlacht war früh am Tage beendet. Einen nicht sehr energischen Versuch der österreichischen Reiterei, den Rückzug zu stören, hatte Seydlitz abgewiesen.

Die preußische Armee hatte ein Viertheil ihrer Mannschaft und den größten Theil ihrer Artillerie (101 Stücke) verloren.

Die Schlacht bei Hochkirch hatte eigentlich keinen Zweck gehabt — sie blieb auch ohne Folgen!

Vieles hatte Friedrich II. an diesem Tage sehr schmerzlich berührt. Sein vieljähriger Freund, der ehrwürdige Feldmarschall Keith, war geblieben. Nicht weniger beklagte wohl der König den Tod des kaum sechsundzwanzigjährigen Prinzen Franz von Braunschweig, von dem er in seinen Briefen gesagt hatte, daß er dereinst ein großer Feldherr sein werde. Doch sehen wir ihn nicht einen Augenblick entmuthigt schwanken. Im ersten Unmuth war sein erster Gedanke, Daun seinerseits anzugreifen und die Scharte auszuwetzen, sobald er seine Armee einigermaßen hergestellt habe. Das schrieb er seinem Bruder Heinrich noch am Abend des Tages von Hochkirch.

Bald aber nahm er den Plan wieder auf, den er seit dem 10. Oktober verfolgte, nämlich Dauns rechten Flügel zu umgehen, ihm bei Görlitz zuvorzukommen, nach Schlesien zu eilen, um Neiße zu entsetzen, und dann wieder an die Elbe zurückzukehren, um zu durchkreuzen, was Daun inzwischen begonnen haben könnte. Doch zuvörderst mußten die Verluste einigermaßen ausgeglichen werden, die das Heer bei Hochkirch erlitten hatte. Die Bataillone, die rückwärts entsendet waren, traten wieder in die Schlachtordnung ein und außerdem verlangte der König sechs Bataillone Infanterie und etwas schwere Artillerie von seinem Bruder.

Das Benehmen des Prinzen Heinrich, der den ganzen Feldzug über unangefochten geblieben war und den größten Theil desselben im Lager bei Gamig verlebt hatte, war bei dieser Gelegenheit ein sehr eigenthümliches. Wenn er sechs Bataillone und etwas Artillerie abgeben mußte, blieben ihm nur etwa fünfzehntausend Mann, und diese unbedeutende Schaar konnte eine Zeit lang den Angriffen sowohl der Reichsarmee als Dauns ausgesetzt bleiben. Die Lage wurde schwierig, sie konnte gefährlich werden; es konnte schlimm gehen und Unfälle geben, die dann der König ohne Rücksicht auf die Person streng beurtheilt hätte. Prinz Heinrich, der im Frühjahr entschlossen war, Preußen und seinen König ihrem Schicksal zu überlassen und sich ganz von der Armee zurückzuziehen, wenn er nicht ein selbständiges Kommando erhielt, wenn er gleich anderen Generallieutenants unter die unmittelbaren Befehle des Königs gestellt wurde — dieser selbe Prinz verlangte nun inmitten kritischer Verhältnisse entschieden, ja leidenschaftlich, des selbständigen Kommandos enthoben und als Befehlshaber einer Division unter die unmittelbaren Befehle des Königs gestellt zu werden. Unter so schwierigen Umständen sollte ein Anderer, nicht er, die Verantwortlichkeit zu tragen haben; das Unglück, wenn es eintrat, sollte einem Anderen zur Last fallen, nicht seinen Ruhm schmälern. Er schrieb dem König (am 16.), daß es ihm, wenn er sechs Bataillone abgeben solle, unmöglich sein werde, sich mit zwanzig Bataillonen, die ihm blieben, in seiner Stellung zu behaupten: „Das sind Truppen, die Sie aufopfern" (ce sont des troupes que vous sacrifiez). Er räth, die beiden Armeen zu vereinigen, dann werde der König wenigstens nach einer Seite hin „redoutable" sein, wogegen die zwanzig Bataillone, die er in Sachsen zurücklassen wolle, dem Untergange geweiht seien. Oder wenn der König auf seinem Plan bestehe, möge er den Befehl über die in Sachsen zurückbleibenden Truppen einem Anderen übergeben; der Prinz werde sich an der Spitze der verlangten sechs Bataillone mit der Hauptarmee vereinigen. Er bittet dringend, das zu gestatten, denn unmöglich könne er in einer Lage bleiben, in der er augenscheinlich den Untergang aller in Sachsen zurückgelassenen Truppen sehe (je ne puis rester dans une situation, où je vois visiblement la perte de toutes les troupes que vous laisserez en Saxe).

Wir sehen, daß der Prinz auch diesmal alle Operationen und Pläne seines Bruders mit dem vollen Bewußtsein unbedingter Ueberlegenheit mißbilligte und tadelte — und sehr entschieden tritt daneben die alles überwiegende Sorge um die eigenen, persönlichen Interessen hervor. Auch beruhigte sich Prinz Heinrich nicht bei diesem Schreiben, wie dringend es sein mochte; er schrieb dem König an demselben Tage noch einmal um sein persönliches Anliegen von neuem inständigst der Berücksichtigung zu empfehlen. „Sie sind zu gerecht", sagt er in diesem zweiten Briefe, „und zu billig, um Dinge zu verlangen, die außer meiner Macht liegen, (qui sont hors de mon pouvoir) — außerdem bin ich vollkommen überzeugt (infiniment persuadé), daß es in Ihrem Interesse unendlich besser wäre (qu'il vaudrait infiniment mieux), daß alle Streitkräfte vereinigt wären ......, welchen Entschluß Sie aber auch fassen mögen, ich hoffe, daß Sie die Vorstellungen berücksichtigen werden, die ich Ihnen in Beziehung auf meine Person mache (— quelque soit la résolution que vous prendrez, j'espère (que) vous aurez égard à la représentation que je vous fais quant à ma personne).

Von einem Feldherrn, der die Aufgabe, die ihm zufallen konnte, in dieser hoffnungslosen Weise auffaßte und das Spiel zum voraus so vollständig verloren gab, wäre nicht viel zu erwarten gewesen. Der König that dem Prinzen den Gefallen und berief ihn zu sich; er sollte 8 Bataillone mitbringen. Das Kommando über die 18 Bataillone, die in Sachsen zurückblieben, wurde der Form nach dem Generallieutenant Itzenplitz, der Sache nach dem Adjutanten des Königs Generalmajor Finck übergeben. — So rücksichtsvoll der König aber auch im Allgemeinen mit seinem Bruder umzugehen pflegte, schimmert doch diesmal in seiner Antwort eine Art von Nachsicht durch, auf die der Prinz eigentlich nicht Ursache hatte, stolz zu sein. Friedrich II. spricht darin mit großer Ruhe von dem Schicksal, das die im Meißener Lande zurückbleibenden Truppen erwarte. Er meint, sie würden sich in einem guten Posten wohl behaupten oder im schlimmsten Fall auf Dresden zurückgehen — und am Schluß fügt er hinzu, in kurzem — versteht sich, wenn die Gefahr vorüber sei — werde er den Prinzen mit seinen Bataillonen wieder an die Elbe und an die Spitze des dort aufgestellten Heeres zurücksenden. — (Votre expédition ne sera que courte, après quoi vous vous en retournerez avec vos bataillons.)

Daß der Prinz Heinrich sich in kritischen Augenblicken dem Heerbefehl zu entziehen und seine Person ganz aus dem Spiel zu bringen suchte, das sollte im Laufe des Krieges noch öfter vorkommen. Seltsam ist auch, daß der Prinz den Rath giebt, alle Truppen zu einem Heer zusammen zu ziehen, was in diesem Fall nicht mehr und nicht weniger hieß, als entweder Schlesien ganz aufzugeben oder Sachsen und die brandenburgischen Marken ganz ohne Schutz zu lassen. Der Prinz mochte wohl das Erstere im Sinn haben. Es zeigt sich, daß Er, dessen Vertheidigungsoperationen doch in der That großentheils Schein ohne Wesen waren, bei alledem für die Bedeutung einer Scheinvertheidigung keinen Sinn hatte. Sie ist aber unter Umständen nicht ganz gering anzuschlagen. In einen ganz ohne Schutz gelassenen Kriegsschauplatz, gleichsam in einen leeren Raum, dringt auch der schüchternste Feind ohne Bedenken ein, um sich darin festzusetzen, wogegen ihn eine mit geringen Kräften geführte Scheinvertheidigung, und wenn sie auch in Wahrheit gar nichts vermag als beobachten und demonstriren, doch immer mehr oder weniger veranlaßt, auch seinerseits zu manövriren und zum mindesten langsamer vorzuschreiten; besonders wenn, wie das hier der Fall war, die Kriegführung überhaupt nicht eine sehr intensiv-energische ist. Wir erkennen hier die Irrthümer, in denen sich Prinz Heinrich herumdrehte. Er hielt die Scheinvertheidigung, zu der seine Operationen sich meist gestalteten, für eine wirkliche; sah nicht, daß sie nur eine gleichsam konventionelle Gültigkeit hatte, die auf den im Hauptquartier des Feindes herrschenden Ansichten beruhte, und legte ihr eine Realität bei, die sie nicht hatte. Wenn aber das strategische Gewebe so dünn wurde, daß diese Art von Selbsttäuschung schwinden mußte — dann verließ ihn Muth und Zuversicht, und er war nur noch darauf bedacht, die Last der Verantwortung von sich auf einen Anderen abzuwälzen.

Der Feldmarschall Daun erschwerte dem König die Ausführung seines Vorhabens nicht; man könnte eher sagen, daß er sie erleichterte. Er hatte die Schlacht geliefert, ohne einen bestimmten Zweck im Auge zu haben, und wußte dann auch nachher mit dem erfochtenen Siege eigentlich nichts anzufangen. Unmittelbar nach der gewonnenen Schlacht wußte er nichts Besseres, als sein siegreiches Heer in die Stellung bei Kittlitz zurückzuführen. Weshalb? — zu welchem Ende? — Vielleicht nur, weil er sich bis zur Zeit die Frage nicht vorgelegt hatte, wo er sie sonst wohl hinführen könnte oder müßte. In dem Lager bei Kittlitz wurde ein Tedeum feierlich gesungen und der Namenstag der Kaiserin festlich begangen. Erst als das alles gehörig besorgt war, scheint der Gedanke erwacht zu sein, daß man dem preußischen Heer — von dem man doch nicht annehmen konnte, daß es zu allen weiteren Operationen unfähig geworden sei — auch den Weg sperren müsse, der aus ihrem jetzigen

Lager bei Klein-Bautzen, über Weißenberg nach Görlitz und Schlesien führt. Am 17. Oktober bezog Daun demgemäß dieser Stellung in nächster Nähe gegenüber ein Lager zwischen Konnewitz, Belgern und Jenkwitz, das sofort eifrig verschanzt wurde. Daun glaubte, daß der König nunmehr keinen Weg nach Schlesien frei habe; daß er das österreichische Heer in seinen Schanzen angreifen müsse, wenn er sich die Möglichkeit eines Marsches dorthin eröffnen wollte, und daß er solchen Angriff nicht wagen werde. Er schrieb dem Feldzeugmeister Harsch in sehr zuversichtlicher Stimmung, die Belagerung von Neiße könne nun ruhig fortgesetzt werden, er, der Feldmarschall, halte den König in der Lausitz fest.

Einer Quelle zufolge wäre in Dauns Hauptquartier auch der Gedanke rege geworden, daß sich aus dem erfochtenen Siege noch etwas Weiteres ergeben müsse, als daß man dem König den Weg nach Schlesien sperrte und die Belagerung von Neiße deckte. Dafür, glaubte man, sei auch ohne Sieg schon dadurch gesorgt, daß man sich bei Kittlitz und Reichenbach behauptete. — Doch die Quelle, die andeutet, daß man nach dem Siege bei Hochkirch daran gedacht habe, auch Sachsen ganz oder theilweise zu befreien, wenigstens Dresden einzunehmen, ist eine nicht ganz zuverlässige.

Von Seiten Frankreichs wurde nämlich stets von neuem geltend gemacht, daß die Entscheidung des Krieges an der Elbe in Sachsen liege. Es wurde von dieser Seite stets getadelt, wenn die Heeresmacht Oesterreichs sich vorzugsweise nach Schlesien wendete, und in diesem Sinn wurde auch die Belagerung von Neiße mißbilligt als etwas, das von dem eigentlichen Ziele ablenke. — Kaunitz versicherte nun dem französischen Botschafter zu Wien, man sei darum nicht weniger mit Operationen in Sachsen beschäftigt, zunächst mit dem Plan, den König von der Elbe abzuschneiden und bei weiterem Rückzug nicht an diesen Strom gelangen zu lassen. Daun berichte, der König von Preußen habe sich in eine Stellung zurück gezogen, die, im Rücken durch die Spree, in beiden Flanken durch unwegsame Sümpfe, in der Front durch einen sumpfigen Fluß gedeckt, eine natürliche Festung bilde. In der Absicht, ihn von der Elbe abzuschneiden, wolle man nun einen Punkt suchen, von dem aus ein Angriff im Rücken dieser Stellung möglich sei.

Es scheint aber sehr fraglich, ob Daun wirklich mit solchen Plänen umging und dergleichen berichtet hatte. Montazet scheint aus dem österreichischen Hauptquartier nichts der Art nach Versailles gemeldet zu haben, und Arneth schweigt darüber. Es könnten das gar wohl Dinge sein, die nur in Wien vorgegeben wurden, um die Bundesgenossen zu beschwichtigen. — Kaunitz sagte sogar dem französischen Botschafter, man habe die Laufgräben vor Neiße überhaupt nur eröffnet, um zu bewirken, daß der König von Preußen entweder selbst zum Entsatz dorthin eile oder doch bedeutende Truppenmassen nach Schlesien entsende, und auf diese Weise freiere Hand in Sachsen zu gewinnen. Das war doch jedenfalls eine sehr gewagte Behauptung und steht im geraden Widerspruch mit allen Weisungen, die Daun zur Zeit von seinem Hof erhalten hatte.

Friedrich II. hatte inzwischen seine Maßregeln getroffen. Er hatte wieder gegen 35 000 Mann beisammen. Sachsen während seiner Abwesenheit so viel als möglich zu schützen, erhielten sowohl General Wedell mit den gegen die Schweden entsendeten Bataillonen, als Dohnas kleines Heer den Befehl, an die Elbe, vorläufig nach Torgau, heranzurücken. Dem russischen Heer blieb nichts gegenüber als eine kleine Abtheilung unter dem General Platen. Der König mußte es darauf ankommen lassen, daß die Russen Kolberg einnahmen, was indessen doch nicht geschah.

Am 24. Oktober Abends brach der König auf, marschirte an der historisch gewordenen Windmühle von Malschwitz vorbei, in ziemlich großem Bogen über Weigersdorf um den rechten Flügel der Oesterreicher herum nach Ullersdorf, von wo aus er am 26. Görlitz erreichte. Daun soll sehr erstaunt gewesen sein, als er am 25. erfuhr, daß die preußische Armee bereits weit in seinem Rücken stehe. Was nun zu thun blieb, das konnte gewiß nicht im Mindesten zweifelhaft sein, und doch mußte sich der österreichische Feldherr nicht sofort zum Aufbruch zu entschließen, um sein Heer auf der Sehne des Bogens, den der König beschreiben mußte, nach Görlitz zu führen. Nur den Prinzen von Durlach sendete er mit seinem Heertheil voraus dorthin, und dieser Prinz, der übrigens auch eigentlich schon zu spät dort eintraf, konnte nicht verhindern, daß die Preußen bei Görlitz Stellung nahmen, nachdem sie sich der Stadt bemächtigt hatten. Erst spät am 26. traf Daun selbst in der dortigen Gegend ein, wo er, mit dem Prinzen von Durlach wieder vereinigt, an der Landskrone Stellung nahm.

Friedrich II. hatte keineswegs unbedingt darauf gerechnet, daß man ihn den Weg nach Schlesien ganz ohne Kampf werde ziehen lassen;

aus mehreren Aeußerungen in seinen Briefen geht vielmehr hervor, daß er darauf gefaßt war, eine Schlacht anzunehmen, die zu suchen er für diesmal keinen Grund hatte, der er sich aber nicht entziehen konnte, wenn der Feind entschlossen zum Angriff schritt. In der That war die augenblickliche Lage von der Art, daß jede eingehende Erwägung der Verhältnisse den Feldmarschall Daun, wie man denken sollte, zur Schlacht bestimmen mußte. Um so mehr, da er dem preußischen Heer wohl kaum rechtzeitig auf der Spur nach Schlesien zu folgen vermochte. Seine Armee wurde aus dem in Zittau aufgehäuften Magazin verpflegt; wie hätte eine etwas schwerfällige Verwaltung in ganz kurz bemessener Zeit für die Verpflegung aus anderen Quellen auf dem Marsch von Görlitz nach Neiße sorgen sollen! — Ein Sieg bei Görlitz aber, der den König zum Rückzug in die Niederlausitz zwang, sicherte den Oesterreichern die Eroberung von Neiße, vielleicht auch von Kosel, und konnte selbst in Sachsen einige Aussicht auf Erfolg eröffnen. — Dagegen endete der Feldzug — bereits der dritte in diesem Kriege — ohne alles und jedes Ergebniß für Oesterreich, wenn der König seinen Marsch nach Schlesien ungehindert ausführen und Neiße entsetzen konnte. Gewagt aber hätte Daun gar nichts bei dieser Schlacht, zu der so vieles ihn aufforderte, denn auch als Sieger konnte der König seinen Sieg zu nichts benützen, als eben dazu, den Marsch nach Neiße fortzusetzen, der unerläßlich und nicht lange aufzuschieben war.

Da der König, um die Verpflegung für den weiteren Marsch einzurichten, bis zum Abend des 30. Oktober bei Görlitz verweilen mußte, hatte Daun alle Zeit, ihn anzugreifen; aber dieser Feldherr, der bei Hochkirch eine Schlacht ohne bestimmten Zweck geliefert hatte, konnte hier den Entschluß dazu nicht finden. Der Gedanke, den König anzugreifen, ist sogar, seltsam wie es uns scheinen mag, im österreichischen Hauptquartier überhaupt gar nicht zur Sprache gekommen.

Daun versammelte da am 29. Oktober einen Kriegsrath und trug darin vor, indem er die augenblickliche Lage schilderte, es sei nicht zu leugnen, daß die Eroberung von Neiße unter den obwaltenden Umständen der wünschenswertheste Erfolg sein würde, indessen könne er doch nicht dazu rathen, daß man gleichzeitig mit der preußischen Armee nach Schlesien aufbreche, um die Belagerung zu sichern; denn man könne nicht hoffen, dem König zuvor zu kommen oder auch nur gleichzeitig mit ihm bei Neiße einzutreffen.

Man könne zwar dem Feldzeugmeister Harsch auftragen eine vortheilhafte Stellung zu wählen, in der er die Belagerung decke, und sich drei Tage über darin zu behaupten. In dieser Zeit könne dann die österreichische Hauptarmee herangekommen sein. Aber was bürge dafür, daß es dem Feldzeugmeister Harsch wirklich gelingen würde, sich drei Tage lang gegen die gesammte preußische Heeresmacht zu behaupten? — Auch der Marsch der österreichischen Hauptarmee durch Schlesien würde sehr schwierig sein; von der Landesbevölkerung, die dem König von Preußen ergeben sei, wären nur „Hemmnisse und Schädigung" zu erwarten; alle auf den angestrengten Märschen Erkrankenden und Maroden seien als verloren zu betrachten, und es würden ihrer bei der bösen Jahreszeit sehr viele sein. Käme es dann zu einer Schlacht zwischen der österreichischen Hauptarmee und dem König, so könne dieser, im Fall er sie verliere, sich leicht in den Schutz einer seiner Festungen zurückziehen; siege die österreichische Armee, so werde man allerdings die Belagerung von Neiße fortsetzen und den Platz schließlich erobern können; aber dieser Gewinn sei gar nicht mit dem möglichen Verlust, mit den Vortheilen zu vergleichen, die dem Feinde zufallen müßten, wenn das österreichische Heer unterliege. Die kaiserliche Armee würde dann keinen gesicherten Rückzug haben, und eine zweite Auflage der Schlacht bei Leuthen — „was Gott verhüten wolle" — kaum zu vermeiden sein.

Daun gab demnach ohne weiteres einfach alles verloren, was man in Schlesien gehofft hatte. Er schlug vor, in der Stellung an der Landskrone zu warten, bis der König — von Laudons Kroaten verfolgt — vier Märsche in der Richtung auf Neiße zurückgelegt hätte. Dann könne er nicht mehr rechtzeitig zurückkehren, um zu verhindern, was sich an der Elbe unternehmen lasse. Dorthin sollte dann die österreichische Armee eilig marschiren: sie sollte über den Strom gehen, Fincks wenige Bataillone „über den Haufen" werfen und von Dresden abschneiden, um darauf diese Stadt „vom Feinde zu befreien". — Die Reichsarmee sollte dabei mitwirken.

Dauns Vorschlag wurde von den versammelten Generalen lebhaft gebilligt. Keinem von den Herren fiel es ein, daß man allen den Schwierigkeiten, die der Feldmarschall in langer Reihe nachwies, entging, so wie den Gefahren, deren er gedachte, wenn man den König gleich da, wo man eben war, bei Görlitz, zur Schlacht zwang. Desgleichen dachte niemand daran, daß die Reichsarmee, verstärkt wie sie durch die Oesterreicher unter Serbelloni und Habik war, eigentlich allein genügend sein mußte zu dem Versuch auf Dresden.

Suchen wir aus allen Argumenten, die Daun geltend machte, gleichsam das Motiv herauszuschälen, das ihn wirklich bestimmte, so ergiebt sich wohl, daß es die Scheu vor einer abermaligen Schlacht war, die ihn diesmal Schlesien aufgeben und an die Elbe zurückkehren hieß. Er sah, daß Neiße nur um den Preis einer neuen Schlacht, die man gewinnen mußte, zu erobern war, und der Preis war ihm zu hoch! — Er wendete sich an die Elbe, wo vielleicht ohne Wagniß und Schlacht noch etwas zu gewinnen war.

So zeigte sich denn auch hier wieder in dem gelungenen Manöver des Königs das eigentliche Wesen, die wirkliche Bedeutung des strategischen Manövers. Es entsprach hier dem Zweck und hatte den vollständigsten Erfolg, indem es den Entsatz der Festung Neiße sicherte, aber endgültig doch nur, weil Daun sich nicht entschließen konnte, gleichsam an die höhere Instanz zu appelliren und die wirkliche Entscheidung herauszufordern.

Aber auch bei dem Zug an die Elbe machte sich nicht gerade ein ernster, mit entschlossener Zuversicht gepaarter Wille geltend. Am 4. November aus der Gegend von Görlitz aufgebrochen, ging Daun am 7. bei Pirna über die Elbe. Finck wich zunächst auf den Windberg am Plauenschen Grunde und dann nach Kesselsdorf zurück. Es gelang ihm, den österreichischen Feldherrn ein paar Tage dadurch hinzuhalten, daß er Anstalten zu einem Rückzug nach Meißen traf. Da der „Zweck", Dresden einzunehmen, auch ohne das erreicht werden konnte, dachte man nicht weiter daran, ihn dort aufzusuchen und ihm eine Niederlage beizubringen; Daun wollte einfach mit seinen weiteren Operationen warten, bis er sich entfernt habe. — Unerwartet jedoch marschirte Finck am 9. November nach Dresden und durch die Stadt über die Elbe, um auf dem rechten Ufer des Flusses bei Neustadt-Dresden Stellung zu nehmen. Da nun die Stadt auf dieser Seite so wenig als auf der anderen irgend eingeschlossen war — obgleich es der österreichischen und Reichsarmee zusammen dazu an Truppen gewiß nicht fehlte — wurde die Möglichkeit, sich Dresdens durch einen Handstreich oder durch Drohungen und Demonstrationen zu bemächtigen, darauf ungemein zweifelhaft. Doch schien der Feldmarschall Daun den Versuch auch jetzt noch fortsetzen zu wollen. Getäuscht, befangen in dem Glauben, daß Finck nach Meißen zurückgehe, hatte er auch am 9. November nicht daran gedacht, ihn von Kesselsdorf zu vertreiben, was jedenfalls dessen Marsch nach Dresden unmöglich gemacht hätte. Anstatt dessen ließ Daun eben an diesem Tage den Großen Garten angreifen, aus dem ein preußisches Freibataillon auch wirklich nach einem heftigen Gefecht vertrieben wurde.

Aber auch schon an eben diesem Tage berichtete Daun nach Wien, daß eine Belagerung von Dresden ohne Belagerungsgeschütz und bei der weit vorgerückten Jahreszeit vollkommen unmöglich sei. Um so entschiedener, da man auf eine baldige Rückkehr des Königs von Preußen aus Schlesien gefaßt sein müsse. Mit einem Wort, er widersprach nun selbst allem, was er wenige Tage zuvor im Kriegsrath zu Görlitz geltend gemacht, allem, was er als Grund für den Zug an die Elbe angeführt hatte. — Wie läßt sich dieser Widerspruch erklären? — Und warum war er dann überhaupt vor Dresden erschienen? — warum hatte er sich auf ein Unternehmen eingelassen, das er nun selbst für ein unmögliches erklärte?

Zweierlei ist denkbar. Die Scheu vor einer Schlacht hatte Daun bewogen, dem König nicht zu folgen und auf jeden Gewinn in Schlesien zu verzichten. Aber in solcher Lage, an der Spitze einer dem Feinde weit überlegenen Macht, noch dazu nach einem Siege, auch der Form nach gar nichts zu thun, gar nichts zu unternehmen — dazu entschließt man sich doch nicht leicht! — Man möchte sagen, das ist ein unmöglicher Entschluß. — Man greift nach irgend einer anderen Thätigkeit, und wenn sie sich auch als bloße Scheinthätigkeit erweisen sollte. Es ist möglich, daß der Versuch auf Dresden dem Feldmarschall Daun schon am 29. Oktober bei Görlitz ebenso unsicher schien als am 9. November in seinem Hauptquartier zu Nötnitz und daß er dennoch dazu griff, um das Bewußtsein zu beschwichtigen, daß ihm obliege, etwas zu thun — daß er dennoch lieber das that, als gar nichts.

Dann zeigt sich auch in der Korrespondenz der französischen Diplomatie aus jenen Tagen eine freilich sehr unsichere Spur, daß man sich in dem etwas seltsamen Wahn gewiegt habe, der preußische Kommandant von Dresden — Graf Schmettau — könnte zu gewinnen, vielleicht zu

Schluß des Feldzugs an der Elbe.

erkaufen sein. Daran war, besonders seitdem Finck unmittelbar neben der Stadt stand, selbstverständlich nicht mehr zu denken.

Auch dachte Daun nur noch daran, sich der Städte Leipzig und Torgau zu bemächtigen. Dazu mußte sich die Reichsarmee aufmachen, die den ganzen Sommer über bei Gießhübel ein beschauliches Leben geführt hatte. Diese Expedition hatte genau genommen keinen Sinn. Leipzig war eigentlich gar keiner, Torgau nur einer sehr geringen Vertheidigung fähig. Beide Plätze mußten sofort wieder in die Hände der Preußen fallen — ohne Widerstand — so bald der König wieder auf dem Kriegsschauplatz an der Elbe erschien; — man hätte denn beabsichtigen müssen, sich mit Waffengewalt in neuer Schlacht gegen ihn und dann den Winter über in Sachsen zu behaupten. Das aber war kaum möglich, wenn man nicht auch Dresden im Besitz hatte — und es gehörte zu den Dingen, die dem Feldmarschall Daun ganz besonders fern lagen. Was man unternahm, war also wieder nur Scheinthätigkeit, die man, ohne sich einen bestimmten Erfolg davon zu versprechen, der absoluten Leere unbedingter Unthätigkeit vorzog.

Leipzig wurde demnach durch die Reichsarmee eingeschlossen, und von ihr entsendet, erschien Graf Hadik am 12. November vor Torgau. Hier aber begegnete dieser General dem Vortrab der vereinigten Truppen Dohnas und Wedells. Er wurde mit einigem Verlust zurückgeworfen. Dohna marschirte auf Leipzig — die Reichsarmee hob sofort die Einschließung auf und wich über Plauen nach Franken in ihre alten Winterquartiere am Main.

Andererseits hatte der König in Schlesien nur bis in die Gegend von Schweidnitz zu marschiren gebraucht. Auf die Nachricht, daß er nahe, hatte der General Harsch bereits am 6. November die Belagerung von Neiße aufgehoben, um nach Mähren zurückzugehen. Der König sendete ihm den General Fouqué nach, der ihm bis nach Neustadt in Oberschlesien folgte. Mit der ganzen übrigen Macht brach Friedrich II., nachdem er erfahren hatte, daß auch die Blockade von Kosel aufgehoben sei, schon am 11. November wieder von Schweidnitz auf zum Rückmarsch nach Sachsen. Am 15. war er bereits wieder bei Löwenberg. — Bei Görlitz ließ er alsdann die Armee Halt machen, um bloß mit einem Vortrab — mit den Truppen, die er als Verstärkung in Sachsen zurücklassen wollte — weiter an die Elbe zu eilen. Danach zu schließen, muß der

König wohl mit ziemlicher Sicherheit vorhergesehen haben, daß Daun ihn bei Dresden nicht erwarten werde.

Auch sah er sich in dieser Voraussetzung nicht getäuscht. Daß Daun sich den Streitkräften, die unter dem König und Dohna heraunahten, um sich mit Finck zu vereinigen, nicht gewachsen glaubte, das lag in der Gesammtheit seines Wesens. Vor Dresden war, wie er die Dinge ansah, jedenfalls nichts mehr zu gewinnen, eine Verlängerung des Feldzugs hätte überhaupt keinen Zweck mehr gehabt. Es war demnach hohe Zeit, die Truppen in Winterquartieren unterzubringen. Schon am 16. November — zu einer Zeit heißt das, zu der des Königs Armee noch bei Lauban in Schlesien stand und Dohna bei Leipzig — brach Daun aus seiner Stellung in der Nähe von Dresden auf, und unaufhaltsam ging es über die Berge nach Böhmen.

Er hatte, als er sich von Görlitz an die Elbe zurückwendete, eine ziemlich starke Abtheilung unter dem Feldmarschall=Lieutenant O'Kelly dort zurückgelassen und sogar nach Lauban vorgesendet. Sie war bestimmt, seinen Rücken zu decken gegen alles, was aus Schlesien heranrücken konnte. Natürlich wurde nun auch O'Kelly gewahr, daß gar nichts mehr zu decken sei, und wich ohne weiteres nach dem heimathlichen Böhmen zurück. So war denn der König mit den Truppen, die er un= mittelbar mit sich führte, ohne auf irgend welchen Widerstand zu stoßen, bereits nach Pülsnitz gelangt, als er die Nachricht erhielt, daß die öster= reichische Armee sich zurückgezogen habe. Er marschirte weiter und traf den 20. in Dresden ein — die Armee aber, die unter dem Markgrafen Karl folgte, mußte sich schon von Görlitz aus zurückwenden nach Schlesien. Dorthin begab sich bald darauf auch der König, um von Breslau aus die Rüstungen für den nächsten Feldzug zu betreiben.

Selbstverständlich übernahm der Prinz Heinrich jetzt, nachdem die Dinge sich so glücklich gewendet hatten, wieder den Befehl in Sachsen. Anders geartet als sein königlicher Bruder, wußte er den Druck der Zeiten — so bald seine persönlichen Interessen und sein Feldherrnruf nicht gefährdet waren — mit der Elastizität und Grazie der Jugend zu ertragen. Wie ernst ihm auch die Lage des preußischen Staats erscheinen mochte, den, wie er meinte, die Unbesonnenheit seines Bruders in immer neue Gefahren stürzte, wie schmerzlich er auch ohne Zweifel den Tod der Schwester, der Markgräfin von Bayreuth, empfand, die an dem Unglückstage der Schlacht bei Hochkirch gestorben war — er fand doch Muße und Stimmung, in Dresden ein französisches Liebhabertheater einzurichten, auf dem er selbst Hauptrollen spielte, unter anderen die Titelrolle in „l'enfant prodigue".

So hatte denn der Feldzug 1758 — der dritte des Krieges — ohne irgend ein nachweisbares Ergebniß geendigt. Der Territorialbesitz aller kriegführenden Parteien war unverändert geblieben, wie er bei der Eröffnung gewesen war. Nichts war in dieser Beziehung gewonnen oder verloren.

1759.
Die preußische Offensive; Operationspläne.

Als besonders merkwürdig tritt uns im Verlauf dieses langen Krieges entgegen, daß das einzige wirkliche Ergebniß der auf einander folgenden Feldzüge, das Einzige, was eine Entscheidung vorbereitete und einleitete und sie schließlich — wenn die politischen Verhältnisse unverändert blieben — zu Ungunsten Preußens herbeiführen mußte — gerade in Dingen lag, an die in dem maßgebenden Rath der gegen Preußen Verbündeten niemand gedacht, die niemand beabsichtigt hatte, die überhaupt nicht als eigentliche und in ihrer Gültigkeit anerkannte Faktoren in das strategische Rechenexempel aufgenommen wurden. Es war einzig und allein die allmälige Abnützung der preußischen Streitkräfte, in deren Folge sich die Wagschale nach und nach — langsam — zu Preußens Nachtheil senkte — obgleich niemand daran gedacht hatte, die Zertrümmerung dieser Streit= kräfte unmittelbar zum Zweck der Operationen zu machen. So machen das wirkliche Wesen des Krieges und die Bedingungen, an die der wirkliche Erfolg im Kriege geknüpft ist, sich naturgemäß auch da geltend, wo sie nicht mit Klarheit aufgefaßt — wo sie vielmehr eigentlich gar nicht anerkannt werden.

Die Abnutzung dieser Streitkräfte mußte eine verhältnißmäßig für die Zeit und im Vergleich mit den Ersatzmitteln, die zu Gebote standen, sehr große sein; das brachten schon die Bedingungen mit sich, in welche dieser Krieg die preußische Armee versetzte. Es war ihr fortwährend eine ungewöhnliche Spannung auferlegt; sie mußte sich vervielfältigen und, bald gegen den einen bald gegen den andern Feind gewendet, in jedem Feldzug gleichsam die Arbeit mehrerer Armeen auf sich nehmen und durch einen verdoppelten Aufwand von Thätigkeit und Blut ersetzen, was ihr an Zahl fehlte. Der Ersatz aber wurde mit jedem Jahre schwieriger. Da eigentlich nach der damaligen Verfassung nur die ländliche Bevölkerung Rekruten lieferte, konnte deren das eigene Land nur eine mäßige, nicht genügende Anzahl aufbringen, wenn nicht der Ackerbau ganz liegen bleiben sollte. Den größten Theil der Ersatzmannschaft bildeten unzuverlässige Rekruten, welche die kursächsischen Lande und Mecklenburg stellen mußten. Auch Gefangene wurden in einer oder anderer Weise bewogen, sich anwerben zu lassen; doch traten diese gleich den österreichischen Ueberläufern, meist bei den Freibataillonen ein, die fortwährend vermehrt wurden, da man ihrer den Kroaten gegenüber bedurfte; da fand sich eher Gelegenheit zu plündern und — zu desertiren.

Wurde nun auf diese Weise das preußische Heer im Lauf des Winters der Zahl nach nothdürftig wieder hergestellt, so war doch dessen Gehalt nicht mehr der frühere! — Es war nicht mehr das alte, zuverlässige Heer, mit dem man das Kühnste wagen durfte. Der König empfand es gar schmerzlich, daß er nicht mehr mit der alten Zuversicht auf seine Bataillone blicken konnte. „Wir sind sehr zerrüttet", schreibt er am 24. Dezember 1758 dem Herzog Ferdinand von Braunschweig, „unsere Verluste und unsere Siege haben die Blüthe der Infanterie dahin gerafft, die sie ehemals so glänzend machte. Ich mag diese Seite nicht berühren, noch auch die meines persönlichen Kummers; denken wir nur allein daran, unsere Hausgötter zu vertheidigen." — (Nous sommes fort délabrés, et nos pertes et nos victoires ont emporté cette fleur de l'infanterie, qui autrefois la rendait si brillante. Je ne veux point toucher cette corde là, ni celle de mes afflictions personnelles; ne songeons qu'a défendre nos pénates.)

Die unvermeidliche Folge war, daß die Vertheidigung, auf die Preußen angewiesen war, stufenweise, von einem Jahr zum anderen, mehr und mehr zu einer passiven werden mußte; daß mit jedem Jahr das der preußischen Kriegführung eingefügte offensive Element abgeschwächt

erschien und sich auf einen geringeren, minder umfassenden Zweck be=
schränken mußte.

Im Jahr 1757 konnte Friedrich II. nach einer Seite hin, gegen
seinen Hauptfeind — während er sich allen anderen Gegnern gegenüber
auf eine abwartende Vertheidigung beschränkte — zu einer großartig
angelegten Offensive schreiten, die diesen Feind entwaffnen, seine Heeres=
macht zertrümmern und durch einen rasch gewonnenen Erfolg unmittel=
bar den Frieden herbeiführen sollte. — Im Jahr darauf, 1758, durfte
der König von Preußen noch daran denken, sich unmittelbar nach der
Eröffnung des Feldzugs durch die Eroberung von Olmütz und Prag
eines namhaften Gewinnstes zu versichern, dessen Wiedergewinnung jeden=
falls die Oesterreicher hinreichend beschäftigt hätte, während er sich gegen
andere Feinde wenden mußte, — der vielleicht endgültig behauptet und
ein Pfand des Friedens werden konnte, wenn es dem König gelang,
schnell genug mit den Russen fertig zu werden und von dem Zug gegen
sie zurückzukehren.

Diesmal, 1759, war es nicht mehr möglich so weit auszuholen.
Mögen auch die Zahlenverhältnisse nicht erheblich ungünstiger gewesen
sein als das Jahr zuvor, die preußische Feldarmee auf etwa 120 000 Mann
ergänzt, der österreichischen nahezu gleich (wenn man nämlich die Kroaten
außer Rechnung läßt), so daß die Ueberlegenheit der Feinde sich, jetzt wie
früher, wesentlich aus der Macht Rußlands, der schwedischen und Reichs=
armee und vielleicht einem französischen Hülfskorps zusammensetzte —
der innere Werth der preußischen Armee war, wie gesagt, nicht mehr der
alte. Friedrich II. mußte seine Offensive auf einen Versuch beschränken,
vor der eigentlichen Eröffnung des Feldzugs die feindlichen, gleichsam am
Saum des Kriegsschauplatzes angelegten Magazine zu vernichten, dadurch
die Eröffnung der Operationen von Seiten der Feinde zu verspäten, den
Feldzug abzukürzen. Das wäre immerhin ein nicht geringer Vortheil
für eine auf Abwehr angewiesene Vertheidigung gewesen; denn die Zeit,
die für den Angriff verloren ging, war für die Vertheidigung gewonnen;
je kürzer der Feldzug durch Verspätung wurde, desto beschränkter wurden
ganz von selbst Umfang und Tragweite der Operationen, die der Angriff
in der Zeit, die dann noch bis zum Eintritt des Winters blieb, unter=
nehmen und ausführen konnte. Außerdem konnte sich, wenn der Feind
auf einer Seite durch den Verlust seiner Magazine auf längere Zeit

gelähmt war, die Möglichkeit ergeben, nach einer anderen Seite hin eine hinreichende Macht zu vereinigen, um einen anderen Feind durch einen entscheidenden Schlag für den Rest des Feldzugs zu beseitigen. Und das war es, was Friedrich dabei vorzugsweise im Auge hatte.

Die erste der Winter- und Frühjahrs-Expeditionen dieses Jahrs war übrigens vom Herzog Ferdinand von Braunschweig nicht eigentlich in diesem Sinn entworfen, sondern als Abschluß des Feldzugs 1758 gedacht. Die Absicht war zunächst weniger, die Vorbereitungen des Feindes für den künftigen Feldzug zu durchkreuzen, als die Winterquartiere der englisch-hannoverschen Armee sicher zu stellen.

Der Herzog Ferdinand hatte nämlich am Schluß des Feldzugs die Belagerung von Münster in Westphalen hintertrieben, und es war vorauszusehen daß die französische Hauptarmee unter Contades über den Rhein zurückgehen werde, um ihre Winterquartiere auf dem linken Ufer des Stroms zu nehmen. Die zweite französische Armee unter dem Prinzen Soubise, hatte ein unbedeutender Sieg über ein kleines Korps Hannoveraner (bei Lutternberg) durch Hessen bis in die Gegend von Nordheim und Göttingen geführt. Sie konnte sich, obgleich ungefähr 35 000 Mann stark, natürlich in dieser vorgeschobenen Stellung und selbst in Niederhessen bei Kassel nicht behaupten, sie ging zurück, aber sie sollte doch für den Winter nicht weiter zurückgehen als bis in die Gegend zwischen der Lahn und dem Main, wo sie mit der Reichsarmee, die ihre Quartiere in Franken nahm, in unmittelbarer Verbindung stand.

Der Herzog Ferdinand wollte sie dort nicht dulden. Schon am 10. November 1758 schrieb er dem König von Preußen, daß er sie mit einem Theil seines Heeres angreifen und bis an den Untermain vorgehen wolle, sobald Contades und sein Heer hinreichend weit zurückgegangen seien, um nicht weiter eingreifen zu können.

Der König billigte den Plan und sah sich sogar veranlaßt, ihn zu erweitern. Er erfuhr nämlich, daß österreichische Truppen von der schlesischen Grenze nach Prag gezogen wurden, und da ein Angriff auf Sachsen im Winter nicht wahrscheinlich war, vermuthete er, daß man die Reichsarmee verstärken wolle, und daß diese Armee bestimmt sei, im Verein mit Soubise einen Schlag, zunächst gegen den linken Flügel der Armee Herzog Ferdinands in Niederhessen zu führen. In diesem Fall glaubte der König den Herzog durch einen nach Thüringen und

Niederhessen entsendeten Heertheil unterstützen zu müssen, und schon am 22. Dezember schrieb er darüber dem Prinzen Heinrich, dem die Ausführung zufallen mußte.

Die Nachrichten, die der König erhalten hatte, waren nicht ganz ungegründet, wenn auch die Pläne der Verbündeten vor der Hand weder so großartig angelegt noch von einer solchen Energie getragen waren, wie er voraussetzte. Vier österreichische Infanterie- und ebenso viele Reiterregimenter rückten wirklich aus Böhmen nach Franken und Thüringen, um den Kordon der Reichsarmee zu verstärken. Die Absicht war, die Verbindung der Armee des Prinzen Heinrich, die am Fuß des Erzgebirges stand, mit dem linken Flügel der englisch-hannoverschen bei Kassel zu durchschneiden, einer möglichen Vereinigung beider auf der Linie Dresden—Kassel vorzubeugen und dem Prinzen Soubise die Wege nach Niederhessen zu bahnen. Erfurt, bis zur Zeit nur schwach besetzt, erhielt (am 13. Januar 1759) eine verstärkte Besatzung, um Eisenach wurden mehrere Regimenter verlegt, und durch das Fuldaische wurde eine Postenkette gezogen, die sich südwärts unmittelbar der französischen anschloß. — Der preußische General Aschersleben, mit einigen hundert Pferden nach dem westlichen Thüringen entsendet, mußte auf das nördliche Ufer der Unstrut zurückweichen.

Friedrich II. hielt es nun für geboten, den Feind aus Erfurt zu vertreiben — aber der Prinz Heinrich hatte gar keine Lust zu einer solchen Expedition und machte endlose Einwendungen. Fortwährend hatte er versichert, daß Franzosen und Reichsarmee sich ruhig verhielten, daß von ihnen vor der Hand nichts zu besorgen, daß es gar nicht nöthig sei, etwas gegen sie zu unternehmen. In einem an den König gerichteten Brief vom 9. Februar mußte er zwar zugeben, daß die Franzosen wahrscheinlich durch Hessen nach Göttingen und in das Halberstädtische vordringen würden — aber er fügte hinzu, in Erfurt befänden sich nur drei Regimenter Reichstruppen, und es sei dort kein Magazin aufgehäuft, das man etwa zerstören könne. Er suchte den Zug dorthin als unnütz und durchaus zu keinem Ergebniß führend darzustellen, indem er ausdrücklich hinzufügte, er könne zu gar nichts nützen, denn die Reichstruppen dort würden sich zurückziehen (versteht sich), ohne daß man ihnen Verluste zufügen könne), und bleibend könne man sich doch zu Erfurt nicht behaupten. Die feindlichen Truppen bei Eger und Hof könnten sich versammeln und auf die preußischen Quartiere bei Zwickau fallen — des übermäßig trennenden Raums (l'extrême distance et éloignement), der dann zwischen Dresden und (den Truppen bei) Erfurt liegen würde, gar nicht zu gedenken. Auch glaubt der Prinz, vorstellen zu müssen, daß diese Expedition nicht so bald ausgeführt werden könne, und daß es nicht möglich sei, die Vorbereitungen dazu dem Feinde zu verbergen. Die gesammte Artillerie befinde sich bei Dresden; was man davon der Expedition beigeben wolle, werde acht Tage brauchen zu dem Marsch nach Naumburg, wo alles zu dem Zuge Bestimmte sich versammeln müsse. Außerdem könnte der Feind durch die Bewegung in den preußischen Winterquartieren veranlaßt werden, sich zu versammeln und den Feldzug zu eröffnen.

Der Prinz wußte, wie wir sehen, eine Welt von Schwierigkeiten zu entdecken! — Die Theorie, der zufolge man, auf die Vertheidigung angewiesen, nichts thun müsse, um den Feind nicht zur Thätigkeit zu veranlassen, hat etwas sehr Befremdendes; doch ist öfter im Sinn derselben gehandelt worden; obgleich die Theorie selbst in solchen Fällen wohl nicht immer das wirklich Bestimmende gewesen sein mag, und wahrscheinlich meist nur dienen mußte das eigene Gewissen zu beschwichtigen, wenn man Entschluß und Muth zu einer That nicht zu finden wußte.

Doch fügt Prinz Heinrich am Schluß hinzu, er werde vorläufig die Vorbereitungen zu dem Zuge treffen, für den Fall, daß der König ihn zweckmäßig erachten sollte, auch wenn kein feindliches Magazin zu Erfurt zu erbeuten oder zu vernichten sei (— si vous trouvez convenable que cette expédition ait lieu, au cas même, que l'ennemi n'ait point de magasin à Erfort) — ein Fall, von dem der Prinz vielleicht hoffte, daß er infolge der „Wahrheiten", die er auch diesmal wieder seinem königlichen Bruder vorgehalten hatte, nicht eintreten werde.

Doch der König blieb auf seinem Sinn und behandelte in seiner Antwort (vom 12. Februar) die Schwierigkeiten, die der Prinz erhob, mit einiger Geringschätzung. Die nöthige Artillerie meinte er, könne, ohne Aufsehen zu erregen, unter dem Vorwande in Bewegung gesetzt werden, daß sie in der Postenkette des Heeres vertheilt werden solle.

Da mußte sich der Prinz natürlich bequemen die Expedition unternehmen zu lassen, aber er richtete sie nach einem etwas spärlich bemessenen Maßstab ein. Nur sieben Bataillone — darunter ein Freibataillon, 300 Kürassiere, 300 Dragoner und 5 Schwadronen Husaren wurden dazu unter einem Generalmajor (Knobloch) am 23. Februar bei Naumburg an der Saale versammelt, und Prinz Heinrich bestimmte zum voraus, daß dieser kleine Heertheil nur bis zum 7. März bei Erfurt verweilen solle, um dann in kleinen Märschen wieder über die Saale zurückzugehen.

Er traf diese Anordnungen gerade im Augenblick, wo ihm, wenigstens von einer Seite her, sehr viel Bedeutenderes zugemuthet wurde. Schon am 31. Dezember des vorhergehenden Jahres hatte der Herzog Ferdinand dem König seine Pläne ausführlich dargelegt. Er glaubte nun nicht mehr, daß seine Winterquartiere gefährdet sein könnten — aber er warf die Frage auf, ob es nicht zweckmäßig sei, die Hülfe, die ihm der König zur Vertheidigung gewähren wollte, zum Angriff zu verwenden. — Wenn der König, während er, der Herzog, durch Hessen auf Frankfurt a. M. vordringe, einen Heertheil an den oberen Main entsende und dort in Thätigkeit setze, dürfe man hoffen, das Reichsheer ganz zu zerstreuen und den Prinzen Soubise zum Rückzug über den Rhein zu zwingen. — Der Herzog glaubte damals schon am 20. Februar an der Lahn eintreffen zu können; er vermochte nur 23 Bataillone, 35 Schwadronen (d. h. etwa 20 000 Mann) zu dieser Expedition zu verwenden, da er Westphalen nicht von Truppen entblößen durfte; die Armee des Prinzen Soubise zählte — nachdem 13 Bataillone Württemberger sich in ihr Heimathland zurückgezogen hatten — in 57 Bataillonen — worunter 12 sächsische waren — und 51 Schwadronen — im Ganzen nicht über 30 000 Mann, da die französischen Bataillone sehr schwach waren. Solcher französischen Uebermacht gegenüber glaubte Herzog Ferdinand auf einen entscheidenden Erfolg nicht mit Sicherheit zählen zu können, wenn er allein handeln mußte. Wolle aber der König einen Heertheil an den Obermain entsenden, dann werde ein vollständiger Erfolg in hohem Grade wahrscheinlich.

Die Ausführung war durch mancherlei Zwischenfälle in solcher Weise verspätet, daß dieser Plan gegen Ende Februar erst von neuem besprochen werden konnte. — Der König hatte die Entwürfe und Vorschläge Herzog Ferdinands bereits früher seinem Bruder mitgetheilt — jetzt wendete der Herzog sich auch unmittelbar an diesen Letzteren, der ihm von der Expedition nach Erfurt geschrieben hatte. Prinz Heinrich aber zeigte sich geradezu empört durch die Zumuthung, einen Heertheil bis an den oberen Main zu entsenden, und wies sie nicht ohne Entrüstung zurück.

Er klagt darüber dem König — in einem Brief vom 24. Februar — der Herzog antworte ihm in Beziehung auf den Zug nach Erfurt: — „dann spricht er mir von einer Expedition an den Main, zu der ich meinerseits mit der Armee auf Würzburg vorgehen solle, und zum Schluß sagt er mir, daß sich zu Erfurt nur drei Bataillone befänden, der Rest der feindlichen Truppen stehe an der Werra. Ich habe ihm geantwortet, das Projekt eines Zuges an den Main unterliege unüberwindlichen Schwierigkeiten (difficultés insurmontables), da ich mich nicht so weit von meinen Magazinen entfernen kann — und durch Engpässe, die ganz anders schwierig sind als die böhmischen (des défilés bien autrement difficiles que ceux de la Bohême) — und dann! woher die Artillerie nehmen, um sich Würzburgs zu bemächtigen, das ein regelmäßig befestigter Ort ist — und wenn man auch alle diese Rücksichten bei Seite setzen und die Armee allen Zufällen und allen Nachtheilen aussetzen wollte, die sich daraus ergeben können, bleibe doch noch zu erwägen, daß die Oesterreicher mich unfehlbar, über Eger und Hof, von Sachsen abschneiden würden, und daß mir alsdann, von Ihrer Armee getrennt, unmöglich wäre, zu ihr zu stoßen, wenn Sie unserer bedürften — daß ich übrigens glaube, es wäre gut, unter uns zu verabreden, was in allen Fällen, die vorkommen können, zu thun sein möchte, um auf alle Ereignisse vorbereitet zu sein, sowohl, wenn die Armee unter Soubise mit den Reichstruppen und den Oesterreichern vereinigt in Hessen vorrückt, als wenn sie sich nach Erfurt wendet, wenn man alle Fälle, die möglich sind, auf diese Weise zum voraus bespricht, ist man zum voraus der Anordnungen gewiß, die man treffen kann, wenn der Fall eintrifft."

Man könnte bei dieser Gelegenheit versucht sein, sich der Bemerkung des Grafen Henckel zu erinnern, der zufolge Prinz Heinrich nicht sehr geneigt war, etwas zu thun, um den Ruhm des Herzogs Ferdinand zu erhöhen — doch braucht man diesmal in der That wohl nicht an dergleichen zu denken; in dem Charakter und der Sinnesweise des Prinzen zeigt sich, auch ohne das, eine genügende Erklärung dieses Briefs und seines Inhalts. Prinz Heinrich war ein für allemal kein unternehmender Feldherr und wurde stets sehr ungehalten, wenn man ihm zumuthete, etwas zu wagen. Eine abwartende Haltung und eine Vertheidigung, die sich in etwas kleinlich angelegten Scheinmanövern herumdrehte, war und blieb in seinen Augen stets das, was die Lage Preußens gebot — und überhaupt strategische Weisheit. Auf solches Gebahren wird auch in diesem Brief wieder verwiesen.

Die viel besprochene Expedition nach Erfurt verlief sehr harmlos; es ergab sich so gut wie gar nichts daraus. Am 27. Februar trafen Aschersleben s Reiter und General Knoblochs Vortrab vor Erfurt ein, und Tags darauf wurde die Stadt den Preußen mittelst Kapitulation übergeben. Der Kommandant, General Guasco, erhielt mit 3 Bataillonen freien Abzug über Arnstadt nach Ilmenau, ein viertes Bataillon der Besatzung, ein Kurmainzisches, behielt die Citadelle, den Petersberg, besetzt, der für die Zeit, während der die Preußen die Stadt inne hatten, neutral erklärt wurde. Die Vorräthe, die sich vorfanden, waren unbedeutend — dagegen konnte etwas an Kontributionen eingetrieben werden. Auch ging eine Streifschaar bis Eisenach und selbst bis Fulda vor, wo die sehr unkriegerische Garde des fürstlichen Abts entwaffnet wurde. Eine andere Streifschaar folgte dem Nachtrab Guascos über Ilmenau hinaus, wobei es zu ein paar unbedeutenden Gefechten kam und einige Gefangene gemacht wurden. Am 7. März trat alles, wie vorher bestimmt war, den Rückzug an, die Reichstruppen nahmen ihre früheren Stellungen wieder ein, und alles war vorüber.

Der Prinz Heinrich war mit dem Ergebniß außerordentlich zufrieden. Er meldete dem König, namentlich die Entsendung nach Ilmenau habe den glänzendsten Erfolg — tout le succès possible — gehabt; da auch die Hessen von Kassel aus 200 Gefangene gemacht hätten, habe die Expedition dem Feinde wohl an 600 Mann gekostet, ohne die zahlreichen Deserteure zu rechnen.

Auch der König äußerte sich beifällig, doch in solcher Weise, daß man nicht recht weiß, ob nicht sein Lob nach dem Rezept zubereitet ist, daß Yorick-Sterne in seiner „empfindsamen Reise" für zweifelhafte Fälle empfiehlt; nämlich so, daß man allenfalls auch das Gegentheil herauslesen kann und doch die Sache nicht übel nehmen darf. Obgleich wenig mehr als nichts geschehen war, schreibt der König doch: „Ihre Expedition ist besser ausgefallen, als man zu hoffen wagte, und wenngleich das nicht einer der entscheidenden Schläge ist, die Staaten umstürzen, verschafft es uns immerhin Ehre, Gefangene und Geld." (Votre expédition a été meilleure qu'on n'a osé s'en flatter, et quoique ce ne soit pas de ces coups décisifs, qui renversent les puissances, cela nous procure toujours de l'honneur, des prisonniers et de l'argent.)

Gleichzeitig mit dem Zug nach Thüringen war der König auch darauf bedacht, auch den Feldzug der Russen zu verzögern, was in gewissem Sinn für die Hauptsache hätte gelten können, da die Oesterreicher, wie wir sehen werden, ihren eigenen Feldzug schließlich von dem Eintreffen der Russen an der Oder abhängig machten. — Dohnas kleine Armee war noch bei Stralsund mit den Schweden beschäftigt — da entsendete der König seinen Generaladjutanten, den General Wobersnow von Schlesien aus mit 5 Bataillonen 25 Schwadronen, um die russischen Magazine in Polen, an der Warthe, zu zerstören.

Ein General, der nicht ein Prinz des königlichen Hauses war, konnte natürlich nicht so viele Einwendungen machen und strategische Bedenken erheben als Prinz Heinrich. Die Ausführung bot keine besonderen Schwierigkeiten. Polens Neutralität wurde von keiner Seite geachtet; die Russen richteten ihre Magazine im Gebiet der Krone Polen ein und führten von dort aus Krieg als seien sie da Herren und zu Hause; es war also fast eine unnöthige Höflichkeit zu nennen, daß Friedrich II., als seine Truppen den Boden dieser seltsamen Republik betraten, es der Mühe werth hielt, diesen Schritt durch ein eigenes Manifest zu rechtfertigen. — Die Russen aber hatten es als ihr besonderes Vorrecht angesehen, sich in Polen häuslich einzurichten; es war ihnen offenbar gar nicht eingefallen, daß auch jemand anderes darauf verfallen könnte, das Land als herrenloses Gebiet anzusehen und zu behandeln. Ihre vorgeschobenen Magazine an der Warthe waren nur durch schwache Abtheilungen, nicht sowohl militärisch und gegen einen Feind, als polizeilich geschützt, während ihre Armee weiter rückwärts an der Weichsel in Winterquartieren lag. — General Wobersnow konnte daher, am 28. Februar vor Posen eingetroffen, ohne Schwierigkeit ausführen, was ihm aufgetragen war, und das dortige Magazin sowie durch entsendete Reiterschaaren einige kleinere, weiter abwärts an der Warthe, vernichten; am 4. März trat er, von Kosaken ohne Nachdruck verfolgt, den Rückmarsch an; am 12. war er wieder in Glogau eingetroffen.

Es hatte sich auch noch in anderer Weise gezeigt, daß Polen nicht ein Staat sei, nicht eine res publica im Sinne der Alten — sondern gewissermaßen das gerade Gegentheil; denn es fehlte gerade das, was das

Wesen des Staats ausmacht: eine Macht, welche die bleibenden Interessen der Gesammtheit und der Zukunft, der augenblicklichen Willkür des Einzelnen und aller Einzelnen gegenüber zu vertreten hat. Das Unwesen, das den Polen als Verfassung galt, war, gerade umgekehrt, darauf angelegt, die Willkür eines jeden Einzelnen der zur polnischen Nation — das heißt zum Adel — gehörte, von jeder hemmenden Fessel zu befreien. — So führte denn auch einer der polnischen Magnaten, der dem sächsischen Hof und dem österreichischen Interesse besonders ergeben war, der Fürst Sullowski, trotz der Neutralität zu der die Krone — oder Republik — Polen sich bekannte, auf eigene Hand eine Art von Krieg mit Preußen. Er wurde bei Gelegenheit dieser Expedition in seinem Wohnsitz Reißen, sammt seiner bewaffneten Umgebung aufgehoben und nach Glogau gebracht.

Während die Streitkräfte Preußens sich allmälig abnützten, schien der Krieg von Seiten seiner Gegner einen immer leidenschaftlicheren Charakter anzunehmen. In Oesterreich war man durch die Erfolglosigkeit der drei mit so großen Opfern geführten Feldzüge nicht sowohl entmuthigt als erbittert. — Das gilt natürlich vorzugsweise von der Kaiserin Maria Theresia selbst, bezeichnet aber auch die Stimmung des Kanzlers Grafen Kaunitz. — Auch in Frankreich zeigte sich der kriegerische Eifer gesteigert; was schwankend geworden war, mußte aus dem maßgebenden Kreise ausscheiden. Der Kardinal Bernis, ein Geschöpf der Frau v. Pompadour, durch sie aus ziemlich unbedeutenden Verhältnissen emporgehoben und an die Spitze der auswärtigen Angelegenheiten Frankreichs gestellt, der Abbé, dem sie ein Bisthum verliehen hatte, der ihrer Fürsprache den Kardinalshut verdankte — er, der das Bündniß Frankreichs mit Oesterreich zum Abschluß gebracht hatte, erschrak jetzt über die Verluste, die Frankreich in diesem unglücklich geführten Kriege erlitt, und über die steigende Zerrüttung der Finanzen. Er wollte zum Frieden — auch in Deutschland — rathen. Bald wußte ihn Frau v. Pompadour zu beseitigen. Er wurde nicht nur seines Amtes enthoben, sondern auch, um ihn unschädlich zu machen, zunächst in sein Bisthum Aix verbannt — später als Botschafter Frankreichs zu Venedig dem Hof fern gehalten. Die Frankreich beherrschende Dame ernannte des Königs oder vielmehr ihren Gesandten am Wiener Hof, den Herzog v. Choiseul-Stainville, an des Kardinals Stelle zum Minister, und unter dessen Leitung wurde unverzüglich (30. Dezember 1758) das Bündniß mit Oesterreich durch einen neuen Vertrag unter Bedingungen bestätigt, die einen Franzosen wohl einigermaßen in Verwunderung setzen konnten; besonders wenn er wußte, daß Choiseul auf dem Abschluß eines neuen Vertrages bestanden, den älteren verworfen hatte, weil in diesem letzteren die Interessen Frankreichs zu wenig berücksichtigt seien.

Der Zweck des Bundes wurde in der Einleitung der Urkunde sehr unumwunden ausgesprochen. „Da man nicht hoffen kann", heißt es da, „die Ruhe in Deutschland auf andere Weise sicher herzustellen, als durch die Verminderung der verderblichen Macht des Königs von Preußen (par l'affaiblissement de la puissance pernicieuse du roi de Prusse), haben der allerchristlichste König und die Kaiserin-Königin angemessen erachtet, die Bande ihrer Vereinigung durch einen Vertrag, der den vom 1. Mai bestätigt, noch mehr zu befestigen und die zweckmäßigsten Mittel zu verabreden, um den Angreifer (l'agresseur) zu zwingen, daß er den Geschädigten Genugthuung und für die Zukunft Sicherheit gewähre; um (ferner) die Ruhe Deutschlands sicher zu gründen, indem man den König von Preußen auf ein Maß der Macht beschränkt, das ihm nicht mehr gestatte, die allgemeine Ruhe oder die seiner Nachbarn nach den Launen seines eigenen Ehrgeizes oder des Ehrgeizes Englands zu stören." (— et pour établir solidement le repos de l'Allemagne, en réduisant le roi de Prusse dans des bornes qui ne lui permissent plus de troubler au gré de son ambition et de celle de l'Angleterre la tranquillité générale ou celle de ses voisins.)

Gewissermaßen im Widerspruch mit diesen einleitenden Sätzen war dann freilich ein den Oesterreichern vor allen wichtiger Artikel wesentlich gemildert. Es hieß nun nicht mehr, daß die Wiedereroberung von Schlesien und der Grafschaft Glatz die unerläßliche Bedingung des Friedens sei, ohne deren Erfüllung die Waffen nicht niedergelegt werden dürften. Der neue Vertrag besagte nur: der Allerchristlichste König verspreche, im Kriege die äußersten Anstrengungen zu machen, bei den Friedensunterhandlungen sich mit Nachdruck dafür zu verwenden, daß Schlesien und Glatz dem Hause Oesterreich abgetreten würden. (Le roi Très-Chretien promet de faire tous ses efforts pendant la guerre et d'employer aux conférences pour la paix ses bons offices les plus efficaces pour qu'au traité à conclure entre l'Impératrice-Reine et le Roi de Prusse le duché de Silésie et le comté de Glatz soient cédés et assurés à la maison d'Autriche —). Damit war die Möglichkeit eines Friedens auch ohne solchen Ländergewinn für Maria Theresia vorbehalten. Im Uebrigen aber war der Inhalt weit überwiegend zu Gunsten Oesterreichs gewendet. Frankreich verpflichtete sich, ein Hülfskorps von 24 000 Mann zu den Heeren Maria Theresias stoßen zu lassen, oder anstatt dessen während des Krieges jedes Jahr 4 456 000 Gulden Subsidien zu zahlen (das letztere war das, was thatsächlich geschah). — Ferner verpflichtete sich Frankreich, die der Krone Schweden bewilligten Subsidien nicht wie bisher gemeinschaftlich mit Oesterreich sondern allein zu entrichten; — weiter, den Krieg in Deutschland mit einmalhunderttausend Mann fortzusetzen; — endlich, was sehr merkwürdig ist, keinen Frieden mit England zu schließen, der nicht der Macht Frankreichs vollkommen freie Hand gegen Preußen ließe. Oesterreich war mit England nur gleichsam mittelbar im Kriege, wie wir uns erinnern müssen. Ein etwaniger Friede Frankreichs mit England, auf solche Bedingungen geschlossen, die dann eine Neutralität Hannovers mit sich bringen mußten, hätte dem Wiener Hof nur erwünscht sein können.

Zu Gunsten Frankreichs enthielt der Vertrag eigentlich gar nichts, denn selbst der einzige Artikel, der einer Nebenlinie des Bourbonischen Hauses gewisse Vortheile zusicherte, beschränkte diese Vortheile in der That — zu Frankreichs wie zu der betreffenden Nebenlinie Schaden — auf ein geringeres Maß als die früheren Verträge festgestellt hatten. Im Aachener Frieden war nämlich verabredet, daß, im Fall der Infant Don Carlos, König von Neapel, an seines älteren Bruders Stelle auf den Thron von Spanien berufen würde, der dritte Bruder, Don Felipe, Herzog von Parma, Piacenza und Guastalla, ihm in Neapel folgen, die drei genannten Herzogthümer aber wieder dem Hause Oesterreich anheimfallen sollten. Auf dieses Heimfallsrecht hatte Oesterreich eigentlich schon in dem früheren Bundesvertrag verzichtet, indem es, wie wir an seiner Stelle erwähnt haben, die — sehr viel werthvolleren — belgischen Provinzen bot, um die drei italienischen Herzogthümer dafür einzutauschen; mit anderen Worten, um zu einem übermäßigen Preis zu kaufen, was ihm binnen weniger Jahre umsonst und von rechtswegen zufallen mußte.

Dem Verlangen, Schlesien wieder zu gewinnen, war auch dieses Opfer nicht zu groß gewesen. — Der längst vorhergesehene Fall stand nun unmittelbar bevor. Fast stündlich wurde der Tod des kinderlosen Königs von Spanien, Ferdinand VI. erwartet — und nun genügte es allen Parteien, daß Oesterreich einfach für diesmal auf das Heimfallsrecht verzichtete und darein willigte, daß Don Carlos, wenn er auf den spanischen Thron berufen wurde, die Krone Neapels nicht dem jüngeren Bruder, sondern seinem zweiten Sohn überließ, der Infant Don Felipe aber im Besitz der drei Herzogthümer blieb. — Oesterreich behielt dagegen seine belgischen Provinzen — Frankreich aber entsagte einem doppelten Gewinn, der von großer Tragweite gewesen wäre: dem Besitz der Seeplätze an der flandrischen Küste und der Gründung eines ganz von Frankreich abhängigen, bourbonischen Staats unmittelbar an seiner Grenze und geeignet, einen mächtigen Druck auf die Vereinigten Niederlande und das nordwestliche Deutschland zu üben.

Nachdem dieser Vertrag glücklich geschlossen war, glaubte die österreichische Regierung dem Verbündeten einen Operationsplan vorlegen zu können, in dem sie über einen ansehnlichen Theil der französischen Streitkräfte in einer Weise verfügte, die jedenfalls ihren besonderen Interessen bei weitem mehr entsprochen hätte als denen Frankreichs. Da der französische Hof nicht abließ, darauf zu bringen, daß man sich vor allem mit der Befreiung Sachsens beschäftigen müsse, anstatt auf die unmittelbare Eroberung Schlesiens auszugehen, suchte nämlich Oesterreich den Forderungen seines Verbündeten scheinbar zu entsprechen, ohne den eigenen Absichten auf Schlesien zu entsagen. Dem Operationsplan zufolge sollten zwei Armeen gebildet werden, deren jede der preußischen Gesammt- oder Hauptmacht gewachsen wäre. Die eine in Sachsen sollte — die Reichsarmee ungerechnet — aus 30- bis 40 000 Oesterreichern bestehen und aus eben so vielen Franzosen, die schon zu Anfang Mai bei Koburg und Bamberg eintreffen müßten; sie sollte Leipzig zum Mittelpunkt ihrer Operationen machen; die Artillerie zur Belagerung der Festungen an der Elbe wollte man zu Prag in Bereitschaft halten. Eine zweite österreichische Armee von 100 000 Mann sollte vom 15. März an in Schlesien bereit sein, gegen die Oder zu operiren, und sich Ende Mai in Oberschlesien mit der russischen Armee vereinigen. Dann sollte das vereinigte russisch-österreichische Heer auf dem linken Ufer der Oder in solcher

Weise operiren, daß man mit der Armee in Sachsen in Verbindung bleibe, und im Herbst hoffte man, dem König von Preußen den Frieden vorschreiben zu können.

Zu Versailles aber war man keineswegs geneigt, auf diese Vorschläge einzugehen. Da der Krieg zur See und jenseits der Meere immer unglücklicher ging, bedurfte man mehr als je zuvor der Eroberung hannoverschen Gebiets, um dafür verlorene Kolonien wieder eintauschen zu können. Darauf zunächst mußten alle Anstrengungen in Deutschland gerichtet sein, und man glaubte keine Truppen zur Vereinigung mit den Heeren Oesterreichs übrig zu haben. Wie man die Dinge im Boudoir der Frau v. Pompadour beurtheilte, war Sachsens Befreiung die Aufgabe Oesterreichs, und die russische Armee mußte mit der schwedischen vereinigt Stettin belagern.

Man könnte glauben, der österreichische Operationsplan sei überhaupt nicht ernstlich gemeint gewesen und nur vorgeschlagen worden, damit er von Seiten Frankreichs abgelehnt werde, wonach man denn alle Zumuthungen, das Hauptgewicht des Krieges in die kursächsischen Lande an die Elbe zu verlegen, als beseitigt ansehen durfte und sich ganz ausschließlich mit der Eroberung Schlesiens beschäftigen konnte. Doch scheint dem nicht so gewesen zu sein. Man empfand es zu Wien als eine arge Enttäuschung, daß der Versailler Hof diesen Plan ablehnte, und erging sich darüber in lauten Klagen. Nur in ganz allgemein gehaltenen, eigentlich nichtssagenden Wendungen wurde fortan der französischen Regierung Auskunft darüber gegeben, was Oesterreichs Heere im Lauf dieses Feldzugs vornehmen sollten. Dagegen suchte man nun um so mehr in Petersburg dahin zu wirken, daß die russische Armee beauftragt werde, nicht Schwedens, sondern Oesterreichs unmittelbare Interessen zu fördern, sich womöglich mit dem österreichischen Heere zu vereinigen und zur Eroberung Schlesiens mitzuwirken. Auch gelang es nach einigem Zeitverlust und zweifelndem Hin- und Herreden, hier zum Ziel zu gelangen. Der Gedanke an die Belagerung von Stettin, den offenbar Frankreich angeregt hatte, wurde aufgegeben, und in bindender Form gab die Regierung der Kaiserin Elisabeth die Erklärung ab, daß man den Feind zwar auch in Sachsen beschäftigen und selbst zu seiner Zeit an die Belagerung von Stettin denken, daß aber der entscheidende Streich in Schlesien geführt werden müsse. Dorthin werde demgemäß die russische

Armee ihren Marsch richten, um zwischen Glogau und Breslau über die Oder zu gehen. Diese Gegend müsse auch für die österreichische Hauptarmee das Ziel aller Bewegungen sein. Eine Schlacht müsse vermieden werden, bis beide Armeen in nächster Nähe zusammen wirken könnten. Sei die Verbindung zwischen ihnen hergestellt, dann könnten sie nach Ermessen ihre Operationen stromaufwärts oder abwärts fortsetzen.

Auf der entgegengesetzten Seite mußte dem König von Preußen, seitdem er die Macht der Initiative verloren hatte und nicht mehr das Gesetz geben konnte auf dem Kriegsschauplatz, gar sehr daran gelegen sein, die Pläne seiner Feinde zu kennen, die zu durchkreuzen ihm oblag; vorbereitet zu sein auf die Anschläge, die er abwehren sollte. Die Mittel dazu ergaben sich in mehr als einer Weise. Seine Sache war so ziemlich in ganz Deutschland populär. Der gute Wille der protestantischen Reichsstände verhalf ihm zu mancher werthvollen Notiz, und überall, namentlich in der Nähe des österreichischen Hofs, fanden sich Korrespondenten, die in der Lage waren ihm mitzutheilen, was er wissen mußte.

Wir sehen, daß er in der That ziemlich genau von allem unterrichtet war, was im Rath der gegen ihn verbündeten Mächte verhandelt wurde. Es ergiebt sich das namentlich aus den Briefen, die er am 14. Februar und 9. März an den Prinzen Heinrich richtete. In dem ersteren theilt er dem Bruder den Bericht eines Korrespondenten mit, der über den obenerwähnten österreichischen Operationsplan Auskunft zu geben weiß und dann hinzufügt, der Petersburger Hof habe das bestimmteste Versprechen gegeben, den Feldzug bald mit der Belagerung von Stettin zu eröffnen, zu der man sich mit den Schweden vereinigen wolle. — Ein solches Versprechen konnte natürlich nur dem französischen Hof gegeben worden sein, dessen Ansichten es entsprach. Auch hat der Korrespondent weiter zu berichten, Oesterreich arbeite daran, eine Aenderung dieses Plans zu bewirken und die russische Armee an die Oder — soll heißen nach Schlesien — heranzuziehen. Man besorge zu Wien, eine so großartige Belagerung wie die von Stettin und die Vorbereitungen dazu könnten dem General Fermor, „dem man nicht traut", als Vorwand dienen, nicht mit dem Nachdruck zu handeln, den man dieses Jahr in die Operationen legen wolle. Der österreichische General Tillier sei deshalb nach Petersburg gesendet.

In dem Brief vom 9. März fügt der König hinzu, aus einem aufgefangenen Brief eines russischen Generals Springer an Fermor habe man ersehen, daß die Ablehnung des österreichischen Operationsplans durch den Versailler Hof zu Wien als ein Unglück beklagt werde.

Da der König von Preußen sich durch das Gesetz der Nothwendigkeit auf die Vertheidigung beschränkt sah, mußte sein eigener Operationsplan natürlich den Maßregeln der Feinde angepaßt und von ihnen abhängig sein. Doch faßte er auch in dieser Lage und nachdem die Möglichkeit der Initiative im Großen und Ganzen verloren war, den Vertheidigungskrieg ganz anders auf als seine Zeitgenossen. Schon etwas früher (21. November 1758) hatte er in einem Brief an den Herzog Ferdinand von Braunschweig angedeutet, in welchem Geist er selbst handeln wollte und auch dem Herzog zu handeln rieth: „immer offensiv auftreten, während wir im Wesentlichen nur einen Vertheidigungskrieg führen", (d'agir toujours offensivement, en ne faisant dans le fond qu'une guerre défensive,) so lautet der maßgebende Grundsatz für diesen Feldzug. Obgleich nicht mehr, wie noch im vorhergehenden Jahr, an einen positiven Gewinn, an eine Eroberung zu denken war, wollte der König sich doch nicht etwa auf eine passive Haltung in einem reiflich durchdachten System von „Posten" beschränken, wie das im Geist seiner Zeit gewesen wäre.

Im März hatten seine Pläne bereits insoweit eine bestimmtere Form angenommen, daß er seinem Bruder ausführlichere Auskunft darüber geben und Verhaltungsbefehle hinzufügen konnte. „Ich weiß bestimmt", schreibt der König am 17. März, „daß der Lieblingsplan des österreichischen Hofs in Frankreich verworfen worden ist; ich kann Ihnen bis zu diesem Augenblick noch nicht bestimmt sagen, um was es sich dreht, es ist aber außer Zweifel, daß Schlesien darin besonders bedacht ist (que la Silésie y entre pour beaucoup), ich nehme mit 40 Bataillonen 58 Schwadronen, ohne die Husaren zu zählen, meine Quartiere zwischen Schweidnitz und Jauer, um für Alles in Bereitschaft zu sein."

„Wenn Sie auf der einen Seite nur die Reichstruppen gegen sich haben, die nach Halberstadt vordringen wollen, und auf der anderen vor Dresden nur Kroaten oder Laudon, dann glaube ich Sie im Stande, diesen beiden Korps zu widerstehen; aber wenn Leopold (d. h. Graf Daun) dort auftritt, dann habe ich vor, auch dorthin zu marschiren mit

20 Bataillonen und 30 oder 40 Schwadronen, die, vereinigt mit den 8 Bataillonen, die zu Dresden sind, alles sein werden, was ich in den Bergen an Truppen brauche, um ihn aufzuhalten, bis Sie die Kreistruppen abgefertigt haben; im Fall es nöthig sein sollte, könnte ich Sie sogar noch mit Reiterei verstärken. Was dieses Land hier (Schlesien) betrifft, habe ich dem Fouqué 20 Bataillone gelassen ohne die, welche die Besatzungen bilden, um Ober- und Niederschlesien zu vertheidigen. Wenn aber der Feind sich entschließt, große Anstrengungen zu machen und mit zwei Armeen in Schlesien einzudringen, dann werde ich nicht nach Sachsen marschiren, und da er in diesem Falle seine Hauptmacht hier verwendet, wird er Ihnen gegenüber um so schwächer sein; wenn dann der Feind, wie man vorgiebt, dazwischen noch eine Abtheilung in der Gegend von Gabel verbirgt, um in einem Augenblick, wo uns etwas Störendes (un dérangement) widerfahren wäre, plötzlich auf Berlin vorzudringen, dann ist es an mir, von Schlesien aus darüber zu wachen. Sobald ich in Kantonnirungen bin, wird der Feind wohl irgend eine Bewegung machen, die seine Absichten weiter enthüllt (qui le démasquera davantage) und uns Veranlassung giebt, uns zu etwas Bestimmterem zu entschließen, denn für jetzt muß nichts überstürzt werden und ich muß auch keine Bewegungen machen, die mein Spiel verrathen. Sie ersehen aus meiner Stellung, daß ich die Reserve der Armee bin, bereit, mich dorthin zu wenden, wohin die Gefahr mich ruft; für jetzt kann ich mehr nicht thun, und ich beabsichtige, alle meine Maßregeln nach denen des Feindes zu bemessen, da unsere Aufmerksamkeit vorzugsweise darauf gerichtet sein muß, uns den Heertheilen oder Armeen, mit denen er uns anzugreifen beabsichtigt, in angemessener Weise entgegenzustellen (avec une certaine proposition ist wahrscheinlich Kopistenfehler). Es ist demnach nothwendig, daß die Husaren von Puttkamer in der Gegend von Spremberg bleiben, damit ich schnell von dem benachrichtigt werde, was bei Ihnen vorgeht, und hinreichend unterrichtet bin, um meine Maßregeln berechnen zu können. Ich werde Ihnen ebenfalls alle Nachrichten, die ich vom Feinde habe, bis auf die kleinsten mittheilen, denn nur dadurch, daß wir alle Nachrichten in Verbindung bringen und vergleichen, können wir dahin gelangen, seine Absichten richtig zu beurtheilen."

Bemerkenswerth ist hier unter anderem auch, daß der König in diesem Briefe der Schlachten nicht gedenkt, die er gegen Oesterreicher und Russen im Sinn hatte. Schwieg er darüber etwa, um nicht die bekannte Abneigung seines Bruders gegen alles „Batailliren" vor der Zeit aufzuregen? — In einem fast gleichzeitigen Brief an den Herzog Ferdinand von Braunschweig spricht sich der König unumwundener über diesen Punkt aus; er müsse auf der Defensive bleiben, sagt er da (am 21. März), könne nach keiner Seite hin die Offensive ergreifen, weil der Feind sich, wenn er es thäte, sofort von mehreren Seiten her an seine Fersen heften würde. So viel er zur Zeit beurtheilen könne, werde er sich nach Dresden bewegen, der Prinz Heinrich nach dem Vogtlande, Fouqué nach Oberschlesien und Dohna gegen die Russen. „Es wird mir keine andere Politik zu ergreifen bleiben, als auf dasjenige der feindlichen Heere zu fallen, das ich am nächsten finde und dann gegen einen anderen zu entsenden (il ne me restera d'autre politique à adopter que de tomber sur celui d'entre les corps ennemis que je trouverai le plus proche et de détacher ensuite contre un autre).

Eine abwartende Haltung, um den ersten seiner zahlreichen Feinde, der ihm zu nahe kam, anzugreifen und zu schlagen und dadurch freie Hand gegen die anderen zu gewinnen, das war demnach der Grundgedanke der aktiven Vertheidigung, die der König für diesen Feldzug beabsichtigte. Ein positiver Gewinn stand dabei nicht in Aussicht. Im glücklichen Falle konnte das Ergebniß nur sein, daß der Feldzug, wie im letztverflossenen Jahre, schloß, ohne daß der Feind irgend etwas gewonnen hätte.

Den Frieden durch einen positiven Gewinn zu erzwingen, darauf durfte der König nicht mehr rechnen; die Kräfte reichten dazu nicht mehr aus. Er mußte den Frieden von der moralischen Ermüdung seiner Feinde erwarten, davon, daß der Kampf, der Jahr für Jahr ohne Ergebniß blieb, dem ermüdeten Geist der Gegner endlich als ein vergeblicher, hoffnungsloser erscheine.

———

Der Herzog Ferdinand hatte den Angriff auf das französische Heer am Untermain gänzlich aufgegeben, ohne daß wir erführen weshalb. Er nahm aber den Gedanken wieder auf, als er veranlaßt wurde, zu glauben, daß er seinerseits gefährdet sei, daß die Franzosen beabsichtigten, die Quartiere seines linken Flügels in Niederhessen zu überfallen. Es schien rathsam, diesem Streich zuvorzukommen. Der Herzog wollte durch das Fuldasche auf Frankfurt a. M. vorgehen; da er auf diesem Zuge die Reichstruppen an der Werra in seiner linken Flanke hatte, sollte unterwegs der Versuch gemacht werden, sie auf Bamberg zurückzuwerfen. Dabei wendete sich der Herzog denn auch wieder an den Prinzen Heinrich, der wenigstens diese Nebenunternehmung gegen die Reichstruppen sehr wirksam unterstützen könne, wenn er wieder Truppen nach Thüringen entsenden und durch Scheinbewegungen mit einem Einfall über Hof nach Franken drohen wolle.

Mehr verlangte der Herzog nicht, obgleich die Minister Englands, der ältere Pitt (später Lord Chatham) und Lord Holderneſſe, und selbst der König Georg II. sich berechtigt glaubten, bei weitem mehr zu erwarten. Friedrich II. hatte nämlich bei dem Londoner Kabinet in Anregung gebracht, daß in der augenblicklichen Lage der Dinge beſtimmte Verabredungen in Beziehung auf ein genaues Zusammenwirken der Armee des Prinzen Heinrich und des linken Flügels der hannoverſch=verbündeten Armee, der unter dem Prinzen von Iſenburg in Niederhessen stand, für gewisse Fälle nothwendig seien. Infolge dessen war man übereingekommen, daß Prinz Heinrich mit seiner geſammten Macht den Verbündeten in Hessen zu Hülfe kommen sollte, falls die Reichsarmee sich mit Soubiſe vereinigte, um längs der Fulda und Werra in die hannoverschen Lande vorzudringen — und daß umgekehrt der Prinz von Isenburg nach Thüringen marſchiren sollte, wenn Soubiſe und die Reichsarmee sich vereinigt gegen den Prinzen Heinrich wendeten. Daraufhin erwartete das Londoner Kabinet, daß der Prinz Heinrich sich dem beabsichtigten Angriff auf die französische Armee am unteren Main anschließen werde. Der Herzog Ferdinand mußte dort belehren, daß man so viel nicht fordern dürfe, da die Armee des Prinzen Heinrich in ihren Bewegungen stets von denen der preußischen Hauptmacht in Schlesien abhängig bleibe, wie andererseits der Prinz von Isenburg den Zusammenhang mit der Hauptmasse der verbündeten Armee nicht aufgeben oder verlieren dürfe.

Der Prinz Heinrich aber, stets vorzugsweise zu einer passiven Vertheidigung geneigt, die in einer Kette von mehr oder weniger festen

Posten die Unternehmungen des Feindes über sich ergehen läßt, erfüllte auch die mäßigen Forderungen des Herzogs Ferdinand nur oder kaum zur Hälfte. Er lehnte es ab, Truppen nach Thüringen zu senden; das sei nicht nöthig und führe zu nichts, denn es stehe bei Bacha oder bei Hersfeld kein Feind, der dem Unternehmen des Herzogs Ferdinand Schwierigkeiten in den Weg legen könnte. Auch würde man durch solche Entsendungen das eigene Spiel zu sehr verrathen; der Feind würde daraus ersehen, daß man sich mit gesammter Macht nach jener Seite hin bewegen wolle, im Fall die Reichsarmee sich dorthin wendete. Aus diesen Gründen sollte von Seiten des Prinzen Heinrich nichts weiter geschehen, als daß der General Knobloch von Gera aus, wo er seit seiner Rückkehr aus Thüringen stand, einen „Versuch" auf Saalfeld machte und der General Lindstädt mit einer anderen kleinen Abtheilung von Plauen aus gegen Hof „demonstrirte". Beides geschah in den letzten Märztagen, aber es übte keinerlei Einfluß auf das Unternehmen des Herzogs Ferdinand und es wurde auch sonst nichts dadurch bewirkt, als daß die Reichstruppen Saalfeld und Hof für den Augenblick verließen und unmittelbar nach dem Abzuge der Preußen wieder besetzten. Doch meinte Prinz Heinrich: „Notre expédition sur Hof a très-bien réussi."

Das Unternehmen gegen die französische Armee, zu dem Herzog Ferdinand 22 000 Mann bei Kassel vereinigt hatte, mißlang, hauptsächlich, weil er elf Tage lang — bis zum 10. April — bei Fulda verweilte. Er zauderte da, beiläufig bemerkt, nicht, weil er die Verpflegung seines kleinen Heers neu regeln mußte, wie Tempelhof meint, in dessen Vorstellung überhaupt die „Bäckerei" das alles beherrschende Element aller strategischen Berechnungen ist — wie er ja auch bemüht gewesen ist, den Beweis zu führen, daß sich eine Armee nicht weiter als etwa fünfzehn Meilen weit von ihrem Hauptmagazin entfernen kann, wenn sie nicht aus Brotmangel zu Grunde gehen will. Die Verpflegung hatte Westphal, Privatsekretär des Herzogs und leitender Genius seines Hauptquartiers, gar wohl berechnet. Mit Brot waren die Truppen, als sie von Kassel aufbrachen, bis zum 2. und theilweise bis zum 3. April versorgt; für drei Wochen Mehl wurde nach Hersfeld geschafft, wo bereits vom 28. März an neues Brot gebacken wurde. In Fulda, wo man sich in feindlichem Gebiet befand, wollte man Mehl zu 600 000 Brotportionen und 300 000 Fourageationen requiriren und, sobald der Vortrab des Heeres dort eingetroffen sei, auch Backöfen bauen. Schon am 1. April konnte neues Brot auf neun Tage aus Hersfeld in Fulda eintreffen. Wovon hätte denn auch sonst die unter dem Erbprinzen von Braunschweig nach Thüringen entsendete Schaar bis zum 10. April gelebt? — Die Magazinverpflegung war doch nicht ganz so schwerfällig, wie Tempelhof sie sich denkt.

Aber der Herzog Ferdinand glaubte nicht über Fulda hinaus vorrücken zu können, so lange nicht die Reichstruppen aus seiner linken Flanke vertrieben waren. Gegen sie wurde — und zwar gerade in dem Augenblick, in dem die Generale Knobloch und Lindstädt aus Saalfeld und Hof wieder in ihre Quartiere zurückgingen — der Erbprinz von Braunschweig entsendet. Dieser damals junge Fürst drang nach Meiningen vor und nach dem kriegsgeschichtlichen Schilda, dem kriegsberühmten Wasungen, machte dort drei kurkölnische Bataillone ohne Gefecht zu Gefangenen und folgte den österreichischen und Reichstruppen, die von allen Seiten auf Bamberg zurückwichen.

Als dann der Prinz nach Fulda zurückgekehrt war, und seine Truppen dort einen Tag gerastet hatten, führte der Herzog das Ganze über den Vogelsberg und Büdingen in drei Märschen (10.—12. April) nach Vilbel — und am folgenden Tage griff er die Franzosen in ihrer Stellung bei Bergen an.

Schon zu Anfang des Jahres hatten die Franzosen sich durch eine Art von Ueberfall der freien Reichsstadt Frankfurt a. M. zu bemächtigen gewußt und eine Besatzung hineingelegt. Ihre strategische Stellung am unteren Main hatte dadurch einen festeren Halt gewonnen. Außerdem hatte der Herzog von Broglie, der fähigste der damaligen französischen Generale, anstatt des Prinzen Soubise den Befehl übernommen und der Herzog Ferdinand hatte ihm, indem er bei Fulda zauderte, alle Zeit gelassen, seine Vorbereitungen zu treffen. Die Stellung, in der Broglie den Angriff an der Spitze von mehr als 30 000 Mann erwartete, war gut gewählt, und die Schlacht, die er gewann, ist merkwürdig in der Geschichte der Taktik — denn in den Anordnungen Broglies zeigt sich ein gewisser Einfluß der Ideen Folards. Der französische Feldherr hatte hier seine Armee nicht, wie herkömmlich war, „in zusammenhängender Linie" geordnet, sondern einen Theil seiner Infanterie hinter deckenden

Anhöhen, in Kolonnen, in einer vorläufigen Stellung vereinigt, um sie von dort aus je nach den Umständen verwenden zu können.

Andererseits ist die Schlacht dadurch für die Taktik der Zeit charakteristisch, daß sie wesentlich nur in einem einzigen Angriff bestand, der zurückgeschlagen und nicht erneuert wurde. — Broglie war zu vorsichtig, um seinerseits zum Angriff überzugehen, und er mochte darin Recht haben, da ein vollständigerer Sieg in dem damaligen Stadium des Feldzugs ihm wenig nützen, ein Mißlingen aber Frankfurt und die ganze Stellung am Main in Gefahr bringen konnte. Er versuchte auch nicht ernstlich, zu verfolgen — und der Herzog Ferdinand konnte somit ohne weitere Verluste langsam in seine früheren Quartiere zurückweichen.

Die österreichische, unter dem Oberbefehl des Feldmarschalls Daun in Böhmen und Mähren versammelte Armee zählte 98 Bataillone, 100 Grenadier-Kompagnien, 179 Schwadronen und außerdem 31 Kompagnien Karabiniers und Grenadiere zu Pferde, zusammen = 106560 Mann Linientruppen. Dazu kamen 13793 Mann leichte Truppen, d. h. Kroaten und Husaren, so daß die Gesammtzahl 120353 Mann betrug.

Vollzählig nach dem damaligen Etat hätten die Linientruppen allein eine Gesammtzahl von 128640 Mann erreicht; es fehlte also dem Heere zur Zeit ein volles Sechstheil an normaler Vollzähligkeit.

Davon standen 29178 Mann unter dem General De Ville in Mähren und die Hauptarmee mit den leichten Truppen unter Laudon, Beck und Vehla, 80620 Mann stark, um Gitschin. Gegen Sachsen gewendet, war nur das Korps des Generals Gemmingen (6 Grenadier-Kompagnien, 5 Bataillone, 21 Schwadronen, 3 Karabinier-Kompagnien und eine Anzahl Kroaten), 10555 Mann stark, auf der langen Linie von Außig an der Elbe bis Kommotau vertheilt.

Zu den Feinden, die der König von Preußen auf diesem Kriegsschauplatze zu bekämpfen hatte, kam dann aber auch noch die Reichsarmee, die mit den österreichischen Truppen, die unter dem General Habik mit ihr vereinigt waren, — 17 Bataillone, 4 Reiter-, 2 Husaren-Regimenter und ein paar tausend Kroaten — wohl kaum weniger als 35000 Mann gezählt haben kann.

Diesen feindlichen Heeren von zusammen mindestens 155 000 Mann hatte Friedrich II. in Sachsen unter dem Prinzen Heinrich 43 Bat., 60 Schwadr.; — in Schlesien um Schweidnitz unter seiner eigenen unmittelbaren Führung 54 Bat., 88 Schwadr.; — in Oberschlesien dem General De Ville gegenüber, unter Fouqué 18 Bat., 20 Schwadr.

Schels berechnet (in der Oesterreichischen militärischen Zeitschrift 1826) den Spuren Tempelhofs folgend, indem er die Bataillone durchschnittlich 700, die Schwadronen = 140 Mann stark annimmt, diese Macht in ihrer Gesammtheit auf 103 420 Mann.

Doch erregt diese Berechnung schon insofern einiges Bedenken, als die Grenadier-Bataillone — deren sich 29 bei dieser Armee befanden — da sie nur aus je vier Kompagnien bestanden, nicht aus je fünf wie die Musketier-Bataillone, wohl kaum stärker als 600 Mann durchschnittlich gerechnet werden können. — Die Freibataillone, deren auch 10 in der Gesammtzahl mitgezählt sind, möchten wohl kaum jemals im Lauf dieses Krieges über 500 Mann ein jedes gezählt haben. Es wären demnach von der Zahl, die Schels nach Tempelhofs Andeutungen berechnet, jedenfalls noch mehrere Tausende abzurechnen. Wenn man die Bataillone auch nur in dem eben erwähnten Maß schwächer annehmen und die Gesammtzahl des preußischen Heers in Schlesien und Sachsen demgemäß auf 98 500 Mann ausrückenden Standes berechnen wollte, würde man aller Wahrscheinlichkeit nach auch mit dieser Zahl noch über ihren wirklichen Bestand hinaus, gewiß nicht unter denselben hinabgehen.

Die etwa 22 000 Mann starke Armee hinzugezählt, die unter dem Grafen Dohna vorläufig noch in Mecklenburg stand, aber gegen die Russen bestimmt war, ergiebt sich die Gesammtzahl von rund 120 000 Mann, auf welche die Heeresmacht der Preußen im freien Felde gewöhnlich berechnet wird. Doch darf dabei gewiß nicht übersehen werden, daß König Friedrich selbst, — und zwar in den vertraulichen Briefen an seinen Bruder — die Streitkräfte, die ihm zu Gebote standen, um 12 000 bis 15 000 Mann geringer anschlägt; nämlich die Armee in Schlesien zu 53 000, jene in Sachsen zu 31 000 und die Truppen unter Dohna — vielleicht etwas zu hoch — zu 25 000 Mann.

Der König hatte eigentlich gewollt, daß der Prinz Heinrich nicht nur die Expedition des Herzogs Ferdinand gegen Frankfurt energisch unterstütze, sondern auch seinerseits als Gelegenheit benütze, einen gewichtigen

Schlag gegen die Kreistruppen in Franken zu führen. Man wußte, daß die Reichsarmee ihr Hauptmagazin in Bamberg hatte, und durfte hoffen, daß sie es auf ein Treffen werde ankommen lassen, um diese Vorräthe zu schützen. Geschah das, dann konnte es möglicherweise gelingen, diese Armee ganz zu zersprengen und für den ganzen Feldzug unschädlich zu machen.

In diesem Sinn schrieb der König seinem Bruder, zu einer Zeit, wo er ihn nach jener Seite hin in voller Thätigkeit glaubte — nämlich am 3. April —: „ich hoffe einen guten Erfolg Ihrer Expedition; aber auch vorausgesetzt, daß es Ihnen nicht gelingt, mit den Kreistruppen handgemein zu werden, so wird es in diesem Fall immerhin genug sein, wenn Sie sie zwingen, sich von Bamberg zurückzuziehen; Sie werden alsdann dort ein sehr ansehnliches Magazin nehmen, was diese Leute immerhin zwingen wird, anzuhalten, da sie sich nicht so schnell wieder fassen können" (— je me flatte d'un bon succès de votre expédition, mais supposé que vous ne sauriez combattre les troupes des cercles, ce sera dans ce cas-là toujours assez, quand vous les obligerez de se retirer de Bamberg, où vous emporterez alors un magasin très-considérable, ce qui obligera toujours ces gens-là de s'arrêter, afin (?) de ne pouvoir pas se remettre de si tôt).

Er erhielt als Antwort die Nachricht, daß Knobloch und Lind= städt bereits wieder in ihre Quartiere zurückgekehrt seien; die Gelegenheit, mit den Kreistruppen handgemein zu werden, war gar nicht gesucht worden.

Die Aufmerksamkeit des Prinzen war schon seit einiger Zeit nach einer anderen Seite hingewendet. Er sah die Magazine der Oesterreicher in Böhmen nur durch den schwachen, noch dazu in einzelne Posten auf= gelösten Heertheil unter Gemmingen gedeckt und hatte Lust, etwas dagegen zu versuchen. Aber er schwankte; der mögliche Gewinn schien ihm geringer als das Wagniß; — auf Dinge die bloß Lärmen und Aufsehen machen, ohne wahren Vortheil zu bringen, wollte er sich nicht einlassen; — indessen, wenn er eine Möglichkeit sehe, etwas Nützliches (un coup utile) auszuführen, ohne daß man ihn der Verwegenheit zeihen könne (sans qu'on m'accuse d'imprudence) wolle er es sofort thun. So erklärt er in einem Brief vom 4. April.

Da keine Briefe des Königs aus der Zeit vom 4. bis zum 20. April vorliegen, wissen wir nicht bestimmt, was er dazu sagte; doch ersehen wir aus seinen späteren Schreiben, daß die Expedition nach Franken in seinen Augen eine ohne allen Vergleich größere Wichtigkeit hatte.

Prinz Heinrich, der die zur Expedition bestimmten Truppen in aller Stille einerseits in der Gegend von Gießhübel und Dohna, andererseits bei Chemnitz gesammelt hatte, brach am 15. April mit zwei Kolonnen in Böhmen ein. Die eine, etwa 10 000 Mann stark, führte er selbst über Peterswalde und die Nollendorfer Höhe in das Teplitzer Thal; — die andere, unter dem General Hülsen, die etwa 6000 Mann zählen mochte, ging von Chemnitz über den Basberg auf Saatz vor. Der Prinz, dessen Vortrab nur unbedeutende Gefechte mit Kroaten zu bestehen hatte, ging für seine Person und mit dem Haupttrupp nur bis Linay an der Bila, am Fuß des böhmischen Mittelgebirges vor. Entsendete Vortruppen vernichteten österreichische Magazine zu Leitmeritz und Budin. Die österreichischen Truppen wichen ohne Widerstand über die Eger zurück.

General Hülsen hatte bei dem Eintritt in Böhmen am 15. April, bei Basberg ein siegreiches Gefecht, in welchem er einen großen Theil der Truppen, die den verschanzten Paß hüteten, zu Gefangenen machte, und vernichtete dann ansehnliche Magazine zu Saatz und Kommotau. — Am 20. traten die beiden preußischen Abtheilungen wieder den Rückzug an, am 23. waren Hülsens Truppen, am 25. auch die des Prinzen wieder in ihren früheren Quartieren in Sachsen eingetroffen.

Nach den österreichischen Berichten, die Schels bekannt gemacht hat, wäre der Verlust an Vorräthen nur ein verhältnißmäßig geringer gewesen, ihr Geldwerth hätte nur die auch damals nicht bedeutende Summe von 109 355 fl. 52 Kr. betragen. Die preußischen Angaben, die nur auf allgemeinen Schätzungen beruhen können, da man sich schwerlich die zwecklose Mühe gegeben hat, die Magazine genau zu revidiren, ehe man sie anzündete, ergehen sich wohl ohne Zweifel in zu hohen Zahlen. Doch könnten dagegen die österreichischen, trotz aller scheinbaren Genauigkeit in der Zahl von leeren Säcken und Fässern und der Anführung von einem Viertelpfund Mehl und einzelnen Pfunden Heu und Stroh, wohl unter der Wahrheit bleiben. Gerade diese Genauigkeit, die bis auf ein Viertelpfund Mehl und ³/₈ Metzen Hafer herabgeht, ist etwas verdächtig. Es war zu

Wien herkömmlich geworden, der Kaiserin Maria Theresia unerfreuliche Ereignisse in gemildertem Licht darzustellen. Hatte man sie doch selbst über die Tragweite der Niederlage bei Leuthen getäuscht und ihr willkürlich ersonnene Phantasiepläne der Schlacht vorgelegt.

Jedenfalls war der Erfolg der preußischen Waffen hier nicht von solcher Art, daß er ein entscheidendes Gewicht in die Waagschale zu legen, oder auch nur Einfluß über wenige Wochen hinaus zu üben vermochte. Die vernichteten Vorräthe waren nicht so bedeutend, daß sie nicht in einigen Wochen hätten wieder ersetzt werden können.

Der König hatte zu gleicher Zeit durch den General Fouqué eine ähnliche Expedition nach Mähren unternehmen lassen. Sie blieb aber ganz ohne Erfolg, obgleich der Heertheil des Generals bis auf 22 000 Mann verstärkt worden war. Zwar wichen die Oesterreicher aus Jägerndorf und Troppau — aus dem letzteren Ort mit einigem Verlust — dann aber fand Fouqué den General De Ville mit überlegener Macht bei Heidenpiltsch an der Mora vor sich, in einer Stellung, die anzugreifen nicht rathsam schien. Das Magazin zu Hof in Mähren war unter diesen Bedingungen nicht zu erreichen und Fouqué ging unverrichteter Dinge nach Leobschütz in Oberschlesien zurück.

Noch war der Prinz Heinrich nicht aus Böhmen zurück, als ihm der König wiederholt von neuem schrieb, um ihn immer dringender zu dem Zug nach Franken aufzufordern. Der Briefwechsel beider aus dieser Zeit verdient, mit der größten Aufmerksamkeit studirt und überdacht zu werden, weil sich darin — wenn auch mittelbar, doch klar und bestimmt — die Ansichten Friedrichs des Großen von Kriegführung überhaupt aussprechen, sowie von den Bedingungen des besonderen Krieges, den er eben zu führen hatte.

Als der König den ersten dieser Briefe am 20. April aus Landeshut abfertigte, glaubte er, daß der Herzog Ferdinand am 12. einen Sieg über die Franzosen erfochten habe. Er sagt seinem Bruder darin vieles Schmeichelhafte über den Erfolg seines Zuges nach Böhmen; zerstörte Magazine — Gefangene: „Das wäre vortrefflich für einen Anderen, aber für Sie ist es nicht genug; Sie werden jetzt nach Hessen und Franken zu marschiren; wenn meine Nachrichten zuverlässig sind, hat der Prinz Ferdinand die Franzosen am 12. bei Friedberg geschlagen; vorausgesetzt, daß sich das bestätigt, werde ich ihm, sobald er die Dinge dort beendigt hat, sofort schreiben, ob er nicht gegen Bamberg ein Korps entsenden kann, das Ihnen die Hand böte und Ihnen die Mittel erleichterte, die Reichsarmee zu vertreiben. Hier sind meine Gründe. Wir brauchen Truppen, um sie den Russen entgegenzustellen; Dohnas Armee ist nicht stark genug, um sie zu schlagen; man kann nur dann einen Erfolg hoffen, wenn man 12000 Mann mit ihr vereinigt. In der Stellung, in der ich mich Daun gegenüber befinde, kann ich nicht einen Musketier (fantasin) entsenden, aber wenn Sie die Herren aus dem Reich wegfegen, werden Sie niemanden vor sich haben, und Ihre Armee wird folglich dieses Detachement liefern können."

Tags darauf wußte der König, was sich bei Bergen begeben hatte, aber er war weit entfernt, deshalb seinen Plan gegen die Reichsarmee aufzugeben. Er schrieb sofort wieder dem Prinzen Heinrich: „Obgleich es dem Prinzen Ferdinand nicht nach Wunsch geglückt ist, glaube ich doch nicht, daß dem Uebel nicht abgeholfen werden könne. In dem Vertrauen, das ich in Sie setze, bin ich überzeugt, daß Sie alles thun werden was von Ihnen abhängt, um etwas gegen die Kreistruppen zu entscheiden, wenn die Sache ausführbar ist; vergessen Sie aber Ihre schweren Geschütze nicht; die sind die ehrwürdigsten Argumente für die Rechte der Souveraine."

Mehr und mehr hatte sich Friedrich II. von der steigenden Bedeutung der Artillerie überzeugt, wie er denn auch bekanntlich eben in diesem Jahre die ersten Versuche mit einer reitenden Artillerie machte — einer Neuerung, die im übrigen Europa erst um vieles später Eingang fand.

An demselben Tage — 21. April — schrieb der König auch dem Herzog Ferdinand von Braunschweig: „Der Plan meines Bruders wird Ihnen bekannt sein, also spreche ich Ihnen nicht davon. Ich weiß auch nicht, was Sie gegenwärtig vorhaben, aber wenn es Ihnen unmöglich ist, das Magazin zu Friedberg zu nehmen, glaube ich, daß Sie, vermöge einer mäßigen Entsendung (un petit détachement) meinem Bruder die Mittel erleichtern könnten, die Kreistruppen und die Oesterreicher aus Bamberg zu vertreiben. Das wäre gut für Hessen und gut für mich."

Rücksichtsvoll bezeichnet hier der König den Plan, gegen dessen Ausführung der Prinz Heinrich sich demnächst mit aller Macht sträubte, als Plan des Prinzen. Noch hatte er von diesem keine Antwort, noch wußte er nicht, welche Einwendungen sein Bruder machen werde, aber er scheint sich zum voraus gesagt zu haben, daß es schwer halten werde, den Prinzen zur Ausführung zu bewegen, denn er achtete es nöthig, am 22. von neuem darüber zu schreiben: „Jetzt bitte ich Sie ernsthaft, an die Kreistruppen zu denken, um zu sehen, ob es nicht ein Mittel giebt, sie ganz aus dem Spiel zu bringen (de les mettre hors du jeu). Der Prinz Ferdinand hat seinen Schlag verfehlt (a raté son coup), wenn man nun wenigstens die Reichsarmee vernichtet (si du moins on détruit l'armée des Cercles), gewährt uns das doch noch die Mittel, uns diesen Feldzug über zu behaupten; wenn man aber den Leuten Zeit läßt heranzukommen, während wir anderswo beschäftigt sind, wird unsere Lage sehr gewagt werden (notre besogne sera bien hasardée)."

Am 23. fügte er in einem neuen Brief noch einiges hinzu, das den Prinzen ermuthigen konnte, indem es den Erfolg sicher zu stellen schien: „Ich schreibe Ihnen diesen Brief nur", heißt es da, „um Sie zu bitten, jetzt recht ernstlich (bien sérieusement) an die Expedition gegen die Kreistruppen denken zu wollen. Ich weiß dem, was ich Ihnen gestern über diesen Gegenstand geschrieben habe, nichts hinzuzufügen. Ich will Sie nur davon in Kenntniß setzen, daß ich dem Prinzen Ferdinand von Braunschweig geschrieben habe, um ihm die Wichtigkeit dieses Unternehmens vorzustellen und die Nothwendigkeit, von seiner Seite die Hand dazu zu bieten und sich so bald als möglich mit Ihnen zu verständigen; ich habe ihm gesagt, daß jedenfalls nur ein Korps von sechs oder achttausend Mann, von ihm auf Schweinfurt entsendet, nöthig sein wird, um den Feind gemeinschaftlich und im Einverständniß mit Ihnen in Front und Flanke oder Rücken zu fassen, was nicht verfehlen kann, Ihrem Unternehmen um diese angeblichen Reichstruppen zu zerstreuen, einen guten Erfolg zu sichern, und einmal in die Flucht gejagt (mises en déroute), würden diese Truppen sich während des ganzen Feldzugs nicht wieder zu vereinigen wissen, um uns Schaden zuzufügen."

Was aber auch der König vermuthet haben mag, schwerlich hatte er Einwendungen und Bedenken in solchem Stil erwartet, wie der Prinz Heinrich sofort erhob, als ihm eben nur der erste Wink von einem derartigen Unternehmen zukam. Der Prinz erwähnt in seinem Brief vom 23. April noch einiger Umstände seiner Expedition — wäre beglückt, wenn er noch wichtigere Dienste leisten könnte, zeigt an, daß er jetzt eine größere Macht zwischen Naumburg und Zwickau versammle, seine schwere Artillerie sei bereits in Bewegung, und fährt dann fort: „Wenn Sie es zweckmäßig finden, mein geliebter Bruder, daß ich in das Reich eindringe, — daß ich den Feind bei Kulmbach aufsuche, wo er eine sehr starke Stellung hat, — daß ich mich von meinen Magazinen entferne und daß ich mich in die Lage versetze, weder nach der Lausitz noch anderswohin Truppen entsenden zu können, wenn es die Nothwendigkeit erfordert, — wenn Sie glauben, daß es zum Nutzen des Staats gereiche, daß ich ein so verzweifeltes Unternehmen versuche (si vous pensez que ce soit pour le bien de l'état que je tente une entreprise aussi désespérée), zweifeln Sie nicht, daß ich es thun werde! — Wo nicht, so befolge ich meinen eigenen Plan — der ist, in gleicher Weise im Bereich (à portée) der Lausitz und der Reichsarmee zu bleiben und die Projekte des ersten zu durchkreuzen, der sich mir nähert, und inzwischen alle Unternehmungen zu versuchen, die auszuführen möglich sein wird."

Das hätten wohl nur sehr unbedeutende „entreprises" sein können, da in den Augen des Prinzen schon ein Vorstoß gegen die verhältnißmäßig harmlose Reichsarmee ein geradezu verzweifeltes Beginnen war. Gegen wen oder was sollten sie gerichtet sein? — Diese Frage hätte Prinz Heinrich wohl kaum aus dem Stegreif zu beantworten gewußt. Thatsächlich wäre es ohne Zweifel bei einem passiven Abwarten der kommenden Dinge geblieben, und in diesem Sinn faßte auch der König die Pläne seines Bruders auf.

Der Prinz fügt noch hinzu, obgleich der Herzog Ferdinand bei Bergen nur geringe Verluste erlitten habe, würde er doch „niemals" (jamais) Truppen auf Bamberg entsenden können, denn die Wege, die er dorthin einschlagen müßte, seien unpassirbar (les passages qu'il aurait à franchir sont impracticables). — Was Böhmen anbetrifft, sagt der Prinz zum Schluß, werde es dem Feind fortan unmöglich sein, dort leichte Truppen zu erhalten (entretenir). „Das ist alles" (voilà tout). — Die Worte des Prinzen sind nicht ganz leicht zu deuten. Man könnte glauben, daß er seine Erfolge in Böhmen in verwegener Weise überschätzte, aber schon der bescheiden beschränkende Nachsatz „das ist alles", widerspricht solcher Auffassung. Der Prinz ist im Gegentheil bemüht, seine Lage als eine sehr schwierige darzustellen; darzuthun, daß er sich aus Sachsen nicht entfernen dürfe, und so will er denn wohl sagen, nur vor den leichten Truppen der Feinde habe man vor der Hand längs der Grenze Ruhe: „voilà tout."

In hohem Grade merkwürdig sind die Gründe, mit denen der König in seiner Antwort vom 25. April diesen Bedenken begegnet. Der Prinz habe viel gethan, versichert er darin von neuem, nun sei zu erwägen, was weiter geschehen müsse: „Sie haben den Feinden für 6= oder 700 000 Thaler Magazine vernichtet, das stört sie für den Augenblick vollständig, aber glauben Sie etwa, daß die Königin von Ungarn nicht wieder 700 000 Thaler auftreiben kann, um in Oesterreich und Ungarn neue Vorräthe anzukaufen und sie nach und nach (petit à petit) vor= wärts schaffen zu lassen bis auf dieselben Punkte, an denen Sie die früheren vernichtet haben? — Das wird unfehlbar geschehen; der haupt= sächlichste Vortheil, den Ihre Expedition gewährt, besteht demnach darin, daß Sie Zeit gewonnen haben, aber wozu wird diese Zeit nützen, wenn Sie keinen Gebrauch davon machen, so lange sie zu Ihrer Verfügung steht? — Ich bitte Sie, sehen Sie ab von den früheren Kriegen, die nicht mit den unsrigen übereinstimmen, und fassen Sie in das Auge, was naturgemäß nach den Plänen unserer Feinde geschehen muß (Faites, je vous prie, abstraction des guerres anciennes qui ne cadrent pas avec les nôtres, et envisagez ce qui doit arriver naturellement, selon les projets des ennemis), und Sie werden selbst einsehen, was Ihnen zu thun bleibt. Erstens wird der Feind in sechs Wochen seine Magazine hergestellt haben, die Kreistruppen von der einen Seite, die Franzosen von der anderen werden vorrücken; wie werden Sie diesen beiden Feinden in ihrer Macht widerstehen können? — Wen werden wir den Russen entgegenstellen und den Schweden? — Rechnen Sie, daß es dorthin einer Entsendung von 15 000 Mann bedarf, um dem Feinde entgegentreten und etwas entscheiden zu können; ich habe hier 90 000 Oesterreicher vor mir und zähle mit Fouqué zusammen höchstens 53 000 (?) Kombattanten; ich kann hier keine Katze entsenden, noch auch mit Vortheil etwas thun, des schwierigen Geländes wegen, das der Feind mit Macht eingenommen hat. Die Kreistruppen sind der elendeste unserer Feinde, man kann hoffen, gegen sie am leichtesten Erfolge zu gewinnen, der Prinz Ferdinand hat an Todten und Verwundeten nur 1300 Mann verloren; Briefe aus Frankfurt a. M. berichten, daß die Franzosen 1500 Todte und mehr als 4000 Verwundete gehabt haben, der Prinz Ferdinand ist demnach nicht in dem Maße geschädigt, wie Sie glauben; nach Ihren vorletzten Briefen versammelt sich der Feind bei Bamberg; wenn dem so ist, sehe ich nicht, warum der Prinz Ferdinand nicht ein Detachement nach Schweinfurt entsenden könnte, um Sie zu unterstützen; ich muß gestehen, daß ich das Land dort nicht kenne, auch verlange ich nicht, daß Sie das Unmögliche versuchen, nur was ausführbar scheinen wird; ich übernehme die Sorge für die Lausitz auf drei Wochen, in Sachsen haben Sie diese Zeit über nichts zu besorgen, überlegen Sie das Alles wohl und thun Sie das Mögliche, sonst geht es uns schlecht hier oder dort."

Prinz Heinrich mußte sich nun wohl bequemen, Anstalten zu dem Zug nach Franken zu treffen, aber er hoffte doch immer noch, dieses „verzweifelte Unternehmen" ganz zu hintertreiben. In einem Brief (vom 26. April) der sich mit dem eben erwähnten des Königs gekreuzt hatte, meldet der Prinz, daß er sich erst in neun oder zehn Tagen in Bewegung setzen könne, also Zeit haben werde, die Antwort auf die Vorstellungen abzuwarten, die er für unerläßliche Pflicht halte (noch einmal), zu machen: „Erstens, während der ganzen Zeit (welche die Expedition erfordert, versteht sich) kann ich weder für die Lausitz einstehen noch für das, was zu Dresden vorgeht. Genöthigt, meine Lebensmittel mit mir zu schleppen, kann ich das nicht anders bewerkstelligen, als unter starker Bedeckung, da sonst das (feindliche) Korps, das bei Eger aufgestellt ist, mir in den Rücken fallen würde."

„Ferner habe ich nur einen Weg in das Reich, und das ist der über Hof, alle anderen Wege sind unbrauchbar (impracticables). Der Weg, auf dem ich eindringe, gewährt dem Feinde auf jedem Schritt feste Stellungen (des postes), was meine Operationen aufhält. Bin ich einmal in diesem Lande, so kann ich nicht so schnell wieder herauskommen, noch auch Entsendungen anderswohin mit der nöthigen Raschheit bewerkstelligen, von wegen der Schwierigkeiten, die der Lebensmittel-Wagenzug verursacht, den ich durch diese Engpässe und schlechten Wege gehen lassen muß. Der Prinz Ferdinand kann mir in keiner Weise helfen, auch rechne ich darauf nicht. Ich habe meinen Plan entworfen, aber vor der Ausführung habe ich geglaubt, Ihnen alles Bedenkliche (tous les inconvénients) vorstellen zu sollen, um mir nicht vorwerfen zu müssen, daß ich das leichthin unternommen habe."

So sagt sich der Prinz von jeder Verantwortung los, für die Folgen eines Unternehmens das er mißbilligt!

In einem anderen Schreiben von demselben Tage, das Schöning ein offenes nennt, — was wohl heißen soll, daß es nicht chiffrirt war — zählte dann der Prinz — wie eben auch Schöning bezeugt — alle die feindlichen Truppen auf, die ihm in der Front, im Rücken und in der Flanke entgegenstehen würden. Es ist zu bedauern, daß nicht auch dieser Brief gedruckt vorliegt, denn es wäre von Interesse, zu erfahren, von wem Prinz Heinrich sich eigentlich bedroht glaubte.

In der Antwort, die sofort, am 28. April, erfolgte, macht der König noch einmal schonend in der Form, dem Wesen nach aber klar und mit Bestimmtheit seine Gründe geltend. „Ich habe", sagt er, „aus Ihrem chiffrirten Brief die Schwierigkeiten ersehen, die Sie mir vorhalten, und ich gestehe, daß ich in jedem anderen Kriege als diesem (dans toute autre guerre que celle-ci) Ihnen zu einer so schwierigen Unternehmung nicht rathen würde. Jedoch hier sind meine Gründe: die Oesterreicher können Ihnen in Sachsen keine großen Sorgen machen, da ihre großen Magazine dort vernichtet sind und nicht so leicht wieder hergestellt werden; wenn Sie diese Zeit benützen können, um die Reichsarmee zu verjagen, kann das von vortrefflicher Wirkung sein. (Cela pourra faire un effet admirable.) Was die Lausitz betrifft, die werde ich im Auge behalten, damit dort während Ihrer Abwesenheit kein Unglück geschieht. Dann wird warten bis die Russen thätig werden, um sich in Bewegung zu setzen; die aber (die Russen) können nicht eher als zu Anfang Juni thätig eingreifen. Wenn wir nicht alles versuchen, was menschlicher Weise möglich ist (Si nous n'essayons pas tout ce qui est humainement possible) um uns jetzt, da wir die Zeit dazu haben, eines der Feinde zu entledigen die wir vor uns haben, werden wir uns durch ihre Zahl besiegt sehen, wenn sie alle ihre Operationen zu gleicher Zeit beginnen. Es giebt demnach für uns kein anderes Heil, als alles aufzu=

bieten, um jetzt ihre verabredeten Maßregeln zu durchkreuzen (pour déranger à présent leur concert.) Das ist der Grund, der mich nach Oberschlesien führt, um zu versuchen, ob es möglich sein wird, einen Schlag gegen den Heertheil von 30 000 Mann dort zu führen; wenn es uns auf der einen oder der anderen Seite gelingt, können wir hoffen, uns zu behaupten, wenn wir das aber nicht unternehmen, dann bitte ich Sie mir zu sagen, wie wir es anfangen sollen, um uns zu vertheidigen und zu behaupten, wenn die Feinde von allen Seiten in Uebereinstimmung handeln; nämlich 30 000 Oesterreicher in Oberschlesien; 40 000 gegen Niederschlesien; die Kreistruppen in Thüringen; Broglies Armee in Hessen; Daun mit einem Korps von 30 000 Mann vor Dresden; ein Korps von 10 000 Mann gegen die Lausitz, bereit auf Berlin vorzudringen; ein schwedisches Korps an der Peene und 50 000 Russen theils in Pommern, theils in der Neumark. Sie müssen die Unmöglichkeit zugeben, so vielen Truppen zu gleicher Zeit zu widerstehen, und Sie werden die Nothwendigkeit einsehen, daß wir alle jetzt die äußersten Anstrengungen machen, um uns eines Theiles unserer Feinde zu entledigen."

„Wenn durch bloßes Abwarten etwas zu gewinnen wäre, würde ich sehr gerne warten, das versichere ich Ihnen, aber Unthätigkeit im gegenwärtigen Augenblick ist für uns das Gefährlichste, was es geben kann, und kann uns zu nichts verhelfen, als zu dem, was man im Deutschen eine Galgenfrist nennt. Das, mein lieber Bruder, sind meine Gründe, wir müssen uns der Zeit anbequemen und unsere Maßregeln nach den Umständen berechnen, in denen wir uns befinden. Uebrigens verlange ich von Ihnen nicht unmögliche Dinge, aber wenn Sie Gelegenheit finden, sich einmal und nachhaltig (une bonne fois) der Kreistruppen zu entledigen, ändern Sie vollständig die gesammte Kriegslage und Ihre eigene. (Vous changez entièrement la face de la guerre et de votre propre position.) Was den Erfolg betrifft, so können Sie so wenig dafür stehen als ich, aber ich glaube immer, selbst wenn mir oder Ihnen ein Unfall begegnet, daß es schlimmer wäre, wenn er uns zu einer Zeit träfe, zu der alle unsere Feinde in Thätigkeit wären."

So suchte der König seinen Bruder auch in Beziehung auf seine persönliche Verantwortlichkeit zu beruhigen. Im Allgemeinen sehen wir ihn mit vollkommener Freiheit des Geistes, ganz unabhängig von der herrschenden Routine, von allen Ansichten, an welche die Zeit gewöhnt war, und die sie für maßgebend hielt. Das ist eine Unabhängigkeit, zu der sich immer nur sehr wenige Menschen zu erheben wissen, und zu der sich keiner seiner Zeitgenossen erhoben hatte!

Er fordert seinen Bruder auf, von allen früheren Kriegen und Beispielen ganz abzusehen, da der Krieg, den sie beide zu führen hätten, ein Krieg von eigenthümlichem Charakter sei; ein wesentlich anderer als diejenigen, aus denen die Zeitgenossen ihre Theorien schöpften! ein Krieg der den Umständen, das heißt den Bedingungen, die er geschaffen hatte — seinem eigenen Wesen gemäß, geführt werden müsse. Diesen Lehren liegt, unausgesprochen, der allgemeinere Grundsatz zum Grunde, daß der Geist der Kriegführung, der das formelle Verfahren im Großen und Ganzen bestimmt, in jedem gegebenen Falle, dem geschichtlichen Charakter, dem politischen Zweck eben des besonderen Krieges zu entsprechen habe, den man auszufechten hat. — Der König weist ferner darauf hin, daß durch die Vernichtung der feindlichen Magazine, an der realen Lage der Dinge nichts Wesentliches geändert, nur eine kurze Frist gewonnen sei, daß aber der Prinz allerdings der realen Sachlage eine günstige Wendung geben könne, wenn er die so gewonnene Frist benütze, um, während ihm die Oesterreicher, einstweilen gelähmt durch den Verlust ihrer Vorräthe, freie Hand lassen mußten, einen entscheidenden Schlag gegen die Reichsarmee zu führen und sie zu zerstreuen oder zu vernichten. In diesen Auseinandersetzungen treten auch wieder Anschauungen hervor, die jener Zeit keineswegs geläufig, damals keineswegs Gemeingut waren; die Lehre nämlich, daß es im Kriege keinen anderen wirklichen Erfolg giebt als den, der im siegreichen Kampf gewonnen wird und auf der Zertrümmerung der feindlichen Streitkräfte beruht; daß jeder ohne Kampf und Sieg, ohne Zertrümmerung der feindlichen Streitkräfte gewonnene Vortheil nur ein vorbereitender oder zeitweiliger sein kann — oder auch nur ein scheinbarer, der nur in soweit zu einem wirklichen wird, als der Feind nicht wagt, es auf die Probe des wirklichen Kampfes ankommen zu lassen! —

Prinz Heinrich brach endlich zu Anfang Mai von Zwickau auf. Es war wohl nicht leicht, den Wünschen des Königs zu entsprechen, dem es hauptsächlich um die Zertrümmerung der Reichsarmee zu thun war. Denn wollte diese Armee den Kampf um jeden Preis vermeiden, so konnte sie natürlich weiter ausweichen als die preußischen Truppen folgen durften.

Es kam darauf an, ob sie ein Treffen wagen werde, um ihr großes Magazin zu Bamberg zu schützen, das war aber kaum anzunehmen, obgleich eine feste Stellung bei Münchberg verschanzt wurde, denn seit Roßbach ließ sich die Reichsarmee nicht gern auf ernste Kämpfe ein. — Andererseits stand nicht zu erwarten, daß der Prinz Heinrich, der nicht mit dem besten Willen an dieses „verzweifelte Unternehmen" ging, das Alleräußerste aufbieten werde, um ein entscheidendes Treffen herbeizuführen. Während der König es vorzugsweise auf das feindliche Heer abgesehen hatte, faßte Prinz Heinrich eigentlich nur die Magazine ins Auge und dachte, wie es die herrschende Theorie dem weisen Feldherrn zu besonderem Verdienst anrechnete, den Zweck ohne Schlacht durch Manöver zu erreichen.

Die Reichsarmee war seit Ende April in drei Lagern vereinigt: Feldmarschall-Lieutenant Macquire stand bei Asch unweit Eger; — Hadik bei Münchberg; — ein dritter Heertheil unter dem Prinzen Christoph von Durlach bei Stadt-Steinach in der Nähe von Kulmbach. Der Prinz Heinrich legte es darauf an, den Hauptposten des Feindes, die Stellung bei Münchberg, strategisch zu umfassen; während er selbst mit der Hauptmacht von etwa 20 500 Mann von Zwickau über Hof gerade auf diese Stellung losging, sollte General Knobloch sie (mit 4500 Mann) von Gera aus über Saalburg in ihrer Linken umgehen und General Fink (mit etwa 7000 Mann) über Asch in ihrer Rechten. Der Auftrag des Letzteren schien besonders wichtig, da Macquires Stellung bei Asch dem Prinzen Besorgnisse für seine eigenen Verbindungen einflößte. Die Reichstruppen und die mit ihnen vereinigten Oesterreicher wichen von Münchberg und Stadt-Steinach geradeswegs nach Bamberg zurück, ohne sich in der „sehr festen" Stellung bei Kulmbach irgend aufzuhalten. Nur General Fink hatte mit Macquire, den er zum Rückzug nach Amberg nöthigte, allenfalls nennenswerthe Gefechte. — Prinz Heinrich rückte etwas langsam vor und traf erst am 13. Mai bei Bayreuth ein, nachdem er neun Tage gebraucht hatte, die 16 Meilen von Zwickau dorthin zurück zu legen. Es scheint nicht, daß schlechte Wege oder die „schwierigen Defilees" ihn sonderlich aufgehalten hätten, wenigstens ist davon in den Berichten nicht die Rede; aber er hatte unterwegs drei Rasttage gemacht. Von Bayreuth nach Bamberg sind nur 7 Meilen; es wäre gar nicht unmöglich gewesen, die Reichsarmee bei diesem letzteren Ort zu ereilen, und dabei konnten Vortheile davon getragen werden, im Vergleich mit denen es wenig bedeuten wollte, daß sich bei Himmelskron etwa 800 Mann Reichstruppen mit 3 Kanonen nach unerheblichem Widerstande dem Vortrab des Prinzen ergaben. — General Fink vereinigte sich bei Bayreuth, wo er einen Tag früher eingetroffen war, wieder mit dem Hauptkorps; General Knobloch hielt die Bergfeste bei Kronach ohne Aussicht auf Erfolg eingeschlossen.

Der Pfalzgraf von Zweibrücken, der den Befehl über die Reichsarmee führte, hatte es nicht gerathen gefunden, sich bei Kulmbach zu behaupten, unter anderem auch, weil ein vom Herzog Ferdinand von Braunschweig entsendeter Heertheil durch das Fuldaische heranmarschirte und seinen Rücken, wenn auch fürs erste noch aus sehr großer Entfernung, zu bedrohen schien. Er glaubte die Preußen auch bei Bamberg nicht abwarten zu dürfen, obgleich hier die Reichsarmee, mit Ausnahme der Truppen unter Macquire, ziemlich vollständig versammelt war. Am 14. Mai ließ er das große Magazin zu Bamberg anzünden, während er selbst nach Nürnberg aufbrach, wo er am 17. eintraf und sich mit Macquire vereinigte.

Ein österreichischer Kritiker meint zwar, Prinz Heinrich habe ihm auch dort noch zuvorkommen können, — doch konnte der Prinz dort, wo er stand, in der Nähe von Bayreuth, wohl kaum rechtzeitig wissen, daß die Reichsarmee sich nach Nürnberg wenden würde, nicht nach Würzburg. Aber freilich lagen Unternehmungen, wie der Kritiker andeutet, unter allen Bedingungen, ausführbar oder nicht, ganz außerhalb des Gesichtskreises, den der Prinz Heinrich sich gezogen hatte. Das Auge dieses Prinzen war und blieb ausschließlich auf Bamberg und das dortige Magazin geheftet, mochte die Reichsarmee sein, wo sie wollte — wenn nur nicht etwa in seiner Flanke. Auf Bamberg entsendete er, zuerst von Berneck, dann von Bayreuth aus Truppentheile, die dort schwerlich viel ausgerichtet hätten, wenn sie die Reichsarmee noch vorfanden. Auf Bamberg mußte auch General Knobloch von dem unbezwungenen Kronach aus marschiren, und den Weg dorthin schlug auch der Prinz Heinrich selbst am 16. Mai ein, in einem Augenblick also, in welchem ihm bereits bekannt sein mußte, daß die Reichsarmee nach Nürnberg unterwegs sei. Doch ging er nur bis Holfeld vor, denn der Marsch nach Sachsendorf am 18. war in der That nur eine Veränderung der Stellung. Was hätte auch zu der Zeit ein weiterer Marsch noch für einen Zweck haben können? — Die Reichsarmee, die nichts mehr zu vertheidigen hatte, zur Schlacht zu zwingen, dazu war jetzt keine Aussicht mehr — und Bamberg war bereits am 16. in die Hände der Preußen gefallen. Der gerettete Theil des Magazins war, wie der Prinz dem König berichtete, so bedeutend, daß eine Armee von 40 000 Mann vierzehn Tage davon leben konnte. Zu thun war hier nun eigentlich nichts mehr, und so wurden denn auch nur kleinere Abtheilungen von Bamberg aus auf Würzburg und den Main hinab entsendet, um kleinere Magazine zu vernichten. — Vom 22. an begann der Prinz Heinrich den Rückmarsch vorzubereiten; die entsendeten Truppen wurden wieder herangezogen, das schwere Geschütz vorausgeschickt. Am 24. brach der Prinz selbst auf — am 3. Juni war er wieder bei Zwickau. Die der Reichsarmee beigegebenen Kroaten und Husaren waren ihm gefolgt — es war aber nur zu Scharmützeln ohne alle Bedeutung gekommen. — In Sachsen war inzwischen nichts vorgefallen, als daß einige Husarentrupps, die General Gemmingen über das Erzgebirge in das Land sendete, Streifereien ohne Ergebniß ausführten.

Der Zug des Königs nach Oberschlesien war mißglückt. General De Ville hatte sich vorgewagt, als ob er Neiße einschließen wollte, aber er war vorsichtig wieder zurück gegangen, sowie der König nahte.

In Beziehung auf die Ergebnisse des Zuges nach Franken äußerte sich Friedrich II. zufrieden, obgleich er in der Hauptsache verfehlt war — und in der That, man konnte hoffen, den Feldzug der Feinde in solcher Weise verzögert zu haben, daß die Kursächsischen Lande auf ein paar Wochen mehr oder weniger von Truppen entblößt werden durften. Doch mögen die beifälligen Aeußerungen wohl großentheils ihren Grund darin haben, daß es eben der Prinz Heinrich war, der den Zug geführt hatte. Es war offenbar Absicht des Königs, seinem Bruder gegenüber stets so rücksichtsvoll wie möglich aufzutreten.

In den Darstellungen des Kriegs, namentlich in denen, die aus dem Kreise der Anhänger des Prinzen hervorgegangen sind, wird natürlich ganz mit Stillschweigen übergangen, wie schwer es gehalten hatte, ihn zu dem „verzweifelten Unternehmen" zu bewegen. Der Zug wird durchaus als seine That und als eine seiner schönsten Thaten gefeiert. In dem Lobe aber, das ihm gespendet wird, sprechen sich die Ansichten der damals und später herrschenden strategischen Schule nicht selten, ja zumeist in einer überraschend charakteristischen Weise aus.

So sagt zum Beispiel Retzow, der Prinz habe in drei Wochen einen Zug ausgeführt: „der abermals seine militärischen Talente beweiset und der den Angelegenheiten Friedrichs II. mehr werth sein mußte als eine gewonnene Schlacht. Denn nach einer solchen kann ein zwar geschlagener, jedoch unternehmender Feldherr dennoch gleich so viel Kräfte sammeln, um den erlittenen Schimpf zu rächen; allein nach dem vollständigen Verlust hinlänglicher Verpflegungsmittel ist keine Operation von Wichtigkeit denkbar."

Vollständiger läßt sich wohl die Bedeutung eines Sieges nicht ignoriren, und ärger das wirkliche Wesen des Krieges nicht verkennen.

Schmotseifen, Kay und Kunersdorf.

Es hat aber auch in Beziehung auf diesen Theil des Feldzugs an seltsamen Urtheilen in einem entgegengesetzten Sinn nicht gefehlt. So lesen wir in dem bereits erwähnten Aufsatz in der österreichischen militärischen Zeitschrift (von 1826) die ungemein geistreiche Bemerkung, der König von Preußen habe durch alle diese Expeditionen in der That gar nichts gewonnen, — nämlich nur Zeit.

Das wäre immerhin etwas und zwar etwas nicht so gar Unbedeutendes gewesen. Aber es ließe sich im Gegentheil wohl behaupten, König Friedrich habe durch die Zerstörung feindlicher Magazine eine Verzögerung der feindlichen Operationen eben nicht gewonnen, denn die scheinbar gewonnene Zeit wäre ihm ohnehin gewährt worden, da der Wiener Hof den Beschluß gefaßt hatte, den Feldzug nicht eher thätig zu eröffnen, als bis das russische Heer nahe genug zu entscheidender Mitwirkung herangerückt sei. Doch wenn das auch zugegeben werden müßte, würde für uns daraus noch nicht unbedingt folgen, daß diese immerhin gelungene Offensive dem König von Preußen gar keinen Gewinn gebracht habe. War man doch, wenigstens scheinbar, in der Initiative geblieben — und das Bewußtsein, daß man dem Feinde moralisch überlegen sei, war dadurch und durch die erkämpften, wenn auch mäßigen Vortheile, wach erhalten worden in der preußischen Armee.

Da es nun aber nicht gelungen war, einen der zahlreichen Feinde — diesmal die Reichsarmee — noch vor der eigentlichen Eröffnung des Feldzuges zu entwaffnen, war Friedrich der Große um so mehr darauf bedacht, sich die hier vergeblich gehofften Vortheile auf einer anderen Seite zu verschaffen, und zwar den Russen gegenüber. Das mußte möglich scheinen, da die Russen in getrennten Kolonnen gegen die Weichsel und von da gegen die Warthe vorrückten — und gelang es, so war das ein Ergebniß von sehr viel größerer Tragweite als selbst die vollständige Vernichtung der Reichsarmee, eben weil die Oesterreicher ihre eigenen Operationen von denen der Russen abhängig gemacht hatten. Aus den Briefen des Königs geht sehr bestimmt hervor, daß ein Zug nach Polen in solcher Absicht unter allen Bedingungen unternommen worden wäre und namentlich, wenn die Expedition nach Franken den vollständigsten Erfolg gehabt hätte; diese Expedition wäre dann eine glänzende und glückverheißende Einleitung zu den Unternehmungen an der Warthe geworden, denn sie hätte Sachsen einstweilen sichergestellt und gestattet, wenigstens einen großen Theil der Armee des Prinzen Heinrich gegen Posen hin und vielleicht weiter nach Polen hinein zu verwenden.

Eben dadurch, daß der Zug nach Franken nur einen halben Erfolg gehabt hatte, war nun ein Theilsieg über die Russen für die Vertheidigung im Ganzen doppelt wünschenswerth — oder nothwendig — geworden; und mußte er nun auch unter minder günstigen Bedingungen gesucht werden, als man gehofft haben mochte, so glaubte doch der König die Möglichkeit eines Versuchs auch so, wie sich die Dinge eben gestaltet hatten, durch die Zerstörung der feindlichen Magazine im nördlichen Böhmen und in Franken gegeben.

Dohnas kleines Heer, gegen die Russen bestimmt und im Marsch, war ohne Verstärkungen zu schwach, um etwas Ernstliches zu unternehmen; aus Schlesien glaubte der König, der Uebermacht Dauns gegenüber, nichts entsenden zu können, weil er die österreichische Hauptarmee, so wie sie aus den Grenzgebirgen in die schlesische Ebene herabstieg, in eine Schlacht zu verwickeln hoffte. Aber in Sachsen schienen Truppen entbehrlich, da der Erfolg der Züge nach Böhmen und nach Franken hier für einige Wochen Ruhe versprach.

Schon am 23. Mai, als er sah, daß sich aus der Unternehmung auf Bamberg nichts weiter ergeben konnte, schrieb der König seinem Bruder, daß er, nach Sachsen zurückgekehrt, sofort 10 gute Bataillone und 4 Kürassier-Regimenter zu Dohnas Armee werde zu entsenden haben, und am 5. Juni ließ Prinz Heinrich denn auch die verlangte Truppenzahl unter dem General Hülsen den Marsch dorthin antreten.

Die Verhaltungsbefehle, die Dohna erhielt, wechselten nach den Umständen. Zu Anfang hatte der König Grund zu glauben, die Russen seien bestimmt, Glogau zu belagern. Der Umstand, daß Daun durch seinen Generalquartiermeister Lacy eine Stellung bei Marklissa am Queis aufsuchen ließ, schien diese Nachricht zu bestätigen, und Dohna erhielt den Befehl, bei Landsberg a. d. Warthe Stellung zu nehmen, von wo aus er die Verbindungen der Russen mit Posen gefährden konnte, falls sie ihren Marsch auf Glogau richteten.

Ein russischer Offizier, der seiner Angabe nach eines Zweikampfes wegen flüchtig geworden war und sich zu den Preußen rettete, gab an, daß die russische Armee 42 000 Mann Linientruppen und 10 000 Mann leichte Truppen zähle; von jenen seien 25 000 nach der Neumark, 17 000 nach Schlesien bestimmt; wie die Kosaken vertheilt seien, wisse er nicht.

Die Aussagen des russischen Ueberläufers blieben, was die Kombattantenzahl der russischen Armee betrifft, ohne Zweifel bedeutend — mindestens um 10 000 Mann — unter der Wahrheit, aber sie wurden von anderer Seite, woher ist nicht bekannt geworden, bestätigt, selbst durch Angaben, die in das Einzelne zu gehen schienen, so daß der König veranlaßt wurde, sie für zuverlässig zu halten und seine Pläne darauf zu gründen. Den Nachrichten zufolge, die der König am 20. Juni hatte, waren erst 25 000 Mann russischer Linientruppen bei Posen vereinigt; eine zweite Division von 8000 Mann sollte bei Nakel, unweit Bromberg und der Weichsel, zurück sein, eine dritte ebenso starke unter Rumänzow sogar noch jenseits der Weichsel, in Ostpreußen. Dieser Macht mußte Dohna, den der König durch Hülsen auf 30 000 Mann verstärkt glaubte, gewachsen sein, selbst wenn er die russische Armee vollständig vereinigt fand, denn auf günstigere Zahlenverhältnisse durften die

Preußen in diesem Kriege seit dem Tage von Kolin überhaupt auf dem Schlachtfelde nicht rechnen. Außerdem aber zeigte sich hier die Aussicht, die Russen bei Posen angreifen zu können, ehe sich die dritte Division aus Ostpreußen, vielleicht sogar ehe sich die zweite von Nakel her mit ihnen vereinigt hatte, also unter ganz besonders günstigen Bedingungen, ihnen gleich an Zahl, im günstigsten Falle mit überlegener Macht.

Dohna erhielt den Befehl, nach Posen vorzurücken und die Russen anzugreifen. Der König hatte aber dabei nicht bloß im Sinn, sich der Stadt Posen und des dortigen, von neuem gefüllten Magazins zu bemächtigen, um dadurch den Operationsplan des russischen Feldherrn zu durchkreuzen, wie Tempelhof meint und alle Theoretiker der damals herrschenden Schule wiederholen, immerdar bemüht, Pläne und Absichten Friedrichs des Großen, die sie nicht verstanden, im Sinne der Kriegsführungsweise umzudeuten, die ihnen geläufig war und die sie mit wunderbarer Zuversicht für die normale hielten.

Der König beabsichtigte und erwartete auch hier wieder etwas, woran seine Zeitgenossen niemals als an den eigentlichen Zweck militärischer Operationen dachten: eine wenigstens theilweise Zertrümmerung der russischen Streitkräfte. Die ganze Zeit her hatte er seinem Bruder Heinrich fast in jedem Briefe wiederholt, es müsse demnächst zu einer Schlacht kommen, entweder mit den Oesterreichern oder mit den Russen, und diejenige der beiden, hier gegen die Einen, dort gegen die Anderen verwendeten preußischen Armeen, die zuerst einen Sieg davon trage, könne dann der anderen Verstärkungen zusenden. Jetzt, am 20. Juni, setzte er seinem Bruder in demselben Geist die Gründe auseinander, die ihn bewogen, Dohna gegen die Russen vorbrechen zu lassen. Daun, sagte er, wolle die Ernte abwarten und erst nach derselben zu ernstlichen Operationen schreiten; wo er stehe, könne man ihn nicht angreifen, es sei also keine Aussicht, ihn so bald zu einem entscheidenden Kampf zu bringen; die Russen ihrerseits seien noch nicht vollständig bei Posen versammelt, und was dort bereits vereinigt sei, befinde sich in übler Verfassung (dans un état pitoyable). Das alles habe ihn — den König — veranlaßt, zu denken, daß man sich zunächst gegen die Russen wenden und sie so schnell als möglich abfertigen müsse, um sie los zu sein (tout ceci m'a fait juger qu'il faut les dépêcher au plus vite pour en être défait) und um bald wieder anderweitig über die Truppen Dohnas verfügen zu können. Man müsse die Russen angreifen, ehe sie Rumänzow heranziehen könnten; Dohna habe demgemäß den Befehl, von Landsberg aus scheinbar die Richtung auf Thorn einzuschlagen, dadurch werde er den General Fermor zwingen, seinen Posten zu verlassen, und auf dem Marsch werde sich vielleicht eine günstige Gelegenheit finden, ihn anzugreifen und über die Weichsel zurückzuwerfen.

Die Sachen lagen in der Wirklichkeit nicht unwesentlich anders, als der König dachte. Einerseits waren die Russen um etwa 10000 Mann stärker, andererseits Dohna um 3—400 Mann schwächer, als in Friedrichs Plänen vorausgesetzt war. Dohna war, nachdem er 6 Bataillone, 1 Dragoner-Regiment und 2 Schwadronen Husaren (ungefähr 4000 Mann) gegen die Schweden zurückgelassen hatte, nicht mit 21000 Mann, wie der König rechnete, sondern mit allerhöchstens 18000 Mann bei Landsberg eingetroffen. Und wieder sehen wir den König in den Fehler verfallen, von jedem seiner Generale, den er überhaupt fähig achtete auf einem besonderen Kriegstheater den Befehl zu führen, alles zu verlangen und zu erwarten, was er selbst allenfalls an dessen Stelle hätte ausführen können. In dem gegenwärtigen Fall kannte er noch dazu den Grafen Dohna als einen bejahrten, kränklichen Mann, von dem man kein ungewöhnliches Maß von Kühnheit erwarten durfte. Freilich war es auch nicht Dohna, auf den er rechnete; er sendete seinen Generaladjutanten Wobersnow zu dessen kleinem Heer, und es zeigt sich, daß Wobersnow eigentlich die Leitung der Dinge übernehmen sollte, wie ihm denn auch besondere Verhaltungsbefehle mit auf den Weg gegeben und nachgesendet wurden. Sie enthielten, was der König seinem Bruder mitgetheilt hatte. So werden in einem Schreiben vom 21. Juni die Gründe angegeben, die den König bestimmen, diese Expedition anzuordnen, sowie Mittel, die Verpflegung der Truppen, die Wobersnow als sehr schwierig schilderte, zu erleichtern, und zum Schluß fügt der König die merkwürdigen Worte hinzu: „Das Einzige, so dabei zu observiren, ist: daß wir nicht müssen geschlagen werden, jedoch wäre auch solchen unverhofften Falls die Warthe eine Ressource, um sich dahinter zu setzen, und das Schlimmste, so dadurch arriviren kann, wäre: daß wir alsdann den Krieg in das Land bekämen." — Das aber, hatte der König wiederholt geäußert, werde unfehlbar geschehen, die unglücklichste Möglichkeit unfehlbar zur Wirklichkeit werden, wenn man den Kampf in offener Feldschlacht nicht wagen wolle, um diesen Feind an und über die Weichsel zurückzuwerfen.

Es ist aber immer ein bedenklicher Behelf, wenn ein sogenannter „faiseur" den Gang eines Feldzugs von untergeordneter Stellung aus leiten soll. Ein solcher Nebenfeldherr hinter den Koulissen verschafft sich in der Regel leicht genug Gehör, wenn er einem Feldherrn, der sich seiner Aufgabe nicht durchaus gewachsen fühlt, Rathschläge der Behutsamkeit an die Hand giebt — nicht mit derselben Leichtigkeit, aber wenn er den Befehlführenden zu rasch entschlossener, kühner That bestimmen will und soll — und am wenigsten, wenn er noch obendrein nicht ein Vertrauensmann ist, den der Feldherr sich selbst gewählt hat, sondern wie hier ein Mentor, der ihm beigegeben ist. Außerdem scheint aber auch Wobersnow den Erwartungen des Königs nicht entsprochen zu haben.

Besonders aber erwies sich die „Friktion" viel bedeutender und hemmender, als man irgend gerechnet haben konnte. Mancher Verwaltungszweig, besonders die Verpflegung, scheint nicht zum besten eingerichtet gewesen zu sein. Da man auch in dem neutralen Lande das reifende Korn auf den Feldern schonen wollte, beschränkte man sich im Marsch ganz gegen alles, was zur Zeit herkömmlich war, auf die schmalen Landwege; das Vorrücken ging sehr langsam — und da die Märsche bei der Hitze auf diese Weise ermüdend wurden, glaubte man häufig Rasttage machen zu müssen. Da scheinbar die Richtung auf Thorn eingeschlagen werden sollte, marschirte Dohna's kleines Heer an der Warthe aufwärts nicht gerade auf Posen — aber, am 23. Juni von Landsberg aufgebrochen, kam es erst am 1. Juli dazu, bei Obornik auf das rechte Ufer der Warthe hinüberzugehen und dort Stellung zu nehmen, während die Vorhut unter Wobersnow noch weiter bis Murowana-Goslina vorging. Man hatte neun Tage gebraucht, um etwa sechzehn Meilen zurückzulegen.

Die russische Armee, der man so viel Zeit gelassen hatte, war nun ziemlich vollständig bei Posen vereinigt, und auch ein neuer Feldherr war am 30. Juni bei derselben eingetroffen. General Fermor, der bis dahin den Befehl führte, soll selbst darum gebeten haben, daß ein Anderer an die Spitze des Heers gestellt werde, ihm selbst aber für seine Person gestattet, in zweiter Linie bei demselben weiter zu dienen. Wie Fermor die russische Generalität seiner Zeit kennen mußte, kann er sich möglicherweise gesagt haben, daß die eigentlich militärische Leitung doch wesentlich in seinen Händen bleiben werde, und er war von einer unter der Kaiserin Elisabeth immerhin bedenklichen Verantwortlichkeit befreit. Wahrscheinlich wußte Fermor auch, daß man ihm zu Wien nicht traute, obgleich man ihm vor kurzem erst ein Geschenk von 6000 Dukaten gemacht und eine Herrschaft in Schlesien versprochen hatte. Entscheidend ist wohl geworden, daß die österreichische Regierung alles aufbot, um seine Ablösung durch einen anderen General zu bewirken.

Der neue Feldherr war der Feldmarschall Saltykow, Oheim der verstorbenen Kaiserin Anna Iwanowna (Bruder ihrer Mutter) — ein schwerfälliger, bejahrter Mann, geistig beschränkt, unwissend, roh — und mit jenem Mißtrauen gegen alles Fremde behaftet, das Barbaren und Halbbarbaren eigen zu sein pflegt. Friedrich II., auf Umwegen durch die englische Diplomatie über sein Wesen unterrichtet, schreibt seinem Bruder Heinrich: „Fermor erhält einen Saltykow zum Gehülfen, den man als schwerfälliger und blödsinniger bezeichnet als Alles, was Rußland jemals Bäurisches hervorgebracht hat." (Fermor reçoit pour adjoint un Saltykow que l'on dit plus lourd et plus imbécile que tout ce que la Russie ait jamais produit d'agreste.) Doch scheint die Art von Verschlagenheit, die das Leben an einem Hof, wie der russische damals war, zu entwickeln pflegt, auch diesem beschränkten alten Mann nicht gefehlt zu haben.

Wie unfähig aber auch Saltykow sein mochte, blieb doch seine Anwesenheit im russischen Hauptquartier nicht ohne sehr wesentlichen Einfluß. Das war eine natürliche Folge der Stimmung, die dort und überhaupt in der russischen Armee herrschte und die ihren eigentlichen Grund zum großen Theil in mangelhafter Bildung und Einsicht hatte. Auf die seltsame Hypothese eines befangenen Geschichtschreibers, der eine geheime, Preußen schonende Politik des russischen Hofs zu wittern glaubt, brauchen wir hier wohl nicht zurückzukommen; ebensowenig als auf die seiner Zeit weiter verbreitete Fabel von einem Einfluß, den der Großfürst Thronfolger zu Gunsten König Friedrichs geübt hätte. Es war nicht nur der Kaiserin Elisabeth, sondern auch, wie aus Urkunden hervorgeht, auf die wir später zurückkommen müssen, den russischen Staatsmännern bitterer Ernst mit dem Kriege gegen Preußen. Diese Herren betrachteten Preußens Aufstreben und Erstarkung mit entschiedener Mißgunst. Sie glaubten, daß die Hegemonie, das Uebergewicht Rußlands im Norden Europas, das

Peter der Große durch den Sieg über Schweden und Beschränkung der Macht dieses Staats glücklich gegründet hatte, durch Preußen wieder gefährdet werden könnte, wenn dem Aufschwung dieses Reichs nicht bei Zeiten gewehrt werde. Auch sonst sollte der Krieg, der jedenfalls geführt werden mußte, nicht ohne Ergebniß für Rußland bleiben. Er sollte ihm auch eine Erweiterung der eigenen Macht bringen. Man wollte demnach Ostpreußen gewinnen, und jeder Gedanke an eine Schonung Preußens lag diesem Kreise sehr fern, weil die Kaiserin ihren persönlichen Haß gegen Friedrich den Großen befriedigen wollte, ihre Minister und Günstlinge aber Zwecke verfolgten, die schon an sich einen solchen Gedanken ausschlossen und sich außerdem wohl zu sagen wußten, daß der Besitz von Ostpreußen nicht gesichert, der Friede, zu dem dieser Krieg führen sollte, nur ein Waffenstillstand sein werde, wenn man Preußen nicht in einen Zustand gänzlicher Machtlosigkeit hinabdrückte.

Anders lagen die Dinge in der russischen Armee. Da war man sehr wenig für die Fortsetzung des Krieges begeistert. Die Beute, die Rußland aus diesem Kampfe davon tragen konnte, Ostpreußen, glaubte man bereits in Sicherheit gebracht; man glaubte, der Krieg werde von Seiten Rußlands unnöthigerweise nur noch im Interesse fremder Mächte thätig fortgeführt — ja man wähnte sich aufgeopfert für fremde Zwecke — alles ziemlich genau so, wie es ein späteres Geschlecht 1813 wieder erlebt hat. Dieser in der Armee herrschend gewordene Geist gab sich in einem Widerstreben zu erkennen, dessen auch die gemessensten Befehle aus Petersburg nicht durchaus Herr zu werden vermochten — gerade wie Alexander I. 1813 dieses Geistes nicht hätte Herr werden können, wenn er sich nicht persönlich zur Armee begeben hätte und wenn nicht glücklicherweise Kutusow, der hauptsächlichste Träger, die mächtigste Stütze dieser beschränkt russischen Ansicht zu rechter Zeit gestorben wäre.

Saltykow war durch Natur und Beschränktheit der Bildung ganz dazu geschaffen, diesem Geist des Widerstrebens zu verfallen, der Ausflüchte sucht, um wenig zu thun und wenig zu wagen. Schon in Petersburg hatte er gegen französische Diplomaten und Militäragenten bedenkliche Worte fallen lassen; daß es für dieses Jahr bereits zu spät sei, etwas Namhaftes zu unternehmen; daß, eine Belagerung von Stettin vorzubereiten, ganz andere Maßregeln nöthig wären, als man getroffen habe, u. dergl. m. — Das waren natürlich leere Redensarten, deren eigent-

licher Sinn erst in dem, was Saltykow über Daun hinzufügte, be=
stimmter hervortrat. Er äußerte, Dauns Unthätigkeit sei ihm verdächtig;
es scheine, daß man österreichischerseits die Russen nur herbeirufe, um sie
aufzuopfern, während man selbst nichts Ernsthaftes unternehmen und
wagen wolle.

Es kam noch hinzu, daß Saltykow keine allzu hohe Meinung von
dem Zustand gehabt zu haben scheint, dem die russische Armee unter der
Kaiserin Elisabeth verfallen war. Er ließ sich vernehmen, es werde
schwer halten, da Zucht und Ordnung wiederherzustellen — und einer der
ersten Tagesbefehle, die er erließ, verfügte, daß man die Mannschaft im
Scheibenschießen üben solle — was in der russischen Armee jedenfalls
seit vielen Jahren nicht geschehen war.

Wie in dem Umstand, daß die russische Armee sich in großer Ent=
fernung von ihren ohnehin nicht sehr reichlich fließenden und überaus
ungetreu verwalteten Hülfsquellen bewegen mußte, lag, beiläufig bemerkt,
auch in Geist und Gesinnung, die in ihr herrschend geworden waren, eine
Bürgschaft dafür, daß sie wieder wie das Jahr zuvor durch eine ver=
lorne Schlacht für den ganzen Feldzug beseitigt sein würde.

Dohna hatte nun, nach der Ansicht der damaligen Theoretiker,
bei Obornik eine ungemein günstige Stellung gewonnen; denn wie
Tempelhof sagt, verloren die Russen dadurch, daß er dort stand, „großen=
theils die Verbindung mit Thorn und der Weichsel, und so lange sie —
die preußische Armee — sich in ihr behaupten konnte, durfte sich der
Feind nicht von Posen entfernen, um seine Operationen gegen die Mark
oder Schlesien fortzusetzen, aus Furcht, auch von dieser Stadt und seinem
vornehmsten Magazin abgeschnitten zu werden. Er hätte sich daher ge=
nöthigt gesehen, eine Schlacht zu wagen und den General Dohna in einer
Stellung anzugreifen, die ihm eben nicht die beste Hoffnung zum Siege
machte."

Als ein bedenklich gewagtes Mittel, zu dem man nur im äußersten
Nothfall zu greifen berechtigt ist, erscheint auch hier wieder die Schlacht!

Dohna konnte angeblich die russische Armee nicht bei Posen an=
greifen, wie ihm vorgeschrieben war, weil sie dort bereits auf das linke
Ufer der Warthe hinüber gegangen war, während er bei Obornik auf dem
rechten stand. Wie eine Quelle — die Geschichte des Freiregiments
Horbt — andeutet, wollte es Graf Dohna darauf ankommen lassen,

ob die russischen Generale gerathen finden würden, ihn in der vortheil=
haften Stellung anzugreifen, in der er ihre rückwärtigen Verbindungen
bedrohte. Das wäre ganz im Geist der damals herrschenden Theorie
gewesen. Denn die methodische Kriegführung bestand, wie wir wissen,
der geltenden Lehre zufolge eben darin, daß man durch Märsche und Ma=
növer in den Besitz örtlicher Vortheile zu gelangen suchte und den Feind
in die Nothwendigkeit versetzte, die Initiative zu ergreifen und zu wagen,
wenn er den Nachtheil wieder ausgleichen wollte. Und so ist denn auch
bei Tempelhof zwischen den Zeilen zu lesen, daß Dohna so hätte han=
deln sollen, und daß die Russen sich schwerlich entschlossen haben würden,
ihn anzugreifen.

Sollte Dohna dergleichen im Sinn gehabt haben, so handelte er
jedenfalls doch nicht folgerichtig den Lehren dieser Theorie gemäß. Zu=
nächst ließ er seinen Vortrab unter Wobersnow am 3. Juli bis auf
Kanonenschußweite von Posen vorrücken, weil man benachrichtigt worden
war, daß das russische Magazin zu Posen sich auf dem rechten Ufer des
Flusses befinde, die Armee aber vor der Stadt auf dem linken lagere,
und daß es vielleicht möglich sei, die dort aufgehäuften Vorräthe durch
ein Bombardement zu vernichten. Doch da Wobersnow die Stadt Posen
auf dem rechten Ufer stark verschanzt fand, zog er sich nach einer unnützen
Kanonade wieder zurück.

Darauf entsendete Dohna den Grafen Hordt mit seinem Frei=
regiment und einigen Husaren, um einige kleinere russische Magazine zu
Nakel und Bromberg zu vernichten, was zwar gelang, aber zur Zeit gar
keinen Einfluß auf den Gang der Operationen haben konnte. Dohna
selbst ging schon am 5. mit seinem kleinen Heer nach Obersitzko zurück
und dort auf das linke Ufer der Warthe hinüber. Warum? — Das ist
bis jetzt nicht bekannt geworden, aber er kann kaum etwas anderes im
Sinn gehabt haben, als die russische Armee anzugreifen, sowie sie von
Posen aufbrach, um weiter vorzurücken. Auch nahm er mehrere Male
einen Anlauf dazu, doch kam es nie zur That.

Schon am 7. Juli rückte die russische Armee auf der Straße, die
von Posen nach Küstrin und Frankfurt a. d. Oder führt, bis Tarnowo
vor — was sie schwerlich gethan hätte, so lange die Preußen bei Obornik
standen. Kosaken alarmirten den 9. Dohnas Vortrab, der zur Beobach=
tung weiter gegen Posen vorgeschoben war. Dohna brach sofort auf,

seinen Vortrab zu unterstützen, und in der Erwartung einer Schlacht. Durch einen gefangenen Offizier erfuhr man, wo der Feind sei, und das preußische Heer marschirte weiter, um sich ihm bei Kasimierz, die Straße nach den beiden Oderstätten sperrend, gerade vorzulegen. Der Marsch auf Waldwegen im Sande, in einer einzigen Kolonne, war sehr beschwerlich, so daß der Nachtrab erst spät am folgenden Morgen in das Lager kam. — Der rechte Flügel der Russen schien in der Stellung bei Tarnowo nicht gut angelehnt; Wobersnow schlug vor, in der folgenden Nacht über den Paß bei Kasimierz vorzugehen, um dann am folgenden Morgen zum Angriff zu schreiten; Dohna billigte den Plan — verschob aber die Ausführung um 24 Stunden, weil die Truppen der Ruhe bedürften; so lange aber blieb die Gunst der Lage nicht unverändert.

Die Russen, dem kleinen preußischen Heer, selbst die Kosaken gar nicht gerechnet, um das Doppelte überlegen, dachten nicht im entferntesten daran, solche Ueberlegenheit zu benützen und zum entschlossenen Angriff zu schreiten. Ihre Generale wollten die Armee nicht aufgeopfert wissen. Saltykow wiederholte immer mit gleicher Entschiedenheit, daß er ohne Verstärkung durch ein österreichisches Hülfskorps nichts Namhaftes zu unternehmen vermöge, und da ihm eine solche Verstärkung zugesagt war, suchte er sich näher an die Oder heran zu manövriren, wo die verheißene österreichische Schaar zu ihm stoßen sollte. Von dort aus sollte dann gleichsam der gemeinschaftliche österreichisch=russische Feldzug beginnen. Ein Mann wie Retzow bewundert natürlich die „geschickten Bewegungen", vermöge welcher der russische Feldherr seinen Zweck ohne Schlacht zu erreichen suchte.

Am 11. brach Saltykow früh auf, um Höhen zu besetzen, die am südlichen Ende des Sees von Kasimierz in der rechten Flanke der preußischen Armee lagen. Wenn ihm das gelungen wäre, hätte es großes Unglück gegeben, meint Tempelhof. „Der Besitz dieser Höhen hätte den Feind wieder der schlesischen Grenze um einen Marsch näher gebracht und den General Dohna genöthigt, sich entweder gegen die Warthe oder nach Glogau zu ziehen." — Dadurch wären die Preußen in beschwerliche Märsche verwickelt worden; die Russen hätten es in ihrer Macht gehabt, sich ihnen auf dem Wege nach Schlesien immer wieder vorzulegen „und durch Beschneidung der Lebensmittel einen größeren Sieg zu erhalten, als wenn sie die blutigste Schlacht gewonnen hätten." —

Daß Dohna den Versuch machen konnte, diese verhängnißvollen Anhöhen durch einen siegreichen Angriff wieder zu gewinnen, wenn die Russen ihm dort zuvorgekommen waren, das liegt für Tempelhof ganz außer aller Berechnung, und daß die Russen nicht ihrerseits einen solchen Versuch machten, als es den Preußen gelungen war, diese Höhen noch vor ihnen zu erreichen, findet er so natürlich, daß er kein Wort darüber verliert. Das Wesen des Krieges liegt ihm durchaus in Manövern.

Da es nicht gelungen war, den rechten Flügel der Preußen zu umgehen, versuchte es Saltykow am folgenden Tage auf dem linken. Seine Kolonnen zogen nahe an der preußischen Stellung vorbei; Wobersnow schlug vor, sie im Marsch anzugreifen; wieder stimmte Dohna dem Vorschlag bei und wieder vermochte er den Entschluß zur That nicht rechtzeitig zu fassen. Die Russen marschirten nach Pinne, Dohna blieb ihnen zur Seite, um sich ihnen bei Neustadt wieder vorzulegen. Er hätte allenfalls Fassung genug gehabt, einen Angriff der Russen in guter Stellung zu erwarten; sich selbst zum Angriff zu entschließen, ging über sein Vermögen. Der Krieg wurde hier nicht in Friedrichs Geist geführt!

Zu Neustadt ging Dohnas Brot zu Ende, und die Bäckerei konnte nicht eingerichtet werden, weil es an Ziegeln zu den Oefen fehlte. Ziegel waren selten in Polen, wo die Landbevölkerung, von dem Adel in der dürftigsten Armuth erhalten, in elenden Lehmhütten hauste. — Die Landräthe der schlesischen und neumärkischen Grenzkreise erhielten den Auftrag, Brot aufzutreiben und nach Meseritz liefern zu lassen. Dorthin, dem Brot entgegen, marschirte Dohna am 16. Juli, und er verweilte dort auch ein paar Tage, um der Bäckerei zu pflegen.

Darüber war aber den Russen der Weg nach Schlesien freigegeben, und sie nahmen auch die Richtung von Pinne über Bentschen nach Züllichau. — Nur mit einiger Mühe gelang es den Preußen, sich ihnen bei diesem letzteren Ort am 20. und 21. Juli wieder vorzulegen.

In der Hofburg zu Wien war man, wie wir jetzt durch Arneth wissen, keineswegs der Ansicht, daß Daun so lange unthätig bleiben sollte, als wirklich geschah. Schon in einem Brief vom 6. Mai forderte

Maria Theresia zu einiger Thätigkeit auf, weil sie überzeugt sei, daß die russische Armee sich niemals der Oder zwischen Frankfurt und Breslau nähern werde, wenn nicht die österreichische vorher die Offensive ergriffen hätte, um die preußische Hauptmacht zu beschäftigen. Wie das in den zur Zeit herrschenden Ansichten lag, wird dabei einer Schlacht, die man etwa suchen könnte, gar nicht erwähnt; auch nicht einmal, um den Gedanken daran abzulehnen. Wohl aber wird ausdrücklich bemerkt, daß an eine Belagerung unter den obwaltenden Umständen nicht zu denken sei. Man müsse suchen, an einer oder anderer Stelle in Feindes Land einzudringen und da möglichst festen Fuß zu fassen. Dazu scheine es, soviel sich aus der Entfernung beurtheilen lasse, drei Mittel zu geben, von denen man das beste wählen müsse. Man könne einen Heertheil von 25 000 bis 30 000 Mann gegen Lauban an den Queis entsenden, um des Feindes Verbindungen mit Sachsen zu unterbrechen und sich der Gegend zu nähern, auf welche die Russen vordringen wollten; — oder wenn das nicht genüge, den Feind aus seiner gegenwärtigen Stellung in eine solche Lage wie im vorigen Jahr bei Hochkirch zu drängen, könne man mit der Hauptmacht in die Gegend von Görlitz oder an den Queis vorgehen und nur ein Korps zur Deckung Böhmens zurücklassen; endlich könne man auch die Reichsarmee verstärken und nach Sachsen auf Leipzig vorgehen lassen, wodurch man den Feind zwingen würde, Truppen dorthin zu entsenden und sich in Schlesien zu schwächen.

Der zweite dieser drei Vorschläge mag wohl das gewesen sein, was man zu Wien, im Hofkriegsrath unter dem Vorsitz des Feldmarschall Neipperg und im Kabinet der Kaiserin eigentlich im Sinn hatte.

Daun legte am 10. Mai einem Kriegsrath zu Schurz unweit Königgrätz in Böhmen nicht nur die von Wien überkommenen Vorschläge zur Begutachtung vor, sondern auch noch einen vierten, der darin bestand, mit gesammter Heeresmacht auf Landeshut vorzurücken und dem Feinde eine Schlacht zu liefern — diesen letzteren, der so ganz und gar über Dauns gewohnte Weise zu verfahren hinausging, ohne Zweifel nur, damit alle versammelten Generale sich dagegen aussprechen sollten.

Auch geschah das, wenngleich so zu sagen nur mittelbar, nämlich insofern, daß niemand diesen Vorschlag beachtete oder einer Erörterung werth hielt. Die meisten Stimmen, und unter diesen Lacy, sprachen sich dahin aus, daß man etwas früher oder etwas später an den Queis vorrücken müsse — und so blieb es denn bei Dauns eigenem Gutachten, demzufolge man „in der gegenwärtigen günstigen Stellung" abwarten mußte, daß die Russen wirklich bei Posen eingetroffen seien; dann könne man De Ville aus Mähren an sich ziehen, 25 000 Mann unter Harsch zur Deckung Böhmens zurück lassen und mit der Hauptmacht an den Queis vorrücken. In seinen Berichten nach Wien nannte Daun den 10. Juni als die ungefähre Zeit, zu der das geschehen könne.

Dabei beruhigte man sich fürs Erste in der Wiener Hofburg, weil es so ziemlich — von den Zeitbestimmungen abgesehen — das war, was man dort beabsichtigt hatte.

König Friedrich wußte, daß man sich von Wien aus bemühte, den Feldmarschall Daun in Bewegung zu bringen; die Nachrichten, die ihm darüber zukamen, gingen sogar, wie es scheint, mit einiger Uebertreibung über die Wahrheit hinaus, denn im Monat Mai glaubte er zu wissen, daß Daun den Befehl erhalten habe, „um jeden Preis" in Schlesien einzudringen. Deshalb lag er bei Landeshut auf der Lauer, bereit, den ersten günstigen Augenblick wahrzunehmen, um die österreichische Hauptmacht in eine Schlacht zu verwickeln. Auch Fouqué, mit dem das Nöthige bei Zeiten verabredet war, sollte zu dem entscheidenden Tage herangezogen werden, um die 53 000 Mann, über die der König in Schlesien verfügen konnte, für diesen Tag und die Entscheidung, die er bringen sollte, vollständig beisammen zu haben. Ganz in dem Geist, der sich schon in dem Brief vom 21. März an den Herzog Ferdinand ausspricht, aber jetzt natürlich in Beziehung auf einen ganz bestimmt gedachten Feind und Kriegsschauplatz, schrieb Friedrich der Große am 1. Juni aus Reichhennersdorf bei Landeshut seinem Bruder Heinrich, wie man versichere, werde Daun seine Operationen am 8. beginnen, es werde demnach bald zu einer Schlacht kommen, denn unmöglich könne der Feind zwischen Landeshut, Hirschberg und Glatz in Schlesien einzudringen versuchen, ohne daß er gezwungen wäre, unter ungünstigen Bedingungen eine Schlacht anzunehmen. Fouqué werde, wenn es zu einem entscheidenden Treffen komme, mit dem Heer des Königs vereinigt kämpfen; es gebe kein anderes Mittel als die vereinigte Gesammtmacht gegen einen Feind nach dem anderen zu wenden. Der Erfolg hänge vom Glück ab. (On assure que l'ennemi commencera le 8 ses expéditions de tous cotés, nous ne tarderons guères à avoir une bataille, car entre-ci, Hirschberg et Glatz, il est impossible que son armée pénètre dans le pays, sans que l'ennemi ne soit forcé de combattre avec désavantage. Fouqué et moi nous agissons de concert et si cela en vient à une affaire décisive, nous combattrons ensemble, il n'y a que ce moyen-là de rassembler toutes mes forces et d'en donner sur les oreilles aux uns après les autres, quand au succès, il dépendra de la fortune.)

In den späteren Briefen wird dann an diese Pläne als an etwas Bekanntes erinnert. Und eben weil der König den Tag der Entscheidung sehnlich herbeiwünschte und mit Spannung erwartete, reizte ihn Dauns unthätiges Zaudern zur Ungeduld, die sich anfangs in harmlosem Scherz äußert, nach und nach aber den Charakter einer gewissen Erbitterung annimmt. So bemerkt er am 5. Juni, daß er mit einem Mann zu thun habe, auf dem der Segen des Papstes ruhe, den aber der heilige Geist etwas langsam inspirire. — Am 11. aber schon, die Krisis sei eine furchtbare, er wisse ihr aber nicht abzuhelfen, da er weder die Russen noch die Oesterreicher zum entscheidenden Kampf zu zwingen vermöge, und man sie abwarten müsse. (La crise est épouvantable, mais je n'y sais aucun remède, car je ne peux forcer, ni les Russes, ni ces gens-ci à combattre, et il les faut voir venir.) — Am 16. aber: „Was für ein Mensch, mein gebenedeites Wesen! (ma bénite créature) er weiß die Kunst seine Ueberlegenheit nicht zu benützen, seine verfrühten Feldzüge beginnen im Herbst (ses campagnes précoces commencent en automne), er hat von hier bis Troppau 103 000 Mann zu seiner Verfügung und glaubt, nichts unternehmen zu sollen, so lange sich nicht auch noch 60 000 Russen an der Partie betheiligen (se mettent de la partie).

König Friedrichs Geduld sollte auf noch viel härtere Proben gestellt werden.

Aber da Daun die Eröffnung des Feldzugs immer weiter hinausschob, und des ruhigen Abwartens gar kein Ende werden wollte, verlor man endlich auch in der Wiener Hofburg einigermaßen die Geduld. Der Feldmarschall erhielt unter dem 21. Juni aus Wien den bestimmten Befehl, seine Stellung zu verlassen und an den Queis vorzurücken; er sollte selbst einer Schlacht nicht aus dem Wege gehen, wenn sich nicht etwa die Umstände entschieden nachtheilig erwiesen und die Waagschale zwischen der österreichischen und der preußischen Armee „wenigstens" gleichstehe; denn bei der Nähe der russischen Armee könne selbst der Verlust einer Schlacht der österreichischen nicht „alle Rettungsmittel benehmen", ein Sieg dagegen die entscheidendsten Folgen, vielleicht das Ende des Krieges herbeiführen. Da die Kaiserin ihren Mann kannte, fügte sie hinzu, daß sie „der Billigkeit und ihrem Dienst gemäß", um ihn „außer aller Gemüthsbeunruhigung zu setzen", die Gefahr — d. h. die Verantwortung „allein" auf sich nehme.

Daun mußte sich nun wohl fügen, aber er ging der bedeutendsten der österreichischen Quellenschriften zufolge „mit schwerem Herzen" an die Ausführung. Wahrscheinlich war es in seinen Augen noch zu früh, das russische Heer noch nicht nahe genug herangerückt. Auch wußte er noch immer zu zaudern; erst am 28. Juni brach er auf aus der Stellung bei Schurz, in der er sein Heer nach und nach zusammengezogen hatte, und er brauchte nicht weniger als neun Tage, um etwa zwölf Meilen zurückzulegen. Erst am 6. Juli nahm sein Heer die schon seit längerer Zeit bei Marklissa am Queis zum voraus gewählte Stellung.

Schon hatte sich Hadik mit seinen Oesterreichern von der Reichsarmee getrennt, um in das westliche Böhmen abzurücken, und Gemmingen war von dort in die Lausitzer Berge herangezogen worden. Das österreichische Heer bildete nun einen Bogen um das nördliche Böhmen; Harsch stand bei Trautenau, De Ville rückte aus Mähren zur Vereinigung mit ihm heran; Dauns Hauptmacht war bei Marklissa, wie das die Art dieses Feldherrn war, von einem Kranz entsendeter Korps umgeben. General Beck stand bei Gebhardsdorf, Laudon bei Lauban, Vela bei Ostritz, Gemmingen etwas entfernter in der Gegend von Zittau, Hadik endlich an der Elbe bei Außig. Der österreichische Feldherr hatte nunmehr auf dieser Linie — ohne die Reichsarmee zu rechnen, die aus Franken in das Vogtland vorrückte — nach authentischen österreichischen Quellen nicht weniger als 144 000 Mann (111 000 Mann Fußvolk und 33 000 Reiter) zu seiner Verfügung. Die Preußen zählten ihm gegenüber nach des Königs eigenen Angaben in seinen vertrauten Briefen in Schlesien und Sachsen nicht volle 80 000 Mann.

Friedrich II. hatte eine Abtheilung unter dem General Wedell nach Trautenau vorgesendet, um die Lage der Dinge aufzuklären, und hielt anfangs (2. Juli) Dauns langsamen Marsch zunächst auf Gitschin und Reichenberg für ein „Stratagem", durch das man ihn bewegen wolle, sich aus der Gegend von Landeshut nach Löwenberg zu ziehen, worauf dann das österreichische Heer rasch über das verlassene Landeshut in Schlesien hereinbrechen sollte. Doch schon am folgenden Tage (3. Juli) schrieb der König seinem Bruder, Daun werde sich wohl über Zittau auf Görlitz wenden. Erscheine er dort, dann wolle er, der König, sich bei Landeshut von Fouqué ablösen lassen und zunächst nach Lähn marschiren, um die österreichische Hauptmacht in größerer Nähe zu beobachten. Am wahrscheinlichsten schien, daß Daun suchen würde, von Görlitz aus in Schlesien einzudringen; geschah das, dann wollte der König ihn ruhig aus den Bergen in die Ebene herabkommen lassen, um ihn hier anzugreifen (j'attendrais qu'il entre en Silésie, où je voudrais le laisser sortir des montagnes pour le combattre). Aber auch andere mögliche Fälle wurden erwogen. Wendete sich Daun nach Dresden, so folgte ihm der König in die Lausitz; brach Daun nach den brandenburgischen Marken auf, — was ihm, beiläufig bemerkt, nicht sehr ähnlich sah — dann wollte sich der König ihm in den Rücken werfen, ihm folgen und ihn zur entscheidenden Schlacht zwingen (s'il veut marcher vers la Marche, je me mets à son dos et l'obligerai à combattre où il me plaira).

Ein kühner Plan, mit etwa 40 000 Mann, die zur Verfügung standen, dem Feldmarschall Daun auf der Spur zu folgen und eine Entscheidungsschlacht mit verkehrter Fronte herauszufordern! — Kühn und doch nicht verwegen zu nennen, denn dem König blieb immer der gesicherte Rückzug auf Glogau, während Daun in die gefährlichste Lage versetzt werden konnte.

Als Daun bei Markliſſa eingetroffen war, glaubte der König, er verweile dort nur, um seine schwere Artillerie abzuwarten und werde dann sofort etwas Entscheidendes vorzunehmen suchen. Er erwartete, schon in den nächsten Tagen die Gelegenheit zu einer Schlacht zu finden, die ihm freie Hand verschaffen sollte und selbst die Möglichkeit, dem zur Zeit etwas bedrängten Herzog Ferdinand von Braunschweig Hülfe zu gewähren.

Doch Daun that nichts von allem, was erwartet wurde; er stand bei Markliſſa und traf etwas langsam Anstalten, das Hülfskorps abzusenden, das den Russen an der Oder begegnen sollte. Laudon und Habik wurden dazu bestimmt.

König Friedrich nahm den Oesterreichern gegenüber am 10. Juli die vielbesprochene Stellung bei Schmotseifen zwischen Löwenberg und Liebenthal. Wie seltsam ist diese Stellung beurtheilt, gelobt und getadelt worden, weil von den Kunstrichtern keiner um die eigentlichen Absichten des Königs wußte, keiner sich einfallen ließ, daß der König irgend etwas anderes im Sinn haben konnte, als eine passive Vertheidigung, ein Verfahren, wie es etwa der Prinz Heinrich an seiner Stelle inne gehalten haben würde. — Tempelhof meint, die Stellung bei Schmotseifen habe Schlesien „so vollkommen" gedeckt, „daß alle Aussichten, von dieser Seite in das Land zu bringen, verschwanden." — Bülow versteigt sich sogar zu der Behauptung, die Wahl dieses Lagers allein sichere dem Feldherrn, der es zu wählen wußte, die Unsterblichkeit. — Jomini dagegen spricht einen Tadel aus, der ganz ebenso unbegründet von ganz willkürlichen, aus der Luft gegriffenen Voraussetzungen ausgeht, indem er sagt, das Lager bei Schmotseifen habe dem Gebirge gegenüber gelegen und keine Bewegung des Feindes gehindert (le camp de Schmotseifen faisait face aux montagnes, et n'empécha aucun des mouvements de l'ennemi).

Aber auch Clausewitz fragt, warum der König diesmal die Flankenstellung bei Schmotseifen vorgezogen habe, während seine Armee (unter dem Markgrafen Karl) das Jahr zuvor, als die Verhältnisse ganz dieselben waren, die Stellung hinter dem Bober bei Löwenberg genommen habe? — Dort würde er auch diesmal die Verbindung mit den Russen bedeutend mehr erschwert, „vielleicht unmöglich gemacht haben", während er selbst „vielleicht" in ungestörter Verbindung mit dem Prinzen Heinrich geblieben wäre.

Zur Zeit, als Jomini und Clausewitz schrieben, waren die Quellen zur Geschichte des siebenjährigen Kriegs noch weit weniger geöffnet oder vollends bearbeitet als jetzt. Jomini geht, was die Motive des Handelns betrifft, stets von ganz willkürlichen Voraussetzungen aus und legt überall, ohne tiefer gehendes Verständniß, den Maßstab seines Systems an. Weder Napoleons noch Friedrich des Großen Feldzüge führen ihn je über den Bereich des auch willkürlich abgegrenzten Gedankenkreises hinaus, an den er sich gewöhnt hat. — Clausewitz jetzt bei dem großen König schon während des Feldzugs 1759 das Bestreben voraus, mit seinen Schlachten „so sparsam wie möglich" zu sein, und zwar in einem Grade, wie selbst zwei Jahre später unter viel ungünstigeren Bedingungen nicht der Fall war.

Die Antwort auf Clausewitz' Frage und Jominis Tadel liegt in den bereits angeführten Briefen des Königs. Dem Feinde waren die Wege offen gelassen in der Hoffnung, er werde in die Ebene herabsteigen und die Gelegenheit zu einer Schlacht bieten.

Uebrigens traf der König auch mehrfach Anordnungen, die ihm den Sieg in der gehofften Schlacht erleichtern sollten, indem sie Dauns Uebermacht verminderten. Man wußte im Hauptquartier des Königs so gut wie in dem des Prinzen Heinrich, daß Gemmingen aus dem Teplitzer Thal nach den Lausitzer Bergen abmarschirt war und daß Hadik die Bestimmung habe, ihm dorthin zu folgen. Man glaubte diesen letzteren sogar bereits dorthin unterwegs. War dem so, dann hatte der Prinz Heinrich vor der Hand eigentlich keinen Feind vor sich. Auch forderte der König seinen Bruder schon am 9. Juli auf, wenn sich alles so verhalte, auf Bautzen zu marschiren, in Dauns Rücken. Schmettau meldete aus Dresden, Daun beabsichtige, ein Korps zur Vereinigung mit den Russen abzusenden; in der Lausitz, sagt König Friedrich, werde der Prinz im Stande sein, den Marsch dieses Hülfskorps zu verhindern.

Dieser Brief des Königs kreuzte sich mit einem Schreiben des Prinzen Heinrich vom 7. — Der Prinz wollte, wenn er wirklich im westlichen Böhmen keinen Feind vor sich habe, die Umstände benützen, um entweder nach der Lausitz zu marschiren oder über das Erzgebirge in die Grenzbezirke Böhmens einzudringen und da die Magazinreste zu vernichten, welche die Oesterreicher etwa zurückgelassen haben konnten.

Der König antwortete darauf (10. Juli) etwas trocken, es handle sich jetzt nicht darum, (fern liegende) Magazine zu erbeuten, die Hauptsache (la grande affaire) sei, die Absendung jenes Hülfskorps zu verhindern, das zu den Russen stoßen solle, oder den Feldmarschall Daun zu Entsendungen rückwärts, zur Sicherung seiner Magazine zu Zittau und Gabel zu zwingen, damit er nicht mit gesammter Macht auf das preußische Heer in Schlesien fallen könne. Der Prinz habe keinen Augenblick zu verlieren um auf Bautzen zu marschiren (je crois que vous n'avez pas un moment à perdre pour marcher sur Bautzen). Es wird ihm noch angedeutet, daß jenes Hülfskorps wohl den Weg über Pförten und Guben und von dort auf Krossen oder auf Frankfurt nehmen werde.

Den Prinzen Heinrich reizten diese Ermahnungen zu großer Ungeduld; es kam ihm vor, als ob in unbesonnener Weise zu viel und zu vielerlei von ihm verlangt und nebenher Hochwichtiges ganz übersehen werde. Diese Stimmung findet in seinen nächsten Briefen (vom 13.) ihren hinreichend unverhohlenen Ausdruck: er habe gar vielerlei zu beachten; er müsse Habik verhindern, zu Daun zu stoßen, und Beck, nach Krossen zu marschiren oder sonst wohin (ou ailleurs); — zu verhindern, daß der Feind nicht etwas gegen Sachsen versuche — und darüber zu wachen, daß er nicht selbst „en détail" geschlagen werde, wenn er sich zu weit vorwage und sein Heer in zu viele entsendete Abtheilungen auflöse; er werde das Mögliche thun, aber es gehöre sehr viel Glück dazu, immer bei Zeiten zu erfahren, wo er eigentlich hin solle; er habe General Finck auf das rechte Elbe-Ufer entsendet und sei in Bereitschaft, nach Bautzen zu marschiren, aber er müsse sich nach den Nachrichten bestimmen, die er von Finck erhalte, und alles was er unternehmen könne, sei zu sehr dem Zufall unterworfen, als daß er sich einen gesicherten Erfolg davon versprechen dürfe.

Der König antwortete wiederholt ruhig und beruhigend und deutete dabei seine weiteren Pläne an. Der Prinz könne, wenn er auf Görlitz vorgehe, und dann Daun in Schlesien geschlagen werde, den Sieg vervollständigen. Und dann wieder — am 15. — Daun werde wahrscheinlich am Queiß abwärts entlang nach Lauban und Naumburg marschiren: „so lange er am Queiß dahinzieht, kann ich ihn nicht angreifen, wenn er aber über den Bober gehen will, werde ich die Gelegenheit wahrnehmen, ihn im Marsch anzugreifen; dann wird er nicht auf eine Schlacht vorbereitet, und es wird das beste Mittel sein, ihn zu vernichten."

Daun erwies sich jedoch nicht so thätig, als der König voraussetzte; er stand in unerschütterlicher Ruhe in seinem Lager bei Marklissa, wartete der Dinge, die da kommen sollten, und übereilte nichts.

Der Prinz Heinrich hatte seine Armee bei Dresden versammelt und ließ von dort den General Finck in der Nacht vom 10. zum

11. Juli auf das rechte Ufer der Elbe hinübergehen, am 13. aber nach Bischofswerda vorrücken.

Der König war nicht ganz befriedigt durch diese Anordnungen; er hätte, wie er am 16. schrieb, den Prinzen lieber mit seiner Hauptmacht bei Bautzen gesehen. Nicht immer gut unterrichtet, glaubte er jetzt zu wissen, daß General Laudon, der bei Lauban stand, ansehnlich verstärkt, unverzüglich den Russen zu Hülfe eilen solle und zwar über Krossen nach Landsberg a. d. Warthe in Dohnas Rücken. Er entsendete am Abend desselben Tages den Prinzen Eugen von Württemberg mit 6 Bataillonen 15 Schwadronen, die er auf 6000 Mann anschlägt, nach Sagan, den Oesterreichern den Weg zu verlegen, und zugleich forderte er den Prinzen auf, einen Heertheil von 8000 bis 10 000 Mann nach Priebus zu entsenden, um Laudon auf dem vorausgesetzten Marsch zwischen zwei Feuer zu bringen.

Bald darauf aber wurde der König benachrichtigt, daß Laudon nicht von Lauban aufgebrochen sei; da wurde der Prinz von Württemberg nach Bunzlau zurückgerufen und der Prinz Heinrich benachrichtigt.

Dieser letztere hatte den General Finck am 17. nordwärts bis zu dem Kloster Marienstern an der Weißen Elster marschiren lassen und wäre dann, wie aus späteren Briefen hervorgeht, wenn man ihn gewähren ließ, ruhig bei Dresden stehen geblieben, weil er glaubte, daß dann auch Hadik unbeweglich bei Zittau stehen bleiben müsse. Doch vom König aufgefordert, näher heranzurücken, marschirte er nach Radeberg und am 20. Juli nach Kamenz.

Da in Böhmen links der Elbe österreichischerseits nur leichte Truppen unter dem General Brentano zurückgeblieben waren, veranlaßte Daun den General Hadik, 8 Bataillone 10 Schwadronen unter den Generalen Macquire und Plunket — zwei Irländern — gegen die Elbe zurückzusenden, um die Pässe zu decken, die nach Böhmen führen. Dagegen wurde Hadik durch Gemmingens Korps und durch Truppen von der Hauptarmee verstärkt, so daß er bei Groß-Hennersdorf, unweit Herrnhut, 23 000 Mann beisammen hatte; auch Laudon, der mit 9000 Mann, meist Kroaten und Husaren, bei Lauban stand, wurde unter seine Befehle gestellt. Hadik sollte Flanke und Rücken der Hauptarmee decken. Ob man in dem Marsch des Prinzen Heinrich nach Kamenz in Dauns Hauptquartier zu der Zeit schon, wie eine österreichische Quelle berichtet, den Anfang einer Bewegung sah, die nach Sagan führen solle; ob Habil wirklich den Befehl erhielt, dem Prinzen zur Seite zu bleiben und dessen Vereinigung mit Dohna zu verhindern, muß dahingestellt bleiben. Es scheint sehr zweifelhaft!

Jedenfalls suchte Daun zur Zeit noch immer nur sich selbst sicher zu stellen, und von der Absendung des den Russen versprochenen Hülfskorps war noch nicht die Rede.

So standen die Sachen, als in Friedrichs Hauptquartier die Nachricht eintraf, daß es den Russen gelungen sei, sich bis nach Züllichau heran zu manövriren; daß es dem Grafen Dohna nicht möglich gewesen sei, sie aufzuhalten.

Die Lage der Dinge im Allgemeinen nahm überhaupt ein sehr ungünstiges Ansehen an. Den Franzosen war es gelungen, durch Hessen bis an die mittlere Weser vorzudringen; Münster in Westphalen und Minden an der Weser waren in ihre Hände gefallen. Die Reichsarmee bewegte sich gegen das Vogtland heran; Truppen, die sie entsendet hatte, drangen durch Thüringen in das Halberstädtische ein.

Unmuth ergriff den König; das Netz um ihn her schien sich allzu eng zusammen zu ziehen; nach einer Seite mußte Luft gemacht werden. Der König suchte nach einem entschlossenen Mann, der die Russen von ihm abwehre, und glaubte ihn in dem Generallieutenant v. Wedell zu finden. Dohna erhielt den Rath, sich zurückzuziehen, und Wedell das Kommando. Da aber von den vier bei Dohnas Armee angestellten Generallieutenants ihrer drei — Kanitz, Hülsen und Manteuffel — im Rang älter waren als Wedell, ernannte der König diesen für die Zeit, die sein Auftrag in Anspruch nehmen würde, zum Diktator, eine Bezeichnung, die, wie wir aus Retzow entnehmen, im Kreise des Prinzen Heinrich als eine am unrechten Ort angebrachte Reminiscenz aus der Römerzeit bespöttelt wurde. — Um die etwas satyrische Haltung dieses Kreises zu rechtfertigen, schiebt Retzow einen apokryphen Brief des Königs an seinen Bruder ein. Der König, erzählt Retzow, habe sich Glück dazu gewünscht, diesen Entschluß noch zu rechter Zeit gefaßt zu haben, und ganz erfüllt von dieser Idee, habe er „mit Entzücken" seinem

Bruder geschrieben: „Saltykow nahe der Oder, seine Vereinigung mit den Oesterreichern, die im vollen Marsch auf Frankfurt seien, bedrohe sichtlich den Staat; ich habe demnach geglaubt, einen herzhaften Entschluß fassen zu müssen, und wie einst das römische Volk, habe ich meinen General Wedell zum Diktator ernannt, um den Befehl über das Heer zu führen und die schlimme Lage meiner Angelegenheiten durch einen Kraftstreich zu verbessern." („Saltykow s'approche de l'Oder, et sa jonction avec les Autrichiens, qui sont en pleine marche pour Francfort, menace visiblement l'état. J'ai donc cru devoir prendre une résolution vigoureuse, et ainsi que jadis le peuple Romain, j'ai nommé mon général de Wedell dictateur, pour commander l'armée et réparer par un tour de force la mauvaise situation de mes affaires.")

Schon allein die Worte, die sich auf die Oesterreicher beziehen, genügen, diesen Brief als einen untergeschobenen zu kennzeichnen. An dem Tage, an dem er geschrieben worden sein müßte, war von der österreichischen Armee nicht Ein Mann in Bewegung, um zu den Russen zu stoßen, und daß das versprochene Hülfskorps seinen Marsch auf Frankfurt werde richten müssen, konnte an dem Tage selbst in Saltykows und in Dauns Hauptquartier noch kein Mensch wissen.

Der wirkliche Brief des Königs an den Prinzen Heinrich — vom 20. Juli — der nun ebenfalls bei Schöning gedruckt vorliegt, enthält denn auch nur, ohne allen rhetorischen Schmuck und ohne Ueberschwenglichkeiten, die Mittheilung, Dohna habe sich schwach gezeigt, und der König sich dadurch veranlaßt gesehen, den Befehl auf jener Seite dem General Wedell zu übertragen: „je l'ai fait Dictateur pour la durée de cette commission" — kein Wort von den Römern, nichts von etwa marschirenden Oesterreichern!

Retzow erzählt auch von einer Rede, die der König zum Abschied an den General Wedell gerichtet und in der er die Hoffnung ausgesprochen habe, Wedell werde, „wie mancher von den Römern ernannte Diktator" die Lage der Dinge an der Oder verbessern, um mit den Worten zu schließen: „Ich befehle Ihm daher, die Russen anzugreifen, wo Er sie findet, sie tüchtig zu schlagen und dadurch ihre Vereinigung mit den Oesterreichern zu verhindern."

Die ausführliche schriftliche Instruktion für Wedell enthält weder

Erinnerungen an die Römer noch einen solchen thörichten Befehl, sondern nächst der Mahnung, Ordnung und Disziplin in der etwas aus den Fugen gekommenen Armee Dohnas mit aller Strenge wieder herzustellen, folgende, wohl zu erwägende Weisungen:

„den Feind erstlich durch eine gute Position aufzuhalten;

alsdann nach meiner Manier anzugreifen;

Sollte, davor Gott sei, die Armee geschlagen werden, sich zu setzen wohr der Feind eindringen will oder hinter Frankfurt, Krossen oder bei der Festung Glogau."

Auch was der König in dem bereits angeführten Brief seinem Bruder schreibt, steht mit der angeblichen Rede im Widerspruch. Wir lesen hier: „doch da, wie Sie wohl einsehen, ein Wirrsal (brédouille) nicht in vierundzwanzig Stunden wieder gut zu machen ist, hat er — Wedell — immerhin einen gar sehr Wechselfällen ausgesetzten Auftrag" (une commission bien hazardeuse) — der Prinz soll Fincks Heertheil in die Gegend zwischen Spremberg und Sorau abrücken lassen, damit der König „im Fall eines Unglücks" darüber verfügen könne.

Clausewitz fragt tadelnd: „Wenn der König den Russen im Juni (Juli) eine Schlacht liefern wollte, warum ging er, statt den General Wedell hinzuschicken, nicht selbst zu der Armee des Grafen Dohna? Höchst wahrscheinlich hätte er bei Züllichau die Russen geschlagen."

Die Antwort, die Clausewitz zu seiner Zeit nicht wissen konnte, liegt für uns sehr nahe: der König blieb bei der Armee in Schlesien, weil er immer hoffte, Daun werde eine Gelegenheit zur Schlacht bieten — und ein Sieg über das österreichische Heer das vor allem Wichtige war und blieb. Doch ist damit der König keineswegs gerechtfertigt.

Wir sehen ihn hier wieder in den schon mehrfach gerügten Fehler verfallen, das Gewicht, das seine Persönlichkeit in die Waagschale legte, ganz außer Acht und Rechnung zu lassen; — nicht zu erwägen, was unthunlich wurde, wo dieses Gewicht fehlte — und eben deshalb von der Voraussetzung auszugehen, daß jeder seiner Generale alles könne, was er sich selber zutrauen durfte.

Besonders aber wäre in diesem Fall wohl zu rügen, daß er die Entscheidung nach zwei Seiten zugleich suchte. Das war zu viel! — Dazu reichten die Kräfte nicht aus.

Die Entsendung Dohnas auf Posen hatte einen guten Sinn. Man

durfte zu ihrer Zeit hoffen, die russische Heeresmacht noch nicht vollständig vereinigt zu finden und theilweise zu schlagen. Aber Wedell an die Spitze des dorthin entsendeten Heeres zu stellen — mit dem Auftrag, bei erster einigermaßen günstiger Gelegenheit die Schlacht nachzuholen, die Dohna versäumt hatte — und zwar ohne ausreichend zu erwägen, ob er dazu unter den veränderten Umständen — an der Spitze einer Armee, die ein peinlicher Rückzug herabgestimmt haben mußte — auch genügend ausgerüstet sei, das war jedenfalls eine ungenügende Maßregel.

Freilich wissen wir, daß der König die Macht der Russen unterschätzte — doch sehen wir auch, daß ihm selbst nicht ganz wohl dabei zu Muthe war. Schon an dem Tage, an dem er Wedell abfertigt, bezeichnet er dessen Auftrag als einen gefahrvollen, indem er Anordnungen trifft für den Fall eines Mißlingens.

Nur zwei Tage später (22. Juli) schrieb er dem Prinzen — den er bei Muskau in der Niederlausitz voraussetzte — an der Oder sei demnächst eine Schlacht zu erwarten — wenn sie verloren gehe, müsse man eine gewaltige Anstrengung (un effort) machen — „ich werde den Prinzen von Württemberg entsenden, um sich mit Ihnen zu vereinigen, und mit dieser Verstärkung muß man die Russen von neuem angreifen und sie vertreiben." — In einem anderen Brief von demselben Tage bezeichnet der König dann Sorau als den Punkt, wo Württemberg und der Prinz Heinrich sich vereinigen könnten.

Sachsen mußte dann für den Augenblick ganz schutzlos der Reichsarmee preisgegeben werden. Der König wußte sich zu sagen, daß man in kritischen Augenblicken nicht alles decken, nicht alles behaupten kann, daß man aufgeben muß, was nicht zu halten ist, um eine genügende Macht an der entscheidenden Stelle zu vereinigen. In Beziehung auf Sachsen beruhigte ihn der Gedanke, daß es jedenfalls nur auf kurze Zeit preisgegeben werde; daß Torgau, Leipzig — selbst Wittenberg, wenn sie inzwischen in Feindes Hand fielen, leicht wieder gewonnen werden könnten, da sie nur geringen Widerstandes fähig seien; daß Dresden sich aber wohl behaupten werde, schon weil es die Oesterreicher, um die Hauptstadt eines verbündeten Fürsten zu schonen, entweder gar nicht oder doch nicht mit rücksichtsloser Energie angreifen würden.

Uns aber tritt hier die Frage nahe, warum diese Anordnungen nicht schon etwas früher getroffen wurden, ohne es vorher auf eine Schlacht ankommen zu lassen, die Wedell mit ungenügenden Mitteln liefern sollte und leicht verlieren konnte. — Den Uebergang über die Oder hätte Wedell inzwischen wohl verwehren können.

Einen Augenblick sehen wir den König mit einem anderen Gedanken beschäftigt, und zwar weil er zu wissen glaubte, daß Daun den General Laudon mit bedeutender Macht rückwärts entsendet habe, um den Prinzen Heinrich. anzugreifen. Friedrich II. verweist seinen Bruder auf Priebus, als den Punkt, wo er sich mit dem Prinzen von Württemberg vereinigen und in guter Stellung dem Feinde Stand halten könne. — Doch unmittelbar darauf — am 23. Juli — kehrt er wieder zu der Ueberzeugung zurück, daß, wenn die bei Züllichau erwartete Schlacht verloren gehe, das Heer des Prinzen Heinrich mit den Truppen unter dem Prinzen von Württemberg und denen unter Wedell vereinigt werden müsse, zu neuem Angriff auf die Russen.

Wir gewahren, daß die Vorstellung, die Schlacht bei Züllichau könne verloren gehen, sich im Geist des Königs mehr und mehr zu dem Gedanken gestaltete, sie werde aller Wahrscheinlichkeit nach verloren gehen — und dennoch entschloß sich der königliche Feldherr erst am 24. Juli, beschränkende Weisungen an den General Wedell abzufertigen. „Sollten die Russen so stehen, daß man sie nicht attaquiren kann", schrieb er jetzt, „so thut Ihr ganz recht, sie da stehen zu lassen. Ihr müßt aber wohl auf die Terrains denken, wo der Feind von seinem jetzigen Lager nach der Oder marschiren kann, damit, auf welche Seite der Feind sich drehet, Ihr ihn mit Commodité attaquiren könnt." — Die Oesterreicher hätten wieder 4000 Mann unter Laudon zu den Russen entsenden wollen, der Prinz von Württemberg habe den Auftrag, jeder solchen Entsendung die Wege nach Krossen zu sperren. „Uebrigens werde Ich erwarten, was Ihr zu thun für à propos finden werdet, und zweifle Ich keineswegs, Ihr werdet alles thun, so zu unternehmen nur immer möglich sein wird."

Warum ergingen diese Weisungen so spät? — und warum ist der Gedanke, der darin vorzuwalten scheint — daß nämlich Wedell nur unter entschieden günstigen Umständen schlagen soll — nicht mit unbedingter Klarheit und Bestimmtheit ausgesprochen? — Wir vermissen hier die Klarheit und Bestimmtheit des Denkens und des Wollens, die sonst dem König selbst in den schwierigsten Momenten eigen ist. — Ein gewisses Schwanken zwischen Wollen und Nichtwollen scheint an ihre Stelle getreten.

Prinz Heinrich war inzwischen nicht nach Muskau marschirt, wie der König voraussetzte. Er hatte seinen Vortrab unter Finck am 22. gegen Bautzen vorgeschoben und war demselben am 23. von Kamenz nach Roth-Nauslitz, zwischen Bischofswerda und Bautzen, gefolgt. Von hier aus richtete er ein sehr unzufriedenes Schreiben an den König, das wir wohl ein geradezu zaukendes nennen dürften. Seit einiger Zeit sende ihm der König widersprechende Befehle, meint der Prinz, so daß er gar nicht mehr wisse, was er solle; er solle sich in der Gegend von Bautzen befinden, um mit einem Theil seines Heers nach Sagau zu marschiren, — die Zufuhren des Feindes zwischen Görlitz und Zittau aufheben, — Finck nach Weißenberg vorrücken lassen, — und nun erhalte er Befehl, ihn nach Spremberg zu senden! — Viel besser, man hätte ihn gewähren lassen; er wäre dann ruhig bei Dresden stehen geblieben und hätte damit den General Hadik gezwungen, ebenfalls unbeweglich bei Zittau stehen zu bleiben.

Inwiefern ein unthätiges Verweilen des Prinzen bei Dresden den General Hadik abhalten konnte, von Zittau zwei Meilen weiter, nach Groß-Hennersdorf, zu marschiren, bleibt schwer zu enträthseln. Weiter war Hadik am Tage dieses Briefes (23.) noch nicht gekommen. Wenn Prinz Heinrich dagegen bei Muskau stand, wo ihn der König vermuthete, um wie viel leichter machte sich dann die beabsichtigte Vereinigung bei Sagan, um wie viel schwieriger hätte dann Laudons Marsch nach Frankfurt a. d. O. werden können!

Die letzten Weisungen an den General Wedell waren zu spät gekommen. Er hatte bereits am 23. Juli eine Schlacht gewagt und verloren. König Friedrich mag wohl geglaubt haben, daß dieser General örtlich wie in der Zeit einen etwas größeren Spielraum vor sich haben werde. — General Wedell fand am 22. die preußische Armee in der Entfernung von kaum einer Meile der russischen gegenüber in nicht vortheilhafter Stellung bei Züllichau und beabsichtigte, sie in eine bessere, deren sich auf dem Wege nach Krossen wohl mehrere gefunden hätten, zurückzuführen, mußte aber einstweilen stehen bleiben, weil die Bäckerei in Züllichau aufgeschlagen war, und eben Brot für die herkömmliche Periode von neun Tagen gebacken wurde. Schon am folgenden Morgen aber, in aller Frühe, setzte sich die russische Armee in Bewegung, um den linken Flügel der preußischen zu umgehen und nicht etwa sie in ihrer

Flanke anzugreifen, sondern die Landstraße nach Krossen in ihrem Rücken zu erreichen.

Der Hauptfehler, den man auf Seiten der Preußen beging und der großentheils den Verlust der Schlacht verursachte, liegt wohl darin, daß der Marsch der Russen erst unverantwortlich spät bemerkt wurde. Ob es noch möglich gewesen wäre, dem Feinde auf der Straße nach Krossen zuvorzukommen, ist jetzt natürlich nicht mehr mit Bestimmtheit zu ermitteln; nach der Richtung jedoch zu schließen, die der preußische Angriff gleich darauf nehmen mußte, scheint es nicht der Fall gewesen zu sein. War dem so, dann hatte Wedell keine andere Wahl, als entweder anzugreifen oder bei Tschichertzig über die Oder zurückzugehen, um dem Feinde wo möglich vermöge eines Gewaltmarsches auf dem linken Ufer bei Krossen zuvorzukommen. Wedell entschloß sich zu dem ersteren. Hätte er die Russen im Marsch noch zwischen Schönborn und Buckow treffen können, dann wäre ihm wahrscheinlich wohl der Sieg zugefallen; aber der Feind war schon so weit in seinen Rücken gelangt, daß die Angriffe der Preußen aus ihrer Stellung die Richtung gerade rückwärts nehmen mußten. Und hier trafen sie auf ein schwieriges, von sumpfigen Bächen durchkreuztes Gelände, das Wedell nicht kannte. — Ein weiterer Grund des Mißlingens war dann, daß eine Umgehung, die General Canitz mit dem zweiten Treffen ausführen und die auf die Spitzen der russischen Kolonnen treffen sollte, unterblieb, weil dieser General keinen Weg durch die Sümpfe zu finden wußte. Wobersnow fiel — die zerstückelten, planlosen Angriffe der Preußen wurden mit großem Verlust zurückgeschlagen. Wedell verlor an diesem Nachmittag mehr als ein Viertheil seiner Mannschaft (etwas über 7000 Mann). Er wich für die Nacht in eine Nothstellung hinter Kay und ging am folgenden Tage bei Tschichertzig über die Oder, in eine Stellung bei Sawade.

Sehr bezeichnend ist, wie die Nachricht von diesem Unfall, der die ohnehin höchst schwierige Lage gar sehr verschlimmerte, vom König und im Hauptquartier des Prinzen Heinrich aufgenommen wurde. Der König schrieb dem General Wedell, so wie er dessen Bericht erhalten hatte: „Ihr könnet wohl glauben, daß Mich das Unglück sehr afficiret, so sich bei Euch ereignet: Ich war es Mir schon auf einige Weise vermuthen. Ich ziehe nunmehr Meinen Bruder, des Prinzen Heinrich Liebden, an Mich, und sobald Ich bei Sagan sein werde, so werde Ich sogleich zu Euch marschiren, wenn Ich nur weiß, wo Ihr seid und wo Ihr hingehen werdet; damit wir mit ehestem denen Leuten wieder auf den Hals gehen und sie wegjagen. Schreibet doch gleich, wo Ihr seid, und machet nur gleich Anstalten und haltet vorläufig alles parat zu einem neuen Angriff", und in einer eigenhändigen Nachschrift: „Mir hat es geahnet, das Ding würde schief gehen, ich habe es ihm auch gesagt, denn die Leute (d. h. Dohnas Truppen) waren verblüfft; nun nicht mehr daran gedacht, sondern (daran), wohr der Succurs zum ersten zustoßen kann, um von neuem darauf zu gehen; es ist seine Schuld nicht, daß die Schurken so schändlich davon laufen." (Wedell hatte sich ungünstig über die Haltung der Truppen, namentlich der Regimenter Anhalt und Tresckow, geäußert.)

Retzow, der unter dem Schutz des Prinzen Heinrich schrieb und uns vielfach den Wiederhall dessen giebt, was im Hauptquartier dieses Prinzen gedacht und gesagt wurde, berichtet, der König habe sich um so mehr getäuscht gefühlt, da er einen gewissen Sieg erwartet hatte, „und nur mit Schmerz fühlte er jetzt die Wahrheit des Satzes: daß auch der ausgekünstelte Titel eines Diktators nicht immer auch zugleich Talente und Einsicht zu geben vermag."

Was den Prinzen Heinrich betrifft — der hatte alles vorhergesehen! „Weniger für die Gebräuche der Vorwelt eingenommen, dagegen aber voller Scharfsichtigkeit bei Zergliederung der Charaktere der Feldherren und der wahren Lage der Sachen, ahnete er keinen so glücklichen Ausgang, als der König mit Gewißheit erwartete."

Der König schrieb seinem Bruder, so wie er die Nachricht von der verlorenen Schlacht hatte, und forderte ihn auf, sich mit dem Prinzen von Württemberg zu vereinigen und nach Sagan zu eilen. Dort werde der König selbst den Befehl über diese Truppen übernehmen, dem Prinzen aber das Heer anvertrauen, das in Schlesien bei Schmotseifen stand.

Auch den unzufrieden habernden Brief des Prinzen Heinrich erhielt der König an dem Tage, der ihm die Nachricht von der verlorenen Schlacht bei Kay brachte. Er beantwortete ihn auch diesmal gütig und beruhigend: „Schelten Sie mich nicht, ich bitte Sie (ne me grondez pas je vous prie)" — gelegentliche Aenderungen in den getroffenen Verfügungen seien in einer solchen Krisis nicht zu vermeiden. Offenbar hatte er es sich zum Gesetz gemacht, diesem Bruder gegenüber niemals die Geduld zu verlieren. Die Gründe lassen sich wohl errathen.

Unfern der Punkte, auf denen die Hauptarmeen einander beobachtend gegenüberstanden, mißglückte zu dieser Zeit ein Versuch des Oesterreichers De Ville, den General Fouqué aus seiner Stellung bei Landeshut hinauszumanövriren und in Schlesien einzudringen. De Ville mußte sich etwas unrühmlich nach Böhmen zurückziehen. Zu nennenswerthen Gefechten war es dabei nicht gekommen. Beide Theile hatten ihren Zweck ohne Blutvergießen lediglich durch Manöver zu erreichen gesucht. — Es war ein kleiner Musterkrieg ganz im Geiste der Zeit gewesen.

In der zunächst folgenden Periode dieses merkwürdigen Feldzugs sehen wir nun die Entwürfe der beiderseitigen Heerführer und die Märsche ihrer in Bewegung gesetzten Heertheile einander in gar eigenthümlicher Weise kreuzen.

König Friedrich war darauf bedacht, bei Sagan eine Heeresmacht zu sammeln zu neuem Kampf mit den Russen; Daun beschäftigte sich nun endlich damit, den Russen das versprochene Hülfskorps zuzusenden.

Als der Prinz Heinrich am 25. Juli von Roth-Nauslitz aufbrach, wußte er noch nicht bestimmt, daß er die Truppen unter seinen Befehlen nach Sagan führen solle, und er scheint sich überhaupt kein recht bestimmtes Bild davon gemacht zu haben, was eigentlich seine Bestimmung sein könnte. Im Begriff, nach Königswartha zu marschiren, verstärkte er Finck bei Bautzen bis auf 9000 Mann (12 Bataillone, 400 kommandirte Küraffiere von verschiedenen Regimentern und Bellings erst das Jahr zuvor errichtete Husaren). Wenn Hadik und Laudon sich vereinigten, um Finck anzugreifen, sollte dieser sich auf das Hauptkorps zurückziehen — so schreibt am 25. Juli der Prinz, der sich für diesen Fall bei Priebus mit dem Prinzen von Württemberg vereinigen wollte, um dem Angriff zu begegnen; marschirte Laudon auf Krossen zu, so wollte ihm Prinz Heinrich auf der Spur folgen, und Fincks Aufgabe war dann, dem Prinzen den Rücken gegen Hadik zu decken.

Seltsam! — Zu einer Zeit, wo die Ausführung des Projekts, ein österreichisches Hülfskorps zu den Russen stoßen zu lassen, noch ganz in unbestimmter Ferne lag, beobachtete König Friedrich mit gespannter Aufmerksamkeit die Wege, die ein solches Korps einschlagen mußte, und vielfach beschäftigte er sich mit dem Gedanken, seinen Marsch zu durchkreuzen und zu hemmen — jetzt, wo der Augenblick der Ausführung gekommen war, verlor er das, was hier vorgehen sollte, was er so lange erwartet hatte, mehr als billig aus den Augen. Er war vielleicht zu ausschließlich damit beschäftigt, eine Heeresmacht bei Sagan zu sammeln und gegen die Russen zu führen, und gerade weil er nicht rechtzeitig beachtet wurde, gelang Laudons kühner Zug.

In diesem Sinne schrieb der König seinem Bruder am 27. Juli, jetzt komme es vor allem darauf an, sich der Russen zu entledigen; das Heer, das man gegen sie verwende, könne dann später überall eingreifen, wo es nöthig werde. Er beruhigte den Prinzen der „Verpflegung" wegen; am 31. werde zu Sagan auf neun Tage Brot bereit sein. Dann fügt er hinzu: Laudon habe bei Rothenburg nur einige Tausend Kroaten und Reiterei; der Prinz von Württemberg, der unweit Freiwaldau stand, sei beauftragt, dem Prinzen Heinrich während des Marsches nach Sagan die Flanke gegen Laudon zu decken. Zu etwas Weiterem schien die Anwesenheit dieses letzteren bei Rothenburg keine Veranlassung zu geben.

Prinz Heinrich marschirte nun eilfertig hinter dem bei Freiwaldau aufgestellten Korps des Prinzen von Württemberg hinweg, über Hoyerswerda, Muskau und Sorau nach Sagan, wo er am 28. und Tags darauf auch der Prinz von Württemberg eintraf. Prinz Heinrich eilte nach Schmotseifen, und der König übernahm am 30. den Befehl über die 19 000 Mann, die nun bei Sagan versammelt waren und ebensogut einen Tag früher bei Priebus oder bei Freiwaldau vereinigt sein konnten, wenn man Laudons mögliche Operationen mit größerem Ernst ins Auge gefaßt hätte. — Der Weg von Rothenburg über Guben nach Frankfurt lag offen vor dem General Laudon.

Es war ein ernster Gang, zu dem sich Friedrich der Große anschickte, und wenn sich auch in allen Aeußerungen des Königs aus dieser Zeit der entschlossenste Wille ausspricht, zeigt sich doch auch, daß er diesen Gang mit dem Gefühl antrat, es handle sich für Preußen, wie in den Tagen vor Leuthen, um Sein oder Nichtsein. Die schweren Zeiten seither hatten den König gealtert. Vor der Schlacht bei Leuthen hatte er eine begeisternde Rede an seine Truppen gerichtet — diesmal erinnerte er in ernster Weise an die Anordnungen, die er wiederholt für den Fall getroffen hatte, daß ihm ein Kriegertod in der Schlacht beschieden sei. Ein unmündiger Neffe mußte ihm dann folgen auf dem Thron. Friedrich hatte den Prinzen Heinrich zu dessen Vormund bestimmt und selbstverständlich zum Generalissimus aller preußischen Armeen. Jetzt ermahnte er seinen Bruder mit einem Ernst, an dessen Echtheit niemand zweifelte, auch wenn er, der König, gefallen sei, nun und nimmer einen für Preußen schimpflichen Frieden zu schließen — eine Ermahnung, die sicher unbeachtet blieb, wenn den König wirklich ein tragisches Schicksal ereilte. Ueber sich selbst vermag sich niemand zu erheben. Wie wir den Prinzen kennen, schloß er unfehlbar einen Frieden, durch den Preußens Zukunft aufgegeben wurde, und erklärte dabei, das sei die unvermeidliche Folge der verkehrten Politik und verwegenen Strategie seines Bruders; er habe ein solches Ende von Anfang an vorhergesehen und vorhergesagt.

Die Russen hatten inzwischen die Vereinigung mit den Oesterreichern scheinbar erschwert — thatsächlich wohl eigentlich erleichtert. Sie hatten nämlich den Punkt, wo sie stattfinden sollte, örtlich weiter verlegt, damit aber auch die Ausführung in Wege verwiesen, die ihnen von den Preußen, wie sich die Dinge gestaltet hatten, nicht mit derselben Leichtigkeit versperrt werden konnten, wie die näher heranführenden.

Da Oesterreich vor allem die Eroberung von Glogau wünschte, war zuerst Karolath als der Punkt genannt worden, an dem die russische Armee die Oder erreichen sollte. Die Nothwendigkeit, sich Dohnas zu erwehren, hatte sie zuerst in eine etwas veränderte Richtung geführt. Am 25. Juli erreichte sie Krossen. Wedell fand, als er dort eintraf, die Stadt, die auf dem linken Ufer liegt, bereits von den Russen besetzt, und nahm etwas weiter rückwärts bei Plau Stellung. Von Krossen aus aber wollten sich nun die Russen stromabwärts nach Frankfurt wenden, angeblich aus Verpflegungsrücksichten, während sich doch später ergab, daß sie Lebensmittel bis zum 17. oder 18. August mit sich führten. Vielleicht war ihren Generalen einleuchtend, daß die Vereinigung mit den Oesterreichern erkämpft werden mußte, wenn sie bei Krossen stattfinden sollte. Wie es scheint, wollte man den Punkt, wo die Vereinigung stattfinden sollte, nicht zu früh verrathen. Saltykow blieb noch einige Tage bei Krossen stehen, aber eine Abtheilung unter dem General Billebois besetzte doch Frankfurt schon am 31. Juli.

Daun hatte inzwischen Laudon mit seinen Kroaten und Husaren am 24. nach Rothenburg an der Neiße vorrücken lassen und Tags darauf Hadik nach Löbau, aber auch jetzt noch keineswegs in der Absicht, den Russen versprochenermaßen die Hand zu bieten. Die entsendeten Generale sollten einen Angriff — oder Manöver — gegen den Prinzen Heinrich einleiten, um der österreichischen Hauptarmee den Rücken frei zu machen. In zwei weiteren Märschen erreichte Hadik am 27. Malschwitz an der Spree, unweit Bautzen — und zu gleicher Zeit rückte Macquire aus den böhmischen Bergen über Stolpen bis nach Bischofswerda vor. Find mich vor ihnen nach Kamenz zurück.

Jetzt erhielt Daun die Nachricht von dem Siege der Russen bei Kay, und die Absendung der versprochenen Hülfe konnte nicht länger verschoben werden. Schon am 27. wurde Laudon durch zwei Infanterie- und ein Dragoner-Regiment von der Hauptarmee — durch vier Infanterie- und zwei Dragoner-Regimenter von Hadik verstärkt, so daß sein Korps nun 19 242 Mann (darunter 4749 Reiter und etwa 6000 Kroaten) und 44 Geschütze zählte.

Durch eine Meldung Laudons wurde Daun an eben diesem Tage von dem Marsch des Prinzen Heinrich in der Richtung auf Sagan unterrichtet und wollte nun seinerseits diesen Marsch durchkreuzt und verhindert haben. Doch dazu war es bereits zu spät. Als Hadik und Laudon sich am 29. bei Priebus vereinigten und dort an der Spitze einer Gesammtmacht von 35 000 Mann standen, war Prinz Heinrich bereits zu Sagan eingetroffen, außer ihrem Bereich.

Aber auch König Friedrichs Vorkehrungen kamen — insofern sie sich auf Laudons Marsch bezogen — zu spät. Der König wurde zwar die Absicht dieses Zuges noch rechtzeitig gewahr, aber er errieth nicht sofort den Punkt, an dem die Vereinigung stattfinden sollte, und die Truppen, die der Prinz Heinrich herangeführt hatte, bedurften eines Rasttages. Darüber wurde der rechte Augenblick versäumt.

Am 30. Juli wußte König Friedrich, daß die russische Armee noch unbeweglich hinter Krossen auf dem Thalrand der Oder stand, und daß Laudon auf Guben marschiren werde. Er befahl dem General Wedell, von Plau auf Groß-Lessen zurückzugehen, um dadurch vielleicht die Russen zu veranlassen, über die Oder vorzurücken, was dann die Möglichkeit herbeiführen konnte, sie anzugreifen. Doch glaubte der König nicht, daß sie sich dazu entschließen würden. Wenn die Russen nicht bei Krossen über die Oder zu gehen wagten, wollte er Laudon bei Guben „in solcher Weise zurückweisen, daß er es nicht sobald vergessen solle". — (Darin, daß der König glaubte, die Russen würden sich nicht auf das linke Oder-Ufer wagen, die Vereinigung mit Laudon solle aber dennoch bei Krossen stattfinden, lag, wenn nicht ein Widerspruch, doch die Voraussetzung, die Russen würden gar nichts wagen, die Oesterreicher aber selbst dem Verwegensten nicht ausweichen.) — Bei alledem hatte der König auch für den 31. nur einen kleinen Marsch bis Naumburg und Christianstadt am Bober vor.

General Finck erhielt den erneuerten Befehl, vor allem Torgau gegen Hadik zu decken, und es wurde ihm dabei angedeutet, daß er bei Herzberg eine gute Stellung finde. — Wir sehen, der König war sehr ungenügend von den Bewegungen seiner Gegner unterrichtet.

Am Abend desselben 30. Juli aber hatte Laudon vermöge eines Gewaltmarsches von 4½ Meilen Sommerfeld erreicht, und war dem König bereits um einen starken Marsch voraus. Hadik, der seinen Zug decken sollte, war nur bis Triebel gefolgt. Am folgenden Tage (31.) beabsichtigten die beiden österreichischen Generale, nur einen kleinen Marsch weiter zu machen. Sie hielten ihre Aufgabe für im Wesentlichen gelöst, weil sie glaubten, die Vereinigung mit den Russen solle bei Schiedlow, am Zusammenfluß der Neiße und Oder, stattfinden. So marschirte denn Laudon nur bis Starzeddel bei Amtitz, Hadik nicht weiter als nach Pförten. Doch da sie hier erfuhren, daß die russische Armee am folgenden Tage den Marsch nach Frankfurt antreten werde und den Befehl Saltykows erhielten, sich eben dorthin zu wenden, brachen sie am Abend wieder auf, und am 1. August stand Laudon bei Groß-Bresen; Hadik, ihn vollkommen deckend, bei Guben. Laudon marschirte sogar im Laufe des Tages noch etwas weiter, nach Ziltendorf. — Der König von Preußen, der den 31. Juli erst Naumburg am Bober erreicht hatte, durfte nicht mehr hoffen, die beabsichtigte Vereinigung zu verhindern.

Saltykow fand es bedenklich, sich auf das linke Ufer der Oder hinüber zu wagen, und forderte den General Laudon auf, bei Fürstenberg zu ihm auf das rechte Ufer in ein sicheres Gebiet herüberzukommen. Doch fast gleichzeitig erhielt Laudon von Daun die Weisung, es sei nicht nöthig, die Vereinigung jenseits der Oder zu bewirken. Das Laudonsche Korps war gleichsam die Angel, an der Daun die etwas schwerfälligen Russen auf das linke Stromufer herüber zu ziehen hoffte — wodurch, beiläufig bemerkt, wenn es gelang, dem König von Preußen ein sehr großer Gefallen geschehen wäre.

Laudon ließ (2. August) seine Truppen stehen, wo sie waren, und eilte für seine Person über den Fluß hinüber zu dem russischen Feldherrn, den er bewegen wollte, seinerseits bei Fürstenberg auf das linke Ufer herüberzuziehen, sich erst mit ihm, dann mit Hadik zu vereinigen, und dann gegen den König von Preußen vorzurücken. — Saltykow gab darauf nur ausweichende Antworten, marschirte am 3. nach Frankfurt, und Laudon mußte in derselben Richtung folgen. Doch blieb er auf dem linken Ufer und nahm zunächst bei Lindow, hinter dem Friedrich-Wilhelms-Kanal Stellung — offenbar in der Hoffnung, das russische Heer werde sich ihm hier endlich doch anschließen.

Da der König am 1. August gegen Guben heranzog, war Hadik, der Laudons Vereinigung mit den Russen als gesichert, den eigenen Auftrag als ausgeführt ansehen durfte, darauf bedacht, sein eigenes Korps in Sicherheit zu bringen — er brach am Abend dieses Tages wieder auf, um in der Richtung auf Spremberg zunächst bis Horno an dem linken Ufer der Neiße zurückzugehen. Die Richtung auf Markersdorf, die der König am 2. von Naumburg aus einschlug, deutet darauf, daß er zunächst dieses österreichische Korps in der Voraussetzung, daß es bestimmt sei, sich mit den Russen zu vereinigen, anzugreifen und zurückzuwerfen beabsichtigte. Doch wurde nur Hadiks Nachtrab ereilt und erlitt ansehnliche Verluste. Hadik selbst stand am 3. bei Spremberg in vollkommener Sicherheit, da König Friedrich sich nicht weiter um ihn bekümmern konnte.

Der König, auf dem so schwere Sorgen lasteten, wurde in diesen Tagen auch noch von einem Anfall von Gicht geplagt, der sich in beiden Füßen und einer Hand fühlbar machte und von starkem Fieber begleitet war. Aber er hielt sich aufrecht; — „es handelt sich nicht um mich", schrieb er dem Bruder, „es handelt sich um den Staat, und den werde ich retten oder fallen" (il ne s'agit pas de moi dans tout ceci, il s'agit de l'État, et je le sauverai ou je périrai!). — Die Nachrichten, die er von der russischen Armee erhielt, wechselten in einer Weise, die peinlich sein mußte und lange keine bestimmte Disposition zu entwerfen gestattete. Nur das eine schien gewiß, nämlich, daß sich die feindliche Armee ganz auf dem rechten Oder-Ufer hielt, und auch das war dem König sehr peinlich, wie er dem Prinzen Heinrich mittheilte, weil die Entscheidung dadurch länger hinausgeschoben wurde.

So lange er die Russen bei Krossen wußte, war seine Absicht, bei Schiedlow über die Oder zu gehen; dann erfuhr er, daß sie im Marsch auf Frankfurt seien; da richtete auch er seinen Marsch dorthin, und Wedell sollte einen Vorstoß über Schiedlow versuchen, um im Rücken des Feindes auf den Wagenzug zu fallen, auf dem er seine Lebensmittel mitführte; dann sollte sich Wedell mit dem König vereinigen; das erstere unterblieb, nur das letztere geschah. Einen Augenblick hieß es, die Russen seien wieder umgekehrt nach Züllichau, was eine Belagerung von Glogau anzukündigen schien. Doch wurde dieses Gerücht so bald wieder berichtigt, daß es keinen Einfluß auf die Anordnungen des Königs übte.

Friedrich II. marschirte über Lieberose und Beeskow nach Müllrose, wo sich Wedell am 6. August mit ihm vereinigte. Da er nun die Russen durch Laudon verstärkt wußte, achtete er die hier vereinigten Streitkräfte nicht für genügend. Auch General Finck, der sich mit seinen 9000 Mann nach Torgau gewendet hatte und im Begriff stand, nach Leipzig aufzubrechen, um seinem Auftrag gemäß Sachsen gegen die Reichsarmee zu decken, wurde herbeigerufen und eilte in Gewaltmärschen heran.

Nur eins war erfreulich in dieser schwierigen Lage und schien von guter Vorbedeutung, nämlich eine günstige Wendung, die in dem Feldzug gegen die Franzosen eintrat. Bis zur Zeit schien es auf der Seite sehr unglücklich zu gehen, und König Friedrich war sehr unzufrieden mit der Art, wie der Feldzug dort geführt wurde; unzufrieden damit, daß der Herzog Ferdinand die Franzosen weit in die hannoverschen Lande vordringen ließ, ohne daß er eine Schlacht gewagt hätte, um sie aufzuhalten; auf diese Weise werde er bald bei Stade sein, wie zu seiner Zeit der Herzog von Cumberland, schrieb der König. Nun hatte der Herzog am 1. August bei Minden einen Sieg erfochten, der jedenfalls genügte, die französische Armee zu einem wenn auch gemessenen Rückzug durch Hessen an den Main zu bestimmen, und es war wenigstens von dieser Seite keine gesteigerte Gefahr zu besorgen.

Bei der Annäherung des Königs mußte sich Laudon natürlich zu unmittelbarer Vereinigung mit den Russen auf das rechte Oder=Ufer hinüberziehen. Doch unterließ er auch nachher nicht, die Verbündeten wiederholt zum Uebergang auf das linke aufzufordern. Immer vergebens. Der mehrmals versammelte Kriegsrath ging immer wieder ohne Ergebniß auseinander. Auch Daun ließ durch einen eigenen Sendboten die russischen Generale auffordern, entschlossen vorzurücken, während er selber unbeweglich bei Markliffa stand. Von ihrem Vormarsch an den Bober und der Annäherung an das österreichische Heer hänge das Schicksal des Feldzugs ab.

Dem Feldmarschall Daun war freilich leicht zu antworten. General Fermor, der, an Geist und Kenntnissen der gesammten russischen Generalität, und namentlich dem Kommandirenden überlegen, den meisten Einfluß übte, erinnerte mit Recht daran, daß nicht die Sendung eines Hülfskorps, sondern die Vereinigung der beiderseitigen Armeen von den beiden Kaiserhöfen verabredet und daß die Oder, nicht der Bober als die Linie bezeichnet worden war, auf der die Vereinigung stattfinden sollte. Er erklärte, nicht zu begreifen, was Daun abhalte, an die Oder vorzurücken.

Dann sagten die russischen Generale, ihre Stellung bei Kunersdorf sei so vortheilhaft, daß sie wünschen müßten, darin angegriffen zu werden; sie müßten daher darin verweilen, um nicht selbst eine Schlacht unter so günstigen Bedingungen zu verhindern. Laudon selbst spricht in einem Bericht vom 8. August die Ueberzeugung aus, daß der König von Preußen unfehlbar die Schlacht verlieren werde, wenn er die Russen in dieser Stellung angreifen wolle. — Nebenher war in unbestimmter Weise davon die Rede, daß man über die Oder gehen und den König angreifen wolle, wenn erst einige Artillerie eingetroffen wäre, die noch erwartet wurde; aber darauf war um so weniger zu geben, da zu gleicher Zeit Fermor dem General Laudon zu bedenken gab, daß die hier bei Frankfurt versammelten Truppen der Kern der russischen Armee seien und nicht aufs Spiel gesetzt werden dürften, da ihre Vernichtung dem russischen Reich unermeßlichen Schaden zufügen würde.

Die russischen Generale konnten gar wohl auch solche Bedenken haben, denn Rußland hatte in der That außer dieser Armee nicht gar viel Brauchbares an Truppen aufzuweisen; ein Türkenkrieg lag nicht außer aller Möglichkeit, und die Zustände im Innern Rußlands waren sehr unsicher! — Was da werden konnte, wenn die Kaiserin Elisabeth die überlebten Augen schloß, entzog sich jeder Berechnung. Schon einmal war das russische Heer aus Preußen zurückgerufen worden, um den Intriguen der Großfürstin Katharina gegen ihren Gemahl zu dienen. Es war natürlich genug, daß es den russischen Generalen unter solchen Umständen doppelt thöricht erschien, sich, wie sie meinten, rücksichtslos für die Zwecke fremder Mächte aufzuopfern, daß sie vorsichtig verfahren und nicht die Hauptlast des Krieges allein tragen wollten.

Laudon sah bald sehr wohl ein, daß bei fortwährender Unthätigkeit der österreichischen Hauptarmee wenig zu erwarten sei; er forderte demgemäß seinerseits den Feldmarschall Daun dringend auf, nach Guben vorzugehen, und zunächst den General Hadik wenigstens so nahe an die russische Armee heranrücken zu lassen, daß er im Fall einer Schlacht der preußischen in Flanke und Rücken fallen könne.

Unheilvoll für Preußen wurde, daß die russische Armee nicht an das linke Ufer des Stroms herüber kam, wie der König sehnlich wünschte, und dann, daß die preußische Armee aus dem Magazin zu Küstrin mit Lebensmitteln versorgt werden mußte und daß sie dadurch genöthigt wurde, unterhalb Frankfurt über die Oder zu gehen. Der bisherige Gang des Feldzugs hatte eine Verpflegung von dem ohnehin sehr entfernten Glogau unmöglich gemacht, und nun befahl der König zwar in Fürstenwalde Vorräthe zusammenzubringen und dort die Bäckerei einzurichten; aber das war natürlich nicht so rasch gethan wie gedacht und gewährte für die nächsten Tage keine Aushülfe.

Hätte der König oberhalb Frankfurt über die Oder gehen und gegen die Stirnseite der russischen Stellung heranrücken können, dann wäre der Gang der Schlacht bei Kunersdorf jedenfalls ein wesentlich anderer geworden. Der König hätte dann das Gelände im Heranmarschiren kennen gelernt und seinen Schlachtplan wenigstens nicht auf falsche Voraussetzungen hin entworfen, nicht Anordnungen getroffen, die sich unausführbar erwiesen, und seine Truppen wären dann nicht schon übermüdet durch einen langen und beschwerlichen Marsch an den Feind gekommen.

Auch gewahren wir an dieser Stelle die in unseren Tagen kaum mehr zu ermessenden Schwierigkeiten, die damals der Mangel guter Karten der Kriegführung auch in den bewohntesten Ländern Europas

— wie heutzutage etwa in Afghanistan — in den Weg legte. Der König kannte die Gegend nicht und erhielt auch von den landeskundigen, im Uebrigen aber unwissenden Leuten, die er befragen mußte, keine genügende Auskunft, wahrscheinlich weil er ganz in das Unbestimmte hinein eine militär-topographische Beschreibung von ihnen verlangen mußte. Hätte er eine nur leidlich brauchbare Karte vor sich gehabt und bestimmte, präzis gefaßte Fragen an sie richten können — wie in späteren Tagen Napoleon zu thun pflegte — dann würde er auch genügende Antworten erhalten haben.

Als Einleitung zur Schlacht unter den obwaltenden Bedingungen, die nicht zu ändern standen, marschirte König Friedrich am 7. August in ein Lager bei Wulkow, wo am 9. General Finck nach angestrengten Märschen zu ihm stieß. Der König hatte nun nach seinen eigenen Angaben (in 62 Bataillonen und 108 Schwadronen) ungefähr 48000 Mann beisammen. Die Machtverhältnisse waren nicht ungünstig, ja sie waren günstiger als — die Schlacht bei Prag ausgenommen — in irgend einer der Schlachten des siebenjährigen Krieges, denn nach ihren nicht unerheblichen Verlusten bei Kay zählte die russische Armee — selbst in ihrer Vereinigung mit Laudons Korps — von 18000 Kroaten und Kosaken abgesehen, schwerlich viel über 60000 Mann Linientruppen. — Doch wußte der König wohl, daß man nicht mehr wie in den beiden ersten schlesischen Kriegen fast ausschließlich auf die Festigkeit und das Feuer der Infanterie zählen dürfe, namentlich auch der überaus zahlreichen russischen Artillerie gegenüber. Auch wußte er, daß seine Infanterie nicht mehr ganz die alte war. Er hatte für eine sehr zahlreiche Artillerie gesorgt — es lassen sich ungefähr fünf Stücke Geschütz auf je eintausend Mann nachrechnen — und aller Wahrscheinlichkeit nach wurde hier zum ersten Mal jeder Infanterie-Brigade außer ihren Bataillonskanonen eine Zwölfpfünder- oder Sechspfünder-Batterie von zehn Stücken gleichsam als einer ihrer Bestandtheile zugewiesen, eine Neuerung, die fortan in der preußischen Armee durchaus einheimisch wurde, so daß schon im nächstfolgenden Jahre den Infanterie-Brigaden Batterien bleibend für den ganzen Feldzug zugetheilt wurden. In den anderen europäischen Armeen ist ähnliches erst viel später eingeführt worden, eigentlich erst als die Bataillonskanonen abgeschafft wurden.

Der König führte übrigens nur ungefähr 43000 Mann auf das eigentliche Schlachtfeld, da er 9 Bataillone und 15 Husaren-Schwadronen

unter dem General Wunsch bestimmte, sich der Stadt Frankfurt auf
dem linken Oder-Ufer zu bemächtigen. Es sollte auch diese Schlacht eine
Vernichtungsschlacht werden und dem Feinde kein Weg zu einem geregelten
Rückzuge, auch nicht zur Rettung über den Fluß und zur Vereinigung
mit Hadik, bleiben. Clausewitz rechnet es dem König als einen
Fehler an, daß er sich dieser Truppen durch seine eigenen Anordnungen
auf dem Schlachtfelde beraubte. Dazu hätten wir vorläufig zu bemerken,
daß die Infanterie unter Wunsch aus Bataillonen bestand, die bei Kay
viel verloren und sich am wenigsten bewährt hatten (aus den Regimentern
Anhalt, Tresckow, Gablenz und drei Freibataillonen).

Auch hier wieder kreuzten sich im engsten Bereich die Pläne der
beiderseitigen Feldherren in sehr eigenthümlicher Weise. Noch am Vor-
mittage des 10. August hatte Laudon im versammelten Kriegsrath vergebens darauf gedrungen, daß die russische Armee die Oder überschreite,
um sich mit der österreichischen unter Daun zu vereinigen. Dann könne
diese den Preußen weit überlegene Heeresmacht ungehindert in Schlesien
eindringen, Glogau erobern, aus diesem Ort einen Hauptwaffenplatz
machen und die Winterquartiere eben in Schlesien nehmen. Das alles
war durchaus korrekt im Sinne der Zeit. Von der preußischen Armee
als einem strategischen Objekt war nicht die Rede. Es kam aber wieder
kein Beschluß zu Stande. Ganz unerwartet wurde dagegen am Abend
desselben Tages in einem neuen Kriegsrath der Beschluß gefaßt, am 14.
aufzubrechen und am 16. bei Schiedlow oder bei Krossen über die Oder zu
gehen. Es fragt sich, inwiefern es wirklich eine bessere Einsicht war,
die Boden gewann und eine Entscheidung in diesem Sinn herbeiführte.
Das russische Hauptquartier war damals der Schauplatz eines Intriguen-
gewebes, dessen gleichen kaum das französische aufzuweisen hatte. Mag
sein, daß der Generalquartiermeister Stoffel einfach aus redlicher
Ueberzeugung für den hier gefaßten Beschluß stimmte; wer den Ausschlag
gab, scheint Rumänzow gewesen zu sein — und der war nicht gerade
ein unternehmender Mann, wohl aber ein erbitterter Feind Fermors,
der die entgegengesetzte Meinung vertrat, und Panin, in späteren Tagen
tödtlich mit Rumänzow verfeindet, unterstützte ihn diesmal.

Ungefähr zu derselben Zeit, in der diese Beschlüsse gefaßt wurden,
am Abend des 10. August, brach Friedrich der Große in aller Stille
auf, um seine Truppen vermöge eines Nachtmarsches nach der jetzigen

Fährstelle bei Göritz zu führen, wo alles zum Uebergang über die Oder vorbereitet war; eine Pontonbrücke wurde bei der Fährstelle über den Strom geschlagen, eine zweite aus Oderkähnen ungefähr 4000 Schritt weiter abwärts. Die Armee ging früh Morgens den 11. über den Fluß — die Reiterei durch eine etwas tiefe Furt — und das Ganze marschirte dann auf dem rechten Thalrand der Oder bis in ein Freilager bei Bischofssee, nicht ganz eine halbe Meile von dem linken — östlichen — Flügel der russischen Stellung bei Kunersdorf.

So wie die Kunde von dem Anmarsch der Preußen in das russische Hauptquartier gelangte, wurden natürlich die Vorbereitungen zur Abfertigung des Gepäcks nach Krossen eingestellt, und Saltykow sandte Eilboten an Hadik, den man jetzt nicht weit jenseits Müllrose voraussetzte; der sollte herbeieilen — seine Reiterei vorausfendend.

Auf die Einzelnheiten der Schlacht bei Kunersdorf können wir natürlich hier nicht eingehen, nur an die Hauptzüge dürfen wir erinnern.

Ein Angriff von Norden her in den Rücken der russischen Stellung — den der König seltsamerweise für die Stirnseite nahm — erwies sich unausführbar; die tiefen, nassen Sümpfe in der Oderniederung machten ihn unmöglich. Der König beschloß, im Bogen um den linken Flügel der feindlichen Stellung (auf den sogenannten Mühlbergen) herum in die Ebene vor der Südseite derselben zu marschiren und von dort aus anzugreifen. Die gegen Süden gewendete Stirnseite der russischen Stellung dehnte sich auf einem nicht bedeutenden Höhenzug von den Mühlbergen bis an die Oderniederung aus, wo er in dem jetzt „Laudonsberg" genannten Hügel seinen Abschluß findet. Diese Stirnseite war verschanzt; doch wollten die Verschanzungen wenig bedeuten; sie waren denen nachgebildet, die man bei den Türken im Gebrauch gesehen hatte, und bestanden wesentlich nur aus Laufgräben, oder, wie man sie heutzutage zu nennen pflegt, aus Schützengräben, aus denen die Erde nach außen zu aufgeworfen war. Wichtig konnte nur der sogenannte Spitzberg, ungefähr in der Mitte der Stellung, werden, von dem aus eine starke Batterie — durch Wolfsgruben geschützt — die Ebene weit umher beherrschte. Das Dorf Kunersdorf war auf Laudons Rath niedergebrannt. — Da die Frontlänge, selbst den Hacken mitgerechnet, den der linke Flügel auf dem Mühlberge rückwärts bildete, nicht über 7000 Schritt maß, war die

Stellung für ein Heer von 60 000 Mann und die damaligen taktischen Verhältnisse keineswegs eine ausgedehnte.

König Friedrich wollte diesmal sein Heer nicht als Ein taktisches Ganze in zusammenhängender Linie entfalten. Ein besonderes Korps unter dem General Finck, aus 8 Bataillonen — nicht der besten Infanterie — und 28 Schwadronen gebildet, sollte selbständig auftreten, der linken Flanke der Russen gegenüber stehen bleiben — demonstriren — und den Flankenmarsch der Armee decken. — Da der König über die Stirnseite der russischen Stellung und deren Beschaffenheit so gut wie gar nichts oder geradezu gar nichts wußte, konnte eine eigentliche Disposition zum wirklichen Angriff nicht entworfen werden, und alles mußte dem Entschluß an Ort und Stelle vorbehalten bleiben. Doch da der Gedanke vorwaltete, daß der rechte Flügel angreifen, der linke, wie der Kunstausdruck lautet, „refüsirt" bleiben sollte, dürfen wir wohl annehmen, daß, wenn die Armee südlich der feindlichen Stellung aufmarschirt gewesen wäre, ihr rechter Flügel, vor dessen beiden Treffen in Friedrichs gewohnter Weise acht Grenadier=Bataillone gestanden hätten, und Fincks Infanterie zu einem zusammentreffenden Angriff auf den Mühlberg bestimmt worden wären. Gelang das alles so, dann konnte man wohl erwarten, daß, da auch Frankfurt von Preußen besetzt wurde, die Rückzugswege auf Krossen und Reppen durch den Angriff selbst gesperrt waren, ein großer Theil des feindlichen Heeres gezwungen sein werde, die Waffen zu strecken.

Der König ließ seine Armee um 2 Uhr früh aufbrechen zum Marsch hinter dem Finckschen Korps weg und er hoffte etwa um 7 Uhr zum Angriff schreiten zu können. Doch die Friktion, die jeden Akt kriegerischer Thätigkeit erschwert und deren Einfluß zum voraus auch nur annähernd richtig zu schätzen gar schwierig ist, machte sich auch hier in hohem Grade geltend. Der Marsch durch den sandigen Wald ging langsam; der Tag war weit vorgerückt und man sah sich noch weit vom Ziel. Nun stießen die preußischen Marschkolonnen auf ein Hinderniß, von dem man nichts gewußt hatte — auf eine Bodenvertiefung, die sich aus dem Neuendorfer Walde her, in der Richtung von Süden nach Norden, bis in das Dorf Kunersdorf hinein erstreckt und in deren sumpfiger Sohle sich mehrere kleine Seen aneinanderreihen. Nur ein Weg führte hinüber: ein Erdrücken zwischen dem Dorfsee und dem Blanken See, in unmittelbarer

Nähe von Kunersdorf, zur Zeit nur in halber Zugbreite — für Artillerie wahrscheinlich entweder gar nicht oder doch nur mit großer Anstrengung und einem großen Aufwand von Zeit — passirbar. Wie viel Zeit mußte darüber verloren gehen, wenn man dem Plan gemäß die Armee oder doch einen großen Theil derselben auf die Westseite dieses Einschnitts versetzen wollte! Auch das Bedenken könnte den König aufgehalten haben, daß dann sein Heer in zwei Hälften zerschnitten wurde, die einander schwerlich zu unterstützen vermochten. Doch ist darüber nichts bekannt geworden. Jedenfalls änderte der König seinen Plan, ließ die Armee zwischen dem „Hünerfließ" genannten Bach und der eben erwähnten Bodenvertiefung aufmarschiren und beschloß, den Angriff lediglich auf die Flanke der russischen Armee, auf den Mühlberg zu richten.

Der Aufmarsch im Walde, das Vorrücken bis an den Waldrand — das alles erforderte wieder viel Zeit, war mühsam und konnte nicht ohne große Ermüdung der Leute und namentlich auch der Gespanne der Artillerie bewirkt werden.

Der Angriff des Mühlberges wurde durch ein umfassendes Artilleriefeuer, zum Theil von beherrschenden Anhöhen herab, eingeleitet und gelang dann der preußischen Infanterie ohne allzu große Mühe. In weitem Bereich wendete sich das russische Fußvolk in vollkommener Auflösung zur Flucht und 80 Stück Geschütze fielen in die Hände der Preußen. Und dennoch konnten die russischen Bataillone nicht der Reihe nach vom linken zum rechten Flügel „aufgerollt" werden, wie die Taktiker jener Zeit zu sagen pflegten. Es gab im Innern der russischen Stellung mehrere Terrainabschnitte, die der überwältigten Flanke parallel liegen, im rechten Winkel an die Frontlinie stoßen, zur Vertheidigung geeignet sind und ohne großen Zeitverlust zweckmäßig besetzt werden konnten. Einen solchen Abschnitt bildet der Kuhgrund; weiter westwärts fand sich ein anderer am sogenannten „tiefen Weg", ein dritter am Laudonsgrund. Dank dieser Bodengestaltung und der Richtung des Angriffs wurde die Länge dieser Aufstellung zur Tiefe der Aufstellung, und der rechte Flügel des russischen Heeres wurde zu intakten Reserven. Es ergab sich, durch die Umstände herbeigeführt, wie von selbst eine successive Verwendung der Truppen, eine an verschiedenen örtlichen Abschnitten wiederholte Vertheidigung, wie sie die damalige Taktik im Allgemeinen nicht vorzubereiten wußte und vorzubereiten auch gar nicht beabsichtigte — auch in diesem

Fall nicht beabsichtigt hatte. — Diesen successiven Kämpfen mit immer frischen Truppen erlag zuletzt der preußische Angriff. — Ein scharfes militärisches Auge hat erst in neuerer Zeit die Erdwelle zu erkennen gewußt, an der Laudon an der Spitze österreichischer und russischer Infanterie den Preußen zunächst Halt gebot.

Die preußischen Angriffe auf den Spitzberg blieben vergeblich. General Seydlitz führte Reiterei zwischen dem Dorfsee und dem Blanken See hindurch in die Ebene am Fuße des Spitzberges, doch ihre Angriffe, die der König befahl, als das Schicksal des Tages ins Schwanken kam, scheiterten erfolglos an den Verschanzungen, an den Wolfsgruben vor dem Spitzberge.

Die preußische Artillerie hatte dem Fußvolk nicht zu folgen, den Angriff nicht zu unterstützen vermocht; um so nachdrücklicher und ungestörter machte die sehr zahlreiche russische, die im Ganzen mindestens 450 Stücke zählte, sich geltend. Gerade infolge der successiven Verwendung der Streitkräfte, die sich ergab, mußte hier die Ueberlegenheit der Zahl entscheidend werden, wie kaum in irgend einer anderen Schlacht jener Zeit; es mußte fühlbar werden, daß das Zahlenverhältniß der Infanterie insbesondere noch um etwas ungünstiger für die Preußen war, als das allgemeine. Es fochten höchstens 31 000 Mann preußischer Infanterie gegen 48 000 Mann russisch-österreichischer, die Kroaten ungerechnet. Im Wesentlichen aber erlag der preußische Angriff ohne Frage infolge der Erschöpfung der Mannschaft. Die preußische Armee hatte die Nacht vom 10. zum 11. durch marschirt, am 11. einen Flußübergang bewirkt und einen ansehnlichen Marsch zurückgelegt, die Nacht zum 12. unter den Waffen zugebracht und nun am 12. seit fünfzehn Stunden, meist bei brennender Sonnenhitze, mühsam auf sandigem Boden marschirt und anhaltend gefochten — ohne sich seit dem Tage vorher durch eine Mahlzeit gestärkt zu haben. Das war zu viel. Es hieß zu viel von der physischen Natur des Menschen fordern. Wenn die Kräfte versagen, pflegt auch die Standhaftigkeit zu schwinden.

Laudon wußte den Augenblick der Erschöpfung mit sicherem Takt zu erkennen und zu benutzen. Er ließ seine österreichische Reiterei am tiefen Weg entlang auf die preußische Infanterie losjagen; das preußische Fußvolk wich, löste sich auf und wendete sich zur Flucht; die Schlacht war verloren und wurde zu einer so vollständigen Niederlage, wie sie das preußische Heer noch nie erfahren hatte. In vollständiger Auflösung, zerstreut, entmuthigt, für den Augenblick jeder Fassung, jeder kriegerischen Thätigkeit unfähig, floh alles verwirrt durcheinander nach den Oderbrücken bei Göritz.

Die Verluste der Preußen waren verhältnißmäßig ungeheuer; sie betrugen 18 500 Mann (85 Offiziere, 5963 Mann todt; 425 Offiziere, 10 676 Mann verwundet; 38 Offiziere, 1316 Mann vermißt; im Ganzen 548 Offiziere, 17 955 Mann). Die Infanterie insbesondere hatte wahrscheinlich etwas mehr als die Hälfte ihres ausrückenden Standes verloren (433 Offiziere, 15 962 Mann). Auffallend ist die geringe Zahl der „Vermißten". Da das Infanterie-Regiment Diericke umringt und „fast ganz" gefangen wurde, kann die ganze übrige Armee kaum irgend etwas an unverwundeten Gefangenen verloren haben — ein Beweis, daß weder Russen noch Oesterreicher nur einigermaßen energisch verfolgten, denn sonst, sollte man denken, hätte es leicht sein müssen, massenweise Gefangene von dem übermüdeten preußischen Fußvolk zusammenzutreiben, das schwerlich sehr schnell in die Weite zu fliehen vermochte.

Man erzählt, Laudon habe die russischen Generale zu unmittelbarer Verfolgung aufgefordert, sie aber sämmtlich, erfreut durch einen Sieg, den sie keineswegs durch alle Phasen der Schlacht mit Zuversicht erwartet hatten, in solcher Weise in Freudentaumel verloren gefunden, daß sie zu gar nichts weiter zu veranlassen waren. — Es befremdet fast, daß der strebsame Laudon bei so bewandten Umständen nicht darauf verfiel, auf eigene Hand mit seinen Oesterreichern zur Verfolgung aufzubrechen; 10 000 Mann Linientruppen und 6000 Kroaten, über die er verfügte, hätten ohne Zweifel genügt, alles, was sich in der Nacht von Preußen an den Brücken bei Oetscher zusammengefunden hatte, rettungslos wieder auseinander zu sprengen.

Auch an Trophäen hatte das preußische Heer viel verloren; den größten Theil seiner Artillerie, nicht weniger als 172 Stücke, auch 26 Fahnen und 4 Standarten.

Uebrigens war auch der Verlust der Oesterreicher und Russen ein sehr bedeutender; er betrug an Todten und Verwundeten gegen 16 000 Mann (13 480 Mann Russen, worunter 559 Offiziere, und 2216 Oesterreicher, worunter 118 Offiziere, im Ganzen 15 696 Mann). — Da sich die russische Armee nicht gerade einer sehr großen taktischen Gewandtheit rühmen konnte, mag sie wohl, unter anderem auch infolge des ansehnlichen Verlustes an Offizieren, in den allernächsten Tagen nicht durchaus in gehöriger Verfassung gewesen sein, rasch und entschieden Operationen in großem Stil vorzunehmen.

Es ist Friedrich dem Großen vielfach zum Vorwurf gemacht worden, daß er, wie man sagt, die Dinge auf die Spitze getrieben, das Aeußerste erstrebt, sich nicht mit einem mäßigen Erfolge begnügt, nicht irgendwo auf dem Schlachtfelde, auf irgend einem Punkt, der etwas unbestimmt gedacht wird, inne gehalten habe. Ursprünglich rührt dieser Tadel aus dem bekannten Kreise her, in dem so ziemlich alles mißbilligt wurde, was der König verfügte und that. Retzow und Berenhorst führen den Reigen. Von den späteren hat namentlich Jomini den Tadel wiederholt, aber sein Urtheil scheint uns in diesem Fall, wie in manchem anderen, etwas mühelos und flach, gleichsam von oben abgeschöpft. — Unter den früheren weiß besonders Retzow sehr viel davon zu erzählen, daß alle preußischen Generale dringend dazu gerathen hätten, die Schlacht nicht bis auf das Aeußerste fortzusetzen; Seydlitz habe besonders dringend aufgefordert, anzuhalten. Selbst Wunsch hätte, diesen Berichten zufolge, Mittel gefunden, dem König von der Stadt Frankfurt aus — man sagt uns nicht, ob auf dem Umweg über Reitwein und Oetscher, oder gerade durch die russische Armee hindurch — Rathschläge der Mäßigung zukommen zu lassen. Doch der König hört auch hier wieder nicht auf die Lehren der Weisheit und stürzt das preußische Heer in das Verderben! „Wie glücklich würde der Staat gewesen sein" — seufzt Retzow — „hätte Friedrich II. der Stimme der Genügsamkeit mehr Gehör gegeben!"

Was die angeblichen Rathschläge der Generale betrifft, so stand der König bei seiner Armee im Allgemeinen nicht in so unsicherem Ansehen, die Autorität, die er übte, war nicht eine so schwach begründete, daß sich so leicht jemand erkühnt hätte, guten Rath zu geben, ohne daß er gefragt worden wäre — wie das wohl unter manchem anderen Feldherrn hin und wieder geschehen ist. Von Seydlitz namentlich, der hier vor allen genannt wird, wissen wir mit Bestimmtheit, daß er im Laufe der Schlacht mit dem König gar nicht zusammen getroffen ist.

Das „Innehalten", an das auf dem Schlachtfelde selbst ganz gewiß niemand gedacht hat und das nachträglich so viele rathsam gefunden haben wollten, ist überhaupt nicht immer so leicht gethan wie gedacht; hier bei

Kunersdorf hätte es große Schwierigkeiten gehabt. — Wo hätte es denn eigentlich stattfinden sollen? — Jomini meint, auf dem Mühlberge. Da wäre es allem Anschein nach allerdings möglich gewesen — aber welchen Grund hätte es in dem Augenblick, an der Stelle dafür gegeben? — Unmittelbar nach dem glücklichsten Anfang der Schlacht; in einem Augenblick, in dem von der ganzen preußischen Armee nur acht Bataillone gefochten, und diese wenigen Truppen den glänzendsten Erfolg erfochten hatten? — Auch wird das geforderte Innehalten von den Kritikern mit alleiniger Ausnahme Jominis stillschweigend auf einen anderen, späteren, ziemlich unbestimmt gedachten Moment verlegt; im Wesentlichen auf den Augenblick, wo man vor Laudons letzter Stellung stand, die etwas willkürlich, bald am Kuhgrund, bald auf dem äußersten rechten Flügel, auf den Jüdenbergen vorausgesetzt wird. In Wahrheit also am Spitzberg und am tiefen Weg. Von den Mühlbergen herab hatte sich, wahrscheinlich ohne bemerkbaren Abschnitt, ein Gefecht aus dem anderen entwickelt bis dahin. Da aber hätte sich die Sache wohl nicht so leicht gemacht, wie man sie denkt. Unthätig konnten die preußischen Truppen doch gewiß nicht im unmittelbaren, nahen Feuerbereich des Feindes stehen bleiben; sie hätten etwas, wenigstens bis hinter den Kuhgrund, zurückgenommen werden müssen — und nichts ist wohl gewisser, als daß Laudon zur Offensive übergegangen wäre, sowie sie die Bewegung rückwärts begannen; das Gefecht wäre nicht abgebrochen, sondern lediglich in ungünstigere Verhältnisse versetzt gewesen. Dergleichen ist sehr gefährlich. Man darf, wenn von Manövern auf dem Schlachtfelde die Rede ist, nie vergessen, daß man da, in prägnanten Augenblicken, die Truppen nicht in derselben Weise in der Hand hat, wie auf dem Exerzirplatz.

Auch daß der König den General Wunsch von Reitwein aus zurückgesendet hatte, um Frankfurt zu besetzen, ist ihm als „Fehler" angerechnet worden und zwar von keinem geringeren Mann als Clausewitz. Wir möchten eher beklagen, daß Wunsch zu spät in Frankfurt eingetroffen ist; wie es scheint, erst um fünf Uhr oder noch etwas später, als die Schlacht bereits entschieden war. Hätte er früher eintreffen und seine Anwesenheit durch irgend etwas — durch Artilleriefeuer, wenn auch durch ein vollkommen unwirksames — allgemein bemerkbar machen können, so wäre das vielleicht die beste Weise gewesen, die wenigen und unsicheren Bataillone, die er hatte, zu verwenden und zu verwerthen. Der Eindruck, den der unerwartete Lärm feindlichen Feuers im Rücken fechtender Truppen zu machen pflegt, hätte hier, wie schon öfter, immerhin von einiger Bedeutung sein können.

Welche Gefahren Friedrich der Große gegen das Ende dieses verhängnißvollen Tages persönlich bestanden hatte und wie sehr er sich im ersten Augenblick nach solcher unerhörten Niederlage gebrochen fühlte, das ist bekannt. Er glaubte Preußens Sache verloren; er nahm in einem noch am Abend des unglücklichen Tages geschriebenen Brief „für immer" Abschied von dem Minister Finckenstein, erklärte seinen Bruder Heinrich zum Generalissimus aller preußischen Armeen und legte den Befehl über das geschlagene Heer insbesondere in die Hände des Generallieutenants Finck. Die Instruktion, die dieser General am folgenden Tage erhielt, ist merkwürdig, weil der König darin, eben in dem Augenblick, wo er den Befehl niederlegt, weil er keinen Rath mehr wisse, doch wieder andeutet, was zu thun sein könnte und, indem er jeder Hoffnung entsagen will, doch wieder einer Hoffnung Raum zu geben scheint. Der König sagt in diesen am 13. ausgestellten Verhaltungsbefehlen: „die unglückliche Armee, so Ich Ihm übergebe, ist nicht mehr im Stande, mit den Russen zu schlagen, Hadik wird nach Berlin eilen, vielleicht Laudon auch; geht der General Finck diesen beiden nach, so kommen die Russen ihm in (den) Rücken, bleibt er an der Oder stehen, so kriegt er den Hadik diesseits, indessen so glaube, daß, wenn Laudon nach Berlin wollte, solchen könnte er unterwegens attaquiren und schlagen, solches wohl es gut gehet, giebt dem Unglück einen Anstand und hält die Sachen auf, Zeit gewonnen ist sehr viel bei solchen desperaten Umständen."

Der Schluß der Urkunde: „Dieses ist der einzige Rath, den Ich bei denen unglücklichen Umständen im Stande zu geben bin, hätte Ich noch Ressourcen, so wäre Ich dabei geblieben" — scheint freilich wieder jeder Hoffnung zu entsagen. — In Wahrheit aber entsagte der König weder dem Heerbefehl noch der Hoffnung.

Schon in der Nacht vom 12. zum 13. hatte er daran gedacht, was von Truppen irgend erreichbar war, zur Verstärkung der geschlagenen Armee heranzuziehen. Eben in dieser Nacht fertigte er an den Grafen Hordt, der, von seinem Streifzug an die Weichsel zurückgekehrt, mit einer kleinen Abtheilung an der Warthe stand, den Befehl aus, bei Reitwein zum Heere zu stoßen. — Am 13. liefen Berichte von Hordt und

aus dem Meißner Lande ein; der König sendete sie zwar dem General
Finck zu, aber mit dem Bemerken, daß er mit ihm darüber sprechen wolle.

In den Vormittagsstunden war es den preußischen Generalen und
Offizieren gelungen, etwa 12 000 Mann bei Oetscher leidlich zu ordnen;
diese Schaar ging um 4 Uhr Nachmittags über die Oder zurück nach
Reitwein, wo die Bataillone unter Wunsch dazu stießen, und der König
sich wieder an der Spitze einer freilich nicht sehr zuverlässigen Armee
von 18 000 Mann sah. — Schon den Tag zuvor hatte er dem Grafen
Hordt Reitwein als Vereinigungspunkt bezeichnet, ein Beweis, daß er
sich hier einige Tage zu behaupten hoffte. — Die Oderbrücken wurden
natürlich abgeworfen; der kleine Heerttheil, der den Schweden gegenüber=
stand, wurde herbeigerufen. — Am 14. übernahm der König auch der
Form nach wieder den Oberbefehl, und er führte ihn unverzagt mit so
fester Hand wie je zuvor.

Die russischen Generale kamen den Tag nach der Schlacht aus ihrem
Freudentaumel noch nicht heraus, ein feierlicher Dank=Gottesdienst wurde
gehalten, an eine wirkliche Thätigkeit war nicht zu denken.

Von allem, was der König im Geist voraussah und besorgte, ge=
schah nichts — und zwar vorzugsweise deshalb, weil das, was Fried=
rich II. von seinem Standpunkt aus als die unfehlbare Folge der ver=
lorenen Schlacht ansah, in der That eigentlich ganz außerhalb des Ge=
sichtskreises der damaligen Strategie lag.

Dresden und Glogau.

Auch der Feldmarschall Daun hatte endlich die Nothwendigkeit ein=
gesehen, aus der Kontemplation herauszutreten in das thätige Leben.
Er hatte bereits am 30. Juli den linken Flügel seines Heers (30 Ba=
taillone 35 Schwadronen) in Person von Markliffa nach Lauban geführt
und Becks abgesondertes Korps nach Naumburg vorgeschoben: doch das
war eigentlich keine Bewegung zu nennen; es war nicht mehr als eine
Veränderung eines Theils seiner Stellung. Was dabei beabsichtigt wurde,

ist nicht bekannt geworden. — Jetzt (am 7. August) kündigte der Feldmarschall Daun dem Hof zu Wien an, daß er am 12. August aufzubrechen gedenke, um in drei Märschen Priebus zu erreichen und sich von dort aus dem Punkt zu nähern, an welchem die russische Armee die Oder überschreiten wolle. — Sein Entschluß wurde in Maria Theresias Kabinet nicht nur gebilligt, sondern freudig begrüßt, und Laudons dringende Aufforderungen bewogen den Feldmarschall, sich noch einen Tag früher in Bewegung zu setzen.

In der kritischen Besprechung älterer wie neuerer Feldzüge begegnen uns mitunter recht überraschende Bemerkungen. Daun hatte vom 2. Mai bis zum 28. Juni vollkommen unthätig in dem Lager bei Schurz (Königgrätz) gestanden, und dann wieder vom 6. Juli bis zum 11. August vollkommen unthätig bei Marklissa und Laubau. Ein österreichischer Offizier, der in der Oesterreichischen militärischen Zeitschrift (Jahrgänge 1826 und 1841) den Feldzug des Prinzen Heinrich 1759 erzählt, macht nun in Beziehung auf die Zeit unmittelbar vor der Schlacht bei Kunersdorf folgende Bemerkung: „Er" — der König von Preußen nämlich — „fühlte, daß er alles aufbieten müsse, um dem verdunkelten Stern seines Glücks neuen Glanz zu verleihen. Schon war der halbe Feldzug entschwunden, und nichts hatte der König gethan." — Daß der König, der durch die allgemeine Lage auf Abwarten und Abwehren angewiesen war, sich abwartend verhielt, wird als strengen Tadels werth bezeichnet; daß Daun, der einen positiven Zweck zu verfolgen hatte, dem die Initiative zustand, und für den sie Pflicht war, an der Spitze einer namhaften Uebermacht drei Monate lang gar nichts that und auch nichts beabsichtigte als auf die Russen zu warten, das scheint dieser kritische Geist ganz in der Ordnung zu finden. — Etwas später deutet er an, daß der König besser gethan hätte, die Russen nicht zur Schlacht herauszufordern, zu manövriren, oberhalb Frankfurt über die Oder zu gehen und dem Feinde die Verbindung mit Posen abzuschneiden u. s. w. — Es entgeht diesem Kritiker, daß der König die rasche Entscheidung den Russen gegenüber suchte, um sich so bald als möglich wieder gegen Daun zurückwenden zu können; er setzt voraus, daß der König zu allen diesen Manövern übrig Zeit gehabt hätte. Dieser Voraussetzung liegt die andere zum Grunde, daß Daun auch fernerhin nichts gethan haben würde, und keine Ahnung hat der würdige österreichische Offizier davon, in welchem

Licht er durch diese Voraussetzung den österreichischen Feldherrn erscheinen läßt.

Inzwischen hatte Daun 12 Bataillone und 5 Reiter-Regimenter von De Villes Heertheil unter diesem General selbst aus der Gegend von Königgrätz nach Marklissa herangezogen, und dann mit seinem linken Flügel in drei Märschen von Lauban aus Priebus erreicht. Hadik, zur Vereinigung mit den Russen bestimmt, mußte zunächst nach Guben vorrücken; General Beck wurde in die Gegend zwischen Sorau und Sagan vorgeschoben. Der rechte Flügel der österreichischen Armee war aber unter den Generalen Buccow und Herzog von Ahremberg bei Marklissa stehen geblieben, und um die Verbindungen zu decken, mußte der Marquis d'Ainse mit einem kleineren Korps bei Lauban Stellung nehmen. So hatte denn der Feldmarschall Daun seine Armee ziemlich zersplittert; er war, wie dies wohl zu geschehen pflegt, auf den Wegen ängstlicher Vorsicht, die aber doch vom Feinde keine energische Initiative, nur Manöver erwartet, dahin gekommen, verwegen zu sein. (Es standen nämlich unmittelbar nach der Schlacht bei Kunersdorf von der, 22 278 Kroaten und 7585 Husaren, die nicht als Bataillone und Schwadronen gezählt wurden, mitgerechnet, 155 267 Mann starken österreichischen Armee: Laudon mit 12 Bataillonen, 25 Schwadronen und leichten Truppen, 16 000 Mann, bei den Russen; — Hadik mit 16 Bataillonen, 25 Schwadronen und leichten Truppen, 15 036 Mann, auf dem Marsch zur Vereinigung mit ihnen; — Beck mit 2 Bataillonen, 10 Schwadronen und leichten Truppen, 8822 Mann, vorwärts Sorau; — Daun mit 30 Bataillonen, 25 Schwadronen, 13 Karabinier-Kompagnien, 24 657 Mann, bei Priebus; — d'Ainse mit 4 Bataillonen, 5 Schwadronen, 3236 Mann, bei Lauban; — Buccow mit 24 Bataillonen, 25 Schwadronen, 19 362 Mann, bei Marklissa; — De Ville mit 12 Bataillonen, 25 Schwadronen, 12 276 Mann, auf dem Marsch bei Dittersbach; — Feldzeugmeister Harsch mit 16 Bataillonen, 25 Schwadronen und leichten Truppen bei Trautenau; — nach der andern Seite hin Vehla mit 3480, Brentano mit 3691 Mann leichter Truppen, gegen die Elbe gewendet Macquire mit 8 Bataillonen, 10 Schwadronen, 6219 Mann bei Görlitz. — Die Reichsarmee endlich, die in 35 Bataillonen, 38 Schwadronen und 900 Mann österreichischer leichter Truppen 23 332 Mann zählte, hatte Leipzig und Torgau erreicht.) — Dauns Armee mußte aus dem Hauptmagazin zu Zittau ver-

sorgt werden; ein entschlossener Vorstoß des Prinzen Heinrich von Schmot=
seifen auf Lauban und Görlitz mußte diese Armee, wie durch einen Druck
auf eine Feder, bis an die Lausitzer Berge zurückschnellen, und es konnte
sich dabei noch manches Unerwünschte ergeben; denn der Prinz Heinrich,
der mindestens 35 000 Mann beisammen hatte und allenfalls noch ein paar
Bataillone von Fouqués Korps heranziehen konnte, war sowohl dem
Marquis d'Ainse als dem General Buccow überlegen und sogar beiden
zusammen gewachsen, auch wenn sie sich mit De Ville vereinigten.

Zu Priebus erhielt Daun am 14. die Nachricht von dem Siege
der Russen bei Kunersdorf. Ein entschlossener General aus der Schule
unserer Zeit hätte sich darauf wohl sofort erhoben zu einem letzten ent=
scheidenden Angriff auf das schon halb zertrümmerte Heer des Königs von
Preußen, im Verein mit den Russen oder auch ohne sie. Doch von
allen, die mitzusprechen hatten dachte niemand daran, jetzt, nach solchem
Anfang die preußische Armee zum strategischen Objekt, und ihre Ver=
nichtung zum Zweck der weiteren Operationen zu machen. Es lag das,
wie bereits gesagt, außerhalb des Ideenkreises der Zeit. — Es ist gar sehr
der Beachtung werth, in welcher Weise und in welchem Maß die herrschen=
den Ansichten von Kriegführung, in der seine Gegner befangen waren,
über die sie sich nicht zu erheben wußten, in dieser kritischen Zeit dem
großen Friedrich mächtig zu Hülfe kam — gerade wie dieselbe Be=
fangenheit ihrer Gegner in den Jahren 1792 und 1793 zu Gunsten der
französischen Republik entscheidend wurde. — Eben wie man sich in diesem
letzteren Fall nicht zu sagen wußte, daß ein Krieg, vermöge dessen man
die französische Revolution besiegen wollte, nicht in der Weise Catinats
und des Herzogs von Luxembourg geführt werden dürfe, ebenso
wenig wurde man 1759 im Rath der Verbündeten gewahr, daß man
in einem Kriege, der Preußen für immer „unschädlich machen" sollte,
namentlich weil man es mit einem König und Feldherrn zu thun hatte,
wie Friedrich war, in einem anderen Geist handeln müsse, als die ge=
nannten Feldherren Ludwigs XIV. in Kriegen, die um ein paar Grenz=
plätze geführt wurden.

Daun dachte nur an örtliche Vortheile, die zu gewinnen sein möchten,
und hoffte den „Zweck" auch diesmal durch Manöver zu erreichen. Sein
Generalquartiermeister Lacy eilte in das russische Hauptquartier, um
dort dreierlei Vorschläge zu machen. Entweder die Russen sollten, durch

Habik verstärkt, auf Berlin vorrücken; um sie zu unterstützen, wollte dann Daun ihre bisherige Stellung bei Frankfurt einnehmen, durch Buccow und den Herzog von Ahremberg aber den Prinzen Heinrich „beobachten lassen"; Macquire, der bei Görlitz stand, konnte inzwischen im Verein mit der Reichsarmee versuchen, sich Dresdens zu bemächtigen. — Oder, wenn die Russen darauf nicht eingehen wollten, konnte ihre Armee bei Frankfurt stehen bleiben, die österreichische aber nach Berlin gehen und sich sodann dem König „nähern", von dem, wie es scheint, vorausgesetzt wurde, er werde irgendwo den Russen gegenüber stehen bleiben, während die Oesterreicher auf Berlin losgingen, oder er werde sorgfältig den einen wie den anderen aus dem Wege gehen. Gemeinsam müsse man alsdann dahin streben, den Feind auf einen immer engeren Raum einzuschränken und ihn dadurch vielleicht ganz aufzureiben. Wäre dies geschehen, dann würde sich von selbst ergeben, daß man mit gesammter Macht in Schlesien eindringe und die eine oder die andere der dortigen Festungen erobere.

Der dritte Vorschlag endlich war, die russische Armee solle in ihrer Stellung bleiben, nur leichte Truppen nach Berlin senden und dort in Berlin „nach Belieben schalten" (d. h. plündern), den König beobachten und vor allen Dingen hindern, die Operationen der Oesterreicher in Schlesien zu stören. Hier werde dann das österreichische Heer den Prinzen Heinrich bekriegen und womöglich eine Festung erobern, um die Winterquartiere in Schlesien nehmen und sich darin behaupten zu können.

Offenbar war dieses Dritte das, was Daun eigentlich wollte. Die beiden anderen Vorschläge waren nur aus Courtoisie hinzugefügt, um scheinbar den Verbündeten die Entscheidung anheimzugeben. — Von Seiten Frankreichs wurden die Feldherren auf das entschiedenste zu dem Zug nach Berlin aufgefordert, und merkwürdigerweise war es wieder ein Diplomat, der, weniger befangen als die Männer vom Fach, die Kriegführung der Verbündeten in die Bahnen zu weisen suchte, die allein zu größeren Erfolgen führen konnten. Der Graf Choiseul (nicht zu verwechseln mit dem Herzog Choiseul-Stainville), zu dieser Zeit Frankreichs Botschafter am Wiener Hof, war es, der dem Staatskanzler Kaunitz, unmittelbar nachdem die Nachricht von dem Siege bei Kunersdorf eingetroffen war, eine offenbar schon vorher reiflich überdachte Denkschrift überreichte. Er geht darin von dem Grundsatz aus, der Daun müsse an der Wurzel angegriffen und Schlesien in Berlin erobert werden. Es sei nunmehr der Augenblick gekommen, in dem die Macht des Königs von Preußen gebrochen, der König von Polen in seine sächsischen Lande zurückgeführt, Maria Theresia ohne die unmittelbare Eroberung des Landes in den Besitz von Schlesien gesetzt werden könne, wenn man die richtigen Maßregeln ergreife. Daß man Festungen und Provinzen des Königs von Preußen einnehme und besetzt halte, helfe gegen ihn zu nichts, denn seine Macht beruhe auf seiner Armee, seiner Person, seinem Geist. Gegen seine Armee sei demnach zu wirken, in ihr sei der Baum an der Wurzel anzugreifen. Für den Augenblick komme es vor allem darauf an, daß die Russen über die Oder gingen und auf Berlin vorrückten; seien sie durch Hadik verstärkt, so könne der König nichts mehr gegen sie unternehmen; er werde sich nach Stettin zurückziehen müssen.

In demselben Geist schrieb Choiseul auch dem Marquis Montalembert, dem französischen Militärbevollmächtigten im russischen Hauptquartier; der sollte die russischen Generale durch die Aussicht auf die Plünderung der preußischen Hauptstadt für den Zug dorthin begeistern. Es sei, schrieb Choiseul, von großer Wichtigkeit, daß die Russen die gewonnenen Vortheile benützten, um den König von Preußen noch in diesem Feldzuge völlig zu Grunde zu richten. Dieser Fürst habe sich noch nie in einer so gefährlichen Lage befunden. Vielleicht sei man jetzt dem Schluß (dénouement) des blutigen Schauspiels nahe, wenn alle Feinde dieses Fürsten ihre Uebermacht im Einverständniß auf einen Punkt richten wollten. Montalembert soll sein ganzes Ansehen aufbieten, um die russische Armee dahin zu bringen, daß sie über die Oder gehe und den König von Preußen verfolge, ohne ihn auch nur einen Augenblick aus dem Auge zu lassen, damit er nicht Zeit gewinne, sich wieder in eine gute Verfassung zu setzen und seinen Feinden von neuem die Stirn zu bieten.

Daun aber äußerte sich gegen denselben Montalembert entschieden ablehnend in Beziehung auf einen Zug nach Berlin oder gegen den König und dessen Armee; er hielt ein solches Beginnen für „eine ganz unbedeutende Operation", da man sich doch in der feindlichen Hauptstadt nicht behaupten könne.

Kaunitz, der immerdar vor allem Schlesien im Sinn hatte, antwortete dem Grafen Choiseul, die brandenburgische Mark sei ein ge=

fährlich armes Land, in dem man den nöthigen Unterhalt nicht werde auftreiben können und leicht manchem Nachtheil ausgesetzt sein könnte. Auch würde der König hier leicht die Möglichkeit finden, Berlin auch mit einer schwächeren Armee in guter Stellung zu decken. Selbstverständlich waren das nicht die Gründe, die den Grafen Kaunitz wirklich bestimmten; es waren unbedeutende Dinge, die vorgegeben wurden, um die französischen Zumuthungen abzulehnen, ohne auf deren ernstere Erörterung einzugehen. In Wahrheit aber sah der Staatskanzler in einem Zug nach Berlin, gerade wie Daun, nur ein unbedeutendes Unternehmen, das zu nichts Wesentlichem führen könne, und er war noch entschiedener selbst als der Feldmarschall auf die unmittelbare Eroberung Schlesiens bedacht.

Die Kaiserin selbst endlich, Maria Theresia, hegte im ersten Augenblick wohl den Wunsch, daß Berlin in die Gewalt der verbündeten Heere falle; aber sie dachte sich dabei auch nur eine Besetzung der Stadt, die, wenn sie auch länger währte als das erste Mal vor zwei Jahren, doch nur eine vorübergehende blieb, und sah nichts weiter darin, als einen glänzenden Triumph, eine Befriedigung ihres Gefühls. Auch ließ sie sich durch Kaunitz und Daun sehr leicht bestimmen, diesem Wunsch zu entsagen. Schon am 20. August schrieb sie dem Feldmarschall Daun, man könne von der russischen Armee, nachdem sie zwei blutige Schlachten geliefert habe, nicht mehr verlangen, als daß sie die ferneren Operationen der Oesterreicher „nach ihrer Bequemlichkeit" unterstütze, den Feind — d. h. König Friedrich und das Heer, an dessen Spitze er persönlich stand — beschäftige, auch für den Winter mit den Oesterreichern vereinigt bleibe und zur Behauptung der Winterquartiere in Schlesien mitwirke.

Eine Festung in Schlesien erobern und Winterquartiere dort im Lande, das war und blieb das Ziel alles Dichtens und Trachtens. — Einen weiteren Horizont gab es für Daun, für Kaunitz und für Maria Theresia nicht!

Lacy kehrte aus dem Hauptquartier Saltykows zurück, ohne daß es zu irgend einer bestimmten Verabredung gekommen wäre. Die russischen Generale fanden bei allen ferneren Operationen großes Bedenken. Ein russischer General, Springer, in Dauns Hauptquartier gesendet, theilte dem österreichischen Feldmarschall im engsten Vertrauen mit, die

russische Armee werde in diesem Feldzug wohl nicht mehr zu Angriffs=
operationen verwendet werden. Sie bilde den Kern der Streitkräfte des
russischen Reiches, das inzwischen von Truppen so gut wie ganz entblößt
sei; nun sei sie aber durch die Verluste in zwei Schlachten bedeutend ge=
schwächt, es fehle ihr an Bespannung für das Geschütz und die Zufuhren,
an Bekleidungsgegenständen für die Mannschaft; sie könne daher nicht
lange Zeit in allzu großer Entfernung von der Heimath verweilen und
werde wohl noch vor dem Eintritt der bösen Jahreszeit an die Weichsel
zurückkehren müssen.

Die Bedenken der russischen Generale waren nicht ganz unbegründet
— ganz abgesehen natürlich von ihrer Abneigung gegen die energische
Fortsetzung eines Krieges, in dem für Rußland, wie die Herren meinten,
nichts zu gewinnen war, als was man bereits inne hatte. Die russische
Armee wird zu dieser Zeit in den österreichischen Quellen 44 000 Mann
stark gerechnet, dabei sind aber wohl die Kosaken mitgezählt. Die großen
Verluste, die sie das Jahr zuvor bei Zorndorf erlitten hatte, waren nicht
vollständig ersetzt worden. Man hatte zwar im weiten russischen Reich
60 000 Rekruten ausgehoben, aber die waren, wie das auch später noch
nur zu oft vorgekommen ist, zum sehr großen Theil unterwegs elend zu
Grunde gegangen und umgekommen, der Rest war meist noch weit zurück
an entfernten Sammelstellen. So viel sich aus allen gleichzeitigen Nach=
richten entnehmen läßt, hatte die Armee den Feldzug mit 52= oder
53 000 Mann Linientruppen unter den Waffen angetreten; nach den
Verlusten bei Kay und Kunersdorf standen davon wohl nicht viel über
35 000 Mann in Reihe und Glied — und das war im Grunde die
einzige Armee, die Rußland zur Zeit besaß. Es war schon an sich
natürlich genug, daß die russischen Generale davon nicht noch etwas in
einer dritten Schlacht, und zwar in einer Schlacht gegen Friedrich den
Großen, auf das Spiel setzen wollten, und nun vollends, da noch so
manches andere Bedenken hinzukam, dessen wir bereits an anderer Stelle
gedacht haben: die Unsicherheit des Verhältnisses zur ottomanischen Pforte,
die Unsicherheit der Lage im Innern des Reichs und der Zukunft Ruß=
lands. Daß sie meinten, es sei nun an der österreichischen Armee, mit
ihrem Blut zu zahlen, kann gewiß nicht befremden.

Einer dritten Schlacht glaubten die Russen entgegenzugehen, wenn
sie sich in entschiedener Offensive vorwärts wagten; sie wäre ihnen auch

ganz gewiß nicht erspart geblieben, und Friedrich der Große imponirte auch nach der Schlacht bei Kunersdorf ihnen wie den Oesterreichern gar sehr. „Le roi de Prusse est en vérité trop redouté", sieht sich Montazet veranlaßt, am 20. August aus Dauns Hauptquartier zu berichten. So bedeutend fiel die imponirende Persönlichkeit des Königs in das Gewicht. Die Bedeutung, welche seine Persönlichkeit für Freund und Feind hatte, war in schwierigen Lagen eine mächtige Stütze des Ganzen, während er selbst sie so wenig in Rechnung brachte, daß er meinte, ein jeder könne, was ihm möglich sei.

Laudon war inzwischen am 15. August in Frankfurt über die Oder gegangen und hatte bei Tschetschenow Stellung genommen; die Russen folgten ihm am 16. und lagerten bei Lossow, oberhalb Frankfurt an der Oder; Hadik rückte an demselben Tage nach Müllrose vor, und die Verbindung König Friedrichs mit der Armee seines Bruders war nun gänzlich abgeschnitten. Der König sah sich durch die Bewegungen seiner Feinde veranlaßt, sich ihnen gerade entgegenzustellen auf dem Wege nach Berlin, und marschirte demgemäß am 16. nach Madlitz, den 19. nach Fürstenwalde.

Auch Daun glaubte, sich den Russen weiter, wenn auch zunächst nur um einen Marsch, nähern zu müssen, und rückte am 19. von Priebus nach Triebel vor. Da die Botschaften hin und her nicht zu einer Verständigung über die ferneren Operationen führen wollten, wurde eine persönliche Zusammenkunft der beiden Feldherren, Dauns und Saltykows, verabredet. Sie fand am 22. zu Guben statt, und hier führte endlich eine Unterredung, der auch Laudon und der russische Generalquartiermeister Stoffel beiwohnten, zu bestimmten Verabredungen über alles Weitere.

Auch der Gedanke, auf Berlin vorzurücken und entschlossen auf den König und sein halbzertrümmertes Heer loszugehen, falls er Stand halten wollte, kam hier zur Sprache, aber nur, um von beiden Feldherren mit gleicher Bestimmtheit abgelehnt zu werden. Beide meinten, daß eine solche Unternehmung jedenfalls nicht mehr an der Zeit sei. Daun erklärte, er würde von Triebel aus wenigstens einundzwanzig Tage brauchen, um Berlin zu erreichen. Auch könne man sich doch den Winter über in Berlin nicht halten, und wenn man wieder von dort aufbrechen müsse, werde man nicht mehr festen Fuß in Schlesien fassen können und genöthigt sein, die Winterquartiere im eigenen Lande zu nehmen. — Nach dieser Theorie konnte sich also aus einem Zug nach Berlin und gegen das Heer des Königs nichts weiter ergeben, als daß man darüber die günstige Zeit verlor, Eroberungen in Schlesien zu machen. — Man fügte noch hinzu, daß auch die kostbarsten Gegenstände bereits von Berlin weggeschafft und in Sicherheit gebracht worden seien, was kaum etwas anderes heißen konnte, als daß die Plünderung der feindlichen Hauptstadt nicht mehr der Mühe werth sei — obgleich da die einzige Kanonengießerei zerstört werden konnte, die Preußen zur Zeit besaß. — Der König, meinte man, könne sich ohnehin nicht mehr erholen, wenn man nur seine Verbindung mit Dresden und dem Prinzen Heinrich fortwährend unterbreche. Die Armee des Letzteren sei die einzige „Ressource", die dem König von Preußen bleibe, gegen sie müßten daher vorzugsweise die Operationen gerichtet sein.

Beschlossen wurde dem entsprechend, die beiden Armeen, die österreichische und die russische, sollten einstweilen in ihren gegenwärtigen Stellungen verbleiben, um die Belagerung von Dresden, welche die Reichsarmee unternahm, sowohl gegen die Armee des Königs als gegen die des Prinzen Heinrich zu decken, besonders zu verhindern, daß der König etwa Truppen absende, um die Eroberung der kursächsischen Hauptstadt zu vereiteln. Sowie dann Dresden eingenommen sei, sollten beide Heere sofort nach Schlesien aufbrechen, um Neiße zu belagern. Doch sollte die Belagerung dieser Feste ausschließlich von österreichischen Truppen unternommen werden, die russische Armee sie decken — vereinigt nach wie vor mit Laudon, der noch durch 4 Bataillone und 2 Reiter-Regimenter verstärkt werden sollte.

Hadik ward bestimmt, wenn die großen Armeen nach Schlesien aufbrachen, seinerseits nach Sachsen zu marschiren, die Truppen unter Macquire, Vehla und Brentano an sich zu ziehen und an der Spitze dieser Macht (das heißt mit 28 000 Mann, unter denen nur 20 000 Mann Linientruppen waren und 8000 Kroaten und Husaren) das eroberte Sachsen gegen den König von Preußen zu behaupten! — Wahrscheinlich wurde dabei auch auf die 23 000 Mann starke Reichsarmee gerechnet, deren jedoch nicht gedacht wird. Aber auch wenn hier stillschweigend auf sie gezählt wurde, bleibt es bei der geringen Meinung, die man von der Reichsarmee hatte, auffallend, daß man eine solche Macht an der Elbe genügend achtete.

Eine Schlacht gegen die Armee des Prinzen Heinrich um ihrer

selbst willen zu suchen, daran dachte selbstverständlich niemand. Es sollte lediglich manövrirt werden. Aus dem Umstand, daß die Russen, die sich nicht mehr schlagen wollten, bestimmt wurden, die Belagerung von Neiße zu decken, geht hervor, daß man voraussetzte, der Prinz Heinrich werde, selbst um diese Feste zu entsetzen, nicht eine Schlacht wagen.

Auch in der Wiener Hofburg war man mit den verabredeten Beschlüssen sehr zufrieden — hatte man doch reiche „Geschenke", die den russischen Generalen ertheilt wurden, nicht gespart, um sie herbeizuführen! — Neiße zu erobern, schien ein würdiges Ziel des Feldzugs. Doch sei es nöthig, bemerkte die Kaiserin in einem Schreiben an Daun, eine Observationsarmee gegen den König von Preußen aufzustellen, ihn eng im Schach zu halten, eine Schlacht gegen ihn aber „um jeden Preis" zu vermeiden. So nothwendig es sei, dem Prinzen Heinrich eine Schlacht zu liefern, so wenig dürfe das dem König gegenüber geschehen.

So sehr fürchtete man auch in der Wiener Hofburg den verwundeten Löwen! — der Prinz Heinrich dagegen imponirte nicht.

Friedrich der Große war, wie schon erwähnt, am 16. August nach Madlitz, am 19. nach Fürstenwalde marschirt. Hier hatte er seiner eigenen Angabe nach wieder gegen 30 000 Mann beisammen — ein Beweis, daß die in der unglücklichen Schlacht versprengten Leute sich sehr vollständig wieder bei den Fahnen eingefunden hatten; gewiß ein seltener Fall bei der damaligen Beschaffenheit und Verfassung der Heere.

Ein Geschützzug von 32 Zwölfpfündern, der schon seit einiger Zeit fertig bis auf die fehlende Bespannung in Berlin bereit stand, wurde jetzt bespannt und zur Armee geschafft — in Fürstenwalde war ein Magazin angehäuft, aus dem diese Armee längere Zeit über versorgt werden konnte, und hier stießen auch am 20. die Truppen dazu, die bisher, 4000 bis 5000 Mann stark, unter dem General Kleist gegen die Schweden gestanden hatten; so stand denn König Friedrich wieder an der Spitze einer schlagfertigen Heeresmacht. Aber nachdem sie zwei Schlachten und darunter eine unter persönlicher Führung des Königs verloren hatte, flößte sie nur geringes Zutrauen ein.

Ueberhaupt blieb die Lage auch jetzt noch eine in hohem Grade gefährdete. Zwischen Leipzig und Frankfurt an der Oder waren nicht weniger als 200 000 Mann gegen den König vereinigt, und außerdem konnten von Stralsund her 17 000 Schweden gegen seinen Rücken heranmarschiren. Dem allen hatte Friedrich II. in der Mark und in Schlesien zusammen nur etwa 83 000 Mann entgegen zu stellen, und diese geringe Macht war noch dazu in zwei ungleiche Hälften gespalten, denen die Verbindung unter einander abgeschnitten war. — Selbst wenn man die Schweden für gar nichts rechnen und annehmen wollte, daß die Russen sich auf nichts Entscheidendes mehr einlassen würden, blieb die Uebermacht der Feinde eine ganz unverhältnißmäßige, denn die österreichische und Reichsarmee zählten zusammen nicht weniger als 155 267 Mann; darunter waren freilich 22 000 Kroaten und gegen 8000 Husaren, aber diese leichten Truppen waren trefflich zu mancherlei Dienst und ersparten jedenfalls dem Kern des Heeres alle Entsendungen. — Es war eine Macht, die einem unternehmenden Feldherrn genügt hätte, auch ohne Russen und Schweden etwas Entscheidendes zu wagen.

Der König von Preußen erfuhr hier abermals so gut wie Maria Theresia und in viel gefährlicherer Weise als sie, wie viel Hinderndes und Erschwerendes in Bündnißverhältnissen liegt. War er wirklich Herr der gesammten Streitkräfte, die auf seiner Seite im Felde standen, konnte er frei über die Armee des Herzogs Ferdinand von Braunschweig verfügen, dann war die Lage ohne allen Vergleich weniger bedenklich. Der Herzog Ferdinand hatte am 1. August einen glänzenden Sieg bei Minden erfochten und für diesen Feldzug wenig mehr zu befürchten, besonders wenn er sich unter allen Bedingungen der Rückzugslinie auf Magdeburg versicherte und nicht in die Richtung auf Stade drängen ließ. Ueberhaupt mußte man sich sagen, daß die Entscheidung des ganzen Krieges für den Kurfürsten von Hannover so gut wie für den König von Preußen auf dem östlichen Theil des gesammten Kriegsschauplatzes, an der Elbe und Oder, lag, nicht zwischen der Weser und dem Rhein. Was wäre in der damaligen Lage natürlicher gewesen, als Verstärkungen von der Armee des Herzogs Ferdinand heranzuziehen? — Mußte dann auch Berlin zeitweilig dem Feinde überlassen werden — was freilich immer ein schwerer Schlag war und blieb — so ging dann doch jedenfalls die Rückzugslinie des Königs nicht auf Stettin, wie Choiseul glaubte, sondern auf Magdeburg den Verstärkungen entgegen, und eine Möglichkeit, wieder angriffsweise vorschreiten zu können, stand in naher Aussicht. Daß der Herzog Ferdinand dem König Hülfe leiste, war so natürlich — so unbedingt durch die Verhältnisse geboten, daß es auf Seiten der Feinde sehr entschieden erwartet wurde. Der Marschall Contades wurde jetzt von der französischen Regierung aufgefordert, vor allem zu verhindern, daß von der hannoverschen Armee Truppen nach der Mark entsendet würden.

Doch der König von Preußen wußte, daß er nicht über die verbündete Armee in Niedersachsen verfügen könne, und glaubte eben deshalb, nichts zur Behauptung des Meißner Landes thun zu können.

Hier hatte die Reichsarmee — zu der zur Zeit auch Brentanos im Grenzgebirge postirte Kroaten gehörten — am 1. August ein Lager bei Naumburg a. d. Saale bezogen und am 8. ein anderes bei Lindenau unweit der Stadt Leipzig, die schon den Tag zuvor von ausgesendeten Kroaten besetzt worden war. Die preußische Besatzung hatte kapitulirt und freien Abzug nach Wittenberg erhalten. — Vor Torgau erschien bereits am 10. General Kleefeld mit leichten Truppen, am 12. der Prinz von Stolberg mit einer Abtheilung der Reichsarmee, — und schon am 14. mußte die preußische Besatzung, aus Mangel an Schießbedarf, den kaum befestigt zu nennenden Ort übergeben. Die Besatzung zog frei nach Wittenberg. Dieser letztere Ort aber wurde von den Preußen geräumt, als General Kleefeld am 20. mit seinen Kroaten vor den Mauern erschien.

Nun hielt es der Prinz von Zweibrücken — mit dem sich Stolberg am 17. bei Leipzig wieder vereinigt hatte — an der Zeit, die Belagerung von Dresden zu unternehmen. Er erschien am 29. mit ungefähr 11 000 Mann vor der Stadt, nachdem er den General St. André mit einem bedeutenden Theil seines Heeres bei Leipzig zurückgelassen hatte. Macquire hatte auf dem rechten Elbe-Ufer schon am 26. von Rothenburg her, wohin er inzwischen vorgerückt war, die von den Preußen verlassene Neustadt Dresden in Besitz genommen. Schweres Geschütz wurde von Leitmeritz auf der Elbe herbeigeschafft.

In Dresden lagen 5 600 000 Thaler in baarem Gelde und sehr bedeutende Vorräthe an Bekleidungsstücken, wie Schmettau berichtet, für 35 000 Mann. Da der König unmittelbar nach der verlorenen Schlacht gar keine Möglichkeit sah, etwas zum Schutz oder zum Entsatz des Orts zu thun, schrieb er am 14. August, noch ehe er förmlich den Heerbefehl wieder übernommen hatte, eben dem Kommandanten von Dresden, Grafen Schmettau, wenn er glaube, sich nicht behaupten zu können, solle er suchen, durch eine Kapitulation die Besatzung, die Kassen und überhaupt alle Vorräthe zu decken.

Doch schon am folgenden Tage dachte der König an Mittel, Dresden zu retten. Er schrieb dem Herzog Ferdinand von Braunschweig, er erwarte, daß der Herzog ein „Detachement" seiner Armee gegen Halle und Leipzig entsenden werde (je m'attends donc de la part de Votre Altesse qu'elle voudra bien faire un détachement de son armée du côté de Halle et de Leipsic) — um die preußischen Staaten von dieser Seite zu decken; sonst könne er, der König, nicht dafür bürgen, daß nicht alles zusammenbreche (sans quoi je ne saurais lui garantir que toute la boutique ne se trouve renversée), da er selbst gar nichts entsenden könne.

Mit der Reichsarmee fertig zu werden, war nicht allzu schwierig; eine sehr mäßige Anzahl Bataillone hätte wahrscheinlich genügt, die Belagerung von Dresden zu verhindern. — Im Hauptquartier des Herzogs Ferdinand erkannte man, wie wir den Briefen Westphals entnehmen, gar wohl die Größe der Gefahr — man glaubte auch nicht, wie das wohl nahe lag, daß die Zeit fehle, daß es zu spät sei, in Sachsen rettend einzugreifen — und dennoch antwortete der Herzog Ferdinand ablehnend! — Er machte geltend, daß General Imhof — nachdem Kassel bereits wieder gewonnen war, — mit 10 Bataillonen und 8 Schwadronen im Marsch sei, um Münster wieder zu erobern; unmöglich könne er noch ein zweites Korps entsenden; er würde dann den Franzosen gegenüber zu schwach sein und laufe Gefahr, alle eben gewonnenen Vortheile wieder zu verlieren. Ein schwaches Hülfskorps könne nichts bewirken, ein stärkeres könne er nicht entbehren.

Was half den Verbündeten oder auch dem König von England, Kurfürsten von Hannover insbesondere, die Eroberung von Münster, wenn inzwischen im Lande zwischen Elbe und Oder, wo der Schwerpunkt des ganzen Krieges lag, „Alles zusammenbrach"? — Oder was war, wenn das geschah, dadurch gewonnen, daß der Herzog Ferdinand die eben errungenen Vortheile — d. h. die wieder in Besitz genommene Strecke Landes — einstweilen glücklich behauptete?

Es scheint in dem ablehnenden Bescheid des Herzogs und den Gründen, auf die er ihn stützte, wohl etwas wie ein Verkennen der allgemeinen Verhältnisse, der relativen Wichtigkeit der Dinge, zu liegen; vielleicht auch eine etwas zu ausschließliche Sorge für die eigene strategische Lage, um derentwillen die allgemeinen Interessen weniger berücksichtigt werden.

Gerade wenn man sich mit Hülfe des Herzogs glücklich in Sachsen behauptet hätte, wäre es wohl nicht allzuschwierig gewesen, spät im Herbst, wenn die Russen sich wieder entfernt hätten, die Franzosen mit Hülfe des Königs wieder aus den Wesergegenden zu vertreiben, falls sie von neuem dorthin vorgedrungen waren.

Aber auch auf andere Mittel, seine schwierige Lage zu erleichtern, war der König bedacht. In welcher Weise Dauns Armee zersplittert war, konnte er natürlich im Einzelnen nicht wissen, aber er wußte und errieth doch genug davon, um zu sehen, daß der Prinz Heinrich wohl einen günstigen Umschwung der Dinge herbeiführen konnte. „Ich kann Ihnen in der That nichts vorschreiben", sagt der König dem Prinzen in einem Brief vom 19. August: — „Sie müssen den Umständen gemäß handeln. Doch scheint mir, daß Sie, im Fall De Ville sich zurückgezogen hat, nur ein (kleines) Truppenkorps bei Landeshut zu lassen brauchen, Fouqué an sich ziehen und mit dem Ganzen auf die Oesterreicher fallen könnten." (Je ne saurais à la vérité rien vous prescrire, il faut que vous agissiez en conformité des circonstances. Il me semble pourtant qu'au cas que De Ville se soit retiré, vous n'auriez qu'à laisser un corps de troupes à Landeshut, attirer à vous Fouqué et tomber avec le tout sur les Autrichiens.)

Das wäre allerdings möglich gewesen. Die Umstände hatten sich sogar in dem Augenblick, wo der König diese Zeilen schrieb, noch günstiger gestaltet, als er dachte. De Ville war nämlich am 16. August im Lager bei Gerlachsheim (Marklissa) eingetroffen, Buccow darauf nach Lauban, Marquis d'Ainse erst nach Ullersdorf, später nach Halbau, endlich nach Rothenburg, und Macquire von Görlitz nach Rothenburg vorgerückt. — Der Posten bei Ullersdorf wurde wieder durch sechs Bataillone und ein Reiter-Regiment unter einem General Harteneck besetzt — eine Schaar, die wahrscheinlich dem eigenen Heertheil Dauns entnommen war.

Buccow hätte bei Lauban mit großer Uebermacht angegriffen werden können. Doch hätte zu einer solchen Initiative ein entschlossenes Selbstvertrauen gehört, das dem Prinzen Heinrich fehlte — und zumal eine Ansicht vom Wesen des Krieges, die ihm fremd war. Er glaubte, es komme vor allem darauf an, sich nicht aus der Stellung von Schmottseifen herausmanövriren zu lassen, und obgleich er einsah, daß seine Aufgabe sein müsse, die Vereinigung einer geradezu erdrückenden Uebermacht gegen den König zu verhindern — wußte er nichts Besseres, als auch sein Heer zu zersplittern. Er entsendete den General Zieten mit 15 Bataillonen, 30 Schwadronen (von 41 Bataillonen, 78 Schwadronen) zunächst nach Bunzlau, von wo er weiter in die Gegend von Sagan marschiren sollte, um von dort aus den Feldmarschall Daun bei Priebus — zu „beobachten". — Zieten hatte schon am 17. Ober-Leschen in der Nähe von Sprottau erreicht, rückte aber nicht nach Sagan vor, weil er den Feldmarschall-Lieutenant Beck mit seinem Heertheil dort wußte.

An der Spitze von 33 000 Mann und fest entschlossen, es auf eine Schlacht bei Fürstenwalde ankommen zu lassen, falls die Russen sich den Weg nach Berlin mit Gewalt öffnen wollten, glaubte der König sich schon wieder stark genug, einige Bataillone nach Sachsen zu entsenden, um Dresden zu entsetzen. In dem fähigen und entschlossenen Wunsch, den er im Laufe dieser Kriegsjahre vom holländischen Hauptmann zum preußischen Generalmajor befördert hatte, wußte der König den rechten Mann für diese Expedition zu finden. Ein neuer Brief an Schmettau forderte diesen General auf, Dresden auf das äußerste zu behaupten, indem er den Entsatz ankündigte.

Aus dem Lager bei Fürstenwalde wurde General Wunsch nur mit seinem Frei-Regiment und ein paar Hundert Husaren entsendet. Zwei Grenadier-Bataillone, 1 Dragoner-Regiment und 2 Schwadronen Husaren, die unter Kleist gegen die Schweden gestanden hatten und befehligt wurden, von Berlin aus die Richtung nach Sachsen einzuschlagen, stießen — am 26. August — bei Jüterbog dazu, sowie die Besatzung von Torgau. Das Ganze bestand nun aus 9 zum Theil schwachen Bataillonen und 8 Schwadronen. Es ist sehr möglich, daß diese kleine Schaar genügt hätte, den Entsatz von Dresden zu bewirken, wie Tempelhof meint, wenn sie gerade dorthin marschirte. Aber Wunsch hatte den Auftrag, unterwegs Wittenberg und Torgau wieder einzunehmen. Das gelang ohne Mühe, aber in den wiedergewonnenen Plätzen mußten Besatzungen zurückgelassen werden, wodurch die ohnehin geringe Streiterzahl noch vermindert wurde, und es erforderte Zeit! — Wunsch kam zu spät an das Ziel. Ein siegreiches Gefecht gegen die leichten Truppen der Generale Vehla und Brentano, das in den Weinbergen bei Boxdorf begann und Abends einerseits an den Thoren der Neustadt Dresden, andererseits bei dem „Weißen Hirsch" an der Straße nach Bautzen endete, führte ihn unter die Mauern der Neustadt Dresden; aber General Schmettau, dem der letzte Brief des Königs zu spät zu Händen kam, hatte sich — besorgt, die Vorräthe zu retten — übereilt und bereits am 4. kapitulirt.

Beiläufig bemerkt, die österreichischen Darstellungen dieses Feldzugs (namentlich in der österreichischen militärischen Zeitschrift 1841) erzählen, daß die Generale Vehla und Brentano, zwar anfangs gezwungen zu weichen, später selbst zum Angriff übergegangen seien und Wunsch zum Rückzug gezwungen hätten; schon um 2 Uhr Nachmittags sei das Gefecht siegreich für Oesterreich beendigt gewesen. Die Preußen hätten 250 Todte, 600 Verwundete, 32 Gefangene (nur!) verloren und dann noch auf dem Rückzug 500 Mann Ermüdete und Ausreißer. Doch wird uns nicht gesagt, wo eigentlich dieser Sieg erfochten wurde, von welchem Punkt aus General Wunsch um 2 Uhr Nachmittags seinen gezwungenen Rückzug angetreten hätte. Daß dieser Bericht in den österreichischen Darstellungen des Feldzugs willige Aufnahme gefunden hat, läßt sich erklären, denn es würde sich daraus ergeben, daß die Uebergabe der Stadt Dresden keine Uebereilung Schmettaus, sondern eine Nothwendigkeit war, an der General Wunsch unter keiner Bedingung etwas hätte ändern können. Aber dieser Bericht unterliegt großen Zweifeln. Nicht daß wir etwa Tempelhofs und Retzows Darstellungen als Gegenbeweis anführen wollten, denn beide sind uns als in verschiedener Weise parteiisch und keineswegs unbedingt zuverlässig bekannt. Aber die gewiß unverdächtigen gleichzeitigen Tagebücher einzelner bei dieser Expedition betheiligter preußischer Regimenter bringen übereinstimmend Einzelnheiten, mit denen der österreichische Bericht durchaus nicht zu vereinigen ist.

So erzählt das Tagebuch des 2. Bataillons des Salmuth'schen Infanterie-Regiments, das zur Besatzung von Dresden gehörte: „Den 5. September mit Anbruch des Tages vernahmen wir eine starke Kanonade jenseits der Elbe, nach Großenhayn zu. Es kam uns immer näher, und nach 9 Uhr höreten wir die Salven des kleinen Gewehrs und sahen, wie der fliehende Feind von unseren Truppen bis vor die Neustadt Dresden getrieben wurde. Er setzte sich daselbst nach einem ansehnlichen Verlust an Todten und Blessirten feste. Unsere Völker kanonirten sodann in der Gegend Uebigau die Truppen der Reichsarmee, welche bei Ostra diesseits der Elbe aufmarschirt standen. Gegen 5 Uhr des Abends ließ das Feuer gänzlich nach." — Von der angeblichen Offensive der Oesterreicher hat man von den Wällen aus nichts gesehen.

Das 1. Bataillon desselben Regiments stand bei dem Heertheil unter Wunsch. Sein Tagebuch erzählt, wie man auf dem Vormarsch von Großenhayn her den Feind auf dem Drachenberge hinter Boxdorf in Schlachtordnung getroffen und angegriffen habe. „Unser 1. Bataillon kam nebst dem 2. Bataillon v. Hofmann auf den linken Flügel zu stehen. Der Feind wurde sodann mit großem und kleinem Gewehr tapfer angegriffen, vom Drachenberg heruntergeschlagen und in die Gründe vor Dresden verfolget. — — — Zwei Bataillons von uns setzten sich bei Mücken (Mikten) an die Elbe und kanonirten auf die an der anderen Seite der Elbe gelagerte Reichsarmee bis gegen Abend." — Da sich aber General Wunsch überzeugen mußte, daß Dresden bereits kapitulirt habe, „zog (er) sich mit seinem unterhabenden Korps den nämlichen Abend, ohne sonderlich vom Feinde verfolgt zu werden, nach Großenhayn zurück."

Auch das Tagebuch des Plettenbergischen (des jetzigen Litthauischen) Dragoner-Regiments berichtet, wie man den Feind vom Drachenberge und aus den Weingärten vertrieben habe „in den Wald bis an den Weißen Hirsch und bis Mücken (Mikten) an der Elbe, worüber es Abend ward. — Das Corps bezog des Abends, ohne die Zelter aufzuschlagen, zum Schein das Lager am Weißen Hirsch." Da aber Dresden bereits kapitulirt hatte, „so trat das Corps nach dem Retraiteschuß, als es finster geworden, seinen Rückmarsch nach Großenhayn an. Die Infanterie hatte sehr viele Marode, weil das Corps durch beständige Märsche ungemein fatiguirt war, die jedoch, da uns der Feind nicht verfolgte, den folgenden Morgen im Lager bei Großenhayn zum Corps glücklich ankamen."

General St. André erschien mit den früher bei Leipzig zurückgelassenen Reichstruppen — etwa 10000 Mann — am 6. September vor Torgau und suchte diesen Ort wiederzunehmen. Wunsch eilte am 7. von Großenhayn dorthin und trug am folgenden Tage an der Spitze einer kaum halb so starken Schaar einen sehr vollständigen Sieg über diese Reichstruppen davon, die nach Eilenburg zurückgeworfen wurden.

Das war rühmlich, das Treffen selbst ein glänzendes zu nennen, aber es war von geringer Bedeutung. — Dresden, das beste Friedenspfand, das der König von Preußen in Händen hatte, war verloren, und es ließ sich vorhersehen, daß seine Gegner die äußersten Anstrengungen machen würden, diese kostbare Eroberung um jeden Preis zu behaupten.

Das zwischen den beiden Feldherren Daun und Saltykow verabredete Programm wurde von Wien aus in etwas verändert, und zwar in solcher Weise, daß die Ausführung wesentlich erleichtert scheinen mußte.

Die Kaiserin Maria Theresia — und auch wohl ihr Kabinet — zweifelten, daß man die Russen wirklich werde bewegen können, bis nach Oberschlesien hinaufzumarschiren, um Neiße zu belagern, daß sie einwilligen würden, sich so weit seitwärts von Posen und von Ostpreußen zu entfernen. Glogau lag der russischen wie der österreichischen Armee näher; die Eroberung dieser Feste schien in jeder Beziehung leichter, als die von Neiße, und genau erwogen auch wünschenswerther. Schon durch eine Bewegung nach Glogau komme man dem Prinzen Heinrich in den Rücken, wurde dafür angeführt, und er werde genöthigt sein, die Stellung von Schmottseifen zu verlassen (von der also angenommen wurde, daß sie unangreifbar sei und daß sie Schlesien decke; daß der Prinz sich irgend anders als ganz passiv verhalten könnte, kam gar nicht als ein doch auch möglicher Fall in Betracht). Glogau liege ungefähr in gleicher Linie mit Dresden; im Besitz dieser beiden Punkte sei man in der Lage, sich selbst die Verbindung zwischen Schlesien und Sachsen offen zu halten und sie dem Feinde zu sperren. Im Besitz von Glogau habe man einen festen Stützpunkt an der Oder und beherrsche beide Ufer des Flusses, während im Gegentheil der Feind, so lange er im Besitz dieses Punktes sei, stets von dort aus die Verbindung mit Posen bedrohen und unterbrechen könne. Endlich würde die Einnahme von Glogau den Russen den Entschluß erleichtern, mit dem österreichischen Heer vereinigt zu bleiben und ihre Winterquartiere in Schlesien zu nehmen.

Das alles hatte unstreitig sehr viel für sich; wenn dann aber hinzugefügt wird, daß sich Prinz Heinrich nach Glogaus Fall nicht leicht werde in Schlesien halten können, daß er wohl gar einen gefährlichen Rückzug werde antreten müssen, so entsteht die Frage, wohin man sich diesen Rückzug gerichtet dachte. Gewiß nicht unter die Kanonen von Breslau, denn man meinte, daß Breslau, wenn erst Glogau gefallen sei, dem Schicksal dieser Feste ganz von selbst folgen würde. Auch nicht unter die Kanonen von Schweidnitz oder Neiße, denn ein Rückzug dorthin wäre kein gefahrvoller gewesen. Dieser ganzen Gedankenreihe liegt wohl unausgesprochen die Vorstellung zum Grunde, daß durch die Eroberung von Dresden und Glogau Schlesien von den übrigen Provinzen des preußischen Staates gewissermaßen abgeschnitten sein werde, und daß man preußischerseits dadurch veranlaßt sein könnte, Schlesien ganz aufzugeben. — Dieselbe Vorstellung tritt wieder, wenn auch etwas unklar, in dem Schlußargument hervor, daß es für den Fall von Friedensunterhandlungen einen großen Unterschied machen werde, ob Oesterreich im Besitz von Glogau sei, das „am Ende" — soll heißen: am Eingang Schlesiens von den brandenburgischen Marken her — liege, oder in dem von Neiße hart an der mährischen Grenze (dessen Verlust den Preußen nicht die ganze Provinz nahm).

Man dachte sich also, daß Prinz Heinrich einen gefahrvollen Rückzugsweg nach der Mark oder an die Elbe suchen würde.

Aber da Glogau unter den damaligen Verhältnissen sowohl wirklich als auch in der Vorstellung der österreichischen Staatsmänner eine große Bedeutung hatte, mußte man sich eigentlich wohl sagen, daß der König von Preußen das Aeußerste thun und wagen werde, um den Fall der Feste zu verhindern; daß man einem Feinde gegenüber, der nicht um untergeordnete Interessen, sondern um sein Dasein kämpfte, Glogau nicht belagern, noch weniger erobern könne, ohne vorher eine neue entscheidende Schlacht gewonnen zu haben; daß man daher vor allem diese Schlacht, wenn nicht als Selbstzweck, doch als Mittel zum Zweck suchen müsse. Es hieß wieder — wie eben in der Hofburg zu Wien so gut wie in Dauns Hauptquartier fort und fort geschah — Natur und Charakter dieses Krieges verkennen, daß man daran nicht dachte.

Dauns stillschweigende Voraussetzung, daß gar nichts vorfallen werde bis Dresden genommen sei, war doch nicht ganz eingetroffen. Der Prinz Heinrich hatte einige Verstärkungen von Fouqués Korps herangezogen, und brach am 27. August mit 15 Bataillonen und 30 Schwadronen von Schmotseifen auf, um zu Zietens Abtheilung zu stoßen. Ein schwaches Korps blieb unter Fouqué bei Schmotseifen zurück, ein anderes bei Landeshut. Der Prinz traf am 29. bei Sagan ein und schob Zieten mit seinen Truppen nach Sorau vor. Aber nicht entfernt schwebte ihm dabei die Absicht vor, die Retzow diesem Marsch unterlegt; „ein Operationsplan", betheuert Retzow, „dessen feines Gewebe allen treffenden, tiefdurchdachten Unternehmungen der Helden der Vorzeit an Güte völlig gleich kam, und den er mit ebenso vieler Geschicklichkeit als Ruhm ausführte." Weiter berichtet dann dieser Zeuge, Prinz Heinrich habe den Feldmarschall Daun bewegen — oder verleiten — wollen, alle seine Truppen von Lauban und Marklissa zu sich nach der Niederlausitz heranzuziehen, um dann selbst die gegebene Blöße zu benützen und sich auf die österreichischen Magazine an der böhmischen Grenze zu werfen. — In den eigenen Briefen des Prinzen zeigt sich keine Spur einer so weitgehenden Absicht. Es spricht sich darin vielmehr eine gedrückte hoffnungslose Stimmung aus.

So schreibt der Prinz dem König am 25. August noch aus dem Lager bei Schmotseifen: es sei ihm bisher nicht möglich gewesen etwas zu unternehmen, wenn er nicht etwa die unangreifbaren Posten von Lauban und Marklissa angreifen wollte; — er habe immer darauf gewartet, daß Daun nach Niederschlesien vorrücken werde, um dann seinerseits die Gelegenheit zu benützen; — (wozu? ohne Zweifel um dann dessen Verbindungen zu gefährden) — er fürchte, nicht viel zu bewirken durch seinen Marsch (seltsamerweise sagt der Prinz nicht, wohin er zu gehen gedenkt), aber er werde thun, was möglich sei, um zu verhindern, daß Daun das Korps verstärke, das er gegen den König habe. — Weiter wird nichts angedeutet, und am 30. August schreibt der Prinz aus Sagan, er fürchte vor allem, von Landeshut abgeschnitten zu werden, besonders wenn er über den Bober vorgehen müsse. Ohne die Verbindung mit Landeshut aber vermöge er seine Truppen auf die Länge nicht zu verpflegen. — Der König selbst sagt in seiner Geschichte des Krieges, wo er sich stets so günstig wie irgend möglich über seinen Bruder ausspricht, der Prinz sei nach Sagan gegangen „pour observer de plus près l'ennemi."

Aber auch die Russen blieben nicht ruhig bei Lossow stehen. Sie litten dort Mangel an Lebensmitteln. Die Zufuhren aus Posen trafen nur spärlich ein, und im Lande weit umher hatten die Kosaken in solcher Weise gehaust, daß da weder Pferdefutter noch sonst etwas zu finden war. Daun hatte zwar die Verpflichtung übernommen, die russische Armee auf dem linken Ufer der Oder mit allem, was sie bedurfte, zu versorgen, aber er konnte nur sehr ungenügend Wort halten; das Magazin, das zu Guben aufgehäuft werden sollte, füllte sich langsam, nur wenig konnte den Russen von dort aus zugesendet werden. — Saltykow entschloß sich, nach Liebe= rose zu marschiren, um dem werdenden Magazin zu Guben wenigstens näher zu sein, und erreichte sein Ziel am 30. August. Hadik nahm bei Mochow Stellung, um die Flanke der Russen zu decken.

Daun war mit dieser Bewegung seitwärts nicht einverstanden; sie eröffnete, meinte er, den beiden preußischen Armeen die Verbindung über Frankfurt und Krossen, hinter dem Rücken der russischen Armee hinweg; freilich nur eine gar sehr unsichere Boten= und Brief=Verbindung. — Nun versetzte die Erscheinung des Prinzen Heinrich bei Sagan die beiden Hauptquartiere, das russische wie das österreichische, in nicht geringe Aufregung. Hier wie dort wurde der Unternehmungsgeist des Prinzen sehr bedeutend überschätzt. Daun glaubte, der Prinz wolle sich zwischen die österreichische und russische Armee hineindrängen und die Verbindung mit dem König erzwingen. Die russischen Generale, die gern einen Grund gehabt hätten, über die Oder und weiter zurückzugehen, waren der Mei= nung, der Prinz werde seinen Marsch weiter auf Krossen fortsetzen, um sich von dort auf ihre Verbindungen mit Posen zu werfen. Sie wollten eilig ein deckendes Korps nach Krossen senden und den allgemeinen Rück= zug dadurch einleiten, daß sie das schwere Gepäck über die Oder zurück= schickten. Daß Prinz Heinrich sich überhaupt nichts recht Bestimmtes, eigentlich so gut wie gar nichts bei dem Marsch nach Sagan gedacht hatte, darauf konnte man allerdings so leicht nicht verfallen.

Daun fühlte sich nicht stark genug, sich dem Prinzen zu wider= setzen. Buccow erhielt den Befehl, in starken Märschen von Lauban herbeizueilen, wogegen De Ville von Markliffa nach Lauban herabrücken mußte. Um sich in aller Sicherheit mit Buccow vereinigen zu können, wich Daun am 30. über die Neiße nach Muskau zurück, in gewohnter Weise durch vorgeschobene Abtheilungen gedeckt; d'Aynse mußte von Rothenburg nach Priebus vorrücken, Beck stand bei Wiesau, Hartenek bei Halbau; Esterhazy mit leichten Truppen bei Sommerfeld.

König Friedrich begrüßte freudig die Nachricht von der Bewegung der Russen seitwärts nach Lieberose. Sie war ihm ein Beweis, daß man jeden Gedanken an einen Zug nach Berlin aufgegeben habe. Er eilte seinerseits (31.) nach Waldau bei Lübben, wo er der russischen Armee den Weg nach Sachsen wie den nach Berlin vertrat und sie, was ihm zur Zeit besonders wichtig schien, von den Landkreisen der Niederlausitz abschnitt, in denen Lieferungen für das Magazin zu Guben ausgeschrieben waren. Man durfte danach erwarten, daß dieses Magazin bald erschöpft sein werde, und dann konnte Mangel die Russen zwingen, über die Oder und gegen die Weichsel zurückzugehen. War man ihrer entledigt, dann hielt es der König für keine allzu schwierige Aufgabe mehr, sich der Oesterreicher den Rest des Feldzugs über zu erwehren. Ueberzeugt, daß es Wunsch gelingen werde Dresden zu entsetzen, sah er jetzt der nächsten Zukunft in einer erheiterten Stimmung entgegen, in der er von seinem Bruder nichts weiter verlangte, als daß er die Stellungen bei Schmottseifen und Landeshut behaupte, in denen er ihn noch immer voraussetzte.

Daun soll die Absicht gehabt haben, den Prinzen Heinrich anzugreifen, was eigentlich nicht in seiner Art lag. Jedenfalls wurde er zunächst durch eine Forderung der russischen Generale von solchem Vorhaben wieder abgelenkt. Saltykow und sein Rath waren um das Magazin zu Guben besorgt, das ihnen durch Esterhazy nicht hinreichend gedeckt schien, während sie selbst doch nichts zu dessen Sicherung thun wollten. Daun sollte es schützen. Die beste Deckung dieses so kostbar geachteten Magazins wäre es unstreitig gewesen, wenn der österreichische Feldmarschall seinen angeblichen Vorsatz ausführte und den Prinzen Heinrich bei Sagan mit der Uebermacht angriff, die sich dazu vereinigen ließ, wie das bequem genug schon am 2. September geschehen konnte. Anstatt dessen wurde Daun bewogen, durchaus abwartend in der Vertheidigung zu bleiben und das kaum vereinigte Heer wieder zu trennen. Er marschirte am 31. mit dem linken Flügel nach Forste, während Buccow mit dem rechten bei Muskau stehen blieb. Doch da bekannt wurde, daß Zieten und Prinz Heinrich von Sorau und Sagan aus nichts weiter unternahmen, lenkte Daun wieder ein, vereinigte am 1. September die Armee von neuem bei Triebel und hoffte am folgenden Tage den General Zieten, der etwas sorglos bei Sorau stand, zu überfallen. Zieten wußte sich jedoch im letzten Augenblick dem Gefecht ohne Verluft zu entziehen; Daun lagerte darauf am 3. mit dem gesammten Heer bei Sorau und unternahm charakteristischer Weise nichts weiter gegen den Prinzen Heinrich, obgleich dieser seinen Rückzug von Sagan nach den schlesischen Bergen erst am 5. antrat. Daß er sich entfernte, genügte, und Daun wünschte sich wahrscheinlich Glück dazu, daß er den Zweck ohne Schlacht erreicht habe.

Hier bei Sorau traf ihn die frohe Botschaft von der Einnahme Dresdens. Man hatte sie nicht so bald erwartet, und in den letzten Tagen war man sogar in Sorge darum gewesen, da die Fortschritte des General Wunsch, dessen Korps ein weit verbreitetes Gerücht 12 000 Mann stark angab, großes Bedenken erregten. Hadik, der, als das Heer des Königs bei Waldau erschien, von Mochow über die Spree nach Lamsfelde zurückgewichen war, mußte noch am 4. von dort aufbrechen und nach Dresden eilen, um den Erfolg dort sicher zu stellen — wenn es dazu nicht schon zu spät war.

Auch nach Wien war die gute Nachricht sehr schnell gekommen. Schon am 7. konnte Maria Theresia dem Feldmarschall Daun schreiben, was sie selbst und ihr Rath nun weiter erwarteten und verlangten. Es ließ sich in drei Punkte zusammenfassen. Die Eroberung Schlesiens war und blieb natürlich die Hauptsache; der König von Preußen sollte gehindert werden, Dauns Operationen in diesem Lande zu stören; die russische Armee mußte bewogen werden, sich nicht von der österreichischen zu trennen und ihre Winterquartiere in Schlesien zu nehmen (damit im folgenden Jahre nicht wieder der halbe Sommer damit verloren gehe, auf die Russen zu warten). — Natürlich aber sollte auch Dresden oder, wie man sich ausdrückte, Sachsen behauptet werden. Würde das alles erreicht, dann dürfe man sich rühmen, den Feldzug auf die glorreichste Weise zu Ende geführt zu haben.

Auch die Mittel der Ausführung wurden angegeben. Eine lediglich aus österreichischen Truppen zusammengesetzte Armee sollte ausschließlich dazu bestimmt sein, den König von Preußen zu „beobachten", seinen Abmarsch nach Schlesien oder auch nach Sachsen zu verhindern; — eine hinlängliche Heeresmacht sollte Sachsen behaupten — der Rest der österreichischen Streitkräfte im Verein mit den Russen nach Schlesien ziehen, den Prinzen Heinrich schlagen „oder wenigstens zurücktreiben" und dann dort im Lande eine Festung erobern. Es wurde dabei dem Feldmarschall vorgerechnet, daß er, 34000 Mann leichter Truppen mitgerechnet, nicht weniger als 136000 österreichische Krieger zu seiner Verfügung habe, mithin allein schon dem Feinde namhaft überlegen sei, im Verein mit den Russen aber vollends einer Uebermacht gebiete, für die solche Aufgaben gewiß nicht zu groß seien.

Charakteristisch ist hier wieder, daß weder der Reichsarmee noch der Schweden gedacht wird. Und doch war es die Reichsarmee, die Dresden eingenommen hatte! — Es ist wie eine Ironie des Schicksals, daß der einzige bleibende Gewinn, dessen man sich in vier Feldzügen rühmen konnte, gerade dieser mit Recht gering geachteten Armee zugefallen war.

Doch ehe noch an die Ausführung dieser Verhaltungsbefehle gedacht werden konnte, änderte sich die Lage auf dem Kriegsschauplatze in einer Weise, wie man weder zu Wien, noch in Dauns Hauptquartier erwartet hatte. Etwas früher, in den letzten Augusttagen, hatte Saltykow (ehe er nach Lieberose aufbrach) dem österreichischen Feldherrn, in geradem Widerspruch mit den zu Guben getroffenen Verabredungen, den unerwarteten Vorschlag gemacht, vereint nach Berlin vorzudringen. Ob er ernstlich gemeint war, muß dahin gestellt bleiben. Daun hatte ausweichend geantwortet und auf Schlesien verwiesen. — Als dann Dresden gefallen war, und der Prinz Heinrich die Stellung bei Sagan verlassen und den Rückmarsch angetreten hatte, ließ Daun seinerseits dem russischen Feldherrn neue Vorschläge machen, die in derselben Weise von allem früher Vereinbarten abwichen. Die Russen sollten nämlich, diesen neuen Vorschlägen zufolge, vor der Hand ruhig — oder, wie man auch sagen könnte, unthätig — bei Lieberose stehen bleiben, wozu sie natürlich gern bereit waren, sofern sie dort nur ausreichend verpflegt wurden; Daun wollte mit der österreichischen Hauptarmee gegen den König von Preußen aufbrechen, um ihn entweder anzugreifen (wenn er es nämlich auf eine Schlacht ankommen ließ, um Berlin zu decken) oder — das heißt wohl im Fall er das nicht that und dem Kampf auswich — auf Berlin vorzudringen. Die Korps der Generale De Ville und Beck sollten inzwischen den Prinzen Heinrich „beobachten".

Der bestunterrichtete der österreichischen Schriftsteller, die sich mit der Geschichte des siebenjährigen Krieges beschäftigt haben, fügt hinzu, es scheine dem Feldmarschall Daun damit doch nicht „recht Ernst" gewesen zu sein — und in der That liegt eine solche Vermuthung nahe, da das, was er vorschlug, ganz aus seiner gewöhnlichen Weise hinaus ging und nicht nur mit seiner früher ausgesprochenen Ansicht, daß der Marsch auf Berlin ein „unbedeutendes Unternehmen" sei, sondern auch mit allem, was ihm von Wien aus vorgeschrieben wurde, im denkbar geradesten Widerspruch stand.

Wie dem sein mag, der Feldmarschall Daun schritt zur Ausführung, sowie sich Saltykow zustimmend ausgesprochen hatte, brach am 9. September von Sorau auf und marschirte nach Triebel. Der Weg aber, den er von hier aus einschlug, liefert den Beweis, daß er auch diesmal, dem Geist der herrschenden Theorie durchaus entsprechend, die Schlacht keineswegs um ihrer selbst willen suchen, sondern nur als Mittel nicht meiden wollte, wenn „der Zweck" nicht auf andere, methodische Weise zu erreichen war —: er ging am 10. nach Spremberg, um von dort aus die Richtung über Kalau und Luckau auf Berlin zu nehmen. Eine Umgehung, die den König zwingen sollte, seine Stellung bei Waldau zu verlassen.

Der König hatte, ehe ihm die Uebergabe von Dresden bekannt war, in dem Maß, wie er sich den Russen gegenüber sicherer fühlte, Verstärkungen nach Sachsen gesendet; erst einige Bataillone unter dem General Rebentisch — dann, als er Habiks Marsch inne geworden war, noch einige mehr unter dem General Finck, der dort den Befehl übernehmen sollte, so daß die an die Elbe entsendeten Truppen eine Gesammtmacht von 16 000 Mann bildeten, dem König aber unter seinen unmittelbaren Befehlen seiner eigenen Angabe nach nur 24 000 Mann blieben.

In Dauns Marsch nach Spremberg sah nun der König nicht den Beginn eines Zuges nach Berlin. Er glaubte, der österreichische Feldherr wolle sich an die Elbe ziehen, um das eroberte Dresden sicherzustellen, und meinte in dieser Wendung der Operationen die Gelegenheit zu einem Schlage wahrzunehmen, der entscheidend werden könne. Er forderte in einem Brief vom 11. September den Prinzen Heinrich auf, nach Guben zu marschiren und das Magazin dort zu vernichten, aus dem die russische Armee verpflegt werde. Dadurch könne er den König mit einem Schlage von den Russen befreien. Das Magazin sei freilich durch ein kleines Korps gedeckt; das werde der Prinz aber sehr leicht schlagen können. Sei das gelungen, dann könnten beide preußischen Armeen sich gegen Daun wenden; „es ist ein entscheidender Streich, den Sie führen können, ohne etwas zu wagen." (C'est un coup décisif que vous pouvez frapper sans risque). — Die Hoffnungen des Königs erweiterten sich sogar noch um etwas, als er zu wissen glaubte, daß Daun nur mit einem Theil seines Heers nach Spremberg aufgebrochen sei und den rechten Flügel desselben unter dem Herzog von Ahremberg bei Sorau zurückgelassen habe. „Sie müssen nothwendig handeln" (il faut de nécessité que vous agissiez), schrieb er dem Bruder am 13. — er müsse entweder durch ein entsendetes Korps das Magazin zu Guben nehmen, und das wäre das Sicherste und Beste — oder er müsse die Handvoll Leute vertreiben, die Ahremberg bei Sorau haben könne.

Dergleichen lag wohl überhaupt und nun auch bereits örtlich außer dem Bereich des Prinzen Heinrich, den der König, wie es scheint, noch immer bei Sagan voraussetzte. Doch wurden Dauns Pläne in anderer Weise durchkreuzt. Hatte er in Beziehung auf den Marsch nach Sagan den Unternehmungsgeist des Prinzen Heinrich überschätzt, so hatte er ihn dagegen diesmal zu gering angeschlagen, indem er voraussetzte, der Prinz werde einfach nach Schmotseifen zurückgehen, um sich da von den Generalen Beck und De Ville beobachten zu lassen, und weiter nichts thun.

Wie es scheint, hatte Prinz Heinrich die Absicht gehabt, sich bei Sagan zu behaupten, denn in dem Augenblick, in dem Daun sein Heer bei Triebel vereinigte, um auf ihn loszugehen, rief er noch aus dem Lager bei Schmotseifen eine kleine Verstärkung (drei Bataillone und ein Reiter-Regiment) zu sich heran. Doch bald besann er sich eines anderen. Er gab, einem etwas späteren Brief an den König zufolge, seine Stellung bei Sagan auf, weil er sie ungünstig fand, besonders weil der Feind „Miene machte", ihn von Bunzlau abzuschneiden (l'ennemi faisant mine de nous couper de Bunzlau). Also zunächst, um sich selbst in Sicherheit zu bringen — dann aber auch, um die Blöße zu benützen, die der Feldmarschall Daun in der Ober-Lausitz sich gegeben hatte, den General De Ville zum Rückzug von Lauban zu zwingen (de marcher sur Lauban pour faire retirer De Ville) und die österreichischen Magazine längs der böhmischen Grenze zu vernichten — kurzum, jetzt zu thun, was die Gefahr der Krisis sehr wesentlich vermindert hätte, wenn es drei Wochen früher geschah, als Dresden noch in den Händen der Preußen war. — Ob der Prinz diesen Gedanken schon gefaßt hatte, als er von Sagan aufbrach, ob er erst unterwegs darauf verfiel, ist nicht zu ermitteln.

Drei Märsche brachten die Armee des Prinzen über Sprottau und Bunzlau am 7. September nach Kunzendorf bei Löwenberg. An demselben Tage mußte General Stutterheim, der im Lager bei Schmotseifen den Befehl führte, da Fouqué bei Landeshut geblieben war, mit den wenigen Truppen, die dort noch standen, nach Marklissa vorrücken. — Und an demselben Tage verließ De Ville mit seinen 12 000 Mann sehr übereilt die Stellung bei Lauban, in die er erst den Tag zuvor von Marklissa her eingerückt war. Uebereilt um so mehr, da General Beck bereits an der Tschirne herauf bis Rothwasser unweit Kohlfurt herangerückt war und zu ihm stoßen konnte. Es ist gar sehr die Frage, ob ihn der Prinz Heinrich, wenn das geschah, in dem „festen Posten" bei Lauban angegriffen hätte. De Ville zog sich nach Troitschendorf vor Görlitz zurück.

Stutterheims Abtheilung, bis auf etwa 9000 Mann verstärkt, vernichtete ein kleines Magazin zu Böhmisch-Friedland und machte die Besatzung — ein Kroaten-Bataillon — zu Gefangenen. Ein Versuch auf Zittau dagegen wollte nicht gelingen; nur in der Vorstadt konnte ein unbedeutendes Magazin vernichtet werden. Prinz Heinrich rückte am 9. nach Lauban, den folgenden Tag nach Pfaffendorf (auf den halben Weg nach Görlitz) vor. De Ville wich, vereinigt mit Beck, in dem Maße weiter zurück, wie er von dem Heranmarsch der Preußen hörte; erst hinter Görlitz und die Neiße — dann in der Nacht vom 10. zum 11. weiter bis nach Bautzen, obgleich ihm aufgegeben war, Görlitz und die Neiße nur im äußersten Nothfall aufzugeben. Daun war darüber in dem Grade ungehalten, daß De Ville deshalb von der Armee entfernt werden mußte.

Daun selbst gab sofort den Zug nach Berlin auf, sowie er von den Operationen des Prinzen Heinrich in der Oberlausitz hörte; vielleicht ein Beweis, daß es ihm mit dem Anschlag auf die preußische Hauptstadt niemals entschiedener Ernst gewesen war. Oesterreichischen Quellen zufolge glaubte er, daß Prinz Heinrich die Vereinigung mit dem König, die er über Sagan vergebens gesucht habe, jetzt über Görlitz bewirken wolle. War das der Fall, dann stand Daun bei Spremberg gerade an der rechten Stelle, um ein solches Vorhaben zu durchkreuzen. Oder warum marschirte er nicht auf Görlitz? — Warum ließ er nicht auch De Ville und Beck wieder dorthin vorrücken, um den preußischen Prinzen mit gewaltiger Uebermacht zurückzuwerfen? — Besorgt, wie man sagt,

De Ville könnte auch Bautzen mit allen Vorräthen und die Stellung an der Spree aufgeben, marschirte Daun, nachdem er einen Tag bei Spremberg geruht hatte, am 12. und 13. eben nach Bautzen — und öffnete dadurch dem Prinzen den Weg zur Vereinigung mit dem König, die durch kleine, zurückgelassene Abtheilungen gewiß nicht hätte verhindert werden können. Nach dem zu schließen, was Daun in solcher Weise that, gewinnt die Vermuthung, die der König in seinen gleichzeitigen Briefen ausspricht — daß nämlich Daun nach Bautzen zog, weil er besorgte, Prinz Heinrich wolle auf Dresden vordringen und könne dadurch dem österreichischen Heer großes Ungemach und große Gefahr bereiten — einen hohen Grad von Wahrscheinlichkeit. — Ein entschlossenerer Feldherr als Daun hätte wohl auch, wenn er durch solche Voraussetzungen bestimmt wurde, die Richtung auf Görlitz und zum Angriff vorgezogen. Wenn er sie einschlug, war gewiß nicht zu befürchten, daß De Ville Bautzen aufgeben könnte. Doch Daun gefiel sich unter allen Bedingungen in einer abwartenden Haltung.

Prinz Heinrich war schon am 12. nach Görlitz vorgerückt, in dessen Nähe er bei Hermsdorf sein Lager aufschlug, während Zieten, der von Böhmisch-Friedland herbeikam, an der Landskrone Stellung nahm. Hier stand nun der Prinz, wie wir seinen Briefen entnehmen, in ziemlich hoffnungsloser Stimmung. Er hielt seine Operation für verfehlt. Wie er seinem Bruder am 13. schreibt, hatte er beabsichtigt, den Feldmarschall Daun dadurch von dem König und dessen Heer abzulenken, daß er ihn auf sich heranzog, und er meint, das hätte auch gelingen können, wenn nicht Dresden verloren gegangen wäre. (J'avais espéré de faire revenir le Maréchal Daun et je crois que je l'aurais attiré à moi sans la prise de Dresde.) Die Einnahme von Dresden entschädige den Feind reichlich für alle Verluste, die man ihm anderweitig zugefügt habe. Was nun weiter geschehen solle, könne er, der Prinz, vor der Hand nicht bestimmen, es müsse von den Nachrichten abhängen, die er von den Bewegungen Daun's erhalte. Auch der Feldzeugmeister Harsch, der angeblich mit 22 000 Mann dem General Fouqué und dem Posten bei Landeshut gegenüber stand und, wie das Gerücht sagte, Neiße belagern sollte oder wollte, machte dem Prinzen große Sorge. Zum Schluß versicherte der Prinz, er wolle thun, was möglich sei, um zu verhindern, daß der Feind sich mit vereinter Macht auf das Heer des Königs werfe;

aber in welche Schwierigkeiten er sich verwickeln würde, wenn er sich von seinen Magazinen entfernen wollte, müsse der König wohl selbst zu ermessen wissen.

Auch als Prinz Heinrich erfahren hatte, daß sein unmittelbarer Zweck erreicht, daß Daun bei Bautzen eingetroffen sei, vermochte er nicht mit größerer Zuversicht in die nächste Zukunft zu schauen. Er erhielt eben zu dieser Zeit die Aufforderung des Königs, einen Schlag auf Guben zu führen. Er lehnte es (in einem Brief vom 16.) ab, sich auf ein Unternehmen einzulassen, bei dem allerdings eine ganz andere Lage der Dinge vorausgesetzt war. Er besorgte, durch Daun von Schlesien abgeschnitten zu werden, wenn er sich nach Guben wendete.

Und wieder trat in der allgemeinen Lage eine Wendung ein, die noch unmittelbar vorher niemand voraussehen konnte. Saltykow erhielt von dem russischen Hof den gemessenen Befehl, thätiger in die Operationen einzugreifen, und sogar ausdrücklich den, gegen den König von Preußen vorzurücken. Die französische Regierung hatte vor allem am Petersburger Hof dahin gewirkt, daß solche Befehle von dorther ergingen. Die russischen Generale mußten sich natürlich fügen. Doch machte sich in der Art, wie sie es thaten, auch wieder geltend, daß sie in Beziehung auf diesen Krieg anders gesinnt waren, als ihre Kaiserin und deren Staatsmänner. — Graf Rumänzow erschien (am 14.) in Dauns Hauptquartier. Saltykow ließ durch ihn mittheilen, er sei willens, die Belagerung von Glogau zu unternehmen, vorausgesetzt, daß Daun Laudons Korps bis auf 25 000 Mann verstärke und das erforderliche schwere Geschütz liefere.

Das Letztere war, wie die Dinge in dem Augenblick lagen, nicht ausführbar. Die vor Dresden verwendeten Geschütze waren bereits wieder nach Leitmeritz zurückgeschafft worden, und zu ihrer Deckung auf dem Marsch durch die Lausitz hätte die österreichische Armee kaum genügt, wenn nicht vorher wenigstens der Prinz Heinrich siegreich weit zurückgeworfen war. Die russischen Generale — vor allen Fermor, da von Saltykow als von einem selbständigen Wesen kaum die Rede war — hatten diese Forderungen wohl nur in der Voraussetzung gestellt, daß man sie ablehnen würde. Dann hatten sie den erwünschten Vorwand, sich jeder weiteren Thätigkeit zu entziehen — und waren zugleich gedeckt dem eigenen Hof gegenüber. Doch Dauns Verhaltungsbefehle machten es ihm zur Pflicht, den Russen so viel als irgend möglich gefällig zu sein. Mit einer Schnelligkeit, die sonst im österreichischen Hauptquartier nicht einheimisch war, wurde der Entschluß, dem General Laudon eine Verstärkung von 10000 Mann Linientruppen zu senden, gefaßt und ausgeführt. Schon den Tag nach Rumänzows Ankunft in Dauns Lager brachen die dazu bestimmten Truppen auf, und nach zwei starken Märschen trafen sie bereits am 16. bei Muskau ein, wo General Campitelli den Befehl über sie antrat.

Daß Prinz Heinrich diese Entsendung nicht wahrgenommen, nicht verhindert hatte, vermerkte der König sehr übel, wie wir seinen Briefen an Fouqué entnehmen. Dem Prinzen selbst gegenüber beschränkte er sich zunächst auf die leise und schonend angedeutete Bemerkung, daß er sich etwas zu weit vom Feinde halte („notre éloignement de l'armée de l'ennemi lui facilite tous les détachements qu'il veut faire." Der König selbst war den Russen immer nahe genug geblieben).

Die Russen brachen am 15. von Lieberose auf und marschirten nach Guben, was auch die Einleitung zu einem Rückzug nach Krossen und über die Oder werden konnte, wenn Rumänzow eine wahrscheinlich gewünschte ablehnende Antwort aus Dauns Hauptquartier zurückbrachte.

Der König blieb den Russen zur Seite. Er marschirte den 16. nach Vetschau, den 17. nach Kottbus und beabsichtigte, zunächst bei Forste Stellung zu nehmen. Die Briefe, die er während dieser Märsche an seinen Bruder richtete, sind sehr merkwürdig. Wir sehen darin einen Gedanken, dessen Ausführung zu den berühmtesten Ereignissen des siebenjährigen Krieges gehört, zuerst im Geist des Königs auftauchen und in wenigen Tagen eine sehr bestimmte Gestalt annehmen: den Gedanken nämlich, die Armee des Prinzen Heinrich den berühmten Zug von Görlitz an die Elbe ausführen zu lassen, jenes strategische Manöver, das die großen Kenner und Lehrer des methodischen Krieges als die schönste Perle in der Ruhmeskrone des Prinzen Heinrich mit Begeisterung über alles Maß verherrlicht haben.

Der König schreibt nämlich am 16. aus Vetschau, er habe Finck mit 16000 Mann nach Sachsen entsendet, wo er gerade auf Dresden losgehe und sich vielleicht dieses Ortes wieder bemächtigen könne, ehe Daun heranzunahen vermöge; wo nicht, müsse Dresden doch um jeden Preis noch vor dem Winter wiedergewonnen werden (coute que coute il faut que nous la reprennions avant l'hiver). Die Russen stünden in Guben. Er selbst denke zunächst bei Forste Stellung zu nehmen. Er sei genöthigt, den Russen zu folgen, um ihre weiteren Unternehmungen zu verhindern. Wenn aber inzwischen Daun freie Hand behalte, werde er bald Finck aus Sachsen vertreiben und wieder das ganze Land einnehmen. „Mir scheint, wenn für Schlesien nichts zu fürchten ist, könnten Sie Fouqué dort lassen und selbst an die Elbe marschiren. Torgau, Wittenberg, Leipzig und Magdeburg können Ihnen die Mittel der Verpflegung liefern bis zum Februar." (Il me semble que si la Silésie n'a rien à craindre de l'ennemi vous pourriez [y] laisser Fouqué et marcher sur l'Elbe. Torgau, Wittenberg, Leipzig et Magdebourg peuvent vous nourir jusqu'au Fevrier.)

Einen Augenblick scheint der König geschwankt zu haben, ob er nicht selbst die Hut Sachsens übernehmen solle. Er marschirte am 17. nach Kottbus und schrieb von dort aus dem Bruder: „Um die Angelegenheiten in Sachsen aufrecht zu erhalten, ist durchaus nothwendig, daß hier oder in der Gegend von Elsterwerda oder Mühlberg eine Armee stehe." (Pour soutenir les affaires de la Saxe, il faut absolument qu'il y ait un corps d'armée ici ou du coté d'Elsterwerda ou de Mühlberg.) Man sage, die Russen wollten nichts weiter unternehmen, aber er verlasse sich darauf nicht. Er werde zunächst bei Kottbus und Forste bleiben, um jedenfalls Torgau unterstützen zu können, falls der Prinz nicht dort eingreife (à moins que vous n'y portiez remède). — Wenn erst die Russen aus dem Spiele seien, müsse man den Spätherbst benutzen, die Lage Preußens wieder herzustellen (pour redresser nos affaires). Bis dahin müsse man sich immer dahin wenden, wo für den Augenblick die größte Gefahr drohe. Bleibe Finck ohne Unterstützung, so werde er bald über die Elbe zurückgetrieben, ganz Sachsen von neuem verloren und Berlin bloßgestellt sein. Deshalb sei der König genöthigt, sich nicht zu weit von Kottbus zu entfernen.

Unterdessen war Dauns Zustimmung im russischen Hauptquartier bekannt geworden. Saltykow marschirte am 18. nach Starzeddel, am 19. nach Sommerfeld. Laudon hatte Sommerfeld schon am 18. erreicht und vereinigte sich am 19. bei Christianstadt mit den Verstärkungen, die Campitelli heranführte.

Nun blieb kein Zweifel. Das war nicht der Anfang eines Rückzugs über Krossen an die Weichsel. Der Marsch war auf Glogau gerichtet und die Belagerung dieser Feste der Zweck. Augenblicklich war auch der Entschluß des Königs gefaßt. Er marschirte nach Forste und schrieb von dort aus seinem Bruder: er müsse den Russen folgen, um die Belagerung von Glogau zu verhindern, da aber sein Aufbruch das Land zwischen der Elbe und der oberen Spree ganz ungedeckt lasse, empfehle er dem Prinzen Torgau, es könne ihm dort an nichts fehlen, zu Wittenberg, Leipzig, Torgau selbst und Magdeburg befänden sich Magazine.

Die strategische Lage im Allgemeinen war zur Zeit eine sehr ungewöhnliche, und auch die Maßregeln, die der König in dieser Zeit der Spannung verfügte, hatten etwas in hohem Grade Eigenthümliches. Der König stand in dem Augenblick, in dem er seinen Entschluß endgültig faßte, bei Kottbus, der Prinz Heinrich bei Görlitz; von seinen Gegnern Daun bei Bautzen, Saltykow bei Sommerfeld und Starzeddel. Die Aufgabe war, nach der einen Seite hin den Russen bei Glogau zuvorzukommen und die Belagerung dieser Feste zu verhindern, auf der anderen Seite, sich in Sachsen zu behaupten und Berlin zu decken, bis man dann später, wenn die Russen erst aus dem Spiele wären, Dresden wieder erobern könne. Nothwendigerweise also mußte eine preußische Armee an der Elbe zunächst auf deren rechtem Ufer stehen, während die andere nach Glogau eilte. Für Schlesien war von Seiten Dauns nichts zu fürchten, sobald eine preußische Armee an der Elbe erschien. Daun wendete sich dann ebenfalls an diesen Strom zurück, um Dresden zu decken, dessen konnte man vollkommen gewiß sein.

Der König beschloß, wie wir gesehen haben, selbst nach Glogau zu eilen, und trug dem Prinzen Heinrich auf, an die Elbe zu marschiren. Die beiden preußischen Armeen mußten auf diese Weise an einander vorbeimarschiren. Es war ein eigenthümliches chassez-croisez das sie ausführten. Noch dazu konnte das schwierige Manöver nach beiden Seiten hin mißlingen. Es fragte sich, ob der König Sagan unbesetzt finden, ob es ihm gelingen würde, dem Feinde durch Gewaltmärsche zuvorzukommen. Noch zweifelhafter war, ob es dem Prinzen Heinrich gelingen würde, von Görlitz aus um Dauns linke Flanke herum glücklich und ungehindert an die Elbe zu gelangen.

Ein Blick auf die Karte zeigt, daß sich die Aufgabe hätte auf eine viel einfachere Weise lösen lassen. Einem Marsch des Prinzen Heinrich von Görlitz aus in die Gegend von Glogau stand gar nichts im Wege, der Feind hätte gar nichts thun können, um ihn zu verhindern oder auch nur zu erschweren, und ebenso leicht hätte sich der Marsch des Königs von Kottbus oder Forste nach Elsterwerda gemacht, oder auch der über Spremberg und Hoyerswerda nach Königsbrück, dem Punkt, den der König eigentlich im Sinn hatte. — Sehr gewiß hätte der Feldmarschall Daun nicht daran gedacht, von Bautzen aus dem Prinzen Heinrich zu folgen, wenn zugleich eine preußische Armee bei Hoyerswerda oder vollends bei Königsbrück erschien.

Warum entschied sich nun der König für jenes schwierige Manöver, ohne anders als ganz vorübergehend und in schwankender Weise an diese einfachere Gesammtheit von Maßregeln zu denken? — Glaubte er etwa sein Heer auch im Verein mit Finck zu schwach, um an der Elbe dem Feldmarschall Daun gegenüberzutreten, und sah er nicht, wie Verstärkungen aus Schlesien heranzuziehen sein möchten? — Hier lag gewiß keine Schwierigkeit vor, die nicht besiegt werden konnte. — Oder erfuhr der König zu spät, daß der Prinz bei Görlitz stehe, und glaubte er, daß zu viel Zeit mit dem Hin- und Herschreiben verloren gehen könne? — Das wäre möglich. Noch am 17. vermuthete der König den Prinzen bei Löbau. — Oder endlich, kam hier auch die Persönlichkeit des Führers in Betracht? — Bei Glogau war vielleicht eine Schlacht nothwendig, um die Belagerung zu verhindern. Jedenfalls mußte man da dem Feinde kühn und herausfordernd entgegentreten, bereit zur Schlacht; man mußte den Handschuh hinwerfen und es darauf ankommen lassen, ob der Feind ihn aufhob. — Nach allem, was er bereits mit ihm erlebt hatte, konnte der König wohl glauben, daß der vorsichtige, methodische Prinz Heinrich dazu der Mann nicht sei.

Doch da sich Friedrich der Große darüber nirgends, weder in seinen Briefen noch in seinen geschichtlichen Werken, ausgesprochen hat, sind wir auf Vermuthungen angewiesen, auf die es keine bestimmte Antwort giebt und die eben nicht weiter reichen.

In welcher Gemüthsverfassung der König den Zug nach Glogau antrat, geht aus seinem bekannten Brief an den General Fouqué hervor; an diesen Freund aus der Jugendzeit, gegen den er sich in dieser Beziehung freier aussprechen konnte als gegen den Bruder. Er werde nicht leiden, daß man Glogau belagere, sagt darin der König, eher werde er sich schlagen, was auch daraus erfolgen möge; das sei die Gesinnung eines Ritters und die seine.

Der Prinz Heinrich war nicht leicht zu dem Marsch an die Elbe zu bestimmen. Er sah dabei große Schwierigkeiten und vielfaches Bedenken. Beck stehe bei Reichenberg in Böhmen, schreibt er am 20., und werde ohne Zweifel die Pässe in seinem Rücken besetzen, so wie er vorwärts gehe; in seiner rechten Flanke habe er bei Sorau das österreichische Korps, das zur Vereinigung mit den Russen eile. Es könne in zwei Märschen Bunzlau erreichen u. s. w. Vorherrschend zeigt sich dabei ein Verlangen, stehen zu bleiben, wo er sich eben befand, oder sich allenfalls rückwärts zu bewegen. Wenn man ihn wieder nach Bunzlau schicke, meint der Prinz, werde er genöthigt sein, Truppen nach Schmotseifen zu entsenden, um die Verpflegung zu sichern: „wenn Daun mit seiner ganzen Armee von Bautzen aufbricht", — wohin? — vorwärts oder rückwärts? — darüber sagt der Prinz nichts weiter, doch scheint ein Marsch Dauns gegen die Elbe vorausgesetzt zu sein, dann „werde ich Zittau einnehmen, oder mich mit einem Korps bei Bautzen aufstellen, denn die Nothwendigkeit zwingt mich, meine Streitkräfte zu theilen und (entsendete) Korps in unseren Flanken und unserem Rücken zu haben." („Si on m'envoie encore à Bunzlau je suis nécessairement obligé d'envoyer à Schmotseifen, sans quoi je ne pourrai plus subsister, si Daun marche de Bautzen avec toute l'armée, je prendrai Zittau ou je me mettrai avec un corps à Bautzen, car la nécessité m'oblige de partager mes forces et d'avoir des corps et sur nos flancs et sur nos derrières.")

Was Dresden anbetrifft, meint der Prinz, es werde, von den Oesterreichern verlassen, ganz von selbst wieder in die Hände der Preußen fallen, wenn man nur den Feind verhindere, weitere Fortschritte in Sachsen zu machen. Denn ohne das ganze Land inne zu haben, könne sich der Feind den Winter über in Dresden nicht behaupten.

Seine hauptsächlichsten Bedenken und Zweifel bringt der Prinz dann noch einmal in dem Briefe vor, den er am 22. September, den Tag, ehe er den Marsch an die Elbe antrat, an den König richtete. Seine Stellung sei allerdings nicht gut in Beziehung auf Torgau und Fincks Korps, aber er habe sie auch nur genommen, um das schlesische Gebirge und die Verbindung mit Landeshut und Fouqué zu decken. Das sei, was man ihm aufgetragen habe. Er habe auch nicht gewußt, daß der König nach Glogau marschiren wolle. Jetzt seien allerdings Berlin und die Elbe bloßgestellt. Bleibe er, der Prinz nämlich, in seiner gegenwärtigen Stellung, dann werde der Feind sich das in Sachsen zu nutze machen, breche er auf, dann werde Beck, der zwischen Reichenberg und Einsiedel stehe, Hirschberg einnehmen und die Berge bei Schmotseifen. Dann müsse Fouqué Landeshut verlassen, und Harsch werde dort in Schlesien eindringen. Es sei auch noch zu bedenken, daß der Prinz die Elbe erreichen müsse, um Berlin und Torgau decken und seine Truppen verpflegen zu können; dann aber werde es ihm unmöglich sein, das schlesische Gebirge wieder zu gewinnen, wenn der Feind sich desselben inzwischen bemächtigt habe — „versetzen Sie sich in meine Lage, theurer Bruder, und erwägen Sie, wie wenig ich im Stande bin, dem Feinde zuvorzukommen, wenn ich (in meiner gegenwärtigen Stellung) bleibe und er nach Berlin marschirt, und wenn ich aufbreche und der Feind sich des (schlesischen) Gebirges bemächtigt, verfalle ich ebenso dem Tadel. Ich werde noch den Tag über warten, und wenn ich keine Briefe von Ihnen erhalte, werde ich mich genöthigt sehen, einen Entschluß zu fassen" (si je ne reçois point de vos lettres, je me verrai obligé de prendre un parti).

Er werde dann durch Gewaltmärsche gegen Hoyerswerda hinzukommen suchen, um der Verpflegung gewiß zu sein und die Verbindung mit Finck zu gewinnen; doch könne er dann nicht mehr für das schlesische Gebirge oder für Fouqués Schicksal verantwortlich sein. Er werde Berlin und die Elbe decken und dem Feinde, wenn er nach Schlesien marschire, die Lebensmittel aus Böhmen abschneiden und ihm in den Rücken marschiren.

Die Hoffnung, daß ihm dennoch gestattet werden könnte, ruhig bei Görlitz stehen zu bleiben, die schon in dem Warten auf weitere Briefe durchblickt, tritt dann am Schluß des merkwürdigen Schreibens noch einmal hervor. Der Prinz bemerkt da, die Regimenter, die sich neuerdings mit den Russen vereinigt hätten, seien das erste „Detachement", das Daun entsendet habe, obgleich seine Ueberlegenheit ihm wohl gestatten würde, deren mehr zu entsenden — „doch hoffe ich), ihn daran zu verhindern, wenn nur die Dinge in der Lage bleiben, in der sie sich gegenwärtig befinden. Ich erwarte eine baldige Antwort, um mich danach zu richten." (— j'espère néanmoins l'en empêcher, pourvu que toutes les choses restent dans la situation où elles sont aujourd'hui. J'attends bientôt votre réponse pour ma direction.)

Allem Anschein nach glaubte Prinz Heinrich durch sein bloßes Verweilen bei Görlitz auch den Feldmarschall Daun unthätig bei Bautzen erhalten zu können.

Der König hatte diesen Brief gleichsam zum voraus beantwortet, durch ein Schreiben vom 21. aus Eckersdorf bei Sagan. Er erklärt darin von neuem, daß er die Belagerung von Glogau verhindern werde. Was den Prinzen betreffe, der müsse eine Stellung in Dauns Flanke nehmen, bei Wittichenau oder bei Königsbrück, schon um sich mit Finck in Verbindung setzen und aus dem Magazin zu Torgau verpflegt werden zu können. — Nun die strategischen Gründe dafür (voici les raisons de guerre): „Erstens, wenn Sie dem Fouqué 5—6000 Mann lassen können (d. h. mehr als dieser General bei Landeshut bereits hatte), so wird das für den Anfang genug sein, sowohl um mich zu verstärken, als um die Grenze zu decken, an der Sie die (feindlichen) Magazine vernichtet haben; zweitens, Sie decken Berlin, das jetzt, seit meinem Marsch nach Schlesien, den Angriffen (incursions) bloßgestellt ist, die Daun dorthin richten kann; drittens, Sie werden von dort aus Daun besser beobachten und werden gewiß alles aufheben können, was er etwa diesen Leuten hier (den Russen) zusenden wollte (et pourrez sûrement lui faire intercepter tous les convois qu'il voudrait envoyer à ces gens-ci); viertens, Sie werden sehr wohl im Stande sein, sich dort, vermöge einer guten Stellung, gegen Daun zu behaupten, bis der Feldzug hier beendigt ist. Dann werde ich über Spremberg oder über Muskau marschiren, um mich mit Ihnen zu vereinigen, und Daun zwingen, Sachsen zu verlassen, wie Sie treffend als nothwendig voraussetzen." — Wenn der Prinz nicht an die Elbe marschire, werde Daun sich gewiß Torgaus bemächtigen, und der Prinz werde selbst zu beurtheilen wissen, was sich daraus ergeben müsse.

Als Prinz Heinrich dann auch noch einen Brief vom folgenden Tag erhielt, in dem sein königlicher Bruder noch einmal seine Ansichten und seinen Willen aussprach, entschloß er sich endlich — fast zu spät — den bedenklichen Marsch anzutreten.

König Friedrich hatte inzwischen — nach einem Rasttag bei Kottbus

— am 19. September Forste, am 20. Linderode bei Sorau, am 21. Sagan erreicht. Daß ihm Laudon hier von Christianstadt aus hätte zuvorkommen können, ist öfter nachgewiesen worden. Aber Laudon war an die Russen gebunden, und die bewegten sich sehr langsam. Sie trafen, nach einem Rasttag bei Sommerfeld, erst am 21. bei Christianstadt ein. Saltykow zeigte sich sehr entrüstet, daß er hier nicht Lebensmittel und Fourage in der geforderten Menge vorfand. Laudon sollte darauf noch an demselben Tage nach Freistadt marschiren, konnte aber nur noch Herzogswaldau, eine halbe Meile von dem vorgeschriebenen Ziel, erreichen; doch war das ziemlich dasselbe. Zwei kleine Märsche brachten dann die russische Armee am 23. nach Freistadt; Laudon, der sich mit seinen Oesterreichern allein dem Heer des Königs nicht gewachsen glaubte, wagte nicht, an diesem Tage weiter als nach Wendisch=Bohra vorzugehen.

Der König seinerseits hatte einen Tag bei Sagan gerastet — was einem thätigeren Feinde gegenüber gewagt gewesen wäre — und traf dann an dem genannten Tage bei Sudau unweit Neustädel ein. Hier sperrte er den Russen den Weg zur Einschließung von Glogau — wenn sie ihn sich nicht durch eine Schlacht öffnen wollten. Er hatte nur 24000 Mann „zweimal geschlagener Truppen", wie er selbst sagt, Truppen, auf deren Festigkeit er nicht sehr sicher rechnen konnte; die geringen Verstärkungen, die er vom Prinzen Heinrich und dem General Fouqué erwartete, waren noch nicht eingetroffen. Ihm gegenüber standen, seitdem Campi=tellis Truppen zu Laudon gestoßen waren, nicht weniger als 54000 Mann Linientruppen und etwa 18000 Kosaken und Kroaten. Kam es wirklich zur Schlacht, so mußte er aller Wahrscheinlichkeit nach unterliegen; aber er wollte sie dennoch wagen, wenn es sein mußte. „Trotz des schlechten Zustands meiner Truppen, will ich es doch lieber darauf ankommen lassen, geschlagen zu werden, als daß ich einen festen Ort belagern ließe, der dem Feinde festen Fuß in der Provinz verschaffen, und (dessen Verlust) mich für den kommenden Winter in die schlimmste Verlegenheit versetzen würde" (malgré le mauvais état de mes troupes, j'aime mieux risquer d'être battu que de laisser assiéger une place, qui donnerait pied à l'ennemi dans la province et qui me jetterait pour l'hiver dans un cruel embarras).

Und er hatte recht! — Dem Geist der Kriegführung jener Zeit und seiner Gegner entsprechend, konnte sich, wenn es dort an der Oder wirk=

lich zur Schlacht kam, und er sie verlor, auch nichts Schlimmeres ergeben, als was zu geschehen drohte, wenn er die Schlacht vermied — nämlich daß Glogau verloren ging, und daß die Russen ihre Winterquartiere in Schlesien nahmen. Dagegen konnte der König zu imponiren hoffen, wenn er der Schlacht kühn entgegen ging. Den Handschuh entschlossen hinzuwerfen, war gerade das einzige Mittel, der Schlacht und der Belagerung vorzubeugen. Er versetzte, wie das der eigentliche Inhalt jedes strategischen Manövers ist, die Gegner in die Nothwendigkeit, energisch die Initiative zu ergreifen, und er konnte hoffen, daß sie das nicht wagen würden.

Dem Prinzen, seinem Bruder, erläßt aber doch der König bei dieser Gelegenheit nicht die Bemerkung, daß vor allem die letzten Verstärkungen, die Saltykow aus dem österreichischen Lager erhalten habe, das seien, was die Lage zu einer besonders schwierigen mache, und daß der Prinz, wenn er sich dem Lager Dauns bis auf eine Entfernung von zwei Stunden (deux lieues) genähert hätte, eher in der Lage gewesen sein würde, deren Absendung zu verhindern.

Die russischen Generale schlossen aus dem kühnen Auftreten des Königs, daß er bedeutende Verstärkungen erhalten haben müsse. Die Verhältnisse im russischen Hauptquartier gestalteten sich zudem immer schwieriger; die russischen Generale, die sich sehr gegen ihren eigentlichen Willen in eine neue, weit aussehende, kriegerische Thätigkeit verwickelt sahen, hießen jeden Vorwand willkommen, sich herauszuziehen, und waren keineswegs in der Stimmung, einen ausgesprochenen Bruch mit Laudon zu meiden. Schon als sie zu Christianstadt nicht die angeblich versprochenen Lebensmittel vorfanden, wollten sie den weiteren Marsch auf Krossen wenden — worauf besonders wieder Fermor drang; Montalembert hatte es mit Mühe verhindert. Laudon empfand es peinlich, daß er von den Russen in Unthätigkeit erhalten wurde, und hätte gern eine Möglichkeit gefunden, sich von ihnen zu trennen. Doch wurde ihm das einerseits von Daun auf wiederholte Anfragen untersagt, und andererseits wußte wieder Montalembert alles auszugleichen, was dazu führen konnte.

Jetzt, am 23. September, erhielt Laudon ein Schreiben Saltykows, in welchem ausgeführt wurde, daß, da die Stellung des Königs von Preußen die Belagerung von Glogau unmöglich mache, zu der es übrigens auch an dem nöthigen Geschütz fehle, es sich nur darum handeln könne, den König hier „en échec" zu halten, damit der Feldmarschall Daun in

Sachsen freie Hand behalte." — Vom Standpunkt der zur Zeit als selbstverständlich geltenden Lehre vom Kriege mußte dieser Satz wohlbegründet erscheinen — oder vielmehr, es ließ sich gar nichts Erhebliches dagegen einwenden. Da die russische Armee nicht mit einem Belagerungstrain ausgestattet war, und die Oesterreicher das nöthige Geschütz nicht zur Stelle zu schaffen vermochten, hätte man auf eine Eroberung Glogaus überhaupt nur in der Voraussetzung rechnen können, daß eine unverhältnißmäßig schwache Besatzung nicht im Stande sein werde, die Feste nachhaltig zu vertheidigen. Davon konnte nun nicht mehr die Rede sein. Der König versah ohne Zweifel, auch wenn er weichen mußte, den gefährdeten Ort mit einer hinreichenden Besatzung. Da nun auch nach einem Siege die regelmäßige Belagerung unmöglich blieb, konnte auch eine Schlacht, wenn man sie wagen wollte, nach den Ansichten der Zeit keinen Zweck haben.

So weit war demnach alles folgerichtig genug; — nur hätte Saltykow nun auch wirklich den König bis an den Schluß des Feldzugs „en échec" halten müssen. Jenen Sätzen folgte aber in Saltykows Schreiben die Frage, auf wie lange die Verpflegung der Armee gesichert sei? — So wie sie mangele, bleibe nichts übrig, als auf das rechte Ufer der Oder hinüberzugehen, und Laudons Oesterreicher mit dorthin zu nehmen. Doch wollte er dort „Bewegungen" unternehmen, die den König hindern sollten, Hülfe nach Sachsen zu senden.

Laudon mußte sich fügen; doch stellte er die Bedingung, daß Saltykow sich anheischig mache, die Operationen auf dem rechten Oder-Ufer thätig fortzusetzen und das österreichische Korps zu verpflegen, bis eigene Anstalten für dasselbe getroffen werden könnten. Sonst müsse er sich von dem russischen Heer trennen, um nach Sachsen zu marschiren. — Saltykow versicherte darauf, Lebensmittel seien jenseits der Oder in genügender Menge vorräthig, und er verpflichtete sich, bis zum 15. Oktober im Felde zu bleiben — wenn er nicht andere Verhaltungsbefehle von der russischen Regierung erhalte.

Man sieht, Saltykow war beflissen, sich das Ansehen zu geben, als thue er auf eigene Verantwortung mehr zu Gunsten der Verbündeten, als ihm eigentlich aufgetragen sei, während die Sache sich in der That gerade umgekehrt verhielt. Auch hielt er sich durch den Nachsatz ein Mittel offen, sein Versprechen zurückzunehmen und an die Weichsel zurückzugehen, sobald er glaubte, das dem eigenen Hof gegenüber wohl oder übel rechtfertigen zu können.

Am 24. September setzten sich dann Russen und Oesterreicher in Marsch nach Beuthen, wo der Uebergang über den Strom bewerkstelligt werden sollte, und waren nicht wenig überrascht auf dem Lagerplatz, den sie sich dort ausersehen hatten, die Vorhut der preußischen Armee bereits vorzufinden. Aus den Briefen des Königs an Fouqué ersehen wir, daß er hier nicht einen beabsichtigten Rückzug über die Oder vermuthete — den er keinen Grund gehabt hätte, zu hindern. Er glaubte vielmehr, das feindliche Heer, dem er den Weg über Neustädel gesperrt hatte, wolle ihn über Beuthen umgehen und längs der Oder auf Glogau vordringen. Er trat ihm auch hier in den Weg.

Es kam zu einer Kanonade — die Russen wichen um etwas zurück in eine Stellung vor Keltsch, beide Armeen brachten die Nacht unter den Waffen zu. Am folgenden Morgen erkundete Saltykow in eigener Person — aber wohl nur, um den Formen des militärischen Anstands zu genügen — die Stellung der Preußen, fand sie, wie vorauszusehen war, zu stark, um sie anzugreifen, und führte sein Heer noch etwas weiter zurück, in eine Stellung, deren linker Flügel sich Carolath gegenüber an die Oder lehnte.

Im Lager des Königs trafen nun die sehnlich erwarteten spärlichen Verstärkungen ein: 3 Bataillone, 3 Schwadronen von Fouqués Korps, 6 Bataillone von der Armee des Prinzen Heinrich, im Ganzen gewiß kaum mehr als höchstens 6000 Mann. Doch waren das Truppen, die keine Niederlage erlitten hatten. Der König fühlte sich etwas sicherer. Indessen ließ er doch seine Stellung verschanzen; seine Briefe an Fouqué geben Auskunft darüber, weshalb. Er glaubte, wie gesagt, nicht an einen nahe bevorstehenden Rückzug der Russen nach Polen; er glaubte noch einen Druck auf sie ausüben zu müssen, um sie zum Aufbruch dorthin zu bestimmen. Eine Schlacht schienen sie entschlossen zu meiden; da wurden vielleicht Entsendungen und ein Parteigängerkrieg auf beiden Seiten der Oder zugleich nothwendig. König Friedrich ließ seine Stellung durch Schanzen verstärken, um sie nöthigenfalls mit einer geringeren Anzahl Truppen vertheidigen und infolge dessen „Detachements" entsenden zu können, ohne sich einer Gefahr auszusetzen (impunément).

So standen sich die beiden Armeen einige Tage gegenüber. General

Laudon glaubte wahrzunehmen, daß die linke Flanke der preußischen Stellung umgangen und mit Vortheil angegriffen werden könne. Er erbot sich, den Versuch mit seinen Oesterreichern zu machen, wenn Saltykow nur 10 000 Russen dazu stoßen lassen wollte. — Sollte Laudon wirklich geglaubt haben, daß der russische Feldherr auf diesen Vorschlag eingehen könnte? — Das wäre seltsam zu nennen! — Eine Schlacht wäre überhaupt zwecklos gewesen nach der Ansicht der russischen Generale, der wohl die meisten Theoretiker jener Tage zugestimmt hätten —: konnte da Laudon erwarten, daß Saltykow ihm nahezu ein Drittheil seiner Armee überlassen werde zu einem immerhin mißlichen Abenteuer, das, wenn es ja gelang, doch zu nichts führte, und einem Anderen, nicht ihm zum Ruhm gereichte? — Es war leicht vorher zu sehen, daß das nicht geschehen werde.

Ein seltsames Zusammentreffen war es, daß wenig später Friedrich der Große Laudons Stellung bei Neu-Tschau auf dem rechten Flügel der Russen, wo er getrennt von ihnen lagerte, sehr ausgesetzt fand und anzugreifen beschloß, als am 29. September ein Theil der russischen Armee über die Oder zurückgegangen war. — Er brach in der Nacht vom 30. September auf, fand aber am 1. Oktober in der Frühe das Lager der Oesterreicher verlassen. Laudon war in derselben Nacht dem Rest der russischen Armee auf das rechte Oder-Ufer gefolgt und lagerte bei Kutlau.

Die weiteren Bewegungen der Russen, die man nicht mehr Operationen nennen kann, haben kein Interesse, denn sie hatten gar keinen Zweck als die Zeit hinzubringen. Dies vereinigte russisch-österreichische Heer lagerte erst bei Karolath, dann bei Kutlau, bei Schlichtingheim, endlich seit dem 7. Oktober bei Groß-Osten an der Bartsch. Vergebens suchte Laudon den Feldmarschall Saltykow zu einem Marsch auf Breslau zu bewegen, und nur mit Mühe gelang es ihm, ihn bis zum 19. in der Stellung bei Groß-Osten festzuhalten, wo seine Gegenwart den König doch immerhin abhielt, nach Sachsen aufzubrechen.

Inzwischen hatte Saltykow schon dem Feldmarschall Daun mitgetheilt, daß er am 15. Oktober den Rückmarsch an die Weichsel antreten werde, da ohne den Besitz einer Festung Winterquartiere in Schlesien zu nehmen nicht möglich sei, die Stellung des Königs von Preußen aber die Eroberung von Glogau unmöglich mache. — Aus Petersburg traf zwar der Befehl ein, das Feld zu behaupten, so lange die Witterung es irgend gestatte — oder, wie Arneth berichtet, der, die Winterquartiere in Schlesien zu beziehen — und es erfolgten darauf auch einige Schein=bewegungen, die gar nichts bedeuteten — ein Marsch nach Sandebrosche, ein vergeblicher Angriff auf das von Preußen besetzte Städtchen Herrn=stadt — bald aber wurden die Befehle des russischen Hofs in einem Kriegsrath von sämmtlichen russischen Generalen einstimmig für unaus=führbar erklärt — und vom 24. Oktober an ging der Marsch langsam an die Weichsel.

Laudon hatte aus Wien die Weisung, sich von den Russen zu trennen, zu spät erhalten, als es keine Möglichkeit mehr gab, ihr nach=zukommen. Er wurde jetzt von Seiten der russischen Regierung aufgefor=dert, seine Winterquartiere vereint mit der russischen Armee in Polen zu nehmen — doch war das wohl nur ein Vorschlag, der einigermaßen ver=bergen sollte, wie gar wenig man auf das Rücksicht genommen hatte, was im Interesse dieses österreichischen Heertheils liegen mochte. — Laudon mußte natürlich diese Zumuthung ablehnen und später seinen mühsamen Weg durch polnisches Gebiet nach dem österreichischen Oberschlesien suchen.

Der König von Preußen hatte inzwischen auf dem rechten Ufer der Oder, so lange es nöthig scheinen konnte, Glogau gegen einen Angriff von dieser Seite zu decken, Stellungen genommen, die diesem Zweck ent=sprachen. Am 27. führte er sein Heer bei Köben wieder auf das linke Ufer zurück. Er vermuthete, daß Laudon in Oberschlesien noch etwas vielleicht gegen Kosel unternehmen könnte, und sendete Truppen dorthin. Die Bataillone, die er von Fouqué's Korps herangezogen hatte, gingen nach Landeshut zurück; der Rest des Heeres brach nach Sachsen auf.

―――――

Wir müssen nun nachholen, was sich inzwischen in der Lausitz und an der Elbe begeben hatte. Daun hatte bei Bautzen, auch nachdem er die 10 000 Mann unter Campitelli zur Vereinigung mit dem russischen Heer abgefertigt hatte, noch 48 540 Mann Linientruppen und 5085 Mann leichter Truppen, Kroaten und Husaren. Der Prinz Heinrich konnte ihm gegenüber, nachdem er 6 Bataillone zur Armee des Königs entsendet hatte, gewiß nicht viel über 30 000 Mann unter seinen Fahnen zählen.

Daun soll schon von dem Augenblick an, wo er bei Bautzen eintraf, die Absicht gehabt haben, den Prinzen anzugreifen. Doch der österreichische Feldherr brauchte zu allen Dingen Zeit — sehr viel Zeit — und so kam er denn auch diesmal erst nach zehn Tagen reiflicher Ueberlegung dazu, die ersten Schritte zur Ausführung zu thun — erst nachdem er mit Bestimmtheit wußte, daß der König nach Sorau marschirt war. Die Ungewißheit, in Beziehung auf das, was Friedrich weiter vornehmen würde, soll ihn bis dahin bei Bautzen festgehalten haben.

Erst am 23. September rückte Daun nach Reichenbach vor, erkundete die Stellung der preußischen Vorhut an der Landskrone und beschloß, sie am folgenden Tag anzugreifen.

Dazu war es aber jetzt um einen Tag zu spät — wie es anderer= seits für den zögernden Prinzen Heinrich zu spät geworden wäre, die vom König vorgeschriebene Bewegung an die Elbe auszuführen, wenn er noch vierundzwanzig Stunden länger zweifelte und zauderte. Doch glücklicher= weise waren die Einleitungen zum Marsch bereits getroffen, das Gepäck vorausgesendet, noch ehe Daun nahte, und so konnte denn der Prinz am Abend des 23. ganz in der Stille aufbrechen.

Der Marsch wurde mit vielem Geschick in sehr zweckmäßiger Weise geleitet. Es war eben eine Aufgabe ganz wie eigens für den Prinzen geschaffen; man möchte sagen, genau nach dem Maß seines Talents zugeschnitten. — Zuerst ging es, die Nacht durch, nach Rothenburg, wo die Armee doch erst um die Mittagsstunde am 24. eintraf und einige Stunden ruhte, nachdem sie die Neiße überschritten hatte; dann in drei Kolonnen weiter, durch die Nadelwälder der Lausitz, nach Klitten inmitten dieser Wälder, wo wieder einige Stunden geruht wurde, die letzten Bataillone aber erst am 25. um sechs Uhr früh eintrafen. Um zehn Uhr wurde wieder angetreten, und am Abend war Hoyerswerda erreicht. General Vehla, der hier mit seinen Kroaten und Husaren stand, glaubte sich vollkommen sicher und hatte, wenigstens nach der Seite hin, von wo jetzt der Feind nahte, gar keine Vorsichtsmaßregeln getroffen. Er wurde über= fallen, seine Schaar zersprengt, er selbst fiel mit 1800 Mann, d. h. reichlich mit der Hälfte seines Korps, in Gefangenschaft. Das Heer des Prinzen hatte in zweimal vierundzwanzig Stunden einen Marsch von zehn Meilen zurückgelegt.

Daun, den die ersten Berichte glauben ließen, daß Prinz Heinrich seinen Marsch auf Halbau gerichtet habe, zur Vereinigung mit dem Könige, rückte gemächlich erst am 25. nach Görlitz vor. Hier erfuhr er, daß der Prinz vierundzwanzig Stunden früher bei Rothenburg über die Neiße gegangen war; da ward ihm die Absicht klar, und wie König Friedrich sehr richtig vorausgesehen und gesagt hatte, ergab sich daraus für ihn kein anderer Gedanke als der, daß er eilen müsse, Dresden zu decken, von wo er abgeschnitten zu werden fürchtete. Der Gedanke, der einem Zögling unserer Zeit an seiner Stelle vor allen nahe gelegen hätte, daß er nämlich den Prinzen Heinrich bei Hoyerswerda so gut angreifen könne wie bei Görlitz und in der That angreifen müsse, der erwachte gar nicht, und charakteristisch für die Zeit und die in ihr herrschenden Ansichten ist wohl, daß eine solche Möglichkeit auch von den kriegskundigen Kritikern dieser Periode gar nicht zur Sprache gebracht, gar nicht berührt wird. Daun nahm es als selbstverständlich und entschieden hin, daß er wenigstens für den Augenblick in die Vertheidigung zurückgeworfen sei, ließ seine Truppen sofort — noch am 25. — wieder umkehren und in Gewaltmärschen — nicht etwa nach Kamenz, sondern — nach Dresden eilen, als ob er in dringender Gefahr schwebe.

Daß er den Prinzen Heinrich aller Wahrscheinlichkeit nach nicht angegriffen hätte, wenn er ihn bei Dresden vorfand, daß er in diesem Fall auswich, um den Uebergang über die Elbe und die Verbindung mit der Reichsarmee höher hinauf am Fluß bei Pirna oder am Königstein zu suchen, das wird von österreichischer Seite zugegeben. Doch Prinz Heinrich ließ ihm die nöthige Zeit zu dem Marsch, indem er drei Tage über ruhig bei Hoyerswerda stehen blieb. Daun erreichte die Gegend von Dresden am 28. und ging dort am folgenden Tage über die Elbe.

Ob die preußische Armee nach dem Marsch von zehn Meilen wirklich dreier Tage der Ruhe bedurfte, ob wirklich eine so lange Zeit nöthig war, um heranzuziehen, was an ermüdeten Leuten, an Gepäck und dergleichen zurückgeblieben sein mochte, ist jetzt natürlich nicht mehr festzustellen. Man müßte diese Armee mit Augen gesehen haben, um darüber absprechen zu können. Uebrigens soll auch die Nachricht, daß General Finck auf dem linken Ufer der Elbe bei Meißen ein unglückliches Gefecht gehabt habe, den Prinzen Heinrich veranlaßt haben, von neuem zu zögern. — Nach Königsbrück vorzurücken, wie der König eigentlich vorgeschrieben hatte, wäre schon am 28. ein Beginnen gewesen, das keinen Sinn mehr haben konnte. Der Prinz wendete sich am 29. nach Elsterwerda und sendete Truppen nach Torgau.

In mehrfacher Beziehung belehrend ist es, die Urtheile zu mustern, die über den hochberühmten Marsch des Prinzen Heinrich von Zeitgenossen und von Späteren gefällt worden sind.

Ein unterrichteter österreichischer Offizier, der Major Cerrini, sagt (1841): „Prinz Heinrich hatte durch seinen Marsch nach Hoyerswerda den Kriegsschauplatz wieder in das Herz von Sachsen verlegt, dem Könige die Verbindung mit Schlesien wieder eröffnet und demselben freie Hand gelassen (verschafft) den Russen zu folgen."

Dagegen wäre nichts einzuwenden, als daß der König sich die Verbindung mit Schlesien durch den Marsch nach Glogau selbst wieder verschafft, und der Marsch des Prinzen Heinrich nach Sachsen nur mittelbar dahin gewirkt hatte, daß sie nicht wieder verloren gehen konnte, wie allerdings möglich war, wenn der Prinz bei Görlitz aufs Haupt geschlagen und gegen Liegnitz und Breslau zurückgeworfen wurde, und Daun und die Russen dann den gewonnenen Vortheil mit einer Energie ausnutzten, die dem Einen wie den Anderen nicht gerade geläufig war.

Tempelhof spricht die zur Zeit herrschenden Ansichten mit einer gewissen Reinheit als seine eigenen aus. Er meint, dieser schöne Marsch habe alle die weit aussehenden Entwürfe Dauns, die preußische Armee (ohne Schlacht) unter eine der schlesischen Festungen zu drängen, Glogau zu erobern und die Winterquartiere in Schlesien zu nehmen, mit einem Schlage vernichtet, und fügt dann hinzu: „Die Folgen desselben waren für die Sache des Königs ebenso wichtig und vortheilhaft als einer der vollständigsten Siege und machten dem Prinzen um so mehr Ehre, da sie nicht mit dem Blute von Tausenden erkauft waren."

Wir hören hier auch den Einfluß durchklingen, den Rousseau auf Bildung und Verbildung und empfindsame Stimmung des achtzehnten Jahrhunderts namentlich in Deutschland geübt hatte. Besonders aber tritt hier wieder der die gesammte Theorie beherrschende Irrthum hervor, der einen bloß durch Manöver gewonnenen Vortheil für einen endgültigen, abschließenden Erfolg hält, ohne je zu fragen was sich ergeben mußte, wenn der Feind ihn auf die Waffenprobe stellte.

Noch entschiedener ist das der Fall in den maßlosen Verherrlichungen, deren Gegenstand dieser Marsch für die besonderen Anhänger des Prinzen

Heinrich ist. So sagt Retzow gleich in der Ueberschrift eines Kapitels: „Des Prinzen Heinrich vortrefflicher Feldzug rettet den König und den Staat." — Dann wieder in Beziehung auf die unglücklichen Verhaltungs= befehle, die Schmettau nur zu pünktlich befolgte, daß der König sie ge= wiß nicht würde erlassen haben, wenn er sich hätte „überreden" können, daß Daun so wenig für die verbündeten Russen thun, „der große Feld= herr, Prinz Heinrich, durch künstliche Märsche das Gleichgewicht so bald wieder herstellen und ihn dadurch retten würde." — Auch im weiteren Verlauf seiner Darstellung kömmt Retzow wiederholt auf die „Rettung" des Staats und des Königs durch das „meisterhafte Benehmen", die „künstlichen Operationen" des Prinzen Heinrich zurück, sowie auf die Bemerkung, daß gerade ein Feldherr, wie dieser Prinz war, dazu gehörte, dem drohenden „Umsturz" des preußischen Staats vorzubeugen. — Die hauptsächlichste Explosion dieser bewundernden Gefühle erfolgt aber da, wo des glücklichen Eintreffens der Armee bei Hoyerswerda und das Ge= fecht mit Vehlas Kroaten gedacht wird. Retzow meint, „ein anderer, zu hitziger Feldherr" — „vielleicht" Friedrich II. selbst — würde sich auch da mit dem Angriff übereilt und dadurch die Sache verdorben haben, und fügt dann hinzu:

„Diese Unternehmung des Prinzen Heinrich bleibt mit eine der merkwürdigsten seiner militärischen Laufbahn. Sie macht ihm um so viel mehr Ehre, da der dadurch erlangte Ruhm ihn in die Zahl der aus= gezeichnetsten Helden seiner Zeit setzt. Sie galt der Sache des Königs mehr als ein glänzender Sieg, weil dieser mit dem Blute vieler tausend tapferen Soldaten hätte erkauft werden müssen, hier aber der Verlust verhältnißmäßig sehr gering war. Sie zerrüttete auf einmal alle weit aussehenden Entwürfe des Feldmarschalls Daun; sie gab neuen Stoff zur Unzufriedenheit und endlich zum gänzlichen Rückzuge des russischen Heeres, und ihre Folgen verschafften dem Prinzen den Besitz eines Theils von Sachsen und der Elbe bis Torgau wieder. Daun vermochte nicht ihm denselben wieder zu entreißen; ja am Ende würde er das ganze Kurfürstenthum geräumt haben, um seine Winterquartiere in Böhmen zu nehmen, hätte die Ausführung der folgenden Operationen vom Prinzen Heinrich allein abgehangen."

Auf diesen letzteren Satz zurückzukommen, werden wir uns mehrfach veranlaßt sehen. Für die Eigenthümlichkeit der Vorstellung, daß man durch einen Marsch zum Helden wird, daß ein Marsch — nicht etwa als Einleitung zu einer That, sondern an sich — Staaten umstürzt oder rettet, hat Retzow auch nach allem, was die Welt bis zum Jahre 1802 erlebt hatte, kein Verständniß. — Wenn man sich aber erinnert, welche Mühe es dem König Friedrich gemacht hatte, den Prinzen zu diesem Marsch an die Elbe zu bestimmen, wie lange und wie sehr Prinz Heinrich sich dagegen gesträubt hatte, gewinnen diese Jubelhymnen ein gar seltsames Ansehen!

Es wird nöthig sein, hier auch dessen zu gedenken, was sich inzwischen bei dem Korps des Generals Finck zugetragen hatte. Dieser General war am 9. September bis Großenhayn vorgegangen und dann, nachdem er die Gewißheit erhalten hatte, daß Dresden verloren sei, mit Wunsch bei Torgau vereinigt am 10. über die Elbe und am 12. nach Eilenburg, von wo aus er am folgenden Tage durch Wunsch Leipzig wieder einnehmen ließ, während er selbst nach Mutzschen und am 15. nach Döbeln marschirte.

Auf Seiten des Feindes hatte sich General St. Andrè in dem Lager hinter dem Plauenschen Grunde mit der Hauptmasse der Reichsarmee vereinigt, Hadik die Stellung bei Nossen genommen. Von dort wich Hadik, als Finck näher gegen ihn heranrückte (am 16.), bis in eine Stellung bei Birkenhayn unweit Wilsdruf zurück. — Der Prinz von Zweibrücken, der die Reichsarmee befehligte, beschloß, dem Feinde, nachdem er eine Besatzung von 16 Bataillonen in Dresden zurückgelassen hatte, mit dem Rest der Reichsarmee, etwa 15 000 Mann, in der Richtung nach Nossen bis in eine Stellung bei Schmiedewalde entgegen zu gehen. Doch ehe er am 18. dort eintreffen konnte, hatte sich Finck überzeugt, daß Hadiks Stellung zu stark sei, um sie anzugreifen, und seine eigene nicht vortheilhaft genug, um sich darin zu behaupten; — er marschirte am 19. nach Meißen, wo er an der Elbe, wenigstens für den einen Flügel, eine sichere Anlehnung fand.

Hier bestand er am 21. ein Gefecht, das unentschieden blieb. Ein erneuter Angriff, den Finck am folgenden Tage erwartete, fand nicht statt, und am 23. ging die Reichsarmee sogar wieder in die feste Stellung hinter dem Plauenschen Grund zurück. Sie hatte gar nichts zu bewirken gewußt!

Nun aber änderte sich die Scene. Das Meißner Land auf dem linken

Ufer der Elbe wurde für den Schluß des Feldzugs der hauptsächlichste Schauplatz des Krieges. Auf der einen Seite ging Daun am 29. September bei Dresden über die Elbe, um zwischen Kesselsdorf und Pesterwitz zu lagern, auf der anderen ging der Prinz Heinrich bei Torgau über den Strom. Er hatte sich dorthin wenden, die stehende Brücke dort aufsuchen müssen, weil er nicht Pontons genug zu einer Schiffbrücke über die Elbe hatte.

In der Hofburg zu Wien waren inzwischen aus Versailles, wie aus Petersburg, bittere Klagen über Dauns Unthätigkeit eingelaufen, und die Bevölkerung in der österreichischen Hauptstadt selbst zeigte sich nachgerade in allen gesellschaftlichen Schichten sehr verstimmt durch das unfruchtbare Zaudern des Feldmarschalls. Maria Theresia konnte nicht umhin, ihrem Feldherrn in strengen Worten zu sagen, daß er „sein Hauptaugenmerk" darauf richten müsse, den Feind anzugreifen und mit Waffengewalt gänzlich aus Sachsen zu vertreiben.

So beschloß denn auch der Feldmarschall Daun, Fincks Heertheil von etwa 15 000 Mann bei Meißen anzugreifen, was keine große Waghalsigkeit erforderte. Der Angriff sollte am 2. Oktober stattfinden. Die Anstalten dazu wurden aber etwas umständlich getroffen, General Finck wurde sie gewahr, und entzog sich durch einen Nachtmarsch nach Strehla dem allzu ungleichen Kampf. Bei Strehla stieß dann am 4. der Prinz Heinrich mit seinem gesammten Heere zu ihm.

Daun näherte sich mit gemessenen Schritten der festen Stellung, die das preußische Heer hier inne hatte. Er marschirte am 4. nach Riesa — besichtigte die Stellung seines Gegners, und widmete, wie es scheint, ein- oder zweimal vierundzwanzig Stunden reiflicher Ueberlegung des Weiteren. Habiks Korps wurde aufgelöst und der Hauptarmee einverleibt; Habik selbst mußte die Armee verlassen. Der Prinz von Zweibrücken hatte Klage gegen ihn erhoben wegen des Gefechts bei Meißen, in welchem er vielleicht nicht alles, was möglich war, der Prinz von Zweibrücken selbst aber gar nichts gethan hatte.

Die Reichsarmee blieb ruhig erst hinter dem Plauenschen Grunde stehen, dann seit dem 1. Oktober auf dem rechten Ufer der Elbe bei Dresden. Diese allerdings seltsame Art, eine Armee zu verwenden, von der Clausewitz mit Befremden spricht, nämlich indem sie, ganz außer dem Bereich des Feindes, hinter einer anderen aufgestellt wurde, war in

diesem Fall und öfter, wie wir seither erfahren haben, wohl überlegt und
hatte ihre Gründe. Man hatte seit den bei Roßbach und Leuthen ge=
machten Erfahrungen gewichtige Bedenken dabei, die Reichstruppen im
freien Felde in unmittelbare Berührung mit einer namhaften preußischen
Heeresmacht kommen zu lassen. Am wenigsten wollte man sie in einem
ernsten Gefecht in unmittelbarer Vereinigung mit einer österreichischen
Armee verwenden. Man besorgte, panischer Schrecken und Flucht, die
man von den Reichstruppen erwarten mußte, könnten das Ganze
ergreifen.

Daun war zu dem Schluß gekommen, daß selbst der vollständigste
Sieg zu nichts weiter führen könne, als daß der Prinz Heinrich Sachsen
räumen müsse, eine verlorene Schlacht aber ihn selbst nöthigen könne, sich
nach Böhmen zurückzuziehen, daß es folglich zweckmäßiger sei, die preußische
Armee ohne Schlacht, ohne Wagniß zum Lande hinaus zu manövriren
— und ziemlich in geradem Widerspruch mit den Verhaltungsbefehlen, die
er aus Wien erhalten hatte, traf er langsam Anstalten, die Verbindungen
des Prinzen Heinrich mit Torgau zu bedrohen, um ihn dann später,
wenn er weiter zurückwich, auch von Wittenberg und Magdeburg abzu=
schneiden.

Selbst in dem tadelnden Urtheil, das sein Verfahren bei den Zeit=
genossen hervorruft, zeigt sich wieder, wie vollständig zumal die wissen=
schaftlich gebildeten Krieger jener Tage in der einseitigen Ansicht befangen
waren, die das, was nur unter bestimmten und beschränkten Voraus=
setzungen seine Bedeutung hat, für allgemein und unter allen Bedingungen
gültig hält. So meint Tempelhof, Daun habe auf seinem Wege weniger
gewagt, „als wenn er das kürzere, mehr entscheidende, aber auch unsichere
Mittel einer Schlacht wählte" — aber ein solcher Entwurf erfordere eine
große Umsicht in der Wahl der Posten, große Uebereinstimmung in den
Operationen, genaue Kenntniß der Mittel, die dem Feinde zu Gebote
stehen, den Anschlag zu vereiteln — ohne der Zeit zu gedenken, die
darauf verwendet werden müsse.

Daun machte am 6. Oktober einen kleinen Marsch, der kaum mehr
war als eine Veränderung des Lagers, durch den er sich aber der preu=
ßischen Stellung und namentlich ihrer rechten Flanke näherte. Sein linker
Flügel kam nach Ganzig, ein entsendetes Korps noch weiter links nach
Oschatz. Die beiderseitigen Heere standen einander nunmehr sehr nahe.

Suchte Daun die Verhaltungsbefehle, die er aus Wien erhalten hatte, nur auf seine Weise zu befolgen, eigentlich zu umgehen, so entsprach anderseits auch der Prinz Heinrich keineswegs den Erwartungen seines gekrönten Bruders und, von einem heftigen Gichtanfall gequält, in gereizter Stimmung, sprach sich dieser Letztere diesmal unumwundener aus, als er sonst dem Prinzen gegenüber zu thun pflegte.

Die Machtverhältnisse waren zur Zeit an der Elbe so günstig für Preußen, wie man sie in diesem Kriege irgend erwarten durfte. Daun kann, abgesehen von der Reichsarmee, die man sich nicht ernstlich zu verwenden getraute, kaum mehr als 60 000 Mann Linientruppen beisammen gehabt haben. (Der Oesterreichischen militärischen Zeitschrift zufolge sogar, 3317 Mann leichter Truppen mitgerechnet, nur 59 510 Mann; doch lassen sich diese Zahlen nicht wohl mit früheren Angaben vereinigen.) — Die Armee des Prinzen Heinrich muß ungefähr 42 000 Mann gezählt haben. Das war in König Friedrichs Augen eine Macht, mit der sich schon etwas anfangen ließ, und wir sehen ihn wieder in den Fehler verfallen, von einem jeden nicht nur zu verlangen, sondern auch zu erwarten, was als ein Aeußerstes und Höchstes an sich wohl möglich sein mochte, aber nicht selten über das persönliche Vermögen des Betreffenden hinausging.

Zwar anfangs war der Prinz guten Muths an der Spitze einer stattlichen Armee, wie er sie so zahlreich kaum je zuvor unter seinen Befehlen gehabt hatte. Daß er allein, wenn man ihn nur schalten lasse, den Feind „durch künstliche Operationen" aus Sachsen vertreiben könne, glaubte er zwar auch in dieser verhältnißmäßig zuversichtlichen Stimmung nicht, aber er zweifelte nicht daran, daß er sich werde in Sachsen behaupten können, und wenn dann später ein preußisches Korps — das heißt der König mit so viel Truppen als er aus Schlesien zurückbringen konnte — über Görlitz und Bautzen heranrückte, werde, meinte er, der Feldzug wohl damit enden, daß die Oesterreicher nach Böhmen zurückgingen und Dresden aufgaben. So schrieb er dem König am 4. Oktober.

Daß die Oesterreicher auch Dresden verlassen würden, wenn sie sich zum Rückzug nach Böhmen entschließen mußten, durfte man allerdings mit einiger Bestimmtheit erwarten. Der Ort war einer längeren Vertheidigung nicht fähig, nicht zu halten, wenn er den Winter über sich selbst überlassen bleiben mußte. Da war es denn nicht wahrscheinlich, daß die

Oesterreicher die Hauptstadt ihres Verbündeten einer ernstlichen Beschießung und eine zahlreiche Besatzung der Gefangenschaft aussetzen würden.

In zuversichtlicher Stimmung erließ Prinz Heinrich, als er erwarten konnte, angegriffen zu werden, die Disposition zu einer Vertheidigungs- schlacht, die man bei Tempelhof nachlesen kann, die aber nicht in Friedrichs Geist entworfen, auf einfache Abwehr angelegt ist. Seltsamer- weise schwächte sich der Prinz in dem Augenblick, wo er eine Schlacht erwartete. Er hatte, gleich wie er in der Stellung bei Strehla eintraf, eine kleine Abtheilung nach Eilenburg entsendet, die Leipzig vorkommen- den Falls einigermaßen schützen sollte. Sie wurde gerade am 7. Oktober durch einige Bataillone unter dem General Rebentisch verstärkt.

Doch bald regten sich lähmende Zweifel im Geist des Prinzen Heinrich. Er dachte sich die Reichsarmee, noch immer mit Hadik ver- einigt, im Marsch auf Leipzig, und das machte ihm schwere Sorgen.

Daun entsendete am 8. ein Korps leichter Truppen unter dem General Esterhazy nach Lampertswalde, fast in den Rücken der preußi- schen Stellung, und da er sich nicht leicht übereilte, erst am 12. ein stärkeres Korps Linientruppen unter Buccows Befehlen nach Dahlen. Ueber seine Absichten konnte nun kein Zweifel mehr sein, und Prinz Heinrich fühlte sich mehr und mehr beunruhigt. Rebentisch, bis auf zehn Bataillone, zehn Schwadronen und einige hundert Husaren — im Ganzen etwa 8000 Mann — verstärkt, erhielt Befehl, sich bei Schilda zu setzen, mußte aber nach Torgau bis in die Stellung auf den Siptizer An- höhen zurückweichen, als Buccow am 15. mit Uebermacht auf ihn zuging.

Die Verbindung des Prinzen Heinrich mit Torgau war dadurch allerdings sehr unsicher geworden — und seine Zuversicht war dahin! — Er dachte nur vorübergehend einen Augenblick daran, daß man Buccow, der auf einen Tagemarsch von der österreichischen Hauptarmee entfernt stand, angreifen könne, und ließ den Gedanken sofort wieder fallen, sowie General Wunsch ihm versicherte, die Stellung des Feindes bei Schilda sei zu vortheilhaft, als daß man sie angreifen könne. Die Möglichkeit, Daun selbst anzugreifen, dessen Ueberlegenheit durch eine solche Entsen- dung wesentlich verringert sein mußte, kam überhaupt gar nicht zur Sprache. Nachdem der Angriff auf Buccow als unthunlich aufgegeben war, schien nichts übrig zu bleiben, als sich sofort durch einen Nachtmarsch dem Ungemach und den Gefahren zu entziehen, die man in einer umgangenen Stellung zu gewärtigen habe. In der Nacht vom 16. zum 17. zog sich denn auch der Prinz mit seinem gesammten Heere in die bekannte Stellung bei Torgau zurück.

Dafür ließ sich unstreitig mehreres anführen. Bedenklicher aber als der Rückzug selbst mußte jedenfalls die merkwürdig hoffnungslose Stimmung scheinen, in der der Prinz seinen Entschluß dem König ankündigt. Er setzt in seinem Schreiben die Nothwendigkeit auseinander, die umgangene und außerdem für seine Streitkräfte allzu weitläuftige Stellung bei Strehla zu verlassen, — fürchtet für Leipzig — und fügt dann hinzu: „wenn ich thue, was mir menschlicherweise möglich sein mag zu thun, zweifle ich doch, daß ich Sachsen werde behaupten können, wenn nicht etwas Unvorhergesehenes geschieht. Der Feind ist zu sehr überlegen, die Bodengestaltung zwischen Torgau und Leipzig zu ungünstig, und die festen Plätze sind sich selbst überlassen, so daß entsendete Korps nöthig sind, sie zu decken — und die giebt es nicht; es ist eine traurige Wahrheit, aber sie ist so, wie ich sie darstelle. Wenn der Feind seine Vortheile benützt, kann ich mich nicht halten, was ich auch thun möge." — (— la vérité m'oblige à vous dire franchement: que quoique je fisse tout ce qu'humainement il me serait possible de faire, je doute, à moins d'un événement imprévu, que je puisse maintenir la Saxe. L'ennemi est trop supérieur, la situation du terrain entre Torgau et Leipsic trop désavantageuse, et les places obligées de se soutenir d'elles mêmes, de sorte qu'il faut des corps pour les couvrir, et il ne s'en trouvent (trouve) pas; c'est une triste vérité mais elle est exactement réelle comme je la représente. Si l'ennemi profite de ses avantages, je ne me tiendrai pas, quoique je fasse —.)

Dieser Brief berührte den König sehr unangenehm, und deutlich zeigt sich in seinen wiederholten Antworten, daß es nicht sowohl der Rückzug war, der seinen Unmuth erregte, als die Stimmung, von der sich Prinz Heinrich beherrschen ließ. Er begreife nicht, sagt er in seiner Antwort (vom 20. Oktober), was den Prinzen an der Spitze der schönsten Armee, die Preußen habe, mit einem Mal so sehr in Verlegenheit setzen könne. „Das Gelände zwischen Torgau und Leipzig ist eben, da können Sie den Feind angreifen. Wenn Sie niemals etwas wagen wollen, ist es unmöglich, etwas auszurichten." (Si vous ne voulez jamais rien hasarder, il est impossible de faire quelque chose.) „Daun hat 40 Bataillone, Habit 16, macht 56; Sie haben 49 Bataillone, ohne die Freibataillone zu rechnen; mir scheint, mit einer solchen Armee müßte man nicht in Verlegenheit sein; aber man muß energische Entschlüsse fassen, oder es ist unmöglich, jemals einen Erfolg zu haben. Wenn man die Vorsicht zu weit treibt, wird sie Kleinmuth, und das kann das größte Unglück veranlassen." (— mais il faut prendre des partis vigoureux ou bien il est impossible de réussir jamais. Quand on pousse la circonspection trop loin elle devient timidité, et cela peut donner lieu au plus grand malheur.) — „Richten Sie sich auf im Geist, um Gotteswillen, und nehmen Sie sich wohl in Acht, daß Ihnen unter Umständen wie die gegenwärtigen, nicht der Kopf (soll heißen: die Geistesgegenwart) versagt." (Remettez vous donc l'esprit, pour l'amour de Dieu, et soyez bien en garde que dans une occasion comme celle-ci la tête ne vous manque point.)

Zum Schluß sagt der König, das Beste was der Prinz hätte thun können, wäre gewesen, 10 000 Mann bei Torgau hinter den Sümpfen stehen zu lassen und mit der Hauptmasse der Armee nach Eilenburg zu gehen — wie aus dem Früheren hervorgeht, ohne Zweifel, um dort eine Schlacht zu suchen. Wir glauben, daß der König hier wie öfter und zwar genau in derselben Weise, wie schon öfter, zu weit ging in seinen Forderungen. Eine Schlacht bei Eilenburg hätte er selbst wahrscheinlich gewonnen — der Prinz Heinrich möglicherweise nicht. Dieser Prinz hätte unrecht gethan, so viel zu wagen. Wenn es ihm gelang, die Dinge ohne Entscheidung hinzuhalten, bis der König herbeieilen konnte, hatte er genug gethan. Aber freilich war die Entmuthigung, in der er sich gehen ließ, nicht das Mittel, dahin zu gelangen. Gegen diese Entmuthigung eiferte denn auch der König stets von neuem in seinen Briefen.

Prinz Heinrich entsendete von Torgau aus den General Finck mit einer starken Abtheilung nach Eilenburg, um Leipzig von weitem zu hüten — zog ihn aber wieder an sich, als Daun ihm näher rückte.

Der Feldmarschall Daun setzte seine Bemühungen fort, den Prinzen Heinrich aus dem sächsischen Gebiet hinaus zu manövriren — und dazu wurde sogar die Reichsarmee in Bewegung gesetzt — doch wohl verstanden, ohne daß man sich erkühnt hätte, sie in Gefechtsnähe an das preußische Heer heran zu bringen. Sie rückte nur bis an den Floßgraben vor, wo sie am 25. Oktober bei Pretzsch Stellung nahm, und wagte sich nicht weiter; nur die Kroaten und Husaren, die ihr beigegeben waren, zeigten sich auf dem rechten Ufer der Elbe in der Nähe von Torgau. Der österreichische Feldherr holte sogar noch weiter aus in seinen Manövern. Der Feldmarschall-Lieutenant Beck, der bei Zittau stand, erhielt Befehl, einen Streifzug in die Niederlausitz zu unternehmen und Berlin zu bedrohen, um den Prinzen Heinrich zu „Detachirungen" zu nöthigen. Daun selbst näherte sich in zaudernden Märschen wieder der rechten Flanke der preußischen Stellung. Er brach am 18. auf und nahm nach einander die Stellungen bei Strehla, Belgern und Schilda, wo er sich wieder mit Buccow vereinigte, aber erst am 22. eintraf.

Von hier aus entsendete nun Daun unter den Generalen Herzog von Ahremberg, Gemmingen und Brentano Abtheilungen in Flanke und Rücken der preußischen Stellung. Nach den Angaben in der Oesterreichischen militärischen Zeitschrift 1841 hätten diese Abtheilungen zusammen nur 14 000 Mann gezählt, doch stimmt diese Gesammtzahl nicht zu dem ausrückenden Stand der 24 Bataillone, 7 Reiter-Regimenter, die namentlich angeführt werden, und zu denen noch 2776 Kroaten und 541 Husaren kamen. — Ein unbedeutender preußischer Posten wurde aus Eilenburg vertrieben; General Rebentisch, den Prinz Heinrich mit einer kleinen Abtheilung nach Düben gesendet hatte, um die Verbindung mit Leipzig zu erhalten, wich bei Annäherung des Feindes nach Bitterfeld zu. — Der Herzog von Ahremberg setzte sich am 25. Oktober bei Dommitzsch fest. — Wieder war der Feldmarschall Daun, dem eine Schlacht zu gewagt deuchte, auf den Wegen ängstlich vorsichtigen Manövrirens verwegen geworden, ohne es zu wollen oder gewahr zu werden. Denn ungeachtet er ein ansehnliches Korps unter dem General O'Donel nach Düben vorrücken ließ, um den Herzog von Ahremberg nöthigenfalls zu unterstützen, blieb dieser Letztere in seiner gewagten Stellung doch großen Gefahren ausgesetzt.

Das sah denn auch der Prinz Heinrich; doch waren die Anstalten, die er traf, um die gegebene Blöße zu benützen, etwas weitläufig und zeitraubend. Er ließ — am 26. — den General Wunsch mit 5 Bataillonen 5 Schwadronen und 500 Husaren durch Torgau über die Elbe gehen, an dem Strom abwärts nach Wittenberg marschiren, wo er wieder über die Elbe gehen sollte, um dann von dort aus, mit Rebentisch vereinigt, dem

Ahrembergischen Korps in den Rücken zu kommen, während General Finck dieses Korps von des Prinzen Stellung aus angriff.

Eigenthümlich ist dabei wieder das Benehmen der Reichsarmee. Kaum daß General Wunsch mit seinen 4000 Mann auf dem rechten Elbe-Ufer erschien, so brachte der Pfalzgraf von Zweibrücken sein 16000 Mann starkes Heer bei Leutewitz auf das linke Ufer des Flusses in Sicherheit — ohne abzuwarten, ob der Marsch dieser wenigen Preußen auch wirklich gegen ihn gerichtet sei; nur die 5000 Kroaten, die zur Reichsarmee gehörten, blieben beobachtend auf dem rechten Ufer.

Dauns Pläne, über die wir nicht eingehend unterrichtet sind, scheinen gewechselt zu haben. O'Donel und Ahremberg erhielten am 28. den Befehl, auf Wittenberg zu marschiren, ohne daß uns gesagt wird, was sie dort sollten. Den Nachtmarsch dorthin, der ihm vorgeschrieben war, glaubte Ahremberg nicht wagen zu dürfen — und als er dann endlich am 29. aufbrach, sah er sich durch die Generale Finck und Wunsch von zwei Seiten angegriffen. Er entkam, wenn auch nicht ohne bedeutenden Verlust, doch noch glücklich genug nach Düben, und Tags darauf mit O'Donel vereint nach Eilenburg — von dem Marsch nach Wittenberg war aber nicht weiter die Rede, obgleich die beiden österreichischen Generale ohne Zweifel den Preußen unter Finck und Wunsch nicht unbedeutend überlegen waren.

Den Verlust, den das Ahrembergische Korps in dem Rückzugsgefecht (bei Pretsch) erlitten hatte, wird von der neuesten der Quellen auf österreichischer Seite, von Arneth nämlich, der sich dabei auf O'Donels und Ahrembergs „ausführliche" Berichte beruft — auf mehr als 4000 Mann angegeben. Dabei scheint ein Mißverständniß zu walten. Die Preußen hatten nur 1400 Gefangene gemacht.

Maxen.

Ein ganzer Monat war vergangen, seitdem beide, Daun und der Prinz Heinrich, auf das linke Ufer der Elbe hinübergegangen waren, und während dieser verhältnißmäßig langen Zeit hatte der sogenannte

Fabius Oesterreichs mit seiner Uebermacht nichts weiter auszurichten gewußt, als daß er den preußischen Prinzen drei Meilen weit, von Strehla nach Torgau, zurück manövrirte; weiter nichts, obgleich er es noch dazu mit einem Feinde zu thun hatte, dessen Selbstvertrauen keineswegs ein unerschütterliches war, der gar nicht glaubte, sich in Sachsen behaupten zu können.

Nun, am Schluß dieses Monats vermeinte Daun auch auf diese bescheidene Art von Offensive verzichten zu müssen, denn die Russen waren nach Polen zurückgegangen, König Friedrich hatte darauf Verstärkungen zu Fouqués Truppen nach Oberschlesien entsendet, und der Rest seiner Armee, 13 000 Mann stark, rückte durch die Lausitz zur Vereinigung mit dem Prinzen Heinrich heran. — Ein heftiger Gichtanfall nöthigte den König einstweilen, für seine Person in Schlesien zurückzubleiben, und die Führung dieser Schaar dem General Hülsen anzuvertrauen. Anfangs hatte ihn der Gedanke beschäftigt, sie gerade auf Dresden vorrücken zu lassen, was den Feldmarschall Daun ohnstreitig zum Rückzug bis dorthin bewogen haben würde. Dann aber erwog er, daß, wenn er seine kleine Armee diese Richtung nehmen ließ, Daun ihr mit großer Uebermacht aus Dresden entgegen kommen, ihre Verbindung mit dem Prinzen Heinrich dagegen nur auf einem großen Umweg stattfinden konnte, so daß ein Zusammenwirken nicht möglich gewesen wäre. Aus diesen Gründen ließ der König Hülsens Korps auf Liebenwerda an der Elster marschiren. Wie und wo es von dort aus verwendet werden sollte, das blieb dem Prinzen Heinrich überlassen.

Schon an dem Tage, an welchem Hülsens Korps bei Spremberg eintraf, zu einer Zeit also, zu der man selbstverständlich in Schilda noch nicht wissen konnte, daß es auch nur bis dahin herangerückt war, am 3. November, faßte Daun den Beschluß, in die ganz passive Vertheidigung zurückzufallen. Er scheint sich gesagt zu haben, daß man diese Wendung seiner Operationen in der Hofburg zu Wien gar übel aufnehmen könnte, und wie er überhaupt gern that, rief er einen Kriegsrath zusammen, um sich von dem anrathen zu lassen, was er ohnehin zu thun geneigt war, und sich die Verantwortung, seiner Kaiserin und ihrem Rath gegenüber, wenigstens zu erleichtern, indem er sie auf die versammelten Generale übertrug. Diesmal wurden selbst die Brigadegenerale herangezogen, wahrscheinlich um durch eine größere Stimmenzahl in der Hofburg Ein-

Druck zu machen. Einstimmig erklärten die Versammelten, zweiundzwanzig an der Zahl, einen Angriff auf die preußische Stellung bei Torgau für unausführbar. Die Mehrheit einigte sich dann weiter dahin, daß nichts weiter übrig bleibe, als alle Offensiv-Operationen aufzugeben und noch vor der Ankunft des Königs eine feste Stellung zu beziehen, in der man einen Angriff ruhig erwarten könne, und durch die zugleich Dresden und das Erzgebirge gedeckt wären. Eine solche Stellung wußte Daun hinter dem Plauenschen Grunde bei Dresden. Dorthin ging gemessenen Schritts der Rückzug.

Wie sehr der König persönlich imponirte, ist diesen Entschlüssen leicht zu entnehmen.

Daun brach schon am 4. November auf und ging nach Oschatz, wo sich O'Donel und Ahremberg wieder mit der Hauptarmee vereinigten; darauf nach Lomatzsch und den 6. nach Heinitz am Meißner Grunde zurück, wo er seine Truppen ruhen ließ. — Die Reichsarmee ging sofort nach Dresden zurück. Der Prinz Heinrich fühlte sich seit dem glücklichen Gefecht gegen Ahremberg sichtlich gar sehr gehoben. Er glaubte nun im ersten Augenblick, Daun sei unterwegs gerade nach Böhmen, und beschäftigte sich mit dem Gedanken, Hülsen von Großenhayn nach Dresden vorrücken zu lassen, um die Stadt auf dem rechten Ufer einzuschließen, sowie die Oesterreicher nach Böhmen zurückgegangen wären. Doch wurde dieser Gedanke bald wieder aufgegeben. Inzwischen folgte der Prinz seinem Gegner Schritt für Schritt, doch, wie das in seiner Art lag, ohne im Mindesten zu drängen, ohne daß er sich bemüht hätte, irgend einen taktischen Vortheil über den Nachtrab des Feindes davon zu tragen. Seine Kriegskunst legte darauf keinen Werth. Erst am 5. November rückte er nach Belgern vor, dann nach Strehla, und am 7. nach Lomatzsch, wo seine Armee zunächst enge Quartiere bezog, um dann am folgenden Tage in nächster Nähe bei Dörschnitz das Lager aufzuschlagen.

Hier stieß nun — eben am 8. — Hülsen, der bei Hirschstein über die Elbe ging, mit seinen Truppen zu dem Heer des Prinzen. Nur General Diericke blieb mit vier Bataillonen, einem Dragoner-Regiment und einigen Husaren auf dem rechten Ufer zurück.

Prinz Heinrich mochte nun ungefähr 52 000 Mann beisammen haben. Ihm gegenüber stand Daun, dessen Heer, alle in der Nähe entsendeten Korps zusammengerechnet, 61 872 Mann Linientruppen und

14 009 Mann Kroaten und Husaren zählte; dazu kam dann freilich noch die Reichsarmee mit 16 767 Mann Linientruppen und 5095 Kroaten und Husaren. Aber eine Armee, die man sorgfältig vor jeder Berührung mit dem Feinde bewahren muß, ist in der That so wenig in Anschlag zu bringen, als von Seiten des österreichischen Hauptquartiers mit Recht wirklich geschah, und außerdem wurde jetzt ein bedeutender Theil derselben als Besatzung von Dresden verwendet.

Die Machtverhältnisse waren mithin von der Art, daß sie von preußischer Seite, wie sich die Bedingungen dieses Kriegs nun einmal gestaltet hatten, als günstige aufgefaßt werden mußten und zu Thaten aufforderten. Auch bemühte sich Prinz Heinrich, den weiteren Rückzug der Oesterreicher dadurch zu beschleunigen, oder wie er glaubte zu veranlassen, daß er ihre linke Flanke und ihre Verbindungen mit Böhmen bedrohte.

General Finck, der dem Ahrembergischen Korps nach Düben gefolgt war, mußte in solcher Absicht nach Mutschen, dann am 9. nach Roßwein an der Freiberger Mulde marschiren; von dort aus am 13. weiter vorrückend, vertrieb er Brentanos Korps aus Nossen und nahm dann bei Siebenlehn Stellung.

Daun fühlte sich dadurch veranlaßt, am 14. in eine Stellung bei Wilsdruf zurückzugehen, die Stirn, zwischen Lampertsdorf und Blankenstein, gegen Finck gewendet. Ein bei Polenz zurückgelassenes Korps deckte die rechte Flanke gegen die preußische Hauptarmee; ein Paar Bataillone der Reichsarmee die linke und den Rücken.

Inzwischen war — am 13. — der König von Preußen wieder bei seinem Heer eingetroffen; — noch nicht ganz hergestellt, in Ungemach und Leiden. Ihn trieb das Gefühl der Pflicht, und er durfte sich nothwendig glauben an der Spitze seiner Armee.

In den Darstellungen des Krieges, die von den Anhängern des Prinzen Heinrich herrühren, wird die Ankunft des Königs im Hauptquartier als eine Art von Unglück besprochen. Wie uns da versichert wird, wäre der Feldmarschall Daun schließlich durch „künstliche Operationen" genöthigt worden, Dresden ohne Schwertschlag aufzugeben, ganz Sachsen zu verlassen und seine Winterquartiere in Böhmen aufzusuchen, wenn — „die Ausführung der folgenden Operationen vom Prinzen Heinrich allein abgehangen" hätte. Aber — so sind wir aufgefordert, zwischen den Zeilen zu lesen oder die Redensart zu ergänzen —: da kam leider! der König und verdarb wieder einmal Alles!

Damit wir darüber ja nicht im Unklaren bleiben, fügt Retzow an einer anderen Stelle noch hinzu: „Wie glücklich wäre die preußische Armee gewesen, hätte dieser weise Prinz ferner freie Hand behalten, die Operationen nach seiner Ansicht einzurichten! Allein das Verhängniß hatte ein Anderes beschlossen."

Bei weitem unumwundener noch hat sich der Prinz Heinrich selbst in folgender Randbemerkung zu einem Brief des Königs vom 14. Dezember ausgesprochen: „Ich traue diesen Nachrichten" — d. h. die ihm der König sendete — „durchaus nicht, sie sind immerdar einander widersprechend und unsicher, wie sein Charakter. Er hat uns in diesen grausamen Krieg gestürzt; allein die Tapferkeit der Generale und der Soldaten kann uns herausziehen. Von dem Tage an, da er zu meiner Armee gekommen ist, hat er Unordnung und Mißgeschick hineingebracht. Alle meine Mühen während dieses Feldzugs, und das Glück, das mich begünstigt hat, alles ist verloren durch Friedrich." (Je ne me fie nullement à ces nouvelles; elles sont toujours contradictoires et incertaines comme son caractère. Il nous a jetés dans cette cruelle guerre; la valeur des généraux et des soldats peut seule nous en tirer. C'est depuis le jour où il a joint mon armée qu'il y a mis le désordre et le malheur. Toutes mes peines dans cette campagne, et la fortune qui m'a secondé, tout est perdu par Frédéric.)

Und wie rechtfertigt nun Retzow alles, was er in seinen eben angeführten Worten voraussetzt, für den Fall, daß der Prinz freie Hand behielt? — In der allerseltsamsten Weise! — Der Prinz war seinem Bruder bis an die Elbe nach Hirschstein entgegen gegangen, um Rechenschaft von der Lage der Dinge zu geben.

Der König war darauf bedacht, den Gang der Operationen sofort zu größerer Raschheit und Energie zu steigern. General Wedell mußte sich in Bewegung setzen, um die zurückweichenden Oesterreicher zu verfolgen; es kam schon am folgenden Tage zu einem lebhaften Gefecht mit Dauns Nachtrab. Die preußische Armee mußte aufbrechen, um näher an den Feind heranzurücken.

Der Prinz Heinrich bemühte sich, wie wenigstens Retzow erzählt, dieser Thätigkeit Einhalt zu thun, die ihm überstürzend und ungeheuerlich vorkam. Er „nahm es auf sich, dem König vorzustellen" — „diese so schnelle Verfolgung werde zu nichts weiter dienen, als vielen braven Leuten das Leben zu rauben. Er sei überzeugt, Daun wünsche nichts angelegentlicher, als auf eine anständige Art Sachsen zu verlassen, um seine Winterquartiere in Böhmen zu beziehen. Wäre dieses — wie er aus gewissen erhaltenen geheimen Nachrichten schließen müsse — sein Plan, so würde die Räumung von Dresden eine Folge davon sein, indem es inkonsequent sein dürfte, eine starke Besatzung darin zu lassen, welche, durch die Gebirge abgeschnitten, auf keinen Beistand zu rechnen hätte, deren Loos folglich auf jeden Fall eine sichere Gefangenschaft sein würde. Er bäte daher den König, mit etwas weniger Uebereilung zu Werke zu gehen, und bloß durch gut gewählte Demonstrationen der abgesonderten Korps, den Feldmarschall Daun theils in die Nothwendigkeit zu versetzen, seinen Rückzug zu beschleunigen, theils durch ein passiveres Verhalten ihm gewissermaßen einen Vorschub zu leihen, seinen Rückzug zu beschönigen."

Suchen wir aus diesen seltsam gewundenen Sätzen den Gedanken herauszuschälen, der ihnen maßgebend zum Grunde liegt, so kann es kein anderer sein als dieser: der Feldmarschall Daun wird sicher das befestigte Dresden und ganz Sachsen aufgeben, wenn man nur ja nichts thut, was ihn dazu zwingen könnte. Will man aber ernst gemeinte Operationen unternehmen, die geeignet wären, ihn zum Rückzug zu zwingen — ja, dann freilich! dann gerade thut es der Feldmarschall nicht!

Wir wissen wohl, daß der Prinz Heinrich noch lebte, als Retzow diese Seltsamkeiten öffentlich bekannt machte, und daß dieser „weise Prinz" sie nicht abgelehnt und verleugnet hat. Wir wissen auch, wie vollständig der Prinz in den zu seiner Zeit herrschenden Ideen befangen war, wie wenig er sich darüber zu erheben wußte. Bei alledem aber ist doch in keiner Weise anzunehmen, daß Prinz Heinrich wirklich seinem Bruder solchen Unsinn vorgetragen habe, von „bloßen Demonstrationen" und „passivem Verhalten", die den Feind in die Nothwendigkeit versetzen sollen, seine Eroberungen ohne Schwertschlag aufzugeben, und von einem Rückzug, den Feldmarschall Daun der eigenen Regierung gegenüber dadurch „beschönigen" könnte, daß er durch nichts auf der Welt dazu gezwungen gewesen sei. Wir dürfen das alles wohl ohne weiteres auf Retzows eigene Rechnung setzen. Es scheint sogar Pflicht der Pietät gegen den

Prinzen Heinrich, sein Andenken von jedem Verdacht einer Mitschuld daran frei zu erhalten.

Oder sollte der Prinz wider alles Vermuthen wirklich mit solchen Rathschlägen hervorgetreten sein, so wäre es jedenfalls sehr natürlich, daß der König darauf nichts weiter gab.

Es ist gewiß ein eigenthümliches Schauspiel, den König von Preußen, der zu Anfang des Jahres auf eine abwartende Vertheidigung beschränkt war, am Schluß eines solchen Feldzugs, nach so vielem Unglück, wieder im Besitz der Initiative zu sehen, und berechtigt einen positiven Zweck, die Wiedereroberung Dresdens zu erstreben.

Der Plan König Friedrichs war nun, die linke Flanke des österreichischen Heers in solcher Weise zu umgehen, seine Verbindungen mit Böhmen in solcher Weise zu gefährden, daß Daun dadurch genöthigt würde, sich durch Dresden auf das rechte Elbe-Ufer zurückzuziehen und dann den Weg nach Böhmen durch die in später Jahreszeit schwierigen Pässe über Stolpen und Schluckenau zu suchen, was wohl nicht ohne empfindliche Verluste hätte ausgeführt werden können.

Das preußische Heer rückte demgemäß schon am 14. nach Krögis am Meißner Grunde vor, und General Finck erhielt Befehl, nach Dippoldiswalde, ziemlich in den Rücken der österreichischen Armee vorzugehen. Finck fand das gewagt und bedenklich. Schon Tempelhof hatte berichtet, daß er persönlich zum König eilte, um Vorstellungen zu machen, aber mit den Worten abgewiesen wurde: „Er weiß, daß ich keine Diffikultäten leiden kann." Der König glaubte, die gefährliche Verstimmung seines Bruders, der da vermeinte ganz Sachsen aufgeben zu müssen, sei durch Finck hervorgerufen worden. „Finck vous a rempli l'esprit d'idées noires" hatte der König am 24. Oktober dem Prinzen geschrieben. Vielleicht erklärt dieser Verdacht die kurze Abfertigung des Generals, dem nun sogar Maxen als Ort seiner Bestimmung bezeichnet wurde.

Retzow fügt diesem Bericht hinzu, Finck „in die Geheimnisse des Prinzen Heinrich, sowie in die Art, im gegenwärtigen Falle die Operationen klüglich einzuleiten, eingeweiht, fand diesen Marsch noch zu voreilig." — Es ist sehr zu bedauern, daß die Vertrauten des Prinzen den

Schleier dieser Geheimnisse nicht gelüftet, uns nicht gesagt haben, was er denn eigentlich beabsichtigte. In den Briefen des Prinzen findet sich darüber nichts weiter, als eine Andeutung in einem, am 13. November, noch vor dem persönlichen Zusammentreffen an den König gerichteten Schreiben: „à l'égard des opérations ultérieures", lesen wir da, „si je dois hazarder mon sentiment, je crois que rien au monde ne pourra précipiter la retraite de l'ennemi, à moins que ce ne soit en agissant sur son flanc gauche."

Danach zu schließen, beabsichtigte der Prinz eben das, was auch der König wollte, nur daß er es wohl mit geringerer Kühnheit und Energie ausgeführt hätte, vielleicht in so vorsichtiger oder selbst schüchterner Weise, daß es zu gar nichts führen konnte. Auch scheint er, seinen eigenen Worten nach, wenig davon erwartet zu haben. Sagt er doch, daß eigentlich nichts auf der Welt — rien au monde — die Oesterreicher zum Rückzug bestimmen könne „wenn nicht etwa" u. s. w.

Finck marschirte am 15. nach Nieder-Bobritsch, am 16. nach Dippoldiswalde, am 17. endlich nach Maxen, indem er überall die kleinen Posten der österreichischen oder Reichsarmee vertrieb, die ihm im Wege standen.

Eben auch am 17. ging Daun in die längst gewählte Stellung hinter dem Plauenschen Grunde zurück. Jener Heertheil, der bis dahin unter dem General Sincère bei Polenz die rechte Flanke des Heeres gedeckt hatte, lagerte jetzt auf den Höhen bei Rippgen, um den Rücken der Armee gegen Finck zu decken.

Und an demselben Tage scheint Finck die Gelegenheit zu einem bedeutenden Erfolg versäumt zu haben. Die Reichsarmee, nachdem sie Dresden mit einer ausreichenden Besatzung versehen hatte, gewiß an Linientruppen, nicht mehr volle 10000 Mann stark, marschirte am 17. aus einem Lager bei Leubnitz, das sie in den letzten Tagen inne gehabt hatte, nach Gießhübel zurück. Finck hätte sie mit Ueberlegenheit im Marsch angreifen können; der Sieg wäre wohl nicht zweifelhaft gewesen und leicht ein sehr vollständiger geworden. Dann hätten sich auch die Ereignisse der nächstfolgenden Tage sehr wesentlich anders gestaltet.

Der König von Preußen rückte darauf am 18. nach Wilsdruf vor; sein Vortrab unter Zieten nach Kesselsdorf.

Den General Finck so weit in den Rücken des Feindes zu entsenden, — außer aller Verbindung mit der Hauptarmee, so daß es keine

Möglichkeit gab, ihn unmittelbar zu unterstützen, das war verwegen, darüber sind alle Stimmen einig. Der König mag dabei auf Dauns persönlichen Charakter gerechnet haben — nicht eigentlich ohne Grund — aber er hätte doch von Hochkirch her wissen können, daß unter Umständen auch Daun durch seine Umgebung zu einer That bestimmt werden konnte, und diesmal hatte dieser bedächtige Feldherr gar viele und gewichtige, auch persönliche Gründe, sich zu einem Entschluß zu ermannen, der doch in Wahrheit kein sehr großes Maß von Kühnheit erforderte.

„Es wird behauptet" — nämlich von österreichischer Seite — gesteht Arneth, daß die kühne Bewegung der Preußen auf Daun den beabsichtigten Eindruck allerdings gemacht, und daß der österreichische Feldherr wenigstens geschwankt habe, ob er nicht seine Stellung hinter dem Plauenschen Grunde aufgeben solle. Aber er wußte, wie entschieden die öffentliche Meinung in ganz Oesterreich sich gegen ihn und seine Unthätigkeit aussprach, wie vollständig er das Vertrauen des Staatskanzlers Kaunitz verloren hatte, mit welchem tiefen Mißmuth selbst die Kaiserin sah, daß alle Hoffnungen und Erwartungen sich immer wieder in nichts auflösten. Schon hatte die Kaiserin in großer Betrübniß die Besorgniß ausgesprochen, Daun werde am Ende auch noch Dresden und den letzten Rest von Sachsen räumen. Das war es, was geschah, wenn er aus seiner Stellung wich, und Daun wußte, wie man es an maßgebender Stelle empfinden und beurtheilen würde. Kurz er sah seinen „Sturz" — wie man das nennt — vor Augen, wenn er Sachsen räumte. Um so leichter mußte es dem General Lacy werden, ihn dahin zu bringen, daß er den Gedanken an einen Rückzug aufgab und Finck bei Maxen anzugreifen beschloß.

Finck wurde noch rechtzeitig gewarnt. Der König erfuhr am 18. durch die Aussagen eines österreichischen Ueberläufers, daß Sincères Korps sich gegen Dippoldiswalde gewendet habe, sowie daß General Brentano vom großen Garten bei Dresden gegen Maxen aufgebrochen sei, und er ahnte Gefahr für Finck. Seltsamerweise verfiel er erst sechsunddreißig Stunden später darauf, ein Korps unter Hülsen nach Dippoldiswalde vorzusenden, um Finck zu unterstützen oder aufzunehmen; — aber er sendete den erhaltenen Rapport dem General Finck, dem er dabei schrieb: „und überlasse dieses alles Euren Dispositionen und nöthigen Anstalten." Finck hätte dem Feinde noch bei Dippoldiswalde zuvorkommen können, aber er wußte sich dazu nicht zu entschließen. Unglücklicherweise hatte der König noch unter seinen Brief geschrieben: „Er wird entweder mit den Reichern oder mit Sincèren einen Gang haben", und Finck nahm, wie er wenigstens vor dem Kriegsgericht aussagte, diesen Nachsatz wichtiger als den Inhalt des Briefs selbst, und sah darin einen erneuerten Befehl, sich bei Maxen zu behaupten.

Daun traf alle Anstalten, das preußische Korps bei Maxen mit erdrückender Uebermacht anzugreifen. Sincères verstärktes Korps setzte sich dazu am 19. in Bewegung und erreichte Dippoldiswalde; Brentano rückte von der Elbseite näher heran, die Reichsarmee ging von Gießhübel nach Dohna in Fincks Flanke vor. Als dann am 20. November der Angriff von drei Seiten, ernstlich aber doch nur von Dippoldiswalde her stattfand, ließ sich Finck auch noch manches Versehen im Einzelnen zu Schulden kommen, namentlich, daß er den Paß bei Reinhardsgrimma nicht zu vertheidigen suchte, wie er konnte. Sein Korps wurde vollständig geschlagen und streckte am anderen Morgen, auf einen engen Raum bei Bloschwitz zusammengedrängt, die Waffen.

Das war ein ganz unerhörtes Ereigniß — und ein furchtbarer Schlag für Preußen! über 12000 Mann, und in ihnen die Cadres zu einem bedeutend stärkeren Heertheil, waren der Gefangenschaft verfallen.

Der König konnte sich diesmal im Stillen wohl nicht von aller Schuld freisprechen — und doch können wir nicht umhin, einzuräumen, daß er recht that, die Generale, welche die Kapitulation bei Maxen unterschrieben hatten, mit großer Strenge zu behandeln. Es ließe sich vielleicht der Satz vertheidigen, daß es für ein Korps, das im freien Felde die Waffen streckt, eigentlich gar keine Rechtfertigung giebt. Schlimmeres als der vollständige Untergang des Korps kann doch nicht geschehen, auch wenn man es auf das Aeußerste ankommen läßt. Im militärischen Sinne des Worts ist aber ein Korps vollständig untergegangen, wenn es die Waffen streckt — und es ist das ein letzter Erfolg, den der Feind ganz umsonst hat, während die Vernichtung einer rettungslos verlorenen Truppe im fortgesetzten Kampf ihm doch immer einige Opfer kosten würde. Und — vor allem — wie gar verschieden ist der Eindruck, den ein heroischer Untergang auf Mit- und Nachwelt, auf den Geist des betreffenden Heeres macht, von dem einer Kapitulation! — An einer heroischen Katastrophe erhebt sich der Geist, eine Kapitulation drückt ihn zu Boden — und so ist denn auch der Einfluß, den der Untergang eines ganzen Korps auf den weiteren Gang der Ereignisse übt, ein sehr verschiedener, je nachdem das Ereigniß selbst den Charakter des Heroischen an sich trägt oder nicht. — Wie ganz anders würde sich das Bild der Heldenkämpfe des alten Hellas auch im Auge der Nachwelt gestalten, wenn Leonidas in den Termopylen kapitulirt hätte!

Friedrich der Große wußte den Unterschied gar wohl zu würdigen. Fouqué war bei Landeshut in mancher Beziehung nicht weniger zu tadeln, als Finck bei Maxen, und doch hielt ihn der König hoch in Ehren, während er diesen Letzteren mit Strenge behandelte. Mit Recht. Die Erinnerung an die Katastrophe bei Landeshut ist keine demüthigende für Preußen; sie ist eine erhebende.

Lassen sich nun auch im wirklichen Leben die Dinge nicht immer in der Weise auf die Spitze treiben, daß man jede Kapitulation, ohne näher auf die Umstände einzugehen, als strafbar verurtheilt, so darf doch gewiß ein solches Ereigniß nicht leichthin als gerechtfertigt gelten, oder auch nur mit Nachsicht beurtheilt werden.

Den König sehen wir hier nicht durchaus in der Weise auftreten, die wir an ihm gewohnt sind. Es scheint, daß er, wie das im Kriege öfter vorkömmt, weniger gewagt hätte, wenn er kühner auftrat. Wir müssen sogar fragen, warum er diesmal nicht mit größerer Entschiedenheit, in gewohnter Weise, eine Schlacht suchte. Er verfolgte den positiven Zweck, die Wiedereroberung von Dresden, ein Sieg hätte unfehlbar zum Ziele geführt, und die Machtverhältnisse lagen günstig. Gewagt wäre dabei sehr viel weniger gewesen, als bei Kunersdorf. — Die Stellung der Oesterreicher hinter dem Plauenschen Grunde war allerdings unangreifbar, aber sie konnte umgangen werden, und die Höhen bei Rippgen, auf denen dann wahrscheinlich die Schlacht geliefert werden mußte, — wenn Daun es nicht vorzog, sie zu meiden — sind nicht unangreifbar. Die Schwierigkeiten, die das Gelände hier bietet, sind sogar bedeutend geringer als diejenigen, welche das preußische Heer in der Schlacht bei Kesselsdorf überwunden hatte.

Aber auch wenn der König nicht so entschieden eine Schlacht suchen wollte, ließ sich vielleicht ein zweckmäßigeres Verfahren einschlagen, als er wählte. — Wie? — Wenn der König nur ein Beobachtungskorps, bei Kesselsdorf, vor der Stirnseite der österreichischen Stellung stehen ließ, mit seiner Hauptmacht bei Dippoldiswalde Stellung nahm, den General Finck von dort aus nach Maxen vorschob und die Verbindung mit ihm durch einen Zwischenposten bei Reinhardsgrimma sicherte? — Daun konnte dann den General Finck bei Maxen nicht angreifen, und die Reichsarmee ging nach Gießhübel zurück — nicht um von dort wieder nach Dohna vorzurücken, was sie sich gewiß nicht erlaubte — sondern um zu seiner Zeit den Marsch nach Franken durch Böhmen fortzusetzen. — Was die Ausführbarkeit eines solchen Manövers von Seiten des Königs anbetrifft, wissen wir zwar nicht genauer, in welcher Weise die Verpflegung des preußischen Heers eingeleitet war, doch scheint es, daß die Bäckerei, diese Hauptangelegenheit der damaligen Kriegführung, wohl zu Freiberg hätte eingerichtet und von Leipzig aus mit Mehl versorgt werden können.

Was hätte Daun alsdann gethan? — Daß er die Offensive an der Elbe abwärts auch nur durch entsendete Korps ergriffen hätte, daran ist gewiß nicht entfernt zu denken. Er hätte dann gewiß am allerwenigsten gewagt, sich dem König gegenüber durch Entsendungen zu schwächen. — Hätte er Berlin auf dem rechten Ufer der Elbe durch den General Beck bedrohen lassen? — Das wäre in seinen eigenen Augen, jetzt wie früher, eine „unbedeutende Operation" gewesen, und wäre es auch geblieben, wenn er nicht den General Beck in einer Weise verstärkte, wie er, aus Furcht sich zu schwächen, gewiß nicht that. Man unterließ eben, selbstverständlich dem König gegenüber, gar Manches, was man einem anderen Feinde gegenüber wohl gewagt hätte. — Oder hätte Daun etwa das preußische Heer aufgesucht zur Schlacht? — Das mußte der König wünschen, aber schwerlich hätten selbst die bestimmtesten Befehle aus Wien den österreichischen Feldmarschall dazu bewogen.

Aller Wahrscheinlichkeit nach hätte der König seinen Zweck erreicht, und Daun wäre genöthigt worden, Dresden aufzugeben und seinen Rückzug nach Böhmen auf dem schwierigen Wege über Schluckenau und Rumburg anzutreten.

Erregt mithin das Verfahren des Königs vor der Katastrophe von Maxen manches gegründete Bedenken, so kann dagegen seine Fassung, seine Haltung nach diesem furchtbaren Schlage, wohl nur der Gegenstand einer unbedingten Bewunderung sein. Zeigte er sich entmuthigt oder auch nur schwankend — wich er, so zu sagen, nur einen Zoll breit zurück, dann ging aller Wahrscheinlichkeit nach — selbst dem langsamen Daun gegenüber — wenigstens ganz Sachsen mit allen seinen Hülfsquellen für ihn verloren!

Daun machte zwar — was seltsamerweise in den meisten österreichischen Berichten verschwiegen wird — unmittelbar nach dem Siege bei Maxen einen schwachen Versuch, die Haltung des Königs zu prüfen, ob er wohl jetzt einer Schlacht ausweichen würde? — Er ließ am 23. November seine Reiterei und eine Infanterie-Brigade gegen Kesselsdorf vorrücken. Die preußische Armee trat unter das Gewehr — Daun sah sie bereit zur Schlacht — und ging in seine Stellung zurück. — Er hätte gern seine örtlich sehr beschränkte, unbequeme Lage dadurch verbessert, daß er Freiberg besetzte, wohin sich General Hülsen gewendet hatte, nachdem er zu Fincks Unterstützung zu spät gekommen war. Der König bereitete sich darauf, den Feind auch dort schlagfertig zu empfangen, doch Daun gab, angeblich des strengen Frostes wegen, der eingetreten war, das Unternehmen auf.

So behauptete sich der König in seinen Stellungen bei Kesselsdorf, Wilsdruf und Freiberg. Selbst ein neuer Unfall, nämlich, daß der General Diericke, von Beck bei Meißen überfallen, einen bedeutenden Theil seiner Abtheilung verlor, vermochte daran nichts zu ändern. Auch als die strenge Jahreszeit zwang, die Truppen in enge Kantonnirungsquartiere zu verlegen, mußten täglich sechs Bataillone das Lager bei Kesselsdorf beziehen, und Daun sah sich zu ähnlichen Maßregeln am Plauenschen Grunde genöthigt, wenn er nicht Gefahr laufen wollte, in seinen Kantonnirungen überfallen zu werden.

Preußische Streifschaaren drangen in Böhmen ein, und erhoben dort Brandschatzungen. So wußte der König die Dinge in der Schwebe zu erhalten, bis Ende Dezember endlich ein etwa 13 000 Mann starkes Hülfskorps von der hannoversch-verbündeten Armee unter dem Erbprinzen von Braunschweig bei Freiberg eintraf und das Gleichgewicht der Streitkräfte einigermaßen herstellte.

Daß Friedrich der Große in solcher Weise, unmittelbar nach einer schweren Niederlage, die moralische Ueberlegenheit seinem übermächtigen Gegner gegenüber zu behaupten wußte; daß er sich in der Initiative behauptete, nach wie vor den positiven Zweck, die Wiedereroberung von Dresden, zu verfolgen vermochte und seinen Gegner auf eine durchaus passive Vertheidigung, örtlich auf den engsten Raum beschränkt hielt — das verdient die höchste Bewunderung, wir dürfen es wiederholen. Es gehörte dazu die klarste Einsicht in das, was die augenblickliche Lage er-

Schluß des Feldzugs.

forderte sowohl als gestattete, und ein großer Charakter. — Vielleicht gehörte auch die ganze Vergangenheit des Königs dazu, mit Erfolg in solcher Weise auftreten zu können. Es mußte eine große moralische Ueberlegenheit sein, die unter solchen Bedingungen nicht verloren ging.

Der große Erfolg bei Maxen hatte zu Wien einen um so größeren Jubel hervorgerufen, da er ganz unerwartet kam. Maria Theresia und ihr Gemahl sahen darin geradezu ein Wunder des Himmels, eine unverkennbare Fügung der Vorsehung. Doch wurde man sehr bald wieder gar sehr herabgestimmt, als Daun die Stellung des Königs bei Kesselsdorf für unangreifbar erklärte, und anerkannt werden mußte, daß sich aus dem Wunder gar nichts weiter ergeben könne oder werde; daß das österreichische Heer sich nach wie vor nur eben nothdürftig bei Dresden behauptete.

Als dann der Erbprinz von Braunschweig bei Freiberg erschien, fürchtete man zu Wien einen ernstlichen Einfall in Böhmen. Laudon, der nun endlich von der russischen Armee, vermöge eines sehr beschwerlichen Marsches durch Polen und das österreichische Schlesien, wieder in Mähren eingetroffen war, mußte für seine Person nach Böhmen eilen, und den größeren Theil der Truppen, die bisher unter Harsch an der westlichen Grenze dieses Landes gestanden hatten, an die Nordgrenze zur Vertheidigung der dortigen Pässe führen. Dadurch war das Gleichgewicht der Streitkräfte wieder entschieden zu Oesterreichs Gunsten aufgehoben. Um so mehr, da die Hülfe, die der Erbprinz von Braunschweig brachte, sich sehr bald als eine leere Scheinhülfe erwies. Diesem Prinzen war nämlich vom Herzog Ferdinand zur Pflicht gemacht, nicht lange bei dem preußischen Heer zu verweilen und sich in nichts Ernstliches einzulassen.

Die Hoffnung, Daun aus Sachsen zu vertreiben und Dresden wieder zu gewinnen, mußte demnach aufgegeben werden, da jedes Unternehmen in seine Flanke und seinen Rücken einerseits durch die beschränkte Verwendbarkeit des braunschweigischen Korps, andererseits durch Laudons Stellung so gut wie unmöglich gemacht wurde. In dieser Lage gestattete — wie man wohl sagen darf — Friedrich der Große den Oesterreichern endlich, ihr Heer in etwas weitere, wenn auch immer noch sehr enge Kantonnirungen für den Winter zu verlegen, — indem er selbst die eigene Armee etwas bequemere, doch auch nicht sehr weitläufige Winterquartiere beziehen ließ.

Die Standhaftigkeit des Königs rief in ganz Europa und namentlich auch in Wien die allgemeinste Bewunderung hervor. Nur im Kreise des Prinzen Heinrich wurde seine Haltung entschieden anders beurtheilt. So spricht Retzow von den ungewöhnlichen Beschwerden dieses Winterfeldzugs, um dann hinzuzufügen: „Die Oesterreicher hatten indeß auch kein besseres Loos, und so mußten zwei Armeen sechs Wochen lang den Launen ihrer Heerführer fröhnen. Diese gewiß überspannten Mühseligkeiten und Anstrengungen erzeugten jedoch die heftigsten Krankheiten, die sehr vielen braven Leuten ein Leben raubten, welches auf der einen Seite stolzer Eigensinn, auf der anderen (d. h. der österreichischen) harte Nothwendigkeit, gleichgültig aufs Spiel setzten." — Nur stolzen Eigensinn wußte der Kreis, aus dem diese Stimme sich erhob, in der heroischen Haltung des Königs, als Gegenstand eines, wie man meinte, gerechten Tadels zu sehen.

Will man sich Rechenschaft davon geben, welche Verschiedenheit in der Intensität der Kriegführung möglich ist, so braucht man nur diesen Feldzug Dauns — neuerer Beispiele nicht zu gedenken, — mit dem Feldzug der Preußen 1815 zu vergleichen.

Alle Märsche, welche Dauns Armee von dem Augenblick an, in dem sie im Lager bei Schurz versammelt war, bis zu dem Tage, an welchem die eigentlichen Operationen spät im November eingestellt wurden, in 205 Tagen zurückgelegt hatte, betrugen im Ganzen ungefähr 88 geographische Meilen.

Es waren nur drei nennenswerthe Gefechte vorgefallen, in denen einzelne Theile der Armee gefochten hatten; mehr als die Hälfte der Armee aber war gar nicht dazu gekommen, auch nur das Gewehr zu laden.

Im Jahre 1815 dagegen hatte die 2. preußische Brigade in den 19 Tagen vom 15. Juni bis zum 3. Juli, Märsche von zusammen 71 geographischen Meilen gemacht und dabei im Ganzen fünfunddreißig Stunden über in ernstem, hartnäckigem Gefecht gestanden — und von keinem Bruchtheil des preußischen Heeres war irgend wesentlich weniger verlangt worden.

Druck von E. S. Mittler und Sohn in Berlin, Kochstraße 69. 70.

www.ingramcontent.com/pod-product-compliance
Lightning Source LLC
Chambersburg PA
CBHW051853300426
44117CB00006B/371